# さらに身近で頼りがいのある司法を

## 人権を護り誰一人取り残さない社会の実現

**2025（令和7）年度法友会政策要綱**

東京弁護士会法友会

2025（令和7）年度法友会政策要綱発刊によせて

# さらに身近で頼りがいのある司法を
## ～人権を護り誰一人取り残さない社会の実現～

彦坂浩一 法友会幹事長

## 1 はじめに

間もなく2025（令和7）年を迎え、2001（平成13）年司法制度改革審議会意見書から四半世紀が経過しようとしています。行政庁の再編を含む行政改革等を経て、21世紀の司法の役割が飛躍的に重要なものとなるとの認識の下で、司法制度改革が行われました。そして、私たち弁護士は、市民により身近で頼りがいのある存在となるべく活動を重ね、法の支配を社会の隅々に拡げる活動を日々行っています。

しかし、世界に目を向ければ、2022（令和4）年2月のロシアによるウクライナ侵攻は未だ収束されず、2023（令和5）年10月からのガザ地区での戦闘も続いています。いうまでもなく、戦争は最大の人権侵害行為であり、一刻も早い終結が望まれます。

その中で、日本原水爆被害者団体協議会(日本被団協)が2024（令和6）年ノーベル平和賞を受賞しました。核兵器廃絶の運動が評価されたものですが、永久に核兵器が使用されぬよう核兵器廃絶に向けて世界中で取組みを加速させなければなりません。

日本は戦後80年となりますが、今後も戦後90年、100年と継続させなければなりません。日本政府は立憲主義に反して2014（平成26）年、2015（平成27）年に安全保障関連法案を成立させています。私たち弁護士は、立憲主義に反する動きには機敏に対応し、立憲主義を堅持させなければなりません。

2024（令和6）年は、もうひとつ、人権課題として特筆すべき判決がありました。ようやく袴田巌さんの無罪判決があり、死刑から解放されました。1981（昭和56）年の第一次再審請求から実に40年以上が経過し、えん罪であることが証明されました。法友会は2024（令和6）年6月に決議をして国に対して再審法改正を訴えており、再審法改正の一刻も早い実現が望まれます。

## 2 さらに市民に身近で頼りがいのある弁護士に

2024（令和6）年元日には能登半島地震が発生し、能登は9月にも豪雨災害を被りました。また、8月に日向灘を震源とするマグニチュード7.1の地震が発生した後、初めて「南海トラフ地震臨時情報」（巨大地震注意）が発表されるなど災害はいつ起きるか分かりません。2016（平成28）年総合法律支援法改正により、大規模災害の被災者に対する法律相談が可能になっていますが、これを支える弁護士の確保等にも配慮が必要です。

また、2024（令和6）年3月の総合法律支援法改正によって、被害者支援弁護士制度が創設され、施行に向けて準備が進んでいます。

このように弁護士が市民に寄り添って活動することが期待される分野は拡大しており、今後も引き続きその期待は高まるものと思います。

弁護士報酬の問題など克服すべき課題は多くありますが、私たちは様々な取組み、工夫と努力を行って課題を克服し、私たち弁護士が市民にとってさらに身近で頼りがいのある存在となり、様々な分野で法律支援を行う必要があります。

## 3 人権課題への対応

夫婦別姓の民法改正案要綱を法制審議会が答申したのは、1996（平成8）年のことであり、約30年も前のことになります。日弁連・弁護士会のみならず、経団連も選択的夫婦別姓を求める意見書を提出しています。また、国連の「ビジネスと人権に関する指導原則」（2011〔平成23〕年）から10年以上が経過し、企業も人権デューデリジェンスを行い、人権への配慮を行わなければ取引が制限されるなど企業活動にとっても人権の取組みが不可欠な時代となっています。

デジタル技術のますますの発展や生成AIによる文章、画像、動画等の作成が行われるなど飛躍的に作業効率が高まる一方で、フェイクニュース、著作権侵害等極めて深刻な問題も発生し、世界的にその対応を迫られています。

このように社会的にも人権課題の意識は高まるとともに、新たな人権課題も発生しています。弁護士は人権課題の解決に向けて、頼りがいのある存在として期

待に応えなければなりません。

## 4　弁護士自治の堅持を

　私たち弁護士・弁護士会は、立憲主義を堅持し、人権を守り、社会課題を解決するために、ときには権力と対峙することがあります。弁護士が独立して、自由に活動することを可能にしているのは、弁護士自治であり、そのことが故に常に権力による弁護士自治への攻撃の危険にさらされています。

　また、最近では弁護士会への帰属意識の低下などが指摘され、また、弁護士自治はあたかも空気のように、弁護士自治を意識しなくても独立した自由な活動ができることから、弁護士自治の意義や重要性を認識しない弁護士が増えているようにも思われます。

　弁護士自治は、権力等の外部からの攻撃だけではなく、弁護士内部からも崩壊する危険性を内在しています。

　私たち弁護士は、人権を擁護し、社会課題等を解決して市民の権利を実現するために、不断の努力をして弁護士自治を堅持しなければなりません。

## 5　叡智を結集して持続的な支援を

　生成AIの発展により、弁護士に依頼することなく市民は容易に紛争解決の方法を得られるような時代に

なりつつあり、弁護士の活動を脅かす存在にもなりつつあります。しかし、生成AIは、過去の情報に基づき文章を生成しているだけに過ぎず、新たな解決策を創造することはできず、紛争の相手と交渉することもできません。

　私たち弁護士は、生成AIも活用して、豊かな経験とリーガルマインドを発揮して新たな解決策を創造し、高い折衝・交渉能力を発揮して、さらにレベルの高い課題解決能力を向上させる必要があります。

　私たち弁護士は、叡智を結集して様々な課題を解決し、持続的に市民のニーズに応え人権を護り、市民に寄り添って支援していかなければなりません。そして、誰一人取り残さない社会を実現する必要があります。

　法友会政策要綱は、これら様々な課題を解決し克服するための法友会の提言です。法友会では、2023年度の政策活性化PTの成果を踏まえて議論を行い、さらに秋に2日間にわたる政策合宿を行って議論を詰めました。

　最後になりましたが、執筆者をはじめ、寺町東子政策委員長、髙田正雄政策要綱部会長、法友会執行部の方々、出版社の方々に心から感謝を申し上げます。

2024（令和6）年12月

2025（令和7）年度法友会政策要綱発刊にあたって
さらに身近で頼りがいのある司法を
〜人権を護り誰一人取り残さない社会の実現〜　ii

# 第1部
# 弁護士をめぐる 司法制度の現状と展望

## 第1章　弁護士制度の現状と展望……2

### 第1　弁護士自治の課題　2
1　弁護士自治の維持・強化　2
2　弁護士不祥事に対する弁護士会の対応　4
3　フランス・カルパ制度　6
4　ゲートキーパー問題　7
5　弁護士のハラスメント問題　11

### 第2　法曹人口問題をめぐる現状と課題　14
1　法曹人口問題の経緯　14
2　法曹人口増加にともなう課題　16
3　課題への対応について　17

### 第3　法科大学院制度と司法試験制度の現状と課題　20
1　法科大学院を中核とする法曹養成制度の理念と概要　20
2　法科大学院を中核とする法曹養成制度の成果と課題　21
3　法曹養成制度改革の取組み　22
4　改革の現状とこれからの課題　25

### 第4　司法修習制度の現状と課題　28
1　司法修習の現状　28
2　司法修習の課題　32
3　給費制をめぐる動向　36

### 第5　若手法曹をめぐる現状と課題　38
1　若手弁護士をめぐる現状と支援策　38
2　若手弁護士と採用問題　41

### 第6　弁護士へのアクセス拡充　43
1　弁護士へのアクセス保障の必要性と現
状　43
2　アクセス拠点の確保と役割　44
3　これまでの法律相談センターと今後のあり方　47

### 第7　弁護士の国際化の課題　51
1　国際化に関する現代的課題　51
2　外国弁護士の国内業務問題　53
3　国際司法支援　56
4　国際民事紛争解決　59
5　国際機関への参画　62

## 第2章　日本司法支援センター（法テラス）の課題……64
1　組織・運営・業務　64
2　情報提供業務　64
3　民事法律扶助業務　65
4　国選弁護関連業務　67
5　司法過疎対策業務　68
6　犯罪被害者支援業務　69
7　法律援助事業　69

## 第3章　裁判官制度、弁護士任官推進の取組み……71
1　弁護士任官制度の今日的意義　71
2　弁護士任官制度の経緯　71
3　弁護士任官の現状　71
4　日弁連・東弁の取組み　72
5　法友会の取組み　72
6　これまで提起された課題とその対応について　72
7　非常勤裁判官制度について　72
8　弁護士任官を取り巻く状況の変化と運動の段階的発展にむけて　73

## 第2部
# 弁護士業務改革と活動領域拡充に向けた現状と展望

### 第1 弁護士と法律事務の独占 76
1 弁護士の法律事務独占と非弁行為の禁止 76
2 隣接士業問題 77
3 ADR・ODR・AIに関する問題 80
4 サービサー問題 82
5 非弁提携問題 83
6 弁護士報酬のクレジットカード決済 83
7 隣接士業との協働と弁護士法72条・27条 84

### 第2 その他の領域への進出 84
1 会社法上の社外取締役等への進出 84
2 弁護士による「ビジネスと人権」、ESG、SDGs及び第三者委員会への取組み 86
3 中小企業支援（日弁連中小企業法律支援センター・東弁中小企業法律支援センター） 89
4 行政分野等への進出取組み 92

### 第3 組織内弁護士の現状と課題―企業内弁護士を中心に 95
1 組織内弁護士の現状 95
2 法律事務所の弁護士業務との関係 95
3 組織内弁護士の課題 95
4 「任期付公務員」について 98

### 第4 弁護士研修制度の拡充 100
1 研修の必要性と弁護士会の役割 100
2 新規登録弁護士研修 101
3 継続的弁護士研修 101
4 クラス別研修制度 102

### 第5 弁護士への業務妨害とその対策 105
1 弁護士業務妨害をめぐる最近の情勢 105
2 弁護士業務妨害対策センターの活動状況 105
3 業務妨害根絶に向けて 107

### 第6 弁護士費用保険 107

1 弁護士費用保険について 107
2 多摩地区における弁護士費用保険の問題点 107
3 保険開発と発展について 108

### 第7 弁護士広告の自由化と適正化 109
1 広告の自由化と不適切な広告に対する規制 109
2 業務広告に関する指針 109
3 弁護士業務広告の実態と弁護士情報提供ウェブサイト 110
4 これからの弁護士業務広告の在り方 110

## 第3部
# 刑事司法の現状と課題

### 第1 刑事司法改革総論 114
1 憲法・刑事訴訟法の理念から乖離した運用 114
2 出発点としての死刑再審無罪4事件と改革の方向性 114
3 司法制度改革以降の刑事司法改革について 115
4 今後の課題 115

### 第2 近時の刑事法制 116
1 性犯罪関係の刑法・刑訴法改正等 116
2 少年法改正 117
3 その他、令和4年刑事法関連の改正事項について 117
4 保釈中の被告人や刑確定者の逃走防止関係 117
5 刑事手続における情報通信技術の活用 118

### 第3 刑事弁護のIT化 118
1 刑事手続全般のIT化に関する検討状況 118
2 証拠開示 120
3 接見交通 120

### 第4 裁判員裁判・公判前整理手続・証拠開示 121
1 裁判員裁判の現況と成果 121
2 裁判員制度の課題 122
3 裁判員裁判に関する今後の弁護士・弁護士会の活動 124

4　公判前整理手続・証拠開示の運用状況　125
5　公判前整理手続・証拠開示に関する今後の課題　126

## 第5　人質司法の打破・弁護人立会権　127
1　勾留・保釈の課題　127
2　接見交通権の課題　129
3　弁護人立会権の保障に向けて　131
4　取調べの可視化　132

## 第6　国選弁護制度の課題　133
1　当番弁護士活動の成果としての被疑者国選弁護制度　133
2　国選弁護人報酬の算定基準について　133
3　第四段階の国選弁護制度へ　134
4　その他の課題　134

## 第7　少年司法制度をめぐる問題　135
1　少年非行の背景と少年法の理念　135
2　少年法「改正」と少年審判の変質　136
3　全面的国選付添人制度実現へ向けた運動　137
4　裁判員裁判が少年事件に及ぼす影響　138
5　少年矯正制度の改革　140
6　少年の社会復帰支援　141

## 第8　刑事弁護と福祉手続の連携　141
1　高齢者・障がい者の刑事事件を巡る課題が取り上げられる経過　141
2　高齢者・障がい者の刑事事件を巡る課題に取り組む理念・財政的意義　141

## 第9　死刑の廃止問題　144
1　死刑制度の是非をめぐる議論　144
2　我が国の死刑判決及び死刑執行の状況　144
3　死刑えん罪事件の状況　145
4　死刑廃止の国際的潮流　145
5　日本の死刑制度に対する国際的評価　146
6　世論の動向　146
7　国会議員の動き　147
8　死刑廃止問題に対する日弁連の動き　147
9　「日本の死刑制度について考える懇話会」の設立　148
10　東弁の取組み　148
11　法友会の取組み　149

## 第10　受刑者の人権保障　149
1　受刑者の処遇をめぐる経緯　149
2　受刑者の制約　150

3　不服申立て　151
4　今後の課題　152

## 第11　新たな拘禁刑の問題　152
1　刑法等の改正に至る経緯　152
2　刑法等の改正の概要　153
3　日弁連の反応　153
4　拘禁刑創設に伴う問題点　153

## 第12　受刑者の社会復帰　154
1　受刑者の社会復帰支援に関する背景事情　154
2　各所における社会復帰支援　155
3　よりそい弁護士制度　156
4　今後の課題　157

## 第13　再審制度の問題　157
1　再審制度について　157
2　諸外国における再審法制と改革状況　158
3　現行再審制度の主な問題点　158
4　再審制度改正に向けた動き（日弁連を中心に）　159
5　日弁連の「刑事再審に関する刑事訴訟法等改正意見書」について　161
6　袴田事件判決を受けた動き　162

---

# 第4部
# 民事・商事・行政事件の法制度改革の現状と課題

---

## 第1章　民事司法制度改革の歩み　164

## 第1　民事司法制度改革の歩み　164
1　民事司法制度改革の流れ　164
2　残された課題と日弁連等の取組み　164
3　「民事司法を利用しやすくする懇談会（民事司法懇）」の活動　165
4　日弁連と最高裁の協議の状況　165
5　政府等の動き　165
6　今後の課題　166

## 第2　司法アクセスの拡充　166
1　司法アクセスの更なる拡充の必要性　166
2　提訴費用の低・定額化　166
3　民事法律扶助における償還制から給付制へ

の移行　167

　　4　民事法律扶助報酬基準の適正化　168

　第3　民事訴訟手続の改革　168

　　1　民事訴訟法の改正　168

　　2　裁判所の動き　169

　　3　改正民訴法の施行　170

　　4　当面の課題　170

　　5　将来の課題　171

　第4　損害賠償制度の改革　172

　　1　司改審意見書　172

　　2　運用改善と日弁連の提言　172

　　3　特別法による規律について　173

## 第2章　民事・商事諸制度の現状と課題 ……174

　第1　民法（財産法）　174

　　1　物権法　174

　　2　担保法制　175

　第2　民法（親族法）家族法制に関する法制上の動向　177

　　1　家族法制改正の動き　177

　　2　法制審議会における部会設置と審議状況　177

　　3　最大の論点としての離婚後共同親権　177

　　4　弁護士会の取組み　177

　　5　改正法の成立と今後の展望　178

　第3　会社法改正と企業統治の改革　179

　　1　改正法の主な内容　179

　　2　改正後の実務における課題　179

　　3　新たな改正に向けた検討　179

　第4　労働法制の改革と働き方の多様化　179

　　1　はじめに　179

　　2　働き方改革関連法について　179

　　3　働き方の多様化に関する法改正　181

　第5　知的財産権にかかる紛争解決制度　181

　　1　知的財産権紛争の動向　181

　　2　近時の実体法改正の動向　181

　　3　紛争解決制度の充実に向けて　182

# 第5部
# 憲法問題の現状
（立憲主義の危機と憲法改正の動き）

　第1　憲法問題に対する弁護士及び弁護士会の基本的立場　184

　第2　表現の自由に対する抑圧について　184

　　1　ビラ配布問題　184

　　2　選挙演説の際の警察権行使問題　185

　　3　「表現の不自由展・その後」の中止問題　186

　　4　給付の場面における表現の自由の確保　187

　第3　ヘイト・スピーチ問題　189

　　1　ヘイト・スピーチとは　189

　　2　日本におけるヘイト・スピーチの実態　189

　　3　ヘイト・スピーチによる人権侵害とは　189

　　4　国際法上の規制と国内的展開　190

　　5　ヘイト・スピーチに対する法規制の是非　191

　　6　弁護士会等での検討状況と問題意識　191

　第4　一人一票の実現　192

　　1　投票価値の平等違反　192

　　2　合理的是正期間　193

　　3　合区解消のための憲法改正の動き　193

　　4　まとめ　194

　第5　憲法改正問題（総論及びこれまでの動き）　194

　　1　改憲への動き　194

　　2　基本的問題の整理　195

　　3　憲法改正論に対する検討　196

　第6　憲法改正手続法の問題点　198

　　1　憲法改正手続法の施行に至る経緯と問題点　198

　　2　早急に解決されるべき問題点　199

　　3　2021（令和3）年6月の「憲法改正手続法の一部を改正する法律」の成立　200

　第7　緊急事態条項（国家緊急権）　201

　　1　国家緊急権（緊急事態条項）をめぐる議論の背景・経緯　201

　　2　国家緊急権の性質とその歴史、世界の状況　201

vii

3　日本国憲法に緊急事態条項を創設すること
　　　の是非　202

　　4　国家緊急権の立法事実　203

　　5　結論―日弁連意見書等　204

第8　9条維持・自衛隊加憲問題　205

　　1　自衛隊の憲法への明文化の動き　205

　　2　「自衛隊を憲法に明文化する」ことの意味と
　　　問題点　206

第9　安全保障関連法に関する問題　208

　　1　安全保障をめぐる今日までの憲法解釈の経
　　　緯　208

　　2　安全保障関連法の要旨と憲法上の問題
　　　点　210

　　3　弁護士会の意見　212

　　4　まとめ　214

第10　核兵器廃絶に向けて　214

　　1　唯一の被爆国としての取組みと国際社会の
　　　動き　214

　　2　核兵器自体の削減の動き　215

　　3　核の廃絶と核抑止力神話　215

　　4　ウクライナを巡る情勢と核　216

　　5　ヒロシマサミット　216

　　6　弁護士会の取組み　216

第11　敵基地攻撃能力の保有と憲法9条　217

第12　現在も続く世界の紛争（特にウクラ
　　　イナとガザ地区）と日本国憲法　217

　　1　ロシアによるウクライナの武力侵攻　217

　　2　ロシアによるウクライナの武力侵攻の背
　　　景　218

　　3　国際法的な評価と日本国憲法の立場　218

　　4　日本の防衛装備支援における問題の所
　　　在　218

　　5　その他の問題　219

　　6　小括　219

---

## 第6部
# 災害と弁護士

第1　東日本大震災以降の大規模災害の被
　　　害状況と弁護士に課せられた使命及
　　　び復旧復興支援活動を行うに当たっ
　　　ての視点　222

　　1　東日本大震災以降の大規模災害の被害状況
　　　と弁護士に課せられた使命　222

　　2　復旧復興支援活動を行うに当たっての視点
　　　（被災者に寄り添うために）　223

第2　住いの再建について　226

　　1　住いの再建についての各事業の概況　226

　　2　用地取得の迅速化の必要性と国の対応　227

　　3　更なる立法の必要性について　227

　　4　仮設住宅について　228

　　5　今後の住宅再建制度の充実に向けて　229

　　6　災害公営住宅の家賃値上げについて　230

第3　在宅被災者の実情と今後の支援の在
　　　り方について　230

　　1　在宅被災者の存在　230

　　2　在宅被災者と他の被災者への支援の格
　　　差　231

　　3　在宅被災者の実情　232

　　4　今後の在宅被災者支援の在り方につい
　　　て　232

　　5　今後の大規模災害に向けて　233

第4　個人の二重ローン問題について　235

　　1　被災ローン減免制度の導入とその現状　235

　　2　被災ローン減免制度の利用が進まなかった
　　　原因と運用改善の必要性　236

　　3　新ガイドライン策定と熊本地震等の大規模
　　　自然災害等における二重ローン問題　236

第5　被災中小企業の支援体制の強化（二
　　　重ローン問題）　239

　　1　中小企業支援の重要性と法的支援　239

　　2　国が東日本大震災でとった中小企業支援策
　　　（中小企業の二重ローン問題）　239

　　3　熊本地震で国がとった中小企業支援策（中
　　　小企業の二重ローン問題）　240

　　4　新型コロナウイルス感染症の感染拡大にお
　　　ける国がとった中小企業支援策（中小企業

の二重ローン問題）241

**5** 弁護士会の取るべき活動 241

### 第6 原子力損害賠償の問題解決に向けて 242

**1** 原子力損害賠償に係る紛争解決状況 242

**2** 原子力損害賠償に関する訴訟 242

**3** 健康被害について 243

**4** 営業損害賠償を一時金の支払で打ち切ることに反対を続ける 243

**5** 旧緊急時避難準備区域の不動産損害賠償を実現させることを求める 244

**6** 消滅時効期間再延長のための立法を求める 244

**7** 中間指針第5次追補 245

### 第7 災害関連死等間接被害の問題 245

**1** 災害関連死をめぐる動き 245

**2** 災害関連死をとりあげる意義 245

**3** 改善のための方策 246

**4** 災害弔慰金の算定の問題 247

**5** 自殺予防 247

**6** 避難所以外の避難者等の支援の枠組み 247

### 第8 首都圏における災害対策 248

**1** 東京における防災 248

**2** 平時における防災 249

**3** 東弁における災害対策 249

**4** 今後の課題 249

### 第9 気象業務法上の問題点と規則改正（「津波フラッグ」の運用開始）の実現 251

**1** 問題点の把握及び規則改正に至った経緯 251

**2** 津波警報等の伝達方法における不備と「津波フラッグ」の運用開始の実現 252

**3** 気象業務法制の改善に関する進捗状況 254

### 第10 災害時における情報アクセシビリティ 255

**1** 災害発生時における情報アクセシビリティ確保の重要性 255

**2** 避難誘導標識の整備・更新 256

**3** 結語 256

### 第11 気候変動と司法の課題 257

**1** 地球温暖化による気候変動 257

**2** 日本における脱炭素社会実現への取組み 257

**3** 日弁連の取組み 258

**4** 法友会の取組み 259

## 第7部 人権保障制度の現状と課題

## 第1章 各種権利保障の在り方の改革 262

### 第1 子どもの人権 262

**1** 子どもの人権保障の重要性 262

**2** こども基本法の制定とこども家庭庁の設置 262

**3** 学校内の子どもの人権 263

**4** 家庭内の子どもの人権〜児童虐待〜 265

**5** 児童福祉施設内の子どもの人権 267

**6** 子どもの権利条約 268

**7** 子どもの問題専門の法律相談窓口 269

**8** 子どもの代理人制度 269

### 第2 高齢者の人権 271

**1** 基本的視点 271

**2** 成年後見制度の活用 271

**3** 高齢者虐待 274

**4** 認知症高齢者の医療をめぐる問題点 275

**5** 消費者被害 275

### 第3 障がい者の人権 276

**1** 基本的視点 276

**2** 障害者自立支援法から障害者総合支援法へ 276

**3** 障害者差別解消法の成立・施行 277

**4** 障害者虐待防止法の実効性確保 278

**5** 罪を犯した知的・精神障がい者に対する支援 279

### 第4 性の平等―女性の権利を中心に 280

**1** 基本的視点 280

**2** 婚姻制度等の改正 280

**3** 女性の労働権 286

### 第5 性的マイノリティ（LGBT）の権

利 290

1 性的マイノリティの問題に関する理解 290

2 LGBT理解増進法の制定 291

3 同性間の婚姻に係る立法的措置の必要性 292

4 トランスジェンダーと特例法の問題 293

5 職場における施策 293

第6 外国人の人権 294

1 入管行政の問題 294

2 外国人の刑事手続上の問題 307

3 外国人の労働問題 309

第7 犯罪被害者の保護と権利 312

1 犯罪被害者弁護の必要性 312

2 犯罪被害者をめぐる立法の経緯 312

3 日弁連・関弁連の取組み 312

4 犯罪被害者と刑事司法 313

5 国や行政による被害者支援をよりいっそう拡充すべきである 315

6 日本司法支援センターにおける取組み 317

7 東京弁護士会による被害者支援 318

8 その他の問題 318

第8 民事介入暴力の根絶と被害者の救済 319

1 はじめに 319

2 民事介入暴力の現状 319

3 民事介入暴力対策の整備 320

4 今後の課題 320

第9 患者の人権（医療と人権） 320

1 患者中心の医療の確立 320

2 医療基本法の制定にむけて 320

3 医療事故の再発防止と被害救済のために 321

4 医療訴訟の充実のために 322

5 脳死臓器移植について 322

6 生殖医療と法律問題 323

7 尊厳死・安楽死について 323

8 弁護士・弁護士会としての取組み 324

第10 消費者の人権 324

1 消費者の権利の重要性 324

2 消費者問題の現状 324

3 消費者行政の充実の必要性 325

4 消費者の権利擁護のための諸立法及び今後

の展開 326

5 消費者が主役の社会へ――「消費者市民社会」の実現 329

# 第2章 国際基準に適った人権保障制度の提言 331

第1 国内人権機関の設置に向けて 331

1 国内人権機関と国内における動き（国連人権理事会からの勧告） 331

2 日弁連・弁護士会の取組みと課題 331

第2 国際人権条約の活用と個人通報制度の実現に向けて 332

1 国際人権条約の積極的な活用 332

2 個人通報制度 333

---

## 第8部
# 弁護士会の機構と運営をめぐる現状と展望

---

# 第1章 政策実現のための日弁連・弁護士会の組織改革 336

第1 司法改革の推進と弁護士改革実現のための方策 336

1 中・長期的展望をもった総合的司法政策の形成 336

2 会員への迅速かつ正確な情報提供の確保 337

3 市民との連携と世論の形成 338

4 立法、行政機関等への働きかけ 339

第2 日弁連の財務について 339

1 はじめに 339

2 日弁連財務の全体像 339

3 日弁連財務の現状及び課題 340

第3 公益社団法人日弁連法務研究財団 343

1 日弁連法務研究財団（以下「財団」という）の歴史 343

2 財団の組織 343

3 財団の活動 343

4 財団の課題 346

第4　関東弁護士会連合会の現状と課題　346

1　関東弁護士会連合会（関弁連）の現状　346

2　関弁連の課題　348

3　東弁、法友会における関弁連への参加と情報のフィードバック　349

# 第2章　東京弁護士会の会運営上の諸問題……………………350

第1　会内意思形成手続の課題　350

1　会内意思形成プロセス　350

2　総会　350

3　常議員会　351

4　理事者会　352

第2　東弁役員を巡る課題　352

1　はじめに　352

2　東弁副会長の職務　353

3　副会長適任者確保のための対策　353

4　副会長増員とクオータ制　355

5　むすび　356

第3　委員会活動の充実強化　356

1　委員会活動の現状と重要性　356

2　委員会の組織のあり方の見直し　357

3　今後の委員会活動の在り方について　357

4　委員会活動円滑化のための条件整備　358

第4　東弁の事務局体制　359

1　事務局体制を論ずる意義　359

2　検討の視座　359

3　財政改革の取組み　359

4　職員の疲弊　359

5　対策　360

6　その他　361

第5　弁護士会館の今後の課題　362

1　現状と課題　362

2　対策（主に東弁について）　362

第6　東弁の財政状況と検討課題　363

1　2017（平成29）年度に指摘された検討課題への対応　363

2　2018（平成30）年度に判明した東弁の財政問題　363

3　2019（平成31）年からの東弁における財政改革実現への取組み　365

4　2022（令和4）年度の財務健全化に向けた活動　366

5　2023（令和5）年度決算とさらなる財政健全化に向けた活動　373

第7　会員への情報提供（広報の充実）　374

1　情報提供の重要性　374

2　情報提供の現状（会報、会員専用ウェブサイト、メールマガジン等）　374

3　情報提供の方策（メールマガジン、会員サイト、アプリ、SNSの活用）　374

第8　合同図書館の現状と問題点　376

1　図書館の職員について　376

2　図書館と新型コロナウイルス感染症について　377

3　書架スペース不足問題について　377

4　合同図書館におけるサービスの拡充について　377

第9　多摩地域・島嶼地域における司法サービス　378

1　多摩地域・島嶼地域の現状　378

2　多摩地域における今後の司法及び弁護士会の課題　379

3　島嶼部偏在対策　382

# 第3章　ダイバーシティの推進……383

第1　総論　383

1　ダイバーシティ＆インクルージョンとは　383

2　日本国憲法におけるダイバーシティ＆インクルージョンの位置づけ　383

3　日本の現状　384

第2　弁護士会におけるダイバーシティの推進　384

1　司法における男女共同参画について　385

2　弁護士会における男女共同参画について　385

---

### 資料
# 司法制度改革の到達点
（2024年版と同内容）

---

第1　司法制度改革の背景と経緯　390

xi

第2　司法制度改革審議会意見書の基本理念と三つの柱　392

第3　司法制度改革に対する日弁連の姿勢　393

第4　司法制度改革の実践経過　394

第5　司法制度改革の将来　394

1　司法制度改革の現状　394

2　司法制度改革の新たな課題　398

# 2024（令和6）年度法友会宣言・決議

再審法改正の一刻も早い実現を求める決議　402

決議の趣旨　402

決議の理由　402

1　はじめに　402

2　再審審理に関する手続規定の整備　402

3　再審手続における証拠開示の制度化　402

4　再審開始決定に対する検察官による不服申立ての禁止　403

5　憲法違反を再審理由に　403

6　最後に　403

2025（令和7）年度政策要綱執筆者一覧（50音順）　405

2025（令和7）年度政策要綱担当執行部一覧（修習期順）　406

編集後記　407

# 第1部
# 弁護士をめぐる司法制度の現状と展望

# 第1章 弁護士制度の現状と展望

## 第1 弁護士自治の課題

### 1 弁護士自治の維持・強化

#### (1) 弁護士自治の意義

　弁護士自治の意義は、弁護士の資格審査や弁護士の懲戒を弁護士の団体のみが行い、それ以外の弁護士の職務活動や規律についても、裁判所、検察庁又は行政庁の監督に服せしめないことである。弁護士自治の内容として理論上、①弁護士会による弁護士資格試験の実施、②弁護士会による弁護士養成、③弁護士会による弁護士資格の付与、④弁護士会による弁護士に対する指導・監督、懲戒、⑤弁護士会に対する強制加入が挙げられる。現行弁護士法は③ないし⑤をほぼ採用している。

　弁護士自治は、基本的人権の擁護と社会正義の実現のための弁護活動を十全ならしめるためには国家権力と対峙できなければならないことから、裁判所を含めた国家機関による監督を排除するために認められたものである。

　弁護士会の役割の観点からいうと、弁護士会には弁護士自治による「自己規制機能」を果たすことが求められる。また、弁護士会はその「利益代表機能」に加えて、今日人権擁護のための意見表明や諸活動を行う「人権擁護機能」を有しているといえる。

#### (2) 弁護士自治の歴史

　我が国における弁護士自治は、1949（昭和24）年6月1日に公布された弁護士法により認められ、これにより完全な自治を獲得したのであるが、ここに至るまでには弁護士・弁護士会の悲願であった弁護士自治を獲得するための歴史があった。1893（明治26）年3月3日公布された弁護士法（旧旧弁護士法）では弁護士及び弁護士会は検事正の監督下におかれ、1933（昭和8）年5月1日公布された弁護士法（旧弁護士法）では弁護士会の監督者は司法大臣に昇格した。これらの改正は弁護士による改正運動の成果であるといえる。まず、任意団体である日本弁護士協会は1903（明治36）年4月29日の臨時総会で弁護士会を自治団体とし懲戒権を弁護士会が持つという弁護士法改正案を議決している。そして、弁護士会が懲戒権を持つという弁護士法改正案は、1912（明治45）年、衆議院で可決されたが貴族院で審議未了となり、1913（大正2）年、やはり衆議院を通過したがそれに止まり、1921（大正10）年にも衆議院の委員会で可決されたのみで止まり、1922（大正11）年にも衆議院を通過したが貴族院で審議未了となった。これらの法案は全て弁護士たる衆議院議員から提出され、政府提案は全くなかったのである。

　そして、弁護士自治を獲得した現在の弁護士法も議員立法である。参議院議員で東大名誉教授の高柳賢三は1948（昭和23）年11月に憲法の最高裁の規則制定権から弁護士に関して法律を制定するのは違憲であるとの論文を発表し、また、司法官僚は弁護士自治に猛烈に反対を続けていた状況で、議員立法により弁護士自治を獲得したことは戦前からの弁護士による自治獲得運動が結実したものとしてよいであろう。

　このような歴史的経緯に加え、法曹一元が実現していない日本においては、裁判所が官僚化（行政官化）するおそれがあり、裁判所に弁護士をコントロールさせるのは不適切であるとの判断から、我が国における弁護士自治は、諸外国に比して、より完全な国家権力からの独立性が確保されている。個々の弁護士が日常業務において弁護士自治を意識する場面は少ないが、民事事件や刑事事件を問わず、弁護士が第三者から独立して活動するためには弁護士自治が不可欠であり、これにより基本的人権の擁護者たりえることは常に心に留めておくべきである。

　かかる弁護士自治は、絶えず他の国家機関等と緊張関係にあったし、現在も同じ状況である。過去の大きな案件を取り上げるだけでも、臨時司法制度調査会意見書、東大裁判と弁護士懲戒事案、弁護人抜き裁判特例法案、外国弁護士への監督権を日弁連が持つかが問題になったことなど、弁護士自治は幾多の試練を経ている。

　弁護士自治を獲得して以後、弁護士が弁護士自治は必ず堅持するという強い意志を持ってきたからこそ、現在まで弁護士自治制度が存続できたのである。我々弁護士は、今一度、弁護士の活動の独立を確立維持し、

基本的人権擁護のためには弁護士自治が必要であるという原点に立ち戻って、弁護士自治の意義を再認識しなければならない。

## (3) 弁護士自治をめぐる問題点

弁護士自治は現在次のような問題を抱えているといえる。

第1に、近時頻発する弁護士による不祥事である。すなわち、重大な不祥事が多発していることから、弁護士会による綱紀懲戒制度が機能不全に陥っているとされるおそれが多大にある。弁護士数が増えれば懲戒件数も増加する、あるいは弁護士の経済的困窮が原因であるなど様々な言い分はあるが、弁護士及び弁護士会への市民の信頼が弁護士自治の前提である以上、言い分の是非は別として市民からの信頼を損なうわけにはいかない。弁護士自治に対する最も強烈な批判は、弁護士が身内だけで独善的な運用をしているというものである。そこで、弁護士及び弁護士会としては、客観的に公平で且つ透明性のある会務運営をする必要があるし、市民の意見に耳を傾けて制度運用を行うことが重要である。その意味で、2003（平成15）年6月の弁護士法改正における日弁連綱紀委員会の法定委員会化、綱紀委員会参与員の廃止と外部委員の導入、弁護士以外の者のみによって構成される綱紀審査会を日弁連に設置するなどの内容を柱とする制度改革は時宜を得たものであった。

第2に、弁護士自治が弁護士法により認められたものであり、法改正により剥奪されうることである。弁護士会による人権擁護活動を抑制するために、法改正により弁護士自治を解消すると圧力をかけられるおそれは常に存するのである。たしかに日本国憲法77条1項では、弁護士に関する事項については最高裁規則で定める旨規定しているところ、実際には弁護士自治は弁護士法により明示的に認められている。しかしながら、弁護士法で弁護士自治を定めることは憲法に違反しないのみならず、憲法の定める人権擁護のために弁護士自治を憲法が要請していると解すべきであり、弁護士自治を奪うことは憲法の趣旨に反するとすら言いうるのである。

第3に、弁護士人口が増加し、弁護士自治の意義を理解しない弁護士が増えれば、弁護士自治は危機に瀕する。つまり、弁護士自治を権利ではなく一種の規制であると理解してしまうと弁護士自治を廃止すること

に躊躇がなくなり、むしろ肯定的になることもあろう。弁護士自治は弁護士が長年かけて勝ちとったいわば権利であり、弁護士自身が油断すれば、瞬く間に弁護士自治は失われるおそれが存するのである。我々弁護士は「強制加入の弁護士会は、国家機関が監督、懲戒権を持つ場合は取締りのための檻となり、弁護士が自治権を持つ場合には弁護士活動の砦の役目を果すことになる。」（辻誠『司法改革の展望』に収録）との至言を忘れてはならない。

第4に、弁護士会が集団的自衛権違憲論、死刑廃止論等自らの見解を強く表明することにより、多くいるであろう反対意見の弁護士の弁護士会活動への参加意欲が減退していくことになるおそれがある。弁護士会は人権擁護機能を有しており意見表明を含めて人権擁護のための諸活動を行うが、他方で強制加入団体であることから、反対意見の弁護士も弁護士会に所属せざるをえない。弁護士会の人権擁護活動といっても人権と人権が衝突する場面もあることから、弁護士会の活動やその見解に対する反対意見はあって当然のことである。更にいえば、そもそも人権保障の背景思想には反対意見の尊重があるといえる。かかる認識の下に、今こそ弁護士会内で多様な見解が自由な雰囲気で語られるべきであり、今後、多数決原理で意思決定を行うがゆえの、反対意見又は少数意見を尊重した熟議を尽くすための工夫が検討されるべきである。

## (4) 弁護士自治の強化

現在、弁護士人口が飛躍的に増大しており、過当競争により弁護士の収入が減少するのに伴い、市民に弁護士は依頼者ではなく弁護士自らの利益を図っているとの認識が一般的に浸透したときには、弁護士自治は危機に瀕するであろう。すなわち、自己の利益の擁護しか考えていない弁護士に自己規制を求めることは出来ないと言われかねないのである。そうすると、英国の法律サービス委員会（Legal Services Board）が法律専門職の監督を行うとされたのと同様に、弁護士会の持つ利益代表機能と自己規制機能を分離すべきであると主張されるおそれがある。また、弁護士自体からも、弁護士人口の増加に伴う弁護士業の商業化や綱紀・懲戒事案の増加に伴う負担の増加により、弁護士自治の意義に疑問が呈される可能性がある。

我々弁護士は、弁護活動の独立を確立維持するためには弁護士自治が必要であり、個々の弁護士が第三者

から独立してこそ、基本的人権の擁護者という公益性の高い職責を担っていくことができることに想いを致すべきである。そして、戦前、様々な人権抑圧がなされたことや、第二次世界大戦時には、軍部の専制を阻止できずに国家国民を挙げて戦争遂行体制を築いたという我が国の歴史に鑑みると、人権擁護のためには個々の弁護士が独立することと、その制度的な保障として弁護士自治が必要であることは、弁護士法制定当時も現在においても全く変わることがない。

例えば、中央官庁が多大な権限と重要な情報を持っていることや、秩序を好む国民性から少数者を排除しやすい土壌があること、全員一致を指向すること、また上位者に対しては従順であるべきという一般的な価値観は何ら変わっていない。さらに言えば、超巨大企業の出現等、国家以外に社会的影響力をもった強大な組織・団体が出現していることから、弱者救済の必要性は高まっているといえる。弁護士自治があるからこそ弁護士は人権擁護活動をやりきることができるのである。日本においては和をもって尊しとする精神が大切な価値観であるとされるが、それは同時に和（秩序）を乱した者は罰すべきという「喧嘩両成敗」のような判断に陥る危険がある。弁護士自治は、社会的弱者や少数者の人権擁護のために、更に言えば依頼者の権利擁護や社会正義の実現に弁護士が全力で取り組むために必要な安全弁なのである。裁判所を中心とした法曹一元が実現する可能性が極めて低い以上、弁護士自治を堅持しなければ人権保障は危ういことになる。弁護士自治をめぐる問題点は克服しなければならず、むしろ弁護士会は弁護士自治をよく機能させていると評価されるようでなければならない。そのためには、弁護士自治の担い手である弁護士会や弁護士において、基本的人権を擁護しているという自負心を持ち続け、また弁護士が自らの私益ではなく広く公の利益を図る職責を担っていると自覚することが肝要である。

## 2 弁護士不祥事に対する弁護士会の対応

### （1）続発した弁護士不祥事

2011（平成23）年ころから、テレビ・新聞等で①4億7,000万円を着服した福岡県弁護士会々員、②9億円以上を着服した岡山弁護士会々員、③4,200万円を横領した東弁元副会長等々、弁護士不祥事に関して多数の報道がなされた。

これらの不祥事の多発は、弁護士・弁護士会に対する市民の信頼を揺るがせ、弁護士自治の危機を招くものといえる。

### （2）第1次提言及び第2次提言の取りまとめ

日弁連は、2012（平成24）年10月、「市民窓口及び紛議調停に関するワーキンググループ」内に、弁護士不祥事対策検討プロジェクトチームを設置し、2013（平成25）年1月に「不祥事の根絶をめざして－市民窓口機能強化等の提言－」（第1次提言）を日弁連に報告した。

さらに、2013（平成25）年6月、弁護士不祥事の根絶のための総合的な施策の立案等を目的とする「弁護士職務の適正化に関する委員会」が発足し、2013（平成25）年12月に、「不祥事の根絶をめざして・その2弁護士への信頼確保のための非行防止策の提言」（第2次提言）を日弁連に報告した。

その後、弁護士職務の適正化に関する委員会は、第1次提言及び第2次提言を受け、以下の通り、弁護士不祥事対策を総合的に推進している。

### （3）総合的対策その1～非行探知

#### ア 市民窓口の機能強化

市民から市民窓口に寄せられる弁護士に対する苦情は、弁護士の不祥事発見の端緒として重要であるため、その情報を弁護士会が把握して活用する必要がある。ところが、その相談担当者、役員との情報共有の有無、会員に対する指導監督の主体等についての取扱いやノウハウは弁護士会間に大きな差がある。

そこで、弁護士会間でこれらのノウハウや情報を共有するため、当初全国協議会を開催していた。その後、弁護士会の規模等により運用や問題意識が異なるため、2019（令和元）年以降は、全国を複数のブロックに分け、「市民窓口及び紛議調停に関するブロック別協議会」を開催することとして、ノウハウや情報の共有を図っている。

#### イ 紛議調停の情報利用

紛議調停についても、「市民窓口及び紛議調停に関するブロック別協議会」を開催して、ノウハウや情報の共有を図っている。

### （4）総合的対策その2～被害拡大防止：弁護士会による懲戒手続の整備と事前公表制度の運用強化

2014（平成26）年8月27日以降、年1回のペースで、「弁護士職務の適正化に関する全国協議会」を開催し、全

国から単位会の役員・担当者を集め、会請求や事前公表についての事例報告、日弁連調査室嘱託による規程の説明等を行い、経験交流をするとともに弁護士成年後見人の不祥事対策や業務停止の執行についての質疑応答を行っている。

## (5) 総合的対策その3〜非行発生自体の阻止

### ア　日弁連「預り金の取扱いに関する規程」の制定（2013〔平成25〕年8月）・改正（2017〔平成29〕年10月）

預り金口座の開設を義務付けたことに加え、改正規定では、預り金口座作成義務の履行を担保するため、①預り金口座であることの明示文字使用、②所属弁護士会に対する預り金口座の届出義務化、③所属弁護士会による預り金保管状況の調査などが、新たに規定された。2024（令和6）年3月31日時点で、弁護士は99.1％、弁護士法人は96.7％が預り金口座の届出をした。

預り金に対する規制について、必ず問題になるのが弁護士職務の独立性の議論であるが、依頼者から預った「預り金」をどのように使い、どのように保管するかということは、弁護士職務の独立性とは直接関係がないことに注意すべきでる。

さらに、2024（令和6）年度、日弁連では、続発する弁護士の横領事案防止策の強化のため、預り金会規を改正し、弁護士会による調査開始の要件を緩和するとともに、弁護士会による預り金口座照会に対し回答をしない会員の公表を可能にすることを検討している。

### イ　会員向け相談窓口の整備

### ㋐　メンタルヘルスカウンセリング事業（2015〔平成27〕年10月〜）

日弁連が、SOMPOヘルスサポートに委託し、対面、電話、web（メール）の方法で、カウンセリングを受け付けている。2022（令和4）年度の利用件数は、対面111件、電話240件、web43件となっている。

### ㋑　日弁連会員サポート窓口（2017〔平成29〕年10月〜）

会員の職務又は業務に関して生じた問題についてサポート相談員が電話等で相談に応じる極めて有用な窓口である。利用件数は、2022（令和4）年度で114件である。会員サポート窓口には、2022（令和4）年3月現在で、21人の相談員が登録されている。この制度については、①相談員ごとに寄せられる相談件数に大きなばらつきがあり一部の相談員に負担が集中している、②自由と正義に毎号広告を出している割に会員への周知が進んでいない、③相談者が弁護士間のトラブルにおいて、相談結果を自分に有利に援用するなど会員サポート窓口本来の目的と異なる目的で利用される場合がある、といった問題が指摘されている。

### ウ　研修制度の強化

### ㋐　不祥事防止マニュアル

会員への意識喚起のための情報提供として2015（平成27）年10月、「不祥事防止マニュアル」を作成して全国の単位会を通じ全会員に配布をし、2017（平成29）年10月には「2017年補訂版」を会員専用ページに掲載した。その後、2023（令和5）年、内容をアップデートするとともに、弁護士業務広告について説明を加えた第2版を会員専用ページに掲載した。

### ㋑　マネジメント研修

日弁連では、高齢になって経済的困窮に陥り不祥事に走ることのないように早期にライフプランを立て、ハッピーリタイアメントを迎えるために必要な取組みについて検討し、日弁連ウェブサイトの会員専用ページに「弁護士ライフプランのつくり方」と題する記事を掲載している。

事務所仕舞いの方法で一般的なのは、若手弁護士との共同受任であるが、マッチングや報酬についての取り決めが難しいと言われている。また、事業譲渡スキームも検討されているが、依頼者・顧問先承継に対価が支払われる場合は、依頼者紹介の対価支払いを禁止する弁護士職務基本規程13条1項との関係が難関である。結局のところ、事務所仕舞いの決定打はいまだ見つかっていないのが現状であり、今後も模索は続くものと思われる。

## (6) 総合的対策その4〜重大非行防止

### ア　非行端緒の発見のための体制整備

会費を滞納している弁護士は、健康を害して事件処理を遅滞したり、経営難に陥っている場合が多く、預り金横領等重大非行の前兆があると言えるので、弁護士会の不祥事担当役員間で会費滞納情報の共有が必要である。

### イ　市民窓口の苦情対象弁護士への対応検討

事件処理遅滞や預り金不返還といった、事実であれば重大非行がうかがわれる苦情が寄せられた場合、弁護士会は弁護士に対する指導監督権限を行使することを検討すべきである。その指導監督は、小規模会であれば役員が、大規模会であれば市民窓口委員会等が対

第1章　弁護士制度の現状と展望　5

応することになる。

### (7) 総合的対策その5～重大非行への対応

#### ア　弁護士会の調査の在り方の検討

　企業において不祥事が発覚した場合、その原因究明と再発防止のため調査委員会を立ち上げて調査を行うことが推奨されているが、弁護士会の場合は、綱紀委員会、懲戒委員会による調査と重複するような調査は認められていない。

#### イ　弁護士会に対する責任追及への備え

　近時、詐欺や横領を重ねる弁護士の所属会に対し、会長が指導監督権限の行使を怠ったとして、損害賠償請求の訴えが提起される事案が発生している。被告となった弁護士会の経験や、こういった訴訟において必要な対応は何か、といった点について、前述の全国協議会で情報共有をしている。

#### ウ　懲戒権発動と被害拡散防止策

　放置すると被害が拡散する不祥事に対し、弁護士会は、迅速な会請求と事前公表により被害の拡散を防止することが重要であるが、弁護士会による意識の差が大きいので、前述の全国協議会で経験を共有し、意識を高めてもらう活動をしている。

#### エ　被害救済策：依頼者見舞金制度（2017〔平成29〕年10月～）

　弁護士業務に伴い、横領が行われ、それにより被害を被った依頼者及び依頼者に準ずる者がいた場合、日弁連が一定の基準・要件に基づきつつ裁量的に一定の金員の給付を行うことにより、被害者が受けた精神的・財産的打撃を緩和する制度である。

　同制度は、①保護の対象は自然人のみで法人を含まない、②対象行為は横領のみで詐欺被害を含まない、③見舞金は日弁連が裁量的に支給するというものである。

　2017（平成29）年4月1日以降に発生した弁護士の職務又は業務に伴う横領により30万円を超える被害が発生した場合、対象被害者は、弁護士会を通じて日弁連に申請し、申請を受理した日弁連は調査委員会を設置し、事案を調査して、会長に報告し、会長が調査委員会の報告等、諸般の事情を考慮して給付の有無と金額を決定するというものである。給付額は、給付対象者1名あたりの上限額は500万円、加害弁護士1名あたりに関して給付される上限額は2,000万円である。2023（令和5）年度は、総額2,725万円が支給された。

依頼者見舞金制度に関する規程は、施行後5年（2022〔令和4〕年10月）を経過したときに見直しを検討する旨が規定されている（附則3項）。対象行為に横領だけでなく詐欺を加えるべきか、対象が弁護士法人の場合も上限2,000万円でよいか、給付の対象者は自然人に限るか、といった点が議論されたが、今回は見直しをしないこととなった。

### (8) 東弁の不祥事対策

#### ア　東弁では、市民窓口に寄せられる苦情情報（2023〔令和5〕年は年間2,036件）をデータベース化して苦情内容を分析するとともに、①担当副会長による対象会員に対する調査・助言、②非弁提携弁護士対策本部への情報提供、③市民窓口委員会調査チームによる調査等により弁護士の非行を防止している。

#### イ　他会に比べ、メンタルヘルスカウンセリングをはじめ弁護士相談窓口は充実している。

#### ウ　2017（平成29）年1月、弁護士不祥事防止研修教材等研究ワーキンググループが設置され、同年9月に若手弁護士向け教材「転ばぬ先の杖～弁護士のスタートを切った皆さんへ～」を発行した。義務研修の資料として配布したところ、好評だったので、2018（平成30）年3月に、中堅・ベテラン向けの教材「転ばぬ先の杖～弁護士の円熟期を迎えた皆さんへ～」を発行した。こちらも人気の資料となっている。

## 3　フランス・カルパ制度

### (1) カルパとは

　フランスでは、弁護士の金銭取扱に関し、カルパ（CARPA：Caisse des Règlements Pécuniaires des Avocats）と呼ばれる制度が存在している。

　カルパとは、弁護士が他人の金銭を預かるための専用口座を弁護士会（正確には弁護士会の外郭団体であるカルパ組織）が設置、管理し、弁護士が他人の金銭を預かる場合には、その口座を経由させなくてはならないとする法律上の制度である。カルパ組織が監督する口座を経由させることによって、同制度は、弁護士の預り金をめぐる不祥事防止の抜本的方策として機能するとともに、金銭の送金元、送金先、送金理由についてカルパ組織がチェックを行うことから、抜本的なマネーロンダリング対策としても機能している。また、カルパ口座には常時多額の金銭が留まっていることから、副次的機能として、その運用益が弁護士会の公益

的活動等に活用されている。

### (2) カルパの仕組みの概要

ア　カルパ組織は銀行と提携してカルパ制度を運営し、提携銀行には弁護士会長名の口座（親口座）が1つ設置されるが、その口座の下に、カルパ組織によって、各弁護士毎の口座（子口座）が設置されている。つまり、親口座の下に、カルパ組織が所管する弁護士の数だけの子口座がぶら下がる形になっている。

子口座は、弁護士が弁護士会に登録されると自動的に開設される口座であり、その口座の入出金は銀行ではなく原則としてカルパ組織によって行われる。すなわち、親口座の下の子口座間の資金移動はカルパ組織のみの操作によって行われ、親口座の外にある口座との資金移動は、カルパ組織から提携銀行に指示を出し、同指示に基づき提携銀行が行う。

イ　各弁護士は、自らの子口座の下に、案件において金銭のやりとりを行う必要が発生する都度、案件毎の口座（案件口座）を開設する。案件口座は、各弁護士の子口座の下に、案件の数だけぶら下がる形になる。

各弁護士は、この案件口座を通じて、依頼者からの金銭を預かったり、これを相手方に送金したり、相手方からの支払を受けたりする。案件口座は、その案件が終了した時点で閉鎖される。

ウ　案件口座から金銭を入出金する際には、送金元と送金先についてカルパ組織のデータベースと照合してチェックを行う。また、送金理由については、これを示す根拠資料（判決、和解調書や弁護士費用に関する依頼者の承諾書など）と照合して、その妥当性をチェックするという運用が行われている。

このカルパ組織によるチェックによって、フランスの弁護士の金銭不祥事は制度的に防止され、マネーロンダリング防止のための制度的な対応策にもなっている。

エ　また、各弁護士の案件口座を通じて金銭の取扱いが行われることにより、親口座には、常に入出金がありながら、一定額の金銭が保有される（パリカルパでは常時約20億ユーロ〔約3,200億円〕の金銭が保有されている。）。

この保有金銭の一定割合を、元本保証がなされた金融商品で運用することが法令で認められており、同運用益（パリカルパの2019年実績で1.17%）は、弁護士会の公的な活動資金等に用いることが認められている。

### (3) カルパ制度を参考に弁護士金銭不祥事防止方策を検討することの必要性

以前から弁護士成年後見人による横領や預り金の不正支出等、弁護士の預り金をめぐる不祥事が相次ぎ、収束の兆しが見えていない状況の中で、金銭不祥事防止策として、カルパ制度が再び注目を集めることになった。日弁連では、2017（平成29）年に「依頼者見舞金制度」を創設したが、同制度創設に至る議論のなかでは、カルパ制度など、被害の発生を防止する抜本的方策を検討するべきとの議論も有力に唱えられた。

法友会は2018（平成30）年度から政策委員会の下にカルパ研究部会（当時）を設置して検討を行い、同検討結果をふまえ、2021（令和3）年3月、「東京弁護士会に対し、フランスのカルパ制度を参考として、弁護士の金銭不祥事防止を目的とした預り金保護方策の検討に着手する」べきとする「弁護士の金銭不祥事防止のための制度的方策に関する提言」を総会で採択している。

### (4) 今後の課題

カルパ制度を参考として預り金の取り扱い方法を変更することに対しては、手間が増えるのではないかとの懸念や、預り金の取扱いを通じて弁護士会の監督が強化されるのではないかといった懸念も予想されるところである。

今後、弁護士にとっても利便性の高い制度を構築することや、弁護士会の外郭団体による任意の制度として開始することなど、これらの懸念も想定した多角的な観点から検討を行うことで、弁護士、弁護士会での理解を拡げていく必要がある。

## 4　ゲートキーパー問題

### (1) はじめに

弁護士が「公益」のためにはゲートキーパー（門番）としての役割を果たすべきであるかは、世界の弁護士会及び弁護士にとって重要な課題となっている。我が国では、弁護士は、刑事事件で被疑者・被告人のために守秘義務を負ってその利益を守る必要があり、それが「公益」であると考えられてきたが、国が担う犯罪防止のために弁護士も協力すべきであり、それば「公益」であるという意見もある。「社会正義の実現」を使命とする我が国の弁護士（弁護士法1条、日弁連会則2条）に課された課題でもある。

第1章　弁護士制度の現状と展望　7

欧米では、犯罪収益の移転防止のために弁護士がその国の弁護士会に対して疑わしい取引の報告義務を課している国もある。英国では国家機関に直接通報する義務を弁護士に課している。

以上のような世界の情勢に鑑みて、我が国の弁護士が将来にわたって疑わしい取引の報告を行う義務を課されるかの瀬戸際にあるとの認識を持つべきである。弁護士会では、毎年年次報告書の提出を会員に促し、その不履行に対して懲戒で臨む単位会もあるのはそうした緊迫した背景があることを認識する必要がある。

### (2) マネー・ローンダリングとFATFによる勧告

マネー・ローンダリング（Money Laundering、「資金洗浄」）とは、違法な起源の収益の源泉を隠すことを意味しており、例えば、麻薬密売人が麻薬密売代金を偽名で開設した銀行口座に隠匿したり、いくつもの口座に転々と移動させて出所を分からなくしたりするような行為がその典型とされている。このような行為を放置すると、犯罪収益が将来の犯罪活動に再び使われたりするおそれがあること等から、マネー・ローンダリングの防止が重要な課題となっている。

1989（平成元）年7月、アルシュ・サミットにおける合意により、金融活動作業部会（FATF）が設立され、FATFは1990（平成2）年4月にマネー・ローンダリング対策の国際基準ともいうべき「40の勧告」を提言した。「40の勧告」においては、麻薬新条約の早期批准やマネー・ローンダリングを取り締るための国内法制の整備、顧客の本人確認及び疑わしい取引報告の金融機関への義務づけ等が提言されていた。

### (3) FATFによる第3次「40の勧告」の制定

また、FATFは、犯罪技術が精巧に複合化してきたことに注目し、これまでの「40の勧告」の再検討を行い、2003（平成15）年6月、非金融業者（不動産業者、貴金属・宝石等取扱業者等）及び職業的専門家（法律家・会計士等）に対する適用を盛り込んだ、第3次「40の勧告」を制定した。

本勧告は、弁護士や会計士等の職業的専門家が金融取引の窓口（ゲートキーパー）となることに着目して、不動産の売買、依頼者の資産の管理、銀行預金等の口座の管理等の取引を実施する際に、顧客の本人確認義務及び記録の保存義務を負わせるとともに、これらの業務を行う際に、その資金が犯罪収益又はテロ関連であると疑わしい取引について金融監督機関（FIU）に報告する義務を負わせるものである。

日弁連は、本勧告が出される前に、ABA（アメリカ法曹協会）やCCBE（ヨーロッパ法曹協会）など海外の弁護士会と連携し、弁護士に対する適用に強く反対してきた。このような反対運動の成果として、FATFは、職業的専門家については、守秘義務又は依頼者の秘密特権の対象となる状況に関連する情報が得られた場合には報告義務を負わないという例外を認めるとともに、守秘義務の対象についての判断は加盟国に委ね、さらに、疑わしい取引の報告先については、自主規制機関（弁護士の場合には弁護士会）に委ねることもできることを認めた。

なお、FATFは、2012（平成24）年2月、「40の勧告」とテロ資金対策である「8の特別勧告」を統合・整理した新たな「40の勧告」（第4次）をまとめている。

### (4) 日弁連の対応

日弁連は、かねてから、ゲートキーパー規制に対しては強く反対してきた。日弁連の理事会が承認した2003（平成15）年12月20日付意見書「ゲートキーパー制度に関する今後の日弁連の取り組みについて」では、「日弁連は、弁護士に対し依頼者の疑わしい取引・活動に関する報告義務を課す制度については、今後も、このような制度が市民の弁護士に対する信頼を損ね、司法制度の適正な運営を阻害しかねないという問題があることを広く市民に訴え、その制度化に強く反対する。」とする基本的姿勢を明らかにしていた。

ところが、政府の国際組織犯罪等・国際テロ対策推進本部は、2004（平成16）年12月10日、「テロの未然防止に関する行動計画」を決定し、その中で、「FATF勧告の完全実施に向けた取組み」が掲げられ、その実施についての法整備の必要性を検討することを定めた。

FATFの新「40の勧告」がテロ対策も含んでいたことから、上記行動計画は、FATF勧告の完全実施を掲げ、その結果、弁護士などの専門職を含む非金融機関に対する横並びの法規制がなされる可能性が高まった。

### (5) 金融庁から警察庁へのFIUの移管と日弁連の対応

2005（平成17）年7月29日、国際テロ対策推進本部幹事会は、弁護士を含む法律専門家及び非金融機関に対する顧客の本人確認義務、取引記録の保存義務及び疑わしい取引の報告義務とその遵守のための制裁措置の導入について、単一の法律を制定する方針を決めた。

その後、同年11月17日、政府の国際組織犯罪等・国

際テロ対策推進本部は、FATF勧告を実施するために必要となる法律の整備について、その法律案の作成を警察庁が行い、施行体制につき、疑わしい取引の報告先であるFIU（金融情報機関）として金融庁に設営されていた「特定金融情報室」を組織・人員ごと警察庁に移管すること、FATF勧告を実施するために必要となる法律を2006（平成18）年中に作成し2007（平成19）年の通常国会に提出すること、をそれぞれ決定した。

この決定に対し、日弁連は、同年11月18日、「弁護士に対する『疑わしい取引』の報告義務の制度化に関する会長声明」を出し、「警察庁への報告制度は、弁護士・弁護士会の存立基盤である国家権力からの独立性を危うくし、弁護士・弁護士会に対する国民の信頼を損ねるものであり、弁護士制度の根幹をゆるがすものである。したがって、日弁連としては、今回の政府決定は到底容認できないものであり、国民各層の理解を得る努力をしつつ、諸外国の弁護士・弁護士会と連携し、反対運動を強力に展開していくことを決意する。」との決意を表明した。

これを受けて、全国の弁護士会において、ゲートキーパー問題に対する対策本部を設置して活動を行ってきた。東弁においても、2006（平成18）年1月15日にゲートキーパー立法阻止対策本部を設置して、国会議員への要請や広報等の活動を活発に展開してきた。

### (6) 犯罪収益流通防止法案に対する弁護士会の対応と同法律の成立

警察庁は、金融機関、非金融機関（クレジットカード業、ファイナンス・リース業、宝石商・貴金属商、不動産業）、法律・会計等の専門家（公認会計士、行政書士、弁護士、司法書士、税理士）を対象として、テロ資金その他の犯罪収益の流通防止に関する施策の基本を定めること、義務対象事業者の義務を規定すること等により、テロ資金供与防止条約等を的確に実施し及び正当な社会経済活動が犯罪収益の流通に利用されることを防止することを目的とする「犯罪による収益の流通防止に関する法律案」を作成し、2007（平成19）年の第166回通常国会に提出することを計画していた。

その中には、弁護士も、本人確認、取引記録の保存及び疑わしい取引の届出の措置を講ずる責務を有することを定めるとともに、弁護士については、その措置の内容を、他の法律・会計等の専門家の例に準じて、日弁連の会則により定めること、弁護士による疑わしい取引の届出は日弁連に対して行うことなどが規定されようとしていた。

これに対して、日弁連では、本人確認及び取引記録の保存について会則を新設するとともに、疑わしい取引の届出の措置については、会則等で自主的に定めることについても強く反対することを表明した。

日弁連は、2007（平成19）年3月1日の臨時総会において、「依頼者の身元確認及び記録保存等に関する規程」を可決して成立させ、同年7月1日から施行している。この規程は、弁護士職務基本規程の特別法として位置づけられ、違反した場合には懲戒処分も可能な内容となっている。

このような動きを受けて、政府は、「犯罪による収益の移転防止に関する法律案」の提出の段階において、弁護士を含む士業について、「疑わしい取引の報告義務」を課さないことにするとともに、弁護士についての本人確認義務及び記録保存義務については、特定事業者の例に準じて日弁連の会則で定めるところによることとされ、法律で直接規制されることは免れることになった。同法律は2007（平成19）年3月31日に成立した。弁護士等やそれ以外の特定事業者がとるべき各種の義務に係る部分は、2008（平成20）年4月1日から全面的に施行されている。

### (7) FATFの対日審査とその後の情勢

第3次「40の勧告」についてのFATFの日本に対する相互審査が2008（平成20）年3月6日から同月21日まで実施され、その際に日弁連に対するヒアリングも実施された。

同年10月に公表された対日相互審査報告書において、弁護士を含む職業専門家については、勧告への不適合（NC、ノン・コンプライアント）という評価が下された。日弁連の「依頼者の身元確認及び記録保存等に関する規程」については、非対面取引について日弁連のガイダンスが不十分である、身元確認義務の除外範囲が不明確である、一定の金額以下の取引を除外しているなどが指摘され、2011（平成23）年10月までに改善措置をとることを求められた。

政府は、顧客管理措置について法改正を含む対策を検討し、2011（平成23）年3月11日、犯罪収益移転防止法改正案を閣議決定し、通常国会に提出した。

同改正案は、同年4月27日に成立し、同月28日に公布され、2013（平成25）年4月1日から施行されている。

## （8）日弁連による規程の全面改正と規則の制定

犯罪収益移転防止法は、弁護士の義務については、司法書士等の士業の例に準じて、日弁連の会則で定めることとされていることから、日弁連は、改正犯罪収益移転防止法の施行に向けて改正された省政令の内容を踏まえて、弁護士の日常業務への影響を考慮しつつ、日弁連が2007（平成19）年3月1日に自主的に制定（同年7月1日から施行）した「依頼者の身元確認及び記録保存等に関する規程」について改正の要否及びその内容について慎重に検討を重ねてきたが、2012（平成24）年12月8日の臨時総会において、「依頼者の身元確認及び記録保存等に関する規程」の全部改正が決議されるとともに、同年12月20日の理事会において、「依頼者の本人確認事項の確認及び記録保存等に関する規則」が承認され、いずれも2013（平成25）年3月1日から施行された。

## （9）日弁連による規程等の一部改正

「40の勧告」についてのFATFによる第3次相互審査について、政府は、その後もフォローアップを続けているが、特に顧客管理措置について不十分であるとして対策を求められた。

そのため、政府は、顧客管理方法に関する規定の整備等を内容とする犯罪収益移転防止法の改正案を、2014（平成26）年の通常国会に上程し、同法律は可決成立した。

日弁連は、犯罪収益移転防止法の上記改正や政省令の改正の内容を精査して、弁護士に対する影響を考慮し、「依頼者の本人確認事項の確認及び記録保存等に関する規程」に対する改正案を、2015（平成27）年12月4日の臨時総会で決議するとともに、2016（平成28）年1月の理事会において同規則の改正案を決議した（なお、その後、熊本地震に伴う特例を盛り込んだ規則の改正案が決議されている。）。これらはいずれも法律や政省令の施行日である2016（平成28）年10月1日から施行された。

## （10）2019（令和元）年FATFの第4次対日審査

「40の勧告」の第4次勧告についての日本に対する相互審査が、2019（令和元）年秋に実施された。今回の対日相互審査においては、勧告に沿った法令の整備状況だけでなく、その有効性、すなわち、法令の履行状況も審査の対象とされている。弁護士については、弁護士のマネー・ローンダリングのリスクに応じた弁護士への適切な監督及びリスクに応じた適切な予防措置を行っているかどうかが審査の対象となっており、FATFによって選定された法律事務所への聴取も行われた。2021（令和3）年8月30日、第4次対日相互審査報告書が公表され、日本は重点フォローアップ国となり、今後の改善報告を実施することになった。

他の国や地域については、アジアでも新たに弁護士に疑わしい報告義務を課した国や地域（シンガポール、台湾）もあり、同相互審査を契機に、新たな法規制（ゲートキーパー規制）を設けようとする動きもある。

## （11）犯罪収益移転防止法の2022（令和4）年改正

日本政府は、FATFから重点フォローアップ国とされたことに対応するために、マネロン・テロ資金供与対策等に関する3年間の行動計画を策定し、この行動計画を受けて2022（令和4）年12月に犯罪収益移転防止法を改正した（弁護士関係の改正施行は2024〔令和6〕年4月1日）。同改正法では、いわゆる職業専門家に適用される取引時確認等及び疑わしい取引の届出等に関する規律が強化され、実質的支配者の確認を含む顧客管理の厳格化が図られている。士業では、行政書士、税理士、公認会計士にいわゆる疑わしい取引の届出義務が課せられることとなったが、弁護士、司法書士は除外された。

しかし、日本司法書士連合会は、独自の対応策として「特別報告」の制度を設けることとし、司法書士会会員が、その会則で定める要件を満たす業務を行ったときには、所属する司法書士会（会長）に一定の事項を報告しなければならないとする規定を設けた。

## （12）第4次対日相互審査報告書が公表後の対応

現在の犯罪収益移転防止法では、弁護士について以下のとおり定められている。

---

（弁護士等による取引時確認等に相当する措置）
第十二条　弁護士等による取引時確認、確認記録の作成及び保存、取引記録等の作成及び保存並びにこれらを的確に行うための措置に相当する措置については、第二条第二項第四十六号に掲げる特定事業者の例に準じて日本弁護士連合会の会則で定めるところによる。

2　第五条の規定は、前項の規定により定められ

た日本弁護士連合会の会則の規定により弁護士等が行う取引時確認に相当する措置について準用する。

3　政府及び日本弁護士連合会は、犯罪による収益の移転防止に関し、相互に協力するものとする。

日弁連は、第4次対日相互審査報告書が公表され、日本が重点フォローアップ国となったことを受けて、FATF及び日本政府から弁護士に対しても依頼者の「疑わしい取引」の報告義務を課すことにならないように、「依頼者の本人特定事項の確認及び記録保存等に関する規程」及び同規則の改正案を検討している。概要は、①実質的支配者の確認の義務付け、②厳格な顧客管理を行う必要性が特に高いと認められる場合に厳格な本人特定事項等の確認における資産及び収入の状況の確認をする義務、③法律事務の依頼を受けようとし、その依頼の目的が犯罪収益の移転に関わるものであるか否かについて慎重に検討するために、弁護士業務におけるマネー・ローンダリング危険度調査書の内容に照らしてその検討を行うことの義務付け、④弁護士会が会員の本規程及び本規則の実施状況に確認の必要があると認めるときには、会員が提出した年次報告書の回答内容を調査し、当該会員に対して回答を求める調査の枠組みであり、2023（令和5）年3月の総会では「依頼者の本人特定事項の確認及び記録保存等に関する規程」及びその規則を改正し、2024（令和6）年4月1日に施行した。

さらに、日弁連では、毎年年次報告書の提出を会員に求め、その結果のフォローアップを実施し、リスクのある取引について弁護士会が調査することとした。そして、年次報告書の回収が困難な会員への対応についても対応策を策定しており、依頼者の本人特定事項等の確認等に関するチェックリストも作成し、「弁護士業務におけるマネー・ローンダリング危険度調査書」を設けて会員に周知するとともに、マネー・ローンダリング対策相談等窓口を設け、eラーニングによる啓発活動など様々な施策を行っている。

### (13) 実質的支配者の確認義務の新設

依頼者の本人特定事項の確認及び記録保存等に関する規程4条では、依頼者が法人であるときその他弁護士等に対して現に依頼事項を行っている自然人が依頼者と異なるときには、その実質的支配者を確認しなけ

ればならないとされており、同規則でも詳細が定められた。

公証人法規則13条の4で法人設立時の定款認証において公証人の実質支配者となるべき者を申告書で申告する制度や、株式会社が商業登記所の登記官に対して実質的支配者の情報を記載した書面を提出させる制度（商業登記所における実質的支配者情報一覧の保管等に関する規則、2022〔令和4〕年1月31日運用開始）を利用するなどして実質的支配者を確認することが求められることとなった。

### (14) 第5次対日相互審査の準備と日弁連及び弁護士会に求められる対応

日弁連の対応が不十分とされれば、政府（財務省及び法務省）が、弁護士に対して、依頼者の「疑わしい取引」の報告義務を課す可能性は排除できない。特に、FATFの第5次対日相互審査が2024（令和6）年から開始されることから、その結果次第では予断を許さない。

弁護士がマネー・ローンダリングに関与したり利用されたりすることがないように、弁護士会が自主的かつ実効的に規律している実績を示すことは重要であり、日弁連が定めた依頼者の本人確認事項の確認及び記録保存等に関する規程及び同規則を、会員に対してより周知徹底するとともに、同規程が適正に運用されている状況を作り、依頼者の疑わしい取引の報告義務を日本で導入する立法事実がない状況を作っていくことが求められる。

日弁連及び弁護士会としては、依頼者の疑わしい取引の報告義務は、依頼者に告げないで、捜査機関に対して依頼者の秘密情報を提供することが求められる制度であり、弁護士と依頼者との通信の秘密を侵害し信頼関係を根底から破壊するものであって、弁護士にそのような義務を課すことだけは認めることはできない。今後、疑わしい取引の報告義務が弁護士に課されることがないように、海外の動向も調査した上で、不断にその動きを注視する必要がある。立法化の動きも牽制しつつ、自らの調査制度を充実していく必要がある。

## 5　弁護士のハラスメント問題

### (1) 問題意識

弁護士によるセクシュアル・ハラスメントやパワー・ハラスメントが問題となっている。事務職員・勤務弁護士など雇用関係にある者に対する行為のみなら

第1章　弁護士制度の現状と展望　11

ず、相談者や依頼者、司法修習生や就職活動者、弁護士会務関係者、事件の相手方代理人弁護士など、多方面からの苦情が存在する。日弁連のハラスメント苦情相談窓口、東弁の市民窓口、綱紀・懲戒手続、司法修習委員会などへの公式の苦情のみならず、各種懇談会やSNS上での「弁護士版＃metoo」における多数の被害開示や問題提起の形で、弁護士が加害者となる各種ハラスメントが報告されている。

一般に、女性活躍推進法、労働施策総合推進法、男女雇用機会均等法及び育児・介護休業法などにより、事業主は、職場における労働者の就業環境に関する措置義務として、ハラスメント防止義務を負っている。セクシュアル・ハラスメントとは、①職場において、労働者の意に反する性的な言動が行われ、それを拒否したことで解雇、降格、減給などの不利益を受けること（対価型セクシュアル・ハラスメント）、②性的な言動が行われることで職場の環境が不快なものとなったため、労働者の能力の発揮に大きな悪影響が生じること（環境型セクシュアル・ハラスメント）とされている。パワー・ハラスメントとは、①優越的な関係を背景とした、②業務上必要かつ相当な範囲を超えた言動により、③就業環境を害することとされている。

また、雇用関係に無い当事者間であってもハラスメントの内容によっては、侮辱、名誉棄損、性的暴行などが刑事・民事の責任を伴うことは自明である。

2012（平成24）年に制定された日弁連の「性別による差別的取扱い等の防止に関する規則」（以下、「差別的取扱い等防止規則」という。）では、セクシュアル・ハラスメントを「会員の事務所における活動、本会、弁護士会及び弁護士会連合会における会務活動その他の職務等に関する一切の活動において、他人に不快感を感じさせる性的な言動をいう」と定義しており、雇用関係に限定されないことが明示されている（なお、東弁が定める「性を理由とする差別的取扱い及びセクシュアル・ハラスメントの防止等に関する規則」2条に同様の定義規定が置かれている。）。これは、2019（令和元）年6月21日にILO総会で採択され、2021（令和3）年6月25日に発効した「仕事の世界における暴力及びハラスメントの撤廃に関する条約」（日本は未批准）が、契約上の地位にかかわらず、仕事の世界におけるあらゆる労働者その他の人々を保護対象としており、ディーセント・ワーク（働きがいのある人間らしい尊厳の

ある仕事）が人権として守られるべきものであり、仕事の世界における暴力やハラスメントが人権侵害にあたることを表明していることと、軌を一にするものである。

上記「差別的取扱い等防止規則」に続き、日弁連では、2015（平成27）年2月20日、「ハラスメントの防止に関する規則」（以下、「ハラスメント防止規則」という。）の制定が承認され、同日上程された「セクシュアル・ハラスメントの防止に関する指針」及び「パワー・ハラスメントの防止に関する指針」において、ハラスメントが懲戒の対象となりうることも明記された。

**(2) ハラスメントに対する弁護士会の対策**
**ア　対策の現状**
**㋐　日弁連**

日弁連は、性別による差別的取扱い及びセクシュアル・ハラスメントの防止に関して、2012（平成24）年3月、前述の「差別的取扱い等防止規則」を制定し、差別的取扱いの防止に関する指針の作成及び周知、研修、苦情相談制度（相談・助言、調査、相手方に対する助言・勧告・謝罪等のあっせんなどの措置）を運用している。苦情相談制度への相談は全国から寄せられており、単位会の相談窓口に比べれば一定の相談件数があるが、必ずしも多くない。相対的に、法律事務所事務職員からの相談が多いとされている。

さらに、既に述べたように、2015（平成27）年2月には、「ハラスメント防止規則」、「セクシュアル・ハラスメントの防止に関する指針」及び「パワー・ハラスメントの防止に関する指針」を定め、それぞれ、ハラスメントに関する基本的な考え方、ハラスメントになりうる言動の例示列挙、これらが懲戒処分の対象になりうることの表明、会員一般が認識すべき事項、委員会の委員長、役員、事務総次長などのリーダー層の弁護士が認識すべき事項、職員が留意すべき事項を定めている。指針や窓口が必ずしも知られていないこと、加害者の行動変容に繋げることなどが課題である。

**㋑　東弁**

東弁は、「性を理由とする差別的取扱い及びセクシュアル・ハラスメントの防止等に関する規則」（1999〔平成11〕年10月7日制定・2022〔令和4〕年3月23日最終改正）、「性を理由とする差別的取扱い及びセクシュアル・ハラスメントの防止等に関する指針」（2022〔令和4〕年3月28日全部改正）及び性を理由とする差別的

12　第1部　弁護士をめぐる司法制度の現状と展望

取扱い及びセクシュアル・ハラスメントの防止等に関する相談員及び調査担当委員の留意すべき事項に関する指針（2022〔令和4〕年3月28日全部改正）を定めている。東弁の規則及び指針は、①性を理由とする差別的取扱い及びセクシュアル・ハラスメントを会員に禁じる規定があること、②相談窓口が、東弁の窓口（電話・専用フォーム・FAX・郵送）のほか、HP上に公表された相談員への直接の申し出、外部の専門相談員と多様な受付窓口が提供されていること、③新規登録弁護士研修及び倫理研修に含めることが義務付けられていること、④一般会員や職員が差別的取扱い等を見聞きした際に注意を促し、相談に乗ることを促していること、⑤拒否の意思表示ができないことも少なくないことを前提に、それを同意・合意と勘違いしてはならない等の注意事項も示されていること、などが特徴的である。

また東弁は、「東京弁護士会の職場内のハラスメントの防止に関する規則」（2019〔平成31〕年3月5日制定、2022〔令和4〕年3月23日最終改正）及び「東京弁護士会の職場内のハラスメントの防止等に関する指針」（2022年〔令和4〕年3月28日）を制定し、東弁に勤務する職員が業務を遂行する場所及び職員が業務遂行に関連して存する場所におけるハラスメント（セクシュアル・ハラスメント、パワー・ハラスメント及び妊娠・出産等に関するハラスメントなど）の禁止、啓発、相談窓口の運営、事実調査、勧告等の措置について定めている。

さらに、東弁は、2021（令和3）年度にパワー・ハラスメントの防止等に関する規則、パワー・ハラスメントの防止等に関する指針、パワー・ハラスメントの防止等に関する相談員及び調査担当委員の留意すべき事項に関する指針を制定した。従来の東弁の制度では東弁会員による会員等に対するパワー・ハラスメントについての規定がなく、会員等を保護することができていなかったこと、若手会員等の意見から東弁会員によるパワー・ハラスメントが行われているとの情報提供等があったことから、新たに制定に至った。日弁連では職員をパワー・ハラスメントから守る規定があるものの、それ以外の者を守るための規定を置いていないことに照らせば、東弁は日弁連に先んじての対応を行ったといえる。

これらに加えて、2021（令和3）年度においては、

前述のセクハラ規則等の制度改正を行い、従来の調査委員会をハラスメント防止委員会に名称を変更したこと、その構成員を従来の性の平等に関する委員会、男女共同参画推進本部のみならず、会員サポート窓口協議会、司法修習委員会、弁護士業務改革委員会、公益通報者保護特別委員会、人権擁護委員会、市民窓口委員会、労働法制特別委員会等から推薦されるものとしたこと、このハラスメント防止委員会が相談への対応とともに、研修、広報を担っていくことなど同委員会の権限を明確にしたことなど、当会のハラスメント問題への取組みの強化が図られた。

イ　今後の対応

㋐　日弁連

日弁連は、弁護士業界が、誰もが年齢や性別などの属性によって差別やハラスメントを受けることなく、尊厳をもって能力を発揮できる業界となるよう、ハラスメント対策を始めとするダイバーシティ推進の総合的対策を担当する部署を設けて、ハラスメント根絶に力を尽くすべきである。

この点、日弁連では2024（令和6）年度に「性別による差別的取扱い等の防止に関する規則」が改正され、各弁護士会の倫理研修を日弁連の倫理研修をみなすにあたり、倫理研修の際にセクハラ等防止研修が実施されるか否か等が考慮要素とされることが規定された（同規則は2025〔令和7〕年度の倫理研修から適用される。）。

もっとも、上記規則改正もセクハラ、性差別が対象であり、広くハラスメントを対象とした規則改正が望まれるところである。

㋑　東弁

①　被害を受けた人からの苦情相談窓口が、必ずしも機能していない点は否めない。その要因はいくつか考えられるが、一つは、若手会員アンケートによると窓口が知られていないことである。また、窓口を知っている人でも、相談しなかった理由として、言っても無駄だと思った、という回答や、大ごとになると思ったという回答があった。したがって、窓口の存在や、その後の展開の選択肢など、苦情相談制度についての周知が必要である。修習生向けのイベントでの説明や求人サイトへの掲載、HP上の目立つ位置にバナーを置くなど、あらゆる機会をとらえていくべきである。

②　被害者が苦情相談による相手方との調整は望ま

いが、被害実態についての情報を弁護士会に対して届け出て、予防に繋げて欲しいとのニーズがあることから、定期的な全会員アンケートの実施や、恒常的な情報提供窓口の設置などにより、実態把握に努めることも検討すべきである。

③ 相談窓口から、被害者のメンタルヘルスの回復支援に、日弁連メンタルヘルスカウンセリングや東京都弁護士国保のメンタルヘルスカウンセリング事業を紹介するよう相談員に情報共有すべきである。

④ 法曹界自体が狭い業界であることから、被害が生じてからの対策では回復が困難である面も否めず、予防が重要である。この点、研修内容の充実化、相談窓口の広報などハラスメントの予防に重点を置いて対応していくべきであり、その担い手であるハラスメント防止委員会の活動を支援していく必要がある。

# 第2 法曹人口問題をめぐる現状と課題

## 1 法曹人口問題の経緯

### (1) 日弁連の司法改革宣言の意義

日弁連は、1990（平成2）年に初めて司法改革宣言を発表し、その中で「2割司法を打破し国民に身近な開かれた司法をめざすために、司法の容量の拡大が必要」というスローガンを掲げた。日弁連が司法改革において目指した趣旨は、あくまで「法の支配」を社会の隅々にまで浸透させるために、その担い手となる法曹、特に弁護士を増やさなければならないということであった。

### (2) 政界・経済界からの規制改革・自由競争の要請と日弁連への批難

しかしながら、日弁連の司法改革宣言と同時期、すなわち1990年代半ばより政界・経済界を中心に巻き起こった規制改革の議論のなかで「規制緩和の観点から法曹人口を大幅に増やし、自由競争によって質を高めユーザーに使いやすいものにすべき」という意見が政界・経済界の一部で主張された。これに対し日弁連は1994（平成6）年12月の臨時総会において、司法試験合格者を「相当程度増員すべき」としたものの「今後5年間は800名を限度とする。」旨の関連決議をしたため、マスコミ等からあまりにも少ないと強く批判された。そこで日弁連は、翌年の1995（平成7）年11月の臨時総会で「1999年から合格者を1,000名とする。」という決議を行ったが、同月に発表された法曹養成制度等改革協議会意見書では「中期的には合格者は1,500名程度」とされ、日弁連の意見は少数意見とされた。

そして、1999（平成11）年7月、内閣に「司法制度改革審議会」が設置され（法曹三者から各1名、学者5名、経済界2名、労働界2名、市民団体1名、作家1名の計14名。なお当初の構想は法曹三者が委員からはずされていた。）、法曹人口問題は法曹三者に各界代表者が加わって決定されることとなったのである。

### (3) 司法制度改革審議会における議論と経済界・政界の動き

司法制度改革審議会では、法曹人口について、1999（平成11）年11月の審議で「合格者3,000人」論が初めて出され、以後はこれを軸に議論されるようになった。

2000（平成12）年2月の審議では、弁護士会からの委員である中坊委員から「あるべき弁護士人口試算」のレポートで5〜6万人という数字が示され、同年5月には自民党・司法制度調査会が「一定期間内にフランス並み（5万人）の法曹人口を目指すべき」と主張、同年7月には民主党（当時）が「法曹人口を10年後（2010年）に5万人にするべき（合格者は年間4,000〜5,000人が必要）」と提言した。このように、根拠はともかく、5万人という数字については徐々にコンセンサスができてきた。

一方、合格者数は3,000人を主張する労働者、消費者からの委員、中坊公平委員、佐藤幸治会長らと、2,000人に抑えるべきとする経団連、商工会議所からの委員、竹下守夫委員、最高裁、検察庁からの委員らで議論が続いたが、結局、2000（平成12）年8月、「フランス並の5〜6万人の弁護士人口を目指すとすれば、年3,000人としても実現は2018年になる。」として、「年3,000人の合格者で概ね一致」と公表するに至った。

### (4) 日弁連の対応

このような状況の中で、2000（平成12）年8月29日のプレゼンテーションにおいて、当時の久保井一匡日弁連会長は、「3,000人という数字は日弁連にとって重

い数字だが、審議会が国民各層・各界の意向を汲んで出した数字である以上、反対するわけにはいかない。積極的に取り組んでいく。」との意見を表明した。

そして、日弁連は、わずかその2ヶ月後の2000（平成12）年11月1日の臨時総会において、「国民が必要とする数を、質を維持しながら確保するよう努める。」との決議を圧倒的多数により採択した。

この決議は、法曹三者の協議を通じて合格者数を決定してきた従前の日弁連の姿勢を大きく転換したものであり、また「年間3,000人程度の新規法曹の確保を目指していく。」とした司法制度改革審議会のとりまとめを、同会の最終意見に先んじて、日弁連の会員の総意としても支持することを意味した点において、社会的にも大きな注目を集め、以降、被疑者国選弁護制度、市民の司法参加、法律扶助制度の抜本的見直しと拡充による法テラスの創設など日弁連主導による様々な司法改革を実現する契機となり、弁護士の公益性、活動領域の拡大を位置づけ、弁護士自治に対する市民の理解を深めることとなったのである。

そして、司法制度改革審議会が2001（平成13）年6月の最終意見書において、法曹人口問題につき「法科大学院を含む新たな法曹養成制度の整備の状況等を見定めながら、平成22（2010）年頃には新司法試験の合格者数年間3,000人達成を目指すべきである。」「このような法曹人口増加の経過を辿るとすれば、おおむね平成30（2018）年ころまでには、実働法曹人口は5万人規模に達することが見込まれる。」と提言したことを受けて、日弁連は「同意見書の改革方針を支持し尊重する。」旨の会長談話を公表した。

**(5) 現在までの法曹人口の増員の状況**

その後、それまで約1,000名だった司法試験合格者は、2002（平成14）年1,183人、2003（平成15）年1,170人、2004（平成16）年1,483人、2005（平成17）年1,464人に増加した。法科大学院が創設され、2006（平成18）年から新司法試験が開始されることによって、新旧司法試験との併存期間が始まり、2006（平成18）年の合格者は1,558人（新試験1,009人、旧試験549人）、2007（平成19）年は2,099人（新試験1,851人、旧試験248人）、2008（平成20）年は2,209人（新試験2,065人、旧試験144人）、2009（平成21）年は2,184人（新試験2,043人、旧試験141人）、2010（平成22）年は2,133人（新試験2,074人、旧試験59人）、2011（平成23）年は2,069

人（新試験2,063人、旧試験6人〔注：旧試験は口述試験のみ〕）となった。旧試験終了後の2012（平成24）年は2,102人、2013（平成25）年は2,049人であったが、2014（平成26）年1,810人、2015（平成27）年1,850人、2016（平成28）年1,583人、2017（平成29）年1,543人、2018（平成30）年1,525人、2019（令和元）年1,502人、2020（令和2）年1,450人、2021（令和3）年1,421人、2022（令和4）年1,403人と、徐々に減少傾向となり、特に過去3年は1,500人を下回っている。ただし、2023（令和5年度）から法科大学院の「在学中受験資格」の制度が始まり、一定の要件を満たせば法科大学院在学中に司法試験受験が可能となったことから、2023（令和5）年度は減少が続いていた司法試験受験者が約850人増加し、合格者は1,781人に増加した（合格者のうち在学中受験資格での合格者は637人）。

2002（平成14）年度以降の各年度3月31日時点における弁護士人口については、2002（平成14）年1万8,838人、2005（平成17）年2万1,185人、2010（平成22）年2万8,789人、2015（平成27）年3万6,415人、2016（平成28）年3万7,680人、2017（平成29）年3万8,980人、2018（平成30）年4万0066人、2019（平成31）年4万1,118人、2020（令和2）年4万2,204人、2021（令和3）年4万3,206人と、近年の司法試験合格者が減少傾向であることに比例して弁護士人口の増加ペースも概ね年1,000人増程度に低下している。なお、2022（令和4）年3月31日時点の弁護士人口が4万2,897人と前年より減少したが、これは、例年、前年12月に行われる新人弁護士の一斉登録が新型コロナウイルス感染症の影響による74期の修習開始が遅れたため、一斉登録日が2022（令和4）年4月にズレ込んだためであり、2022（令和4）年4月30日には4万4,053人と前年3月末日と比較すると847人増であった。2023（令和5）年3月31日時点では前年から863人増の4万4,916人、2024（令和6）年3月31日時点では前年から892人増の4万5,808人となっており、年間900人前後程度増加している。

**(6) アジア諸国の弁護士人口等**

中国では1993（平成5）年から毎年司法試験が行われるようになったが、その後の急速な経済発展に合わせて現在では52万人を超える弁護士がおり、その増加ペースは著しい。また、経済活動だけでなく、日本と異なる政治制度の中で、行政権に対する市民の権利保護に努めるような、人権擁護活動に熱心な弁護士も増

第1章　弁護士制度の現状と展望　15

えているようであり、行政権との対立が報道されることも多い。

また、韓国では日本と同様に1990年代から法曹養成や裁判制度についての司法改革の議論が続けられ、2009（平成21）年から3年制の法科大学院制度がスタートしている。韓国の法科大学院は、法学部を持つ大学約90校のうち、25校に限定して設置を許可し、総定員を2,000人とした。そして法科大学院を設置した大学は法学部を廃止し、法学部以外から3分の1以上、他大学から3分の1以上を入学させる制度として、必然的に多様な人材が法科大学院に集まるようにしている。また、韓国には予備試験制度がなく、法曹養成がロースクールに一本化された点に特徴がある。

タイの弁護士は約5万人おり、国民は約7,000万人なので人口比でも日本より多い。相当高度な弁護士自治があるようだが、半数程度は弁護士業務を行っておらず、また首都バンコクに集中しているようである。

その他のアジア諸国でも、日弁連がJICAの協力を得てカンボジアの弁護士養成を支援したり、ベトナム、インドネシア、モンゴル、ラオスなどの司法制度の整備や信頼性向上を図る支援を行ったりしており、経済発展や経済のグローバル化に対応して、従来多くなかった弁護士を増やし、司法基盤を整備する過程にあると言える。

## 2 法曹人口増加にともなう課題

### (1) 司法修習生及び新人弁護士たちの「質」について

このような司法試験合格者の増加に伴い、司法修習生の考試（いわゆる二回試験）において、2006（平成18）年の59期以降、100人前後の大量の不合格者が毎年出る事態となった。また、当時の最高裁の報告書によれば、法科大学院出身者が大部分となっていた司法研修所の修習生の現状について、「大多数は期待した成果を上げている。」としながらも、一方で「実力にばらつきがあり下位層が増加している。」「最低限の能力を修得しているとは認めがたい答案がある。」「合格者数の増加と関係があるのではないか。」と指摘されていた。

### (2) 法曹志望者の減少について

法科大学院を中核とする新しい法曹養成制度は、法的知識偏重の旧司法試験制度の行き詰まりを打破し、併せて、法曹を大幅に増加させながら質を維持・向上

させて多様な人材を育成するプロセス教育として導入されたが、「法曹の質」を担保する制度としては、未だ成熟途上にあると言わざるを得ない。その一方で、弁護士の就職難などから法曹志望者が減少し、さらに予備試験の関係で法科大学院志望者が大きく減少する事態に直面し、当初74校でスタートした法科大学院のうち、2022（令和4）年4月時点で40校が学生の募集を停止している。一方で、法曹になるまでの期間を短縮して法曹志望者の増加を図るため、大学の法学部と連携して法学部を3年で卒業して法科大学院の既修コースに入る連携制度が2020（令和2）年4月から始まり、さらに法科大学院最終年次に司法試験の在学中受験資格を与える在学中受験制度が2023（令和5）年から始まった。これにより、2022（令和4）年の受験者3,060人に対して2023（令和5）年は3,928人と大幅に増加し、合格者の増加につながった。2024（令和6）年の受験者は3,746人で、昨年よりはやや減ったものの、一昨年を大きく上回る状態が継続しており、在学中受験制度の効果が現れていると考えられる。

また、日弁連・弁護士会としても引き続き法科大学院の在り方を検討しつつ、法科大学院制度の成熟を図っていくべきである。

### (3) 法曹人口増員に対応するための司法基盤の整備
#### ア 新人弁護士の勤務先採用難とOJT問題

弁護士の法曹倫理を含む実務法曹としての能力は、法科大学院や司法研修所の教育のみで養われるものではなく、これまでは、勤務弁護士として、あるいは先輩弁護士との事件を通して経験により修得されてきた面が大きい（いわゆるオン・ザ・ジョブ・トレーニング〔OJT〕）。

司法試験合格者が2,000人を超えていた2007（平成19）年頃から、司法修習を終了しても法律事務所への就職採用が困難となり、やむを得ず最初から独立したり（即独）、他の弁護士事務所に席だけ置かせてもらう（ノキ弁）新人弁護士が少なからず存在するという指摘があった。

そして2010（平成22）年の新63期司法修習生の一斉登録時には200人を超える未登録者が発生し、その後も毎年、一斉登録時に400人を超える未登録者が発生していたが、66期の一斉登録時の未登録者数は修習終了者全体の28％、約1ヶ月後で15.3％、67期は一斉登録時の未登録者数の修習修了者全体に占める割合は

27.9%、約1ヶ月後で16.1％となり、70期以降は減少傾向にある。しかしながら、依然として、即独やノキ弁の新人弁護士もいると思われ、また、所属した事務所を早期に退所する新人弁護士も多いことから、日弁連や東弁では独立をする新人弁護士のための技術支援としてのeラーニング研修や、支援チューター制度、支援メーリングリスト、クラス別研修などを行っているが、最も効率の良いOJTである勤務弁護士としての経験を多くの新人弁護士たちが享受できるような、例えば現在一人事務所の会員が新たに新人の勤務弁護士を採用することを支援する方策などを検討すべきである。

**イ　裁判官・検察官の増員と適正配置**

司法制度改革審議会意見書は、法曹人口増加について、弁護士だけでなく、裁判官・検察官についても大幅に増加させることを提唱していた。

ところが、2001（平成13）年から2009（平成21）年の増加状況は、弁護士新規登録者数が1万1,705人であるのに対し、裁判官は886人、検察官は770人となっている。国の司法予算の制約や、物的施設の収容能力等の問題、あるいは弁護士任官が予想以上に少ないという事情があるにせよ、このような状況では司法制度の実際の利用は進まないという極めて歪んだ司法環境になりかねない。したがって、裁判官や検察官そして職員のさらなる増員を図る必要がある。

裁判官・検察官の増員問題は、刑事事件が減少し、民事事件も増加していないことから、10年程前から、あまり活発な動きがなくなっているが、裁判官・検察官不足の現状は変わっていないので、今後とも増員を提唱していくべきである。

**ウ　市民・事業者等の潜在的法的需要に応えるための体制の整備について**

市民や事業者・中小企業等の中に、まだまだ隠れた潜在的法的需要があることは、日弁連が行った法的ニーズ調査報告書中の中小企業アンケートや市民アンケートでも窺い知ることが出来る。

しかしながら、法曹人口が増え始めて以降もさほど民事訴訟の事件数は増加しておらず、そのような潜在的法的需要に我々弁護士が応えられていない実情がある。それら潜在的法的需要に応えるためには、弁護士の数を増加させることはもちろん必要であるが、それだけでは足らず、前述した法律扶助の範囲及び予算の飛躍的拡大以外にも、弁護士の側で、それらを顕在化

させ、仕事として受けられる体制作りが必要である。

**エ　企業・官公庁等の弁護士需要について**

21世紀の弁護士像として、弁護士がこれまでの職域にとどまらず、企業や官公庁等にスタッフとして入り、その専門的知識を生かして活躍していくことが展望されている。

現状においては、企業・官公庁における組織内弁護士は、2024（令和6）年6月には3,391人（弁護士全体の7.4％）に達しており、年々着実に増加している。

## 3　課題への対応について

### (1)　日弁連の対応

**ア　法曹人口問題に関する緊急提言等**

日弁連は、2008（平成20）年7月、「法曹人口問題に関する緊急提言」を公表して、「2010（平成22）年頃に合格者3,000人程度にするという数値目標にとらわれることなく、法曹の質に十分配慮した慎重かつ厳格な審議がなされるべきである。」との表現で、当面の法曹人口増員についてのペースダウンを求める方針を明らかにした。

そして、2009（平成21）年3月、改めて「当面の法曹人口のあり方に関する提言」を公表し、「法曹人口5万人規模の態勢整備に向けて、引き続き最大限の努力を行う。」としながら、「新たな法曹養成制度は未だ成熟の途上にあって、新規法曹の質の懸念が各方面から指摘されている。」「司法の制度的基盤整備の状況など、司法を取り巻く環境の変化は、この間の弁護士人口増加の状況に比して、当初の想定に沿った進展に至っていない。」として、2009（平成21）年度以降数年間は、司法試験合格者数について、「現状の合格者数を目安としつつ、慎重かつ厳格な合否判定によって決定されることが相当である。」と提言している。なお、2009（平成21）年度の司法試験合格者は2,184人であった。

**イ　法曹人口政策会議による提言**

日弁連は、2010（平成22）年6月に各地の弁護士会会長や各弁連推薦等の委員約140人で構成される法曹人口政策会議を組織し、司法試験合格者数についての具体的な提言を協議した。

2011（平成23）年3月27日、日弁連は「当面の緊急対策として、司法試験合格者を現状よりさらに相当数削減」することを求める「法曹人口政策に関する緊急提言」を採択した（その後の2011〔平成23〕年新司法

第1章　弁護士制度の現状と展望　　17

試験合格者は2,063人）。

法曹人口政策会議では、2012（平成24）年2月に最終的な意見の取りまとめを行い、これに基づいて日弁連は同年3月15日、「法曹人口政策に関する提言」を公表した。この提言では、市民に信頼され、頼りがいのある司法を実現するために弁護士の質の確保が必要であるところ、新人弁護士の就職難、OJT不足が質の低下の懸念を招き、また法曹志望者の減少も引き起こしているので、「司法試験合格者数をまず1,500人にまで減員し、更なる減員については法曹養成制度の成熟度や現実の法的需要、問題点の改善状況を検証しつつ対処していくべきである。」と具体的な数字を挙げた意見が示された。

**ウ　2016（平成28）年の日弁連臨時総会決議**

2016（平成28）年3月11日、日弁連は臨時総会を開催し、後述の、政府の法曹養成制度改革推進会議の2015（平成27）年6月30日発表をふまえて、「法曹養成制度改革の確実な実現のために力を合わせて取り組む決議」を採択した。

この決議は、まず、司法試験合格者数を早期に年間1,500人とすること、法科大学院の規模の適正化、予備試験の制度趣旨を踏まえた運用、司法修習生への給付型経済的支援が内容となっているが、総会の議論の中で、複数の若手会員から、司法試験合格者数を減少させなくて良いという意見が出たことが印象的であった。

**エ　法曹人口検証本部（法曹養成制度改革実現本部内）**

2020（令和2）年7月17日、日弁連法曹養成制度改革実現本部内に法曹人口検証本部を設置することが承認され、同年9月14日の第1回会議以後、会議を重ね、2022（令和4）年3月17日に「法曹人口政策に関する当面の対処方針」（司法試験合格者数のさらなる減員に関する検証結果）を発表した。その内容は、現実の法的需要の検証としての「業務量・求人量」、「司法基盤整備の状況」、「法曹の質」の3点を検証し、その結果、現状では司法試験合格者数のさらなる減員を提言すべき状況ではない、とするものであった。

**(2) 政府の対応**

**ア　法曹養成フォーラムによる「論点整理」**

一方、政府は、2002（平成14）年3月になされた、2010（平成22）年までに司法試験合格者数年間3,000人を目指すとの閣議決定以来、2010（平成22）年が過ぎてもこの方針を原則論として堅持していたが、2011（平成23）年6月に設置された法曹養成フォーラムでは2012（平成24）年5月10日の「論点整理」において、法曹人口問題につき、「努力目標として、一定数の法曹人口の増加を視野に入れながら、様々な政策を考えていくことは必要であるが、一定の時期を限って合格者数の数値目標を設定することに無理がないか検討すべき。」として、事実上の方針転換が始まった。

**イ　法曹養成制度検討会議**

政府は、法曹養成フォーラムの「論点整理」の内容を踏まえつつさらに検討を行う組織として、2011（平成24）年8月21日、各省庁、法曹、学者、有識者らによる法曹養成制度検討会議を設置して協議を続け、2013（平成25）年6月26日の最終取りまとめにおいては「数値目標を掲げることは現実性を欠く」とされ、ついに2013（平成25）年7月16日、政府は3,000人目標を正式に撤回した。

**ウ　法曹養成制度改革推進会議**

さらに政府は法曹養成制度検討会議の取りまとめを受けて、2013（平成25）年9月17日、内閣官房長官、法務、文部科学、総務、財務、経済産業の各大臣を構成員とする法曹養成制度改革推進会議を設置し、その下に組織された各省庁、法曹、学者、有識者らによる法曹養成制度改革顧問会議における協議をふまえて、2015（平成27）年6月30日、「法曹養成制度改革の更なる推進について」を発表した。

そのなかで、今後の法曹人口の在り方として、「新たに養成し、輩出される法曹の規模は、司法試験合格者数でいえば、質・量ともに豊かな法曹を養成するために導入された現行の法曹養成制度の下でこれまで直近でも1,800人程度の有為な人材が輩出されてきた現状を踏まえ、当面、これより規模が縮小するとしても、1,500人程度は輩出されるよう、必要な取組みを進め、更にはこれにとどまることなく、関係者各々が最善を尽くし、社会の法的需要に応えるために、今後もより多くの質の高い法曹が輩出され、活躍する状況になることを目指すべきである。」として、初めて具体的な人数に言及した。

そして、2015（平成27）年の司法試験合格者1,850人から2016（平成28）年は1,583人と一気に267人減少し、その後は1,500人程度に定着したものと見受けられる。なお、法科大学院の在学中受験資格制度の導入により、

2023（令和5）年は受験者が前年より800人余り増加し、合格者も1,781人と増加している。

### エ　法曹養成制度改革連絡協議会

なお、法曹養成制度改革推進会議が2015（平成27）年7月15日をもって設置期限満了となった後は、法務省、文部科学省、最高裁、日弁連、法科大学院協会による法曹養成制度改革連絡協議会が設置されて、2024（令和6）年10月までに23回の協議会が開催されているが、法曹人口に関しては、2015（平成27）年6月30日の「法曹養成制度改革のさらなる推進について」の内容を変更するような提言はなされていない。

### (3) 弁連や各弁護士会の動向について

一方、前述したような法曹人口急増による「ひずみ」の諸問題への懸念を背景に、2010（平成22）年以降、司法試験合格者の人数を具体的に主張する決議を行い、公表する弁護士会、弁連が出てきている。その決議の多くは合格者を1,000人にすべき、との内容である。合格者の減少とともに決議の数は減っているようであるが、2022（令和4）年3月17日に日弁連が「法曹人口政策に関する当面の対処方針」を発表し、さらに2022（令和4）年度の司法試験合格者が1,403人となった後も、合格者を1,000人にすべきとの決議をした弁護士会もある。

しかし司法試験合格者が1,500人を下回る状態が定着した状態で、合格者1,000人というような「大幅な合格者数削減」を弁護士会が主張することは、司法改革の後退を対外的にイメージ付けることになるとともに、現実に司法改革の進展を遅らせることとなり、法科大学院や受験生たちに与える影響も大きく、市民の理解と共感は得られにくいと思われる。

### (4) 法友会の対応について

法友会は、司法試験合格者数を現状維持又は漸減する方向性を打ち出してはいたものの、2011（平成23）年まで合格者の具体的な数を明示した意見を述べていなかった。これは、合格者数を何人にするべきかについて実証的な合理的根拠が見当たらないことが主な理由であった。

しかしながら、当面、弁護士の増員ペースを緩和させなければ新人弁護士の就職難、OJT不足から生じる弁護士の質の低下の懸念、さらには法曹志望者の減少などの「ひずみ」が増幅することは明白と思われる現状に鑑み、法曹人口政策に関する日弁連からの意見照会（2011〔平成23〕年12月）に対する東弁の意見のとりまとめを行う際、法友会でも議論の末、司法試験合格者1,500人を目指すとの意見を採択した。

そして、前述のとおり、司法試験合格者は減少傾向が続き、2020（令和2）年から2022（令和4）年まで3年間、1,500人を下回った。

法友会としては、引き続き従来からの主張である司法改革の理念に基づく司法基盤、特に民事司法基盤の一層の整備・拡大を推進していくべきであり、法曹養成制度改革推進会議の2015（平成27）年6月30日の意見のなかで司法試験合格者数に言及した部分だけを注目するのではなく、「更にはこれにとどまることなく、関係者各々が最善を尽くし、社会の法的需要に応えるために今後もより多くの質の高い法曹が輩出され、活躍する状況となることを目指すべきである。すなわち、引き続き法科大学院を中核とする法曹養成制度の改革を推進するととともに、法曹ないし法曹有資格者の活動領域の拡大や司法アクセスの容易化等に必要な取組を進め、より多くの有為な人材が法曹を志望し、多くの質の高い法曹が、前記司法制度改革の理念に沿って社会の様々な分野で活躍する状況になることを目指すべきである。」としている点に注目し、法科大学院の在学中に受験資格を与える制度により2023（令和5）年の司法試験受験者、合格者が増加したこと、2024（令和6）年も司法試験受験者が一昨年までよりも多いことを前向きに捉えつつ、社会の様々な分野において必要とされる弁護士が十分に輩出されるよう、必要に応じて提言して、真に市民が利用しやすい、頼りがいのある司法の実現に向けて今後も努力を続けていくべきである。

第1章　弁護士制度の現状と展望　　19

# 第3 法科大学院制度と司法試験制度の現状と課題

## 1 法科大学院を中核とする法曹養成制度の理念と概要

2004（平成16）年4月に法科大学院制度が創設されて今年で21年目を迎える。法科大学院を中核とする法曹養成制度は、様々な成果を生み出す一方で、課題も指摘されてきた。このような中、2019（令和元）年6月には、法曹コース、「3＋2」ルート、在学中受験制度の創設などを内容とする「法科大学院の教育と司法試験等との連携等に関する法律等の一部を改正する法律」（以下、「2019年改正法」という。）が成立し、2023（令和5）年7月に初めての法科大学院在学生をも対象とした司法試験が実施されるなど、制度創設以来の大きな改革が進行している。

以下では、法科大学院を中核とする法曹養成制度の理念と内容を確認した上で、現状と今後の方向性を明らかにする。

### (1) 法科大学院制度創設の理念

司法制度改革審議会意見書（以下、「司改審意見書」という。）は、法曹を、「国民の社会生活上の医師」の役割を果たすべき存在と規定し、そのような質を備えた法曹を、国民が求める数、確保すべきとした。

そして、従来の司法試験という「点」のみによる選抜から、法学教育、司法試験、司法修習を有機的に連携させた「プロセス」としての法曹養成制度を新たに整備すべきとし、この新たな法曹養成制度の中核を成すものとして、法曹養成に特化した教育を行うプロフェッショナル・スクールとして法科大学院を創設すべきと提言した。法科大学院制度創設の理念は、ここに集約される。

### (2) 法科大学院制度の特徴

法科大学院制度は、従来の法学教育制度に比して、次のような特徴を持った制度として創設された。

第1に、理論と実務の架橋を理念とした教育を行う点である。

第2に、少人数による双方向・多方向的な密度の濃い授業を行う点である。

第3に、弁護士を中心とする実務家教員を一定数配置するとともに、主としてこれら実務家教員によって担われる法律実務基礎科目群をカリキュラムに配置している点である。

第4に、他学部出身者、社会人経験者など多様なバックグラウンドをもった学生を受け入れるとともに、訴訟を中核とする紛争解決業務にとどまらない、多様な法的ニーズに応え得る法曹（「国民の社会生活上の医師」）の養成を目的に掲げた点である。

### (3) 法科大学院のカリキュラム

法科大学院のカリキュラムは、93単位が修了までに必要な最低単位数とされている（既修者についてはこのうち最大30単位が免除される）。科目は、基本六法と行政法の分野である「法律基本科目群」、法曹倫理、民事訴訟実務の基礎、刑事訴訟実務の基礎、法情報調査、法文書作成、ロイヤリング、模擬裁判、クリニック、エクスターンシップなどの「法律実務基礎科目群」、外国法、法社会学、法と経済学、政治学などの「基礎法学・隣接科目群」、知的財産法、労働法、少年法、IT法などの「展開・先端科目群」の4分野に分類されており、各科目群の履修単位数等については、認証評価基準によって定められている。

### (4) 司法試験の位置づけと概要

法科大学院制度創設後の司法試験の在り方について、司改審意見書は、「法科大学院教育をふまえたものに切り替える」としており、これを踏まえて司法試験の基本的在り方が検討された。

新司法試験実施に係る研究調査会報告書（2003〔平成15〕年12月11日）では、司法試験は法科大学院の教育課程履修を前提に実施するものであり、司法試験の科目と内容だけでは法曹に求められる能力を判定できないことに留意すべきとした。

司法試験は短答式、論文式が実施され、口述試験は実施されない。短答式は、2014（平成26）年まで、憲法、行政法、民法、商法、民事訴訟法、刑法、刑事訴訟法の7科目が実施されていたが、2015（平成27）年から、憲法、民法、刑法の3科目に削減された。論文式は上記7科目に選択科目が加わり、倒産法、租税法、経済法、知的財産法、労働法、環境法、国際関係法（公法系）、国際関係法（私法系）の8科目から1科目を選択する。

### (5) 予備試験の位置づけと概要

司改審意見書は、「経済的事情や既に実社会で十分な経験を積んでいるなどの理由により法科大学院を経

由しない者にも、法曹資格取得のための適切な途を確保すべきである」として予備試験制度の創設を提言した。予備試験は、法科大学院修了と同等の能力を判定する試験（司法試験法5条1項）と位置づけられているが、法科大学院というプロセスによって養成された能力と同等の能力を点（試験）によって判定するという原理的な矛盾を抱えている。予備試験の制度趣旨は司改審意見書のとおり明確であるが、受験資格は制限されず、法制上は誰でもが受験できる試験となっている。

予備試験は短答式、論文式、口述の各試験が実施される。短答式の科目は憲法、行政法、民法、商法、民事訴訟法、刑法、刑事訴訟法、一般教養の8科目、論文式は短答式科目に法律実務基礎科目が加わった9科目だったが、2022（令和4）年の試験から、一般教養が廃止され、司法試験と同一の選択科目が導入された。口述試験は法律実務基礎科目1科目が実施される。

## (6) 司法修習の位置づけ

法科大学院制度の創設に伴い、司法試験の位置づけが大きく変化したのに比べ、司法修習の変化は大きなものではなかった。もちろん、修習期間が1年4ヶ月から1年に短縮されたこと、前期集合修習が廃止され、新60期を除き、実務修習から修習が始まるようになったこと（ただし、68期から再び「導入修習」が実施されている。）、選択型実務修習が導入されたことなど、修習の内容には大きな変化が生じた。しかしこれらは、基本的には修習生の増加に伴う、いわばやむをえざる変更であり、法科大学院制度の下での司法修習の位置づけに関する自覚的な議論は乏しかったといえる。最高裁司法修習委員会は、新しい司法修習の在り方に関する検討結果として「議論のとりまとめ」（2004〔平成16〕年7月2日）を公表しており、ここでは法廷活動に限られない幅広い法的ニーズに対応する修習として、「法曹としての基本的なスキルとマインド」を養成する修習を行うとしたが、選択修習の一部カリキュラムなどを除き、現在の修習に同理念の積極的な具体化をみることは困難といえる。

## 2 法科大学院を中核とする法曹養成制度の成果と課題

以上のような内容をもって始まった法科大学院を中核とする法曹養成制度は、成果を挙げる一方で、課題も指摘されてきた。

## (1) 成果

法科大学院を経て法曹資格を取得した者の人数はすでに法曹全体の過半数を占めている。法科大学院修了法曹については、従来の法曹に比べて、多様なバックグラウンドを有している、コミュニケーション能力、プレゼンテーション能力、判例・文献の調査能力に優れているといった面において積極的な評価が得られている。実際、これらの特徴を活かして、従来の法曹に比べ、社会のより幅広い分野において多様な活動を展開しているとの評価も見られる。

## (2) 課題

このような成果の一方で、法科大学院を中核とする法曹養成制度に対しては、課題も指摘されている。

### ア データにみる状況の推移

#### (ア) 司法試験

司法試験の合格者数と合格率（対受験者）は、初年度である2006（平成18）年は1,009人、48.25％であった。その後、合格率は低下を続けたが、2014年（平成26年）の22.58％（1,810人）を底に上昇に転じ、2023（令和5）年は1,781人（内予備試験ルート327人）、45.34％となっている。

なお、2023（令和5）年は前年（1,403人）に比べて合格者数が大幅に増加した。これは、2023（令和5）年が法科大学院在学中受験の初年度となり、在学中受験者と修了後受験者が併存した影響で受験者が大幅に増加した（2022〔令和4〕年3,082人に対し2023〔令和5〕年3,928人）影響によるものである。合格率は前年度とほぼ変化がない（2022〔令和4〕年45.5％に対し2023〔令和5〕年45.3％）。

募集停止校・廃止校を除いた法科大学院修了者の累積合格率（ある年度に法科大学院を修了して司法試験を受験した者のうち最終的に合格した者の割合）でみると、既修については修了3年目で約8割、未修は修了5年目で約5割に達している。

#### (イ) 予備試験

2011（平成23）年から開始された予備試験は、2011（平成23）年は受験者数6,477人、合格者数116人であったのが、2023（令和5）年には受験者数1万3,372人、合格者数479人となっている。

なお、司法試験、予備試験の状況については、2023（令和5）年試験から法科大学院在学中受験が始まったことにより、2019年改正法に基づく改革の影響が顕著

に表れ始めている。この点については後述する。

㋒　法科大学院

法科大学院の入学定員数は、2005（平成17）年度から2007（平成19）年度に5,825人でピークを迎えたが、その後の文科省の定員削減策の影響により減少し、2023（令和5）年度からは2,197人となっている。

実入学者数については、2006（平成18）年度に5,784人でピークを迎えたが、その後一貫して減少を続け、2018（平成30）年度には1,621人にまでに減少した。しかし、その後増加傾向に転じ、2024（令和6）年度は2,076人となっている。

また、この間、姫路獨協大学、神戸学院大学、大宮法科大学院大学、東北学院大学、駿河台大学、大阪学院大学、新潟大学、信州大学、香川大学、鹿児島大学、白鴎大学、東海大学、明治学院大学、愛知学院大学、広島修道大学、獨協大学、龍谷大学、國學院大學、東洋大学、山梨学院大学、久留米大学、中京大学、静岡大学、島根大学、熊本大学、神奈川大学、関東学院大学、大東文化大学、名城大学、京都産業大学、成蹊大学、立教大学、桐蔭横浜大学、青山学院大学、横浜国立大学、近畿大学、西南学院大学、北海学園大学、甲南大学が法科大学院を廃止、駒澤大学が学生募集を停止しており、廃止した法科大学院と学生募集を停止した法科大学院をあわせると40校に及んでいる。

入学者のうちの社会人経験者の割合は、初年度である2004（平成16）年度には48.4％であったのが、2018（平成30）年度には17.0％にまで減少した後、2024（令和6）年度は18.0％となっている。同様に、他学部出身者の割合は、2004（平成16）年度には34.5％であったのが、2018（平成30）年度には13.9％にまで減少した後、2024（令和6）年度は16.2％となっている。

イ　養成される法曹の質をめぐる課題

法科大学院制度の下で養成された人材に対しては、法律基本科目の知識、理解が不十分な者、論理的表現能力が不十分な者が一部に存在するという指摘等に加え、法曹志望者の減少傾向が続くなか、今後法曹の質が低下していくのではないかと懸念する議論がなされてきた。

その原因については、法科大学院教育の質の格差、志望者減少に伴う志望者の質の問題、合格者増加に伴う養成対象人数の増加、修習期間短縮と前期修習の廃止（67期まで）など諸要因が指摘され、改善に向けて

この間様々な努力が行われてきた。

2022（令和4）年3月1日の法曹養成制度改革連絡協議会（第17回）において了承された「法曹の質に関する検証結果報告書」（法務省大臣官房司法法制部作成）によると、研究者等による既存の調査結果等の収集・分析、アンケート調査等を実施したところ、①いずれの分野においても、法曹の活動等に対する利用者等の評価はおおむね高かった、②若手法曹（司法修習期66期以降）一般の資質・能力や活動の質についても、他の法曹と比較して劣っていると評価されてはいなかったと報告されている。

ウ　制度的な課題

司法試験の合格率の低迷、法律事務所の就職難と法曹の活動領域が未だ十分な拡大をみせていないこと、そのような状況の下で法曹資格取得までの時間的・経済的負担感が増大していること（また、司法修習の貸与制への転換によって負担感の増大に拍車をかけたこと）などを原因として、この間、法曹志望者の減少が続き、この点が現在の法曹養成制度の最大の課題とされてきた。

しかし、近時の司法試験累積合格率の状況、就職状況の顕著な改善、活動領域拡大に向けた取組みの前進、修習給付金制度の創設に結実した修習生の経済的支援に向けた取組み、法曹志望者増加に向けた法曹界の取組みの前進などによって、法曹志望者の減少傾向は改善を見せてきた。また、2022（令和4）年以降の法科大学院志願者数の顕著な増加は2019年改正法に基づく改革の影響とも言われており、今後の推移が注目される。

なお、法科大学院を修了しながら最終的に法曹資格を取得できなかった法務博士も各方面で活躍していることから、その把握と、これを前提とした対応も重要であり、留意が必要である。

## 3　法曹養成制度改革の取組み

法科大学院を中核とする法曹養成制度について改革を図るべき問題点が存するという認識は、創設初年度である2004（平成16）年の後半から、新司法試験の合格者数と合格率の問題をめぐって一部で指摘され始めていた。しかし、政府レベルにおいて改革に関する本格的な検討が始まるのは、2008（平成20）年度に入ってからである。

## (1) 日弁連における取組みの経緯

日弁連は、2009（平成21）年1月「新しい法曹養成制度の改善方策に関する提言」において初めて法曹養成制度全体に関する改革提言を行ったが、その後、2011（平成23）年3月「法曹養成制度の改善に関する緊急提言」、同年8月「法科大学院教育と司法修習との連携強化のための提言」、2012（平成24）年7月「法科大学院制度の改善に関する具体的提言」と、情勢に応じた制度全体にわたる提言を積み重ね、同提言に基づく取組みを続けてきた。

また、2016（平成28）年3月の臨時総会では、「法曹養成制度改革の確実な実現のために力を合わせて取り組む決議」が採択され、「法科大学院の規模を適正化し、教育の質を向上させ、法科大学院生の多様性の確保と経済的・時間的負担の軽減を図るとともに、予備試験について、経済的な事情等により法科大学院を経由しない者にも法曹資格取得の途を確保するとの制度趣旨を踏まえた運用とする」よう力を合わせて取り組むことなどが決議された。

現在の日弁連の主な取組みは、2012（平成24）年7月提言及び2016（平成28）年3月臨時総会決議が基本となっている。

## (2) 政府における取組みの経緯

政府における本格的な提言は、2009（平成21）年4月、中教審法科大学院特別委員会（以下、「特別委員会」という。）が「法科大学院の質の向上のための改善方策について」を取りまとめたのがその最初である。

その後、法務、文科両副大臣主宰の下に設置された「法曹養成制度に関する検討ワーキングチーム」が2010（平成22）年7月に取りまとめた「法曹養成制度に関する検討ワーキングチームにおける検討結果（取りまとめ）」は、法科大学院を中核とする法曹養成制度について、全体を見通した改善方策の選択肢を取りまとめた最初の提言であった。同提言を受け、内閣官房長官、総務大臣、法務大臣、財務大臣、文部科学大臣、経済産業大臣の6大臣申し合わせに基づき設置された「法曹の養成に関するフォーラム」が、2012（平成24）年5月に「法曹の養成に関するフォーラム 論点整理（取りまとめ）」において改善方策に関するより具体的な論点整理を行い、同フォーラムに4名の委員を追加して閣議決定に基づき設置された「法曹養成制度検討会議」（検討会議）が、2013（平成25）年6月、「法曹養成制度検討会議取りまとめ」において、法曹養成制度全般に関する改革案を取りまとめた。ただし、同取りまとめが提案した改革案は、なお具体的な検討が必要な課題、今後の検討に委ねられた課題も少なくなかった。

そこで、法曹養成制度検討会議の取りまとめを受けて、2013（平成25）年9月、内閣官房長官を議長、法務、文科両大臣を副議長、財務、総務、経産各大臣を議員とする法曹養成制度改革推進会議が発足し、同会議の下に、事務局として法務省、最高裁、文部科学省、日弁連からの出向者によって構成された法曹養成制度改革推進室（推進室）、及び、公開の有識者会議である法曹養成制度改革顧問会議が設置された。また、それらとともに法務省の下には、法曹有資格者の活動領域の拡大に関する有識者懇談会が設置され、その下に、国・地方自治体・福祉等、企業、海外展開の分野を対象とした3分科会が設置された。

そして、2年近くに及ぶ検討を経て、2015（平成27）年6月30日、法曹養成制度改革推進会議は「法曹養成制度改革の更なる推進について」を決定し（以下、「推進会議決定」という。）、法曹養成制度全般に関する改革提言を取りまとめるに至った。司法試験合格者1,500人の提言のほか、法科大学院の統廃合、共通到達度確認試験の実施、予備試験の課題の検討などを内容とする同提言は、一連の政府の取組みの到達点を示すものであった。

その後、推進会議決定を踏まえた改革のフォローを含めた連絡協議の場として、法務省、文部科学省、最高裁、日弁連の四者を基本メンバーとする法曹養成制度改革連絡協議会（以下、「連絡協議会」という。）が後継組織として発足し、これまでに23回の連絡協議会が開催されている（2024〔令和6〕年8月末日現在）。しかし、同協議会は資料開示と報告の場にとどまっており、改革のフォローという機能は果たしていない。

## (3) 2019年改正法による改革―法曹コース・「3＋2」ルートと在学中受験について

### ア　2019年改正法成立の経緯

推進会議決定の取りまとめから4年を経た2019（令和元）年6月、「法科大学院の教育と司法試験等との連携等に関する法律等の一部を改正する法律」が成立した。同法は、「法科大学院の教育と司法試験等との連携等に関する法律」「学校教育法」「司法試験法」「裁

判所法」の各法律の改正を内容としている。

　以下に述べるとおり、同改正法による法曹コースの設置及び「3＋2」ルートの創設と、在学中受験制度は、一体となった改革であるが、法曹コースと「3＋2」ルートが特別委員会での議論のなかで具体化されたのに対し、在学中受験制度は、法案が国会に提出されるまで、公の場で議論されることは一切なかった。この点において、制度改革の経緯は特異性を帯びている。国会の議決も賛成は自民、公明のみであり、司法制度関係法案では異例の与野党対決法案となった。

　同法による改革は、推進会議決定のうち、早期卒業・飛び入学制度を活用し、学部3年終了後、既修者コースに進学できる仕組みの確立・充実を推進する、とした部分の具体化といえなくもないが、制度改革までの議論の経緯をみるならば、在学中受験制度とセットになったことで、同決定とは基本的に断絶したものと評価すべきである。

### イ　2019年改正法による改革の概要

　2019年改正法による改革は、①法学部に法科大学院と連携した「法曹コース」を設けること、②法曹コースを前提に、学部を3年で卒業して法科大学院既修コースに入学する「3＋2」ルートを創設すること、③法科大学院在学中に司法試験を受験できるようにすることを内容とする。その具体的内容は以下のとおりである。

#### ㈦　法曹コースの設置と早期卒業等の拡大

　法曹コース（法律上の用語は「連携法曹基礎課程」）とは、法科大学院既修者コースへの進学を希望する学生を主たる対象として、法科大学院の未修1年次相当の教育を行うことを目的として法学系学部に設置されるコースである。同コース設置のためには、法学系学部が自校または他校の法科大学院との連携協定（以下、「法曹養成連携協定」という。）を締結し、同協定を文科大臣が認定することが必要とされる。法曹コースは2020（令和2）年4月からスタートしており、2024（令和6）年4月1日時点で、32の法科大学院が42大学の法学系学部との間で72の法曹養成連携協定を締結して認定されている。

　法曹コース修了予定者は、法科大学院既修コースの入学者選抜について、特別選抜枠での選抜を受ける資格が与えられる。特別選抜枠には「5年一貫型」と「開放型」の二種類があり、開放型の場合は法律に関する論文式試験が課されるが、5年一貫型では法律試験は課されない。学生にとっては、5年一貫型の方が、連携先法科大学院への進学が強く保証されることになる。5年一貫型は連携先の法曹コース在籍者しか受験できないが、開放型は、法曹コース在籍者であれば、所属大学を問わず受験することができる。

　法曹コースは、早期卒業を希望する学生に対する十分な体制をとっていることが文部科学大臣の認定要件とされる。これによって、法曹コースが「法学部の学生が学部3年間と法科大学院2年間で法曹になる仕組み」（いわゆる「3＋2」ルート）として位置付けられることになる。

#### ㈥　在学中受験制度の導入

　また、2019年改正法によって、法科大学院2年次までに所定の単位を修得した在学生に対して、法科大学院在学中の司法試験受験資格が付与されることになった。これまでの法科大学院修了、予備試験合格という受験資格要件に、在学中受験が新たな受験資格として追加されることになる。

　これまで修了後5年5回とされていた受験回数制限について、在学中受験をした場合には、同受験を1回目受験とし、その後は4回しか受験できなくなる。在学中受験をしなかった学生には、これまでどおり修了後5年5回の受験機会が確保される。

　この在学中受験制度は、2023（令和5）年の司法試験から実施されている。2024（令和6）年の試験は、7月10日、11日、13日、14日に実施され、8月1日に短答式試験成績発表、11月6日に合格発表がなされた。

### ウ　2019年改正法の目的

　2019年改正法による制度改正の目的は、法曹になるまでの時間的負担の軽減と、これによる法曹志望者の増加とされる。

　すなわち、これまで法科大学院を修了して法曹になるには、最短でも4年間の学部卒業、2年間の法科大学院既修コースの修了、修了後の司法試験受験と1年間の司法修習が必要であり、大学入学から約7年9ヶ月を要していた。

　これに対し、制度改正後は、法曹コースを修了して早期卒業し、法科大学院の既修コースに入学して在学中受験で合格した場合、最短で大学入学から6年で法曹資格を取得することが可能になる。現在に比べ約1年9ヶ月の短縮となる。

また、「目的」といえるかはともかく、この改正によって、予備試験ルートで法曹資格を得ようとする学部生を法科大学院に「誘導」できるという一部の法科大学院関係者の強い意見が制度改正の推進力になったことも間違いのないところである。すなわち、「3＋2」ルートと在学中受験がセットとなることで、同ルートで法曹になる時期が、大学4年生で予備試験に合格して法曹になる者と同時期となる。そのため、これまで学部時代に予備試験に合格し、法科大学院入学を回避していた層の大半を法科大学院に「誘導」できるとの意見であった。

## 4　改革の現状とこれからの課題

### (1) 法科大学院を中核とする法曹養成制度の維持発展を

法曹志望者に対して法曹養成を目的とした教育を基礎から施し、同教育を経た者を法曹とすることを原則とした現行制度は、法曹養成に特化した教育を行う制度であるという点において原理的な正当性を有するのみならず、法曹と比較されることの多い専門職である医師養成との対比においても、また、法曹養成制度の国際比較の点においても、維持されるべき制度である。

未だに一部には、法科大学院制度を廃止すべき、あるいは、誰もが司法試験を受験できる制度に戻すべきとの議論も存在する。しかし、このような議論は、法曹養成制度の出発点を司法試験合格時点として、合格までの過程を、受験予備校による教育と自学自習という個人の努力に委ねていた旧司法試験制度の状況への回帰を意味するものであり、支持し得ない。現行制度を前提に、その問題点を解決するというのが改革のアプローチであるべきである。

### (2) 弁護士の魅力を伝え志願者増加に結びつける取組み

若者に対して法曹の姿を示し、その社会的役割や魅力を伝えることを通じて、法曹志望者を増やす活動の強化が必要である。将来の進路を考える時期である中学生、高校生及び大学1、2年生を主たるターゲットとして、授業や課外の講演、交流企画など、様々な機会を活用して弁護士の魅力を伝えること、社会人に対して、社会人経験を経て法曹を志し、弁護士となった者の情報を提供することなどの活動が重要である。また、女性の法曹・弁護士志望者を増加させるための方策も

併せて検討する必要がある。

日弁連ではこの点に関し、法曹志望者増加に向けたパンフレットの発行、動画の制作、ウェブページの制作、全国で実施される「ロースクールへ行こう！★列島縦断★ロースクール説明会＆懇談会」（いわゆる「法科大学院キャラバン」。法科大学院協会主催）の共催団体としてその企画運営に関わるなどの取組みを行っている。また、法曹志望者確保に向けた取組みの実践について各弁護士会に費用補助を行う制度を設けており、同制度を活用した各単位会での取組みが活性化している。さらに、女性法曹の増加に関し、「来たれ、リーガル女子！」と題した中高生向けの企画を実施するなどの取組みを行っている。

### (3) 推進会議決定をふまえた取組みの到達点

前述のとおり、2019年改正法の成立によって、法科大学院を中核とする法曹養成制度の改革は新たなステージに入っており、2015（平成27）年の推進会議決定における提案は、その位置付けや重要度に変化が生じたものも少なくない。以下では、推進会議決定の提案に沿って、その後の主な取組み状況を簡潔に整理する。

### ア　法科大学院

#### (ア) 統廃合・定員削減と質を確保した入学者の絞り込み

法科大学院修了者の司法試験合格率を向上させるには、法科大学院の規模を全体的にコンパクトなものにする必要があるとの考え方から、推進会議決定以前から、法科大学院の統廃合・定員削減と質を確保した入学者の絞り込みが政策的に進められてきた。

これによって、ピーク時5,825人（2005〔平成17〕年～2007〔平成19〕年）だった法科大学院の入学者定員は、2023（令和5）年は、2,197人にまで減少し、74校あった法科大学院は、廃止・募集停止校を除くと半数以下の34校まで減少した。統廃合・定員削減に向けた取組みは、既に終了している。

#### (イ) 共通到達度確認試験

推進会議決定は、法科大学院が共通して客観的かつ厳格に進級判定等を行う仕組みとして「共通到達度確認試験」の実施を提言した。未修1年次を主たる対象として2020（令和2）年から本格実施が始まっており、日弁連法務研究財団及び法科大学院協会を母体とした試験管理委員会が同試験を運営している。

#### (ウ) ICT（情報通信技術）の活用

推進会議決定は、地理的・時間的制約がある地方在

住者や社会人等に対するICTを活用した法科大学院教育の実施について2018（平成30）年度を目途とした本格的普及に向けて実証的な調査研究を行うことを提言した。

その後、「法科大学院教育におけるICT（情報通信技術）の活用に関する調査研究協力者会議」は、2017（平成29）年2月、「法科大学院におけるICT（情報通信技術）を活用した教育の在り方に関する検討結果」をとりまとめていたが、新型コロナウイルス感染拡大を契機に、ICTの活用をめぐる環境は大きく進展した。特別委員会の「法学未修者教育の充実について　第10期の議論のまとめ」（2021〔令和3〕年2月）では、未修者教育に関するICTの活用、有職社会人のためのICTの活用について具体的な提言がなされている。

**イ　予備試験**

推進会議決定は、予備試験について、創設の趣旨と現在の利用状況が乖離していることを認め、試験科目見直しや運用改善策を検討すること、予備試験合格者数を現状よりも大きく増加させないこと、予備試験が法曹養成制度の理念を阻害することがないよう必要な制度的措置を検討することなどを提言している。

制度趣旨と現状との乖離をこれ以上拡大させないための取組みが必要である。2019年改正法に基づく制度改革を契機とした、予備試験改革に関する議論の具体化が求められる。

**ウ　司法試験**

**㋐　検証担当考査委員制度について**

推進会議決定を受けて、司法試験考査委員の中に検証担当考査委員を設けて出題、成績評価等について科目横断的な検証を行う体制が整えられた。

同体制は、2016（平成28）年度から運用が開始されているが、司法試験に関する日弁連と法科大学院協会の毎年の検討についてヒアリングを実施し、論文式試験の必須科目に関し、「出題における事例の分量及び設問の個数が増大しつつある」として、「受験生に過度に事務処理能力を求める」ことのないようにすべき等の報告を行うなど、一定の役割を果たしている。

**㋑　漏洩事件と候補者選定等部会の設置**

2015（平成27）年9月、憲法考査委員による司法試験問題漏洩事件を受けて司法試験委員会の下に設置されたワーキングチームは、問題作成担当考査委員から法科大学院の現職教員を排除する一方で、考査委員を

推薦するための新たな組織を設けること、考査委員の再任回数を制限すること、考査委員である教員が個別指導を閉鎖的スペースで行わないことや授業内容を録音すること等の再発防止策を提言した。

同提言に基づき、司法試験委員会の下に、司法試験考査委員候補者選定等部会が設置され、問題作成を担当する考査委員に関する厳格な選任体制が整備されている。その一方で、2019（令和1）年試験以降は、法科大学院の現職教員であっても問題作成考査委員として選任することを妨げないとされた。

**(4) 2019年改正法（法曹コース・「3＋2」ルートと在学中受験）以降の状況について**

**ア　2019年改正法に対する評価**

2019年改正法のうち、法曹コースの設置と「3＋2」ルートの創設については、法科大学院制度の理念に照らして望ましくないとする論者においても、未だ許容範囲とするむきが大半であったが、在学中受験制度に対しては、厳しい批判がなされた。すなわち、在学中受験制度が導入されると、法科大学院入学直後から学生は受験対策に邁進することになり、法科大学院制度の理念は崩壊するのではないか、とりわけ法科大学院3年次の授業は成立しなくなるのではないか、という批判である。これらの批判は、法科大学院制度を強く支持する論者や法科大学院教育に真摯に携わる論者から出されたのが特徴であった。

今後の制度運用のあり方によっては、上記批判のとおりの顛末になる懸念が存することは事実と思われる。その意味で、これからの制度運用のあり方が決定的に重要である。

**イ　制度運用のあり方に向けた対応方針**

制度運用のあり方を検討するに際しては、①改革によって法曹志願者が増加するか、②予備試験ルートに流れる学生を法科大学院に誘導できるか、③法科大学院教育が受験対策に流れてしまわないか、④他学部出身者、社会人経験者や地方の法曹志望者が法科大学院で学ぶ道を実質的に確保できるか、⑤法曹の質を確保できるかという点を評価の視点としつつ対応していく必要がある。

とりわけ、「3＋2」ルートと在学中受験という制度改革の趣旨を実現させつつ、法科大学院教育全体にマイナスの影響を及ぼさないためには、①「3＋2」ルートと在学中受験をセットにしたルートを拡大させ過ぎ

ないこと、そして、②未修者など在学中受験を行わない法科大学院生が、受験対策に過度に傾斜することなく、これまでどおりの法科大学院教育を受けることができるような制度運用を行うことが重要となる。

**ウ 運用の現状と評価**

**(ア) 法科大学院特別選抜と在学中受験の状況**

**a 特別選抜の状況**

法曹コースからの三度目の特別選抜となった2024（令和6）年度の法科大学院入学者選抜の結果は次のとおりである。

特別選抜全体の募集人数は667人、これに対する志願者数は1,448人、最終的な入学者数は305人であった。内訳は、5年一貫型が募集人数398人、志願者数605人、入学者数254人。開放型が募集人数269人、志願者数843人、入学者数51人である。

特別選抜の人数が入学定員（全体で2,197人）の2分の1以内と定められていることに照らすと、667人の募集人数と305人という入学者数は、相当に抑制された数字である。「3＋2」ルートと在学中受験をセットにしたルートを拡大させ過ぎないという観点からは好ましい状況といえる。

**b 在学中受験初年度の結果**

2023（令和5）年司法試験は、初めて在学中受験資格での受験生が受験した、「在学中受験初年度」であった。その主な結果は次のとおりである。

毎年減少していた受験者は、前年度の3,082人から3,928人へと、約850人増加した。そのうち、在学中受験資格の受験者は1,070人と、4分の1以上を占めている。在学中受験者のうち、913人が既修者であるが、未修者も157人が受験している。受験者数が大幅に増加したのは、在学中受験資格の受験者（在学中受験者）と、法科大学院修了資格の受験者（修了資格受験者）が併存する初年度であったことによる。

顕著な特徴は、在学中受験者の合格率が極めて高かった点である。

在学中受験者全体の合格率は59.53％であった。修了資格受験者の合格率32.61％はもちろんのこと、予備試験組を加えた全体の合格率45.34％と比べても顕著な高さである。また、1学年上にあたる修了1年目受験者の合格率55.04％をも上回っており、在学中受験者の合格率の高さが際立つ結果となった。

在学中受験者の合格率については未修者についても

同様の傾向がみられた。在学中受験を行った未修者157人のうち、59人が合格し、合格率は37.58％である。とりわけ、非法学部卒の未修者については47人が在学中受験を行い、25人合格、合格率は53.19％に及んでいる。

他方、未修者全体の合格率をみると、2022（令和4）年の21.35％から19.36％に低下している。既修者全体が2022（令和4）年の47.71％から49.70％に上昇していることと比較すると、未修者全体にとっては厳しい結果だったといえる。

これらの結果の原因について現時点で直ちに判断することはできないが、2024（令和6）年の結果が注目される。

**(イ) 制度改革の評価**

2020（令和2）年4月より法曹コースがスタートし、2023（令和5）年から在学中受験が始まったばかりである現時点での評価は慎重であるべきだが、ここまでの状況は、上記「評価の視点」に照らしてどう評価できるだろうか。

法曹志願者の増加（①）であるが、法科大学院志願者数は大幅に増加している。2016（平成28）年に初めて1万人を割り込み、2021（令和3）年8,341人だった志願者数が、法曹コースから法科大学院への入学が始まった2022（令和4）年は1万0564人と1万人の大台を回復し、2024（令和6）年は1万3,513人に増加した。制度改革がはじまってわずか3年で60％を超える志願者数の顕著な増加が、制度改革の影響であることは明らかだろう。

予備試験に流れる学生の法科大学院への誘導効果（②）について、現時点でそれ自体に関する統計的な数値は公表されていない。

しかし、いわゆる上位校では、予備試験ルートで司法試験に合格して法科大学院を中退、休学する学生は大幅に減少したといわれている。法科大学院生（出願時）の予備試験出願者数・合格者数が、2022（令和4）年の1,246人・124人から2023（令和5）年には638人・21人と大幅に減少していること、予備試験の出願者数が2023（令和5）年の1万6,704人から2024（令和6）年は1万5,764人と約1,000人減少していることなどのデータと併せると、制度改革は予備試験の受験動向にも影響を与えつつあるといえる。

他方、法科大学院教育が受験対策に流れないか、と

いう点（③）は、3年前期まではカリキュラムが司法試験科目で極めてタイトになっており、懸念が具体化しつつあるように思われる。

他学部出身者、社会人経験者への影響（④）について、在学中受験に伴うカリキュラム改革は、未修者（他学部出身者、社会人経験者の多くが未修者である）に一定の影響を及ぼしているようである。また、2023（令和5）年の未修者の司法試験合格率は、2022（令和4）年に比して低下している。制度改革の未修者に対する負の影響が懸念される。

地方の法曹志望者への影響は現時点では評価できない。

法曹の質の点（⑤）についても現時点では評価できない。

2019年法改正から今日までの間、法科大学院をめぐる議論は比較的落ち着いているようにも思われるが、これが制度の安定化と理念実現に向けた道筋につながるのか、批判論者の懸念が具体化していくのか、これからの数年が今次改革において大きな分岐点となるだろう。

**エ 未修者教育の改善について**

2019年改正法が既修者を想定した改革であることは異論がないことから、同制度改革は、既修者に比べて人数的に大幅に減少し、合格率にも格差がある未修者への対応の必要性を当然に想起させることとなった。

未修者教育の改善については、文科省の委託研究として日弁連法務研究財団によって実施された「法科大学院における法学未修者への教育手法に関する調査研究」が成果報告書（2019〔平成31〕年3月）を公表して以降、議論が進展しつつある。同報告書では、各法科大学院の未修者教育に関する優れた取組みが整理されるとともに、未修者教育について調査研究を行うシンク・タンクの設置などの具体的提言がなされている。

また、文科省の委託研究として一般社団法人法曹養成ネットワークによって実施された「法科大学院における法学未修者教育の更なる充実に関する調査研究」の成果報告書（2022〔令和4〕年3月）では、予復習全体のコーディネートの必要性、ICTを活用した反転授業の有用性、入学前の導入的教育に関する教材の展開の有用性、補助教員活用の有用性、所属校を超えたネットワーク構築の必要性などが提言された。特別委員会が2023（令和5）年2月に公表した「第11期の議論のまとめ 〜法科大学院教育の更なる充実と魅力・特色の積極的な発信について〜」では、これをふまえた提言が取りまとめられている。

2019年改正法に基づく改革が既修者層に対して一定の効果をあげつつある現在、上記成果をふまえた各法科大学院の未修者教育の改善に向けた取組みと共に、これをリードする法科大学院協会の取組み及びこれらを後押しする政府の政策が期待される。

# 第4 司法修習制度の現状と課題

## 1 司法修習の現状

### (1) 現在行われている司法修習の概要

現在行われている司法修習は、修習期間が約1年間であり、導入修習約3週間、分野別実務修習約7ヶ月半、選択型実務修習約6週間、集合修習約6週間の課程で構成されている。この修習期間については導入修習が設けられた司法修習期68期からほぼ変わっていない。

この内、選択型実務修習と集合修習については、どちらを先に修習するかが実務修習地ごとに異なり、主に大規模な実務修習地（A班）については、集合修習→選択型実務修習の順番で、A班以外の実務修習地（B班）については、選択型実務修習→集合修習の順番で、それぞれ実施されている。

68期〜73期までは、毎年12月に導入修習、1月から8月中旬まで分野別実務修習、8月中旬から9月までA班集合修習、10月から11月中旬までA班選択型実務修習（B班集合修習と選択型実務修習はA班の逆の順序）で行われてきた。しかし、後述する新型コロナウィルスの影響により、74期司法修習生については、本来2020（令和2）年5月に実施される予定であった司法試験の実施が同年8月12日〜16日に延期されたことから、司法修習開始が約4ヶ月間遅く2021（令和3）年3月31日からそれぞれ73期までと同様の期間・順序にて実施されることとなった。

75期司法修習生については、73期司法修習までのスケジュールを半月ほど前倒しする内容での修習となっ

た。

このように、74期司法修習生の修習スケジュールが約4ヶ月遅くなった関係で、74期と75期の分野別実務修習が8クール連続して実施されることとなり、個別指導担当弁護士をいかに確保するかという問題が生じたとともに、74期A班選択型実務修習のホームグラウンドと75期分野別実務修習が一部重複する時期が生じた。

76期司法修習生については、73期までのスケジュールとほぼ同様に、2022（令和4）年11月30日から実施された。

77期司法修習生については、法科大学院の在学中に司法試験を受験することが可能となり、これに伴い2023（令和5）年7月12日から16日に司法試験が実施されたため、修習スケジュールも2024年（令和6）年3月21日から同年4月12日まで導入修習、同年4月16日から11月20日まで分野別実務修習、同年11月25日から2025（令和7）年1月10日までA班集合修習、同年1月14日から2月27日までA班選択型実務修習（B班集合修習と選択型実務修習はA班の逆の順序）となっている。78期以降の司法修習生についても同様のスケジュールとなる見込みである。

### (2) 現在行われている修習制度へ至る経緯

2006（平成18）年秋から、法科大学院を修了し、新司法試験に合格した者に対する新司法修習が開始された。2012（平成24）年までは、この新司法試験合格者による司法修習（以下、「新司法修習」という。）と旧司法試験合格者による従来型の修習（以下、「旧司法修習」という。）が併行して実施されていたが、旧司法修習は2011（平成23）年4月採用の「現行65期」で終了し、2012（平成24）年11月採用の66期以降は、新司法修習のみとなり、「新」の冠をとって「〇〇期司法修習生」と呼ばれることになった。

### (3) 新司法修習の特徴

#### ア 修習期間

新司法修習の修習期間は、1年である（68期からの各実日数は、導入修習15日、分野別実務修習概ね37日×4、選択型実務修習概ね32日、集合修習30日）。

#### イ A班・B班の2班体制

新司法修習は、1年間の司法試験合格者数が3,000人程度となることを想定して設計され、その場合は、修習生全員を研修所に集合させることが物理的に不可能

となることから、修習生をA班（東京・大阪等の修習地）とB班（A班以外の修習地）の2班に分けることとされた。そして、新61期からこの2班体制での修習が実施されている。

前述したとおり、分野別実務修習後の選択型実務修習及び集合修習は、A班とB班をたすき掛けして入れ替えることにより行われている。

#### ウ クラス編成

新司法修習のクラスは、1～4箇所の実務修習地単位で編成されている。

1クラスの人数は、修習生の数が多かったときは80名近い時もあったが、司法試験合格者の減少に伴い、1クラス60数名となっていた。しかし、2024（令和6）年3月採用の77期においては、修習生の人数の増大に伴い、1クラス70名近い人数となっている。

#### エ 導入修習

新司法修習においては法曹養成に特化した法科大学院において実務導入教育を受けているとの前提から、司法研修所における前期修習は廃止され、新60期だけは前期修習を簡略化した導入研修（約1ヶ月間）が実施されたものの、新61期からは直ちに分野別実務修習から修習を開始した。

しかしながら、分野別実務修習から始まる修習では、特に修習の前半（第1クール及び第2クール）において分野別実務修習の実効性が上がらないとの声が多方面から上がった。そこで、68期からは、修習開始直後に司法研修所において全修習生に対して同時に3週間（実日数15日）の導入修習が実施されることとなった。

他方、司法研修所教官が実務修習地に赴いて講義を行うという出張講義（派遣講義）が新61期以降実施されていたが、導入修習の実施に伴い68期から廃止された。

#### オ 集合修習

集合修習は、実務修習を補完し、司法修習生全員に、実務の標準的な知識、技法の教育を受ける機会を与えるとともに、体系的で汎用性のある実務知識や技法を修得させることを旨として、司法研修所において行われる。

#### カ 選択型実務修習

選択型実務修習は、配属庁会等において、司法修習生の主体的な選択により、分野別実務修習の成果の深化と補完を図り、又は各自が関心を持つ法曹の活動領

域における知識・技法の修得を図ることを旨として実施される。

修習生は、弁護修習で配属された法律事務所をホームグラウンドとし、弁護士会、裁判所、検察庁において用意された個別修習プログラムや全国型プログラムの中から自ら修習したいプログラムを選択して修習計画を立てる。また、自ら修習先を開拓する自己開拓プログラムも認められている。

キ　司法修習生考試（以下、「二回試験」という。）

二回試験は、司法修習生考試委員会（以下、「考試委員会」という。）が所管し、修習期間の最後の1週間に5科目の筆記試験という形で実施される。

60期以降、いわゆる追試制度は廃止され、二回試験に合格できなかった修習生は、その後に正規に実施される二回試験を再度受験することになる。再受験をする場合は、5科目全ての科目を受験し、全ての科目に合格点をとることが必要であり、旧司法修習時代の不合格科目だけ追試で合格点をとれば合格できたことと異なることになった。

なお、2009（平成21）年度以降、二回試験の受験回数は連続する3回までに制限されることとなった。

不合格者の割合は、年によって異なるものの、最近は減少傾向にあり、概ね1％未満である。

ク　給与

現行65期修習生までは、給与が支給されていたが（給費制）、2012（平成24）年11月採用の新65期修習生からは給費制が廃止され、司法修習生に対して、修習資金を貸与する制度（貸与制）に変更された。ちなみに、貸与金の基本額は月額23万円であった。

その後、2016（平成28）年12月19日、2017（平成29）年以降に採用される司法修習生に対して修習手当を支給することが閣議決定され、71期修習生からは、修習手当が支給されることになった。ちなみに、修習手当の基本給付額は月額13万5,000円である。

**(4) コロナ禍の中で行われた73期〜76期司法修習の現状**

**ア　新型コロナウィルスの感染拡大が73期〜76期司法修習生の分野別実務修習に及ぼした影響**

新型コロナウィルスの感染拡大により、2020（令和2）年2月頃から、広く国民に対して、外出の自粛やいわゆる3密（密閉・密集・密接）を避けることが要請された。その結果、国民の社会生活、経済活動は萎縮

し、弁護士業務においても、対面による打合せや対談が憚れるようになり、裁判の依頼や相談件数が減少し、業務が大幅に縮小した。また、裁判所や検察庁においても、期日を延期したりし、不急の捜査を後回しにする等業務が大幅に縮小された。さらに、緊急事態宣言が発出されたことにより、裁判・検察・弁護のいずれについても、分野別実務修習における指導が中断されて自宅学修に切り替えられた。東京では2020（令和2）年4月7日、1回目の緊急事態宣言が発令され、その後同年5月21日に解除されるまで、ほぼ裁判実務が動かない状況となり、また緊急事態宣言解除後も蔓延防止の観点から司法修習に一定の制約が生ずることとなったが、こうした状況下において73期修習生は、現実に生起している紛争に関与し、法律実務を修得するという分野別実務修習が不十分なものとなったことは否めない。

73期修習生においては、特に第2クール、第3クールの一部について、緊急事態宣言による影響を受けることとなったが、その影響は地域によって大小があり、中小規模の単位会においては、弁護実務修習が第2クールのみに組まれている会が比較的多く、また新型コロナウイルスの感染者が少なかった地域においては緊急事態宣言期間も短かったことから、その影響をほとんど受けなかった単位会もあった。一方で、感染者増による行動規制が行われた大都市圏の比較的規模の大きな単位会においては、新型コロナウィルスによる感染拡大の影響を大きく受け、特に刑事裁判実務修習においては、裁判員裁判の期日が延期されるなどし、その傍聴を経験できないまま終了した修習生も数多く存在した。緊急事態宣言が解除された後も、東京・愛知・大分などの一部の修習地では、裁判員裁判の評議の傍聴が許されず、評議を傍聴する機会がないまま実務修習を終了せざるを得ない修習生が多く存在した。裁判員裁判の評議傍聴の機会を奪われた修習生の不利益は大変大きかったものと言わざるを得ない。その他にも、民事裁判実務修習における期日の延期、検察実務修習における不急の捜査の後回しによる取り調べ事件数の減少等、該当クールの実務修習が不十分なまま終了せざるを得なかったことも残念な結果である。弁護修習に関しては、自宅学修を命じられた修習生に対し、各単位会が独自に策定した課題、日弁連が作成したeラーニングを視聴させるという課題、司法研修所

の民事弁護・刑事弁護の各教官室から提供を受けた課題等の中から、各単位会によって決定された課題が与えられ、弁護実務修習の目的を相当程度達成することができたものの、従前に比べ修習生への指導が不十分な内容となってしまった単位会も多かった。

一方、74期司法修習については、前述のとおり、司法修習開始が約4ヶ月間、後ろ倒しとなったものの、修習実日数や修習内容に大きな変更はなかった。またその修習期間中、再度の緊急事態宣言が発令される状況はあったものの、第1回目の緊急事態宣言の際のような自宅学修を余儀なくされたり、裁判所、検察庁における実務取扱いが激減する等の状況もなく、また裁判員裁判の評議への修習生の立ち会いの制限等もなくなったため、学修内容に関して言えば、比較的、新型コロナウイルスによる影響は小さいと言える。しかしながら、感染予防の観点から、大人数、密接な状況での会合の回避等、一定の行動規制がなお引き続いていることから、導入修習がオンライン方式による講義となり司法研修所に集合しての研修がなくなったほか、弁護修習においては研修旅行の中止、集合研修等におけるオンライン方式での代替講義の実施等が行われるなど、修習生の弁護士、他修習生との接触、交流の機会は大きく減少している。実務修習の実が十分にあがるためには、指導担当弁護士による指導以外にも、他弁護士と接点を持つことにより、多様な業務遂行や仕事への意識等、様々な弁護士像を見聞することが役立つほか、他修習生との交流による情報交換、修習生自身の立ち位置の確認等も必要であるところ、こうした交流の欠如による修習への影響は看過できない。

このような74期司法修習生の状況は、75期司法修習生についてもほぼ同様に当てはまるものであった。なお、75期の後半については、司法修習生や指導担当弁護士にコロナ感染が増加し、自宅学修を余儀なくされた事例も見受けられた。

76期司法修習生については、引き続き新型コロナウィルスの影響下にあり、研修旅行や懇親会が中止されるケースも見受けられたが、合同修習でも対面での講義が行われるなど、徐々に従前の姿を取り戻した。

77期司法修習生に関しては、個々の修習生が新型コロナウィルス感染症により欠席するということはあったが、研修旅行や懇親会も実施され、ほぼ以前の修習が可能となっている。

**イ　新型コロナウィルスの選択型実務修習への影響**

73期司法修習においては、司法研修所が全国プログラム及び自己開拓プログラムの実施を全面的に中止した。また、司法研修所から、各配属庁会に対して、「外部委託プログラムは、原則として実施を取りやめるのが相当である。」旨が通知されたため、外部委託プログラムを全て取りやめた単位会も多かった。

一方、74期ないし76期司法修習では、全国プログラム及び自己開拓プログラム実施が復活したことにより、およそ従前どおりの選択型実務修習の実施はなされている。ただし、感染予防の観点から、一部、プログラム委託先よりプログラム中止ないし内容の変更がなされているものもある。

**ウ　新型コロナウイルスの導入、集合修習への影響**

73期の集合修習、74期、75期の導入、集合修習は、オンライン方式で実施された。オンライン方式による修習のメリットとしては、「録画した講義の復習が可能となった」「教官に対する質問等がしやすかった」「自宅での修習が可となり、通所のための時間と労力を節約できた」「授業における修習生間の協議の過程が把握しやすくなった」等が挙げられるが、一方でデメリットとしては、「通信環境による支障が生じた」「修習生の理解度が画面の表情では把握しにくかった」「他の修習生との情報交換がしにくかった」といったものが挙げられる。総じて、学修内容には遜色はないものの、対面でないことによるコミュニケーション不足の影響は生じざるを得ず、実際に参集して行う修習に比べて、臨場感に欠け、隔靴掻痒の感があることは否めない。司法修習の過程においては、他の修習生と議論をしたり、他の修習生から触発されたり、教官から様々な経験談を聞いたりすることで成長することができるのであり、その点の教育効果は軽減せざるを得ない。特にその交流により修習生は他修習生と比した場合の自分の習熟度を認識できるところ、オンライン方式ではその把握が困難であり、また、授業への積極性に欠ける修習生については、教官、他修習生からの触発を受けることなく、漫然とした修習への取り組みになる一方、積極性をもった修習生は復習や独自の交友関係を構築し充実した修習を送る等、修習生間の修習の充実度、成果に格差が生ずることも否めない。オンライン方式による修習では、その点に限界があると言わざるを得ない。

76期以降は、導入修習、集合修習ともに参集方式で行われるようになった。修習生からも、修習生同士のコミュニケーションがとりやすくなった等、オンライン方式よりも充実した修習が実施できたとの感想が寄せられている。他方、オンライン修習の際に導入された講義の録画や、修習現場でのコミュニケーションツールの活用も引き続き行われている。

### (5) 74期、75期の修習スケジュールへの影響

74期司法修習のスケジュールが約4ヶ月間、後ろ倒しとなった関係で、74期の選択型実務修習と75期の分野別実務修習の第1・第2クールまでの期間が重複することになった。そのため、ホームグランド修習と分野別の弁護実務修習の双方を行う弁護士会においては、①2期分の指導担当弁護士の確保が容易でない、②選択型実務修習のプログラムを実施するための会議室を用意できない、③修習関係事務の負担が増大する、といった問題が発生した。このような問題に対しては、指導担当弁護士就任への積極的勧誘、外部会議室の確保、事務の省略化等で対処し、何とか切り抜けることができた。これは新型コロナウイルスの影響による一時的なものであるが、今後も、同様の感冒性の疾患の蔓延や司法修習スケジュールの変更等により、前後の修習時期の重なりが生ずる事態が起こらないとも限らない。少なくとも指導担当弁護士の人員充実については今後とも尽力していく必要がある。

## 2 司法修習の課題

### (1) A班・B班の2班体制による弊害＝1班体制にすべきである

ア　前述したとおり、分野別実務修習後の選択型実務修習及び集合修習は、A班とB班をたすき掛けして入れ替えることにより行われている。

A班の修習生は、集合修習の後に、選択型実務修習を受けるために一旦配属地へ戻らざるを得ないという不利益（住居費や交通費の負担増）を負わされている。また、集合修習が終わった後に選択型実務修習を行い、その後に二回試験を受けることになる。それ故、A班の修習生は、二回試験に備えて自習する時間を確保するために、選択型実務修習に臨む姿勢が消極的であったり、負担の軽いプログラムを選択するという傾向がある。

イ　そもそも、現在の2班体制は、1年間に3,000人の

司法修習生を受け入れることを予定して構想されたものであり（1,500人×2班）、司法試験合格者が1,500人程度となっている現在においては、教官の増員を行ったうえでの1班体制（66名×23クラス）を支障なく実施できるはずである。なお、導入修習は2班合同で実施されているものであり、司法研修所での修習中の修習生の宿舎の確保も可能であると見込まれる。

もとより、修習は、能う限り公平に実施されなければならないものであり、また、従来司法修習制度が1班体制で実施されていたことに照らしても、現在、1班体制での実施が可能な状況となっているのであれば、可及的速やかに1班体制に改めて司法修習を実施し、全修習生が実務修習地にて選択型実務修習を行い、その後に集合修習を実施し、二回試験を受けるようにすべきである。

ウ　なお、東弁が、日弁連に対し、2班体制を1班体制に改めるよう提言したことについては後述する。

### (2) 選択型実務修習における課題

ア　選択型実務修習については、修習地によって提供できるプログラムに差があったり、参加人数の上限があるため希望するプログラムを履修できる者とできない者がいるという問題があり、司法修習生間で不公平感があることは否めない。

また、各実務庁は、プログラムを策定するために多大な労力を注入しているにもかかわらず、これを受ける修習生の側では、負担感のある模擬裁判のようなプログラムを敬遠し、負担の少ない講義中心のプログラムや、見学中心の言わば物見遊山的なプログラムを好むという傾向がある。特に、この傾向は、前述したとおり、A班の修習生において顕著であり、A班の修習生の中には、ホームグランドにおける修習に多くの時間を割き、しかもホームグランドで二回試験に備えての勉強をしている修習生が多くいることが指摘されていたところである。近時は、以前ほどでもないと言われるようにはなってきているものの、A班のみならずB班においてもこうした傾向が見られる。それ故、せっかく各実務庁において多大な労力をかけてプログラムを用意しても、希望者がいないために実施できないものも存在するのであり、現在の選択型実務修習は、その実施にかける費用及び労力とその効果が見合っていないと言わざるを得ない。

イ　このような選択型実務修習の問題点に鑑みると、

短い修習期間の中で選択型実務修習に時間をかけるよりも、分野別実務修習や集合修習により多くの期間を充てた方が教育効果が上がるのではないかとも考えられる。

　また、選択型実務修習を実施するとしても、前述したように1班体制にして全員が集合修習の前に各実務修習地で行うようにすべきであるし、期間も1ヶ月程度（実日数20日程度）に短縮して実施する方が適当であるとも考えられ、検討を要する。

### （3）導入修習における課題

ア　前述したとおり、新司法修習においては前期修習が廃止され、直ちに分野別実務修習から修習が開始されることになったが、分野別実務修習から修習が開始される場合の弊害を是正するため、導入教育の必要性が強く主張され、2014（平成26）年11月採用の68期修習生から「導入修習」が実施された。それにより、「出張講義（派遣講義）」及び「弁護導入講義」は廃止された。

イ　導入修習が実施されたことにより、修習生の法律実務に対する基本的な理解が進み、第1クールから分野別実務修習の実が上がると共に、分野別実務修習全般に対する修習生の心構えや意気込みが改善され、真剣に修習に取り組む修習生が増えたと評価されている。また、クラスの一体感も増し、修習生が纏まって真面目に修習に取り組む雰囲気を醸し出すことにも繋がっているように感じられるし、統一修習の利点である法曹三者の一体感を醸成することにも寄与していると考えられる。

　以上から、導入修習が実施された成果は多岐にわたるものと評価できる。

ウ　しかしながら、導入修習の実日数は18日間と短く、その期間に5教官室が目一杯のカリキュラムを詰め込んでいるため、受けた修習の内容を消化しきれず、疲労感だけが残るという修習生も少なからず存在する。

　導入修習の期間が74期司法修習から18日間に伸長され、うち1日間、自由研究日が設けられる変更はなされたものの、修習生にとって受けた修習内容が消化不良にならないよう、なお導入修習の期間を伸長することを検討すべきであるし、カリキュラムの内容もある程度余裕のあるカリキュラムにすることを検討すべきである。

　司法研修所では、導入修習をより充実させると共に、

導入修習と分野別実務修習の連携を図るため、修習生に対して「導入修習チェックシート」を配布して記入させ、不足している知識や劣っている能力を自覚させ、自学自修を促している。「導入修習チェックシート」の利用をより効果的にするため、毎年改善が図られており、東弁では74期から、個別指導担当弁護士において、「導入修習チェックシート」の内容に対応して「弁護実務修習計画シート」を作成してもらい、個々の修習生の課題状況に沿った指導を行うよう要請している。

### （4）分野別実務修習における課題

#### ア　期間の短さ

　分野別実務修習は、実務家の個別的指導の下で実際の事件の取扱いを体験的に学び、「生きた事件」を通じて、法律実務家に必要な知識、技法、高い倫理観及び職業意識を身に付ける場であり、司法修習の中核となるべき課程である。

　この分野別実務修習を充実させることこそが、司法修習を充実させることであるといっても過言ではない。

　現在の分野別実務修習は、各クールの実日数が概ね37日で行われているが、この日数では、同一事件を複数回経験する機会が限定され、「生きた事件」を継続して体験することが乏しくなっているといわざるを得ない。

　修習生に対してアンケートを採ると、期間の短さを指摘する修習生が多く存在する。

　分野別実務修習の期間を伸長することを検討すべきである。

#### イ　「弁護実務修習ガイドライン」の実施状況及び配属先事務所の差異等による修習生の不公平感

　分野別実務修習を充実させるため、「分野別実務修習における指導のガイドライン」が策定され、弁護修習においても、2014（平成26）年3月6日付けにて、「弁護実務修習ガイドライン」（以下、「ガイドライン」という。）が日弁連会長から各単位会会長宛に送付された。ガイドラインに記載されている内容は、極めて多岐にわたり、短い分野別実務修習の期間に全てをこなすことはおよそ不可能な内容となっているが、ガイドラインを尊重し、多様な事件を通じてより多くの経験を積めるよう個別指導担当弁護士の努力が期待される。なお、司法研修所においては、修習生から提出される「実務修習結果簿」を分析し、ガイドラインの実施状況を検証している。

第1章　弁護士制度の現状と展望　　33

ところで、東弁には、毎年120名前後の修習生が配属され、その人数の個別指導担当弁護士を確保しなければならない。しかしながら、様々な事情から個別指導担当を引き受けてくれる弁護士の数が不足しており、毎年、司法修習委員会はその確保に四苦八苦しているのが実情である。また、個別指導担当弁護士の中には、指導に熱心に取り組み、様々な事件処理を体験させてくれる弁護士がいる反面、取扱い事件数が少ない弁護士、訴訟事件をほとんど扱わない弁護士、取扱い事件が極端に偏っている弁護士、修習生の指導に熱意のない弁護士もおり、配属先事務所の差異による修習生の不公平感が生じているのは否めない。

分野別実務修習は、司法修習の中核であるから、個別指導担当弁護士の層を厚くし、より良い指導がなされるよう、また、修習生間に不公平が生じないように工夫していくことが必要である。

### (5) 二回試験の問題点

前述したとおり、60期以降、追試制度は廃止され、二回試験に合格できなかった修習生は、その後に実施される二回試験を再度受験することになる。

再度の受験の機会は、翌年の二回試験が最初となるため、不合格者は法曹資格を得るために最短でも1年間待たされることになり、その間は、修習の機会を与えられることもない。

また、再受験をする場合は、5科目全ての科目を受験し、全ての科目に合格点をとることが必要であり、受験回数も連続する3回までと制限されている。3年間、異なる科目で二回試験に不合格となり、結局、司法試験に合格しながら、法曹資格を得られなかった者も存在する。

苦労して司法試験に合格してきた者に対する、二回試験不合格の不利益は過大であるとも考えられる。

59期以前のように、追試制度を復活させること、再受験の受験科目は不合格科目だけとすることなどを検討すべきであろう。

### (6) 司法修習の問題を是正するための弁護士会の動き

ア　東弁は、司法修習制度のあり方に関し、2016（平成28）年3月24日、日弁連に対して「現行の司法修習制度のあり方に関する提言」と題する書面を提出し、①「現行の12ヶ月の司法修習期間においては、2班制を1班制に改め、全修習生について同時期に、導入修習1ヶ月、分野別実務修習8ヶ月、選択型実務修習1ヶ月、集合修習2ヶ月を、この順序で実施すべきである。」、②「選択型実務修習については、今後3年程度の期間においてその効果について検証し、分野別実務修習への統合も含めて検討すべきである。」と提言した。

また、司法修習の充実方策検討ワーキンググループ・有志メンバーは、2018（平成30）年1月16日付けで、「今後の司法修習について（論点整理）」を発表し、「将来的にはAB班を廃止することが望ましい。」と提言した。

さらに、大阪弁護士会からも、2018（平成30）年2月26日付けで日弁連宛に「司法修習のA班B班解消を求める意見書」が提出され、A班B班方式を解消すべきであるという提言がなされている。

しかしながら、これらの提言書に対する日弁連の具体的な対応はない。

東弁としては、日弁連執行部に対し、この問題を正面から取り上げるよう働きかけるべきである。

イ　また、現在行われている司法修習の期間は1年であるが、導入修習、分野別実務修習、集合修習の期間が十分確保されているとはいえず、残念ながら、司法修習生に対して、十分な修習が実施されているとはいえない。このことは、修習生からアンケートを採ると、修習期間が短すぎるという回答が多く寄せられるという現実から実証されていると言える。

制度全体の大きな問題であるが、修習期間を伸長することが検討されるべきである。

ウ　2班制を1班制に改めたり、選択型実務修習の在り方を見直したり、さらには修習期間を伸長する等の制度全体を大きく見直すためには、弁護士会の内部だけで検討していてもあまり意味をもたない。最高裁司法修習委員会の場において、日弁連代表の委員からの発言等により「弁護導入講義」が実現したことや教官室の要望により「出張講義（派遣講義）」が1日から2日に増えたこと、さらには、法曹養成制度改革推進会議での提言により司法試験合格者が1,500名程度とされることになったこと等を想起し、法曹養成制度改革連絡協議会や最高裁司法修習委員会の場において、日弁連推薦の委員が積極的に発言をし、制度全体の課題として検討するように働きかけるべきである。

エ　2019（令和元）年6月26日、学生の資質・能力に応じてより短期間で法曹となる途を拡充するため「法科大学院の教育と司法試験等の連携等に関する法律」

等の一部が改正され、これにより、2020（令和2）年4月1日から法学部に「法曹コース」が設置され、同コースにおいて3年間で優秀な成績で単位を修得した者等が法科大学院へ飛び入学し、かつ、法科大学院の在学中に司法試験を受験することが可能となった。

短期間で法曹等となる途を拡充するという趣旨から、司法修習の開始時期について、77期司法修習生から、法科大学院で修了と接続した3月下旬からとなった。司法修習の開始時期を見直すのであれば、それと併せて、前述したA班・B班の2班体制を解消することや選択型実務修習の期間を短縮する格好の機会ではあったが、実現できなかったところである。今後も働きかけを継続する必要がある。

**(7) ダイバーシティの視点からの検討**

指導担当による女性修習生に対するセクシュアルハラスメント（以下、「セクハラ」という。）、男性修習生を風俗店に連れて行ったり、性体験を聞いたりする、男女を問わず修習生に対してジェンダーバイアスによるハラスメントに該当する言動や性を理由とする差別的取扱い等の多様性に対する配慮の無い言動等が報告されることがある。また、女性修習生からは就職活動時に、採用の条件として弁護士から自身との交際を持ちかけられた等、論外の言動を受けたとの話を耳にすることもある。

セクハラや多様性に対する配慮の無さにより、修習生の人格を傷つけることの無いように、指導担当弁護士に対する注意を徹底する必要があるほか、修習生が司法修習以外で法曹関係者等からのセクハラや性差別を受けたり、ジェンダーバイアスを感じた際の相談窓口の周知、さらなる拡大も検討すべきである。

東弁の実務修習では、女性修習生の配属先の事務所には、女性の弁護士が所属していることを原則としている。他の修習地において同様の取り扱いを要求することは難しい面もあるが、司法研修所に対して、女性修習生の実務修習地への配点において、セクハラ防止などの観点から複数配置を必須とする配慮を求めることも考えられる。

**(8) 終わりに（司法修習の理念と現状の乖離）**

ア　現在の司法修習制度は、21世紀の司法を支えるにふさわしい質・量ともに豊かな法曹を養成するとの理念に基づき、法曹養成に特化した法科大学院による法学教育と司法試験との有機的な連携を前提とする「プロセス」としての法曹養成制度の一環としてスタートした。司法修習は、司法修習生の増加に実効的に対応するために、法科大学院での教育内容を踏まえ、実務修習を中核として位置付け、修習内容を適切に工夫して実施すべきものとされ、修習期間は1年とされた。

しかしながら、法科大学院における法律実務基礎教育の内容にばらつきがあり、司法修習（実務修習）前の課程として期待される充実した教育が実施できていない法科大学院も存在し、司法修習生の一部に、実務に関する基礎的な知識を欠いた者や、基本的な法律文書（訴状や答弁書など）を起案した経験がない者が少なからず存在する。このような事態となった原因としては、法科大学院が負担すべき実務導入教育の内容について、法科大学院関係者と司法修習に関係する法曹関係者の間での認識にギャップがあったこと、また、法科大学院側での共通の理解も不十分であったため、法科大学院によって実務基礎教育の内容に大きなばらつきが生じたことなどが考えられる。このような法科大学院の現状というものが近年の司法試験受験者の減少傾向の一因となっているとも考えられ、引き続き、法科大学院教育の改善、向上が望まれるところである。

イ　新しい法曹養成制度は法廷実務家に限られない幅広い法曹の活動に必要とされる、法的問題解決のための基本的な実務的知識・技法と法曹としての思考方法、倫理観、心構え、見識等を修得することを第一の目標とするとの観点から、これまでの法廷実務を中心とした司法修習のあり方に再検討を求めるものである。

しかし、そもそも多様な法律家の養成という理念の下にあっても、法の支配の実現を担う専門家としての法律家が実体法及び法廷実務の基本を理解すべきは当然ともいえる。この基本が理解されていないならば、法廷以外の場面においても、法曹有資格者として活動することは困難ともいいうる。また、法曹有資格者は、法廷実務を理解するがゆえに、法廷以外の場においても有用な人材であるともいえる。そのため、司法修習の中核である分野別実務修習の実効性を高める必要性を認識しつつ、修習期間が1年となり、時間的制約のある中で各種の対策がとられている現状に鑑みても、その内容は、ある程度法廷実務を中心とする教育とならざるを得ないといえよう。

ウ　今更指摘するまでもなく、法曹は、三権の一つである司法権の現実の担い手として、その役割は重大で

あり、国家のインフラストラクチャの一部であるともいえる存在である。法曹を養成していくことは、国民の人権を擁護し、社会正義の実現に寄与する者を育てていくことに他ならない。

我々は、将来を見据え、法化社会の実現を図るためにも司法修習制度を充実させ、次代を担うより良い法曹を育てていかなければならない。そのためにも、世界で類を見ない良い法曹養成制度である統一修習を堅持していかなければならないものである。

## 3 給費制をめぐる動向

### (1) 給付金制度の新設と課題

2004（平成16）年12月、裁判所法の改正により、司法修習生に対する給費制が廃止され、1年間の実施時期の後ろ倒しを経て新65期からは貸与制が実施された。司法試験受験資格を得るために法科大学院を修了しなければならず、その法科大学院での学費の負担を考えると、修習生に対する給費制から貸与制への変更は、司法修習生にはきわめて負担は重く、また、それがゆえに法曹実務家を目指す者の減少原因となっていた。

日弁連、全国52の弁護士会、ビギナーズネットは、2014（平成26）年12月から、司法修習生への給費の実現と充実した司法修習に向けて、国会議員に働きかけを行った。特に日弁連では、2015（平成27）年2月18日から2016（平成28）年4月26日にかけて4度にわたり衆議院第一議員会館にて「司法修習生への給費の実現と充実した司法修習に向けた院内意見交換会」を開催し、また、2016（平成28）年10月11日は日弁連主催で東弁ほかが共催し、「修習手当の創設を求める院内意見交換会」が開催され、400人を超える国会議員からメッセージを得るまでに至った。また、各弁護士会においては各地において「修習手当の創設を求める全国リレー市民集会」が開催された。なお、東弁では司法修習費用給費制維持緊急対策本部を設置して対応に当たった。そして、これらの活動の結果、2016（平成28）年12月19日、法務省は、司法修習生の経済的支援策に関し、法曹三者での協議を踏まえ、2017（平成29）年度以降に採用される予定の司法修習生（71期以降）に対する新たな給付制度を新設する制度方針を発表し、翌2017（平成29）年4月19日、上記の司法修習生に対する新たな給付型の経済的支援を行う「裁判所法の一部を改正する法律」が政府提案のとおり可決さ

れ、成立した。新設された修習給付金には、修習生に一律月額13万5,000円を支給する「基本給付金」のほか、修習先で賃貸住宅に住む場合の「住居給付金」、修習に伴う転居費用の「移転給付金」の3種類が設けられた。なお、貸与制は、貸与額を見直した上で新制度と併用できるようになった。このように、修習給付金制度が新設されたことは大きな一歩ではあるが、従前の給与制に比して低額にとどまっている点で、経済的支援としては改善の余地があるといえる。また、2011（平成23）年11月から2016（平成28）年11月までに司法修習生に採用された貸与制世代（「谷間世代」といわれることもあるが、本稿では「貸与制世代」の名称を用いることとする。）の経済的負担が改正法施行後に司法修習生に採用された者に比して重くなるという指摘もある。

そして、日弁連は、2018（平成30）年5月25日に高松で開催された第69回定期総会において「安心して修習に専念するための環境整備を更に進め、いわゆる谷間世代に対する施策を早期に実現することに力を尽くす決議」（以下、「平成30年決議」という。）を採択し、最高裁、法務省等の関係諸機関と協力して、司法修習生に対する新たな給付制度の安定的かつ継続的な運用を図り、安心して修習に専念できる環境の整備を更にすすめることにより、法曹養成制度に対する信頼を高め、多くの志ある者が法曹の道を志望することにつながるよう、引き続き全力で取り組むとしている。

### (2) 貸与制世代の若手会員に対する施策

#### ア 給付制度と貸与制世代の状況

上記のとおり、「裁判所法の一部を改正する法律」が成立したことにより71期の司法修習生から基本給付金として月額13万5,000円が支給されることとなった。この司法修習生に対する給付制度は、長年にわたる日弁連、全国52の弁護士会、ビギナーズネットの活動の成果であり、高く評価されるべきものである。

他方、貸与制世代である新65期から70期の会員に対しては、国による救済措置は予定されていない。貸与制世代の弁護士は、給費制下や給付制下の司法修習生と同様に、司法修習期間中修習専念義務を課されて原則兼業禁止とされている中で修習に取り組み、修習終了後、給付制下の世代と同様に法曹としての業務や公益的活動を担い活動している。それゆえ、前後の世代の弁護士と比べて経済的負担が明らかに異なり、不公

平・不平等な状況に置かれているという指摘がされている。

**イ 貸与制世代に対する支援の必要性**

若手弁護士の中で6,000人以上いる貸与制世代（新65期〜70期）に対する支援は、若手弁護士の現状を考える上において重要な要素である。貸与制下で貸与金を受けた弁護士は、司法修習終了後6年目から返済が開始するとされているところ、返済開始の時期が事務所独立や（人によっては）結婚・出産等の支出が増加していくタイミングと重なっている。貸与金の返済額は約300万円であり、貸与金だけでなく修習生採用前である大学の学部生や法科大学院生のときに奨学金の借り入れをして、貸与金の返済時期にもその返済を続けている弁護士も多い。

このような状況下での貸与金返済の経済的負担は、決して軽視できるものではなく、少なくない数の若手弁護士の経済的困窮を招き、弁護士会への社会的信頼を基礎付けている公益活動への意欲を失わせることにつながりかねない。実際、弁護士会の会務活動について、貸与制世代の会務活動への参加率は、他の世代と比較して低いものにとどまっている。また、公益に関連する政策や憲法問題等の研修については関心が低く、業務に関連する内容の研修には多くの若手が集まるといった傾向も見られるところである。このような会務活動への意欲低下は、弁護士自治を支える人材が不足する事態も招くことになり、ひいては社会の人的インフラである司法制度の維持をも危うくするものといわざるを得ない。

この問題は、貸与制世代の問題にとどまらず、司法制度を支える法曹全体の問題である。この問題を抜本的に解決するために、第一義的には国による立法的措置がなされるべきであるが、日弁連・弁護士会としてもできる施策を速やかに実行すべきである。なお、法友会も2018（平成30）年7月7日、「修習給付金の増額を求めるとともに、いわゆる谷間世代について、国による是正措置及び会内施策を求める決議」を採択した。

**ウ 日弁連の施策**

日弁連においては2018（平成30）年7月から始まった返済に備え、貸与制世代に対する貸付制度を創設するほかに、同年10月15日、日弁連から、「いわゆる谷間世代の会員のための給付制度について」、各弁護士会に対して意見照会を行った。その内容は、貸与制世代の会員のうち、給付を希望する会員に対して一定の要件のもとに20万円を給付する制度である。その結果、日弁連は2019年（平成31年）3月1日、東京・霞が関の弁護士会館で臨時総会を開き、司法修習資金を国が貸し出す「貸与制」の対象となった「谷間世代」に一律20万円を給付する議案を賛成多数で可決した。貸与制世代の会員数は約9,700人で支出総額は約20億円となった。なお、給付を受けるためには、弁護士登録期間が通算5年を経過し、会費を滞納していないことなどが条件となる。また、2021（令和3）年には、貸与制世代を対象に、公益的活動等を支援することを内容とする「若手チャレンジ基金制度」が創設された。同制度は、公益活動等に必要な費用の支援や、研修・学習等の費用の一部についての支援を受けることができ、また先進的な取り組み等への表彰や助成金の支給を受けられることを内容とする。そして、「若手チャレンジ基金制度」の初年度は500件を超える応募があり、同応募の中から、公益的活動への支援や先進的取組みへの表彰及び助成が行われ、日弁連は、その後も「若手チャレンジ基金制度」の活用を推奨している。

**(3) 今後の施策**

日弁連は、貸与制世代問題の解決を目指して、全国の弁護士会とともに、市民向けの集会、国会議員への協力要請、院内集会の開催等の活動を行ってきた。

このうち、院内集会は、2022（令和4）年度以降、2022（令和4）年6月14日、同年11月29日、2023（令和5）年3月7日、同年5月23日、同年12月6日に開催している。また、国会議員に対しては、様々なロビー活動に加え、貸与制世代の解決に向けた応援メッセージの発信も呼びかけ続けている。

これらの活動の結果、2023（令和5）年の経済財政運営と改革の基本方針（いわゆる「骨太の方針」）には、「法曹人材の確保及び法教育の推進などの安全・安心な社会を支える人的・物的基盤の整備をはかる」との方針が盛り込まれた。日弁連は、これを踏まえ、法務省との間では骨太の方針の具体化に向けた協議を開始し、また、2023（令和5）年12月6日に開催された院内集会では、貸与制世代を中核とした弁護士の活動を支援する制度の具体化を進める方針が示され、貸与制世代問題解決のための制度実現に向けた活動が行われている。

司法制度を維持する観点から、若手弁護士の経済的

負担の問題を抜本的に解決することは国の義務である。そのため、日弁連は、給付制度の創設を勝ち取ったことで満足することなく、引き続き、①基本給付金の金額を貸与制以前の水準に戻すための立法的措置、及び②貸与制世代の不公平・不平等な状況を解消するための立法的措置を今後も国に積極的に求めていくべきである。

# 第5 若手法曹をめぐる現状と課題

## 1 若手弁護士をめぐる現状と支援策

### (1) 若手弁護士をめぐる現状

司法制度改革の一環として実施された法曹人口の増加政策により、弁護士人口は毎年着々と増加している。2023（令和5）年3月31日時点での弁護士登録数は4万4,916人であり、2000（平成12）年3月31日時点の登録数（弁護士白書によると1万7,126人）と比較すると約2万7,800人増加したことになる。特に司法制度改革を経た60期以降の弁護士登録者数は、全登録弁護士の約半数を占めるに至っている。

弁護士人口の増加は、ひまわり基金法律事務所や法テラス7号事務所（地域事務所）の展開などによる弁護士ゼロ地域の解消、被疑者国選弁護の拡大、国選付添人制度の実現といった社会的課題の解決に貢献した他、企業内弁護士、自治体内弁護士といった需要を拡大させた。

さらに、2011（平成23）年3月に発生した東日本大震災後の対応として、法律相談や被災者の代理人としての活動を中心とする震災復興支援、原子力損害賠償紛争解決センター（原発ADRセンター）への人材輩出等を実現することができた。このような災害時における弁護士の活動は、その後も多発する自然災害への支援の際のモデルケースとなっており、社会における弁護士の存在感を高めることに大きく寄与した。

これらの成果及び活動の多くが若手弁護士によって担われており、司法制度改革の際に目指した「国民の社会生活上の医師」としての活動が、司法制度改革の成果として増加した若手法曹によって担われている状況下にある。

他方、弁護士業務の根幹をなす訴訟事件の新受件数は家事事件を除いて伸び悩み、増加した法曹人口を受け止めきれなかった。

すなわち2010（平成22）年と2023（令和5）年の弁護士白書によれば、民事通常事件について裁判所の新受件数を弁護士人数で割った1人あたり新受件数は2010（平成22）年に8.2件であったのに対し、2022（令和4）年には2.8件まで減少した。この新受件数の減少は、弁護士の受任件数の減少につながっている。そして、新規受任の機会を逃した弁護士の多くは、営業基盤・業務基盤がぜい弱な若手弁護士であることが推測される。若手弁護士にとって、訴訟事件受任の機会を失うことは、売上減少に加えて、事件処理経験を積むことによる「質的な業務基盤の強化」の機会を失うことにもつながる。このような状況は、若手弁護士の業務環境や将来性をより過酷なものとする遠因となっている。

新規登録弁護士の採用問題（司法修習生の就職問題）については、司法修習生の就職状況自体は後述のとおり改善したといえるが、一方で、必ずしも就業者と雇用者との間で適切なマッチングができておらず、法律事務所に就職してから短期間で事務所を移籍したり、意に沿わず独立開業せざるを得なくなったりするという事例も少なからず存在している。

以上の若手弁護士が置かれた現状は、このまま改善されなければ、将来の弁護士会、そして司法の担い手である若手弁護士を疲弊させるのみならず、法曹の卵である法科大学院生修了生その他の司法試験受験生のもつ夢や目標を挫き、法曹界全体の将来性をも危うくするものである。未来の司法の価値を守るため、若手弁護士の業務環境の改善は、解決すべき喫緊の課題である。

弁護士会は、若手弁護士の苦境について世代を問わず一丸となり、具体的な労力や負担を厭わず、現在の状況を改善するために、後記のとおり、弁護士の活動領域の拡大、若手弁護士の業務基盤の確立等にも資する諸施策の採用、実施を拡充していくべきである。

38 第1部 弁護士をめぐる司法制度の現状と展望

## (2) 若手弁護士に対する支援策

### ア　弁護士の就業等支援

一斉登録から約1ヶ月後の時点における修習終了者に占める弁護士未登録者数の割合は、71期は8.2%、72期は7.5%、73期は8.1%、74期は5.8%、75期は6.6%、76期は8.1%と、近年の就職状況は改善してきている。もっとも、法律事務所などに就職しても労働条件面で厳しい状況にあることも多く、就職環境全般が改善傾向にあるとの評価ができるかについては更なる検討が必要である。日弁連及び各弁護士会は、法律事務所による若手弁護士採用の拡大だけでなく、さらに就職条件の改善を図るための積極的な施策を実施すべきである。

また、日弁連や各弁護士会が企業や国、地方公共団体への弁護士の就業拡大を実現するための対策を立案し、実行することも、組織内弁護士等の採用拡大としての機能をもつことから積極的に推進されるべきである。弁護士の活躍が要請された場合に適時、適切な能力を有する弁護士が就業できる環境を整えなければならない。研修等によって適切な知見を獲得することができる制度を構築することはもちろん、弁護士会として、非常勤型勤務などの推進を行うなど、既存の弁護士の自由な活動を阻害しない働き方を、企業や国、地方公共団体に提案すべきである。

また、これら組織への移籍前、及び組織内からの復帰の際の支援体制の構築検討も必要である。特に、任期付公務員等となる自治体内弁護士にあっては、自治体からの募集に対する人材の給源や退職後のライフプランの見通し等についての課題がある。この点に関する日弁連の支援体制として、応募又は採用が内定した弁護士及び任用後の弁護士の支援を行う「自治体内弁護士任用支援事務所」の制度があり、弁護士が応募しやすい環境整備をしているが、この制度にとどまらず、公設事務所にその受け皿機能を附加することなども含めて、さらに充実した支援体制の構築検討が望まれる。

### イ　弁護士の活動領域の拡大

今後も弁護士人口は順次増加していく。弁護士人口の増加は、多様化する市民・社会の法的ニーズに対応するためのものであるが、ただ坐して待っていても法的ニーズの掘り起こしはできない。弁護士が、有用な存在として、今後も引き続き社会から認知されていくためにも、弁護士の活動領域を拡大していくことは必須の課題となっている。個々の弁護士はもちろん、日弁連や弁護士会は、社会の各所が潜在的に抱えている法的問題を発見・解消していくため、積極的に活動領域を拡大する努力を継続的に行うべきである。これまでの活動領域拡大に向けられた活動は一定程度評価されるものではあるが、低廉な報酬で過大な業務を行うようなものも散見され、むしろ若手弁護士の疲弊をもたらすものとして評価されうるものもある。

日弁連では、法律サービス展開本部（自治体等連携センター、ひまわりキャリアサポートセンター、国際業務推進センターの3つのセンターから成る。）や中小企業法律支援センターを設け、東弁でも、リーガルサービスジョイントセンター（弁護士活動領域拡大推進本部）や中小企業法律支援センターを設け、それぞれ活動領域の拡大に向けた様々な活動に取り組んでおり、活動の継続と発展が望まれる。

活動領域拡大のためには、若手弁護士のみならず、知識経験ともに豊かなベテラン弁護士が自ら労苦を厭わず積極的に関与してニーズを発掘していくことが重要である。一方で、柔軟な発想と行動力に富む若手・中堅弁護士が気兼ねなく活動することのできる環境を整えることもまた重要である。

また、社会性のある活動領域の拡大にあっては、国へのロビイングを駆使し、当該活動にかかる報酬原資の確保も併せて提案すべきである。社会の遍く人々に、法的サービスを提供する「法テラス」は、その思想こそ崇高であるが、低廉な報酬が結果として弁護士から忌避される要因となってしまっている。日弁連は、2023（令和5）年に「民事法律扶助における利用者負担の見直し、民事法律扶助の対象事件の拡大及び持続可能な制度のためにその担い手たる弁護士の報酬の適正化を求める決議」を行ったが、弁護士報酬の適正化はまだ緒についたばかりである。

その他、ベンチャー企業や地方創生に取り組む地方公共団体など、産業競争力強化や地域づくりといった社会的要請の強い挑戦的な分野に携わる事業者・団体ほど、潜在的法的ニーズはあるが、資金力に乏しく弁護士からのサービスを受ける機会を逸している。ここに、弁護士費用を補助する補助金、助成金などの制度を創設すれば、彼らの課題を解決し、社会に新たな価値をもたらすのみならず弁護士の業務開拓も実現する。このような、社会的課題の解決につながる業務につい

て、弁護士報酬の補助・助成を行うような制度的枠組みの提案も検討されるべきである。

そして、このような報酬原資の確保を前提とした法的ニーズの開拓には、弁政連を起点としたロビイングの実施、数多いる弁護士資格を保有する国会議員の協力を得ることも効果的であろう。

### ウ　若手弁護士の活動機会の拡大

#### ㋐　東弁委員会活動についての支援

東弁委員会活動へ積極的な参加を希望する若手弁護士は少なくない。そのため、若手弁護士が希望する委員会においては、5～10年ごとの期別の委員構成率を調査し、若手弁護士の比率が低い場合には、委員会定員数の増加や実働していない長期継続委員の交替を図るなどの運用を検討する必要がある。また、委員会運営においては、積極的な若手弁護士の意欲が削がれることのないよう、若手弁護士に発言の機会が与えられ、若手弁護士の意見を委員会活動に反映されるような運用がなされなければならない。

#### ㋑　チューター制度の充実

東弁には、司法修習終了から3年未満の即時独立・早期独立・事務所内独立採算の弁護士等を対象として、弁護士登録5年から30年目までの経験豊富な弁護士がチューター（指導担当弁護士）としてつき、法律事務処理、新規業務獲得、事務所経営などにつき継続的に指導・助言を行う制度が存在する。チューターからの個別指導・助言を受けることで、若手弁護士の実務能力の向上・キャリア形成に資するという点で、有意義な支援策であるといえる。

もっとも、組織内弁護士等の増加や、弁護士業務の専門化に伴う独立までの期間の長期化等により、既存のチューター制度の対象となる弁護士の範囲を拡大するなど、さらに制度を拡充していくことが求められる。また、チューター制度の質を維持・向上させるため、若手弁護士による評価・フィードバック制度を導入することも考えられる。

#### ㋒　研修プログラムの充実

実務に直結するスキルを学ぶことが可能な研修プログラムを増設することで、若手弁護士の専門性が高まるとともに、より多くの法分野で活躍できるような支援策として、研修プログラムを充実させることが考えられる。また、オンライン研修を拡充することにより、時間的・場所的制約のある若手弁護士も同等の研修機会を得られるようにすべきである。

#### ㋓　ネットワーキングイベントの開催

若手弁護士にとって、人脈を形成することは、新規案件の獲得・情報共有に資するものである。特に、多様なバックグラウンドを有する専門家との交流は、若手弁護士の活動機会を拡大させ、新しいビジネスチャンスを生み出すことが考えられる。したがって、若手弁護士同士や、若手弁護士と経験豊富な弁護士との交流機会を増加させ、さらには、他業種の専門家・起業家等と交流できる場を定期的に提供することで、若手弁護士の人脈の形成を促進すべきである。

### エ　OJTの機会の拡充

若手弁護士にとって、先輩弁護士とともに実際の事件処理に関与することは重要な意義を有するものであり、OJTの機会を拡充することは若手弁護士に対する重要な支援策であるといえる。

東京弁護士会には「OJT相談」制度があり、若手弁護士が登録10年目以上の弁護士と共同で法律相談に取り組み、その後の事件を受任する場合には共同受任するなどして、先輩弁護士からスキルを学べる機会を作っている。

また、法友全期会では、法律相談センター委員会が主催する都内法律相談会において、若手弁護士と全期世代の指導担当弁護士とが二名一組で相談担当者になることで、若手弁護士のOJTの機会を確保している。法友全期会としては、今後定期的に行っている同相談会の拡充を図るのみならず、同相談会以外にも若手弁護士のOJTの機会を確保するため制度を立案し、機動的に実施していく取り組みが求められる。

### オ　勤務弁護士の待遇の改善のための支援

勤務弁護士の就業条件が悪化していないか、弁護士会は勤務弁護士の労働実態調査や情報収集に努め、勤務弁護士の待遇について問題例を周知し、経営弁護士に自発的な改善を促すなど、問題点の発見と改善のための対策を行う必要がある。弁護士会として、適正な就業条件の基準を示す努力は検討されて良いように思う。

また、昨今、若手弁護士が弁護士業務を行う中でうつ病などを発症する事例も多くなってきていることから、弁護士会がメンタルヘルスに関する問題についても積極的に検討して支援すべきである。

勤務弁護士の待遇は、入所前に書面化されない場合

や、口頭による説明にも曖昧な部分も多く、経営弁護士の恣意的な運用を許す土壌がある。ついては、経営弁護士が勤務弁護士に対し、事前に書面による待遇の提示をし、入所の際にも待遇について書面による合意をすることを励行する必要がある。

加えて、弁護士会として、採用時・就職時のハラスメント問題や法律事務所における社会保障の在り方を検討し、その結果を研修などによって、広く会員に周知していくべきである。近時、新人・若手弁護士の採用の際に、経営弁護士から女性弁護士が結婚・出産の予定を聞かれたり、男性弁護士が子供の送り迎えなどの家事負担の有無を確認されたりするケースが報告されている。経営弁護士のこのような行為はハラスメント問題になることを当事者に認識させ、弁護士会としても研修などによって当該問題意識を会員全体に対して理解させていく必要がある。また、若手弁護士が安心して長く勤務できるように、一般企業と同様に産休・育休などの社会保障制度を充実させるよう経営弁護士に促していく必要がある。

**カ 継続教育の充実**

弁護士としての深い教養の保持と高い品性の陶冶に努め、市民に対してより質の高い法的サービスを提供すべく、司法修習終了・弁護士登録後の継続教育も一層充実されるべきである。

このような取組み（とりわけOJTの機会の確保、拡充）は、この継続教育の充実という観点からも強く要請されるものである。

また、東弁の研修制度は相当に充実したものとなっており、法友全期会においても、業務委員会が中心となり若手弁護士の様々なニーズに対応した研修制度の充実を図っている。

東弁では、2013（平成25）年1月から新規登録弁護士向けのクラス別研修制度が実施されている。各クラスは20名程度の新人弁護士と2名の先輩弁護士で編成されており、クラスごとで少人数・双方向型による研修が実施されるため、弁護士としてのスキルとマインドをより実効的に身につけることができる。また、クラス内で新人弁護士たちがそれぞれの立場で直面している実務的な疑問や課題等について、先輩弁護士とともに共有・議論することで、クラス別研修が新人弁護士にとって大きな成長の機会となり、新人弁護士相互の人間関係の醸成や弁護士会への帰属意識の向上に資

することを期待することができる。

## 2 若手弁護士と採用問題

### (1) 若手弁護士と採用問題

60期以降、1,800～2,000人台で推移していた司法試験合格者数は、2016（平成28）年を境に減少し、2022（令和4）年には1,403人にまで落ち込んだものの、2023（令和5）年からは法科大学院の最終学年在学生にも受験資格が拡大したことにより、同年の合格者数は1,781人と増加した。

70期以降は新人弁護士の採用に苦労するという声すら聞かれるほど、若手弁護士の採用市場は売手市場となっている。合格者数の減少と一定の関係性があるかもしれないが、その間も1,400人台の合格者数を維持していたことを踏まえれば、売手市場は、法曹人口のボリュームゾーンでもある60期台が経験年数を経て採用側になりつつあることや組織内弁護士をはじめとする弁護士の活動領域の拡大等、弁護士の採用を下支えする環境変化が着実に進んでいることの表れであるともいえる。合格者数の推移は、今後の採用市場に一定の影響は及ぼすと考えられるが、それのみを弁護士の採用環境に結びつけてする議論は近視眼的な議論であることを否めない。

他方で、多様化する業務内容や契約形態を背景に、若手弁護士と所属事務所とのミスマッチや、時にハラスメントの被害が生じていると評価せざるを得ないような事案も報告されている。このような状況は、若手弁護士が安定した環境で研鑽を積む機会を脅かすものである。若手弁護士が研鑽を積める安定した環境を作り、ひとり独立した法曹として成熟させることは、基本的人権の擁護者たる司法制度の担い手を育む行為であり、弁護士会が責任をもって取り組むべき課題である。

### (2) 新人弁護士採用問題の現状

新人弁護士の採用問題（司法修習生から見れば就職問題）に関しては、以下のような傾向がみられる。

**ア 採用先について**

67期司法修習生の2015（平成27）年1月時点での修習終了者に占める弁護士未登録者（任官者・任検者を除く）の割合は16.1％（317名）であったが、72期の2020（令和2）年1月時点における割合は7.5％（112名）まで減少し、73期の2021（令和3）年1月時点における

割合は8.1%（118名）、74期の2022（令和4）年5月時点における割合は5.8%（85名）、75期の2023（令和5）年1月時点における割合は6.6%（87名）、76期の2024（令和6）年1月時点における割合は8.1%（113名）と、新人弁護士の採用状況は明確な改善傾向を示している。さらに、未登録者の中には、企業や官公庁への就職者が一定数含まれていることが推測されることから、採用状況全体としては、相当程度改善傾向にあったといえる。

一方で、新人弁護士の約60%超が東京三会で弁護士登録をしており、大阪弁護士会及び愛知県弁護士会も合わせると、新規登録する司法修習終了者の75%超が大都市圏の弁護士会に登録している。地方の弁護士会では、新人弁護士を採用するため募集をしても、司法修習生の応募がないケースがあり、需要と供給が必ずしも一致していない状況も見られる。

**イ　就業条件について**

新人弁護士の就業条件（主に年俸）については、一定の改善がみられる。すなわち、日弁連の調査によれば、59期の段階では、年俸換算で500万円以下の層は7.6%に過ぎず、500万円超〜600万円以下の層が35.2%、600万円超の層が57.2%を占めていたのに対し、新65期では480万円以下の層が54.5%と過半数を占め、300万円以下の層が8.7%存在した。次いで、68期の会員に対して行ったアンケートによると、年俸換算で480万円以下の層は63.6%にまで増加していた。これに対して、2023（令和5）年実施の75期に対するアンケートでは、360万円を超え480万円以下が33.7%、480万円を超え600万円以下が30.9%となっている。新人弁護士の年俸額について一定程度の改善の兆しが見えるものの、奨学金や修習貸与金等の返済を抱えている新人弁護士もおり、まだまだ十分とは言い難い状況である。

**ウ　非弁提携が疑われる事務所への就職について**

2020（令和2）年6月24日に東京地裁から破産手続開始決定を受けた弁護士法人東京ミネルヴァ法律事務所は、預り金流用等で約50億円の負債を抱えており、報道等によると、同事務所が広告等を委託していた会社との非弁提携関係が強く疑われている。同事務所の元代表弁護士は新63期であり、破産手続開始決定の直前まで同事務所に所属していた弁護士らは、いずれも64期〜71期であった。

近年では国際ロマンス詐欺事件の被害金回収に関する非弁提携行為など新たな類型の非弁提携が生まれている。

弁護士会としては、引き続き、新人弁護士に対して、このような違法行為を行う事務所に就職することのないよう、継続的に注意喚起していく必要があり、図らずも就職してしまった場合には、早期の退職を支援するなどの救済措置を講ずべきである。

**エ　採用活動時のハラスメント**

新人弁護士が就職活動を行っている際に、性的差別発言を受けたとの報告がなされている。具体的には、「子供を産むのは困る。」「女性は地元に帰ってしまう。」「今年は女性がほしい。」等といった発言があったようである。性差別的発言は女性に対してなされたものが多数であるが、男性に対する発言も存在する。性差別的発言をはじめとするハラスメント行為は、被害者の人格権を侵害する行為であり、基本的人権の擁護を使命とする弁護士がなすべき行為でないことは論を俟たないところである。新人弁護士には、かかる行為を受けたことによる心理的負担、意欲の喪失等の悪影響が生じ得るものであり、これにより、事務所からの早期の離脱、OJTの効果の低下等の影響が生じる可能性がある。このことは、ひいては、弁護士業界全体の評価の低下を招くものである。

**オ　ミスマッチと若手弁護士の早期転職**

前述のとおり新人弁護士の就職環境が改善した一方、人間関係等のミスマッチを原因とする早期の転職が顕在化している。民間調査の中には、転職経験のある弁護士のうち、半年未満で転職をした者が11%、半年から1年未満で転職をした者が17.3%を占めるというデータもある。また、転職の原因については、「弁護士との人間関係」がもっとも多く、次いで「事務所の将来性」や「給料・待遇」に関する問題が転職の原因であるとのことである。

調査のサンプル数が500件程度であり、その結果を鵜呑みにすることはできないものの、一定数の弁護士が、登録後1年程度で転職をしている実情があることは否めない。早期の転職は、当該弁護士自身の経験蓄積に悪影響がある、それのみならず、生活基盤が安定しないなかで、収入もさらなる不安を生じさせることはともすれば非弁提携業者等につけこまれる隙にもなるものである。このように早期の転職は望ましいもの

ではなくミスマッチが生じないよう、修習時期はもちろんのこと、法科大学院在学期間中を含めた就職活動支援に取り組むことも検討されるべきである。

なお、早期転職の事案の中には、所長弁護士や先輩弁護士によるセクシュアルハラスメント（結婚や出産を一定期間しないように求める等）やパワーハラスメント（休日にも事務所に出所することを強要される等）等のハラスメント行為や突如の委任契約の解約等の契約違反が疑われる事案もあると聞く。これらの事案について若手弁護士の側が積極的に争うには自ら交渉・訴訟等を行うか、紛議調停等の手続を行う他ないが、負担が大きく、問題の顕在化の妨げとなっていると思われる。実態調査を行うとともに、負担の大きさから若手弁護士が泣き寝入りをすることがないよう適切な仲介機能を弁護士会が担うべきである。

カ　弁護士倫理や弁護士自治への悪影響の懸念

前記の状況、問題点等を背景に、新人弁護士や勤務弁護士が、先輩の弁護士から必要な職業的倫理観やリスク管理の能力を学べず、これらを身につけることができないままになってしまい、非弁提携や弁護士報酬等に関するトラブルにつながることが懸念される。また、依頼者に対し、一定の水準に達した代理人活動、弁護活動を行うことができない者が増加する懸念も生じている。さらに、先輩から後輩への職業的倫理観の承継等がなされないことにより、弁護士会等への帰属意識が薄れ、やがては弁護士自治に対する重大な危機が生じることも懸念される。

### (3) 日弁連や各弁護士会の取組みについて

新人弁護士の採用問題に関しては、日弁連がひまわり求人求職ナビを開設しており、各弁護士会においても、採用情報説明会等の取り組みが行われている。新人弁護士の就職に関する情報提供については、前記のひまわりナビのほか、アットリーガル等の弁護士会ではない企業等が運営するウェブサイト等も大いに活用されているところである。むしろ、新人弁護士にとっ

ては、ひまわりナビよりもアットリーガル等が活用しやすいという声も多々ある。弁護士登録後の事務所の移籍の場面では、ひまわりナビが一定の役割を担っているようであるが、他方で民間企業によるエージェントサービスも一定の割合を担っているようであり、ウェブサイト等で検索をすると10社程度は弁護士転職の支援を行うエージェントサービスが見つかる状況である。エージェントサービスがどのようなニーズを捉えて転職支援をしているのか、実態が不明であるところではあるが、このような事業者による転職支援が非弁提携を行う事務所への紹介に繋がっていないかは注視する必要はあろう。

新人弁護士、若手弁護士いずれも就職活動には民間企業の参入が認められるところではあるので、日弁連や各弁護士会による民間企業への適切な情報提供のあり方も検討されることが必要である。

また、減少しているとはいえ司法修習終了直後までに就業先が見つからない者が存在することも事実であり、彼らを単に未登録者のままにしてしまうと弁護士会側では状況の把握も困難になり、有効な支援策も取り得なくなる。修習終了時点で就業先が未定であった者でも、その多くが修習終了後6ヶ月程度で就業先を得ている状況があるため、修習終了後6ヶ月を超えて就業先が見つからない者に対して、その者への求人求職情報の提供を積極的に行い、その者が孤立しないよう継続的に情報の提供を行う体制を構築すべきである。

なお、前記問題点のうち、新人弁護士に対するハラスメント行為については、それ自体許される行為ではなく、新人弁護士の意欲低下等の悪影響を引き起こすほか、結果として弁護士に対する社会の信頼を失わせることになりかねない。弁護士会は、弁護士に対するハラスメント防止の呼びかけ、研修を行う等して、それらの防止に努めるべきである。加えて、ハラスメント行為があった場合の被害者の保護、加害者への指導も弁護士会の責任において行うべきである。

## 第6　弁護士へのアクセス拡充

### 1　弁護士へのアクセス保障の必要性と現状

#### (1) 弁護士過疎・偏在対策の経緯

1964（昭和39）年の臨時司法制度調査会意見書は、

弁護士の大都市偏在化を緊急に是正すべき旨を指摘していた。そして、1996（平成8）年の日弁連定期総会は、「弁護士過疎地域における法律相談体制の確立に関す

第1章　弁護士制度の現状と展望　43

る宣言」（名古屋宣言）を採択し、すべての地裁支部管轄区域に法律相談センターを設置することを決めた。さらに、1999（平成11）年、日弁連は、東弁からの司法改革支援金1億円等を財源とする「日弁連ひまわり基金」を創設し、同年12月の臨時総会において、弁護士過疎・偏在対策の活動資金に充てるため、全弁護士から特別会費を徴収することとした。2000（平成12）年の定期総会において、「司法サービスの全国地域への展開に関する決議」を採択し、公設事務所等の設置にさらに取り組むことを決めた。

2006（平成18）年10月に開業した日本司法支援センター（以下、「法テラス」という。）は、過疎地域における法律事務所（司法過疎対応地域事務所）の設置を始めた。2007（平成19）年12月の日弁連臨時総会は、弁護士偏在解消のための経済的支援に関する規程を採択し、2010（平成22）年4月、ひまわり基金による弁護士定着支援制度を統合して、過疎地域・偏在地域への弁護士定着を促進することとした。

2012（平成24）年の日弁連定期総会は、「より身近で頼りがいのある司法サービスの提供に関する決議―真の司法過疎解消に向けて―」（大分決議）を採択し、アクセスの不便性や具体的ニーズを考慮して必要性が高いと判断される地域に必要な法律事務所の設置を進め、法テラスや地方自治体等と連携しつつ、法的サービスの提供態勢を更に整備していくべきことを確認した。

### (2) 弁護士過疎の現状と原因

全国に存在する253か所の地裁の本庁及び支部のうち、その管轄地域に弁護士が0又は1人しかいない、いわゆるゼロ・ワン地域に関しては、2010（平成22）年1月時点でゼロ地域が解消し、2011（平成23）年12月18日にはワン地域もいったん解消した。その後も、ワン地域の発生とその解消が繰り返されており、2024（令和6）年8月1日現在、ワン地域が2箇所存在している状況に至っている。

## 2 アクセス拠点の確保と役割

### (1) 法律相談センターの役割

過疎地における法律相談センターの役割としては、①弁護士常駐の法律事務所を開設するまでの間の法律支援としての役割と②法律事務所の法律支援を補完する役割の2点があり、これらの役割からすると法律相

談センターを開設・維持する必要がある。そのため、「法律事務所開設の需要」や「法律相談センター開設の費用対効果」等といった要素を考慮しつつ市民の司法アクセスの拡大に努めなければならない。

### (2) 法テラスの役割

総合法律支援法が制定され、法テラスが2006（平成18）年10月に業務を開始して以降、法テラス事務所の常勤弁護士は、法律扶助の必要な市民の相談や刑事弁護活動を行っている。同法30条1項7号に規定する法テラスの司法過疎対応地域事務所は、2024（令和6）年3月31日現在、34か所設置されている。さらに、一部地域ではスタッフ弁護士が巡回法律相談を実施している。今後も、実質的な法律援助過疎地の解消のために、日弁連・弁護士会と法テラスとは連携・協力して、弁護士過疎地域の解消と市民の司法アクセス障害の解消のための取り組みを行うことが望まれる。

### (3) 弁護士偏在解消のための開設資金援助や定着支援対策

日弁連の担当委員会では、当面、弁護士1人当たりの市民人口を3万人以内とする目標を掲げて対策を講じることとした。具体的には、偏在解消対策地区に赴任する弁護士を養成する事務所に対する経済的支援策として、開設支援、拡張支援、養成費用支援というものと、偏在解消対策地区で開業する弁護士や弁護士法人に対する経済的支援策として、独立開業支援、常駐従事務所開設支援、特別独立開業等支援というものである。

### (4) ゼロ・ワン地域解消型法律事務所の課題

2024（令和6）年8月1日時点で、ひまわり基金事務所は累計124か所開設され、そのうち弁護士が定着した事務所は87か所である。この類型の事務所の課題として、以下の3点が挙げられる。

1点目として、赴任・交替する弁護士の確保と養成の問題がある。新規登録弁護士が増大するに伴い過疎地での法律支援の担い手となる新人弁護士は数多く誕生した。この流れを維持するためにも、法科大学院生や修習生に対する過疎地での法律支援の必要性の周知を欠かすことができない。同時に、新規登録弁護士に対し多種多様な法律事務を習得させる養成事務所と、ひまわり基金法律事務所や7号地域事務所から任期明けに帰還する弁護士を受け入れる法律事務所を確保しなければならない。

2点目として、事務所開設・運営資金の問題がある。過疎地に赴任を決断した弁護士には開設資金・運営資金についての不安がある。日弁連は2016（平成28）年3月をもって特別会費の徴収を終了させ、それ以降は一般会計からの繰入れによってひまわり基金を運営している。過疎・偏在地域が解消しても運営資金援助の必要性はなくならないので、今後も同様の支援を継続していく必要がある。

3点目として、ゼロ・ワン地域においては利益相反の問題がある。先んじて相談に訪れた市民は弁護士による支援を受けられるが、相手方は弁護士に依頼しにくくなっている。この問題を解消するために各地域における複数事務所設置を実現しなければならない。

### (5) 都市型公設事務所等拠点事務所の役割

都市部においては弁護士も法律事務所も多数存在するが、市民のアクセスが容易かというと必ずしもそうではない。東弁では、2002（平成14）年6月にはじめて都市型公設事務所を開設し、経済的・社会的要因による司法へのアクセスが困難な地域市民の法的需要に積極的に応じるばかりでなく、過疎地に赴任する弁護士の養成と任期明け後の帰還受け入れ、被疑者・被告人国選弁護等刑事裁判への集中審理対応、任官弁護士や判事補・検察官の他職経験の受け入れ、リーガルクリニックの実施を担うことなどが実践されてきた。法友会では、これまで事務所の運営を担う所長および中堅弁護士を多く輩出し、都市型公設事務所の活動を人的物的に支えてきた。

東弁は、現在3か所（池袋、北千住、立川）で都市型公設事務所を設置している。池袋にある東京パブリック法律事務所は、過疎地赴任弁護士の養成や、生活困窮者や外国ルーツの人々の支援等で、北千住にある北千住パブリック法律事務所は困難事件や裁判員裁判を含めた刑事事件の担い手等として、立川にある多摩パブリック法律事務所は多摩地域における刑事事件の担い手、地域行政機関との連携、近年ではニーズの高い成年後見事件の担い手等としてそれぞれ特色を持ち活発な活動を続けている。これらの活動は、ニーズも大きく、地域機関や市民から高い評価を受け、各事務所とも相当に多忙な状況が継続している。

公設事務所への当会からの支出については、2022（令和4）年の財政改革ワーキンググループにおける議論の過程で、4つあった公設事務所について1つ（三田パ

ブリック）を閉鎖することも含めて毎年の支出を3,000万円削減することとなり、財政支出は相当に縮小されている。他方で、経験ある弁護士を弁護士会あげて確保すべきところ、これが長らく実現できておらず、所長弁護士や中堅弁護士の確保が各事務所の自助努力に委ねられていること、新人弁護士を中心に司法アクセス問題に関心を持つ弁護士の層が薄くなっていること等の問題も生じている。

近年では、公設事務所に対し、福祉機関と連携した生活困窮者の法的支援、外国人の人々への支援、首長申立案件等、容易でない成年後見事件への対応等、一般の弁護士では担いにくいが法的救済が必要な市民への対応など、現在の社会で生じている多大なニーズへの対応がますます求められている。

都市型公設事務所が市民から受けている大きな期待は、そのまま社会の弁護士・弁護士会に対する期待であり、公設事務所が実践している活動は、弁護士法72条によって法律事務を独占している弁護士・弁護士会が行わなければならない活動である。弁護士会としては公設事務所が充実した活動を活発にしていくことができるように、公設事務所が必要な人的・経済的な支援を十分に確保できるような施策を立案・実施していく必要がある。

### (6) 女性弁護士へのアクセス

弁護士の絶対数が確保されたとしても、残る問題として「過疎地域における女性弁護士（当該会員の性自認による）不足」がある。2022（令和4）年4月1日時点で、地裁支部管内に女性弁護士がいない地域は全国に62か所ある。女性弁護士に対するアンケートによると、期間限定で、所得保障、研修体制が整備され、出産育児時期における支援、セキュリティ面の充実などがあれば、過疎地での業務に取り組みたいとの意見が多く認められている。DV、離婚、子どもや高齢者への虐待、性犯罪等への対応については、とりわけ、女性の視点が必要不可欠と言える。また、地域の各種委員会にも、女性の参画が必要である。

このように、女性弁護士の偏在解消のために、女性弁護士や女性修習生のニーズに対応した諸施策の改善策や工夫を行う必要がある。この点、日弁連では、2022（令和4）年12月に「偏在対応女性弁護士等経済的支援事業の創設について」の意見照会がなされている。そして、意見照会において新設を検討している制

度は①偏在対応女性弁護士登録支援補助金（偏在対応女性弁護士になろうとする者を対象に、350万円の範囲で無利息の貸付けを行い、一定の要件のもとで返済を免除する制度）及び②偏在対応女性弁護士採用支援補助金（偏在対応女性弁護士を採用した弁護士、弁護士法人又は共同法人を対象に、50万円を上限として支出し、原則として返還を要しない制度）というものであった。偏在対応女性弁護士を支援していこうという内容のものであり、これを積極的に進めていくべきである。

### (7) 全会員による支援・人材の確保・経済的支援

　過疎解消型事務所に赴任して市民のアクセスを保障しようという意欲を持つ若手弁護士に対して、経験豊富な弁護士は、多様な支援に努め、これからもその意欲を減殺することなく発展させるための協力を惜しんではならない。

　若手法曹の指導のために、都市型公設事務所や拠点事務所に常在する中堅以上の弁護士を確保することが重要な課題となっている。中堅以上の弁護士には、経済的な課題や任期明けの不安等から、都市型公設事務所や拠点事務所に赴任することを躊躇する傾向が認められる。弁護士会としては、こうした課題の解決に向けて取り組み、単位会を越えた人材確保に努めなければならない。

### (8) さらなる司法アクセス改善の必要性

　現在、我が国において、高齢者の占める割合は約29％となっている。その上、厚生労働省研究班の報告においては、認知症高齢者の推計値が2025（令和7）年時点で少なくとも約675万人にも及ぶとの推計もなされている（平成29年版高齢社会白書による）。そして、超高齢化社会を迎え、今後、認知症高齢者の人口、割合は増加していくものと見込まれる。

　さらに、障がいをもつ人となると、身体障がい約436万人、知的障がい約109万4,000人、精神障がい約614万8,000人（いずれも令和6年版障害者白書の概数による）となっている。そのうえで、同白書は、この数値に関して、「複数の障害を併せ持つ者もいるため、単純な合計にはならないものの、国民のおよそ9.2％が何らかの障害を有していることになる」とまとめている。

### (9) アウトリーチ活動の拡大と課題

　このような、認知症その他の精神障がい、知的障がい等をもつ当事者にとっては、司法アクセスが極めて困難ないし不可能となってしまっている現状がある。すなわち、このような当事者の多くは、「被害意識がない」「意思疎通困難」「移動困難「弁護士の役割についての理解困難」「情報不足」といった要因によって、司法へのアクセスがほぼできない状況にあるといえる。

　このような当事者が司法アクセスできるようにするべく、近時、「アウトリーチ」（被援助者が弁護士のところへ来訪するのを待つのではなく、弁護士の側から被援助者のところへ赴き、相談に乗ることをいう。従前から福祉分野で使われてきた用語である。）の必要性が弁護士の間でも議論されるようになった。被災地支援分野や高齢者・障がい者分野などを中心として、弁護士の間でも、この「アウトリーチ」に相当する活動が広がってきているものといえる。

　もっとも、「アウトリーチ」は、弁護士の職域拡大の側面のみを強調すると、他の関係者からの信頼を損ないかねない側面をもっている。とくに、高齢者・障がい者の案件にあっては、当事者が抱えている法的問題のみを切り取り、そこだけを強引に解決しようとすると、問題・課題の法的側面だけは解決したものの当事者のその後の地域生活にはまったく役立たない（ないし有害な結果をもたらす）、ということが往々にして生じ得る。このような場面では、弁護士のみならず、行政や福祉サービス提供事業者といった福祉関係諸機関とも十分に相談・協議を行い、協働していくなどして、当事者の生活実態に根ざした権利擁護を十分に図っていくことが必要であろう。

### (10) ソーシャルワークの一環としての「アウトリーチ」

　「ソーシャルワーク」とは、社会福祉援助の実践や方法の全体をいい、福祉関係の行政機関やサービス提供事業者が日々行っている活動の多くが「ソーシャルワーク」に当たる。例えば、生活上の困難を抱えている当事者に対して、援助者が、様々な社会福祉サービスなどを活用し、当該当事者の主体的な生活を実現していく活動などがこれに当たる。

　先に述べたとおり、弁護士が「アウトリーチ」をするに際しても、当事者の抱えている生活上の課題・問題がどのようなものであるのかを十分に把握し、当事者の生活の中で、法的問題がどのような位置を占めるものなのかを吟味した上で、適時・適切に法的問題解

決を図っていく必要があるが、これは、ソーシャルワークの一環としての位置づけになるものといえる。

しかしながら、現在、弁護士がソーシャルワークに当たる活動を行っても報酬等が得られることは多くない。そのため、弁護士のソーシャルワーク的な活動を広げていくためには、民事法律扶助制度や社会保険制度の中で「司法ソーシャルワーク加算」などの報酬体系を新たに創設し、弁護士の間においても、ソーシャルワーク的な活動が広がっていくように制度構築をしていく必要もある。また、地方自治体などにおいて独自の予算付けを行い、弁護士のソーシャルワーク的活動に対して報酬を付与できるようにする取組みも推進していくべきである。また、司法ソーシャルワークを推進している法テラスとも協働を図り、法テラス内部で司法ソーシャルワーク活動に取り組む常勤弁護士を育成していくなどの方策もとっていくべきである。

## 3 これまでの法律相談センターと今後のあり方

### (1) 司法アクセスの確保と法律相談事業

#### ア 法律相談事業の目的

東弁は、これまで、市民の弁護士に対するアクセス障害を解消する目的で、法律相談センターを設置し、法律相談事業を運営してきた。なお、近時では、法律相談センターの存在意義として、このアクセス障害の解消に加えて、若手会員に対する指導の場として機能していること、さらには、相談担当の結果として会員に対する業務提供の場となっている側面がある。

東弁が提供する法律相談サービスの内容としては、一般相談、クレサラ相談、家庭相談のほかに、消費者問題、医療問題、労働問題等があり、事案の特殊性・機動的対応等の要請から適宜特別相談を実施し、また、高齢者・障害者総合支援センター（オアシス）、民事介入暴力センター、子どもの人権救済センター、外国人人権救済センター等でも法律相談・事件斡旋を行っている。

#### イ 日弁連の司法アクセス拡充の動きとの関係

一方、日弁連においても、日弁連公設事務所・法律相談センター委員会を中心として、弁護士過疎地域における常設法律相談所の開設を推進し、市民の法的需要に応えるべく活動してきた。

日弁連の弁護士過疎・偏在対策にかかる活動は、東京都内の大部分の相談事業には直接的に当てはまるものではないが、市民が司法に容易にアクセスできる社会の実現を目指すもので、東弁の活動と目的を同じくする。日弁連の動向には絶えず注目し、積極的に協力していく必要がある。

### (2) 相談件数の激減と収支の赤字化

#### ア 最近の相談件数と収支の状況

東弁単独及び東京三会合同の法律相談事業で行われる法律相談の件数は、2007（平成19）年度をピークとして大きく減少してきた。法律相談事業会計が特別会計化された2008（平成20）年度から2015（平成27）年度までの東弁及び東京三会の法律相談センターにおける東弁会員による相談件数（多摩支部運営の八王子、立川、町田は除く）は、2008（平成20）年に約2万1,000件であったものが、2014（平成26）年度には約1万1,000件と約半数となり、その後は同程度で推移していたところ、新型コロナウィルスの問題で、2020（令和2）年度は8,022件と大幅に減少したが、2021（令和3）年度は9,410件、2022（令和4）年度は9,855件、2023（令和5）年度は1万1,756件とやや回復傾向にある。

法律相談件数減少の原因としては、過払金返還請求を含む債務整理事件の減少、弁護士数の増加やインターネット等による弁護士アクセスの改善などが考えられる。直近の特殊な要因としては新型コロナウィルスの感染拡大による相談件数の減少及び相談枠の一時的削減がある。

法律相談の件数が大きく減少した結果、法律相談事業の収入源である法律相談料と負担金（納付金）が減少し、法律相談センター事業に関する東弁の収支は、2010（平成22）年度から赤字となり、2013（平成25）年度は法律相談会計全体で約5,400万円、法律相談センター事業では約6,200万円の赤字、2014（平成26）年度は同会計全体で約5,900万円、法律相談センター事業では約7,000万円の赤字を生じさせることとなった。

なお、2015（平成27）年度には、負担金割合の引上効果や未納負担金の督促強化に加え、法律相談会計の繰り入れ内容の変更などによって、法律相談会計としては約770万円の黒字となった。その後、2017（平成29）～2019（令和元）年度は一旦赤字となったが、後述の支出削減策の実行により、2020（令和2）年度は331万円の黒字、2021（令和3）年度は1,728万円の黒字、

2022（令和4）年度は1億2,153万円の黒字、2023（令和5）年度は8,950万円の黒字となっている。

もちろん、弁護士に対するアクセス障害の解消・緩和や、受任機会・OJT機会の提供といった法律相談事業の目的と機能に鑑みれば、多少の収支赤字となることはやむを得ないともいえるが、多額の赤字は、東弁の財政を悪化させるだけでなく、東弁の他の事業の実施に悪影響を及ぼしかねないことから、今後も大幅な赤字が生じないようにする必要がある。

**イ　法律相談事業改革PTの設置と答申**

上記の状況を踏まえ、東弁では、2014（平成26）年11月の臨時総会において、法律相談事業の改革に関する基本方針を定め、これに基づいて法律相談事業改革PTが設置され、法律相談事業の適正な運営を図るための改善策を答申することとされた。

同PTでは、法律相談事業の社会的意義・存在価値の観点からは必ずしも黒字事業であり続けなければならないものではないが、現在の赤字額はあまりに多額であり、法律相談事業の意義や価値とのバランス上許容されうる赤字幅に抑えることが必要であるとの観点に立って、全ての法律相談センター及び実施されている法律相談の実情を調査し、今後採りうる支出の削減策及び収入の増加策並びに個別のセンターにおける問題点について議論が深められ、2015（平成27）年12月に法律相談事業の改善策に関する答申書が提出された。

**ウ　財政改革実現ワーキンググループ**

東弁では、財政状況の悪化を受けて、2019（平成31）年3月に財政改革実現ワーキンググループが立ち上げられ、その中に法律相談チームが設置されて、法律相談事業の収支改善と今後の法律相談事業の在り方の検討がされた。2021（令和3）年12月16日に示された第三次答申においては、立川法律相談センターの多摩支部会館内への縮小移転、町田法律相談センターからの撤退、ホームページの改善、電話予約窓口の一本化、インターネット予約、弁護士紹介制度と一体化した新たな相談システムの構築が提言されており、一部実行に移されている。

**(3)　今後の法律相談センターの在り方**

**ア　相談件数・収入増加策の実行**

**㋐　相談料の減額ないし無料化**

30分5,000円の相談料を減額ないし無料化すると、その結果として相談件数が大きく増加することが見込まれ、負担金も含めた収入全体の増加に結びつく可能性がある。全面無料化を実現した札幌弁護士会や、30分5,000円から2,000円への減額を実施した千葉県弁護士会では、いずれも相談件数が2倍から3倍程度まで増加したとの報告がある。他方で、相談業務の対価を否定することの理念的な疑念に加え、相談料収入の減少を補うだけの事件受任が確保できるのか、弁護士会での相談以外の相談業務を無料とする圧力につながるのではないか、などの疑問も提起されている。東弁においては、2016（平成28）年1月から錦糸町センターを縮小移転し、東弁単独運営のセンターとした上で試験的に相談料を30分2,000円に減額しており、相談件数も現在のところ縮小移転前との対比で約2.5倍となっている。また、2015（平成27）年4月以降新宿センター・蒲田センターにおいて労働相談の無料化を期間限定で行っていたところ、相談件数がほぼ倍増したため、2018（平成30）年6月からは労働者側の相談については無料化を本格実施した。さらに、東弁単独運営のセンターである池袋センターでも2023（令和5）年4月から相談料を30分2,000円に減額している。他方で、いずれも収支全体としては改善したとは言い難い状態である。この実績も踏まえて相談料減額の効果を検証し、相談料の無料化の可否も含めて検討されるべきである。

**㋑　相談申込チャネルの拡充**

**①　ネット予約**

2015（平成27）年4月から東京三会共同運営型法律相談センターについてインターネット上での予約受付が開始され、同年10月からは東弁単独運営型センターでもネット予約が始まった。その予約率（予約件数全体のうちネット予約の件数が占める割合）は、当初は5％台であったものが徐々に増加し、15％を超えるようになっていた。新型コロナウィルスの問題から約1年間ネット予約は停止していたが、2021（令和3）年4月から再開し、近時ではまた予約率が10％を超えるようになっている。相談申込者の利便性や人件費削減の観点からも、ネット予約の広報に更に注力すべきである。

**②　電話相談・オンライン相談**

かつて、蒲田センターでは、開設当初より従来のテレフォンガイド（各種相談窓口への振り分け）から一歩踏み込んだ電話ガイド（実質的な電話相談）を実施しており、その件数は年間1万件を超える状況にあっ

た。また、自治体等の外部機関・団体からも電話相談に関する問い合わせがあったため、2015（平成27）年12月から、北千住センターにて本格的に電話相談（弁護士PHONE）を実施し、相談件数は月間1,500件を超える状況であった。

　他方で、電話相談には雑多かつ対応に苦慮する相談も多いことから相談担当者の負担は大きい上、受任率も極めて低率に止まっている。相談担当者には当初日当が支給されず、現在では支給されるようになったものの、面接相談等との対比でも低額である。加えて、電話相談に対するクレームも少なくない状態であり、弁護士会の広報という意味でも功罪相半ばする状態である。

　以上の状況を踏まえ、蒲田センターの場所の移転に伴い従前蒲田センターで行っていた電話相談を霞ヶ関センターに移転するとともに、弁護士PHONEについては2019（令和元）年12月末を以って廃止することとなった。電話相談の継続の可否については、継続する場合の相談担当者への更なる支援も含めてなお検討の必要がある。

　また、新型コロナウィルスの問題を契機に、オンライン相談についてもその採否が法律相談センター運営委員会で検討されている。

③　外部機関・団体等との連携

　2015（平成27）年度に実施された新宿区歌舞伎町でのぼったくり撲滅への協力により、警視庁との信頼関係が構築され、警察に寄せられる相当数の相談を上記電話相談に誘導するよう各警察署に同相談のチラシが備え置かれるようになった。また、自治体との連携拡大も重要な課題である。そのほかに、ショッピングモール等との連携による店舗内相談や、各種業界団体・協会等との連携も模索しており、（現在新型コロナウィルスの問題等で中断を余儀なくされているが）いくつかのイオンショッピングモールや郵便局で法律相談を実施している。

㋒　法律相談担当者の質の確保

　近時の弁護士数の飛躍的増加に伴い、法律相談センターの相談担当の大部分を若手弁護士が担う状況となり、相談者からの苦情も増えていて相談担当者の質の確保が急務となっている。公平性の原則に配慮しつつ、次のような取り組みの実施を検討する必要があろう。

①　研修の充実・義務化

研修対象分野を拡充するとともに、法律知識だけでなくカウンセリング能力の向上等を養成する研修も行う。また、義務研修の対象を拡大する。

②　分野別及び専門相談の拡充

　専門的分野の相談対応の拡充だけでなく、現在、一般相談の対象とされている分野（離婚問題など）についても精通した弁護士による対応を実施する。また、専門認定制度の創設も検討する必要があろう。

③　若手弁護士と経験豊富な弁護士との共同相談・受任体制の構築

　相談担当者には一定の経験年数を資格要件としつつ、若手弁護士との共同相談・受任体制を取ることで、若手弁護士に相談及び受任の機会提供を図ることが考えられる。

　蒲田センターにおいては開設当初より若手弁護士の相談立会い及び共同受任の機会が付与される体制となっていた（そのため、相談担当者には5年以上の弁護士経験が要件となっている）ところ、2016（平成28）年度からは若手弁護士支援のため、錦糸町センター及び蒲田センターにおいて、若手弁護士と一定の経験のある弁護士の共同相談・受任体制が試行されていた。また、東弁の若手会員総合支援センターでは、2018（平成30）年4月には蒲田センター及び北千住センターの相談の一部において若手弁護士と一定の経験のある弁護士の共同相談の制度を実施していた。その後、若手支援のための相談体制が一本化され、現在は若手会員総合支援センターの下で、蒲田センター、錦糸町センター、北千住センター及び池袋センターで若手弁護士の相談枠が設けられている（新型コロナウィルスの問題から中断されていたが、現在では再開している。）。

㋓　負担金

　2015（平成27）年4月から、100万円未満の弁護士報酬について負担金割合を当面の間10％から15％に増加させた。将来的には、さらに負担金割合を上げることも検討の対象となり得るが、相談担当者の負担とのバランスを考慮することが肝要である。また、公設事務所所属の会員や多摩支部所管のセンターにおける納付金割合が原則よりも低率となっており（ボリュームゾーンの受任事件の割合で原則との対比で前者が半分、後者も3分の2）、公設事務所併設のセンター（なお、池袋センターの移転及び北千住センターの業務縮小に伴い、現時点で本会所管の併設は北千住センターのみ

である）や多摩支部所管のセンターの赤字が他のセンターよりかなり大きいことからしても、会員間の公平という観点からしても、これらの納付金割合の引き上げを早急に検討すべきである。その後、多摩支部所管のセンターについては、2022（令和4）年度から納付金割合の引き上げが実現している。

(オ)　戦略的広報

従前、各法律相談センターでは、リーフレットの作成、区の広報誌への掲載、駅広告など実施してきたが、費用対効果の測定と検証が十分とはいえなかった。そこで、2015（平成27）年度、東弁は、専門業者（電通）に対して実態調査から戦略的広報手段の提案までを依頼した。法律相談事業について、有効な広報を引き続き検討すべきである。

イ　支出軽減策の実行

(ア)　賃料等

各法律相談センターにおける近時の充足率（相談予定コマ数に対する相談実施コマ数の割合）が各センター50％に満たず、相談室が空室になっている状況にあり、過大な規模になってしまっているといわざるをえない。そこで、各法律相談センターの存在意義や特性を考慮した上で、縮小移転や廃止、又は空室の有効利用が検討されなければならない。

かかる状況を受けて新宿センター及び蒲田センターについては、2019（令和元）年11月に蒲田センターが、2020（令和2）年2月に新宿センターが縮小移転した。公設事務所併設の池袋センターも2021（令和3）8月に縮小移転して公設事務所との併設状態を解消した。北千住法律相談センターについては生活保護相談以外の相談業務を廃止し、業務縮小によって生じる空きスペースは、現在、弁護士専用シェアオフィスとして運用されている。

残る赤字額の大きい多摩支部所管のセンターについても、縮小移転や廃止を含め具体的かつ速やかに検討すべきところ、立川センターについては昨年度多摩支部会館内に移転し支出軽減を図り、300万円以上赤字が減少した。

(イ)　日当の減額ないし廃止

東弁では2013（平成25）年4月から法律相談センターにおける大半の相談の相談担当者への日当を午前4,000円、午後6,000円に減額した。また、蒲田センター及び錦糸町センターでは時限措置ではあるが日当が支給されていない。他方、一部の特別相談については、日当が減額されず午前8,000円、午後1万2,000円が維持されているものがある。従前の日当額を維持している一部の特別相談や多摩支部所管のセンターについても、会員間の公平の見地からも減額を含めて検討すべきである。その後、多摩支部所管のセンターについては2022（令和4）年度に日当の減額が実現している。

他方で、日当の減額・廃止は相談担当者に負担を強いるものであり、更なる減額や廃止については慎重な検討が必要である。

(ウ)　弁護士紹介制度

東弁は2007（平成19）年4月から弁護士紹介センターを立ち上げ、従前からの外部団体主催の法律相談への弁護士派遣や顧問弁護士紹介に加えて、事業者や公共団体等向けの紹介制度（特定部門紹介制度）と専門性の高い特定の分野について知識と経験のある弁護士を紹介する制度（特定分野紹介制度）を設けた。

しかし、特定部門・分野に限った弁護士紹介制度は市民に認知度が低く、市民の弁護士紹介のニーズとも必ずしも一致しているとは言えず、年間を通して全く申込みがない部門・分野が多数存在した。両紹介制度全体における申込件数は2013（平成25）年度で47件、2014（平成26）年度で24件（試行的に実施された一般相談分野における紹介件数を除く。）しかない状況であった（なお、弁護士紹介センターの中小企業部門が2014〔平成26〕年度に設立された中小企業法律支援センターに、弁護士紹介センターが運営していた権利保護保険に対応するリーガル・アクセス・センター〔LAC〕が2016〔平成28〕年度に設立されたリーガル・アクセス・センター運営委員会に移管された。）。

このような状況を踏まえて、2018（平成30）年4月から従前の特定部門・分野の区別を廃止し、弁護士紹介センターは非事業者に対する弁護士紹介のみを取り扱うこととし、事業者の弁護士紹介は中小企業支援センターで取り扱うとともに、紹介対象分野も一般民事事件など従前取り扱っていなかったものに拡充することとした結果、年間300件近い申込があり、2021（令和3）年度は申込346件、紹介255件（2022〔令和4〕年1月末時点）となっている。

また、紹介の可否についての審査を円滑に行うために、2021（令和3）年7月から弁護士が直接紹介申込者に連絡する弁護士ガイド制度を試行した（現在は廃止

されている）。

さらに、2022（令和4）年1月24日から、新型コロナウイルスの感染拡大へ対応するため、オンラインによる法律相談の対応を開始している。

現時点で従前より多数の紹介依頼がある状況ではあるが、引き続き、より広報に努めるとともに、紹介依頼内容の検討などを行う必要がある。

また、このような状況及び既に述べた法律相談センターの外部相談のコスト等を考えれば、今後は、東弁として、弁護士紹介制度により重点を置いた体制構築を検討すべきとも言えよう。

# 第7 弁護士の国際化の課題

## 1 国際化に関する現代的課題

### (1) はじめに一国際化への基本的対応

弁護士業務の国際化は専門的な分野なので主に渉外弁護士の世界の問題であるとの認識が根強い。

しかし、最近わが国では外国人材の登用、インバウンド観光の増加、外国企業の対内投資の活発化など日本全体で地域社会の国際化が急速に進み、一般的な国内業務においても渉外的要素への対応力が求められている。

世界では、外国の弁護士に対する市場の開放、隣接業種との提携の推進など弁護士業務の「自由化」の議論が盛んになされている。また、広告制限・弁護士報酬規制などの弁護士会の内部規則を撤廃し、法律サービス市場に競争原理を導入するべきであるという主張もされている。WTOのGATS交渉では、弁護士を含む専門職のライセンス及び資格の自由化について討議され、同様の議論が米国やEUとの二国間交渉のなかでも続けられている。さらに、金融商品取引法や独占禁止法など経済法の分野では「法制度の急激な世界標準化」の流れが定着し、個人情報・データ保護やオンライン取引規制などデジタル法の分野でもルールの世界標準化の動きが進んでいる。

こうした弁護士業務に関連する国内外における動きは、司法改革の議論にも影響を与えている。

2001（平成13）年6月12日に発表された司法制度改革審議会意見書における我が国の法曹への国際化対応強化の提言を契機として、弁護士と外国法事務弁護士との提携・協働が推進され、弁護士業務形態の国際化が一定の進展を見た。今後、我が国独自の文化や社会制度にも配慮しつつ、バランスのとれた弁護士業務形態の国際化を目指すことが望まれる。

他方、弁護士の「コアバリュー（根源的価値）と直接相克する制度の導入」も実施されている。依頼者の秘密保持義務に関わるマネー・ローンダリング規制がその典型であり、現在の法律では弁護士に疑わしい取引の報告義務を課されてはいないが、2019（令和元）年秋にFATF（金融活動作業部会）の審査が我が国で実施され、弁護士の活動も審査されており、今後の動向を注視する必要がある。さらに、英国では弁護士への苦情の増大を背景に「弁護士団体の自治への警鐘」となるようなクレメンティ報告が政府に提出され、2007（平成19）年には弁護士に対する苦情処理などの機能を弁護士会から独立の機関に移す法律サービス法が成立し、弁護士の懲戒権を弁護士会から独立したリーガル・サービシーズ・ボード（LSB）に帰属させた。この傾向は英米法系の国において特に顕著であるが、我が国への影響を注視する必要がある。

こうした世界及び国内の動きを、間近に感じるときに、私たちが取り組むべきいくつかの課題が見えてくる。

第1に、今後も引き続き弁護士業務の国際化に迅速に対応することである。国際社会において弁護士業務の自由化をめぐる流れはWTO体制の下で急速に進展しており、究極的には相手国で与えられた資格を自動的に自国でも有効なものとして認めるという「相互承認」の原則がとられ、外国で得た弁護士資格を我が国において自動的に認めなければならないという事態になる可能性さえある。現在、WTO交渉が再び進展することになれば、我が国の弁護士制度・業務に大きな変革を迫られることが予測される。他方、法律サービスはFTA等の二国間の貿易交渉の中でも自由化の対象として取り上げられており、FTA交渉で後れをとると法律サービスの面でも却って国際競争力を減殺されることになりかねない。我々はこのような問題に関

第1章 弁護士制度の現状と展望 51

し弁護士会全体として危機意識を持ち、情報を共有化する必要がある。

第2に、弁護士の多様な国際活動への支援を強化することである。外務省などへの任期付公務員採用の推進、国際機関への就職の支援、法整備支援に関わる弁護士の育成など、さらに充実させていくことが必要である。特に国際機関への弁護士の輩出は世界における日本の弁護士の認知度を高め、なおかつ国際公法分野における弁護士の知見を高めることとなることから、さらに取組みを強化すべきである。また、世界の国々には、未だ法の支配（Rule of Law）が十分機能していない国や貧困問題から司法へのアクセスの実現にほど遠い国も多いことから、日本の弁護士が積極的に国際協力や支援活動に参加し、現場でこれらの実現に貢献することが望まれる。

第3に、弁護士が人権の擁護と法の支配に奉仕するプロフェッションとしての存在であることを再確認し、その視点から海外では普及しているけれどもわが国では見過ごされている新たな法的サービス領域を開拓することである。社会の隅々まで弁護士のサービスが行き渡り、司法へのアクセスが容易になることを実現するために、さらに努力する必要がある。特に、海外ではAI等の技術の進歩による法律サービスの非弁護士による提供が問題となっているところ、社会への迅速かつ低廉な法律サービスの提供を可能にするものとして肯定的にとらえるべき反面、それが企業の利益追求に悪用される可能性等の負の側面があることも確かであり、弁護士の担うべきプロフェッションとしての責務を明確にしたうえでこれに取り組むことが必須となる。

第4に、情報の収集と効果のある施策を実行するために、外務省・法務省等とも連絡を密にし、弁護士の独自性を保持しつつ適正な自由化を図る努力を展開するとともに、米国法曹協会（ABA）、欧州弁護士会評議会（CCBE）、国際法曹協会（IBA）、ローエイシア（LawAsia）、国際弁護士連盟（UIA）、環太平洋法曹協会（IPBA）等の国際法曹団体とも協力して弁護士の国際化をはかっていくべきである。

以下、関連する具体的な問題について述べる。

## （2）国際化による弁護士制度・業務への影響

ここでは、国際化のもたらす弁護士制度・業務への影響に関する問題点として、①世界貿易機構（WTO）や二国間自由貿易協定、多国間経済連携協定等における専門的職業サービスの国際的規制緩和、②会計士その他の他業種との提携を可能とする異業種間共同事業（Multidisciplinary Practice、いわゆるMDP）、及び③非弁護士による法律業務の資本的保有を可能とする新事業体（Alternative Business Structure、いわゆるABS）を取り上げる。

### ア　WTO等における国際的規制緩和

サービス貿易を含む貿易を律する法的な拘束力を持つ新たな国際機関である世界貿易機構（WTO）の下、弁護士業務の自由化交渉はGATSを枠組みとして進められている。ドーハ・ラウンド終了後WTOサービス貿易交渉は停滞しているが、コロナ禍収束後の経済情勢と地政学的緊張のなかで新たな動きを始める可能性があり、また、二国間の自由貿易協定（FTI）や多国間の経済連携協定（EPA）において弁護士業務の自由化が取り上げられる可能性もあり、その動向を注視する必要がある。

### イ　MDP－他業種との連携、会計事務所の法律業務への進出

国際会計事務所が本来の会計監査や税務監査からコンサルティングへと事業範囲を広げ、MDPを通じて法律サービスの分野に進出している。我が国でも、弁理士、税理士、司法書士などの隣接業種との異業種提携の動きが見られるが、国際会計事務所がその組織力・資金力・政治力・ネットワークなどを駆使して弁護士事務所を買収し複合的専門職事業体（MDP）の形態を用いて法律業務を行うことには特別の問題がある。

MDPの問題点としては、①弁護士倫理上、弁護士はいかなる権力からも独立であるべきであるが、資本市場透明性確保のため政府当局の監督を受ける立場にある会計事務所との共同化により、この独立性が損なわれるおそれがあること、②会計事務所は、透明性確保の見地から一定の依頼者の業務について開示することを前提とした業務を行うのに対し、弁護士は依頼者の秘密を厳格に守らなければならない義務を負っていること、③会計事務所の利益相反基準が弁護士のそれより緩やかであり二つの基準がなじまないこと等があげられている。

以上の問題を解決しない限り、我が国においてMDPを認めることは原則としてできないと考える。

ただし、実際に税理士、弁理士、司法書士等の他士業との事業の共同化を様々な形で行っている弁護士事務所があり、こうした現象には統合的なサービス提供など依頼者への利点も認められるので、弁護士法の非弁提携禁止規定の遵守のほか、独立性の確保、守秘義務の厳守、利益相反禁止の徹底などの処置を取ることが必要である。

**ウ　ABS（非弁護士関与型法律事務所）**

ABSは、法律サービスについて他の事業体の資本参加（所有）を認めようとするものである。英国の法律サービス法は非法律家が法律事務所の25％までの所有を認め、2011（平成23）年後半には完全な所有の自由が認められた。例えば、スーパーマーケットが法律事務所を所有して、各店舗で法律相談をすることが議論されている。このような法律事務所の所有の自由化は、オーストラリア、英国などで解禁されている。

これに対して欧州の弁護士会（CCBE）は、弁護士の独立や守秘義務・利益相反などの点から否定的な見解を発表しているが、そうした点については所有者の利益に優先するという制度を保障することで対応できるとする意見もある。法律事務所の所有の自由化の問題は、実際の事業を共同化するMDPと並んで、世界の弁護士会が考えなければならない問題である。

**(3) 日弁連の対応**

日弁連では、弁護士の国際化の問題は主に外国弁護士及び国際法律業務委員会を中心に議論されているが、2011（平成23）年度には、国際パートナーシップ（International Partnership）の是非を主に議論する「国際法律業務の発展及び在り方に関する検討ワーキンググループ」が設置されて、弁護士が外国の法律事務所のパートナーになることができるか、外国の弁護士が日本の法律事務所のパートナーになることができるか、という論点を議論するとともに、これからの国際法律業務の在り方について議論を重ねている。さらに、日弁連では、2015（平成27）年に法律サービス展開本部（本部長は日弁連会長）を設置し、その中に国際業務推進センターを設けて弁護士の国際業務の推進を図っている。同センターは、日弁連内外の組織と連携して、各活動を行っている。例えば、外国人ローヤリングネットワークと共同してフィリピンにおける離婚、子供の認知活動に取り組んでいる他、国際公務キャリアサポート部会では、国際機関に弁護士を輩出するために、

そのためのメーリングリストの開設やアドバイザリー制度の設置や国際業務に関する連続講座を開設するなどの活動を行なっている。また、中小企業海外展開ワーキンググループの活動は全国規模におよび、多くの弁護士が参加するようになった。今後の展開が期待される。

日弁連では、2016（平成28）年に国際戦略会議を設けて組織横断的な議論を展開し、同年2月18日に「国際戦略（ミッションステートメント）」が策定された。さらに、2018（平成30）年から同会議において「国際戦略グランドデザイン」の策定が実施されて、2019（令和元）年7月18日に2019（令和元）年度版として発表され、これがコロナ後の新たな世界情勢を踏まえて2024年（令和6）年に全面改訂された。また、2019（令和元）年6月の定期総会において「グローバル化・国際化の中で求められる法的サービスの拡充・アクセス向上を更に積極的に推進する宣言」が採択され、外国人関連案件に対する法的サービスの拡充、ビジネスと人権に関する取組みの推進、中小企業の国際業務支援の促進、国際仲裁・調停の振興、国際法務人材の育成などが宣言された。これは日弁連が国際活動について採択した初めての宣言である。

また、2018（平成30）年に設立された一般社団法人国際紛争解決センター（JIDRC）が2020（令和2）年3月に開所した東京施設は、2023（令和5）年に利用件数の低迷等による財政難を主な理由としてこれを閉鎖せざるを得なくなったものの、JIDRCには引き続き国際仲裁を含む国際的な紛争解決の基盤となることが期待されているほか、政府による国際仲裁普及推進施策の推進、国際紛争に係る情報集約拠点などの機能も検討されている。2020（令和2）年は、新型コロナウィルスの蔓延により多くの国際会議が中止又は延期となったが、他方でウェブ会議システムの急激な普及による海外との交信は格段にスムーズになり、コロナ禍の収束による往来の再開とも併せて、弁護士の国際業務と弁護士会の国際関係を拡大させる好機となっており、こうした動きを今後もさらに強化すべきである。

## 2　外国弁護士の国内業務問題

**(1) 外弁法改正の経緯と規制緩和の実現**

我が国では、法律事務は弁護士にのみ許容され、外国弁護士を含めて非弁護士による法律事務の取扱い

第1章　弁護士制度の現状と展望　53

は一切禁止されていたが、1986（昭和61）年に「外国弁護士による法律事務の取扱いに関する特別措置法」（以下、「外弁法」という。）が制定され、一定の要件を満たすことで法務大臣の承認を得て、弁護士会への登録を認められた外国法事務弁護士（以下、「外弁」という。）については、その資格国の法など一定の法律事務を取り扱うことが認められた。以来、外弁法には以下の通り数々の改正が重ねられ、規制緩和が実現されている。

今後は、改正法による新たな外弁規制を適正に運用しつつ、外弁の人材層拡大と弁護士との共同事業化を推進すること並びに我が国の国際仲裁及び国際調停業務をより一層活性化することが課題となる。

以上の改正により、現在では我が国の外国弁護士制度は世界でもっとも開かれた制度のひとつと評価されるに至っている。

実際には、外弁法制定当初懸念された外弁の激増や海外大手事務所の大規模進出といった事態は起こらず、長期的には増加傾向にあるものの、2023（令和5）年4月1日現在、日弁連に登録している外弁の数は458名、外国法事務弁護士法人の数は8法人である。東京等の大都市圏では、大規模事務所（100名超）のみならず中堅法律事務所（50〜100名）及び小規模事務所でも外弁の雇用又は外国法共同事業としての経営参画の例が増えており、2023年（令和5）4月1日現在52件存在している。

## (2) 近時の動向

近時の動向としては、ABS（非弁護士関与型法律事務所）の規制が挙げられる。ABSとは、Alternative Business Structureの略語であり、非弁護士が資本所有・経営管理にあたる法律事務所形態を言う。広義では、弁護士以外の専門職（会計士、IT調査専門家、心理カウンセラーなど）が弁護士とともに資本参加・経営参加する多種専門職事務所（Multi-Disciplinary Practice、MDP〔業務参加型ABS〕）を含むが、狭義では、法律事務所の業務の遂行に一切関与しない投資家や経営専門家などが純粋に投資対象、経営対象として所有・運営する法律事務所（投資型ABS）を指す。英国、豪州などでは株式上場して広く一般投資家に保有されている法律事務所すらある。米国アリゾナ州では2021（令和3）年1月にABSが認められ、ユタ州ではABSに関する規制改革の実験をしており、イリノ

| 改正時期 | 主な改正内容 |
|---|---|
| 1994（平成6）年改正 | 承認要件の職務経験年数に日本国内での労務提供年数を算入することが可能となった<br>弁護士との一定限度での共同事業を可能とする「特定共同事業」制度が新設された<br>海外の所属事業体の名称を外弁事務所の名称として使用することも認められた |
| 1996（平成8）年改正 | 国際仲裁事件（日本を仲裁地とし外国人又は外国法人を当事者とする仲裁事件）について、日本国外で当該事件の代理業務を受任した外国弁護士が、外弁登録がなくとも日本国内で代理業務を行うことが認められた |
| 1998（平成10）年改正 | 職務経験要件が3年（そのうち日本国内での労務提供を1年まで算入可能）に短縮され、原資格国以外の外国での職務経験についても一定の条件下での算入が認められた<br>資格を有しない外国の法についても当該国の弁護士資格者から書面の助言を受ければ取り扱うことが許容された |
| 2003（平成15）年改正 | 弁護士との完全一体型の「外国法共同事業」が許容され、外弁による弁護士雇用についても解禁された<br>外国法共同事業事務所における外弁の資格範囲外業務の禁止、雇用者外弁から被雇用者弁護士への不当関与の禁止が明示された |
| 2014（平成26）年改正 | 外弁事務所の法人化が認められ、従たる事務所を設置することが可能となった |
| 2020（令和2）年改正 | 職務経験要件の緩和（日本での労務提供期間の算入上限を2年に拡大）<br>弁護士と外国法事務弁護士を社員とする共同法人制度の導入<br>国際仲裁代理の範囲拡大（外国居住者又は外国会社を当事者とする仲裁事件のみならず、外資系日本子会社（外国会社が株式の過半を保有する日本法人）を当事者とする場合、外国を仲裁地とする事案について日本国内で証人尋問等の審理を行う場合、さらに外国法を準拠法とする事案である場合にも拡大された）<br>国際商事調停についても国際仲裁事件と同様に外国弁護士による代理が許容された |

イ州やカリフォルニア州でも検討が進められている。

投資型ABSは、その構成上必然的に、弁護士が法律事務を独占し、非弁護士による法律事務への関与や収益参加を一切認めていない我が国の弁護士法と相入れないが、日本で活動する外弁が本国でABSに所属することにより非弁規制に違反することとなる事態を防ぐために、2018（平成30）年4月、日弁連の外弁職務基本規程及び外国特別会員基本規程が改正され、投資型ABSに所属している外国弁護士の外弁登録はこれを一切認めないものとし、また、MDP（業務参加型ABS）についても、弁護士以外の専門職が持分や議決権の過半数を支配しているなど外弁の職務の独立が確保されていないときは、これに所属している外弁の外弁登録を認めないものとされた。これを踏まえ、日弁連の外国弁護士及び国際法律業務に関する委員会において、登録済み外弁の所属事務所のABS性調査が実施され、あわせて法務省との協議を経て、外弁の新規承認申請時に所属事務所のABS性を調査する手順が導入された。なお、日弁連ではABSの禁止を定めた外弁職務基本規程11条の2に該当しないと判断した国又は地域のリストを公開しているところ、2022（令和4）年4月1日にリストの全面的な改定がなされており、これまで非該当国リストに掲載していたアメリカのアリゾナ州、カナダ・オンタリオ州、ドイツ、フランス、スイス及びオランダでは、ABSが緩和傾向にあるため、リスト掲載から削除している。

今後はこれら手順の着実な実施によるABS規制の実効化が求められる。

### (3) 今後の展望

巨大な資本力のある海外の弁護士事務所の無限定的な進出を許容すれば、弁護士自治など日本の弁護士制度の根幹を揺るがし、日本法に関わる法律業務の混乱を促進し、公益活動等の公共的役割を担う日本の弁護士の育成にも問題を生じかねず、ひいては日本の法文化への悪影響も懸念されるところである。かかる視点から、新たに許容された混合法人における一定の業務規制やABS所属外弁の登録禁止など、適正な外弁規制の維持は必須である。

他方で、今日では、大企業のみならず中小企業でも海外展開が活発化し、日本人の国際結婚、海外移住、外国人長期就労者の増加に伴う渉外的な取引紛争、家事相続事案、刑事事件や入管事件の激増など、日本経済と日本社会全体の国際化を反映した法律業務の国際化が著しく進展している。大企業向けの渉外法律事務所のみならず、中小を含めた広範な企業や政府自治体における組織内国際法務と、渉外家事相続・外国人権利保護など個人向け国際法務の分野において、国際法務人材へのニーズが全国的に広がりをみせている。他方で、インターネットを利用した国際間の情報共有の拡充、IT技術や通信サービスの進化などにより、本拠地を離れ国境を越えての法律業務形態も普及しつつある。こうした潮流を踏まえると、大都市圏における大企業向けの国際渉外法務のみならず、全国各地における中小企業の国際業務支援、渉外家事相続、外国人弁護・人権保護、国際的被害救済、環境保全活動などの拡充を図るため、日本弁護士と外国弁護士との連携協働を促進し、我が国の国際的法律業務を拡充し、ひいては弁護士界全体の国際対応力を強化すること、また、外国の弁護士事務所のさらなる進出により日本の弁護士事務所の国際競争力と業務品質を強化し、弁護士業務の拡大・専門化の促進を図ることも将来に向けて避けられない課題であり、かかる視点からすると、適正な規制の下での外弁資格要件の緩和、混合法人の許容、外弁が代理しうる国際商事仲裁事件の範囲拡大という近時の動向は是認しうるものと考えられる。

今後は、日本法の業務には日本の法曹資格を持つ者だけが携わることができるという資格制度の基本を前提としつつ、秩序ある国際化のもとで、弁護士と外弁がともに手を取り合い、本当の意味で我が国の司法作用の向上のための国際化を考えなければならない。日弁連は、2014（平成26）年に法律サービス展開本部内に国際業務推進センターを置き、2015（平成27）年には会長直属の国際戦略会議を設置して、国際戦略のミッションステートメント及びグランドデザインを策定し、国際取引、家事、相続、民事、刑事、人権、公務など広範な国際業務を全国的に推進し、その後2021（令和3）年に同会議は国際活動に関する協議会と統合し、組織名を「国際活動・国際戦略に関する協議会」に変更した。さらに2019（令和元）年6月の日弁連定期総会では「グローバル化・国際化の中で求められる法的サービスの拡充・アクセス向上をさらに積極的に推進する宣言」が採択された。東弁も長年にわたり、国際委員会と外国人の権利に関する委員会等を中心として、国際交流及び国際業務に取り組んでいる。

世界的な新型コロナウイルスの感染拡大による人の物理的移動の制約も収束するなか、デジタル技術を通じたバーチャルな人々のつながりと企業の活動が国境を超えて拡大・深化を続けており、これに対する法的対処や権利保護のニーズも急増している現状を踏まえ、今後さらに積極的かつ組織的に、外国弁護士資格者の受け入れと弁護士との協働機会の拡大を通じて、人権擁護や法の支配の実現を追求し、求められる法的サービスの拡充・アクセスの向上を更に推進するべきである。

## 3 国際司法支援

### (1) はじめに

1990年代の後半から、開発途上国を中心とする外国への我が国のODAとして、基本法の起草や法律家の養成といった司法の根幹に対する援助活動が行われてきたが、日本政府は、2009（平成21）年4月1日付けで「法制度整備支援に関する基本方針」を策定した。

このような政府の動きの中で、日弁連は、我が国の法律家が海外で国際司法支援に積極的に参加する組織と制度を設計し、1995（平成7）年から活発な活動を展開してきた。

そして、2009（平成21）年3月18日、日弁連理事会において、「日本弁護士連合会による国際司法支援活動の基本方針」が決議された。

さらに、2017（平成29）年6月1日付けで自由民主党政務調査会から「司法外交の新基軸　5つの方針と8つの戦略」の最終提言が公開された。ここでは、新たな成長戦略として「司法外交」を展開することの重要性が指摘されているが、2018（平成30）年6月15日付け「経済財政運営と改革の基本方針 2018」においても司法外交が言及されており、新たな展開を迎えている。

### (2) 日弁連による国際司法支援の基本方針

#### ア　基本理念

日弁連は、その国際司法支援活動の基本理念として、日本国憲法の基本理念である基本的人権の保障と恒久平和主義及び法の支配の実現を旨とする。

#### イ　基本方針

日弁連の国際司法支援活動実施に当たっては、上記基本理念の実現を目的とし、政治的不偏性と中立性に留意するとともに、活動プロセスにおいて、市民の自立支援・カウンターパートとの協働・フォローアップ評価の実施・参加する会員の安全に特に留意することとしている。

#### ウ　目的

2013（平成25）年5月に法制度整備支援関係省庁（外務省、法務省、内閣府、警察庁、金融庁、総務省、財務省、文部科学省、農林水産省、経済産業省、国土交通省、環境省を含む）において「法制度整備支援に関する基本方針（改訂版）」が策定されている。かかる基本方針の中では「日本企業の海外展開に有効な貿易・投資環境整備や環境・安全規制の導入支援」を行うことが目的に掲げられている。また、前述のとおり、国際司法支援活動の一部を司法外交として構成する見解も提言されている。

上記理念並びに日本企業の利益及び外交上の利益の関係についてどのように整理するかは、今日的課題と言えるが、日弁連の行う国際司法支援活動については、上記「基本理念」を第一とし、基本的人権の保障と恒久平和主義及び法の支配を実現することを目的とし、そのための活動を行うべきと解される。

### (3) 日弁連及び弁護士の法整備支援活動の経緯

#### ア　カンボジア王国

日弁連の国際司法支援活動において、カンボジア王国に関係する同活動が一番長い歴史を有している。支援形態は、①国際協力機構（JICA）のODAプロジェクトに参画するケース、②日弁連独自にプロジェクトを提案して資金を得て実施するケースの2類型であり、支援内容もカンボジア王国の民法及び民事訴訟法の立法作業、裁判官、検察官、弁護士等の研修（トレーニング）、クメール語文献の資材供与等全般にわたっている。したがって、カンボジア王国への国際司法支援活動は、日弁連にとって一つのモデルケースとなり得るものである。

#### ㋐　JICAプロジェクトへの参画・協力

日弁連では、1996（平成8）年から2000（平成12）年までJICAが主催するカンボジア法律家に対する本邦での研修に講師を派遣する等の協力をしてきた。

また、JICAは、1999（平成11）年3月からJICAの重要政策中枢支援・法制度整備支援プロジェクトを開始し、同国の民法及び民事訴訟法の起草、立法化、普及並びに人材育成に協力している。日弁連では、同プロジェクトの国内支援委員会及び事務局に会員を派遣し、カンボジア司法省及び弁護士会に対し、これまで

10名以上の会員がJICA長期専門家として赴任している。

2018（平成30）年からは、司法アクセスをテーマとし、アジア・アフリカの数カ国からの研修員に対して2週間の本邦研修を行うプロジェクトをJICAから受託し、同年及び翌年に実施した。

(イ) 日弁連独自のプロジェクト

日弁連では、日弁連独自のNGOプロジェクトを企画・実施している。2000（平成12）年度から始まったJICAの小規模パートナーシップ事業（1年間）では、その第1号案件として採択され、2001（平成13）年7月から同プロジェクトを開始した。そして、2002（平成14）年9月から3年間、JICAからの委託事業（開発パートナー事業）として「カンボジア王国弁護士会司法支援プロジェクト」を受託し、先の小規模パートナーシップ事業から引き続いて支援活動を行なった。本プロジェクトの上位目標は、「法の支配を担うカンボジア王国弁護士の養成」及び「法的サービスへのアクセスを向上させ法の支配を実現すること」であり、具体的な活動としては、(a)2002（平成14）年10月開校の弁護士養成校への技術支援、(b)同校で行われるリーガルクリニックへの技術援助、(c)現在の弁護士に対する継続教育支援、(d)女性弁護士の養成を通じたジェンダー問題に対する技術支援の4つを柱とした。同プロジェクトは、規模を縮小させながらも、2010（平成22）年6月まで、弁護士養成校支援を中心に継続した。プロジェクト終了後も弁護士養成校で、弁護士倫理、国際取引法などの講義を毎年担当している。

2018（平成30）年になり、新たな取組みとして、法務省法務総合研究所国際協力部とも協働し、カンボジア弁護士を対象とした現地セミナーを行っている。日本政府の法整備支援により、同国の民法及び民訴法が起草・制定されたものの、その運用が十分ではないとして、カンボジア王国弁護士会より支援要請がなされたためである。現在までに、相続、離婚、民事執行、民事保全、及び訴状の起案をテーマとして実施された現地セミナー（合計4回）は、インターネットでライブ配信され、延べ3,000人からアクセスがある等、一定の成果をあげている。なお、日弁連は、カンボジア王国弁護士会とは、2000（平成12）年4月20日に友好協定を締結している。

**イ ベトナム社会主義共和国**

ベトナムの法制度整備に関するJICAの重要政策中枢支援活動でも、同プロジェクトの国内支援委員会に委員を派遣し、またJICA現地長期専門家としてこれまで合計9名の弁護士が勤務している。さらに、同国でのJICA主催のセミナー及び本邦での研修に、多くの弁護士が講師として参加してきた。

最近のベトナムでのJICAプロジェクトとしては、「2020年を目標とする法・司法改革支援プロジェクト」があり、起草能力の向上及び法運用・適用の基盤整備を目的に行われた。また、2009（平成21）年6月に、ベトナム弁護士連合会（地方の単位会を統一する国の弁護士会、略称VBF）が設立され、その代表団を日本に招聘して研修・交流を行った。その後も、毎年同弁護士会から研修員が訪日し、日弁連で単位弁護士会の運営などの研修を受けている。日弁連はVBFと2013（平成25）年に友好協定を締結し、東弁も2017（平成29）年に友好協定を締結した。

**ウ ラオス**

日弁連では、2000（平成12）年5月に同国に関する司法調査を実施した。その結果も踏まえて以下のような協力活動を実施している。

JICAの同国に対する国際司法支援プロジェクトに協力し、長期専門家としてこれまでに合計7名の会員が現地に派遣されている。また、法務総合研究所からの要請による現地研修に講師を派遣してきたが、現地の弁護士数は近年増加しつつあるもののいまだ約360名程度にとどまっている。日弁連は、今後の同国の弁護士育成に協力できる方途を模索し、2011（平成23）年9月に調査団を派遣し、2012（平成24）年から、2017（平成29）年まで、公益財団法人東芝国際交流財団の助成を受け、ラオス司法アクセス会議（2012〔平成24〕年9月）を開催したことを皮切りに、その後も毎年、司法アクセスや弁護士養成制度の改善を目的に、現地セミナーや本邦研修などの活動を行っている。

**エ モンゴル**

モンゴルでは、JICAの弁護士会強化計画プロジェクトが4年間にわたり実施され、合計3名の会員がJICA長期専門家として、現地で勤務してきた。また、2007（平成19）年1月には同国で開催された国際人権条約セミナーに会員2名が講師として派遣された。2011（平成23）年から2015（平成27）年までは、調停

をテーマに、JICAの本邦研修を日弁連が受託して実施し、同国での調停制度の導入に寄与した。さらに、2013（平成25）年からは、モンゴル弁護士会のメンバーに対する本邦研修（但し渡航費及び滞在費はモンゴル側が負担）も毎年実施している。日弁連は、2017（平成29）年11月、モンゴル弁護士会（任意団体）及びモンゴル法曹協会（法曹三者の強制加入団体）と友好協定を締結した。

**オ　インドネシア**

インドネシアでは、2007（平成19）年からJICAの和解調停強化支援プロジェクトに会員1名が赴任して、現地の最高裁判所などのカウンターパートと和解調停規則の作成及び調停人の育成プロジェクトを実施したが、現在は終了している。

**カ　中国**

中国のプロジェクトは2008（平成20）年に開始された。中国の民事訴訟法及び仲裁制度の改善について協力するプロジェクトで、日弁連からは委員を派遣し、また、JICA長期専門家として会員1名が現地に赴任した。同専門家は、2019（令和1）年、中国政府より、同国の経済や制度、文化の発展に貢献した外国人に贈られる「友誼賞」を授与された。

**キ　その他**

JICAと日弁連は2008（平成20）年6月に協力協定を締結したことにより、JICAによる法整備支援の対象国の拡大に伴い、ネパール（合計6名）、ミャンマー、コートジボワール、バングラデシュ等に法整備支援の長期専門家として弁護士が赴任している。

また、日弁連では2019（令和元）年に独自プロジェクトとして、トヨタ財団の国際助成プログラムに「平和で豊かな暮らしのために「法」をもっと身近に─正義へのアクセスを実現するための4か国の連携」に応募し、採択された。これは、ベトナム、ラオス、カンボジアと日本との連携により、学びあいを通じて共通課題の解決を図る取組みで、外部の知見や「受け手」の意見を積極的に取り込むという新たな枠組みで実施されるものである。実施期間は2019（令和元）年11月から3年間を予定していたが、新型コロナウイルス感染症の世界的蔓延の影響を受け、当初の活動計画内容を変更し、助成終了期間を2022（令和4）年9月30日まで延長した。

**（4）活動の展開**

日弁連は、国際的な法曹団体や各国の法曹団体と国際司法支援の分野でも協力を拡大している。

ア　日弁連は、International Bar Association（IBA）の団体会員として、これまで同団体の人権活動に幅広く参加してきた。2007（平成19）年には、紛争解決直後の国々に対する平和構築活動の一環としての国際司法支援活動を実施することを目的として、国連が支援して設立されたInternational Legal Assistance Consortium（ILAC）の正式団体会員となり、2009（平成21）年3月には、国連民主主義基金からの助成資金により、IBAとともに、イラクの弁護士に対する国際人権法・人道法のトレーニングプロジェクトを実施した。2017（平成29）年5月にはILACの年次総会が東京で開催され、紛争下にあるシリアの法曹に対する支援活動などが報告された。

イ　日弁連は、アジア地域の弁護士会との交流を深め、国際司法支援の分野でも有効な協力活動を行うために、「司法アクセスと弁護士会の役割」をテーマとする国際会議を開催した。第1回は2008（平成20）年10月にマレーシア弁護士会との共催で、第2回は、2010（平成22）年8月に、オーストラリア弁護士連合会とインドネシア統一弁護士会が共催で、オーストラリア・ブリスベンで、第3回は、2014（平成26）年2月にカンボジア王国弁護士会との共催でプノンペンで開催された。

**（5）日弁連による支援体制整備**

日弁連では、上記のような国際司法支援活動の広がりに迅速に対応し、かつ有意で適任の人材を派遣できるように組織・人・資金面での基盤整備を行っている。

**ア　国際交流委員会国際司法支援センター（ILCC）**

国際交流委員会では、部会としての国際司法支援センターを設置し、国際司法支援に機動的に対応できる組織作りを行っている。同委員会は、国際的な事項について日弁連執行部を補佐している国際室とも緊密に連携し、日弁連全体でのプロジェクトを実施している。

**イ　国際司法支援に関する研修会**

日弁連では、若手会員が国際司法支援活動の分野に参加する導入として、「次世代の国際司法支援を担う弁護士養成研修」と題する連続研修講座を2012（平成24）年と2015（平成27）年に行った。また、2018（平成30）年1月31日から5月31日まで、及び、2021（令和3）年4月28日から7月16日までの期間の2回にわたり、

「次世代の国際交流・国際司法支援を担う弁護士養成研修」を全6回ずつ実施したが、今後も、研修等を予定している。

**ウ　国際司法支援活動弁護士登録制度**

1999（平成11）年9月からは、国際司法支援活動に参加する意欲のある会員のデータベースとして国際司法支援活動弁護士登録制度が運用されており、2022（令和4）年3月末日現在、400名近い会員が登録されている。

**エ　国際協力活動基金**

国際司法支援も活動資金がなければ充実した活動はできない。日弁連の活動は、会員からの会費によるのが原則であるが、国際司法支援活動については、先に述べたJICA開発パートナーシップ事業のように外部からの資金を利用できる場合がある。そのためには、事業の会計が一般会計とは切り離されて管理され、その処理が透明でなければならない。そこで、日弁連では、2001（平成13）年3月に「国際協力活動基金」を設置し、同基金のもとで国際司法支援活動資金が管理されている。

**(6) 新型コロナウイルス感染症と国際司法支援**

2020（令和2）年以降、いわゆるコロナ禍により人の国際移動も制限され、通常は、相手国と往来しフェイス・トゥー・フェイスで行う国際司法支援活動もこれまでと同様の方法での実行は困難となったが、コロナ禍により社会の分断化や弱者への負担が「見える化」したことにより、国際司法支援が解決対象としてきた課題もより明確化されたともいえる。さらに、世界的に技術が飛躍したオンライン会議方式に、必ずしもフェイス・トゥー・フェイスで行わなくてもいいものを代替させることで、これまで以上に、活動にメリハリをつけることができるのではないかと思われる。

**(7) 支援から交流へ**

日弁連による国際司法支援活動は、法の支配の実現の観点から、相手国の司法制度が改善し、安定することを目指しているが、支援活動を行う側は、相手側の自立、つまり、「支援活動の出口」を常に意識する必要がある。司法制度は、相手国の国家作用に関わる分野であって他国の支援に頼らず、自力で自立的運営をすることがあるべき姿だからである。もっとも、日弁連は、「支援」という言葉を使ってはいるものの、すべての国際司法支援活動において、支援をする側・される側といういわば上下関係ではなく、対等なカウンターパートとして相互に協力するという姿勢をとることを旨としている。つまり、国際司法支援は、支援活動と同時に、相手国との相互理解を育むという国際交流活動の側面も有しているのである。

国際交流活動は、世界中の法曹が相互理解を深めることで、世界的規模で基本的人権の保障と恒久平和主義及び法の支配の実現を目指す活動であり、国際司法支援活動が終了した後は、積極的に相手国の法曹との国際交流活動につなげていくことが肝要である。そして、これらの活動を通じて、法の支配の確立に向けた日弁連及び日本の弁護士のプレゼンスを高めることもできるのである。

## 4 国際民事紛争解決

**(1) 国際民事紛争解決の基本構造（仲裁・調停と訴訟）**

近年、経済活動のみならず市民生活のグローバル化に伴い、企業間及び個人間のいずれにおいても国際的な紛争が増加し、その対象領域も拡大している。そのような国際的紛争のうち、事業者間の商事紛争を解決する手段としては、国際商事仲裁の制度が発展充実し、国際商事調停も次第に認知されて今日に至っている。しかし、欧米各国及びアジア主要各国と比べると、我が国を仲裁地とする国際商事仲裁の件数は極めて少なく、国際商事調停についてもこれまでほとんど活用されていない。特に中小企業にとっては、費用や手続きの明確性の点でアクセスしやすい仲裁機関や調停機関のインフラが国内になければ、仲裁と調停を利用しようと思っても利用できない。さらには国際離婚、離縁、相続といった非商事的な民事紛争については、その解決に利用しうる国際的調停や仲裁の枠組みは未だその実現を見ていない。

そこで、後に述べる国際商事仲裁及び国際商事調停の基礎法令、手続規則、実施機関、物的設備、人的資源などのインフラを整備し、中小企業を含めた多種多様な事業者に広く利用しやすくするとともに、私人間における紛争解決の最後の砦としての裁判所を国際的民事紛争にも活用しうるよう、国内の民事訴訟手続の改善と、国境を超えた国際的紛争にも我が国の民事裁判手続を利用しやすくする制度の確立が、増大する一方の国際的民事紛争を的確円滑に解決するために不可欠である。

第1章　弁護士制度の現状と展望　59

## （2）仲裁及び国際民事訴訟法の現状

　仲裁に関しては、2003（平成15）年に国連国際商取引法委員会（UNCITRAL／アンシトラル）制定のモデル仲裁法を踏まえた「仲裁法」が制定された後、2006（平成18）年のUNCITRALモデル法改訂を踏まえ、これを迅速に導入した欧米アジア諸国に大きく遅れを取る形となりつつも、2023（令和5）年4月に仲裁法が改正され、仲裁人の暫定保全措置命令に基づく強制執行が可能となり、あわせて仲裁合意の書面性の緩和、競合管轄の追加、翻訳添付の省略等が導入された。

　また、調停に関しては、国際的な商事調停により成立した和解合意に執行力を付与する「調停による国際的な和解合意に関する国際連合条約」（通称シンガポール条約）が2020（令和2）年に発効し、2024（令和6）年時点では17か国が批准・締結に至っている。我が国でも、2023（令和5）年4月に上記の仲裁法改正とあわせて調停に関するシンガポール条約の実施に関する法律が成立し、商事紛争に関する調停により成立した国際和解合意に執行力が認められることとなった。

　しかし、後述のとおり、実際の手続運営にあたる仲裁機関や調停機関については、関係者の努力にもかかわらず後述する日本国際紛争解決センター（JIDRC）の東京拠点が財務上の困難から閉鎖されるなど根本的強化が図られているとは言えず、日本企業の海外事業と国際取引における紛争件数が増加しているにもかかわらず国内での国際仲裁及び国際調停の事件数は拡大を見ていない。

　他方、国際民事訴訟に関しては、ハーグ国際私法会議において、裁判所の選択合意に関して2005（平成17）年に「管轄合意に関する条約」が採択され、2012（平成24）年4月1日施行の改正民事訴訟法において、国際民事訴訟管轄の規定が新設され、労働契約と消費者契約については特則が設けられた。さらに、2018（平成30）年4月には、人事訴訟法の改正により、国際的な人事訴訟及び家事事件についての訴訟管轄規定が新設された。しかし、送達手続や証拠調べについてはハーグ私法会議での包括的条約合意が出来なかったこともあり、個別の条約や先例等に依拠するしかなく、法的安定性と予見可能性に乏しい実情が続いている。さらには新型コロナウィルス感染拡大に伴う社会的制約のなかで表面化した我が国訴訟制度のIT化の遅れが、特に当事者が海外にある国際紛争事案では証拠資料、証言録取、期日間事務連絡等の電子化のニーズが高いことから、国際紛争の民事訴訟における大きなハードルとして認識されるに至っている。

## （3）現在の動きと今後の課題
### ア　国際商事仲裁及び国際商事調停

　上述の課題を克服するため、国際商事仲裁・調停の分野では、日弁連が2017（平成29）年2月に策定した「日本における国際仲裁機能を強化することに関する意見書」に沿って、2018（平成30）年2月、国際商事仲裁の審理手続を行う物的設備として、日弁連と社団法人日本仲裁人協会の共同により「財団法人日本国際紛争解決センター」（JIDRC）が設立され、同年5月には大阪の法務省合同庁舎内に、国際紛争解決センター大阪が開設され、2020（令和2）年3月には東京にも同様のセンターが開設された。また、2018（平成30）年6月には、日本で随一の一般商事仲裁機関である「社団法人日本商事仲裁協会」が報告書を発表し、海外仲裁機関の誘致、国内仲裁機関の充実、啓蒙の強化、人材確保、インフラ整備など7つの具体的方策を踏まえた協会自らの改革に着手し、新たな仲裁規則を策定公表している。

　2018（平成30）年には、日弁連と法務省が共同で外国弁護士による国際仲裁代理規制の見直しの報告書を公表し、これを踏まえて2020（令和2）年4月に外弁法が改正され、外国弁護士が代理業務を行いうる「国際商事事件」の定義を拡大し、外国当事者の事案のみならず外資系日本子会社が当事者となっている事案や、外国を仲裁地とする事案において日本国内で証人尋問等の審理のみを行う場合を含めること、国際調停事件についても外国弁護士による代理業務を認めること、外国法事務弁護士となるための職務経験要件として日本での労務提供機関の参入上限を1年から2年に拡げること、弁護士と外国法事務弁護士を社員とする共同法人の制度を導入すること等が、実現した。

　さらに、2018（平成30）年11月には、日本仲裁人協会が同志社大学の協力を得て、同大学内に「京都国際調停センター」を開設し、審理室などの物的設備と事務職員などの人的資源を提供するとともに、調停人名簿の作成、専門研修の実施などの活動を開始した。

　日弁連においても、こうした一連の動きに随時的確に対応しうるよう、これまで法律サービス展開本部内の国際業務推進センター内の組織であった国際商事仲

裁ADR部会を独立のワーキンググループに格上げし、日本商事仲裁協会及び日本国際紛争解決センターとの連携及び全国各地の単位弁護士会との共催による国際仲裁・調停の研修会を実施するなど、会員への啓蒙普及を進めている。2019（令和元）年6月に日弁連総会で採択した「グローバル化・国際化の中で求められる法的サービスの拡充・アクセス向上をさらに積極的に推進する宣言」では、他の主要課題と並んで国際仲裁及び国際調停を振興すべき旨とその理由が明記されている。

他方で、一般社団法人日本国際紛争解決センターの東京施設が利用件数の低迷等による財政難を主な理由として2023（令和5）年6月に閉鎖されるなど、未だに我が国では国際仲裁と国際調停の活用が十分進んでいないという実情もある。

今後の課題としては、こうしたハードインフラ整備における進展と課題を踏まえ、我が国の国際商事仲裁及び調停の法令、設備、規則、人材などのソフトインフラ整備を着実に実行し、昨今の海外展開やインバウンド拡大によって国際的紛争にさらされがちな中小企業や個人事業者にとっても使い勝手のよい紛争解決手段とすることと共に、全国各地で国際取引に取り組む中小企業への啓蒙啓発とその法的支援に携わる弁護士への研修教育など国際仲裁調停制度の利用促進に向けた普及活動を強化することが求められる。

### イ　国際民事訴訟

国際民事訴訟に関しては、上述のとおりハーグ国際私法会議において、「民事及び商事に関する国際裁判管轄権並びに判決の承認及び執行に関する条約案」が検討・討議され、2005（平成17）年の外交会議で「管轄合意に関する条約」が採択され、その後、これら審議を参考として、国際民事裁判管轄に関する民事訴訟法改正が2012（平成24）年4月1日に施行され、2018（平成30）年4月には国際的な人事訴訟及び家事事件の訴訟管轄に関する人事訴訟法の改正が実施された。しかし、送達手続や証拠調べについてはハーグ私法会議での包括的条約合意が出来なかったこともあり、個別の条約や先例等に依拠するしかなく、法的安定性と予見可能性に乏しい実情が続いている。

今後は、さらに国際紛争の迅速的確な解決を実現するための制度的基盤として、国際送達、証拠調べ、外国判決執行の相互保障等の側面についても国際基準での立法化と国際共助の前進を図ることが求められる。

また、我が国の裁判制度を外国人当事者や国際的争点を含む事案にも利用しやすくする観点から、既に導入が開始されている裁判の電子化を着実に実行するとともに、一定範囲での外国語証拠の和訳義務の緩和など、民事訴訟改革の枠組みにも国際化の観点から検討すべき課題がある。

### （4）ハーグ条約（国際的な子の奪取の民事上の側面に関する条約）

国際結婚の増加に伴い、外国における結婚生活の破綻により日本人親が他方親の同意を得ずに子どもを日本に連れ帰り、子の返還や子との面会を求めても拒否するという問題が深刻化している。こうした国境を越えた不法な子の連れ去りについては、「国際的な子の奪取の民事上の側面に関する条約」（ハーグ条約）が、子どもを連れ去り前の常居所地国に迅速に戻し、子の常居所地国の裁判所の決定に委ねるべきことや、そのための国家間の協力などについて定めている。

ハーグ条約には、合理的で有用な条約であるとの評価がある一方、条約の機械的・画一的運用により、他方親から子どもへの虐待やドメスティック・バイオレンスによる逃避的な帰国の場合に、子どもを常居所地国に返還することが子の利益に反することとなる可能性などの懸念が指摘される。

そのため、日弁連が2011（平成23）年2月18日に発表した「国際的な子の奪取の民事上の側面に関する条約（ハーグ条約）の締結に際し、とるべき措置に関する意見書」に示したとおり、ハーグ条約が子どもの権利条約に定める「子どもの最善の利益」にかなうように適切に実施・運用されることを法的に担保することが必要となる。

これを踏まえ、2013（平成25）年のハーグ条約の締結承認とともに、同条約の実施を国内で担保するための「国際的な子の奪取の民事上の側面に関する条約の実施に関する法律」（以下、「実施法」という。）が制定され、2014（平成26）年4月1日にハーグ条約発効と併せて実施法も施行された。2020（令和2）年の改正法では子の返還を命じる裁判所の決定について間接強制を経ずに代替執行ができるようになった。

実施法上、常居所地国の他方親の下に戻されると子どもが虐待を受けるおそれがあることを示す事実が認定されれば、我が国の裁判所が国内法の定める返還拒

**第1章　弁護士制度の現状と展望　61**

否事由に基づき適切な対処を取りうることとなり、併せて外務省の専門家による対応も行われる。

また、外務省の専門家による当事者への援助が行われ、日本に住所を有していない外国人も民事法律扶助の利用が可能とされている。この援助の一環として、日弁連では、実施法の施行と同時に2014（平成26）年4月1日から、外務省を通じた弁護士紹介を開始しており、現在では国内全ての弁護士会において紹介対応を可能としており、弁護士費用の他、高額になりかねない通訳人費用についても、民事法律扶助制度の利用が可能となっている。

その後、外務省による返還援助又は面会交流援助の実績は着実に増加し、そのうち話合い、ADR又は裁判上の和解による円満解決が半数近くであり、裁判手続による返還率についても、改正法施行前は44％だったものが、改正法施行後は80％に上昇するなど、ハーグ条約の枠組みは相応の成果をもたらしている。

他方で、弁護士会としては、体制整備として、ハーグ条約の事案を適切に扱うことのできる弁護士の研修・養成に力を注ぐことが求められる。とくに、子の手続代理人が大きな役割を果たすことも期待されるので、その担い手の確保が必要である。弁護士会で、代理人活動に関する研修、任意的解決のためのあっせん仲裁機関の紹介事業に対応できるような機関（単位会のあっせん仲裁機関）を強化する必要がある。

## 5 国際機関への参画

多様な領域への弁護士の参画、業務分野の拡大、国際化、法律専門家としての国際社会への貢献等の観点から、日本の弁護士が国際機関において法律専門家としての役割と活動を積極的に担っていくことが望まれる。

こうした国際機関には、国連の諸機関及び専門機関（国連難民高等弁務官事務所〔UNHCR〕、国連開発計画〔UNDP〕、国連児童基金〔UNICEF〕、国際労働機関〔ILO〕、世界知的所有権機関〔WIPO〕等を含む）や、国際刑事裁判所（ICC）、ハーグ国際私法会議、世界貿易機関（WTO）、アジア開発銀行、欧州復興開発銀行、経済協力開発機構（OECD）等、多様な機関があり、弁護士が法律専門家としてプレゼンスを求められる職場やプロジェクトは多い。

これまでにも日弁連の会員弁護士が、こうした国際

機関に職員として勤務した例、外務省から若手専門職（JPO）として派遣された例、専門家としてプロジェクトに関わった例、インターンとしての経験を積んだ例はあるが、その数は欧米・中韓各国と比べてまだ少ない。日弁連では、国際機関人事情報セミナーやホームページ上の情報提供コーナーを通じて、国際機関における法律関連職務や応募の資格、応募の手続き等に関する情報提供を行ってきたほか、国際機関での勤務を希望する弁護士のための外務省によるロースター（登録）制度を発足させ、また「国際機関就職支援リストサーブ」登録者に国際機関の人事情報その他関連情報をメール送信する取組みを行っている。さらに、国連難民高等弁務官事務所（UNHCR）、国際移住機関（IOM）、国際協力機構（JICA）、国際労働機関（ILO）、外務省が司法修習の選択修習の受け入れを行っている。

国際機関への参画については、法科大学院制度の下で多様な経歴を有する新しい法曹が増えてきていることや、様々な公益的分野での弁護士の業務の拡大についての意識が高まっている中で、関心を持つ若手の弁護士、司法修習生、法科大学院生は少なくない。国際機関における勤務やプロジェクトへの参加は、弁護士の多様な職務形態の一つであると同時に、日本の弁護士の国際化、国際競争力の強化という観点からも極めて重要である。

このような視点を共有する外務省や法務省との共催により、国際機関での勤務を含む国際分野での法曹としての活躍を目指す法律家のためのセミナーが2010（平成22）年から毎年実施されている。

また、2014（平成26）年4月には、日弁連の法律サービス展開本部内に国際業務推進センターが設置され、国際機関等における弁護士の任用促進、養成、弁護士への支援活動を行うことが同センターの活動の1つとして位置付けられた。2016（平成28）年に同センター内に国際公務キャリアサポート部会が設置され、同年より2年ごとに国際公法連続講座が開催されて、いずれも30名を超える会員が参加してきた。2022（令和4）年にもコロナ規制の下、バーチャル形式で第4回の同連続講座が実施されている。また、国際公務のアドバイザー制度・メーリングリストが開設されて弁護士が国際機関で勤務することの支援をし、積極的に国際機関とも意見交換している。実際に、国際機関や日本の

海外関係の省庁部局に勤務する弁護士も年々増加しており、今後の展開が期待される。

　今後は、これまでに日弁連が行ってきた活動の継続に加え、国際機関での勤務やインターンの経験がある弁護士のネットワーク化、外務省や法務省、大学との

協力連携の強化等、全国各地の弁護士会における交流、研修等の国際活動における国際公務視点の取り込みなど、日本の弁護士の国際機関への参画の拡大に向けた戦略的な取組みをより一層推進していくべきである。

# 第2章　日本司法支援センター(法テラス)の課題

## 1　組織・運営・業務

### (1) 理事等、地方事務所所長人事

法テラスは、東京に本部組織を設置し、理事長には2008 (平成20) 年4月から寺井一弘元日弁連事務総長が、2011 (平成23) 年4月からは梶谷剛元日弁連会長が、2014 (平成26) 年4月からは宮﨑誠元日弁連会長といった弁護士がそれぞれ就任していたが、2018 (平成30) 年4月1日からは弁護士ではない板東久美子元消費者庁長官が就任していた。その後、常務理事だった丸島俊介元日弁連事務総長が2022 (令和4) 年4月1日から理事長に就任した。そのほか、事務局長、部長、課長等の職にも弁護士が就任している。

このように、法テラス本部には、現在弁護士から理事長が就任しているほかには理事に弁護士が就任していない。また、全地方事務所 (50ヶ所) の所長には全て弁護士が就任し法テラスの運営の適正化に貢献してきているところであるが、法的サービスの提供を実際に行えるのは第一に弁護士であることからすると、今後も、業務の適切な遂行の上では理事長を含めた役職者により多くの弁護士から選出されるよう働きかけていくことも必要であろう。

### (2) 地方事務所の活用問題

現状の法テラスは、予算の配分、情報提供の方法、具体的業務の手法など、全国で均一の法的サービスを提供する必要から、本部を中心とした管理、運営を目指しているように思われる。しかしながら、地域の状況を生かし、地域の利用者の視点に立脚したきめ細かい運営を指向するためには、地方事務所が自主性や独自性を発揮し得る余地を増やしていくことが必要である。

そのためには、地方事務所が独自の事業、企画、研修等を実施できるよう、必要な範囲での権限と予算を地方事務所所長に付与すべきであるとともに、地方事務所を活性化できるよう、職員や地方事務所所長、副所長、支部長、副支部長等の待遇改善も検討していくべきである。

法テラスが2007 (平成19) 年度に実施した認知度調査によれば、名称認知度 (「全く知らない」を除く回答割合) は22.9%にすぎなかったのに対し、2023 (令和5) 年度は54.4%であった。しかしながら、業務認知度 (業務内容もある程度知っている割合) は、2023 (令和5) 年度は16.9%であり、積極的に法テラス利用を促すためにはさらなる認知度向上が望まれる。

### (3) 業務

法テラスは、①情報提供 (アクセスポイント)・連携、②民事法律扶助、③国選弁護人・国選付添人の選任、国選被害者参加弁護士の選定、④司法過疎対策、⑤犯罪被害者援助を主たる本来業務とし (同法30条1項)、そのほかに、業務方法書に定めるところにより、国、地方公共団体その他の営利を目的としない法人等からの委託を受けた業務を行うことができるものとされている (同条2項)。さらに、後に各項で詳述するように、2016 (平成28) 年5月に成立した改正総合法律支援法により、⑥大規模災害被災者援助 (他に先行して2016〔平成28〕年7月1日施行)、⑦認知機能が十分でない特定援助対象者 (高齢者・障がい者) の援助 (2017〔平成29〕年1月24日施行)、⑧特定侵害行為 (DV、ストーカー、児童虐待) を現に受けている疑いのあると認められる者の援助 (2017〔平成29〕年1月24日施行) が追加された。その後、旧統一教会の被害者等の救済のため、⑨特定不法行為 (「法令に違反して、著しく公共の福祉を害すると明らかに認められる行為をしたこと」を理由とする所轄庁等による解散命令請求等の原因となった不法行為等及びこれらと同種の行為であって、解散命令請求等の対象宗教法人又はその関係者によるもの) の被害者等援助 (2024〔令和6〕年3月19日施行) が追加されている。

## 2　情報提供業務

### (1) コールセンター (CC) の情報提供数

法テラスのコールセンター (以下、「CC」という。) の情報提供数は、設立当初の2006 (平成18) 年度12万8,741件 (半年間)、2007 (平成19) 年度22万0727件から年々増加し、2023年度 (令和5) 年度には41万9,403件に達し、年間で最も多い対応件数となった。今後とも同サービスを必要としている利用者に対し浸透をはかるよう効果的な広報活動を継続していくことが重要と考えられる。

## （2）多言語対応

法テラスでは、2013（平成25）年3月から三者間通話システム等を利用した多言語対応（英語・中国語・ポルトガル語・スペイン語・タガログ語）による情報提供を開始し、その後、韓国語、ベトナム語、ネパール語、タイ語、インドネシア語へと対応言語を拡充している。問い合わせ件数は年々増加し2023（令和5）年度は7,676件にのぼっている。周知活動とともに、多くの利用が望まれる。

## （3）弁護士会側の受け皿対応

弁護士会側においても、CCが紹介しやすい体制（専門相談の充実等）作りを推進するとともに、弁護士紹介制度の充実及び法テラスとの連携強化を進めるなどして、法テラスの情報提供業務との有機的連携関係を構築していく必要がある。

また、法テラスのデータベースにおいて適正に検索可能な状態とするために、弁護士会窓口等の受け皿情報が適時に法テラスのデータベースに反映されるような連携が必要である。

## 3 民事法律扶助業務

### （1）民事法律扶助対応のさらなる充実

最近の民事法律扶助法律相談援助実施件数と民事法律扶助代理援助開始決定件数は、それぞれ表のとおりである。

法律相談援助の利用件数は、新型コロナウィルス感染症拡大の影響もあり、2020（令和2）年度に減少した。その後回復し、2023（令和5）年度は31万2,146件である。相談内容は、破産を含む多重債務が約45％、家事事件が約26％を占める。

また、法テラスでは、新型コロナウィルス感染症対策の一つとして、2020（令和2）年5月に電話等法律相談援助を開始し、対面によらない法律相談が可能となり、その利用が増加していった。また、同制度によって電話等による法律相談援助が一定程度浸透したことをふまえ、2022（令和4）年4月からは、平時においても、DV等被害者等が電話等による相談援助を利用できるよう制度改正がなされた。

なお、全国的には、申込みから相談まで2週間以上待たされる地方事務所があるなど、民事法律扶助の相談体制が未だ十分に整備されているとはいえない地域も存在することから、電話等法律相談援助を活用するなど、その体制整備を進めていくことも必要である。

一方、代理援助については、新型コロナウィルス感染症拡大の影響で、2020（令和2）年度以降件数が減少傾向にあった。2023（令和5）年度の代理援助利用件数は前年より増加したが10万5,076件にとどまっている。このため、利用実績を理由に予算獲得が難しくなっている。代理援助が利用されている案件は、多重債務事件が約59％、家事事件が約28％を占めるが、その他の事件類型を含め民事法律扶助が十分利用されているのかを検証し、一層の利用促進を図っていく必要があろう。

### （2）民事法律扶助制度のさらなる改革の必要

2002（平成14）年の司法制度改革推進計画において、民事扶助制度については、「対象事件・対象者の範囲、利用者負担の在り方、運営主体の在り方等につき更に総合的・体系的な検討を加えた上で、一層充実することとし、本部設置期限までに、所要の措置を講ずる」ものとされていたにもかかわらず、対象事件・対象者の範囲の拡充、利用者負担の在り方の議論が十分になされないまま、今日に至っている。

諸外国に例を見ない立替・償還制から給付制への見直しを始め、資力基準の緩和、対象事件の拡大、さらには、民事法律扶助予算自体の増額等、事後規制社会化を迎えた社会的インフラとしての民事法律扶助制度の拡充の必要性は極めて高いものであり、「総合的・体系的」な議論とともに、立法改正を視野に入れた運動展開が必要となる。

かたや、主に契約弁護士の中で、代理援助の立替基準等法テラスの弁護士報酬の基準が低すぎるという意見が特に若手の弁護士から高まっており、日弁連を中心に、このような意見を集約して法テラスの報酬増額を求めている。

ここで問題となるのは、いわゆる償還制の中で、報酬を増額することにより利用者の負担が増大してしまうことである。直ちにすべてを給付制に移行することが困難であるとしても、一部給付制を導入する等により、弁護士報酬の増額を実現し、より充実した代理援助活動ができるように努力していくことが必要である（後述（4）参照）。

法テラスは、生活保護受給者に対する償還免除、ひとり親世帯に対する支援の拡大など、ここ数年大幅な

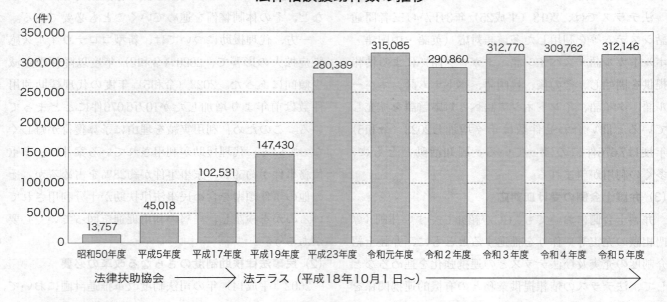

法律相談援助件数の推移

（注1）法律扶助協会のデータは、（財）法律扶助協会発行の平成17年度事業報告書に基づく。
（注2）被災者法律相談援助及び特定援助対象者法律相談援助の実績を含む。

（令和5年度版法テラス白書63頁より）

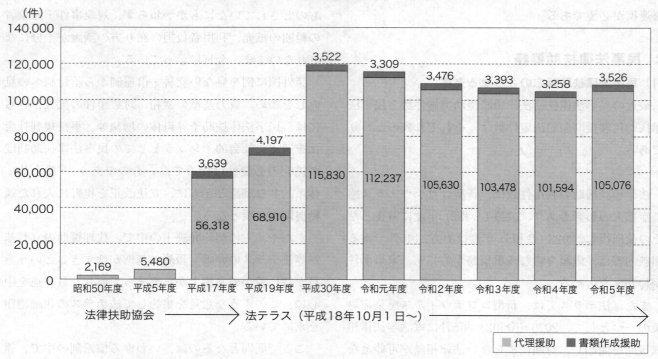

代理援助・書類作成援助の開始決定件数の推移

（注1）法律扶助協会のデータは、（財）法律扶助協会発行の平成17年度事業報告書に基づく。
（注2）平成17年度の件数については、令和4年度版法テラス白書から代理援助と書類作成援助に分けている。

（令和5年度版法テラス白書68頁より）

運用改善を実現してきているところではある。今後はさらに、利用者にとってもその担い手にとっても使いやすい民事法律扶助の実現に向けた、「総合的・体系的」な取り組みを進めるべきであり、日弁連も法テラスや法務省に働きかけていくことが必要である。

なお、2016（平成28）年6月に公布され、2018（平成30）年1月24日から施行された改正総合法律支援法により、特定援助対象者（認知機能が十分でないために自己の権利の実現が妨げられているおそれがある高齢者、障がい者）の無料相談制度が民事法律扶助制度

の一つとして導入された。この内容については、次に述べる。

### (3) 特定援助対象者法律相談援助

総合法律支援法が改正され、2017（平成29）年1月24日に施行された高齢者・障がい者等を対象とする特定法律相談において、資力を問わない法律相談が実施されている。ここでは、相談者に資力がある場合には相談料を負担してもらうことになっているが、高齢者・障がい者について福祉機関の協力を得てまずは法律相談が実施されるようにするという制度設計が重要である。これに限らず、資力を不問とする法律相談の範囲を拡大することが市民の法的アクセスにとって有用であり、今後も制度改善の検討が必要である。

### (4) 法テラスの報酬基準の問題

既に述べたように、契約弁護士に支払われる民事法律扶助事件の報酬が安すぎる、特に離婚関連事件の報酬について問題が大きいという声が、法友会だけでなく、全国の弁護士から上がってきて久しい。ただし、償還制を基本としている我が国の扶助制度においては、増額された報酬を利用者が負担することになりかねない。このことと、扶助予算の増大への懸念が、扶助事件における報酬増額を困難にしている大きな理由といえる。

日弁連では、上記報酬のみならず弁護士の業務全般に関して広く調査するため、2019（平成31）年4月から2021（令和3）年3月（その後延長して2022〔令和4年3月〕）まで、モニターを募っての離婚関連事件に関する業務量調査を行った。調査結果は、2023（令和5）年6月27日に日弁連ホームページに掲載され日弁連会員に対して公表された（https://member.nichibenren.or.jp/publication/hokoku/sogo_horitsushien.html）。ここには、離婚関連事件に関して、民事法律扶助を利用した事件の報酬と、その事件を仮に私選事件として受任した場合の報酬を比較することにより、民事法律扶助を利用した場合に報酬が低くなる場合はどのような類型なのかを明らかにした上でその内容、原因等を分析するとともに、民事法律扶助を利用した場合に個々の事件においてどのような困難な事情があるかの情報をまとめ分析している。日弁連では、今後、この報告書を踏まえて意見書を作成すべく検討をしているが、弁護士報酬増額のみならず、償還制から給付制への転換の第一歩に繋が

る可能性があることから、注視していく必要がある。単に報酬が安いというのではなく、報酬増額の根拠となる立法事実を的確に把握していくべきである。

また、日弁連では、2023（令和5）年3月3日開催の臨時総会で、「民事法律扶助における利用者負担の見直し、民事法律扶助の対象事件の拡大及び持続可能な制度のためにその担い手たる弁護士の報酬の適正化を求める決議」を可決した（https://member.nichibenren.or.jp/nichibenrenjoho/sokai_daigiinkai/documentFile/230303_rinji_giansho.pdf）。日弁連が民事法律扶助を法的セーフティネットとして十分に機能させるため、国に対して以下のとおり求める、という内容である。

① 弁護士等の調停・裁判等の際の費用（代理援助費用）について、立替・償還制を改めて原則給付制を採用し、資力が一定程度を超えている利用者のみ負担能力に応じて負担する（応能負担）など、利用者負担の軽減を図ること。

② 現在当連合会が行っている法律援助事業を国費・公費化することを始めとして、法的支援が必要な事案に対して民事法律扶助制度の範囲を拡大すること。

③ 財政基盤の脆弱さから弁護士報酬が低廉に抑えられてきた扶助協会における扶 助制度を継承した現在の状況を改め、民事法律扶助制度が権利実現のための持続可能な制度となるよう代理援助における弁護士報酬の適正化を図ること。

これらが実現されるよう、民事法律扶助の報酬問題等について法テラス・法務省に対し継続的に働きかけていく必要がある。

## 4 国選弁護関連業務

### (1) 国選弁護報酬増額問題

日弁連の調査によれば、全国の弁護士の平均的な費用補償ライン（弁護士が弁護士業務を遂行する〔事務所維持経費を含む〕のに必要な時間単価。報酬の時間単価がこれ以下だと、費用が弁護士の持ち出しになるということである）は1時間8,313円とされているところ、国選弁護報酬の時間単価は、5,000円程度（国選付添人報酬の時間単価は4,000円程度）であって、費用補償ラインに遠く及ばない。

したがって、日弁連は、基礎報酬の増額を目標にし

**第2章 日本司法支援センター（法テラス）の課題　67**

て、さらなる取り組みを続けていかなければならない。

さらに、報酬算定基準が不合理であると会員からの不満が多い項目について、喫緊の改善が図られることが必要である。とりわけ、示談加算の算定方法が不合理であること、私的鑑定費用が支払われないこと、被疑者国選から被告人国選を継続受任した場合の減算があること、実質的一部無罪や公訴棄却に対する加算報酬がないこと、特別案件加算がないことなどが指摘されてきた。この点について、法テラスでも国選弁護約款の改正を行い、ある程度の改善がなされたが、今後も不合理事案の解消に向けた働きかけが必要である。

### (2) 国選弁護報酬算定センター

国選報酬の複雑化に伴い、各地方事務所での算定の困難さやミスの発生等が指摘されていた。そのため、法テラスでは、算定に関する知識豊富な職員による効率的でミスのない算定を行うため、各地方事務所で行われていた国選報酬算定事務を本部に集約し、国選弁護報酬算定センターを設置した。

算定センターに対しては弁護士会から刑事弁護への影響を懸念する声も出されていたが、刑事弁護に影響がない形での運営がされているか常に見守り、より良い国選報酬の算定のために協力すべきである。

## 5 司法過疎対策業務

### (1) スタッフ弁護士（常勤弁護士）の確保と配置

スタッフ弁護士は、2024（令和6）年3月31日現在、205名である。しかし、弁護士会の中には、民業圧迫等を理由にスタッフ配置不要とする意見も根強くあり、また配置廃止の意見も聞かれるようになってきている。スタッフ弁護士の役割を再検討、確認し、また、スタッフ弁護士の活動が本当に民業圧迫になっているか等検証し、住民に対する法的サービスの確保の観点から、今後も必要な配置を行うよう求めていくべきである。

また、スタッフ弁護士の質を確保するための選抜、研修等の体制については、現在日弁連が実施している選考、推薦の体制や毎月年間を通して行う集合研修など今後も充実させていく必要があり、法テラス側にも研修費の支出など一定の負担を求めることも検討されなければならない。

### (2) スタッフ弁護士の処遇

スタッフ弁護士の給与、事務職員、備品購入、弁護士会費負担等については、スタッフ弁護士の初配属後

徐々に改善されてきているところではあるが、多くの点でさらなる改善が求められているところであって、現場で奮闘しているスタッフ弁護士の意見を汲み上げ、きめ細かな対応がなされるよう求めていく必要がある。

### (3) スタッフ弁護士の役割

スタッフ弁護士の配置場所は、これまで①2009（平成21）年体制に備えて、刑事弁護態勢を整備する必要のある地域（地方事務所の本庁、支部、扶助国選対応地域）と、②過疎対策の必要のある実働弁護士ゼロ・ワン地域（いわゆる7号地域）であり、その役割は司法過疎地域におけるアクセス障害の解消であって、その基本的役割の重要性には変わりはない。

一方、日弁連のひまわり公設事務所の設置等の司法過疎対策と相まって、今後の司法過疎対策のグランドデザインの議論を深めるとともに、スタッフ弁護士の役割に対する基本的な位置づけについて協議を続ける必要がある。

この観点から、日弁連と法テラスは共同で、2009（平成21）年から、スタッフ弁護士の役割検討会を設け、2010（平成22）年3月に、スタッフ弁護士の役割等に関する検討会意見書において、「スタッフ弁護士が、関係機関と連携しながら法的セーフティネットを構築し、それを活用した紛争の総合的解決を図っていくことを、その積極的役割として位置づけるべきである。」との結論が明らかにされている。ただし、役割を位置づけることが、直ちに法律で規定することにつながるわけではない。総合法律支援法改正の議論の中で、スタッフ弁護士の位置づけを法律で規定することが提案されているが、法テラスが国の機関ではなく準用法人であること、スタッフ弁護士が刑事弁護等で国（検察）と対峙する立場にあること等から、むしろ国の支配を受けることにつながることのないよう十分留意が必要である。

司法過疎対策としての役割とともに、一般弁護士のように採算にとらわれることが少なく、関係機関との連携も取りやすいというスタッフ弁護士としての特性を活かすべきである。その観点から、これまで法的救済の光が届き辛かった案件に対する対応やネットワーク構築といった司法ソーシャルワーク（司法SW）のための活動を積極的に位置づけて、弁護士会としてもスタッフ弁護士の存在意義を高めていくよう提言していくべきである。

## 6 犯罪被害者支援業務

### (1) コールセンターと地方事務所の連携

　関係機関の地域的特性の強い犯罪被害者支援業務においては、地方事務所における関係機関とのネットワークを構築し、コールセンターで受けた案件を、地方事務所に回して、きめ細かい関係機関紹介を行う試みを行っている。こうした試みを全国的に展開し、さらに充実させていくことが求められている。

### (2) 精通弁護士の紹介体制の充実

　業務開始当初、十分とはいえなかった精通弁護士の紹介体制も、ようやく人的に対応可能な状況となりつつある。今後は、犯罪被害の種別（例えば、DV、ストーカー、児童虐待等）に応じた専門弁護士を紹介できる体制を構築していくことが必要である。女性弁護士の紹介を求められる案件も多いが、地域によっては、精通対応できる女性弁護士数が不足しているところもあることから、この点についての対応も重要である。

### (3) 被害者参加国選制度への対応

　2008（平成20）年12月から、犯罪被害者の参加制度が実施され、同時に資力に乏しい（150万円以下）犯罪被害者参加人については、国の費用で、国選参加弁護士が付される制度が実施されている。

　また、国選被害者参加制度は、犯罪被害者に対する弁護士の支援行為のうちの公判への出席、検察官権限への意見、情状証人質問、被告人質問、事実法律適用意見の5項目の法廷行為に限定された制度であるが、その前段階での国費による法的支援体制は整備されていない。

　日弁連は、国費による犯罪被害者に対する法律相談を行うことを提言していたが、2024（令和6）年4月18日に犯罪被害者支援弁護士制度創設に係る総合法律支援法の一部を改正する法律が成立し、成立から2年以内に施行されることとなった。今後は、施行に向け犯罪被害者等が費用負担等を理由として制度の利用を躊躇することのないような制度設計となるよう働きかけていく必要がある。

### (4) DV・ストーカー等被害者保護の拡充

　被害者保護のための拡充、さらに、DV・ストーカー等の被害者に関しては、民事法律扶助では民事の代理人活動に対する報酬の立替にしか利用できず、被害者救済において不十分さが指摘されていた。

　このような中で、改正総合法律支援法では、資力を

問わない法律相談を受けられる制度が設けられたが、今後も法律相談だけでなく代理援助についても資力を問わない援助を追加することができるか、また、いわゆるリベンジポルノのような事案についても支援ができないか、等について積極的に検討すべきである。

## 7 法律援助事業

### (1) 法律援助事業と法テラスへの委託

　法律援助事業は、日弁連が行っている刑事被疑者弁護援助、少年保護事件付添援助その他の人権7事業（犯罪被害者支援、外国人に対する人権救済、難民認定申請の援助、虐待された子ども等の法的援助、生活保護申請の同行支援、精神障がい者・心神喪失者等への援助）である。

　財源は、会員からの特別会費（刑事・少年関係月額1,300円、その他人権救済関係月額800円）及び贖罪寄付である。日弁連は、2007（平成19）年10月から総合法律支援法30条2項に基づき、法テラスにその業務を委託している。

### (2) 本来事業化への取組みと財源の確保

　法律援助事業はいずれも人権救済の観点から公益性の高いものであり、本来公費を投入して法テラスの本来事業とすべきものである（本来事業化）。

　中でも、被疑者国選弁護制度の対象範囲の拡大、全面的国選付添人制度の実現が急務とされてきた。国選付添人制度の拡充については、法制審が2013（平成25）年3月に、対象事件拡大を含む少年法改正案の答申をし、2014（平成26）年4月に、国選付添人制度の対象事件が長期3年を超える懲役・禁錮の罪の事件まで拡大する改正法が成立した。

　さらにその他の人権事業についても、本来事業化へ向けたロードマップを基に着実に取組みを行う必要がある。これらの事業については、援助活動の実績が少ない地域も多く、まずは全国での援助活動を充実させての実績作りが不可欠と考えられる。

　そのためにも少なくとも年間5〜8億円もしくはそれ以上の事業費及び事務費が必要とみられる。

　しかるに、贖罪寄付は、単位会が受け入れた寄付の半額がこれら人権救済事業の財源として充てられているが、発足当時は年間寄付額4億円（法律援助事業の財源分2億円）を期待していたが、2021（令和3）年度の実績は、1億6,593万円余りにとどまっている。

その他人権7事業については、特別会費800円により財源確保を行っている。

少年・刑事関係の特別会費及びその他人権7事業に関する特別会費の徴収期間は2014（平成26）年5月までの時限措置となっていた。しかし、事業存続の必要があることから、以後3年ごとに日弁連総会にて徴収期限の延長（特別会費値下げも含む）が繰り返され、現在の特別会費は2023（令和5）年12月8日の臨時総会決議に基づいている

### （3）援助事業の本来事業化

さらに、国民の法的アクセスを充実させるためには、日弁連が特別会費徴収により財源を形成して運営するのではなく、これまで民事法律扶助の対象外であったり、対象となるかが不明確であったりしたものについて、積極的に民事法律扶助が利用できるように改めるべきである。

例えば、高齢者・障がい者に関して、生活保護等の行政手続の代理申請等はこれまで民事法律扶助の対象外であったが、これらが対象となるように広げていくことが重要であり、積極的に意見を述べていく必要がある。また、親から虐待を受けた子どもの代理人活動には法律援助に関しては拡充されたが、未だ民事法律扶助制度が使えない点も問題である。給付制の導入により、行為能力に制限のある未成年者にも使える制度へと改める必要がある。

犯罪被害者支援においては、現状では、民事法律扶助が利用できるのは加害者への損害賠償請求等に限られており、刑事事件においても国選被害者参加弁護に限られていたが、前述のとおり、2024（令和6）年4月18日に総合法律支援法の一部を改正する法律が成立し、成立から2年以内に施行されることとなった。この制度の対象は一定範囲の重大犯罪や性犯罪被害者に限られているが、これまで委託援助の対象にとどまっていた刑事告訴・法廷傍聴付添・犯罪被害者等給付金申請等について国費での援助を行うものであり、被害者救済に実効性のある制度となるよう施行に向けた制度設計が重要となる。今後も、対象犯罪の拡大など、いっそうの制度改善を求めていく必要がある。

# 第3章　裁判官制度、弁護士任官推進の取組み

## 1　弁護士任官制度の今日的意義

　弁護士任官制度は、「法曹一元」を目指す上で、弁護士が裁判官の給源となるという重要な意義を有する制度である。現在の裁判所の構成は、キャリア裁判官が大部分を占め、弁護士出身者が2%にも満たない。このように給源が単一であることによる組織の弊害を少しでも改善するために、依頼者・市民と日常的に交流し、当事者の立場からの法廷経験を有する弁護士を裁判官として送り出していくことは、極めて重要である。日弁連が適切な弁護士任官者を発掘・推薦し、一人でも多くの弁護士任官者を送り出すことこそ、裁判所の多様性を高め、司法の国民的基盤の強化に繋がることである。

　しかしながら、2003（平成15）年度に、10名が任官した後、その後の弁護士任官者は毎年一桁台であり、この10年間は年間1名から6名と低迷している。なお、2021（令和3）年度は3名であった。

　そこで、これからの課題として、1992（平成4）年からの27年間で全体からみれば少数とはいえ、総計で125名の弁護士任官者を継続的に送り出してきた現在の到達点を踏まえ、これらの任官者、退官後の弁護士再登録者の経験を生かし、また、弁護士人口増や、弁護士職務の多様化などを背景とする環境変化に対応しつつ任官希望者の発掘・推薦活動をより強化することが必要である。そのために、今一度、日弁連全体としてその意義の再確認を組織的に行うこと、また東弁は、全国最大の単位会としてその職責を全うすべく適格者の発掘・推薦を先進的に担っていくことが重要である。そして法友会としては、弁護士任官を推進する継続的な活動を担う組織的活動に再度注力して取り組む必要がある。

## 2　弁護士任官制度の経緯

　最高裁判所は、1988（昭和63）年に「判事採用選考要領」を作成して弁護士からの任官の道を開いた。そのことにより、1992（平成4）年度から1994（平成6）年度には年間6名から7名の任官者が生まれたが、1995（平成7）年度から2001（平成13）年度までは毎年2名から5名と低迷し、継続的な弁護士任官者数の増加には結びつかなかった。

　このような状況下で、2001（平成13）年6月、司法制度改革審議会意見書において、裁判官制度の改革の柱として、給源の多様化・多元化を掲げ、判事補の他職経験、特例判事補の解消と併せ、弁護士任官の推進を掲げた。意見書は「弁護士任官等を推進するため、最高裁判所と日弁連が、一致協力し、恒常的な体制を整備して協議・連携を進めることにより、継続的に実効性のある措置を講じて行くべきである。」としたが、この意見が現在の弁護士任官制度の出発点である。

　これを受け、2001（平成13）年12月、日弁連と最高裁は「弁護士任官等に関する協議のとりまとめ」を発表した。それをもとに日弁連と最高裁は、それぞれの立場で準備作業を進め、2003（平成15）年度より、新制度による弁護士任官制度が出発した。当時の日弁連の精力的な活動もあり、2003（平成15）年度は、20名の任官希望者があり、そのうち10名が任官した。また翌年は8名の任官者が生まれた。

　その結果、この制度を順調に発展させて行けば、司法制度改革で掲げた理念である「国民が求める裁判官像（その資質と能力）」に近づく裁判官が、給源の多様化と多元化で実現されて行くのではないか、ひいては法曹一元制度の基盤が整備されるのではないかとの期待が寄せられた。

## 3　弁護士任官の現状

　2003（平成15）年度10名を数えた弁護士任官者数のその後の推移をみると、翌2004（平成16）年度は8名と引き続きやや健闘したものの、2005（平成17）年度は4名と、期待する程度には達せず、その後2016（平成28）年度までは平均約4名と停滞した。2017（平成29）年度以降は、毎年3名以下とさらに低迷した。2020（令和2）年は4名とやや盛り返したものの、2021（令和3）年はまた3名となった。

　10名、8名のピーク後の15年間の弁護士任官者数は計68名、弁護士任官者数の裁判官全体数に占める割合は1%台である。その意味では、給源の多様化・多元化により同質化を防ぐという裁判所の改革は、極めて限定的に留まっていると評価せざるを得ない。

## 4　日弁連・東弁の取組み

日弁連は2002（平成14）年11月、弁護士任官を第19回司法シンポジウムのテーマとして取り上げ日弁連の準備状況の進展を内外に示し、2004（平成16）年第43回定期総会では「弁護士任官を全会挙げて強力に進める決議」を宣言し、2005（平成17）年6月の第21回司法シンポジウムでは、再び弁護士任官問題を取り上げ、任官の推進をアピールした。また、全国各ブロック大会や全国担当者会議を開催し、任官推進の取組みを継続した。

東弁は、任官者の事件・事務所の引継ぎ等に関する支援のため2001（平成13）年10月公設事務所運営協力基金を設け、任官候補者や任官支援会員に対する貸付けを可能にしたほか、「弁護士任官等を目的とする公設事務所の設置及び運営に関する規則」を制定した。そして2002（平成14）年以降、順次、四つの公設事務所が開設され、公益目的の一つとして弁護士任官の役割を担い運営されることとなった。

しかしこれらの取組みにもかかわらず、その後の状況は先に述べたとおりである。

## 5　法友会の取組み

法友会は、2000（平成12）年7月に弁護士任官を法曹一元の制度を実現するための基盤整備の一環と捉え、その推進を決議した。当時の状況は日弁連・東弁も含め、2003（平成15）年に始まった新制度を、法曹一元へのステップと捉え、その中長期的課題へと結びつくとの楽観的な期待感も一部に存した。しかしながら、法曹一元と現行の制度の間にはかなり大きな落差があり、現実には法曹一元は理念的な中長期的課題として捉えながら、まずは、現行制度による裁判官の給源の多様化・多元化を重視し、一歩でも前へと進めるための努力が求められるところであった。

法友会は、2004（平成16）年7月、「弁護士任官推進に関する宣言」を採択し、親密な人間関係のある会派の特性を生かして人材を発掘し、弁護士任官に取り組むべく「法友会弁護士任官推進本部」を設置した。この本部はその後活動を停止し、2008（平成20）年度の政策委員会で一時的に弁護士任官推進部会を設置したものの、現在は活動を休止しており、組織的に弁護士任官を推進する体制が整わないまま推移している。今後は、日弁連・東弁ともに、現在の状況を一歩でも前

進させる対策が必要である。

## 6　これまで提起された課題とその対応について

これまで、任官推進の施策として、①公設事務所の活用等、②短期任官や専門分野の任官による柔軟な対応による推進、③任官手続の簡素化、④最高裁の審査基準の明確化、等が提案され、そのうちのいくつかは実行されてきた。しかし、公設事務所の活用については任官前の準備のために一時的に登録して任官した者2名、退官者の受入れ2名に留まっている。また任官支援事務所の応募による支援策も未だ組織的に機能する施策とはなっていない。短期任官や専門分野の任官では、知財分野の裁判官の任官がみられたものの、他の分野も含めて複数規模という実績には至っていない。手続の簡素化は、任官希望者の任官に向けた負担感の軽減という意味はあり得るが、任官希望者の適格性の問題もあり必要最小限度の手続は必要であるため、改善策は進んでいない。最高裁との協議を進めるとしても、具体的な改善策の検討なくしては困難と思われる。

最高裁の審査基準の明確化については、改善に向けて協議をすべきとの指摘が以前からなされている。東弁における弁護士任官推進委員会から関東弁護士会連合会の弁護士任官適格者選考委員会の推薦を経ても最高裁から不採用とされる者も少なくない。全国でも2004（平成16）年度から2022（令和4）年度までの間に、推薦をした者のうち採用された者の比率は約51.9％で、約2分の1が不採用となっている。このことは、心理的にも任官希望者の大きなハードルとなっているとも考えられ、審査の守秘との関係等の困難な事情もありうるとしても、審査基準をより開かれた形で明確化することが必要であり、最高裁、下級裁判所裁判官指名諮問委員会と改善の余地についての協議が必要と考えられるところである。

## 7　非常勤裁判官制度について

日弁連と最高裁は2001（平成13）年の協議のとりまとめ以降、非常勤裁判官制度の導入に関する協議を重ね、2002（平成14）年8月、「いわゆる非常勤裁判官制度の創設について」の合意を行った。そして2003（平成15）年、民事調停法と家事審判法の改正が行われ、2004（平成16）年、非常勤裁判官制度が発足した。こ

の制度は、調停手続をより一層充実・活性化すること
を目的とするとともに、弁護士任官を促進するための
環境整備という目的をも併せ有するものであった。

そして、この制度の下に非常勤裁判官（民事・家事
調停官）は制度発足後、2020（令和2）年度までに合
計609名が任官した。うち東弁出身者は100名にのぼる。

## 8 弁護士任官を取り巻く状況の変化と運動の段階的発展にむけて

### (1) 弁護士任官者の経験の蓄積

新制度の発足した2003（平成15）年度から2019（令
和元）年度までに、弁護士任官者は71名にのぼる。全
体から見ると少数とはいえ、この数は現在の一定の到
達点として肯定的に捉えるべきである。

新制度の発足前年の任官者ではあるが、地裁の所長
から高裁の部総括に就任した者をはじめ、裁判所内に
おいて、パイオニアとしての困難な役割を担いながら、
第一線の訴訟の現場で活躍されてきた任官者の努力が
蓄積されてきている。これらの任官者の中にはすでに
退官し再度弁護士登録をして活躍する一方、後輩の弁
護士任官者や希望者に対するアドバイザーとして活動
されている方が一定数存在している状況である。これ
は弁護士任官の推進をはかる環境的な意味で10年前に
比べて大きな前進と考えられる。

### (2) 弁護士人口増と弁護士業務の多様化

また、新制度が発足した17年前に比して、弁護士人
口は飛躍的に増大した。そして、弁護士業務の広がり
とともに弁護士の在り方自体が多様化してきている。
弁護士のライフサイクルも、勤務弁護士→独立して事
務所を構える→勤務弁護士を雇用し親弁となるという
単純なものではなく、企業内弁護士として勤務する形
態や、任期付公務員として一定期間勤務する弁護士、
また法テラスの弁護士など、様々なライフサイクルが

存在するようになっている。法曹の職業の選択肢が修
習終了時に一生の判断とされることがやや弱まり、法
曹になってからの職種や弁護士の在り方の流動性も高
まりつつあると考えられる。このような中で未だ弁護
士任官のハードルは高止まりしている感がないわけで
はないが、今後このような多様化が一層進むことによ
って任官希望者の増加が見込まれることになるのでは
ないかと期待されるところである。

### (3) 非常勤裁判官経験者の増加

さらに非常勤裁判官制度の定着が挙げられる。先に
述べたように全国で609名の非常勤裁判官が誕生した。
週一日、調停官として、裁判所で執務することにより
経験を積むことで、常勤裁判官についての適性の判断
や、心理的な障害も除去されていき、常勤裁判官を具
体的な目標として目指すという環境も以前にまして整
備されている。そこから現実に非常勤裁判官から常勤
裁判官に任官した例は、2006（平成18）年以降18名生
まれており、今後非常勤裁判官の推薦、選抜にあたっ
て考慮することもあり得るであろう。

以上のことから、長期の低迷期から脱する環境は
徐々にではあるが整いつつあるのではないかと考えら
れる。これらの環境の変化に対応し、積極的に人材を
発掘・推薦するための手立ての検討が重要である。

### (4) 今後の課題、特に直近の取組みについて

上記の変化に対応する様々な組織的取組みが必要で
ある。地道な努力により多様な人材を発掘する組織的
方策の強化が必要である。現在東弁で取り組んでいる
アンケートからピックアップした名簿の作成と働き掛
けを、法友会においても、より一層組織的・継続的に
対応できる体制とすることが必要である。そのため早
期に任官推進を継続的に担う組織を少人数のPT等で
まず復活することから再出発すべきであろう。

# 第2部
# 弁護士業務改革と
# 活動領域拡充に向けた
# 現状と展望

# 第1 弁護士と法律事務の独占

## 1 弁護士の法律事務独占と非弁行為の禁止

弁護士は、基本的人権の擁護と社会正義の実現を使命とし、広く法律事務を取り扱うことをその職務とするものであり、そのために弁護士法は、厳格な資格要件を設け、かつ、その職務の誠実適正な遂行のために必要な規律に服すべきものと規定している。しかし、弁護士の資格を有することなくみだりに他人の法律事件に介入することを業とする例が存在し、それを放置するとすれば、当事者や関係人の利益を損ね、ひいては法律生活の公正円滑な営みを妨げ、法律秩序を害することにつながる。かような国民の公正円滑な法律生活を保持し、法律秩序を維持・確立する公的目的をもった規定が弁護士法72条以下の規定である。

### (1) 非弁護士の法律事務取扱又は周旋事案（弁護士法72条）

#### ア 要件

①弁護士又は弁護士法人でない者が、②法定の除外事由がないのに、③業として、④報酬を得る目的で、⑤一般の法律事件に関する法律事務の取り扱い又は一般の法律事務の取り扱いの周旋をする場合をいう（「業として、報酬を得る目的で」法律事務を取り扱うのが禁止されているところがポイントである）。

法定の除外事由としては、以下のようなものがある。

① 弁理士は、弁理士法6条の場合と特定侵害訴訟についての訴訟代理権をもつ（弁理士法6条の2）。

② 司法書士は、簡易裁判所において請求額が140万円を超えない範囲の民事訴訟等の代理権をもつ（司法書士法3条1項6号）。

③ 税理士は、租税に関する事項について補佐人として裁判所において陳述をすることができる（税理士法2条の2）。

④ 行政書士については、2014（平成26）年6月に行政書士法が改正され、行政庁に対する審査請求、再調査の請求、再審査請求等の不服申立て手続の代理権が与えられることになった（行政書士法1条の3）。

⑤ 社会保険労務士については、2014（平成26）年11月の社会保険労務士法改正により、ADRにおいて紛争の価額120万円を上限とする単独代理権及び裁判所における補佐人としての陳述権が認められた（社会保険労務士法2条1項1号の6、2条の2第1項）。

⑥ 債権回収会社（サービサー）は、法務大臣による厳格な規制のもと、債権の回収業務を行うことができる（債権管理回収業に関する特別措置法1条、11条1項）。

#### イ 罰則

2年以下の懲役又は300万円以下の罰金（弁護士法77条3号）。

#### ウ 趣旨

弁護士が、基本的人権の擁護と社会的正義の実現を使命とし、広く法律事務を行うことをその職務とするものであり、そのため、弁護士法には厳格な資格要件が設けられ、かつ、その職務の誠実適正な遂行のため必要な規律に服すべきものとされるなど、諸般の措置が講じられているところ、かかる資格を有さず、なんらの規律にも服しない者が、自己の利益のため、みだりに他人の法律事件に介入することを業とする行為を放置すれば、当事者その他の関係人らの利益を損ね、法律生活の公正かつ円滑な営みを妨げ、ひいては法律秩序を害することになるので、これを禁圧する必要があるとの趣旨に基づくものである（最判昭和46年7月14日刑集25巻690頁参照）。

#### エ 具体例

① 典型的なものが、債権管理組合・整理屋・NPO法人・探偵事務所・事件屋等による債権回収や非弁提携弁護士に対する事件の周旋である。

② 土地建物の売買等を営む者が、多数の賃借人の存在するビルについて、ビルオーナーから、その賃借人らと交渉して、賃借人らの立ち退きの実現を図るという業務（いわゆる「地上げ」）を、報酬を得る目的で業として、賃借人らに不安や不快感を与えるような振る舞いをしながら行った事案で、弁護士法72条違反の罪の成立を認めた（最判平成22年7月20日刑集64巻5号793頁）。

③ 本人訴訟による約1,300万円の過払金返還請求の訴え提起が、その実質は司法書士による代理行為によるものであり、民事訴訟法54条1項本文、弁護士法72条に違反する違法なものであるとして、不適法却下された（富山地判平成25年9月10日判例時報2206号111頁）。

司法書士には、一定の要件のもと、簡易裁判所における請求額が140万円を超えない範囲の民事訴訟等の

代理権が与えられる（司法書士法3条1項6号7号、同2項、裁判所法33条1項1号）が、これを超えるものについての権限はない。この裁判例は、司法書士の訴訟代理権や本人訴訟への助力の限界について判断したものとして注目されている。

④　従来、多重債務者の債務整理についての司法書士の裁判外の和解権限について、受益説（弁済計画の変更によって得られる利益が140万円を超えない範囲で代理権があるとする説）と債権額説（債務整理の対象となる個別の債権の価額が140万円を超えない範囲で代理権があるとする説）の対立があったが、最高裁はいわゆる和歌山事件で、債権額説を採用することを明言した（最判平成28年6月27日最高裁ウェブサイト）。

もっとも、認定司法書士が140万円を超える過払金の返還請求権について委任者を代理して裁判外の和解契約を締結した場合の和解の効力については、その内容及び締結に至る経緯等に照らし、公序良俗違反の性質を帯びるに至るような特段の事情がない限り、無効にはならないとされた（最判平成29年7月24日最高裁ウェブサイト）。

### (2) 非弁護士及び非弁提携弁護士の取締りの実情と改善点

#### ア　取締りの主体

非弁護士及び非弁提携弁護士の取締りは、各単位会が行っている。

東弁のように非弁護士取締委員会と非弁提携弁護士対策本部の双方を置いて役割分担をしている会、一つの委員会が非弁護士と非弁提携弁護士の双方を取り締まる会、独立の委員会を設置せず理事者が対応している会など各単位会の対応は様々である。なお、東弁の非弁護士取締委員会では、50名ほどの委員で非弁被疑事実の調査を行っており、常時30件ほどの案件を抱えている。また、東弁の非弁提携弁護士対策本部では、非弁提携案件の調査及び措置等だけでなく、弁護士業務広告の調査及び措置等も行っており、30名ほどの委員で非弁提携案件と広告調査案件を併せて30件ほどの案件を取り扱っている。

#### イ　日弁連の取組み

日弁連は、2005（平成17）年1月「法的サービス推進本部」を組織し、2007（平成19）年3月「業際・非弁問題等対策本部」に改組した。その後、「非弁提携問題対策委員会」を2011（平成23）年2月に統合し、「業際・非弁・非弁提携問題等対策本部」と改称して現在に至っている。同本部では、①隣接士業等をめぐる法改正動向等の情報収集と業務範囲についての研究、②各単位会における非弁事例の紹介と検討、③非弁提携問題についての検討、④非弁取締活動に関するブロック別意見交換会の企画開催等の活動を行っている。

## 2　隣接士業問題

### (1) 隣接士業とは

隣接士業について法定化されているものとしては総合法律支援法10条3項が「隣接法律専門職者、隣接法律専門職者団体」の責務を規定し、業務運営（同法第三章第三節）等についても同様の「隣接法律専門職者」との規定が存在する。そこで想定されているのは、司法書士、税理士、弁理士、土地家屋調査士、社会保険労務士、行政書士の6士業である。なお、公認会計士、不動産鑑定士の業務は、「法律事務」（弁護士法3条1項）ではないから、ここでは隣接士業から除く。

この6士業及び弁護士の人口は、
弁護士　44,916人（2023〔令和5〕年3月31日現在）
司法書士　23,059人（2023〔令和5〕年4月1日現在）
税理士　80,692人（2023〔令和5〕年3月31日現在）
弁理士　11,695人（2023〔令和5〕年3月31日現在）
土地家屋調査士　15,889人（2023〔令和5〕年4月1日現在）
社会保険労務士　44,870人（2023〔令和5〕年3月31日現在）
行政書士　51,041人（2023〔令和5〕年3月31日現在）
である（日弁連『弁護士白書2023年版』50頁）。

### (2) 隣接士業問題の発生

弁護士とこれらの隣接士業の関係は、司法制度改革以前までは、弁護士人口が少ない中である程度のすみわけができていたため、大きな問題とはなっていなかったが、司法制度改革により状況が変わった。

1990年代からの司法改革では、二割司法といわれた弁護士過疎の解消を目指し、法の支配を全国津々浦々に行きわたらせることを目的として行われた。

司法改革は、弁護士人口の増員と法科大学院を中核とする法曹養成制度の改革がその中核をなすものである。しかるに、2001（平成13）年6月に公表された司法制度改革審議会の意見書（以下、「意見書」という。）では、隣接士業からの要望があり（佐藤幸治ほか『司

第1　弁護士と法律事務の独占　　77

法制度改革』〔有斐閣2002（平成14）年〕288頁）、弁護士人口の大幅増員が達成されるまでの間の過渡的・応急措置である「当面の法的需要を充足させるための措置」（意見書87頁）として、隣接士業の権限拡大措置が盛り込まれた。これ以降、隣接士業による権限拡大要求に対応した権限拡大が進んでいくことになった。

## （3）司法書士法の改正等

2003（平成15）年4月施行の改正司法書士法により、認定司法書士には簡裁における140万円を超えない範囲での訴訟代理権が付与され、裁判所の手続における代理権が認められた。2022（令和4）年4月1日時点で、認定司法書士は17,863人（司法書士全体の約78％）である。

2019（令和元）年6月、司法書士法及び土地家屋調査士法の一部を改正する法律が成立し、2020（令和2）年8月から施行された。主な内容は、①「登記、供託、訴訟その他の法律事務の専門家として、国民の権利を擁護し、もって自由かつ公正な社会の形成に寄与すること」という使命規定の追加、②懲戒権者を法務局又は地方法務局の長から法務大臣に変更、③一人司法書士法人の設立を認める、というものである。

さらに、日本司法書士会連合会は、市民の利便性、ニーズに応えることなどを理由に合意管轄による簡裁代理権、家事事件の代理権、試験合格者全員への簡裁代理権の付与等の権限拡大を求めている。

しかし、日弁連が全国津々浦々122のひまわり公設事務所を開設（そのうち2023〔令和5〕年4月1日現在の稼働数は31事務所）したことにより、1999（平成11）年当時73か所存在した弁護士ゼロ・ワン地域が2023（令和5）年4月1日以降でゼロ地域なし、ワン地域2か所となったこと、弁護士人口の大幅増員（2001〔平成13〕年18,246人→2022〔令和4〕年44,101人）に鑑みれば、既に二割司法の問題は解消したと考えられる。弁護士の増員達成までの間の過渡的・応急措置としてなされた権限拡大の例外措置をさらに増幅させることは、今次の司法改革の流れに逆行する要求である。

司法書士は、現在成年後見事務についても積極的に対応し、裁判所の後見人選任率は弁護士を超えている。さらに、相続・離婚事件など増加傾向にある家事事件についての代理権獲得については、弁護士会として明確な対応をとるとともに多くの弁護士が家事事件に関する利用者のニーズに応えていく必要がある。

## （4）行政書士法の改正等

行政書士の本来業務は、他人の依頼を受け官公署に提出する書類を作成することであったが、2014（平成26）年6月に行政書士法が改正され、行政庁に対する審査請求、異議申立て、再審査請求の不服申立手続の代理権が与えられることになった。これに基づき特定行政書士研修を修了した行政書士が特定行政書士に認定され、紛争性を有する事案における手続についても書類を作成し、その手続の代理を業とすることとなった。2019（令和元）年には、その認定も4,200名を超えた。

2019（令和元）年11月には、行政書士法がさらに改正され、①「国民の権利利益の実現に資すること」という目的規定の追加、②一人行政書士法人の許容、③行政書士会による行政書士に対する注意勧告に関する権限の規定が新設された（同年12月4日公布、2021（令和3）年6月4日施行）。これにより、行政書士によるさらなる権限拡大が要求されることが予想される。

また、日本行政書士政治連盟は、そのウェブサイトで、聴聞又は弁明の機会付与に係る代理手続の制限の解除とADR代理権の付与を目指すことを明言している。

行政書士、行政書士会は、2001（平成13）年頃からウェブサイト等で自らを「街の法律家」と称し、積極的な宣伝活動をするようになった。これに対し、2007（平成19）年、「街の法律家」という名称を掲載したチラシ等から削除することを求めた日弁連の要請に対し、行政書士会は「当該用語は既に国民に浸透している」として、続用する旨を回答し、その後2023（令和5）年に至っても使用し続けている。

## （5）社会保険労務士法の改正等

2005（平成17）年、個別労働関係紛争について都道府県労働委員会が行うあっせんの手続、厚生労働大臣が指定する団体が行う紛争解決手続（紛争価額が60万円を超える事件は弁護士の共同受任が必要）の各代理、男女雇用機会均等法に基づき都道府県労働局が行う調停の手続の代理が、一定の能力担保研修と試験を終了した社会保険労務士に限るとの条件の下に認められるようになった。また、従来からあった労働争議への介入を禁止する規定が削除された。そこから、社会保険労務士が、労働争議に介入できる範囲が問題となった。

2014（平成26）年11月、社会保険労務士法が改正さ

れ、①個別労働紛争に関する民間紛争解決手続において、特定社会保険労務士が単独で紛争の当事者を代理することができる紛争の目的の価額の上限が120万円に引き上げられ、②事業における労務管理その他の労働に関する事項及び労働社会保険諸法令に基づく社会保険に関する事項について裁判所において、補佐人として、弁護士である訴訟代理人とともに出頭して陳述をすることができるようになり、③一人社会保険労務士法人の設立を認めることとなった。

2016（平成28）年3月11日、厚生労働省労働基準局監督課長は、都道府県労働局長に対し、労働争議時において、社会保険労務士は、①争議行為の対策の検討、決定に参与することはできるが、②団体交渉における代理人としての折衝や交渉妥結のためのあっせん等の関与はできない旨の通知を発し、団体交渉における代理権を否定した。

全国社会保険労務士政治連盟は、労働審判手続における代理権、個別労働関係紛争に関する簡裁訴訟代理権の付与を要望している。

### (6) 土地家屋調査士法の改正等

2005（平成17）年、筆界特定手続における単独代理権が付与された。また筆界特定をめぐる民間紛争解決手続について、一定の能力担保研修の修了と法務大臣の能力認定を受けた認定土地家屋調査士について、代理、相談業務が認められた。

2019（令和元）年6月、司法書士法及び土地家屋調査士法の一部を改正する法律が成立し、2020（令和2）年8月から施行された。主な内容は、①「不動産に関する権利の明確化に寄与し、もって国民生活の安定と向上に資すること」という使命規定の追加、②懲戒権者を法務局または地方法務局の長から法務大臣に変更、③一人土地家屋調査士法人の設立を認める、というものである。

### (7) 弁理士法の改正等

2005（平成17）年、日本知的財産仲裁センター、一般社団法人日本商事仲裁協会（JCAA）での工業所有権の紛争に関して、著作権についての代理業務が職務範囲に追加され、また、2007（平成19）年、弁理士が取り扱える特定不正競争行為の範囲が拡大された。2014（平成26）年、特許法の改正、商標法の改正など、知的財産権に関する関連諸法が改正されている。

また、2021（令和3）年、農林水産関連の知的財産権（植物の新品種・地理的表示）に関する相談等の業務について、弁理士を名乗って行うことができる業務として追加するとともに、法人名称の変更や一人法人制度の導入等の措置を講じた。

### (8) 隣接士業問題に対する今後の方針

上記のとおり、隣接士業の法改正を求める権限拡大要求は極めて大きな政治力を有している。また、法改正に先行して法律の拡大解釈等、運用による既成事実化により、権限の事実上の拡大も日々進行している。弁護士の法律事務の独占は事実上例外の範囲が拡大し、弁護士ではない法的サービスの担い手とされる隣接士業により浸食されている。ただ、本来弁護士が担うべきとされる裁判所における業務について、認定司法書士の簡裁代理権の範囲につき争いとなっていたが、最高裁は「個別債権額が140万円以下」と判示して法律の拡大解釈に歯止めをかけたことは評価できる（前掲最判平成28年6月27日判決）。

しかしながら、これらは司法改革審議会意見書の立場からも、弁護士人口の増加が行われるまでの当面の措置であったのであるから、相当程度法曹人口増が実現した現在、隣接士業の権限拡大を内容とする法改正は認められるべきではなく、また、当面の法的需要の充足という見地からすれば、この需要充足の達成度を検証し、場合により改正による措置の廃止も視野に入れて検討がなされなければならない。

この点について、意見書では、将来「各隣接専門職種の制度の趣旨や意義」「利用者の利便」「利用者の権利保護の要請」等の視点から、法的サービスの在り方を含めて総合的に検討することとされていた。

当時の「将来」が、既に「現在」の課題となり、当時の制度設計は見直されるべき時期にきている。ところが、当時は応急措置とされたはずの隣接士業の拡大された権限が、事実上後戻りのできない極めて困難な既成事実と化してしまっている。それどころか、2019（令和元）年に至って、司法書士法、行政書士法及び土地家屋調査士法が改正されて使命規定が追加されるなど、さらなる権限拡大の布石が打たれている。

この問題の総合的な検討は、我が国の「法の支配」をどの担い手によってどのように進めていくかという極めて重要な政策課題であるが、当面は、次のような対応が必要であろう。

ア　各隣接士業の権限拡大に向けた立法活動に対し、

第1　弁護士と法律事務の独占　79

積極的な意見表明をし、現実的な対抗運動をする必要がある。

日弁連は、日本弁護士政治連盟とも連携して、その実現にあたる必要がある。

イ　個別案件についての既成事実化に対する対応が必要である。違法な非弁行為を覚知したときは、毅然とした対応を迅速に取れるよう、調査体制を強化する必要がある。具体的には、例えば東弁の場合であれば非弁護士取締委員会及び非弁提携弁護士対策本部の増員、調査技術の承継へ向けた勉強会の開催・典型事例の対応マニュアルの作成等が望まれる。また、各弁護士会ウェブサイト等で、弁護士と司法書士・行政書士等との違いや、「離婚」「遺言・相続」「債務整理」「交通事故」等の分野でそれぞれの士業ができることについて説明するとともに、委員会ブログ、ツイッター(現X)、インスタグラム等も活用して非弁活動に巻き込まれないように市民に注意喚起して、その理解を手助けする必要がある。その意味で、東弁ホームページ(東弁にできること)にて、弁護士と司法書士・行政書士との違いをわかりやすく公表したことは評価できるが、税理士・社会保険労務士等と弁護士との違いについても公表することが望ましい。東弁の非弁護士取締委員会では、本年、新たに委員会ブログが開設されることとなり、当該ブログ上でも今後隣接士業に関する問題を取り上げること、ブログ内に設けた情報提供フォームを通じて隣接士業問題を含めた個別事案を集積していくことが期待される。また、昨今はYouTube等の動画による影響力も大きいことから、文章に加え上記様々な記事等を動画の形で配信することも検討の余地があると思われる

ウ　さらにより広汎な弁護士業務を展開することが必要である。弁護士が国民のあらゆる法律的ニーズに応えるという立場に立って、例えば過疎地での弁護士業務の一層の充実、業務の新分野での対応、専門性の高い分野での対応等を進めることである。司法書士との関係でいえば、成年後見制度での受任体制の整備・不祥事対策、簡裁事件・少額事件への対応、税理士との関係でいえば、税務の専門性の高い弁護士による不服申立ての対応の強化、弁理士との関係でいえば、知財の法律相談体制の一層の整備、社会保険労務士との関係でいえば、団体交渉や労働審判事件への取り組みの一層の強化、行政書士との関係でいえば、入管問題に対応する弁護士の強化、弁護士による外国人の入国から出国に至るまでのあらゆる法的問題への一貫した対応、行政不服審査申立てについて関与する弁護士の体制の強化などである。これらの諸分野での活動を一層強化することが、隣接士業の権限拡大の立法事実を消すことになることを十分に理解した活動が重要である。

エ　弁護士と隣接士業との役割分担・協働の視点も重要である。

これまで隣接士業が果たしてきた役割は、司法の担い手ではなく、各限定的な分野での専門性である。そのことを前提とすると、隣接士業に、限定的な訴訟代理権を付与するという方向性ではなく、弁護士と協働するなどの手法で、それぞれの業務の特殊性を生かしつつ、そのニーズに応えることが肝要である。隣接士業者が法改正による新権限について単独で業務を営むという視点ではなく、弁護士と協働してより多くのニーズに応えるという視点こそが重要というべきである。そのことにより非弁活動も防止することが可能となる。

経費共同によるワンストップサービスの事務所あるいは隣接士業間での連携を可能とするネットワーク造りなど、いくつかの工夫が検討される。これらのネットワークは弁護士業務にとってもアクセスポイントとしての役割を果たすし、弁護士から隣接士業への登記や税務申告の依頼といった形で業務上の連携を充実させるなど、共存共栄が模索されるべきである。

# 3　ADR・ODR・AIに関する問題

## (1) ADRについて

### ア　法の制定と制度見直しの動向

2004(平成16)年12月、「裁判外紛争解決手続の利用の促進に関する法律」(ADR法)が制定された。同法は、ADRが第三者の専門的知見を反映して紛争の実情に即した迅速な解決を図る手続としての重要性をもつことに鑑み、基本理念と国等の責務を定め、民間紛争解決手続業務に関する認証制度や時効中断等に係る特例を規定している。

ADR法は2007(平成19)年4月に施行されたが、同法の附則2条では施行後5年を経過した場合は施行状態を検討し所要の措置を講ずると規定し、2012(平成24)年がその制度の見直しの時期となっていた。2011(平成23)年、ADR協会はワーキンググループを立ち上げ、2012(平成24)年4月に見直しに関する提言案

を法務大臣に提出した。

法務省は、2013（平成25）年2月に「ADR法に関する検討会」を設置して制度及び運用について議論し、その結果を2014（平成26）年3月、「ADR法に関する検討会報告書」として公表した。その内容は、いずれの論点も将来の課題として検討を要するとするものであり、具体的な法改正の内容に踏み込んだものではなかった。

なお、注意すべきは、現在、民間紛争解決手続業務に関する認証要件の一つとして、弁護士の助言を受けることができるようにする措置を定めていることが必要とされているところ、これを緩和して弁護士の関与を不要とすべきであるとの意見があるとされていることである。弁護士会としては、このような制度改正論には反対していかなければならない。

**イ　ADR手続代理**

2005（平成17）年4月、司法書士、弁理士、社会保険労務士、土地家屋調査士の4職種について、ADRにおける当事者の代理人としての活用を図るための法整備が行われた。なお、税理士、不動産鑑定士、行政書士について、ADR法施行後の手続実施者としての実績等が見極められた将来において再検討されることとなった。

税理士、不動産鑑定士、行政書士に対する手続代理権付与問題については、これら関連団体が行うADR手続主宰者としての実績を十分に見極めなければならない。安易なADR手続代理権の付与は、紛争当事者たる国民にかえって有害となることもあることを銘記すべきである。

**ウ　弁護士会ADRの課題**

東弁は、弁護士会ADRとして紛争解決センターを運営している（1994〔平成6〕年、あっせん仲裁センターとして設置され、2005〔平成17〕年に現在の名称に変更された）。弁護士会ADRは、ADR法以前から存在するという歴史的経緯から、ADR法の認証を受けていないものであるところに特色がある。

上記一般ADRに加え、東弁には東京三会が連携して運営をする6種類の専門ADRがある（①医療ADR、②金融ADR、③学校ADR、④災害時ADR、⑤国際家事ADR、⑥養育費ADR）。

しかし、弁護士会ADRは、有用な制度であるにもかかわらず、東弁紛争解決センターにおいては、受理件数が概ね年間100件未満に止まるなど事件数が少ないのが問題点であり、今後一層、広報等の利用促進策を工夫する必要がある。

また、東弁は、④災害時ADRについて所管を災害対策本部としているが、一弁や二弁のように裁判外紛争解決手続を一貫して紛争解決センターが所管できるようにすべきである。

**（2）IT・AIの発展とODRについて**

**ア　ODR活性化検討会の設置**

近年、ITの飛躍的進歩によってオンラインによる多方面かつグローバルな情報・サービスの提供・交換・共有が可能となった。さらに、ここ数年、AI（人工知能）技術が大きく発展・進化し、法律サービスにおけるITの活用により、オンラインでの紛争解決手続であるODR（Online Dispute Resolution）が注目を浴びるようになった。これを受けて政府に2019（令和元）年9月「ODR活性化検討会」（以下、「活性化検討会」という。）が設置され、7回の会議の後、翌2020（令和2）年3月、活性化検討会により「ODR活性化に向けた取りまとめ」が発表された。

**イ　紛争処理の流れとODRの概念**

活性化検討会の取りまとめは、紛争処理の流れを、①検討フェーズ（当事者が情報収集をする段階）、②相談フェーズ（当事者が相談機関に相談する段階）、③交渉フェーズ（当事者同士の交渉段階）、④ADRフェーズ（調停人の関与の下で紛争解決を図る段階）、⑤民事訴訟フェーズ（裁判所における民事訴訟によって解決を図る段階）の5段階に分析し、検討すべきODRの概念を、上記①から④の各フェーズにおけるIT・AIを活用した法的サービスや紛争解決手続を指すものと概念規定している。

**ウ　ODRに期待される役割・メリット**

ODRは、オンラインでの相談や紛争解決手続を実施することにより、遠隔地に所在する当事者間での相談や紛争解決手続の実施が可能とするだけでなく、相談機関やADR機関に赴くための時間的・経済的コストを大幅に削減することにより、これまで泣き寝入りを余儀なくされていた紛争を顕在化させ、現実的な司法アクセスを保障する可能性がある。また、大規模災害や感染症の影響の下でも司法アクセスを確保するため、その導入が期待されている。

第1　弁護士と法律事務の独占　81

### エ ODRの問題点

ODRでの解決が必要となる事案は、通常法的紛争状態にあるから「法律事件」にあたり、当該事案に対して法的見解を述べることは「鑑定」にあたるから、弁護士及び弁護士法人以外の者が業として行えば非弁行為となって弁護士法72条に違反するのではないかという問題がある。

活性化検討会とりまとめは、この点に関し、①検討フェーズにおいて、一般的な法情報を提供すること、②相談フェーズにおいてチャットボット等の自動応答方式のIT・AI技術を活用すること、③交渉フェーズにおいてオンライン上で交渉のための場を提供することは、いずれも直ちに弁護士法には違反しない、④ADRフェーズにおいて、民間事業者がADR法に基づく認証を取得すれば、和解あっせんも適法に行うことができる、としている。

しかし、どこまでが一般的な法情報の提供なのか、和解の場の提供と実質的な和解あっせんの違いは何か、といった点は不明確であり、ODR事業者には弁護士法違反のリスクが伴う。そして、その解決について、活性化検討会とりまとめは、今後の議論が期待されるとして結論の明言を避けている。

日弁連は、2019（令和元）年12月の理事会で、ODRに関し、正義へのアクセスという点はポジティブに評価しつつ、弁護士法72条を揺るがすことはできないとしている。

### オ ODR推進検討会の設置

政府は、2020（令和2）年7月17日の閣議決定（成長戦略フォローアップ）において、「プラットフォーム型の電子商取引を介した消費者取引に関するプラットフォーム事業者によるODRの設置の推進等に関する検討を2020年度中に進める」として、「ODR推進検討会」（以下、「推進検討会」という。）。を設置し、2020（令和2）年10月12日に第1回推進検討会を開催し、2022（令和4）年2月28日までに、18回の推進検討会を開催して、2022（令和4）年3月、同検討会により「ODRの推進に関する基本方針～ODRを国民に身近なものとするためのアクション・プラン～」が取りまとめられた。推進検討会の基本方針には、「ODRに関する基本認識」と「ODRの推進目標と推進策等」とが記載されている。

推進検討会の基本方針の策定過程において、日弁連は、2022（令和4）年1月21日、意見書を取りまとめ、これを法務省へ提出している。

### カ 弁護士会としての視点

弁護士会としては、ODRの議論にあたり、弁護士法72条を改正するとか、その例外を安易に認める立法がなされるといった事態が発生しないよう、常に警戒しなければならない。

## （3）AIによる契約書審査サービスについて

AIや法曹無資格者による契約書のレビューサービスの弁護士法72条への抵触については、グレーゾーン解消制度における法務省の回答があり（2022〔令和4〕年6月6日回答、2022〔令和4〕年7月8日回答、2022〔令和4〕年10月14日回答）、これら回答のいずれもが、弁護士法72条違反の可能性を指摘している。

さらに、法務省は、2023（令和5）年8月1日、「AI等を用いた契約書等関連業務支援サービスの提供と弁護士法第72条との関係について」と題するガイドラインを公表し、やはり、上記のサービスが一定の範囲で弁護士法72条に違反する可能性に言及している。

弁護士会としては、弁護士の業務が将来的にAIに取って代わられるような事態は避けなければならない。

## 4 サービサー問題

### （1）サービサー法の成立、施行

民間サービサー制度の創設を内容とする「債権管理回収業に関する特別措置法」（以下「サービサー法」という。）は1998（平成10）年に成立し、翌1999（平成11）年2月に施行された。

サービサーが行う債権回収業は、「弁護士又は弁護士法人以外のものが委託を受けて法律事件に関する法律事務である特定金銭債権の管理及び回収を行う営業又は他人から譲り受けて訴訟、調停、和解その他の手段によって管理及び回収を行う営業をいう」（同2条2項）とされ、弁護士法72条、73条の禁止の例外が容認された。

### （2）サービサー法の改正

2001（平成13）年、サービサー法改正により、それまで取扱い債権の範囲が、銀行等の金融機関の貸付債権等に限定されていたものを、貸金業者の有する貸金債権、資産流動化法上の特定資産である金銭債権、法的倒産手続中の者が有する金銭債権等を含むものに大幅に拡張された。また、従来は利息制限法の制限を超

える利息・賠償額の支払約束のある債権の履行要求が禁止されていたのが、制限利息に引き直せば、元利金を含めて請求することが許容された。

### (3) サービサー法再改正問題

業界団体である全国サービサー協会（2009〔平成21〕年4月に一般社団法人化）は、取扱い債権の飛躍的拡大を求めてロビー活動を継続している。

サービサー協会の働きかけにより、2013（平成25）年6月、自民党内に「事業再生・サービサー振興議員連盟」が設立され、債権回収業に関する特別措置法改正の動きがあることから、日弁連の担当委員会である「債権回収会社に関する委員会」では2014（平成26）年1月からサービサー協会との間で意見交換を行い、その結果、事業再生にかかる債権及び公共サービス部門債権については、対象とすることは認められないとする意見を日弁連会長宛てに提出した。このような経過から、サービサー協会では日弁連との意見交換の結果を踏まえ法改正の要望書を取りまとめ、法務大臣宛てに提出した。改正法案の情勢としては、2014（平成26）年秋の臨時国会への提出を目指して準備が進められたが、同年11月の衆議院の解散によって先延ばしとなった。その後2019（令和元）年通常国会への提出を目指し、改めて準備が進められていたが、提出されないまま閉会となった。その後も、改正のための調整が進められている模様である。

サービサー法の再改正問題は、弁護士制度の根幹を揺るがしかねない大問題であるから、法改正の動きが具体化したときには、弁護士会としても直ちに対応しなければならない。

## 5 非弁提携問題

非弁活動は、弁護士や弁護士法人でない者が法律事務を行うことを禁じたものであるが、弁護士がこのような非弁活動を行う者と結託し、非弁活動が助長されることがないように、あわせて、弁護士の非弁提携が禁止されている（弁護士法27条）。

弁護士法27条は、弁護士や弁護士法人が、非弁活動を行う者から事件の周旋を受け、又はこれらの者に自己の名義を利用させることを固く禁止している。しかし、非弁提携問題は相変わらず後を絶たず、弁護士会としては国民の適正な権利擁護を実現するとともに、社会正義を実現しつつ、国民・市民が法律生活における

公正円滑な営みができるよう努力を重ねるとともに、こうした非弁提携の根絶に向けてさらに注力しなければならない。

## 6 弁護士報酬のクレジットカード決済

### (1) 経緯

日弁連は、1992（平成4）年2月25日付け見解により、弁護士がクレジットカード会社と加盟店契約を締結することは不相当であるとしたうえで会員に自粛を求めた。

これは、当時のカード利用料金が、カード利用額の1割を超えるなどの率であったために、主として弁護士報酬の一部を金融会社が取得することが非弁提携を禁じた弁護士法に違反するおそれがあるとされたからである。

### (2) 現在の日弁連の見解

その後、クレジットカードの利用が社会に浸透し、自治体、公共料金、医療機関、他士業の報酬等の支払いもカードでできる時代となり、利用者の利便性の観点から非弁提携禁止の意義に対し再検討が求められてきた。2002（平成14）年には一弁がカード利用を認めるべきとの意見書を出した。その後の検討により、インターネットでの法律相談は、過疎地の依頼者に質の高い相談を容易にしており、その相談費用はカード決済以外には考えがたく、カード利用の必要性が明らかとなってきた。業務改革委員会では、問題点を検討した上で、カード会社との協議を重ねながら、カード手数料を3%以内とするとの約束をとりつけ、2006（平成18）年6月に「弁護士会は弁護士のカード利用を否定できない」旨の意見書を提出した。

上記の業務改革委員会の意見書をもとに日弁連内での議論がなされ、消費者委員会の強い反対に一定の配慮をしつつ、日弁連は、2009（平成21）年3月30日、クレジットカード決済の利用そのこと自体が直ちに懲戒処分の対象になるものではないとしつつ、「問題点について十分注意の上慎重に対応されるようお願いします。」と会員に要請するに至った。注意すべきポイントとして指摘されている主な点とその対応は以下のとおりである。

### ア 秘密保持義務（弁護士法23条、基本規程23条）違反への留意

上記要請によれば、弁護士と依頼者との間で紛争を

生じ、依頼者がカード会社への立替金の支払を停止あるいは拒絶した場合等に、依頼者に対し立替金請求をしようとするカード会社からの求めに応じて弁護士が依頼を受けた法律事務に関する情報を開示するとすれば、それは、弁護士法上の秘密保持義務違反となるおそれがあるとされている。

### イ 債務整理や倒産手続の着手金をカードで決済しない

依頼者が当該カード会社に対する立替金の支払ができなくなることが見込まれるにもかかわらず着手金をカード決済すれば、カード会社は立替金債権を、事実上回収できなくなってしまう。このような行為は、カード会社を欺く行為であって、品位を失うべき非行に該当し、懲戒事由となりうる（弁護士法56条1項）ので注意しなければならない。

## 7 隣接士業との協働と弁護士法72条・27条

弁護士が、司法書士、税理士、弁理士等の隣接業種と協働して業務を遂行することは、業際分野の処理能力の向上等に有用であり、その協働を一歩進めた隣接業種との共同事務所は、ワンストップ・サービスとして依頼者にとっても有用である。1997（平成9）年の日弁連第10回業務対策シンポジウムでワンストップ・サービスについての議論がなされ、隣接士業との収支共同は弁護士法72条、27条に反するが、経費共同は可能であるとしつつ、弁護士の職務の独立性、弁護士倫

理（守秘義務・利益相反等）が損なわれないようルールを策定すべきであるといった意見が、日弁連の弁護士業務改革委員会や大阪弁護士会（2003〔平成15〕年3月）から出されるなど一般的になっていた。

しかし、2011（平成23）年以降、弁護士会は、弁護士による預り金横領事件等弁護士不祥事の多発で、その対応に追われるようになる。さらに、行政書士による交通事故事案の交渉、非弁護士によるネット情報削除、不動産業者の賃料減額交渉、司法書士との非弁提携により弁護士が有罪判決を受けて弁護士登録を抹消される事案などの非弁・非弁提携事案が見受けられるようになり、ワンストップ・サービスとこれに伴う規定改定についての議論もいつしか下火になってしまった。2019（令和元）年10月の中部弁護士会連合会の定期大会シンポジウムでは、非弁・非弁提携問題に取り組む宣言が採択されたが、その宣言に隣接士業との協働の必要性は触れられていない。

こういった流れに対しては、現状、他士業法人に雇用される新人弁護士も増えており、非弁提携に陥らないようにするにはどうすべきか、といった観点からも、隣接士業との関係について、早急な規定の整備が必要であるとの意見もある（馬場健一「依頼者保護か弁護士のプライドか」ジュリスト1532号72頁参照）。

改めて、隣接士業との関係について、具体的な検討が迫られているといえる。

# 第2 その他の領域への進出

## 1 会社法上の社外取締役等への進出

### (1) 現状と問題の所在課題

#### ア 社外取締役制度の現状を取り巻く現状

社外取締役については、従前、会社法に規定が置かれてはいたものの設置義務は特になく、各社の判断に任されていたが、改正会社法を議論した法制審議会での附帯決議を受け、東京証券取引所（東証）は、「上場会社は、取締役である独立役員を少なくとも1名以上確保するよう努めなければならない。」とする有価証券上場規程の改正を行い、2014（平成26）年2月から実施した。その後、東証は、「コーポレートガバナンス・コード」を上場規程として定め（2015〔平成

27〕年6月施行）、独立性の高い社外取締役を「少なくとも2人以上選任すべき」と明記し、独立社外取締役の複数化、多様性確保を求めた。更に2018（平成30）年6月のコーポレートガバナンス・コードの改訂では、社外取締役の選任に関し「適切な知識・経験・能力」に加え「ジェンダーや国際性を含む多様性」の十分な確保が明記された。

2019（令和元）年12月の法改正（2021〔令和3〕年3月施行）では、金融商品取引法の適用会社である監査役会設置会社（いわゆる上場会社）には、社外取締役の選任が法的に義務付けられるに至り（法327条の2）、また、東証は、2022（令和4）年4月、企業の成長や海

外からの投資を促進すべく、従来の1部、2部、マザーズ、ジャスダックの4つの市場区分を「プライム」「スタンダード」「グロース」の3市場に格付け再編した。これに先立つ2021（令和3）年6月には改訂されたコーポレートガバナンス・コードにおいて、このプライム市場に上場する企業には取締役会の3分の1以上を独立した社外取締役で構成することを求めた。現在は経過措置が適用されているものの、2025（令和7）年3月1日以後に到来する上場維持基準に関する基準日から経過措置が終了し、本来の上場維持基準が適用されることになる。これに伴い、専門的知見を有する弁護士、とりわけ女性弁護士には大きな需要が生じている。

**イ　監査役会設置会社**

2006（平成18）年に施行された会社法においては、新しい監査制度が規定され、原則として監査役は会社の定款により定める任意的設置機関とされたものの、監査役会設置会社（法327条の2参照）については、2001（平成13）年の改正法施行後の商法特例法を踏襲し、監査役三人以上のうち半数以上は社外監査役である必要があるとされた（法335条3項）。また、監査役の選任に関しては、コーポレートガバナンス・コードに「必要な財務・会計・法務に関する知識を有する人材」が選任されるべき旨が明記されており、今後も弁護士は社外監査役としての需要が期待できる。

**ウ　指名委員会等設置会社**

2014（平成26）年会社法改正により、監査等委員会設置会社制度が新設された関係で、従来の委員会設置会社、つまり、定款に基づき監査委員会（取締役ないし執行役の職務の執行の監査、会計監査人の選任・解任等）、報酬委員会（取締役・執行役の報酬の決定、報酬額等の決定）、指名委員会（取締役の選任及び解任に関する議案等の決定）、及び1人以上の執行役を設置している会社は、指名委員会等設置会社と名称が改められた。各委員会は取締役3人以上で構成され、そのうち、前述のとおり半数は社外取締役でなければならないため、指名委員会等設置会社の場合、少なくとも各委員会2名の社外取締役が必要である。

**エ　監査等委員会設置会社**

この制度は、2014（平成26）年会社法改正により新たに創設された機関設計の制度であり、監査役会に代わって過半数の社外取締役を含む取締役3名以上で構成される監査等委員会が、取締役の職務執行の組織的監査を担うという制度である。監査役会設置会社と指名委員会等設置会社の中間的性格を帯びた第三の機関設計として、上場会社の間で急速に広まりつつある形態である。この制度を採用する場合も、3名以上の取締役で構成される監査等委員会の半数が社外取締役でなければならないため、少なくとも2名の社外取締役が必要である。

**オ　展望及び課題**

㋐　上記のとおり、2021（令和3）年3月施行の法改正により、上場会社と委員会設置会社には、社外取締役の設置が義務付けられた（法327条の2）。また、2021（令和3）年6月に公表・施行された東京証券取引所の改訂コーポレートガバナンス・コードにおいては、市場区分により、それぞれ下記の独立社外取締役についての選任基準が示された。

・プライム市場：取締役会において、少なくとも、独立社外取締役を3分の1選任すべきであり、過半数を推奨する。

・スタンダート・グロース市場：取締役会において少なくとも2名以上を選任すべきであり、3分の1以上を推奨する。

㋑　「コーポレートガバナンス白書2023」によれば、2022（令和4）年現在、プライム市場において、独立社外取締役を2名以上選任する会社が99.2％、3分の1以上選任している会社が92.1％であるが、過半数を選任している会社は、12.1％である。

また、独立社外取締役における弁護士の割合は、「他の会社の出身者」に次いで高く、2016（平成28）年16.1％（986人）、2018（平成30）年16.0％（1,172人）、2020（令和2）年16.3％（1,442人）、と上昇傾向であったが、2022（令和4）年16.1％（1,745人）なっており、割合的には若干下落しているものの全体的には増加傾向であるといえる。

以上を前提とすると、今後も社外取締役における弁護士の需要が高い状態が継続することが予想され、社外監査役、社外取締役は更に弁護士の活躍の場となっていくことは必然である。

㋒　言うまでもなく、近年、企業経営ないし企業活動においては、その適正化ないし社会的責任（CSR）、法令遵守（コンプライアンス）に対する要請も益々強まってきていることに加え、経営の面でも国連の開発目標であるSDGsや機関投資家によるESG投資が注目

されている。弁護士は、社外取締役や社外監査役として、これらの場面においても非常に有用な役割を果たしうるのであり、そのことが社会全体においてさらに認識されるよう広報していくことが重要である。現在、下記のような弁護士会による女性社外役員候補者名簿提供事業等の取り組みにもかかわらず、企業の側からも、弁護士資格のある社外取締役を探しているが、適任者が見つからない、適任者がいないといった声も未だ多く聞かれるところであり、弁護士が社外取締役又は社外監査役として果たしうる役割を周知し、名簿をより活用してもらうための一層の広報活動や名簿の改良・工夫が必要である。

#### (2) 弁護士会の取組み

日弁連においては、この間、企業活動における不祥事を踏まえ、CSRに関する研究に継続的に取り組んできており、企業活動への関与の方策を探るべく検討している。また弁護士の職責上、社外取締役、社外監査役等として有効に機能すべき能力を備えており、企業からの需要も高まる中、より多くの企業に有為の人材を供給すべく、商工会議所、経団連等の経済団体との間における懇談や他士業との交流も開催してきた。

さらに、2014（平成26）年の内閣府男女共同参画局の「はばたく女性人材バンク」事業への日弁連に対する協力要請を受け、また、企業の多様な人材確保のニーズに対応すべく、2015（平成27）年9月以降現在までに、女性社外役員候補者名簿提供事業が9つの弁護士会（東京・第一・第二・神奈川・栃木・大阪・兵庫・愛知・福岡）で実施されてきている。そして同事業に関しては、これまでに内閣府や経産省、経団連、経済同友会他様々な団体との共催で、コーポレートガバナンスとダイバーシティをテーマとするシンポジウムを毎年開催し、弁護士とりわけ女性弁護士がコーポレートガバナンス・コードの実現にどのように寄与できるかにつき企業に積極的にアピールしてきた。

上記のとおりの現状や国際的潮流に鑑みれば、弁護士は企業活動に対しても、独立社外取締役、同社外監査役としてこれまで以上に、より積極的に関与していくべきである。弁護士会としては、これまでの実績を丁寧に検証しつつ、今後は、上記女性社外役員候補者名簿提供事業にとどまらず、より多くの弁護士が社外取締役や社外監査役として参画できるような仕組み作り（男性も含めた社外役員候補者名簿・人材バンク立

ち上げや、弁護士社外役員に関する広報活動、さらにマッチングの仕組み作り等）も含め、弁護士会としてより積極的かつ効果的な施策を講じることが必要である。特に、企業側における弁護士社外役員に求めるニーズも刻々と変化し、多様化している状況であり、このようなニーズを正確に把握し、随時名簿に反映することが求められる。また、2023（令和5）年度までは女性社外役員候補者名簿が紙媒体のみの提供であったところ、2024（令和6）年度から電子データでの提供が可能となった。今後は、名簿内の検索機能などを含め、名簿の利便性の充実も図る必要がある。

## 2 弁護士による「ビジネスと人権」、ESG、SDGs及び第三者委員会への取組み

### (1)「ビジネスと人権」に関する取組みへの積極的な支援等

#### ア ビジネスと人権に関する日本政府の取組み

2011（平成23）年6月の国際連合の人権理事会において、「ビジネスと人権に関する指導原則：国際連合『保護、尊重及び救済』枠組実施のために」（以下「指導原則」という。）が採択された。

日本政府は、指導原則等をふまえ、2020（令和2）年10月16日、「『ビジネスと人権』に関する行動計画（2020-2025）」（以下「NAP」という。）を策定し、「ビジネスと人権」に関する取組みを進めている。

また、日本政府は、2022（令和4）年9月13日、「責任あるサプライチェーンにおける人権尊重のためのガイドライン」、2023（令和5）年4月にはこのガイドラインに基づいた「責任あるサプライチェーン等における人権尊重のための実務参照資料」を発表し、さらに同月には、政府の実施する調達では、入札説明書や契約書等において、入札希望者ないし契約者は上記ガイドラインを踏まえて人権尊重に取り組むよう努めることを要求するとの発表がなされている。

#### イ ビジネスと人権に関する日弁連・東弁の取組

日弁連は、指導原則に基づき、2015（平成27）年1月に企業が人権を尊重する責任を果たすための「人権デュー・ディリジェンスのためのガイダンス」（手引き）を公表した。その後、日本政府に対する「ビジネスと人権に関する国別行動計画に含めるべき優先事項に関する意見書」（2017〔平成29〕年7月20日）や、「ビジネスと人権に関する国別行動計画についての意見募

集に対する意見書」(2019〔平成31〕年1月16日)の提出、日本政府に対する「ビジネスと人権に関する行動計画に盛り込むべき具体的な事項・施策に関する意見書」(2019〔令和元〕年11月21日)の提出、及び「『ビジネスと人権』に関する行動計画の原案に対する意見書」(2020〔令和2〕年3月17日)の提出といった取組みを実施した。

また、日本政府が策定・公表したNAPに対し、日弁連は、2020（令和2）年12月2日、「ビジネスと人権に関する行動計画公表を受けての会長声明」を公表し、関係府省庁が個別に実施してきた人権の保護に関する措置を「ビジネスと人権」の観点から整理し、かつその措置の担当官庁を特定し、関係府省庁の政策の一貫性を確保することを「優先分野」としたことは、日本におけるビジネスに関わる人権課題の解決に貢献が期待できるものとして歓迎する旨の意見を公表した。他方で、現在の法制度・政策では何が足りないかの分析が十分になされた形跡がないこと、サプライチェーンにおける人権侵害の防止のための具体的な施策がほとんど記載されていないこと、国内人権機関の設置に触れられていないこと、などの問題点を指摘した。

さらに、2024（令和6）年3月15日、ビジネスと人権に関する行動計画推進円卓会議（第6回会合）において、「『ビジネスと人権』に関する行動計画（NAP）の3年目意見交換のためのレビューに関するステークホルダー報告書」(個別意見)を提出し、日本における「ビジネスと人権」の重要課題などについて個別意見を述べている。

一方、日弁連国際人権問題委員会は、2022（令和4）年4月、「詳説　ビジネスと人権」(現代人文社)を発刊し、「ビジネスと人権」に関する包括的な情報と実務的な指針を提供したり、学生や研究者向けにサマースクールを開催したりするなど、「ビジネスと人権」の普及及び理解の促進にも努めている。

東弁においては、2021（令和3）年7月8日開催の夏期合同研究において、中小企業法律支援センターSDGsプロジェクト・チームが、ビジネスと人権、SDGsをテーマとした全体討議を行い、2022（令和4）年3月28日に、「憲法と人権擁護の観点からSDGsの実現を目指す2022年宣言」を発出しているほか、人権擁護委員会内の「ビジネスと人権部会」、労働法制特別委員会内の「ビジネスと人権班」にて、「ビジネスと

人権」について研究・発表等の活動がなされている。

日弁連・弁護士会としても、ビジネスと人権に関する取組みの積極的な支援などを通じて、大企業のみならず中小企業のステークホルダーの人権擁護の実現に加え、これら企業の中長期的な企業価値の維持・向上にも具体的に寄与していくべきである。

### (2) 日弁連ESGガイダンスの活用による企業等への助言

近年、指導原則やSDGsへの取り組みが進む中で、環境・社会・ガバナンス（ESG）を考慮した投資が注目されている。我が国においても、投資にESGの視点を組み入れることなどを原則として掲げる国連責任投資原則（PRI）に、年金積立金管理運用独立行政法人（GPIF）が2015（平成27）年に署名したことを受けて拡大している。

日弁連では、こうした時代背景を受けて、2018（平成30）年8月、「ESG（環境・社会・ガバナンス）関連リスク対応におけるガイダンス（手引）～企業・投資家・金融機関の協働・対話に向けて～」(以下「日弁連ESGガイダンス」という。)を公表している。

また、高橋大祐「SDGs・ESG関連ルール形成の動向と弁護士の役割－日弁連ESGガイダンスの意義と活用方法を含めて」(自由と正義2020年7月号) 17頁以下では、日弁連ESGガイダンスの活用方法が紹介されるとともに、SDGs・ESGが広げる弁護士の役割について、企業をサポートする弁護士及び労働者・市民をサポートする弁護士の双方の視点から詳細に論じられているため、参考にされたい。

さらに、日弁連は、2023（令和5）年3月15日、日弁連のウェブサイト内に「SDGs（持続可能な開発目標）・ESG（環境・社会・ガバナンス）・CSR（企業の社会的責任）に関する取組」というウェブページを開設し、SDGs・ESG・CSRに関する日弁連の取組状況を公開している。

弁護士会は、日弁連ESGガイダンスを積極的に活用し、企業及び労働者・市民に対して、積極的に助言し、この問題に取り組むべきである。

### (3) SDGsの達成のための支援等

2015（平成27）年9月の国連サミットで採択された「持続可能な開発のための2030アジェンダ」で、2030年までに実現すべき「持続可能な開発目標（SDGs）」が定められた。持続可能な世界を実現するための17のゴー

ル・169のターゲットから構成され、地球上の誰一人として取り残さない（leave no one behind）ことを誓っている。この目標は、世界的に取組みが求められているものであり、企業のみならず、日本全体として積極的に取り組む必要がある。

こうした中、2016（平成28）年5月、内閣総理大臣を本部長、官房長官及び外務大臣を副本部長とし、全閣僚を構成員とするSDGs推進本部が設置され、同年12月に「SDGs実施指針」を決定した（なお、同指針は、決定から3年が経過した2019〔令和元〕年12月に、SDGsを巡る状況が大きく変化したことを受けて改定されている。）。そして、SDGs推進本部は、毎年、SDGs達成に向けた具体的な施策を取りまとめた「SDGsアクションプラン」を発表している。

2023（令和5）年3月に発表されたSDGsアクションプラン2023では、SDGsアクションプラン2022に引き続き、「5つのP（People〔人間〕、Planet〔地球〕、Prosperity〔繁栄〕、Peace〔平和〕、Partnership〔パートナーシップ〕）」と、以下の①から⑧にある「8つの優先課題」が関連づけられているところに特徴がある。

People：多様性ある包摂社会の実現とウィズ・コロナの下での取組（①あらゆる人々が活躍する社会・ジェンダー平等の実現、②健康・長寿の達成）

Prosperity：成長と分配の好循環（③成長市場の創出、地域活性化、科学技術イノベーション、④持続可能で強靭な国土と質の高いインフラの整備）

Planet：人類の未来への貢献（⑤省・再生可能エネルギー、防災・気候変動対策、循環型社会、⑥生物多様性、森林、海洋等の環境の保全）

Peace：普遍的価値の遵守（⑦平和と安全・安心社会の実現）

Partnership：官民連携・国際連携の強化（⑧SDGs実施推進の体制と手段）

日弁連は、SDGsに関するセミナーや交流会等を開催し、2021（令和3）年2月4日、内閣府が設置した「地方創生SDGs官民連携プラットフォーム」に加入したほか、東弁を含む全国各地の複数の単位会も「地方創生SDGs官民連携プラットフォーム」に加入し、SDGsを促進する取組みを開始している。

また、東弁では、2021年に中小企業法律支援センター内にSDGsプロジェクトチーム（「SDGsPT」）が立ち上げられ、同PTは、同センターホームページ内でSDGs17の目標の取組事例集やSDGsに関する記事掲載、2022（令和4）年7月及び2024（令和6）年7月開催の東弁夏期合同研究における研究発表などの活動を展開しているほか、2024（令和6）年2月に、第一法規株式会社から「人が集まり選ばれる会社をつくる！実践　中小企業のためのSDGsコンプライアンス」と題する書籍を発刊し、中小企業におけるSDGsと「ビジネスと人権」を統合した形での「SDGsコンプライアンス」の実践を提唱している。

SDGsの「誰一人取り残さない」との理念は、弁護士の人権擁護及び社会正義の実現という使命に適うものであるから、SDGsの達成のために、日弁連、弁護士会も積極的に取り組み、また、支援すべきである。

### (4) 第三者委員会への参画

企業等不祥事において、CSRの観点から、ステークホルダーに対する説明責任を果たすために、不祥事の原因究明、責任の所在及び再発防止等を目的として、独立性を有する第三者委員会の設置を求められることが多い。近年、ジャニー喜多川氏による性加害問題、宝塚歌劇団団員死亡問題など社会が大きく注目する問題が発覚した際においても、企業等から独立した立場の第三者委員会が設置され、その調査報告書に対して社会が大きく注目した。このように、第三者委員会の調査報告書に対する社会の期待や企業に与える影響が大きいことを再認識する事態であったといっても過言ではない。

日弁連では、2010（平成22）年7月、「企業等不祥事における第三者委員会ガイドライン」（改訂2010〔平成22〕年12月17日）を公表している。日弁連のガイドラインについては、多くの第三者委員会による報告書で、このガイドラインに基づいて調査を行っていることが付記されるようになっているなど、社会からの関心や評価も高い。

第三者委員会は、独立性及び中立性を確保された立場の下、問題となる不祥事の内容及びその原因に対する調査を行い、調査の結果、得られた証拠に基づいた客観的な事実認定を行った上で、不祥事の原因分析及び具体的な再発防止策等の提言を行うことが期待ないし要請されている。弁護士は、こうした調査能力、証拠評価能力及び事実認定能力を兼ね備えているものといえるから、今後も弁護士が第三者委員会の活動に積

極的に関与していくべきである。

なお、大阪弁護士会では第三者委員会委員推薦制度、一弁では第三者委員会委員弁護士紹介制度が設けられているが、東弁でも、第三者委員会の設置に関するニーズ調査を実施し、第三者委員会において果たすべき弁護士の役割を明確にした上で、企業等にとって利便性の高い同様の制度の構築が強く望まれる。

第三者委員会は、企業等の信用を回復するとともに、再発防止策の提言等を通じた企業等の活動の適正化にも資するものであるから、今後も弁護士による第三者委員会の取組みを活発に進めるべきである。

## 3 中小企業支援（日弁連中小企業法律支援センター・東弁中小企業法律支援センター）

### (1) 日弁連中小企業法律支援センター

#### ア 設置の経緯及び全体像

日弁連が2006（平成18）年12月から2007（平成19）年5月にかけて全国の中小企業を対象にアンケート調査を行った結果、中小企業にとっては、弁護士は「裁判等の法的手続を行う専門家」ではあるが、それ以外の日常的な法的問題への対処のための相談相手とは認識されていないという実情が浮き彫りになった。

日弁連中小企業法律支援センターは上記のような事情を背景に設置され、現在、①広報部会、②企画・開発部会、③ひまわりほっとダイヤル運営・広報部会、④事業再生プロジェクトチーム、⑤海外展開支援チーム、及び⑥創業・事業承継プロジェクトチームが設置され、それぞれ活発に活動を行っている。同センターの具体的な活動内容としては以下に述べるとおりである。

#### イ 「ひまわりほっとダイヤル」の運営

日弁連中小企業法律支援センター（通称「ひまわり中小企業センター」）では、2010（平成22）年4月1日から、中小企業から弁護士へのアクセス改善のために、全国共通の電話番号により相談を受け付ける「ひまわりほっとダイヤル」の運用を開始した。これは、「ひまわりほっとダイヤル」全国共通電話番号に電話をすると、地域の弁護士会の専用窓口で電話を受け、折り返しの電話で弁護士との面談予約などができるというサービスである（オンライン申込も可）。「ひまわりほっとダイヤル」運営開始の2010（平成22）年度から

2023（令和5）年度までの累計受電数は25万件を超え、累計相談実施件数も8万件を超えるまでになった。

#### ウ 広報活動

ひまわり中小企業センターでは、「ひまわりほっとダイヤル」の事業展開に応じてチラシを作成し、各地の弁護士会、中小企業支援団体のナショナルセンター等に配布している。また、同センターでは、日弁連のウェブサイト内に同センターのウェブサイトを立ち上げ、中小企業支援にかかわる情報提供を行っている。また上記ウェブサイトを活用すべくリスティング広告及びFacebookを利用し、一定の効果を上げている。その他、雑誌への記事及び広告掲載や商工会議所の会報へのチラシ同梱、動画広告・Web広告等、新たな広告媒体の開拓を試みている。

#### エ 全国一斉無料相談会・講演会

中小企業のアクセス障害解消に向けて、一年に一度、全国的に一斉無料相談会及び一部の単位会ではシンポジウムや講演会等の企画も併せて行っている。

#### オ 中小企業関連団体との意見交換会

ひまわり中小企業センターでは、中小企業関連団体の方々に弁護士業務の理解を深めてもらうことを目的に、2010（平成22）年9月以降、各地の弁護士会との共催により、当該地域の中小企業関連団体の方を招いて意見交換会を実施している。

#### カ 中小企業のニーズに応えられる弁護士の育成

ひまわり中小企業センターが中小企業への法的サービス供給を推進するに際しては、その担い手である弁護士が中小企業の要望に的確に応えられるよう、同センターでは、中小企業関連業務に関するeラーニングのコンテンツの制作及び特別研修の開催も行っている。

#### キ 中小企業の海外展開支援活動

中小企業の海外展開のニーズの高まりとともに、ひまわり中小企業センターでは、外国弁護士及び国際法律業務委員会、日弁連知的財産センター、日弁連研修センター、若手法曹サポートセンター等の日弁連内の関連委員会から人を得て中小企業海外展開支援ワーキンググループが設けられ、日弁連は、2012（平成24）年5月には、JETRO及び東京商工会議所との間で、中小企業の海外展開支援に関して連携協働する旨の協定を締結し、現在に至るまで日弁連中小企業海外展開支援弁護士制度を展開している。

第2 その他の領域への進出　89

### ク　中小企業庁との連携

日弁連は、中小企業庁との間での連携を強化し、ひまわり中小企業センター委員と中企庁担当者との間で定期協議を開催し、情報交換を行っている。

### ケ　創業支援

少子高齢化による中小企業数の減少を背景に、ひまわり中小企業センターは、新たな中小企業の誕生を助けるため、創業支援に力を入れている。

具体的には、第19回（2015〔平成27〕年開催）弁護士業務改革シンポジウムで創業支援を取り上げ、その後2016（平成28）年にはセンター内に創業・事業承継プロジェクトチームを立ち上げ、起業家向けの各種法律セミナーの開催、創業者向けのパンフレットやハンドブックの製作といった活動を行っている。なお第23回（2024〔令和6〕年開催）弁護士業務改革シンポジウムでは、再び創業支援をテーマとして取り上げた。

### コ　事業承継

日本の中小企業の経営者の多くが後継者不足という問題を抱えているが、かかる後継者がいない中小企業の中には業績が好調なものが相当数あり、このような企業の事業承継支援が喫緊の課題である。

そこでひまわり中小企業センターでは、前記創業・事業承継プロジェクトチームを立ち上げ、後述のとおり第20回（2017〔平成29〕年開催）及び第21回（2019〔令和元〕年開催）の弁護士業務改革シンポジウムの分科会テーマとして事業承継を取り上げた他、事業承継・引継ぎ支援センターとの連携パイロット事業の実施、事業承継漫画パンフレット・動画広告の制作、事例集の作成等の活動を行っている。

### サ　伴走支援

中小企業庁は、2023〔令和5〕年の「経営力再構築伴走支援ガイドライン」を取りまとめ、単に課題を解決するだけではなく「対話と傾聴」を通じて経営課題の設定、解決策の立案及び実行を支援するという施策（いわゆる「伴走支援」）を進めている。

これを受けて、ひまわり中小企業センターでも、弁護士による伴走支援を進めていくべく、2023年〔令和5〕年6月の日弁連第74回定期総会において「地域の多様性を支える中小企業・小規模事業者の伴走支援に積極的に取り組む宣言」が採択された外、2024年〔令和6〕年8月には弁護士による伴走支援をテーマとしたシンポジウムを開催した。

### シ　シンポジウムの開催

ひまわり中小企業センターでは、中小企業庁などの関係省庁及び中小企業支援団体等を招いて、「ひまわりほっとダイヤル」の周知のためのシンポジウム、2012（平成24）年10月「中小企業金融円滑化法出口戦略に関するシンポジウム」を初めとした事業再生関連のシンポジウムを複数開催した。

また、第17回（2011〔平成25〕年開催）、第18回（2013〔平成25〕年開催）、第19回（2015〔平成27〕年開催）、第20回（2017〔平成29〕年開催）、第21回（2019〔令和元〕年開催）、第22回（2022〔令和4〕年開催）及び第23回（2024〔令和6〕年開催）の弁護士業務改革シンポジウムに参加し、それぞれ中小企業支援ネットワーク構築、海外展開支援、創業支援、事業承継、顧問契約及び弁護士による創業支援の実態をテーマに研究発表を行った。

さらに、2022（令和4）年には、ひまわり中小企業センター開設10周年を記念して「これからの中小企業支援の在り方」をテーマにシンポジウムを開催した。

### ス　第2回アンケート（ニーズ調査）の実施

（1）で述べた2006（平成18）年12月から2007（平成19）年5月の中小企業に対するアンケート調査から約10年が経過し、改めて2016（平成28）年7月から、第2回のアンケート調査（「企業における弁護士の活用に関するアンケート」）を実施した。

その結果、前回調査時と比べ弁護士数は約6割増加しているにもかかわらず、前回調査と同様の傾向が示された。

### セ　今後の課題

ひまわり中小企業センターは、「弁護士は裁判になった時に頼めばよい」と考えている中小企業事業者に弁護士の有用性を知ってもらうことにより、弁護士が中小企業事業者の経営・法務についての日常的な相談相手となることを目指している。センター発足から10年以上が経ち、徐々に中小企業支援者としての弁護士の存在が周知されつつあるという手応えを感じつつはあるが、まだまだ弁護士が中小企業事業者の日常的な相談相手となっているとはいいがたく、さらなる努力が必要である。

ひまわり中小企業センターは、最近は熱意のある若手弁護士の参加も増え、日弁連の中でも非常に活気のある委員会となっている。法友会においても、ひまわ

り中小企業センターの活動を参考に中小企業への法的サービス拡充のための施策が期待されるところである。

## （2）東弁中小企業法律支援センター

### ア　設立の経緯

東弁では、かつて業務改革委員会において、日弁連が企画する中小企業支援施策を単位会として実施していたが、東弁としてより能動的・積極的に中小企業支援に取り組むべく、2014（平成26）年2月10日、業務改革委員会から派生する形で、東京弁護士会中小企業法律支援センター（以下、「中小センター」という。）が設立された。

### イ　中小センターの組織

中小センターでは、その活動内容に応じて、①アウトリーチ部会、②連携検討部会、③広報部会・アプリプロジェクトチーム、④名簿・研修部会、⑤事業承継プロジェクトチーム及び⑥働き方改革プロジェクトチームを置き、それぞれが活発に活動している。特に⑤⑥は近時発足したプロジェクトチームであり、中小企業を取り巻く新たな問題点に対応している。

### ウ　中小センターの仕組み・活動実績

#### ㋐　コンシェルジュ弁護士の配置

中小センターでは、ひまわりほっとダイヤルからの受電のほかに、中小センター専用電話回線（03-3581-8977）を設け、弁護士紹介業務を行っている。その大きな特徴は、コンシェルジュ弁護士と呼ぶ配点担当弁護士を配置していることである。

コンシェルジュ弁護士制度の特徴は、コンシェルジュ弁護士が相談者と直接電話で事案の概要をヒアリングし、法律問題が含まれているかどうか、どの分野に精通する弁護士を紹介すればよいかを判断るところにある。なおコンシェルジュ弁護士の電話対応は無料である。

中小企業センターの地道なアウトリーチ活動やコンシェルジュ弁護士の努力の結果、専用電話回線による相談も増えてきており、2014（平成26）年4月1日から2017（平成29）年9月30日までの中小センターへの総相談件数3,158件のうち、約27％の871件が中小センターの専用電話回線経由となっている。

中小センターの広報部会において、同年11月に東弁の委員会ブログに中小センターのページを開設し、その後、外部業者に委託し専用のウェブサイトも開設した。

#### ㋑　精通弁護士紹介態勢の整備

中小企業が抱える法的問題は複雑かつ専門的であり、相談する際にはその分野に精通した弁護士に依頼したいというニーズが存在する。そのニーズに的確に対応するため、中小センターでは、各分野に精通する弁護士を登録した精通弁護士名簿を整備している。具体的には、①海外展開・国際取引、②知的財産、③事業再生、④労働の各分野であり、法律研究部または専門委員会から精通する弁護士を登録してもらっている。また、⑤その他法的支援担当名簿として登録希望者を公募の上専門分野を5つまで申告してもらい、申告された分野を参考に名簿を編成している。名簿・研修部会においては、2015（平成27）年度から「中小企業法律支援ゼネラリスト養成講座」と題して中小企業に関わる分野の中から年間12回の研修講座を開設し、名簿登録者の能力向上に取り組んでいる。

#### ㋒　アウトリーチ活動の実践

中小事業者の中には、自らが抱えている法的課題が弁護士に相談すべき法律問題と認識していないことが多くあるため、弁護士側から積極的にアプローチして中小企業に寄り添い、その中から法的課題を抽出して、経営戦略を意識した実践的な解決を図る活動が必要となる。これをアウトリーチ活動と呼んでいる。

中小センターでは、アウトリーチ部会がこれを実践しており、これまで業務改革委員会において接点のあった中小企業関連団体とのさらなる関係強化や接点が薄かった中小企業関連団体との関係の模索と強化を行っている。具体的には、①新銀行東京（当時）との中小企業支援に関する覚書の締結、②日本政策金融公庫主催のセミナー・ワークショップ・相談会への弁護士派遣（東京三会共催）、③昭和信用金庫主催のセミナー・ワークショップへの弁護士派遣（東京三会共催）、④東京商工会議所が設置する東京都事業引継支援センターとの連携、⑤自由民主党との中小企業支援に関する意見交換会、⑥台東区産業振興事業団との覚書締結、セミナー・ワークショップへの弁護士派遣（東京三会共催）⑦足立成和信用金庫のセミナー・ワークショップへの弁護士派遣（東京三会共催）⑧東京都中小企業振興公社と連携についての意見交換の実施、⑨2017（平成29）年1月に発足した東京都の創業支援施設である「TOKYO創業ステーション」主催の専門家相談会「エキスパートナイト」への相談員派遣（東京三会共催）

及び上記施設における弁護士会と東京都の連携を目的とした協定書の締結等、多岐に亘る活動を行った。

㈤ 各団体との積極的な協力・連携関係の構築

また、連携検討部会において、アウトリーチ活動の一環として、税理士、公認会計士、社会保険労務士、中小企業診断士等の他士業との連携構築と強化を行っている。

**エ 今後の課題**

中小センターは、2014（平成26）年2月に立ち上げられた組織であるが、積極的なアウトリーチ活動により着実に中小企業の需要を喚起しており、また、懇切丁寧なコンシェルジュ弁護士の電話窓口対応により、中小企業のニーズに的確に応える努力を続けている。

もっとも、コンシェルジュ弁護士の過大な負担、抜本的な精通弁護士名簿の整備、担当弁護士の能力向上、さらなるアウトリーチ活動、他士業との連携強化など、まだまだやるべき課題は多い。

法友会においても中小企業のニーズに的確に応えるための施策の推進が求められる。

## 4 行政分野等への進出取組み

弁護士は、社会の様々な分野で法の支配を確立すべく努力し、そのために必要な活動をすることを求められている。そのことは、必然的に弁護士の活動領域の拡大をもたらす。国会や行政及び企業との関係において、外部監査人や社外取締役の他、政策担当秘書や組織内弁護士（インハウスロイヤー）等の新たな需要が出現していること等もその例である。

弁護士会としては、今後、活動領域の飛躍的拡大に向けて、より一層積極的な施策を講ずるべきである。

### (1) 国会と弁護士

**ア 政治資金監査**

政治資金規正法の一部改正（2008〔平成20〕年4月施行）により、登録政治資金監査人制度が創設された。登録政治資金監査人としての登録後に研修を修了した弁護士、公認会計士又は税理士が国会議員関係政治団体の政治資金監査を行う制度である。

日弁連は、制度を広報するとともに、監査契約書や監査報告書の雛形を作成して会員の参考に供している。

2024（令和6）年6月30日現在における登録政治資金監査人の登録者数5,167人のうち、弁護士は338人である（6.5％）（令和6年度第2回政治資金適正化委員会資料）。

**イ 政策担当秘書**

政策担当秘書とは、国会議員の政策立案及び立法活動を補佐する秘書であり（国会法132条2項）、立法を通じて行政を民主的に統制するために重要な役割を担っている。法律専門家である弁護士は政策担当秘書として適任であるから、多くの弁護士が活躍できるよう環境を整備する必要がある。

日弁連は、弁政連と共に「国会議員政策担当秘書等説明会」を開催するなどの活動をしており、引き続き有用な人材を送り出すべく積極的な施策を講じるべきである。

### (2) 行政と弁護士

**ア 弁護士の役割**

社会の成熟とともに、行政の透明性やコンプライアンスが強く求められ、行政の職員とは異なるマインドを持った法律専門家たる弁護士の役割、有効性が再認識されている。

特に、自治体においては、従来から弁護士が行っていた分野（訴訟対応・法律相談）だけではなく、条例制定・審査等の政策法務分野、債権管理・回収、包括外部監査等の新たな分野に対しても、弁護士を十分に活用すべきである。

中でも、自力執行権のない債権（私債権・非強制徴収公債権）について、大量の未収債権を抱える自治体にとってみれば、債権回収の場面で弁護士を積極的に活用することは不可避である（地方自治法施行令171条の2参照）。

**イ 任期付公務員**

2000（平成12）年、任期付（最長5年）公務員の制度が発足した。それまで弁護士は限定された範囲で公務員になることができたが、実際に許可を得て公務員となる例は少なかった。しかし、上記任期付公務員制度の発足と2004（平成16）年4月の公職就任制限撤廃により、国の機関に在籍する弁護士の数は増大し、また、自治体の公務員となって活動する弁護士も出現するようになった。

公務員となった多くの弁護士の活動に対する評価は高く、弁護士を任期付公務員として募集する機関は増大している。

### (3) 国家公務員と弁護士

2019（令和元）年8月1日現在、法曹有資格者が在職

している国の機関は27に及び（衆議院法制局、参議院法制局、裁判官弾劾裁判所、裁判官訴追委員会、内閣官房、復興庁、内閣府、公正取引委員会、金融庁、個人情報保護委員会、消費者庁、総務省、公害等調整委員会、法務省、外務省、財務省、文部科学省、文化庁、厚生労働省、中央労働委員会、農林水産省、経済産業省、特許庁、国土交通省、運輸安全委員会、原子力規制委員会、防衛省）、その人数は、377名にのぼっている（法曹養成制度改革連絡協議会第14回協議会資料）。

なお、東日本大震災を機に設立された原子力損害賠償紛争解決センターでは、264名の弁護士が仲介委員や調査官等となって、多数の損害賠償事件の解決にあたっている（2023〔令和5〕年9月1日現在）（『弁護士白書2023年版』）。

### (4) 地方自治体と弁護士

#### ア 地方分権改革と弁護士

##### (ア) 地方分権改革

従来、国、都道府県と基礎的自治体である市区町村が、いわば上下関係で位置付けられていたが、1999（平成11）年の地方自治法改正を幕開として、行政の上下関係を断ち切り、住民自治と団体自治の徹底ないし拡充を目的とした地方分権改革がなされ今日に至っている。地方分権改革は、自治体に対し、自らの判断と責任において政策判断をなし遂行することを求めるものである。自治体が行う事務は、福祉、教育、医療、産業振興等、住民の生活に直結するあらゆる領域にわたっており、それらは法令に根拠を有するものでなければならず（法律による行政）、このことは、全ての領域における法的判断を自らの負担と責任において行わなければならないことを意味する。

##### (イ) 司法制度改革

歴史的に司法の容量が低く抑えられてきた中で、弁護士（会）の多くは自治体の活動に関心を示さず、また、自治体においても弁護士を活用するという発想のないまま経過してきた。

しかし、行政需要の増大や住民の権利意識の高度化という時代的・社会的背景の中で、自治体の活動は、より一層、住民自治の体現と透明性を有するものであることが求められている。そこでは、日々直面する法的問題、それに伴う適切な施策が重要なテーマとなり、必然的に法律専門家の関与が要求される事態をもたらしているといえ、弁護士及び弁護士会は、自治体に対

する取組を強化すべきである。

中でも、法令は、普通地方公共団体の長に対し、自力執行権のない債権については訴訟手続によって履行を請求することを義務づけ、さらに、債務名義のある債権については、強制執行手続をとることを義務づけているので、この場面における需要は膨大である（地方自治法施行令171条の2）。

##### (ウ) 法曹有資格者を常勤職員として採用している自治体

このような地方分権改革及び司法制度改革の中にあって、2024（令和6）年6月1日現在、法曹有資格者を常勤職員として採用している自治体は、121自治体に及び、176名が在籍している（うち105名は任期付職員）（法曹養成制度改革連絡協議会第23回協議会資料）。

#### イ 弁護士・弁護士会の取組み

##### (ア) 日弁連の取組み

日弁連は、これまで、業務改革シンポジウムの開催（2001〔平成13〕年広島、2003〔平成15〕年鹿児島、2007〔平成19〕年札幌、2009〔平成21〕年愛媛、2011〔平成23〕年横浜、2013〔平成25〕年神戸、2015〔平成27〕年岡山、2017〔平成29〕年東京、2019〔令和元〕年京都、2022〔令和4〕年名古屋）その他、弁護士と自治体との関係構築を目指して活動してきた。

特に、2022（令和4）年の業務改革シンポジウムでは、「包括外部監査への弁護士会・弁護士の取組～弁護士が包括外部監査人・補助者として果たすべき役割」と銘打った分科会を設け、包括外部監査に積極的に取り組んでいる弁護士会の活動や、監査人・補助者として活躍している弁護士の経験を紹介することにより、弁護士が監査人・補助者として取り組む意義について検討した。

##### (イ) 東弁の取組み

東弁は、2007（平成19）年、自治体との連携を目指して自治体等法務研究部を発足させ、改正行政不服審査法で新たに導入された審理員候補者の推薦、条例の策定改正、債権の管理回収、メール相談、自治体職員向け研修の開催、夏期合研への参加等の活動を展開している。

加えて、東弁は、2015（平成27）年、弁護士領域拡大推進本部を立ち上げ、その下に、自治体連携センターを設置した上で（センターの構成部会は、広報部会、空き家部会、国・自治体福祉等部会）、「自治体の皆様のためにできること」をまとめた自治体連携プログラ

ムを発行するなどして自治体との連携強化のための組織作りを行った。

また、東弁におけるスクールロイヤーへの取組みとして、業務改革委員会、民暴委員会及び子どもの人権と少年法に関する特別委員会から委員を出して推薦名簿を作成している。スクールロイヤーについては、弁護士会の取組みではないが、教育現場の職員から直接担当弁護士に電話相談できる仕組みを発足させるなどの取組みもみられる。

#### ウ　これからの取組み

##### ㋐　自治体と弁護士・任期付公務員

前述した地方分権改革の下、自治体の法務能力の向上は喫緊の課題である。特に、2016（平成28）年4月から施行された改正行政不服審査法において、新たに導入された審理員制度（及び第三者機関）を実施するにあたって、法律専門家は不可欠である。

このような制度の推移の中で、法律専門家たる弁護士（あるいは法曹有資格者）は、自治体の活動の有効な助言者ないしスタッフとして機能すると考えられる。そこには各種の形態があるものの、法律専門家としての素養を有する人材として、自治体のあらゆる事務に関与すること、また、内部の職員として他の職員とともに機能することが不可欠といえる。

実際に、弁護士が、任期付や特別職として審理員候補者となっている団体（国・都道府県・市区町村・一部事務組合等）は、2016（平成28）年12月末日時点で、246団体あり、全候補者における弁護士の割合は69%に及んでいる（一般財団法人行政管理研究センター調べ）。

##### ㋑　人材の育成・自治体

これまで自治体は、主として内部で人材を養成してきたが、法的問題に対応する能力を身に付けさせるために研修を受けさせるだけではなく、例えば、法務を担うべき職員を、一定期間法律事務所に派遣して在籍させるという仕組みなどが考えられてよい。

##### ㋒　人材の育成・弁護士会

これまで、弁護士会の中で自治体との関係について組織的に取り組んでいる単位会はごく少数であった。しかし、東弁に自治体等法務研究部が発足し、若手会員が多く参加し旺盛な活動をするようになった結果、

東京三会においても、同様の研究部が発足し、多摩支部にも自治体の法務を専門的に研究する部が発足するに至っている。

##### エ　議会活動と弁護士

行政が透明性を持って、民主的なルールの下で遂行されるためには議会が充分機能することが必要である。そのためには、中立的な立場で議会スタッフとして弁護士が関与し、議会をサポートする仕組みが考えられてよい。

これに関しては、大阪弁護士会が先駆的に行っている、議会事務局に対して顧問的立場として活動する弁護士を推薦する取組を参考にすべきである。

#### (5)　日弁連の取組みと今後の展望

日弁連は、この間、若手法曹サポートセンター（当時）及び業務改革委員会を中心に、国の機関、自治体など、行政・立法分野への弁護士の進出に向けて取り組んできた。

法律による行政の下、行政機関の活動はすなわち法務そのものであり、とりわけ自治体の扱う事務とその活動領域は広大で、したがって、弁護士（会）がサポートすべき分野も広大である。

弁護士（会）としては、今後、行政の需要に応えることができる人材を養成するなど、行政と広範かつ密接な関係を構築するための施策を積極的に推進していくことが必要である。

このような中、日弁連は、2014（平成26）年2月、法律サービス展開本部を設置し、その下に、国・自治体・福祉等の分野において弁護士による法律サービスの一層の展開・促進を図るべく、自治体等連携センターを設置した。自治体等連携センターには、条例部会、福祉部会の他、公金債権部会、外部監査・第三者委員会部会といった部会が立ち上がっており、各分野に関する自治体等との連携の取組を進めるとともに、自治体向けのアンケート調査や、弁護士会の行政連携の体制について調査を行い、各地でシンポジウムを開催するといった活動を行っている。さらに、国、自治体への職員としての弁護士の任用を促進するため、各地で任期付公務員登用セミナーや求人説明会を開催するなどの活動も進めている。

# 第3　組織内弁護士の現状と課題―企業内弁護士を中心に

## 1　組織内弁護士の現状

　組織内弁護士の人口は着実に増大している。統計を入手可能な企業内弁護士に限ってみても、2024（令和6）年6月末時点においてその総数は3,372名となり、全弁護士人口（45,742名の）7.4％を占めるに至っている。この人口を超える単位弁護士会は東京弁護士会（9,227名）および第一東京（6,844名）、第二東京（6,608名）そして大阪弁護士会（5,004名）の4メガ弁護士会のみである。ちなみに、東京弁護士会においては、1,000人を超え、人口比11.9％に達している。

　組織内弁護士は、我が国の弁護士業務における不可分の一翼をなしていることは否定すべくもない現実である。

　これに対して、弁護士の一部には依然として組織内弁護士に対して消極的、さらには否定的な見方をする向きがある。問題を法曹人口問題と結びつけ、新規登録者を減らせば、組織内弁護士を志望する者が減少する、それがあるべき方向であるという、およそ組織内弁護士を否定する言説すらみられた。そこまでいかなくとも、組織内弁護士を主として若手対策の観点から把握しようとする視点もなお存在する。

　しかし、そのような退嬰的な姿勢では、組織内弁護士の健全な発展あるいはそのリスクに対応することは不可能である。

## 2　法律事務所の弁護士業務との関係

　組織内弁護士は組織内弁護士だけの問題ではない、ということは、それが法律事務所の業務に直接的に影響をもたらすことで端的に表れている。

　欧米で起きている現象は、力関係が法律事務所からジェネラル・カウンセルを頂点とした企業法務部門へとシフトしていることである。ジェネラル・カウンセルは自身シニアで有力な法律家であり、その力は法律事務所の弁護士に勝るとも劣らない。したがって、法律事務所に対して対等以上に渡り合えるということになる。ここに、法律事務所の弁護士はジェネラル・カウンセルや組織内弁護士によって選択され、監督される立場となる。

　これは一方で法律事務所の弁護士がその真の法律家としての力で評価されるという積極的な面を有する。

　また、企業に弁護士が（特にシニアな地位に）参加することで、外部弁護士に対する依頼が増加する傾向にあるのは確かな実務感覚である。しかし、他方において、より厳しく、まさに専門家としての真の実力で評価されるということにもなる。これに対して、専門性のさらなる陶冶を始めとして、法律事務所としてしてもその業務のあり方を再検討して向上する必要が生じる。

　加えて、企業なりその法務部門が力をつけることのいわば「暗黒面」にも、留意しなければならない。すなわち、外部弁護士が不当にコントロールされる危険である。外部弁護士への依頼の要否、弁護士の選択にあたり、企業は絶対的な権限を有しており、外部弁護士はこれに関与できない。究極のリスクとして、外部弁護士は業務上の情報・資料を依頼者に依存するという本質的な制約がある。つまりは、企業が提供情報、資料を操作することで、企業の欲する方向に意見が誘導されるリスクに曝されているとの指摘もある。[*1]そのような状況にどのように対応するか、「悪貨が良貨を駆逐する」という悪夢をどのように排するか、これは法律事務所の弁護士にとって他人事ではない。

　その解決は容易ではない。しかし、組織内弁護士を同じプロフェションであるとして彼らを取り込んでいくことが何よりも重要であり、組織内弁護士の積極的な意義、そしてそこにともなうジレンマ、陥穽、リスクの現実などの理解を深め、議論を深めることによって克服すべき課題である。

## 3　組織内弁護士の課題

　以上を背景として、弁護士会として考えるべき政策課題のいくつかについて検討する。

### (1)　組織内弁護士業務の意義の論理的・理論的整理

　組織内弁護士の意義・価値、そしてそのリスク・陥穽に関する論理的・理論的議論はほとんど進展していないのが我が国の現実である。

　近年、ビジネスのグローバル化、イノベーションの加速による新たなビジネスの展開とこれに対する法的

---

　*1　ジェフリー・C・ハザード・ジュニア、本間正浩監訳「企業内弁護士の倫理的ジレンマ」中央ロー・ジャーナル18巻4号119頁（2022年）。

対応の必要性、コンプライアンスの強化の要請の高まりにより、企業が直面するリーガル・リスクが複雑化・多様化し、企業における法務機能の強化の必要性がこれまでになく高まっているとされる。

企業活動の一部としての法務機能という観点からは、そこで要求されるものが法律事務所における弁護士業務と本質的に異なることがあることを認識する必要がある。それは企業においてはことを「実現する」こと、すなわち、企業を現実に正しく「動かす」ことができたか、「結果」が問われていることである。この点はこれまでも政策要綱で分析されている通りである。

組織内弁護士は、企業の意思決定・執行過程に組み込まれ、その一部をなす。その意味において、企業活動に対する影響力は直接的である。これに対して、法律事務所の弁護士の企業に対する影響力は、企業の担当者を通した間接的なものである。これは単なる論理の問題ではない。影響力が間接的であるということの現実の意味は、法律事務所の弁護士の企業に対する影響力は、その接触し得る企業内の人々が当該企業内において有する影響力に依存し、それを上限とするということである。

つまりは、企業のその活動の適法性・適正性を確保しつつ、企業を発展させることに現実に影響力を行使できること－行使するべきこと－これが組織内弁護士の固有かつ積極的な意義である。

かかる組織内弁護士の意義は、弁護士一般に浸透しつつあるとはいえ、いまだ十分ではない。

**(2) 組織内弁護士の役割とこれに内在するジレンマ**

組織内弁護士の役割には、法を利用して事業を促進させる「パートナー」と、法的リスクから組織を守る「ガーディアン」の役割があるとされる[*2]。これらは一面において背反するものであるが、それだけにとどまるものではなく、そこには一種の循環関係がある。

一方において、「ガーディアン」であることは「パートナー」たる前提である。組織の目的の実現のため積極的に法の限界を追求したところが、違法行為と指弾され、大損害を被ることがある。これでは本末転倒である。むしろ、ぎりぎりを狙えば狙うほど、一線を踏み越えないためにより的確な判断とコントロールが求められる。

他方、実効性のある「ガーディアン」たるためには、信頼される「パートナー」でなければならない。信頼があってこそ、企業は弁護士の言に従うのである。「正しいこと」を言ったとしてもそれだけでは責務を果たしたとはいえない。

「パートナー」と「ガーディアン」、これは抵触すると同時に、相互依存・循環関係にある。それは組織内弁護士の直面する深刻なジレンマである。

もう一つ、海外において組織内弁護士の職業倫理上の最も深刻な課題として取り上げられる問題に「double hatting（「二足のわらじ」とでも意訳するべきか）」というものがある。これは、組織内弁護士は常に「法律プロフェッション」と「組織の一員」という二重の役割を負っているということである。法律プロフェッションとして、外部事情にとらわれることなく客観的な法を追求しなければならない。一方で、組織の一員としては、現実的な対応の必要性から離れてはいられないのである。これは「パートナー」「ガーディアン」とは次元を異にするものではあるが、類似の論理構造を持つ。

このように、組織内弁護士は現実を左右しうる点で重要な意義を持つと同時に、まさにそれゆえに不可避的に深刻なジレンマを背負っている存在である。「企業内弁護士は、法的かつ倫理的に妥協する事業サイドのイエスマン、重要な議論や意思決定その他主要な企業活動から排除された頑固なノーマンの二者択一ではない」[*3]。

**(3) 組織内弁護士に対する適切な規律・行動規範の定立の必要性**

組織内弁護士の問題に対応するに当たっては、以上のような固有かつ積極的な意義それに不可欠に－むしろそれゆえに－伴うジレンマを十分理解したうえで、行われるべきことは言うまでもない。

特に重要なのは組織内弁護士を巡る倫理・職業規範である。

組織内弁護士の意義は、組織内にあり、その決定に参加し、これに影響を及ぼし、組織を動かすという「結果」を実現することにある。しかし、かかる「影響力」は自己を組織の意思決定過程の一部とし、さらには権

---

[*2] ベン・W・ハイネマン（企業法務革命翻訳プロジェクト訳）「企業法務革命－ジェネラル・カウンセルの挑戦」63頁以下（商事法務、2018年）。

[*3] ハイネマン前掲66頁。

限を有することで得られるものである。これは言い換えれば、組織との「一体化」である。ここに組織内弁護士における本質的かつ深刻なジレンマがある。組織の行動に影響を与えることが組織内弁護士の本質的意義であるとしても、それは組織からの独立というプロフェッションの本質との抵触が生まれてしまうということである。ともに本質的かつ極めて重要な二つの価値・意義の間にあって、どのようにバランスを取るべきか、深刻な分析と議論と整理が必要である。

このような組織内弁護士特有の意義を受け、法的課題としては、職務基本規程50条及び51条をはじめとして、弁護士法3条、30条そして72条等の関係の整理が必要である。

残念ながら、この点についても弁護士会内の議論は十分ではない。その顕著な例が職務基本規程51条をめぐる議論である。同条は組織内弁護士のみを対象としている点に特徴があるが、同条はABAモデル規程1.13条を参考として規定されたと説明されている。しかし、この規定は組織内弁護士ばかりではなく全弁護士を対象とする規定であり、その理論構成、意義、要件、効果を全く異にしているものと考えられ、また、日弁連の同規定の翻訳も正確でない部分もあると考えられる。

さらに、職務基本規程51条が想定する状況は、前述のことからして問題が若手弁護士どころか、経験を積んだ弁護士にしてなお困難な課題であることを理解するべきである。むしろ、「［組織］内弁護士の役割は、法律家によって営まれる機能のうち、最も複雑で、かつ困難な部類に属する」のである。[*4]

以上のような問題性を理解し、理論的・論理的な整理を行い、組織内弁護士の適切な行動規範を定立することは、組織内弁護士の健全な発展、特にそのリスクを適切に管理するための喫緊の課題である。

### (4) ジェネラル・カウンセル

企業においてことを実現するということであれば、現実の問題として、企業組織においてその意思を実現する力を有することが最も重要であり、本質的な要素である。

その意味において、－良かれ悪しかれ、好むと好まざるとに関わらず－企業内における高い地位を占めることが重要となる。この点、米国において150年を超

---

*4 ハザード前掲183頁、184頁。

---

える歴史を有し、ここ10年ほどの間に欧州諸国企業においても伝播しつつある「ジェネラル・カウンセル」のポジションの設置及びここに弁護士が就任することが検討するべき課題の一つということができる。

ジェネラル・カウンセルは企業の最高幹部である。その権限・権威は極めて高く、ジェネラル・カウンセルが「ノー」と言う場合に、社長を含むビジネス側がこれを無視してことを行うには、「相当の覚悟と勇気」が必要になるとされる。

このような立場に弁護士が就くことは、弁護士が企業の行動に重大な影響力を持つことになり、企業の法務部門の価値を高め、そのニーズに応えることになるともに、企業に遵法行動を取らせる結果を現出するのに大いに資する。

その意味において、弁護士会としては、組織内弁護士に、むしろシニアな弁護士が活動するべき領域があるという視点を持つ必要があるのではないだろうか。

### (5) 組織内弁護士、特に研修所新卒および若手弁護士の能力開発の研究と支援

企業に対する影響力は、ジェネラル・カウンセルに限らず、若手・中堅の組織内弁護士も、直接的・重要な影響力を有している。弁護士会は、若手・中堅の組織内弁護士の芽を伸ばし、ひいては組織的弁護士の健全な発展を支援するためにも、組織における意思決定・執行過程の実相及び動態に対する理解を深める必要がある。

企業を含めたいかなる組織においても、権限を有する者がその上下左右の人々とは隔絶されて、その権限にあることを全て決めている、あるいは決めなければならないというような組織は存在しない。そもそも、現在の大規模かつ複雑化、専門化した企業にあって、ただ一人でものを決めるなどということはそもそも不可能である。権限があるからといって他の関係者の意向を全く無視することはできないし、権限がないという一事をもって、権限者に対して全く影響を与えることができないという組織も存在しない。「力（power）は常に指揮系統によって決まるものではない。それは人間関係の形成（networking）、信頼（credibility）そして影響力（influence）によって作り上げられ得るものである」[*5]。そして、その影響力を行使できるか否かは、また、人となり（personality）の問題でもある。ジェネラル・カウンセルですら、その力を正式

な権限に頼っているわけではない。[*6]「ジェネラル・カウンセルが組織内にそれほどまでの影響力を有することができる理由の一つは、その正式・公式な職務を果たしていることに加え、しばしば種々の非公式な役割を演じることにもよるものである。それは（公式な役割に比して）時に表面にはより現れにくいものであるが、企業に対して、そして企業の構成員がその企業内弁護士を見る目に対してむしろより強力な影響を与えるものである」[*7]。

企業における意思決定の現実は、関係する多数の個人の考えが清濁を問わず複雑に絡み合いながら、会議や稟議等の公式なもの、あるいは根回しといった非公式なものも含めた種々の過程を通して形成されていくものである。

その中で、企業で働く人々はなんらかの形で自分の仕事が企業に影響を与えるべく務めている。自分の立場なり権限を前提にしつつも、自分がその考え方を社内で通すためにどういうことをすればよいのかを常に意識せざるを得ない。さもなければ企業内で評価されない。自分の考えを企業において実現させていく行動、これが「リーダーシップ」と呼ばれるものの一態様であり、それが評価され、昇進なり昇格、そして権限の拡大につながっていくのである。

言い換えれば、「権限」というものはそのような形で企業に影響を及ぼす力を評価された「結果」であって、その逆ではない。

そのように考えれば、重要なことは、その与えられた立場において、一つ一つ結果を出し、信頼を積み重ねていくことである。「小さな勝利（small victory）」を獲得することが重要であるゆえんである。

若手・中堅弁護士にとって、時間はたっぷりある。上場企業の役員への昇進が概ね50歳前後として、30歳の弁護士であれば20年、40歳であって10年ある。一方において、その期間も一日一日の積み重ねである。ど

こかで一歩を踏み出さなければならない。

弁護士会としても、若手・中堅の組織内弁護士の企業への影響力・権限等について理解を深め、まずは弁護士会として組織内弁護士の課題を理解し、しっかりと若手への指導・支援を継続的に行っていくことが必要である。

## 4 「任期付公務員」について

### (1) 総論

任期付公務員とは、国家公務員については「一般職の任期付職員の採用及び給与の特例に関する法律」3条第1項、地方公務員については「地方公共団体の一般職の任期付職員の採用に関する法律」3条第1項及びこれに基づき各自治体が定める条例に基づいて、任期を定めて採用された職員をいう。

行政の高度化、多様化、国際化などが進展する中で、これらの変化に的確に対応し、国民の期待する行政を遂行していくためには、行政を担う公務員について、部内育成だけでは得られない有為な部外の人材を活用していくことが求められていることから、公務に有用な専門的な知識経験等を有する者を、任期を定めて採用することを可能としたものが任期付公務員の制度である。自治体においては、地方分権改革後、独自の条例の制定や地域の特性に応じた法的問題の解決が必要となる場面が増え、この制度を利用して法の専門家である弁護士を採用することを望む自治体が増えている。

司法制度改革においては、「法の支配を社会の隅々に」を理念に、弁護士が社会の様々な分野で活躍することが期待されている。法友会の政策としても、弁護士の中央省庁等及び自治体公務員への採用を促進することが望ましいといえる。

しかしながら、弁護士が任期付公務員に就任する場合に障害となりえる問題が存在する。以下、詳述する。

### (2) 問題及びその解消策

#### ア 公益活動について

日弁連では、弁護士職務基本規程8条で公益活動を努力義務として規定している。各単位会では、公益活動を義務付けている会が数会ある（東弁は会則26条の2で義務付けている。）。

他方、公務員には職務専念義務がある（国家公務員法101条、地方公務員法35条）。公益活動のうち国選弁護や法律相談等、報酬が発生するものについては、こ

---

* 5 Suzanne Le Mire, "Testing Times: In-House Counsel and Independence" 14.1 Legal Ethics 21 at 35Le Mire（2011）.
* 6 Tania Rostain, "General Counsel in the Age of Compliance: Preliminary Findings and New Research Questions", 21 Geo. J. Legal Ethics, 465, 473.
* 7 サラ・ヘレン・ダギン、本間正浩監訳「企業のインテグリティ（Integrity）と専門家としての責任の推進の中核となるゼネラルカウンセルの役割」中央ロージャーナル17巻2号47頁および3号96頁、(1)64頁。

の職務専念義務に抵触するおそれがあり、また、業務時間等を考えても公務とこれらの業務を両立させることは困難である。公益活動を義務付けている会においては明文の例外規定による免除等で対処可能であるが、義務付けていない会においては、明文の例外規定がなく、逆に「事実上の公益活動義務付け」という事態が生じ得、任期付公務員就任への事実上の障害となることがある。

公益活動の中でも弁護士会の委員会活動については、公務と内容的に抵触が生じない委員会に参加すること、委員会を18時以降や土曜日に開くこと等により任期付公務員にも参加が可能となる場合もあるが、勤務地と弁護士会館との距離により参加が困難な場合もあり、また他の委員や会場の事情等により委員会側の対応が難しい場合もある。新型コロナウィルスの感染拡大により、近年はオンラインでの委員会も広く認められるようになったものの、勤務時間との関係により、任期付公務員が委員会活動に参加しづらい状況は変わっていない。

そこで、公益活動については、公務員の特殊性を踏まえ、しかるべき配慮（免除、公益活動等負担金の支払等の代替措置等）が検討されるべきである（東弁では会務活動等に関する会規3条2項5号で免除している。）。

**イ　研修について**

日弁連では、倫理研修を義務化し（倫理研修規則2条）、新規登録弁護士研修はガイドラインで各弁護士会に義務化を要請しており、これを受けて、弁護士会によっては新規登録弁護士研修を義務化している。しかし、任期付公務員の場合、公務を離れてこれらを受講することが困難な場合もある。

倫理研修については、弁護士として最低限身に付けるべき規律を学ぶものであり、受講することを原則とすべきである。もっとも、公務の都合上受講が難しい場合は、一定期間猶予する等の柔軟な対応がとられることが望ましい（東弁では一般倫理研修については土曜日に受講することが可能となっている。）。他方で、任期付公務員に就任する弁護士及び中央省庁等・自治体においても、弁護士の倫理研修の重要性を理解し、有給休暇を利用した受講など、公務と受講との適切な調整を図る配慮と努力が求められる。

新規登録弁護士研修のうち国選弁護やクレサラ相談等依頼者を抱える業務を含むものについては、職務専念義務との関係でも研修受講が困難である。公務員の特殊事情を踏まえ、柔軟な対応（免除・猶予等）を検討すべきである。

**ウ　会費について**

法の支配の拡充という観点からは、本来、弁護士登録を維持したまま公務に就任するのが望ましい。しかしながら、任期付公務員の場合、弁護士登録を維持しなければできない仕事はなく、また収入減となることが少なからずあるため、会費負担を回避すべく弁護士登録を抹消した上で就任するケースが相当数ある（企業によっては、企業が弁護士会費を負担してくれることもあり、その場合には弁護士登録を抹消せずに組織内弁護士として勤務している。）。

組織内弁護士の業務を行うに際しては、社内における日常的な法律問題を解決する場合や、組織の法務担当者として交渉する場合等、「弁護士資格」は必須ではない、という場合も少なくない。訴訟代理人になるには弁護士資格が必要になるが、訴訟代理人は外部の弁護士を使い、組織内弁護士は訴訟代理人とはならないという場合も少なくない。

任期付公務員の場合も日常業務については上記と同様であり、かつ国や地方自治体の代理人として訴訟活動をする場合、「指定代理人」となるので、訴訟を行うにしても弁護士資格は不要となる。

このような実状から、弁護士会費を負担してまで弁護士登録を継続する必要性があるのか、というのは組織内弁護士の率直な認識であると思われる。

東弁においては、2013（平成25）年11月28日の臨時総会で会則を改正するとともに、その後の常議員会において「東京弁護士会会則第27条第6項に規定する会費減免審査に係る基準及び手続に関する規則」を制定し、任期付公務員で職務専念義務により弁護士業務に従事することができない場合は、会費を半分に減額する旨規定した。

弁護士会の財源は会員の会費に依拠している面が大きく、会の運営のためには組織内弁護士にも引き続き弁護士登録をしてもらい、会費を納入してもらいたい、というのが本音と思われるが、組織内弁護士に「会費を負担しても弁護士登録を継続しておくメリットがある」と実感してもらうことが必要となり、そのための施策や宣伝告知活動が必要となろう。

### (3) 任期付公務員採用促進のための取組み

#### ア　対中央省庁等

未だ任期付公務員として弁護士を採用していない中央省庁等について（あるいは採用済みであってもそれ以外の部署について）、弁護士が活躍できる場を検討した上で、当該新規箇所に対して弁護士の有用性を周知すべく必要な施策を実施すべきである。また、関係省庁（人事院、総務省、法務省、文部科学省等）との協議会等を通じ、総合的に任期付公務員採用促進を検討すべきである。その際には、単に任期付公務員の採用数を増やすということだけでなく、弁護士としての経験・知識を活かせる場とはどういうものかについて弁護士会の方から提案し、真に弁護士が活躍できる場を拡充していく働きかけが必要である。

#### イ　対自治体

自治体に弁護士活用の利点を理解してもらうべくパンフレットを作成し配布する等の取組みにより、弁護士を採用する自治体は増加しており、2023（令和5）年1月時点で、法曹有資格者を採用している自治体は125、採用されている法曹有資格者は180人に上る（日弁連調べ）。

さらなる拡大のためには、弁護士採用を検討している自治体が実際に弁護士を採用している自治体からその有用性を聞く場を設ける等、弁護士の活用に関する自治体の理解を得ることが必要であると同時に、ウに述べるように公募があった際に応募する弁護士を確保する努力も必要である。

#### ウ　対会員

特に自治体においては、弁護士採用を望んではいるが、公募しても応募する弁護士がいないのではないかという不安があり採用に踏み切れないとの声がある。したがって、弁護士会が対会員への取組みを進めることが、対自治体との関係でも有用な取組みにつながり

うる。

任期付公務員制度のさらなる周知、採用情報の効果的な提供、任期付公務員として中央省庁等・自治体に勤務することに興味・関心のある人材をプールする制度の整備、募集のあった際に人材を確保し応募を促進する仕組みの構築等に加え、応募を検討している弁護士の不安を解消することが必要である。

応募を検討している弁護士にとって一番の不安は、どのような環境でどのような仕事をすることになるのか見えないことと考えられる。特に立法にかかわった経験のある弁護士は少数であることから、立法過程やその中で弁護士に期待されている仕事が何であるのかについて知る機会を設けるべきである。また、どのような相談が多く、どのような文献等を活用して対応しているのか等、経験者の話を聞く機会を設けることも効果的であろう。さらに、採用後も任期付公務員として勤務する他の弁護士や勤務経験者と情報交換ができるネットワークがあることも周知すべきである。日弁連では、条例策定等の任期付公務員として必要な知識を得るための研修を実施し、自治体の勤務経験者等を対象とした経験交流会を定期的に実施している。この経験交流会に応募を検討している弁護士も参加できるようにする等、中央省庁等・自治体の勤務経験者と勤務希望者との交流の場を設けることも検討されるべきである。

また、応募を検討する弁護士にとって、任期終了後の見通しが立たないことも応募を躊躇する理由の一つである。日弁連では、中央省庁等・自治体に任用されることを希望する弁護士及び任期を終了した弁護士を支援する事務所の登録制度を設けている。この制度のさらなる周知や実際に機能しているのか否かの検証等を行うべきである。

# 第4　弁護士研修制度の拡充

## 1　研修の必要性と弁護士会の役割

弁護士は法律専門職として高い識見を持ち、すべての法律分野に精通していなければならない。そして、多様化する社会のニーズに応えていくためには、弁護士自身の不断の研鑽が不可欠である。また、弁護士の

増員に伴い弁護士の質の低下が指摘されている中で、研修制度の重要性は増している。

上記の要請を充足するため、弁護士会は弁護士研修制度を整備・拡充して会員の研鑽を援助し、新しい時代にふさわしい弁護士を育成する義務があると解され

るところ、東弁では以下の研修プログラムを運営している。

## 2 新規登録弁護士研修

東弁においては、新規登録会員に対して、新規登録弁護士研修として、かつては、国選弁護、当番弁護、法律相談の実務研修と少人数討論方式による倫理研修が実施されてきたが、2000（平成12）年10月からは日弁連の「新規登録弁護士研修ガイドライン」に基づき、会則上義務化された新規登録弁護士研修が実施されている。

因みに、東弁において2024（令和6）年9月現在実施されている新規登録弁護士研修は、研修期間を登録から1年間として（但し、会務研修を除く。）、義務研修が新規登録弁護士集合研修、クラス別研修（2013（平成25）年1月より導入）、倫理研修及び会務研修（東弁の委員会に所属し活動を行う）、任意研修が刑事弁護研修及び法律相談研修（一般・家庭・クレサラ）となっている。

このように東弁においては種々の研修メニューを検討しているものの、新規登録会員数の急速な増大に伴い、研修場所の確保、実務型研修（刑事弁護、法律相談等）にあっては事件の確保、指導担当弁護士の確保等が困難となっている（刑事弁護研修及び法律相談が義務研修ではなく任意研修となっている。）等の事情があり、これらの点は検討が必要な課題である。

## 3 継続的弁護士研修

### (1) 倫理研修

会則上の義務となった倫理研修は、修習期別の小グループによる討論形式により実施され、一定の成果を上げているが、さらに会員の高度の倫理感を培うために、倫理事例の研究と研修資料の作成蓄積に努めるなど、よりよい倫理研修をめざす具体的施策を進めるべきである。

弁護士倫理は弁護士の存在基盤をなすものであり、弁護士が弁護士業務を行う上で不可欠なものである。かかる認識に基づき、すでに倫理研修は義務化されているが、弁護士倫理の重要性に照らすと、研修義務の懈怠に対しては、重い制裁を科すべきである。

また、インターネット環境における情報流失による守秘義務違反等、新たな問題が発生している。かかる

弁護士を取り巻く環境の変化に対応できるよう倫理研修の内容をいかにリニューアルして行くかも検討されるべきであろう。

### (2) スキルアップ研修

### ア 一般研修

東弁は、前期（4月〜7月）・後期（9月〜3月）に原則として各6回程度ずつ（1回2時間）、弁護士研修講座を開催しており、実務に直結するテーマを幅広く取り上げている。

### イ 専門研修

法的問題や紛争がよりグローバル化、多様化、複雑化、専門化することは間違いない。これに伴い、従来は扱わなかった分野に関する知識の習得や、離婚、相続、交通事故等一般の弁護士が取り扱う分野においても法改正に伴う最新の情報を取得する等の研修の充実は重大な課題である。

東弁は、2001（平成13）年から、専門講座（6回程度の連続講座となっている。）を開催している。これまで、工業所有権訴訟、会社法改正、不動産取引、行政法、医療過誤法、交通事故、相続等に関する講義を行い、いずれも多数の参加者の参加を得て好評である。今後、他の分野についても専門講座を開催していくべきであろう。

### ウ その他

上記の専門研修の外に、「中小企業法律支援ゼネラリスト養成講座」として中小企業からの相談への対応のための連続講座も開催されており好評である。また、クラス別研修で取り扱ったテーマをさらに深く理解できるよう「クラス別研修連動講座」も開催されている。なお、上記2の新規登録弁護士研修、本項(2)のスキルアップ研修のうちア及びイは弁護士研修センター運営委員会が主催しているものであるが、他の委員会主催の研修、東京三会の研修委員会による共催研修、東京三会の法律相談部門による共催研修なども実施されている（なお、東弁が行っている研修の詳細については東弁会報「LIBRA」2018〔平成30〕年8月号の特集を参照されたい）。

### (3) 研修義務化について

所属する会員に対し、一定数の一般研修や専門研修の受講義務を課すべきとの考え方があり、すでにその実施を開始した単位会もある。この点、日弁連は、各弁護士会に対し、2022（令和4）年7月20日付「継続研

修ガイドラインについて」（通知）にて研修義務化を促している。

確かに、弁護士増員時代を迎え、弁護士の知識、スキルを一定のレベルに保つことは不可欠であり、研修義務化はこの要請に応える可能性を有している。しかし、弁護士業務はますます多様化しており、各弁護士に対して研修義務を課すためには、その前提として、必要かつ十分な研修メニューを用意することが不可欠であり、自らの業務に関係ない研修の受講を強制され、これを拒絶したら懲戒されるといった事態を回避しなければならない。また、東弁の研修は有償で実施されていることから義務化した場合にも有償を維持するのか否か、また、東弁会員全員の研修履修状況の管理方法等検討すべき課題がある。

研修義務化の導入に当たっては、かかる観点等にも留意し、導入及びその内容を検討すべきである。

### (4) 今後の研修方法について
#### ア 研修形式の工夫

研修形式については、講義方式、倫理研修やクラス別研修におけるゼミ形式のほか、少人数・ゼミ形式で事例を研究したり、起案提出・添削するといった方式も検討すべきである。また、OJT（オンザジョブトレーニング：実際の仕事を通じて指導し、知識、技術などを身につける教育方法）として指導担当弁護士に付いて特定分野の訴訟に代理人として加えてもらい、実践で専門技能を身につける方式等も検討に値する。

#### イ インターネット等の活用

講義を電磁的記録化し、何時でもどこでも視聴できる態勢（ライブ配信、オンデマンド配信等）を一層充実させるべきである。

この点、日弁連は、新規登録弁護士の増大時代にも対応できる研修充実策として、2008（平成20）年3月より、パソコン等にて受講可能なeラーニング研修を開始し、漸次プログラムを拡充し、2016（平成28）年より無料化されている。東弁においても、研修映像をインターネット配信し、パソコン等で研修を視聴できる「東弁ネット研修」を開始すると共に配信停止されていた過去のプログラムの一部をライブラリー化し、これを東弁ネット研修として視聴可能としている。東弁でのサービスは有料であるが、今後は東弁の財政事情も勘案しながら、無料化の可否及び範囲についても検討されるべきものと解される。

### (5) 研修の運営面に関する工夫

より充実した専門研修とするために、今までの研修テーマ・出席人数等を分析しつつ、広く会員の意見を募って、的確なテーマを選択した上で、会内外から優れた講師を招聘するようにすべきである。

また、日弁連法務研究財団の実施する専門家養成コースへの参加を積極的に奨励する等して、学者・研究者・隣接専門職・企業法務従事者との交流を深めて、会員各自専門分野におけるスキルの向上に努めるべきである。

さらに東弁と、日弁連あるいは他の単位会との研修の共同開催も、研修場所の効率的な運用や講師の確保の点から有用と考えられる。

## 4 クラス別研修制度

東弁は、2012（平成24）年12月20日以降入会の新規登録弁護士（主に修習65期）を対象とした研修として新たにクラス別研修制度（以下「クラス制」という。）を導入した。クラス制を正式な新規登録弁護士の義務研修として導入するのは全国で最初の試みとなっている。

このクラス制は、約20人を1クラスとして、一方的な講義ではなくゼミ形式で弁護士としての依頼者等への基本的な対応、離婚、相続等の基本的な事件の処理につき研修するものであり、併せて同期間の懇親を図り横のつながりを構築すること等を目的とする。世話人の負担は大きいものの、受講者からは概ね好評である。

導入後3年経過に伴う見直しを行い、カリキュラムの一部変更等を行っている。2024（令和6）年8月現在のクラス別研修の概要等は、次のとおりである。

### (1) クラス制の目的

多人数での講義形式ではなく少人数でのゼミ形式により、基礎的な実務スキルとマインド（弁護士の使命）の滋養を図ると共に、新規登録弁護士同士が知り合う機会を設定し、同期同士の情報交換や弁護士会の活動により親しみやすくすることを目的としている。

### (2) クラス制の概要
#### ア 人数等

1クラス約20名として登録順に編成する。

この人数は、ゼミ形式として発言がし易いこと、また、2013（平成25）年当時の新規登録弁護士数を約

400名と想定し、確保されるべき世話人の数、教室数その他の諸要素を勘案して設定されている。なお、多摩地区会員を別途にクラス編成すること、企業内弁護士を別途にクラス編成すること等も検討されたが、むしろクラス内に多様な弁護士が存在することが重要であること、事務手続等を勘案し機械的に登録順に編成することとされている（その後にクラス別研修に参加した者からのアンケート等の結果によっても多様な環境の弁護士の存在が支持されている）。

**イ　世話人**

担任（登録5年目〜10年目）、副担任（登録11年目以上）により構成される。

世話人には1回2万円が会から支払われる。担任を5年目から10年目としたのは、ある程度の経験があり、しかし、あまりに新規登録弁護士と離れた期としないことで新規登録弁護士との世代間ギャップが生じないこと、発言の容易さ等に配慮している。

世話人の選任は、各会派からの推薦によっている。

**ウ　回数**

全8回とされている（2024年度から全8回に変更）。

当初開始のクラスについては1回目から3回目までを毎月行い、その後約2ヶ月毎となっている。これはクラス内での懇親を図るため最初の3回は連続させ、その後は世話人の負担を考慮して2ヶ月毎とされている。

また、8回中4回（2024年度から4回に変更）の出席が義務付けられている。出席義務が4回とされたのは規則・細則との関係もあるが、研修が夜であることから企業内弁護士、子育て中の会員につき、あまり多数回の義務研修として未履修となることを回避するという理由もある。ちなみに出席義務を履行しない場合には新規登録弁護士研修が未履修ということになる。この場合、会長名義での履行の勧告がなされ、勧告にもかかわらず履修をしない場合法律相談センターの名簿への不掲載等の不利益を受ける可能性が生じることとなる。

**エ　テーマ**

毎回1テーマとしている。2024（令和6）年度の実施テーマは以下のとおりである。

第1回　民事訴訟の注意点
第2回　契約書と和解条項の作成
第3回　労働事件
第4回　離婚事件
第5回　交通事故事件
第6回　相続事件
第7回　借地借家事件
第8回　弁護士自治

テーマは受講生の意見や弁護士を取り巻く環境等を勘案しつつ追加変更されている。

**オ　形式**

少人数によるゼミ形式とすることにより基本的な事件の処理についての理解を深めることを企図された。

**カ　進行方法**

世話人がペアとなってクラスを進行する。また、世話人から、毎回、事件処理等に関する体験談を話すようにし（経験交流）、生きた事件処理を学べるようにされている。

**キ　資料の配付等**

当日東弁の職員が配布する等ではなく、全てメール配信とし、受講者各自が持参する方法としている。また、義務研修であったことから出欠の管理が必要であるところ、担任が出席の管理を行っている。なお、基本的にクラス毎の自主運営方式であり、運営は世話人に任されている。

**ク　懇親会**

第1回目には各クラスともに懇親会を開催し、1人当たり5,000円を会負担とした。

第2回目以降は懇親会の開催は自由とされた（この懇親会費は世話人の負担ではなく各自負担とした。）。なお、2014（平成26）年度以降第2回目以降の懇親会についても参加者の確保の観点、世話人の負担軽減の観点から一部会負担とする運用がなされている（年度によって会負担の状況は異なる）。

**ケ　全体としての運営**

弁護士研修センター運営委員会が担当する。

**(3) 検討事項**

2013（平成25）年4月17日、世話人の交流会が開催された。また、2013（平成25）年度クラス制終了後に世話人及び受講者にアンケートを実施した。さらに2015（平成27）年度から2018（平成30）年度までクラス制の既習者による意見交換会・交流会が開催され、クラス制の在り方についてのグループ別の討論会と交流会が行われている。上記交流会、上記アンケート及び旧バックアップ協議会等の中で話し合われた検討事項として以下の事項等が挙げられる。

## ア 義務とするべきかどうか。また、その義務としての出席回数

義務化には反対意見があり相応の理由を有している。しかし、義務研修としないと出席が確保できない側面があることは否定できない。そして、義務としての出席回数を4回とすること（少なくとも半分以上の出席義務を課すこと。）については賛成意見も多い。ただし、義務としての出席回数4回をさらに増加させることについては、未履修の場合の義務研修不履行を原因とする不利益措置の可能性との関係があり（未履修の場合には未履修者にクラス別研修を次年度履修してもらう必要が発生し事務局の管理が煩雑となる）、新規登録弁護士にも色々な事情がある会員がいるであろうこと、さらに規則・細則の改正も必要であること等から、直ちに増加させることは困難であると共にさらなる検討が必要であろう。

## イ クラス制の実施回数

受講した新規登録弁護士あるいは世話人から、クラスの回数7回（2023年度まで）をさらに増加した方がよいのではないかとの意見も出ている。確かに回数を増加させることにより講義内容の充実を図ることはできる。しかし、世話人の負担、教室の確保、クラスが順次編成されるところ原則として1年間でこれを終了させる必要があること等の諸事情を考えると、回数の増加は困難な面があることは否定できない。この点も今後の検討課題である。

## ウ 世話人の確保

世話人を継続的に確保することは難しい。しかし、充実したクラス制の実現にはやる気のある世話人の確保は不可欠である。安定的な世話人の確保は今後の大きな課題である。

## エ 開始時刻

当初制度スタート時は開始時刻を午後6時からとしていたが、勤務弁護士の都合や多摩支部の会員の参加の便宜を考え、現在の開始時刻は午後6時30分からとなっている。この点は今後も検討が必要といえよう。

## オ 懇親会のあり方

第2回目以降の懇親会は各クラスの自主運営に委ねられている。クラス制度開始時の世話人への説明においては、クラス終了後の積極的な懇親会への勧誘、世話人による全額費用負担は回避するようにお願いがされていた。これは懇親会参加を義務としないことを前提として世話人に就任してもらっていること、にもかかわらずクラス間に懇親会開催の格差が生じ、事実上世話人に懇親会の開催・費用負担を強制するような事態が発生すると、就任した世話人を困惑させるし、究極的に世話人の確保が困難となる事態が発生することを危惧したものである。

他方、クラス制開始後に、世話人からは新規登録弁護士同士の情報交換の場、新規登録弁護士の世話人への相談の場等としてクラス終了後の懇親会は重要であり、また、新規登録弁護士の会費負担の軽減の必要もあり、世話人のクラス終了後の懇親会への参加、会費の負担は不可避な面があることも指摘された。どのようにバランスを取るのか難しく今後の検討が必要な事項となっている。なお、かかる観点を考慮し、上記のとおり会の費用負担を増加し懇親会の開催を容易にするべく措置が図られてきている。

## カ クラス編成のタイミング

昨今の情勢として会への登録が漸次的である（12月の一斉登録の後も相当数が年明けにも登録してくる）。この登録に合わせて順次クラスを編成することとなるが、なかなか人数が集まらない等困難な面がある。これからもこの傾向は変わらないであろうと予想されるところ、効率的なクラス編成の方法を模索することが必要となっている。

## (4) 総括

以上、課題は種々存在するものの、クラス別研修は、受講した新規登録弁護士からは大変好評のようである。研修がない月にも食事会等の企画を行い自主的に懇親を図っているクラスもあり、現在の司法修習において同期同士の繋がりを形成しにくい中にあって、同期間の情報交換と懇親を深める場としては予想以上に有効に機能していた模様である。また、クラス終了後の懇親会にあっては世話人に所属事務所の異動、所属事務所での仕事等についての相談がされる等、相談相手として世話人の存在も大変貴重である。

クラス制は新規登録弁護士の基本的な弁護士のスキルの習得の場として、また、同期相互間の懇親を図り情報交換する場として有効である。OJTとまでは行かないものの若手サポートとしての面も見過ごせないものがあり、今後も課題を検討しつつ継続していくことが望ましい（クラス別研修につき東弁会報「LIBRA」2013年4月号「東京弁護士会の若手支援制度」中「Ⅱ

クラス制（1）クラス制の概略①65期　2012年副会長
白井裕子」及び同2017年1月号を参照されたい。なお、

それらの同記事中に世話人と受講者の感想が掲載され
ているので併せて参照されたい。）。

# 第5　弁護士への業務妨害とその対策

## 1　弁護士業務妨害をめぐる最近の情勢

　2010（平成22）年、前野義広弁護士（神奈川）、津
谷裕貴弁護士（秋田）が、いずれも業務に関連して殺
害されるという最悪の事件が発生した。坂本堤弁護士
一家殺害事件、渡辺興安弁護士殺害事件、岡村弁護士
夫人殺害事件、女性事務員殺害事件（大阪、2007〔平
成19〕年）など、弁護士・家族・事務員などの「命」
に関わる重大かつ悪質な業務妨害事件が続発した。

　日弁連は、弁護士業務妨害対策委員会において、各
単位会に向け、業務妨害対策のための組織作りや活動
の基本モデルを作り、さらに全会員向けに対策マニュ
アルとして、2023（令和5）年6月、「弁護士業務妨害
対策マニュアル（六訂版)」を発行している。

　東弁では、1998（平成10）年4月、弁護士業務妨害
対策特別委員会を発足させ、同時に「弁護士業務妨害
対策センター」をスタートさせた。

## 2　弁護士業務妨害対策センターの活動状況

### (1)　アンケートによる実態調査

　1997（平成9）年に実施された東弁全会員へのアン
ケートによって、弁護士に対する業務妨害はすでに多
数発生しており、決して特殊なことではなく、誰にで
も起き得ること、その妨害の形態が多種多様であるこ
となどが明らかとなった。のみならず、1997（平成9）
年の時点では弁護士会として対策が皆無に近かったこ
とも浮き彫りにされた。

　それら妨害行為にあった弁護士が採った具体的対策
としては、警察への通報・刑事告訴・仮処分申請等が
一般的であり、複数弁護士での対応等も一定の効果が
認められている。その反面、当時は、弁護士会は全く
頼りにならない存在であった。

### (2)　積極的対策

　以上のような実態への反省から、近年は各地で弁護
士会による具体的対策が講じられつつある。単位会に
よっては、派遣弁護士制度や、弁護士会として仮処分
の申立てをする、弁護士会の名前で警告を発する等、

弁護士会が主体的に動くケースが見られるようになっ
てきた。

　そのような情勢を踏まえ、東弁では、1998（平成
10）年4月に「弁護士業務妨害対策特別委員会」（以下
「委員会」という。）を発足させ、「弁護士業務妨害対
策センター」（以下「センター」という。）を設置した。
これは、弁護士業務妨害を個々の弁護士個人の問題と
して押しつけるのではなく、弁護士会が動いて、業務
妨害を受けている会員に寄り添って活動してこそ効果
的かつ抜本的対策になるのだとの共通認識から、より
積極的に弁護士会自体が動けるシステムを作るべきで
あると判断されたものである。

### (3)　センターの設置と運用

#### ア　組織

　委員会委員、及び一般会員から募集し受任候補者名
簿に登録された支援委員によって構成される。

#### イ　支援活動の流れ

　㋐　弁護士会事務局に窓口（業務課）を設置し、被害
を受けている（おそれのある）弁護士からの支援要請
を受け付ける。

　㋑　担当委員が事情聴取をし、委員会に報告する。委
員会で支援の必要性及び方法について検討する。ただ
し、緊急を要する場合には、委員会には事後報告とし、
正副委員長の協議により迅速な支援対応ができるよう
にする。

#### ウ　支援の内容

　センターが行う支援の内容としては、①対策ノウハ
ウの提供、②支援弁護士の派遣、③委員会委員ないし
支援委員有志の名での妨害者に対する通告・勧告・警
告、④仮処分その他の法的手続、⑤警察その他関係機
関との連携、⑥広報などがある。

#### エ　費用負担

　支援活動の費用負担は原則として、支援要請弁護士
の負担とする。東弁では、2015（平成27）年に規則等
を改正し、支援要請弁護士に対する費用の支給や立替
え、立替金の償還免除の制度を整備拡充した。支援制

度及びセンターを周知し、より利用しやすいものとする必要がある。

### (4) 研究活動

業務妨害の中でも、暴力団や右翼団体など民事介入暴力と共通するものについては、ノウハウもほぼ固まっている。委員会では、様々な業務妨害に対応すべく、オリエンテーション、シンポジウム、他会との経験交流会等を行い、妨害対策のノウハウの習得や情報交換をしている。

また事務所襲撃型の業務妨害では、弁護士だけでなく、事務員も被害者になる可能性があるので、事務所のセキュリティ（常時施錠など）・弁護士と事務員との連携・事務員の対処法等の研究及び情報提供もしている。

近年、インターネット上で誹謗中傷等を行う業務妨害が増加しており、その対応の必要に迫られていた。そこで2016（平成28）年4月、インターネットに詳しい弁護士が中心となって委員会内にインターネット業務妨害対策PT（プロジェクトチーム）を結成し、インターネットによる業務妨害に対応できる体制を整えた。

さらに当時、一弁の会員がインターネットによる悪質な業務妨害を受け、甚大な被害を被っていたことから、各単位会の情報及び対策ノウハウを結集し、東京三会が協力して一体となって対応すべきではないかということになり、2016（平成28）年5月、東京三会の業務妨害対策委員会の有志で東京三会インターネット業務妨害対策PT（以下「東京三会PT」という。）を立ち上げた（なお、同PTは、東京三会が一体となって日弁連・裁判所・国会等に働きかけることもその活動内容としている。）。

2017（平成29）年4月から、委員会と長年経験交流会を行っている神奈川県弁護士会業務妨害対策委員会の委員長が、東京三会PTに参加するようになった。同委員会も、多発するインターネットによる業務妨害に対応せざるを得ない状況になってきたためである。そして2018（平成30）年4月、神奈川県弁護士会業務妨害対策委員会も東京三会PTの正式メンバーになり、東京三会PTは現在では「四会インターネット業務妨害対策PT」という名称になっている。

### (5) 「ハンドブック」の作成配布

委員会では、2002（平成14）年3月、様々な妨害形態を分類し、分析して、それぞれに適切な対策ノウハウをまとめた「弁護士業務妨害対策ハンドブック－弁護士が狙われる時代に－」を作成し、東弁全会員に配布した。その後、同ハンドブックについては、2019（平成31）年3月、サイバー攻撃対策・好意恋愛感情を抱く者への対応・後見業務にまつわる業務妨害対策・弁護士に落ち度がある場合にも積極的な支援要請をすべきことなどの新項目を追加した三訂版を発行した。また、委員会は、2016（平成28）年には、法律事務所のセキュリティ対策に特化した「常時施錠から始まる事務所のセキュリティハンドブック－事務所襲撃型妨害に備える－」を発行した。

なお、四会インターネット業務妨害対策PTでは、サイバー攻撃から法律事務所を守るための対策ノウハウをまとめた「弁護士・法律事務所のためのサイバーセキュリティマニュアル」を2021（令和3）年9月に発行した。2024（令和6）年10月には第二版を発行している。

### (6) 広報活動

委員会は、2002（平成14）年10月から2021（令和3）年4月まで、東弁「LIBRA」の「弁護士が狙われる時代－弁護士業務妨害への対応」というコーナーにおいて、隔月で業務妨害対策のノウハウや情報等に関する原稿を載せてきた。

### (7) 支援要請の実情

被害を受けている弁護士からセンターに対する支援要請は、増加傾向にある。事件の相手方や依頼者からの脅迫行為、つきまとい、嫌がらせ、インターネットでの誹謗中傷、不当な高額賠償請求、濫訴的懲戒請求等々、その妨害形態は多様化している。

しかし、実際の妨害の件数に比して、支援要請に及ぶのはその一部であり、被害を受けながらも堪え忍ぶか、自ら対処している案件も少なくないものと推察される。

そこで支援要請制度を周知し、妨害を受けている会員からの支援要請を促すため、委員会は、2024（令和6）年2月、広報戦略PTを立ち上げ、メルマガや「べんとら」等での配信、委員会のチラシ（「弁護士だって相談したいときがある」）配付等の広報活動を効果的に行っていく体制にした。

## 3 業務妨害根絶に向けて

　以上のように、弁護士業務妨害対策システムは、整備されつつあるが、今後もより一層利用しやすい制度とするための努力が必要である。

　法友会としても、東弁の活動を全面的にバックアップしていかなければならない。例えば、支援委員への積極的登録、情報提供等々である。

　最大単位会たる東弁としては全国に範を示すべく、積極的かつ具体的に活動を推進していかなければなら

ない。日弁連のバックアップ、東京地裁における仮処分決定の蓄積、警察庁・警視庁との連携、マスコミによる広報宣伝等々、東弁の果たすべき役割は極めて大きい。

　卑劣な業務妨害を根絶し、正当な弁護士業務を守り、ひいては我々弁護士が人権擁護と社会正義の実現という使命を全うすることができるようにするために、弁護士会全体が一丸となり断固として戦うという姿勢を世に示していかなければならない。

# 第6　弁護士費用保険

## 1　弁護士費用保険について

　弁護士費用保険は、元々は2000（平成12）年に日本弁護士連合会（以下、単に「日弁連」とする。）と自動車の任意保険を展開する保険会社（共済組合を含むものとする。）との間で共同開発がされ、主として交通事故の分野で発展をみせた。主に保険会社が販売する自動車保険の契約者が交通事故の被害に遭い、弁護士に法律相談や賠償交渉を依頼した場合、その弁護士費用や調査費用などが保険金として支払われる保険である。一般的には、弁特（べんとく）と呼ばれるかたちで弁護士のみならず、市民の間にも浸透をみせている。

　交通事故の分野でいえば、年間で数千円の保険料で保険加入することができ、事故の当事者として、何らかの賠償請求を相手方にする際に利用することができるのが一般的である。日弁連との間で協定を結んでいる保険会社の弁護士費用保険は最大で300万円までの支払いがなされ、弁護士費用保険の利用をしても保険料の増額がないことに長所がある。実際の利用件数をみても、交通事故分野では年間40,000件ほどの利用実績があり、利用は増加の一途をたどっている。

　弁護士費用保険が開発された理由は、弁護士費用の負担の問題が挙げられており、弁護士費用が利用者の経済感覚と合致せずに、弁護士費用の支払いを理由に弁護士への委任を回避し、その結果として権利保護が達成されないという状況を打破する点にある。同保険は交通事故以外の分野にも普及し、いまでは①交通事故を中心とする偶発事故、②交通事故（刑事）、③一般民事、④偶発事故（対人・対物被害）、業務妨害等

対応（経済的被害）、⑤業務妨害行為対応（医療機関、介護・福祉施設、獣医師、保育施設等）、⑥業務妨害行為対応（PTA）、⑦中小企業、⑧争訟対応（中小企業＋業務妨害行為対応）、⑨成年後見申立・遺産分割、⑩ネットトラブル、⑪近隣トラブル・ストーカー対策など多くの分野に広がりを見せている。

　また、保険開発に伴い、「どの弁護士に依頼をすれば良いのか」という被保険者の疑問に対応すべく、弁護士紹介を担う制度も日弁連が作り、日弁連及び各単位会にリーガル・アクセス・センターを設置し、同センターが保険制度の発展維持と保険会社との協議を続けている。なお、弁護士費用保険の発展の経過については、過去の政策要綱が明るく参照をされたい。

## 2　多摩地区における弁護士費用保険の問題点

　この弁護士費用保険について、東京では多摩地区の問題が指摘されている。

### (1)　弁護士の数やアクセスの問題

　まずは、弁護士の偏在という問題が挙がる。東京23区に比べて、多摩地区では弁護士の数が相対的に少ないことが問題となり、弁護士費用保険を利用する際に、保険契約者が弁護士を見つけるのが難しいことが指摘されている。これは、利用者が自分自身で探す場合に困難になっているという問題の他に、リーガル・アクセス・センターから事故の配点をする際に、そもそも多摩地区の弁護士の登録が少なく配点が容易ではないことがあるという問題に整理される。

### (2)　地域特有の法的ニーズ

次いで、多摩地区の問題としては、地域特有の法的問題やトラブルが発生することがあり、これに対応できる弁護士の数や質が不足していることが指摘されている。

例えば、農地や森林に関連する法律問題や、中小企業の法的ニーズなどが都市部とは問題が異なる可能性が指摘されている。弁護士の数や質を向上させ、また、これらの紛争について、弁護士費用保険が適用できるような保険制度が求められる。

### (3) 保険の認知度と利用率の低さ

また、そもそも、多摩地区では「弁護士費用保険の認知度の低さ」という問題があり、多摩地区では弁護士費用保険の認知度が23区と比べて低いと指摘されている。これにより、多摩地区の市民が保険の存在や利便性を知らない、もしくは利用に対して消極的であり、権利保護が不十分との指摘がある。

### (4) 交通アクセスの問題

これに加えて、「交通の不便さ」という問題があり、多摩地区は23区に比べて交通の便が悪いエリアがあり、これが弁護士へのアクセスを困難にする一因となっていることが指摘されている。特に、高齢者や移動が不便な人々にとっては、弁護士事務所へのアクセスが難しく、保険を利用するために必要な法律相談を受けることが大きな負担になっていることが指摘されている。

### (5) 弁護士の地域拠点の不足

更に、「地域拠点の不足」という問題があり、多摩地区では、弁護士が集まる拠点や法律相談所の数が少ないため、保険を利用しようとしても、弁護士との接点が少なく、依頼のハードルが高くなる現状がある。これにより、弁護士費用保険を利用する意欲が減少する可能性が指摘されている。

### (6) 小括

このように様々な問題が指摘されており、多摩地区における弁護士費用保険の認知度向上、弁護士の増員や地域拠点の強化、さらには多摩地区特有のニーズに対応した保険商品の開発と普及は急務とされる。東弁と日弁連が協力し、これらの課題に取り組むことが、地域住民の法的アクセスを向上させるための鍵となる。

## 3 保険開発と発展について

2024（令和6）年6月18日時点において、日弁連と協定している損害保険会社・共済組合の合計は21団体と

なっており、弁護士費用保険販売件数とLAC取扱件数は年々増加している。

多様な分野にて保険開発がなされるなかで、保険会社から日弁連に対して、弁護士法72条が定める、いわゆる非弁提携とならないかなど照会がなされることもある。また、その保険商品に関連する弁護士費用保険の仕組みを理解した弁護士の紹介をできる仕組みの照会がなされることもある。

多様な分野の保険商品が販売されるようになった現状を踏まえ、今後も日弁連が保険商品の開発に主体的に関わりながら、多様な分野での保険が販売されるよう努めていく必要がある。

課題と今後の展望としては、弁護士費用保険が普及することは司法アクセスの改善や社会に生じる紛争解決のために、制度の持つ問題点も意識した上で弁護士会としても将来的な発展を応援すべきであるが、この制度には以下のような問題点がある。

① 保険金支払い基準の理解、貨幣価値の変動に伴い時間制報酬制度にて1時間当たりの報酬を2万円とすることの是非、日弁連と協定を結んでいない保険会社との問題、協定保険会社との間での保険金支払い基準に最低報酬金の制度を導入することなどがあげられる。支払い基準の理解という点においては、弁護士側が時間制報酬制度を利用して案件を処理している際に、当然に把握しておくべき事項の調査の時間が計上されるなどの問題があったことが指摘されている。

② 次いで、いわゆる自動運転とされる自動車が国土交通省の分類でレベル3まで達しており、レベル4においては分類のとおり、条件付きの範囲で施行されている。この自動運転は、自動車の商品開発・市民への普及等の問題があり、近々にレベル4などの本来的な意味での自動運転が普及することは未だ先の未来であるが、これに対する、保険設定を保険会社と共に研究・開発していくことは喫緊の課題として指摘されている。

いずれにしても、弁護士費用保険が更に発展していくためには、何よりも保険開発をする保険会社との間で信頼関係を構築していくこと、市民から信用される制度にしてくことが重要である。この実現のために、保険利用に伴う弁護士の供給体制の構築をすること、供給される弁護士の質の確保、保険会社等との意見交換会の定期的な開催、信頼が崩れそうになる場面である弁護士費用保険に関するトラブルについて、迅速か

つ適切に解決していくことが引き続き求められる。また、実際に弁護士費用保険を利用している弁護士や交通事故でいえば現場のサービスセンターからの声を聞き取り、弁護士費用保険がより良く発展されることが求められる。

# 第7　弁護士広告の自由化と適正化

## 1　広告の自由化と不適切な広告に対する規制

2000（平成12）年3月24日、日弁連は、それまで原則禁止とされていた弁護士の業務広告について、原則自由とする「弁護士の業務広告に関する規程」を会規として採択し、同規程は同年10月1日から施行された。同規程は、外国法事務弁護士法人制度創設に係る会規の整備等により一部改正され、現在は「弁護士等の業務広告に関する規程」（以下、「広告規程」という。）となっている。

広告規程では、広告を原則自由とした上で、一定の類型の広告について禁止規定が置かれている（3条）。

具体的には、①事実に合致していない広告、②誤導又は誤認のおそれのある広告、③誇大又は過度な期待を抱かせる広告、④困惑させ、又は過度な不安をあおる広告、⑤特定の弁護士、弁護士法人、外国法事務弁護士、外国法事務弁護士法人若しくは弁護士・外国法事務弁護士共同法人又はこれらの事務所と比較した広告、⑥法令又は日弁連若しくは所属弁護士会の会則若しくは会規に違反する広告、⑦弁護士等の品位又は信用を損なうおそれのある広告、の7種類である。

また、広告規程では、表示できない広告事項として、①訴訟の勝訴率、②顧問先又は依頼者、③受任中の事件、④過去に取扱い又は関与した事件、が列挙されている（4条）。なお、この内②～④については、依頼者の書面による同意がある場合には許される。また、③については、依頼者が特定されず、かつ、依頼者の利益を損なうおそれがない場合、④については、広く一般に知られている事件又は依頼者が特定されない場合で、かつ、依頼者の利益を損なうおそれがない場合には、同意がなくとも広告に表示をすることが許されている。

このほか、広告規程は、①訪問又は電話による広告、承諾を得ない電子メールによる広告（5条）、②特定の事件の勧誘広告（ただし、公益上の必要がある場合等には許される。）（6条）、③広告の対象者への社会的儀礼の範囲を超えた有価物等の利益供与（7条）を禁止している。

## 2　業務広告に関する指針

弁護士の業務広告に対する規制は、市民への広告による弊害防止の観点から設けられているものではあるが、広告規程には抽象的な文言もあり、結果として萎縮効果をもたらし、弁護士の広告の活性化を阻害しているのではないか、弁護士各自の業務拡大への工夫の範囲を狭めているのではないかとの意見があった。

日弁連が、2000（平成12）年、広告規程と同時に「弁護士及び弁護士法人並びに外国特別会員の業務広告に関する運用指針」（以下、「運用指針」という。）を定めた際には、「専門分野」の表示についても、「現状ではその表示を控えるのが望ましい」と指摘するにとどまっていた。

しかし、広告規程及び運用指針による運用がなされてきた10年間の研究・議論の成果を反映させ、弊害を防止しながらも、市民が情報提供を求めている専門分野を弁護士が積極的に表示できるようにする方向での運用方針の見直しが求められていたことから、日弁連は、2012（平成24）年3月15日、運用指針を、「弁護士及び弁護士法人並びに外国特別会員の業務広告に関する指針」に全面改正し、続いて2014（平成26）年12月18日、現在の「業務広告に関する指針」（以下、「広告指針」という。）への改正が行われた。

広告指針においても、「専門分野」の表示については、「表示を控えるのが望ましい」との結論に変更はないが（第3第12項）、「広告中に使用した場合、文脈によって問題となり得る用語」の具体例として、「信頼性抜群」、「顧客満足度」その他実証不能な優位性を示す用語などが明示された（第3第13項）。

その後、広告指針は、2018（平成30）年1月18日に改正が行われ、別途「弁護士情報提供ウェブサイトへ

第7　弁護士広告の自由化と適正化　109

の掲載に関する指針」（後述）が制定されたことに伴い、「弁護士情報提供ホームページにおける周旋と広告の関係」に関する項目が削除されている。

## 3 弁護士業務広告の実態と弁護士情報提供ウェブサイト

弁護士業務広告としては、テレビ・ラジオのCM、電車の車内広告や駅構内の広告なども見受けられるが、現状においてはインターネット広告が大半を占め、ニュースサイトなどへのバナー広告、検索サイトにおけるリスティング広告、X（旧ツイッター）やフェイスブックなどSNSを利用した広告など多様化している。

法律事務所又は個人のウェブサイトは、かつては既存の顧客への情報提供のために作成している場合が中心と考えられていたところ、現在では、広告宣伝手段として利用されることが増えている。

また、インターネット広告を展開している法律事務所のウェブサイトにおいて、キャンペーンの表示が景品表示法に違反し広告規程にも抵触するとして懲戒処分が下された事案など、不適切な広告も散見される。

さらに、近時は、広告業者が法律事務所のウェブサイトを作成するなどして顧客を集めた上で弁護士に多額の広告費を請求する事案が問題となっている。そうした業者が、更に法律事務所に事務員を派遣し、事務所の運営を事実上支配していたことが非弁提携に当たるとして弁護士法違反で摘発されるという事例も生じている。

こうした事例に対しては、2015（平成27）年1月、日弁連に「インターネットを利用した弁護士等の広告の在り方検討ワーキンググループ」が設置され、2016（平成28）年4月からは、その後継となる「インターネットを利用した弁護士等の情報提供に関する諸課題検討ワーキンググループ」において議論が行われ、2018（平成30）年1月18日、先述の「弁護士情報提供ウェブサイトへの掲載に関する指針」が制定された。

この指針は、弁護士情報提供ウェブサイトへの掲載が弁護士職務基本規程（以下、「基本規程」という。）に違反することとなるような場合を明らかにしてこれを防止し、かつ、弁護士会が適切な指導及び監督を行なうことができるようにすることを目的とするものである。具体的には、弁護士情報提供ウェブサイトによる依頼者の紹介等が、基本規程11条、弁護士法72条に

関して「周旋」、「報酬を得る目的」に当たりうる場合の基準、基本規程12条「報酬分配の制限」、同13条「依頼者紹介の対価」に該当するかの基準等について定められている。また、弁護士情報提供ウェブサイトへの掲載が、業務広告に該当する場合には広告規程及び広告指針に違反するものであってはならないとされている。

## 4 これからの弁護士業務広告の在り方

2000（平成12）年に弁護士の業務広告が原則自由化されて以降、インターネット上にウェブサイトを持つ事務所の数は飛躍的に増え、様々な業務広告を行う事務所も増えてきた。法律事務所の広告コンサルティングを行う業者も相当数あるようである。今後も、弁護士の業務広告は着実に拡大していくものと思われる。このことが、市民への弁護士情報の提供という観点から、好ましい面があることは間違いない。

一方、不適切な広告も散見され、業務広告規制の内容を知らない弁護士も多数存在すると思われる。弁護士業務広告の適正化は、消費者問題に止まらず弁護士自治にもかかわる問題であり、若手弁護士を中心に広告規制の周知徹底にも努める必要がある（2023〔令和5〕年は、国際ロマンス詐欺案件を取り扱う弁護士業務広告について、弁護士法、基本規程、または広告規程に違反するおそれのあるものが散見されるとして、弁護士会が市民に向けて注意喚起を行う事態も生じている。）。

弁護士会としては、若手支援策の一環として、研修等を通じて効果的な広告方法について伝えるとともに、広告を行うに当たり注意すべきポイントを周知していくべきである。

今後も、弊害防止に考慮しつつ業務広告のさらなる活性化と適正化の観点から議論を重ね、広告規程や広告指針を適宜見直して必要な改訂を行うべきである。そして、広告規程や広告指針を策定するのが日弁連であるとしても、個別の案件に関する調査権限及び必要な措置をとる権限をもつのは各単位会であるから、広告媒体の多様化に応じて、各単位会が日弁連と協力しながら、個別具体的に弁護士による広告の適否を判断していく必要がある（広告規程12条）。

多くの弁護士が、市民の求める情報を発信して身近な存在となり、弁護士の業務拡大を図っていくため、

広告規制には留意しつつ、引き続き弁護士業務広告の活性化と弁護士業務の発展に繋げる取組みを行うべきである。

# 第3部
# 刑事司法の現状と課題

# 第1　刑事司法改革総論

## 1　憲法・刑事訴訟法の理念から乖離した運用

　刑事司法の改革を考える上で重要なことは、日本の刑事司法の現実を、憲法、国際人権法そして刑事訴訟法の理念を尺度として、リアルに認識することである。

　日本国憲法は、旧憲法下の刑事司法における人権侵害の深刻な実態に対する反省に基づき、31条から40条に至る世界にも類例をみない審問権・伝聞証拠排除原則（37条）、黙秘権（38条）、自白排除法則（38条）などの規定を置いている。

　この憲法制定とともに、刑事訴訟法は全面的に改正され、詳細な刑事人権保障規定が置かれた。刑事手続における憲法的原則は、適正手続・強制処分法定主義（31条）、令状主義（33条、35条）、弁護人の援助を受ける権利（34条、37条）等であり、被疑者・被告人は、厳格な要件の下で初めて身体を拘束され、弁護人による援助の下で、検察官と対等の当事者として、公開の法廷における活発な訴訟活動を通じて、裁判所によって有罪・無罪を決せられることとなった。要するに、現行刑事訴訟法は、憲法上の刑事人権保障規定を具体化して、捜査・公判を通じて適正手続を重視し、被疑者・被告人の人権保障を強化したのである。

　ところが、憲法制定後の我が国の刑事訴訟法の運用の実態は、憲法や刑事訴訟法の理念から著しく乖離する状況が続いてきた。すなわち、被疑者は原則的に身体拘束されて、強大な捜査権限を有する捜査機関による取調べの対象とされ、密室での自白の獲得を中心とする捜査が行われて、調書の名の下に多数の書類が作成された上（自白中心主義）、検察官の訴追裁量によって起訴・不起訴の選別がなされる。公判段階でも犯罪事実を争えば、長期にわたって身体拘束をされ続け、事実を認めないと身体の自由は回復されない（人質司法）。そして、公判は単に捜査書類の追認ないしは引き継ぎの場と化し、公判審理は著しく形骸化してしまった（調書裁判）。まさに、検察官の立場の圧倒的な強大さは、旧刑事訴訟法下の手続と同様の「糾問主義的検察官司法」となって現出した。

## 2　出発点としての死刑再審無罪4事件と改革の方向性

　1983（昭和58）年から1989（平成元）年にかけて死刑が確定していた4事件（免田事件、財田川事件、松山事件、島田事件）について再審無罪判決が相次いで言い渡され、いずれもが誤判であることが明らかになった。これらは、刑事司法のシステムそのものに誤判・えん罪を生み出す構造が存在していたことを示唆するものであった。それゆえに、平野龍一博士は、1985（昭和60）年、このような刑事手続の状態を、「我が国の刑事裁判はかなり絶望的である」と表現された（平野龍一「現行刑事訴訟法の診断」『団藤重光博士古稀祝賀論文集第四巻』423頁、〔有斐閣、1985年〕）。

　弁護士会としては、当番弁護士制度を創設するなど、かような事態の打開のために努力してきたが、2007（平成19）年に富山氷見事件、鹿児島志布志事件、2010（平成22）年に足利事件、2011（平成23）年に布川事件、2010（平成22）年に厚生労働省元局長事件が起きている。また、同事件に関連して、大阪地検の主任特捜部検事が証拠改ざんを行い、特捜部長・同副部長まで証拠隠滅罪に問われる事件が発生した。同年には、いわゆる東電OL殺害事件で、再審を認める決定が東京高裁で出され、同年11月に再審無罪が確定する等、誤判・えん罪を生み出す構造的欠陥は解消されていないばかりか、検察への信頼が地に落ちる未曾有の事件が発生している。

　2023（令和5）年3月、東京高等裁判所が検察官の即時抗告を棄却し、検察官による特別抗告がされなかったため、死刑判決が確定していた袴田事件で再審開始決定が確定した。2024（令和6）年5月22日、静岡地裁での再審公判の審理が終結し、同年9月26日に判決が出される予定である。現代において、今なお死刑確定後に、無実であることが明らかな再審がされること、また、再審手続に極めて長期間を要したことは、我が国の刑事司法制度が不完全であり、今後も不断の努力により、刑事司法の改善に努めなければならないことを示している。

　このような我が国の刑事司法を改革する必要性及びその方向性については、国際人権（自由権）規約委員会の度重なる勧告が極めて的確に指摘しているところ

である。すなわち、この勧告は、被疑者・被告人の身体拘束の適正化を図ること（人質司法の改革）、密室における自白中心の捜査を改善して手続の公正化・透明化を図ること（自白中心主義の改善、取調べ捜査過程の可視化、弁護人の取調立会権）、証拠開示を実現して公判の活性化を図ること（公判審理の形骸化の改善）等の勧告をしている。

## 3 司法制度改革以降の刑事司法改革について

司法制度改革によって、2004（平成16）年5月、裁判員法及び刑事被疑者に対する国選弁護制度等を認める刑事訴訟法改正法が成立し、2005（平成17）年11月には、公判前整理手続及び証拠開示請求（類型証拠開示請求、主張関連証拠開示請求）に関する改正刑事訴訟法が施行された。

2006（平成18）年5月から検察庁における取調べの一部につき、2009（平成21）年度から警察署における被疑者取調べの一部の録音・録画が試行され、大阪地検特捜部の不祥事をきっかけに、特捜部の事件での取調べの全過程の可視化の試行が行われることとなった。

2016（平成28）年改正刑事訴訟法によって、原則として、裁判員裁判対象事件と検察官独自捜査事件の取調べの全過程の録音・録画が義務付けられたが、対象事件は身体拘束される全事件のうち約3％に過ぎず、また例外事由の運用次第では録音・録画の適用場面が極めて限定されかねないという問題がある（2016〔平成28〕年刑事訴訟法改正の経緯・内容は2021〔令和3〕年度法友会政策要綱161～164頁参照）。

## 4 今後の課題

### (1) 取調べの可視化の拡充、弁護人の取調べ立会い権の確立について

2016（平成28）年刑事訴訟法改正は刑事司法改革を一歩進めたものではあるものの、無辜を処罰せず、えん罪を生まない刑事司法制度の構築にまではまだ至っていない。取調べの可視化（取調べ全過程の録音・録画）の実現や証拠開示制度の拡充など、今回の刑事訴訟法改正で新たに設けられた制度をより進めることのほか、弁護人の取調べ立会いや起訴前保釈制度など今回の改正で盛り込まれなかった制度についても、弁護士会は継続して制度化に向けた努力をすべきである。

日弁連は、2019（令和元）年10月4日、徳島で開催された第62回人権擁護大会において、「弁護人の援助を受ける権利の確立を求める宣言─取調べへの立会いが刑事司法を変える案」を決議し、取調べの可視化（取調べ全過程の録音・録画）の全件への拡大を実現するとともに、憲法で保障された弁護人依頼権を実質的に確立するために、取調べを受ける前に弁護士の援助を受ける機会の保障、逮捕直後からの国選弁護制度の実現、身体拘束制度の改革（身体不拘束原則の徹底、勾留に代わる住居等制限命令制度の導入、起訴前保釈制度の導入、身体拘束期間の短縮、取調べ時間の規制など）、起訴前を含む証拠開示制度の拡充と併せて、弁護人を取調べに立ち会わせる権利の確立の実現に向けて全力を挙げて取り組むことを決意するとともに、弁護人を取調べに立ち会わせることを求めた。今後、弁護人の取調べへの立会いを含めた刑事訴訟法のさらなる改正に向けて運動を続ける必要がある。

他方で、制度として、取調べへの立会権が認められるに至ったとしても、相応の弁護技術や、弁護態勢も同時に確立していかなければならない。このことは弁護士会としての課題であり、十分な取り組みが必要となる。

いずれにせよ、取調べの可視化（取り調べ全過程の録音・録画）と、それをさらに推し進めた弁護人の取調べ立会い制度の実現は、是非ともその拡充・実現にこぎつけるべきである。捜査段階においては、被疑者は事実上の取調べ受忍義務のもと、たとえ黙秘権を行使することを表明していても連日長時間にわたって取り調べが行われることがあり、このこと自体が自白強要につながり、えん罪の温床となりうることに留意すべきである。黙秘権の実質的保障を目指した制度化を進めるべきである。

なお、2022（令和4）年7月より、法務省内には「改正刑訴法に関する刑事手続の在り方協議会」が設けられ、2016（平成28）年刑訴法改正後の規定の施行状況に関する協議や制度・運用における検討すべき課題を議論・整理することとなっている。録音録画制度、協議合意・刑事免責制度、通信傍受制度、証拠開示の拡充等、改正後の運用状況について幅広く意見交換がなされることが期待される。

### (2) 再審制度の拡充について

再審制度に関しては、長年改正が見られない点であ

るが、今日においても重大な事件における再審事件が相次いでいることに鑑みれば、再審手続における証拠開示制度の創設なども検討すべき課題である。日弁連は、2018（平成30）年10月23日付で「えん罪を防止するための刑事司法改革グランドデザイン」を発表し、2019（令和元）年10月の人権擁護大会で、①再審請求手続における全面的な証拠開示の制度化の実現、②再審開始決定に対する検察官による不服申立ての禁止を含む再審法の速やかな改正を求める決議を採択した。これらを推し進めるべく、2022（令和4）年6月には再審法改正実現本部を設置し、えん罪を防止するための刑事司法改革の全体構想の制度化、法制化の実現に努めている。

### (3) 被害者参加制度について

被害者参加制度が実現されて久しいところであり、

## 第2 近時の刑事法制

### 1 性犯罪関係の刑法・刑訴法改正等

2023（令和5）年6月16日、刑法及び刑訴法の一部改正と、性的な姿態を撮影する行為等の処罰及び押収物に記録された性的な姿態の影像に係る電磁的記録の消去等に関する法律が成立し、同月23日に公布された。改正の主な概要は以下のとおりである。

### (1) 性犯罪についての公訴時効期間の延長（刑訴法250条3項、4項）

不同意わいせつ等致傷など従前15年の公訴時効期間が定められていた罪については20年に、不同意性交など従前10年の公訴時効期間が定められていた罪については15年に、不同意わいせつなど従前7年の公訴時効期間が定められていた罪については12年に、それぞれ公訴時効期間が延長され、また、犯罪行為が終了した時点で被害者が18歳未満の場合には、18歳に達するまでの期間を公訴時効期間に加算することとされた。

### (2) 強制わいせつ罪、強制性交罪等の要件の改正

改正により、刑法177条の強制性交等罪及び準強制性交等罪は、不同意性交等罪に、刑法176条の強制わいせつ罪及び準強制わいせつ罪は、不同意わいせつ罪に、それぞれ罪名が改正された。

また、従前の暴行・脅迫要件、心神喪失・抗拒不能要件が改められ、8項目の対象行為又は対象事由（①

この間、裁判員裁判事件を含め多くの事件で被害者参加制度により、被害者の声が法廷に直接的に顕出されてきたところである。

もっとも、本来、一方当事者として被告人が主体となるべき刑事法廷において、被害者や被害者遺族による苛烈な被害感情が顕出され、それにより事実認定が歪められることがあってはならないことは当然のことであり、裁判所においては、適切な訴訟指揮や、適切な評議運営が求められるといえよう。また、裁判所、検察官、弁護人はもちろんのこと、被害者参加代理人として活動する弁護士においても、刑事訴訟法の基本原理や訴追されている被告人の防御権をきちんと意識した活動が求められるといえる。

暴行若しくは脅迫を用いること又はそれらを受けたこと、②心身の障害を生じさせること又はそれがあること、③アルコール若しくは薬物を摂取させること又はそれらの影響があること、④睡眠その他の意識が明瞭でない状態にさせること又はその状態にあること、⑤同意しない意思を形成し、表明し又は全うするいとまがないこと、⑥予想と異なる事態に直面して恐怖させ、若しくは驚愕させること又はその事態に直面して恐怖し、若しくは驚愕していること、⑦虐待に起因する心理的反応を生じさせること又はそれがあること、⑧経済的又は社会的関係上の地位に基づく影響力によって受ける不利益を憂慮させること又はそれを憂慮していること）と、「同意しない意思を形成し、表明し若しくは全うすることが困難な状態にさせ又はその状態にあることに乗じて」が要件として規定された。

また、膣又は肛門に身体の一部や物を挿入する行為は、不同意わいせつ罪ではなく、不同意性交罪となり、配偶者間において不同意性交等罪が成立することが明確化された。

### (3) 性交同意年齢の引き上げ

性交同意年齢が16歳に引き上げられた。なお、被害者が13歳以上16歳未満の場合には5歳差以上を要件とする。

### (4) 16歳未満の者に対する面会要求等罪

刑法182条が新設され、わいせつの目的で16歳未満の者に、威迫し、偽計を用い又は誘惑して面会を要求したり、拒まれたにもかかわらず反復して面会を要求したり、金銭その他の利益を供与し、又はその申込み若しくは約束をして面会を要求した場合には1年以下の拘禁刑又は50万円以下の罰金、上記により実際に面会した場合には2年以下の拘禁刑又は100万円以下の罰金、性交等をする姿態、性的な部位を露出した姿態の影像の送信を要求した場合、1年以下の拘禁刑又は50万円以下の罰金となることになった。

### (5) 性的な姿態を撮影する行為等の処罰及び押収物に記録された性的な姿態の影像に係る電磁的記録の消去等に関する法律の施行

正当な理由がない性的姿態の撮影などの処罰や、撮影罪又は記録罪により生じた複写物の没収規定、検察官が保管する押収物に記録されている電磁的記録についての消去に関する規定が定められた。

### (6) 被害者等の聴取結果を記録した録音録画媒体の証拠能力の特則

刑訴法321条の3が新設され、性犯罪の被害者等の聴取結果を記録した録音録画媒体に証拠能力の特則が設けられることになった。

## 2 少年法改正

改正少年法は、2022（令和4）年4月1日施行された。

まず、民法上成年となる18歳及び19歳の者も少年法の対象とし、特定少年として取り扱うこととした。民法上は成年であっても、18歳及び19歳の者は、「特定少年」として、少年法の適用対象となる。

特定少年の事件も少年事件であるため、従来通り、全件送致主義として、家庭裁判所に送致される。そのため、特定少年に対する処分も原則として保護処分が行われることになるが、特定少年の場合、保護処分に関して特例が設けられた。すなわち、保護処分の選択肢として、保護観察処分と少年院送致を規定し、保護観察処分とする場合には、6ヶ月または2年の保護観察とされた。

また、保護処分を決するにあたって、「犯情の軽重を考慮して相当な限度を超えない範囲内において」決めなければならないとされ、犯情を重視する方向に改正がされたとみることができる。特定少年に関して、

原則逆送とする範囲も拡大され、従来原則逆送の対象とされていた「故意の犯罪行為被害者を死亡させた罪」に加え、「死刑又は無期若しくは短期1年以上の懲役もしくは禁固に当たる罪」も対象とされた。このようなことからも、改正によって犯情を重視する傾向がより強まったといえる。

その他、特定少年に関しては、虞犯少年に関する規定が適用されないこととなるほか、特定少年の時に犯した罪によって公訴提起された場合には、推知報道の禁止規定が適用されない（少年法68条）こととなるなど、特定少年に関しては、従来の少年法の理念とは大きく異なる改正がされたことに注目すべきである。

少年事件に関する詳細は2023（令和5）年度法友会政策要綱特集の「第7　少年司法制度をめぐる問題」を参照されたい。

## 3 その他、令和4年刑事法関連の改正事項について

令和4年刑法、刑訴法等改正では、上記以外に、新たな拘禁刑の創設や、執行猶予制度の拡充なども盛り込まれたが、2023（令和5）年度法友会政策要綱特集の「第9　刑罰の在り方の問題」を参照されたい。

## 4 保釈中の被告人や刑確定者の逃走防止関係

2023（令和5）年5月17日、刑訴法等の一部を改正する法律が成立し、同日交付された。

主な改正点は、以下のとおりである。

### (1) 実刑判決宣告後における裁量保釈要件の明確化

刑訴法344条2項が新設され、実刑判決宣告後の保釈について、勾留による不利益の程度が著しく高い場合でなければならないと規定されることとなった。

### (2) 公判期日への出頭等を確保するための罰則（公布から6ヶ月以内施行）

勾留の執行停止期間満了後の被告人の不出頭罪、保釈等をされた被告人の制限住居離脱罪、公判期日への不出頭罪などが定められた（刑訴法95条の2、95条の3、98条の3、278条の2及び484条の2）

### (3) 報告命令制度の創設（公布から6ヶ月以内施行）

裁判所は、保釈に際し、被告人等に対し、住居、労働の状況等の事項について、定期的に又は変更が生じたときに報告することを命じることができるとされた

（刑訴法95条の4）。

**(4) 判決宣告期日への出頭義務付け（公布から6ヶ月以内施行）**

　拘禁刑以上の刑にあたる罪で起訴されている被告人で、保釈されているものに対し、原則として判決期日への出頭を命じることとされた（刑訴法390条の2）

**(5) 監督制度の創設（公布から1年以内施行）**

　現行運用上の身元引受人に加えて、裁判所からの命令により被告人と共に出頭することなど、法律上の義務を有する監督者制度が創設された（刑訴法98条の4ないし11）。

**(6) 出国制限制度の創設（公布から2年以内施行）**

　実刑判決を受けた者が出国するには裁判所の許可と保証金の納付が必要となった（刑訴法342条の2）。

**(7) GPS制度の創設（公布から5年以内施行）**

　位置情報端末により保釈されている被告人の位置情報を取得できることとなった（刑訴法98条の12ないし24）。

## 5　刑事手続における情報通信技術の活用

　2020（令和2）年7月に閣議決定された「IT新戦略」等において、捜査・公判のデジタル化方策の検討を開始することとされたことを踏まえ、法務大臣の指示に基づき、刑事法研究者や実務家等を構成員とする検討会（「刑事手続における情報通信技術の活用に関する検討会」）が開催されている。

　2021（令和3）年3月31日の第1回会議が開催されて以後、検討会での審議が続けられているが、論点項目としては、①書類の電子データ化、発受のオンライン化（書類の作成・発受、令状の請求・発付・執行、電子データの証拠収集、閲覧・謄写・交付、公判廷における証拠調べ）、②捜査・公判における手続の非対面・遠隔化（取調べ等、被疑者・被告人との接見交通、打合せ・公判前整理手続、証人尋問等、公判期日への出頭等、裁判員等選任手続、公判審理の傍聴）、③その他、と多岐にわたっており、この検討会の後、法制審議会に諮問され、法制審議会刑事法（情報通信技術関係）部会においてさらに検討されることになると考えられる。

　なお、刑事手続のIT化については、第3「刑事弁護のIT化」を参照されたい。

# 第3　刑事弁護のIT化

## 1　刑事手続全般のIT化に関する検討状況

　刑事弁護のIT化における「IT」とは、インフォメーション・テクノロジー（Information Technology）すなわち情報技術の略語で、インターネットなどの通信とコンピューターなどの情報機器を組み合わせて活用する技術全般を指す用語として広く用いられている。

　刑事手続についても、ITの活用が検討されるようになっており、法務大臣の指示に基づき、刑事法研究者や実務家等を構成員とする検討会が設置され、2022（令和4）年3月15日付「『刑事手続における情報通信技術の活用に関する検討会』取りまとめ報告書」（以下、単に「報告書」という。）が作成された。

　報告書は、「現行の刑事訴訟法の制定後70年以上が経過する間に、社会の状況は大きな変貌を遂げた。特に、情報通信技術の進展は目覚ましく、かつて紙媒体が担っていた役割は、多くの場合、電子データによって代替されているほか、近時においては、画像・映像等を含む大量の情報を遠隔地間で瞬時に送受信することや、オンラインで接続してリアルタイムで映像と音声を送受信し、遠方にいる相手の顔を見ながら意思疎通を行うことを可能とするような技術とそのための社会基盤が汎用化し、社会生活・日常生活の様々な場面で活用されるに至っている。そうした情報通信技術は、今後も進展を続けることが明らかである。」「情報通信技術を活用し、刑事手続の全般にわたって、書類を電子データとして作成・管理し、オンラインで発受し、捜査・公判における手続を非対面・遠隔で実施できるようにすることは、円滑・迅速な適正手続の遂行に資するとともに、これらの手続に関与する国民の負担を軽減することにも資すると考えられる。」としている。

　日弁連は、2022（令和4）年3月15日、「刑事手続における情報通信技術の活用に関する検討会『取りまとめ報告書』に関する会長談話」を発出し、情報通信技術の活用は被疑者・被告人の権利利益の保護・実現に

資するものでなければならないとの観点を示した上で、「当連合会は、報告書の取りまとめには賛同する。今後、取りまとめを受けた刑事訴訟法等の改正の議論が開始された際には、以上の観点を踏まえた上で、情報通信技術が国民の権利利益の保護・実現のために活用されるようにすることを求めるとともに、証人喚問権・証人審問権などの憲法上保障された権利が制約されることのないよう、慎重な検討を求めていく。」とした。

その後、2022（令和4）年6月27日付法務大臣諮問により、法制審議会に刑事法（情報通信技術関係）部会が設置され、次の諮問事項について議論が行われた。

① 刑事手続において取り扱う書類について、電子的方法により作成・管理・利用するとともに、オンラインにより発受すること（書類の作成・発受、令状の発付・執行の手続、証拠開示等、公判廷における証拠調べ）

② 刑事手続において対面で行われる捜査・公判等の手続について、映像・音声の送受信により行うこと（弁解録取・勾留質問・取調べの手続、被疑者・被告人との接見交通、裁判所の手続への出席・出頭、証人・鑑定人の尋問及び通訳、公判手続の傍聴）

③ ①及び②の実施を妨げる行為その他情報通信技術の進展等に伴って生じる事象に対処できるようにすること（①及び②の実施を妨げる各種行為に対応できるようにすること、新たな形態の財産の生成・取得・保管・移転により行われる犯罪事象に対処できるようにすること、その他情報通信技術を利用して行われる犯罪事象に対処できるようにすること）

日弁連は、2023（令和5）年7月13日、「市民の権利を保護・実現する刑事手続のIT化を求める意見書」を発出し、「刑事手続のIT化は、市民の権利を保護・実現する観点から進められるべきであり、オンラインの活用による電子データの授受を含む接見交通権の拡充や、証拠開示のデジタル化による防御権及び迅速な裁判を受ける権利の実現が図られるべきであ」り、また、「刑事手続のIT化は、憲法上の権利である証人審問権や対面で手続に参加する権利などの市民の権利を制約しないものとすべきである。」とした。

その後、2023（令和5）年12月18日に賛成8名、反対1名で要綱（骨子）案（以下「本要綱案」という。）が可決され、2024年（令和6）年2月15日の法制審議会総会（第119回）でも賛成12名、反対1名、棄権1名で可決された。

日弁連は、2023（令和5）年12月18日、「法制審議会刑事法（情報通信技術関係）部会の要綱（骨子）案に反対する会長声明」を発出して、この要綱（骨子）案を強く批判し、「要綱（骨子）案は、国民の権利利益の保護・実現のために必要な制度を設けないものとする一方で、専ら捜査機関の便宜のための制度を羅列し、プライバシーの権利を始めとする憲法上の権利を保護する仕組みを欠く内容であって、検討会において確認された基本的認識に反すると評価せざるを得ないものである。とりわけ、訴訟に関する書類を電子化し、令状手続のほか、勾留質問や弁解録取手続をオンラインで実施する規定を新設する一方で、被疑者・被告人がオンラインで弁護人等と接見し、電子化された書類を授受する権利を実現する制度を設けないものとしていることは、著しく不公正である。」「他方、要綱（骨子）案は、検討会では議論されていなかったものを含む、新たな罰則や強制処分を創設するものとしている。とりわけ、電磁的記録提供命令の創設は、捜査機関が、電磁的記録を利用する権限を有する者に対して、刑事罰をもって、電磁的記録の提供を強制することができるようにするものである。デジタル社会と呼ばれる今日、スマートフォンやクラウドには、大量のプライバシー情報や業務上の秘密が電磁的記録として保管されている。」「要綱（骨子）案は、デジタル社会において、国民の「私的領域に侵入されることのない権利」やプライバシー権を保護する視点を全く欠いたものである。要綱（骨子）案は、電磁的記録提供命令について厳格な要件を設けておらず、情報を取得された国民にその旨を通知して不服申立ての機会を保障することもせず、違法な処分によって取得した電磁的記録の消去も義務付けていない。」としている。

刑事手続のIT化は、刑事手続を効率化することで手続関与者の負担を軽減することを目指すものであるが、そのことが重視されるあまり、被疑者・被告人の十分な防御権行使に支障が生じてはならない。

そこで、本要綱案の内容を踏まえつつ、今後、法制化や運用についてさらに議論が深められるべき課題として、特に注目すべきといえる証拠開示と接見交通の2つについて以下で概観する。

## 2 証拠開示

刑事弁護活動において、検察官開示証拠その他の訴訟関係資料の謄写が、弁護人の多大な負担となっていることは、周知のとおりである。

事実関係の複雑な事件や、事実関係に争いのある事件はもちろんのこと、それ以外の事件についても、検察官請求証拠を謄写してこれを被告人とともに検討することは、刑事弁護活動に欠かせない防御準備の第一歩である。そのためには、弁護人が証拠の謄写物を入手した上で、これを接見室に持参して被告人に示したり、あるいは、その写しを作成して被告人に差し入れたりする必要がある。弁護人が謄写を申請し、謄写代金を支払って謄写物を受領し、これを被告人と共有するには、一定の時間と労力を費やさざるを得ない。とりわけ、公判前整理手続に付された事件では、証拠の分量が膨大なものとなるために、謄写申請から謄写物の入手までに長期間を要したり、謄写費用が多額にのぼったり（国選弁護事件では、謄写費用は事件終了時に支給されるが、逆にいえば、事件終了時までは弁護人が負担することになる）、被告人との証拠の共有・確認のための打ち合わせに時間を費やしたりすることとなり、その負担はより一層大きなものとなっている。

これに対して、検察官の証拠開示をIT化することができれば、このような弁護人の負担は大幅に軽減されると考えられる。すなわち、検察官が、開示証拠を電子データとして管理して、これを弁護人にオンラインで共有することができれば、証拠開示に伴って必要となる謄写に関連する事務作業が大幅に省力化されることになるから、事務作業による手続の遅延も解消され、弁護人と被告人の打ち合わせの時間など実質的な防御準備のための時間も増えることになる。そうすると、証拠開示のIT化は、刑事弁護の充実・効率化の観点から、非常に重要な課題であるといえる。この点、本要綱案は、証拠を電磁的記録により作成する旨を定めた上で、「電磁的記録である証拠の閲覧等の機会の付与」については、電磁的記録の複写・印刷等の方法によることを可能としている。その具体的な運用は、検察官が、電磁的記録である証拠（主としてPDFファイルの形式で作成されたもの）を、オンライン経由で、弁護人に提供する方法が採られることが見込まれる。刑事弁護の充実・効率化がどこまで実現できるかについては、電磁的記録である証拠に含まれる特定の文言を検索することができるかなど、運用において定められるべき事項が重要な意味を持つことになると考えられる。

他方で、本要綱案には、セキュリティ措置の規定は設けられなかった。証拠開示のIT化を実現するためには、一定の情報セキュリティ措置を講じることが必要であることは否定しがたい。開示証拠が電子データとして共有されたならば、電子データは複製が容易であることから、紙媒体と比べれば流出のおそれが高まることは否定し難く、一度電子データが流出した場合には、インターネットを通じて短時間のうちに広く拡散するおそれがあるからである。しかし、日弁連は2022（令和4）年6月10日に弁護士情報セキュリティ規程の制定を可決しており、また、刑訴法281条の3は弁護人に開示証拠の適正管理義務を課している。個々の弁護士がこれらを遵守して、合理的な水準のセキュリティを確保することを通じて、防御権行使をさらに充実させる方策につなげていくことができるよう、継続的に取り組んでいく必要が高い。

## 3 接見交通

刑事弁護活動において、被疑者・被告人と会うために、弁護人が刑事収容施設まで赴いて接見することが、弁護人の多大な負担となっていることは、周知のとおりである。

接見交通権は、憲法上の権利である弁護人選任権に由来する重要な権利であって、被疑者・被告人との打ち合わせの必要が生じた場合には、弁護人は速やかに接見に赴かねばならない。ところが、被疑者・被告人が収容されている施設が弁護人事務所から離れていたり、面会室の数が限られていたり、面会受付時間が制限されていたりすることで、弁護人が接見に困難を感じることはしばしばである。

これに対して、接見交通をIT化して、オンライン接見を実施することができれば、このような弁護人の負担は大幅に軽減されると考えられる。すなわち、弁護人が、遠隔地からビデオリンク方式により被疑者・被告人と接見したり、電子データの送受信によって書類の授受をしたりすることができれば、弁護人が物理的に刑事収容施設まで移動する必要がなくなり、弁護人の移動時間が節約でき、弁護人が実質的な防御準備のために費やすことができる時間も増えることになる。

そうすると、接見交通のIT化は、刑事弁護の充実・効率化の観点から、非常に重要な課題であるといえる。

しかしながら、本要綱案には、オンライン接見については何らの定めも設けられなかった。報告書においては、「身体の拘束を受けている被疑者・被告人にとって、刑事施設・留置施設が弁護人等の法律事務所から遠く離れている場合等も含め、弁護人等の援助を受けることは重要な権利である」ことや、「『アクセスポイント』方式による外部交通など、実務的な運用において現実的に検討し得る選択肢があること」が指摘されており、また、日弁連が、2023（令和5）年12月18日、「法制審議会刑事法（情報通信技術関係）部会の要綱（骨子）案に反対する会長声明」に示されているように、「全国56の弁護士会及び弁護士会連合会がオンライン接見の早期の実現及び法制化を求めて公表している会長声明等に示されているように、迅速かつ十分な弁護人の援助を受けることができるようにするために、オンラインで接見する権利を認めるべき必要性は明白である。」という状況があったにもかかわらずである。

本要綱案に基づく法案の国会への提出はいまだ行われていないため、今後、国会審議においてオンライン接見を実現することができるよう適切な働きかけを行うことが必要である。また、報告書で指摘された、「物的設備、人的体制等を考慮しつつ、なりすましや弁護人等以外の第三者の同席の防止、被疑者・被告人の逃走や自傷等の防止、情報セキュリティの確保等をどのようにして担保するのか」などの検討課題については、法制審議会と並行して行われてきた実務者協議において、このような課題を踏まえつつ、外部交通・電話連絡（非対面外部交通）の拡充と秘密性担保を同時に実現する具体的な方策の検討を続けることで、オンライン接見の実現を目指すことが期待される。

諸外国では、既に、接見交通のみならず、外部交通一般について、ビデオ会議システムが利用されていることは、刑事法（情報通信技術関係）部会の資料においても確認されている。オンライン接見を権利として定めることになれば、それに応じた予算措置が必要になることは確かだが、それは刑事手続のIT化全般についてあてはまることであるし、予算が十分に確保できないから権利化ができないというのは本末転倒である。どのような物的設備、人的体制が必要になるのか、どのような予算措置が必要になるのかなどについて具体的な検討を行うとともに、オンライン接見が留置業務の効率化につながる面があることも踏まえて、諸外国の例を参考にしつつ、オンライン接見を実現するための方策について検討を進めていく必要がある。

# 第4　裁判員裁判・公判前整理手続・証拠開示

## 1　裁判員裁判の現況と成果

「裁判員裁判の導入の意義」は2021（令和3）年度法友会政策要綱164〜165頁参照されたい。

最高裁発表の統計に照らすと、2009（平成21）年5月21日の制度開始以後、大きな混乱はなく、概ね順調に推移しているものと評価しうる。

最高裁判所は、毎年、裁判員に対するアンケート結果を公表しており、それによれば、審理が「わかりやすかった」と回答する裁判員は7割程度にのぼっており、また、裁判員として参加したことについて「非常によい経験」あるいは「よい経験」と感じた裁判員経験者の回答は一貫して95％を超えている。

裁判員裁判の導入により、従来なされてきた供述調書の取調べを基本とする審理から、人証中心の審理へと変化し、冒頭陳述、論告、弁論等も書面に頼らない方法へと変化しており、直接主義・口頭主義という本来あるべき刑事訴訟の審理がなされるようになっているといえる。そして、裁判所主催で実施されている裁判員経験者との意見交換会などによれば、裁判員は無罪推定の原則に従った判断をしようとする姿勢が伺われ、刑事訴訟法の原則に従った裁判が行われているとみることができる。

また、裁判員制度導入により、取り調べられる書証はわかりやすいものとなり、証人尋問や被告人質問など人証を中心とし、「見て、聞いて、わかる」裁判が深化しつつある。さらに、手錠・腰縄を解錠したのち、裁判員と裁判官が入廷する、被告人の着席位置を弁護人の隣にする、服装も相応な服装で出廷することを認めるなどの運用もされ、被告人の人格に配慮し、裁判員が不当な予断や偏見を抱かないような運用が心がけ

られている。こうした変化は、刑事裁判の改善に資するともいえ、今後もかかる方向性を推し進めるべきである。

## 2 裁判員制度の課題

### (1) 説示や評議のあり方

裁判員法39条は、「裁判長は、裁判員及び補充裁判員に対し、最高裁判所規則の定めるところにより、裁判員及び補充裁判員の権限、義務その他必要な事項を説明するものとする」と規定しており、裁判所はその説明案を公表し、裁判員選任時には概ねその説明案に沿った説明がなされている。

無罪推定の原則、合理的疑いを容れない程度の立証といった基本原則に基づかない刑事裁判がもし行われるようなことがあれば、被告人の適正な裁判を受ける権利が侵害されるのみならず、裁判員裁判も十分機能しないおそれがある。裁判所に対し、裁判員選任時以外にも証拠調べ開始時、評議開始時などに重ねて基本原則について説明をするなどして十分裁判員が理解した上で審理、評議に臨めるように説明の徹底を求めるべきであり、弁護人としても、事案によっては弁論などにおいて、具体的に立証の程度などに言及する必要がある。

また、評議の内容については、裁判員に守秘義務が課されているために公表されておらず「ブラックボックス」となっていたが、2013（平成25）年から毎年、東京三会裁判員制度協議会は、典型的な事案を題材とし、裁判員役を一般市民の中から選び、現職の裁判官3名の参加を得て模擬裁判・評議を実施している。現実の裁判員裁判におけると同様の評議の進め方を確認する貴重な機会であり、今後も継続して行うべきである。評議が適切になされているか否かは、裁判員裁判がその目的に合致した制度となり運用がなされているかに大きく関わるものであり、常に検証しなければならないものと考えられる（なお、2020〔令和2〕年は新型コロナウイルス感染症拡大のため、開催を見送った）。

さらに、裁判員の守秘義務を、検証目的の場合には解除するなどの方法により、検証の支障にならないようにする方策も検討すべきであろう。

### (2) 公判審理

刑事裁判では、事案によっては、遺体写真や被害現場の写真など凄惨な証拠を取り調べることがある。裁判員裁判の証拠調べに関し、強盗殺人事件の審理にかかわった裁判員が、殺害現場のカラー写真を見たり、通報時の音声を聞いたことで急性ストレス障害を発症したとして国家賠償を求める訴訟が提起されたことがあった。検察官請求証拠の必要性に対するチェックは、刑事弁護の観点から、まず弁護人においてなされるが、この事件を契機として、裁判所では、裁判員の心理的な負担を考慮して、公判において取り調べる証拠について、立証趣旨との関係で書証の必要性を慎重に吟味する運用がなされるようになった。

確かに、審理を行うにあたって、過度に凄惨な証拠を取り調べる必要がないのに、あえて凄惨な内容の証拠を取り調べることは許されないし、裁判員の精神的負担に配慮すべきといえる。しかしながら、例えば、死因が争点となっていて、鑑定人が遺体の状況を証人尋問で説明する必要がある場合など、傷口の写真や遺体の状況の写真などが、当該事件の争点にとって重要な証拠となったり、証人尋問において必要な証拠となるケースもあるから、審理のために必要な場合にまで、傷口や遺体の写真の取り調べを抑制するべきではないと思われ、この点は、個々の弁護人が、都度その必要性を慎重に吟味して、意見を述べるべきであろう。

### (3) 裁判員が参加しやすい環境の整備と市民向けの広報

裁判員制度は、広く国民が参加し、国民全体で支えるものとする必要があり、そのためには、国民が裁判員として参加しやすいように職場などの労働環境を整えるとともに、託児所・介護制度等の充実も図らなければならない。

そして、国民が、司法は自らのものであり主体的に担うものであるという自覚を持って参加するよう裁判員制度に関する理解を深めるため、情報提供や広報活動も積極的に行うことが重要である。裁判員裁判に参加した裁判員の意見は参加して良かったとするものが多くを占めているが、一般国民の裁判員への参加意欲は必ずしも高いものとはいえない。裁判員に守秘義務が課されているため、その経験を社会で共有することができないという根本的な問題はあるが、まずは我々弁護士・弁護士会が、引き続き裁判員裁判に対する広報を行う必要性は高いといえる。

特に近時、選任手続期日への出席率の低下が顕著で

122　第3部　刑事司法の現状と課題

あることが指摘されている。裁判員制度は市民の参加に支えられて初めて成り立つ制度であり、このまま出席率の低下が続けば制度の存続も危うくなりかねない。市民の参加を促すための啓蒙、広報活動をさらに強化し、市民の参加を妨げる要因を除去するほか、裁判員となることへの市民の不安を取り除く努力を今後も継続することが必要である。また、2016（平成28）年5月に福岡地裁小倉支部に係属していた殺人未遂被告事件において、被告人の知人暴力団員が裁判員に対し「よろしく」と声をかけた事件があった。裁判員になることへの不安をなくすため、このような事件が起きないように公判審理係属中に裁判所で他者と接触する機会をできるだけ少なくするようにするなど再発防止策を確立することも必要である。

また、犯罪報道によって裁判員に予断を生じさせるおそれがあることも懸念されており、犯罪報道のあり方についての提言、具体的な犯罪報道に対する意見表明、積極的に被告人の立場からの報道を求めるなどの活動も広報活動の一環として必要である。

### (4) 一審裁判員裁判事件の控訴審の問題

裁判員制度を導入する際、控訴審を従来どおり3人の職業裁判官だけで構成した場合、控訴審において裁判員が加わって行った原審の事実認定や量刑判断を変更することが裁判員制度の趣旨と調和するのかとの疑問から、控訴審に特別の規定を設けるべきとの意見もあった。これに対しては、一審判決を尊重し、控訴審は事後審として原判決の認定に論理則・経験則に違反する誤りがあるかどうかの判断に徹すれば問題ないとする意見があり、結局、裁判員法では特別な規定を設けなかった。そして、この後者の考え方は、最高裁2012（平成24）年2月13日判決で確認された。

ところが、その後、大分地裁が言い渡した一審無罪判決に対する控訴事件において、福岡高裁は延べ50人を超える証人尋問を実施した上で、原審判決は論理則・経験則等に違反するとして逆転有罪を言い渡した（2013〔平成25〕年9月20日判決）。このような事例に鑑みると、控訴審のあり方について明文の規定なしに運用のみで事後審に徹するということには限界があり、例えば裁判員裁判の無罪判決に対しては検察官控訴を制限したり、上訴理由の特則を設けたりするなどの立法的な解決を含めた改善が検討されるべきである。

### (5) その他の裁判員制度自体の問題点
#### ア 裁判員対象事件について

裁判員法では、「死刑又は無期の懲役若しくは禁固にあたる罪にかかる事件、裁判所法第26条第2項第2号に掲げる事件であって、故意の犯罪行為により被害者を死亡させた罪にかかるもの」について基本的に裁判員対象事件とされているが、覚せい剤事犯、性犯罪事件、少年逆送事件などを裁判員対象事件とすべきか否かについて、様々な観点から議論がされている。また、むしろ裁判員対象事件を拡大すべきとの意見のほか、逆に否認事件に絞るべきとの意見もある。裁判員対象事件については、様々な意見があり得るところであって、それらの様々な意見を十分検討した上で、一定の結論を出すべきである。

#### イ 裁判員裁判における量刑の問題

裁判員が量刑を判断するのは困難であるとして量刑を裁判員の判断対象からはずすべきとの意見もあるが、量刑にこそ社会常識を反映させるべきであるとの意見もある。裁判員裁判は、職業裁判官の判断よりも厳罰化の傾向にあるとの指摘もある一方で、職業裁判官による判断よりも軽い量刑がなされたと考えられる事件も少なからずある。いずれにしても、量刑についての評議は適切になされなければならず、必要以上の厳罰化は避けなければならない。弁護人は、一般市民感覚に則して裁判員に理解を得られるように情状事実を主張すべきである。

裁判員裁判では、このように量刑に市民の感覚を反映させることが一方で期待されているが、他方で刑の公平性の確保という観点も軽視することはできない。このため、裁判員裁判導入決定後、重要な犯情事実（動機、行為態様、結果など）で量刑の大枠を決めた上で、その範囲内で一般情状（年齢、家庭環境、反省の程度など）を調整要素として具体的な量刑を決めるという量刑判断のプロセスが一般化し、かかる量刑判断のプロセスを強く意識した評議がなされているようである。そして、基本的な量刑因子（検索項目）を入力して検索することにより裁判員に同種事例の大まかな量刑の傾向を視覚的に把握することができる「量刑検索システム」が裁判所に整備され、裁判員裁判を担当する弁護人、検察官も裁判所の専用端末を操作して同システムを検索することが可能となっている。かかる量刑検索システムは、裁判員の量刑判断に資するものであり、

第4 裁判員裁判・公判前整理手続・証拠開示　123

また刑の公平の観点からも積極的に評価しうるものではあるが、他方で、検索項目と量刑データの入力が適切になされているかが原判決にアクセスできないために検証できないことや、どのような検索項目で検索するかにより量刑グラフの傾向が異なることがあり得るなどの問題もある。弁護人としては、「量刑検索システム」を活用しつつ、量刑の大枠の設定のあり方を被告人・弁護人の立場から主張し、また量刑の大枠の中での当該事件の位置付けを被告人・弁護人の立場からより具体的、積極的に主張するなどして、適切な市民感覚に即した量刑判断を求めていく弁護活動が求められる。

さらに、被害感情等の純然たる量刑証拠が犯罪事実の存否の判断に影響を与えないために、犯罪事実の存否に関する判断の手続と量刑の判断の手続を明確に分けるべきとの見解もあり（手続二分論）、具体的事件によっては、弁護活動のために手続を二分するのが有益な場合もあることから、運用、制度化両面から検討すべきである。

**ウ　その他の制度上の問題点**

そのほか、部分判決制度や裁判員選任手続など通常事件とは異なる制度や、被告人の防御権、少年逆送事件、外国人事件、被害者参加と弁護活動の影響、被告人の選択権を認めるべきか、死刑求刑事件の審理のあり方、評決のあり方（過半数とするのが適切か）など裁判員制度には様々な検討課題がある。これらについても検討を加えるべきであるが、その際、国民の司法参加の観点、被告人の権利保障の観点等様々な観点から検討を加える必要がある。

## 3　裁判員裁判に関する今後の弁護士・弁護士会の活動

### (1)　裁判員裁判の改善にむけた検討

裁判員法附則9条において、法の施行後3年を経過した時点で、同制度に検討を加え、必要があるときは、「所要の措置を講ずるものとする」とされている、現に、法務省に設置された「裁判員制度に関する検討会」において検討が行われたが、前述のように、日弁連の提言は多数意見とはならず、2015（平成27）年6月の法改正は、審理期間が著しく長期にわたる事件の除外や災害時における裁判員候補者の呼び出しのあり方などといった細部の修正に止まった。

そして、裁判員制度開始10年を迎えた2019（令和元）年5月、最高裁事務総局は、「裁判員制度10年の総括報告書」をまとめ、10年間の詳細なデータやアンケート結果などをもとに、裁判員裁判の成果と課題を明らかにした。この「裁判員制度10年の総括報告書」は、裁判員裁判の成果を積極的に評価しつつ、課題については、公判前整理手続の在り方、事案に即した適切な主張・立証の在り方の探求、裁判員の視点・感覚の更なる反映、判決書の内容の在り方など、現行制度の中での検討をするにとどまっており、制度それ自体の改善、見直しにまで立ち入ったものにはなっていない。

しかしながら、裁判員制度には前述のような課題が多く残されており、絶えず見直しを図ってゆく必要がある。日弁連・弁護士会としては、今後、さらなる裁判員裁判の実践を踏まえた検証を行い、引き続き粘り強く制度の改善を求めて提言等の活動をしていくべきである。

### (2)　弁護士会内の研修体制

裁判員制度においては、公判審理のあり方の変容にともなって、我々弁護士の弁護活動も、これまでのものとは異なったものが要求されるようになった。

裁判所が実施している裁判員経験者を対象としたアンケートによれば、法廷での訴訟活動のわかりやすさについて、弁護人の説明が検察官の説明よりわかりにくいという結果がでている。例えば、早口や声が聞き取りにくいなど話し方に問題があるとの指摘は、検察官に対するものの2倍以上であった。従前であれば裁判官が弁護人の意図をくみ取ってくれたことでも、裁判員には理解されないことがある。弁護士及び弁護士会は、新しい裁判員裁判に対応した弁護活動の在り方について十分な検討を行うとともに、その検討結果を早期に一般の会員に対して伝えて、多くの弁護士が裁判員制度を熟知し、この制度に適応した弁護技術を習得して裁判員裁判における弁護活動を担えるよう今後も継続的に取り組む必要がある。また、広報との関係でいえば、広く国民にこの制度を理解してもらうため、一般国民に直接接する弁護士が裁判員制度についての情報発信をできる態勢にあることも必要であり、このためにも研修は重要である。

東弁では、各種の裁判員裁判のための専門講座や裁判員裁判対応弁護士養成講座、また、裁判員裁判を経験した弁護人を呼んだ経験交流会も定期的に行ってい

るが、今後もこれらの講座や交流会を継続的に行うべきである。そして、実際に裁判員裁判が始まった現状のもとでは、裁判員裁判の検証の成果を踏まえた、最新の情報に基づくものとすべきである。

### (3) 裁判員裁判に対応する弁護体制の構築

裁判員裁判においては、連日的開廷が実施され、弁護人が1人だけで弁護活動を行うことが困難となり、複数人で弁護団を組む必要性が高い。

また、裁判員裁判は従来型の刑事裁判とは異なる弁護活動も要求されることから、弁護団に裁判員裁判に習熟した弁護人が入る必要がある。このようなことから、裁判員裁判の場合には基本的に複数の弁護人が就くべきであり、国選弁護人の場合には全件について複数選任の申出を行うべきである。

東弁では、2010（平成22）年3月から、裁判員裁判対象事件に特化した裁判員裁判弁護人名簿を整備し、裁判員裁判に対応できる弁護士を捜査段階から配点できるようにすることとしているが、複数選任の場合における2人目の弁護人も裁判員裁判に習熟した弁護人が選任されることが望ましく、2015（平成27）年9月に規則を一部改正し、追加の国選弁護人候補者も、同名簿に登載されている者、一弁又は二弁の裁判員裁判サポート名簿に登載されている者又は刑事弁護委員会が推薦する者のいずれかでなければならないとした。

弁護士会としては、今後もこのような裁判員裁判に対応する弁護体制を充実させる取組みを継続すべきである。

## 4 公判前整理手続・証拠開示の運用状況

### (1) 第1回打合せ期日の早期化

東京地裁では、検察官からの証明予定事実記載書の提出及び請求証拠の開示を、起訴日から2週間経過した日までになされる運用を定着させている。この運用を前提として、起訴日から1週間程度のうちに打合せ期日を入れ、その席上で公訴事実に対する意見等弁護側の対応を問うている。具体的には、公訴事実についての認否はもとより、弁護側が問題意識をもっている争点等について問われ、弁護側からの回答をもとにして、検察側の証明予定事実記載書の記載について濃淡をつけ、また証拠開示の準備や任意開示証拠の選定等の準備にメリハリをつけようというものである。

もちろん、拙速な意見や主張の開示は行うべきでは

ない（その意味から特に公訴事実に対する意見を明かせる場合は限られるであろう。）。しかしながら、可能な範囲で弁護側の問題意識を明らかにすることで防禦の充実につながることがあり、形式的な対応が相当ではない場合もあり得る。あくまでも当該事件において、よりよい弁護のために必要であれば、明らかにできる範囲で明らかにしていくことも柔軟に検討すべきである。

なお、部によっては上記の運用に拘泥せず、早期に打合せ期日を設けず、検察官の証明予定事実と証拠請求の後に、第一回打合せ期日を入れるなど、事案によって柔軟に対応している。

### (2) 東京地裁における運用の評価

上記の運用は、裁判所として争点の整理を早期に行うことを進める観点から、試行錯誤を繰り返した上でのことと考えられる。拙速な審理に応じる必要がないことはもちろんであるが、無用に長い時間をかけることも相当ではない。

審理の長期化が被告人のデメリットとなり得るという観点から、東京地裁の運用は、充実した審理（その前提となる適切な争点・証拠の整理）に資するものとして一定の評価ができよう。

むろん、今後もこのような運用が、裁判所側の便宜のために行われ被告人の権利をないがしろにすることのないよう、注視していかなければならない。

### (3) 証拠開示

類型証拠開示、主張関連証拠開示の他に、2016（平成28）年の改正刑事訴訟法で定められた証拠一覧表の交付も実務に定着している。

任意開示については、裁判所からの働きかけもあり、東京地検では、請求証拠の開示と同時ないしその直後に、一定の類型該当性が明らかな証拠が開示される運用がなされている。具体的には、5号ロ、7号、8号が多いようである。それ以外にも、前述の第1回打合せ期日において弁護側が問題意識を示せた場合には、それに関連する証拠が任意に開示される例もある。

この場合注意すべきは、その後に行うべき類型証拠開示においても、重ねて同号についても開示請求をすべきであるということである。任意開示はあくまでも任意開示であって、これらの類型に該当する他の証拠が、開示された証拠以外に存在しないことを意味しない。刑訴法316条の15に基づく請求をしてこそ、刑訴

規則217条の24に基づく不開示理由の告知を求められるのであるから、他の証拠の不存在は確認しておかなければならない。なお、東京地裁以外では、公判前整理手続においても「任意開示」のみで対応する運用がなされている庁もあるとのことであるが、この観点から相当ではないというべきである。

### (4) 裁判員対象事件以外の事件における任意開示

公判前整理手続が施行されてしばらく後より、裁判員対象事件以外であって、公判前整理手続や期日間整理手続に付されていない事件についても、弁護人の要請に応じて、任意開示を行う例が多くなっている。

実際には、類型証拠開示請求や主張関連証拠開示請求に準じた形式で書面を作成し、開示を要求することになる。否認事件であれば当然、自白事件であったとしても、何らかの有利な情状事実を見出すこともあり、積極的に活用していくべきである。また、否認事件等で公判前整理手続や期日間整理手続を求めていく場合、その前提として任意開示を求め、それでもなお十分な開示が得られないことを論拠として、これら手続に付すことを求めていくこともある。

もっとも、任意開示は、あくまで検察官が手持ち証拠を自由に取捨選択して開示したものにすぎないことに留意すべきである。弁護人としては、任意開示がされた場合でも、刑訴法で定められた類型証拠開示請求や主張関連証拠開示請求を積極的に行うべきと考えられる。

## 5 公判前整理手続・証拠開示に関する今後の課題

### (1) 手続・運用に習熟すること

裁判員裁判においては、裁判員の心に響く弁護活動を行う大前提として、公判前整理手続において適切な弁護方針を策定することが重要である。したがって、裁判員裁判を担う弁護士が、まずこの手続に習熟しなければならない。非対象事件においても、公判前整理手続の利用を積極的に検討することも必要である。そのために、我々弁護士会としては、その運用実態を把握するとともに、証拠開示に関する裁定決定例の集積・研究を進めなければならない。

### (2) 全面開示の法制化に向けて

証拠開示については一定の立法化がなされ、今後はそれをいかに適切に運用していくかという観点が重要

である。また同時に、改正法も100％満足ができるものではない。証拠は、国庫をもって収集した「公共財」とでも呼ぶべきものであり、本来は全面開示が当然と言わなければならない。また、他方で刑事事件の証拠はそれ自体極めてプライバシー性の高いものであることを十分に認識し、その取り扱いには厳重を期さなければならない。その扱いを前提として、弁護士会としては証拠の全面開示を法制化すべく運動を継続していかなければならない。

他方、再審事件における証拠開示の法制化は、実現されることはなかった。再審段階に至った後の証拠開示でえん罪が晴らされた件が多いことに鑑みれば、再審事件における証拠開示もその必要性において変わるところはないはずである。この点の法制化に向けた運動も継続していかなければならない。

### (3) 証拠開示の方法について

開示された証拠を謄写するにあたっては、多額の費用と相当の時間を要しているが、法務省の「刑事手続における情報通信技術の活用に関する検討会」にて2021（令和3）年3月31日から証拠開示のデジタル化も含めて検討されており、今後、注目されるところである。

### (4) 一覧表制度の課題について

公判前整理手続に付された事件について、検察官は、弁護人の請求により、手持ち証拠について、証拠一覧表を交付することとなっている。これは、検察官手持ち証拠の全体像を把握できなかった従前の制度と比べれば格段の進歩である。

しかしながら、現在交付されている一覧表は、単に番号と証拠の標目が付されているだけであり、当該証拠が検察官請求証拠あるいは類型開示証拠として開示されているものか否か、直ちに判然とせず、膨大な開示証拠と一覧表との照らし合わせを行う必要性があり、使い勝手が良くないという指摘もある。また、証拠の標目が「捜査報告書」とのみ記載されていることもあるため、一見してどのような内容の証拠かがわからず、開示を求めるか否かの判断の材料とならないこともある。

こうした点は今後改善が求められる。

### (5) 審理期間の長期化について

2023（令和5）年における裁判員裁判の実施状況等に関する資料（最高裁令和6年7月発表）によれば、裁

判員裁判対象事件における平均公判前整理手続期間は11.1ヶ月（自白事件8.2ヶ月、否認事件13.5ヶ月）、平均実審理期間（第一回公判から終局まで）は14.9日（自白事件10.3日、否認事件18.7日）となっており、制度発足当初から長期化している傾向がみられる（2010〔平成22〕年の平均公判前整理手続期間は5.4ヶ月〔自白事件4.6ヶ月、否認事件6.8ヶ月〕、平均実審理期間は4.9日〔自白事件4.0日、否認事件6.6日〕、2018〔平成30〕年の平均公判前整理手続期間は8.2ヶ月〔自白事件6.1ヶ月、否認事件10.0ヶ月〕、平均実審理期間は10.8日〔自白事件7.3日、否認事件14.0日〕である。）。

審理期間が長期化している要因は様々考えられるが、近時、裁判所は弁護人の予定主張や証拠意見の提出時期が遅延していることなどを指摘することがある。しかしながら、そもそも、予定主張や証拠意見を述べる前提として、類型証拠をはじめ、検察官から広範な証拠開示を受けることが必要不可欠である。現状では、類型該当性などを検察官が検討する時間が長引いたり、上記の通り一覧表の使い勝手の悪さから、弁護人が証拠開示請求を行うのに時間を要することがあることから、証拠開示の手続に時間が多くかかっていることが

要因の1つとして考えられる。これを解決するためには、すべての証拠を開示する制度の法制化が不可欠である。

また、争点及び証拠の整理が整い、公判前整理手続を終結できる段階に至ったとしても、実際に公判を行う日程を入れようとすると、当該裁判体で他の裁判員裁判の日程がすでに入れられていたり、検察官や弁護人の予定と合わないなどの理由から、公判審理を行う日程が相当程度先になることがある。もっとも、この問題を解消するために、公判前整理手続中に、公判審理日程を仮に押さえておく運用もされているところであるが、仮に押さえるとしても相当先になることがあり、裁判所においても裁判員裁判を行う刑事部を増やす等の方策が求められると思われる。

他方で、公判前整理手続において、弁護側が検察官から十分に証拠開示を受け、争点及び証拠の整理を行うことや、公判の審理においても必要な書証や人証を取り調べることは、被告人の防御権の保障の見地からも重要であるから、現在の証拠開示制度などを前提とすれば、審理期間の長期化は一定程度やむを得ない面もあるというべきである。

# 第5　人質司法の打破・弁護人立会権

## 1　勾留・保釈の課題

### (1) 勾留・保釈に関する憲法・国際人権法上の5原則と日弁連の意見

勾留・保釈に関する憲法・国際人権法上の原則として、①無罪推定の原則（憲法31条が保障していると解されるし、国際人権〔自由権〕規約14条2項が直接規定している。）、②身体不拘束の原則（同規約9条3項）、③比例原則（憲法34条が定める「正当な理由」を満たすためには、達成されるべき目的〔裁判権・刑罰執行権〕とそのために取られる手段〔勾留〕との間に、合理的な比例関係が存在する必要がある。）、④最終手段としての拘束の原則（「社会内処遇措置のための国際連合最低基準規則〔東京ルール〕」。1990〔平成2〕年国連総会で採択。同規則は、公判前拘禁の代替措置が法律上規定されることを前提にしている。）、⑤身体拘束の合理性を争う手段の保障の原則（人権〔自由権〕規約9条4項）を挙げることができる。

日弁連は、2007（平成19）年9月、「勾留・保釈制度改革に関する意見書」及び「勾留・保釈制度改革に関する緊急提言」を公表し、2009（平成21）年7月、「出頭等確保措置導入についての提言」を公表し、2012（平成24）年9月13日付けで、「新たな刑事司法制度の構築に関する意見書（その3）」を公表し、2020（令和2）年11月17日付けで「「人質司法」の解消を求める意見書」を法務大臣に提出し、人質司法の打破に向けて活動している。

### (2) 保釈保証保険制度等の導入

日弁連法務研究財団は、2009（平成21）年より、韓国の保釈保証保険制度を研究するとともに、我が国への同様の制度導入につき検討し、①全国弁護士協同組合連合会（全弁協）を保証機関とし、②損害保険会社とも連携して事業の継続性・安定性を維持し、③保証料率を保釈保証金の2%程度とすることなどを骨子とする「保釈保証制度」導入を提言する研究報告書を取

りまとめた。この保釈保証制度は、権利としての保釈について、貧富の差による差別の解消を図るものである。被疑者国選弁護制度と同様の発想に基づくものと言える。

これを受けて、日弁連は2011（平成23）年1月20日「保釈保証制度に関する提言」を行った。

その後、全国弁護士協同組合連合会を保証機関とし、保釈のための保証書（刑訴法94条3項）を発行する事業（保釈保証書発行事業）が、2013（平成25）年から開始され、旭川弁護士協同組合を除いて全国の単位弁護士協同組合で保釈保証書発行申請の取次が行われている。

これは、弁護士協同組合の組合員である弁護士が、保証する金額の2％に相当する手数料を支払うとともに、保証する金額の10％に相当する自己負担金を預けることにより、全国弁護士協同組合連合会が保証書を発行し、弁護士はそれを利用して保釈を実現することができるというもので、資力がない被告人についても保釈請求が容易に可能となるものであり、弁護士会は会員にこの制度を周知して、保釈率が向上するように働きかけをすべきである。

なお、制度開始以来2019（令和元）年8月31日までの間に、保釈保証金額が300万円を超えるものを含めて3,307件の保釈保証書が発行されているが、保釈保証金額が保釈保証書発行限度額300万円を超えるものを除いた保釈保証書発行件数3,058件のうち、2,146件（約70％）は保釈保証書のみで保釈が許可され、現金納付は行われていない（全国弁護士協同組合連合会ホームページより）。

### (3) 勾留を争い、保釈請求を励行する運動の展開

勾留、保釈の運用の改善については、積極的な刑事弁護活動が不可欠である。

運用・制度の改革、そして保釈保証制度の導入など保釈請求を容易にする環境の整備に努めつつ、具体的な事件において、弁護人は、勾留を争う活動や保釈請求等を積極的かつ果敢に実践する必要があり、日弁連及び弁護士会は、そのような運動の提起とそれに対する支援や情報提供を、随時、具体的に行っていくべきである。

近年、勾留請求却下率（検察官が勾留請求した被疑者人員に占める裁判官が勾留請求を却下した人員の比率）が上昇し、全国統計で2002（平成14）年は0.1％

であった勾留請求却下率が、2023（令和5）年の犯罪白書では3.8％となっている。保釈率（その年中に保釈を許可された人員の当該年に勾留状が発付された人員に対する割合）も、地方裁判所では、2003（平成15）年は12.6％であったが2011（平成23）年に20％を超え、2023（令和3）年の犯罪白書では32.2％となっている。これらは大きな成果であるといえるが、否認事件・共犯事件では保釈決定を得るのは困難な現状があり、上訴審での再保釈が認められない事例も一定数あり、人質司法の打破を実現したとまでは言い難い。これからも勾留を争い、保釈請求を励行していく弁護活動の実践と日弁連及び弁護士会の運動は手を緩めること無く継続して続けていくべきである。

### (4) 2016（平成28）年刑事訴訟法改正

2011（平成23）年5月に、法制審議会が設置した「新時代の刑事司法制度特別部会」やその作業分科会で、被疑者、被告人の身体拘束の問題についても検討が加えられたが、2016（平成28年）5月に成立した改正刑事訴訟法では、裁量保釈の考慮事情が明文化されるにとどまった。

裁量保釈の考慮事情として新たに加えられたのは、「保釈された場合に被告人が逃亡し又は罪証を隠滅するおそれの程度のほか、身体の拘束の継続により被告人が受ける健康上、経済上、社会生活上又は防御の準備上の不利益の程度その他の事情」であり、これらが明文化されたことにより強く意識され、裁量保釈が広く認められることが期待される。

特に、裁判員裁判をはじめとした連日公判期日が開かれる事件においては、被告人と弁護人のより緊密なコミュニケーションが必要である。したがって、争点手続の段階から積極的に保釈請求するべきであるし、証拠調べが終わっていないことをもって保釈に消極的な裁判官や検察官の態度を改めさせるべく、何度も保釈請求を行うべきであるし、準抗告や抗告申立ても積極的に行うべきである。

また、保釈に関しては、衆議院及び参議院の法務委員会で、「保釈に係る判断に当たっては、被告人が公訴事実を認める旨の供述等をしたこと又は黙秘していることのほか、検察官請求証拠について刑事訴訟法326条の同意をしないことについて、これらを過度に評価して、不当に不利益な扱いをすることとならないよう留意するなど、本法の趣旨に沿った運用がなされ

るよう周知に努めること」を法施行にあたり格段の配慮をすべき事項の一つとする附帯決議がなされた。

以上のような刑事訴訟法の改正や法施行にあたる附帯決議をふまえて、弁護士会は、より一層人質司法の打破に向けた活動を今後も継続して行うべきである。

### (5) 2023（令和5）年年刑事訴訟法改正

2023（令和5）年に刑事訴訟法の一部を改正する法律が成立し、保釈について、保釈等をされた被告人の公判期日への不出頭罪、制限住居離脱罪、報告命令制度、監督者制度、位置測定端末により保釈されている被告人の位置情報を取得する制度など新たな制度が創設された。

いずれについても、憲法や国際人権法に適合するように適正な運用がなされるべきことはいうまでもなく、弁護人は事案に応じて適切な運用がなされるよう申し入れるべきであろう。

また、このうち監督者制度は身元引受人の場合よりも監督者を選任することで保釈が許可されやすくなる可能性があるが、監督者には法律上の義務が生ずるため、被告人及び監督者の候補者へ制度の説明を事前にすることが望ましい。

同様に、位置測定端末により保釈されている被告人の位置情報を取得する制度も運用によっては保釈が許可されやすくなる可能性はあるかもしれないが、被告人の人権が過度に制約されるおそれも否定し得ない。

弁護人はこれらの制度が、人権等を制限する可能性があることに留意し、少なくとも従来は当然に保釈されていた事案において新たな制度が適用されることのないよう、これらの制度がスタンダードとならないように注意しつつ、活用することが望まれる。

## 2 接見交通権の課題

### (1) 接見交通権の確立

「接見交通権の確立」の詳細は2021（令和3）年度法友会政策要綱178～180頁を参照されたい。

接見交通権については、いわゆる一般的指定制度による接見妨害がなされてきたが、日弁連は、1980年代には、国賠訴訟の勝訴判決を背景として、法務省との直接協議によって、「面会切符制」を廃止するなど一定の改善を実現した。法友会も、会員が3日間にわたり接見できなかった事案や取調べ中でもないにもかかわらず接見指定された事案について、法友会の会員を

中心に約150名の弁護団を組織し、1997（平成9）年4月、国を被告として国賠訴訟を提起し（伯母・児玉接見国賠訴訟）、間近で確実な捜査の必要がある場合であっても検察官に接見申出をした弁護人との間で「調整義務」があり、この調整義務違反があるとして賠償を命ずる判決（一審・2000〔平成12〕年12月25日、控訴審・2002〔平成14〕年3月27日）を得るなど、めざましい成果を上げてきた。

現在の接見交通権は、こうした弁護士1人1人の活動、国賠訴訟等によって勝ち得たものが積み重なって確立されたものである。

2008（平成20）年5月1日、最高検察庁が「取調べの適正を確保するための逮捕・勾留中の被疑者と弁護人等との間の接見に関する一層の配慮について（依命通達）」（最高検企第206号）を発したことは、注目に値する。

裁判員裁判においては、連日的開廷となるために、拘置所における休日・夜間接見の保障、裁判所構内接見の拡充が不可欠であり、被疑者国選弁護制度実施との関係では電話接見の導入が不可欠である（電話による外部交通及び一部の夜間接見はすでに試行されている。しかし、外部交通に関しては、時間が20分と制限されている、通信部屋の関係から機密性が保たれていないという問題がある。夜間接見についても、実施可能な時期が、公判期日や書面提出期限等の一定期間前に制限されている点から十分であるとはいえない。）。

### (2) 接見中の撮影行為に対する制限

また、被疑者・被告人との接見について、弁護人による写真、動画撮影を含めた録音・録画の自由化が図られねばならない。従来この問題は、主として接見内容の記録の一方法として捉えられてきたが、たとえば、責任能力が争われる事件においては、被疑者の逮捕当初の供述態度・内容を記録して証拠化することの重要性が認識されつつあり、実践例もあらわれてきている。

ところが、実務の取扱いは、通達（1963〔昭和38〕年4月4日法務省矯正甲第279号）により、こうした録音・録画が書類の授受に準ずるものとされており、「弁護人が右録音テープを持ち帰る場合には、当該テープ等を再生のうえ内容を検査し、未決拘禁の本質的目的に反する内容の部分また戒護に支障を生ずる恐れのある部分は消去すべきである」とされている。この通達は、証拠保全に制限を加え、秘密交通権を侵害するも

のであり、違法であり廃止されねばならない。

日弁連は、2011（平成23）年1月20日、「面会室内における写真撮影（録画を含む）及び録音についての意見書」において、「弁護士が…（弁護人等として被疑者等と）面会を行う際に、面会室内において写真撮影（録画を含む）及び録音を行うことは憲法・刑事訴訟法上保障された弁護活動の一環であって、接見・秘密交通権で保障されており、制限なく認められるものであり、刑事施設、留置施設若しくは鑑別所が、制限することや検査することは認められない。よって、刑事施設、留置施設若しくは鑑別所における、上記行為の制限及び検査を撤廃し、また上記行為を禁止する旨の掲示物を直ちに撤去することを求める。」との意見を公表している。

ところが、近時、拘置所側は、弁護人が接見する際の写真撮影や録音を認めない態度を示し、拘置所によっては、携帯電話等を預けない限り接見を認めない措置をとるところも現れており、これに対して、国家賠償請求訴訟が提起されたものがある。

このうち、東京拘置所面会室で、弁護人が被告人と面会中に、被告人をデジタルカメラで撮影したために接見が打ち切られた事案について、東京地裁の2014（平成26）年11月7日判決は、「本件撮影行為のように、専ら証拠保全として行われた写真撮影行為は、『接見』に含まれると解することはできない」との極めて不当な判断をしていたものの、撮影行為を理由に接見を一時停止又は終了させることは違法であるとして、国に対して10万円の支払を命じた。しかし、国が控訴した結果、東京高裁は、2015（平成27）年7月9日判決において、原告側の請求を全て棄却する不当な判決をした（東弁会長の2015〔平成27〕年7月15日付「接見室での写真撮影に関する東京高裁判決に対する会長談話」）。

そして、最高裁も、2016（平成28）年6月22日に上告を棄却する決定をした。これについても、東弁は、即日「極めて不当な決定」との会長談話を発表している。

これ以外にも、面会室内での撮影行為に関する国家賠償請求が全国で提起されているが、原告側の請求が棄却される傾向が強い（小倉刑務所の事件について、最決2018〔平成30〕年9月18日。佐賀少年刑務所の事件について、福岡高判2017〔平成29〕年7月20日。）。

日弁連は、2011（平成23）年1月20日の前記意見書

と同趣旨の「面会室内における写真撮影（録画を含む）及び録音についての申入書」をとりまとめて、2013（平成25）年9月2日に法務大臣に対して申入れを行い、翌3日には警察庁長官及び国家公務委員長に対して申入れを行っている。

### (3) 撮影行為以外の弁護活動に対する制限

近時では、接見時における録音機器やスマートフォン等の電子機器の使用を理由とする接見の制限や中断が報告されている。

接見室内でのスマートフォン（電子通信機器）の地図アプリケーションの利用を理由に中断させられた件について、原告側の請求を棄却した事例として東京高判2021（令和3）年3月2日判決がある。

一方で、弁護人が持参したパソコンによる検察官請求のDVDの音声再生を理由に再生の一時中断が求められた事案では（本件の打合わせは）「秘密交通権として保障される行為に含まれる…。」とした裁判例がある（広島高判2019〔平成31〕年3月28日ジュリスト1544号172頁）。

この他、弁護士が外国籍の被疑者に差入れたノートの中身を警察官が確認し、一部破棄を被疑者に指示した事案において2020（令和2）年9月29日、名古屋地裁は、「効率的な接見を阻害した」として判決で20万円の支払を命じた事例があり、注目される。

### (4) 収容施設側の主張と取組み強化

収容施設側は、接見状況や信書の内容把握、接見拒否、中断等を正当化する根拠として、庁舎管理権、庁舎内の規律秩序のみだれ、逃亡や罪証隠滅のおそれを持ち出す。

しかし、これらの根拠は、いずれも抽象的で被疑者被告人の権利を擁護する弁護活動を制約できる根拠とはなり得ない。

外部への情報流出等の懸念は専門家である弁護人の職業倫理の問題として解決されるべきであり、国家機関による事前介入が許容される根拠にはなり得ない。

日弁連及び弁護士会は、今後も、この問題に真剣に取り組み、弁護人が防禦活動の一環として行う写真撮影や録音等が刑事施設の妨害を受けることがないように、法務省や刑事施設と協議を行う必要がある。そして、会員に対して、適切な情報を提供し、会員の弁護活動が萎縮することがないように支援することが求められている。

130　**第3部　刑事司法の現状と課題**

## 3 弁護人立会権の保障に向けて

### (1) 取調べ立会いの重要性

接見交通権は、被疑者が弁護人から十分な助言を受け、黙秘権をはじめとする防御権を適切に行使するために必要不可欠な権利であるが、弁護人が取調べに立ち会い、被疑者が取調べ中にも援助を受けられることこそが、真の防御権の保障である。

取調べの録音・録画が広く実施されるようになってからは、記録媒体が捜査機関の側によって実質証拠や補助証拠として証拠調べ請求され、かえって被告人に不利に働きうる場面もみられている（ただし、東京高判2018〔平成30〕年8月3日〔判例タイムズ1456号75頁〕は、録音録画媒体を実質証拠・自白の信用性に関する補助証拠として使用することに消極的な判断を示している。）。今日、被疑者が、取調べにおいて、どのように臨み、何を話し、何を話さないかの判断は、より重要になっており、そのために弁護人が取調べに立会い被疑者に適切な助言を行うことが必要不可欠である。

### (2) 取調べ立会の国際状況

国際的に見ても、アメリカ合衆国、欧州、韓国、台湾などの各国で、制度の違いこそあるものの、弁護士の取調べ立会いが制度化されている。弁護人立会いは国際標準といってよい。

現に日本政府は、国連の「市民的及び政治的権利に関する国連規約」（自由権規約）委員会が、規約締結国に対して行った審査において、2008（平成20）年の第5回政府報告書審査では「全ての被疑者に、弁護人が取調べに立会う権利を保障すべきである」との指摘をうけ、2014（平成26）年の第6回報告書審においても、「全ての被疑者に対して逮捕時から弁護人を依頼する権利を保障すること及び弁護人が取調べ中に立会うこと」を保障するためのあらゆる措置をとるべきであると指摘されている。

また、2021（令和3）年11月、国連人権理事会恣意的拘禁作業部会は、カルロスゴーン氏が日本で恣意的拘束を受けたという意見書を発表したが、その中でも日本が被疑者取調べに弁護人の立会いが認められていないことが触れられていた。

### (3) 取調べ立会いは真相解明を阻害するか

弁護人立会いに対する反対意見は様々であるが、最も強調されるのは「真相解明がなされなくなる」という点である。この意見は、供述・自白偏重の過去の捜査観と言わざるを得ない。取調べにおける供述が必ず正しいという担保もないのに、弁護人立会いによって真実解明が阻害されるという立論には無理があるという他ない。

なお、真相解明が阻害されるという意見は、取調べの録音・録画の検討の際にも出ていた。しかし、いざ制度が導入されて「録音・録画により事案の真相が解明できなかった」という大きな議論は出ていない。

上記の懸念は杞憂に過ぎず、取調べ立会いにより事案の真相解明が阻害されるおそれは抽象的なものに過ぎないのではないだろうか。

### (4) 立会いを一律に認めない旨の（旧）通達

北海道警察において、弁護人から取調べへの立会いの申出があった場合には、これを認めないよう指示する通達が2021（令和3）年12月27日付けで発出されていることが判明した（報道では、兵庫県警察においても同種の対応要領が確認されたという。）。

こうした解釈は、犯罪捜査規範180条2項、法務・検察行政刷新会議（第6回）で示された法務省の見解にも反し、警察官においても、検察官と同様に弁護人立会いに関して個別判断が必要であることを示した、2016（平成28）年3月自由権規約委員会の総括所見（CCPR/C/JPN/CO/6）に対する日本政府コメントとも整合しない。

また、警察庁は2021（令和3）年5月、各都道府県警察に対し、弁護人から取調べへの立会いの申出があった場合、警察署独自で判断させることなく、警察本部で組織的に対応するよう指導連絡を発しており、立会権を認める刑訴法上の条文が存在しないことに触れているところから、北海道警察、兵庫県警のような通達まではいかなくとも組織的・全国的に立会いを事実上認めないとの方針を採っている可能性がある。

取調べ立会いを実現していくためには、弁護活動における実践が重要であるが、捜査機関から、立会いを認めない発言がなされた場合には、立会いを認めない根拠を確認するべきであろう。

一律に拒否しているのであれば警察庁の指導連絡と異なることを指摘する抗議書、拒否について明確な根拠がなければその点を指摘する抗議書の送付をするとともに、誤った通達等により立会いを拒否され取調べにおいて供述調書が作成されてしまった場合には任意性を争う等も実践していくべきである。

## (5) 日弁連の取組みなど

日弁連は、2019（令和元）年10月4日、徳島で開催された第62回人権擁護大会において、弁護人を取調べに立ち会わせる権利の確立の実現に向けて全力を挙げて取り組むことを決意するとともに、弁護人を取調べに立ち会わせることを求めた。その後、日弁連では、取調べへの立会いに関する検討ワーキンググループが設置され、2021（令和3）年には取調べ立会い実現委員会が設置され、実現に向けて活動している。

2020（令和2）年12月の法務・検察行政刷新会議報告書にも「（2016〔平成28〕年改正刑事訴訟法の）3年後検討の場を含む適切な場において、弁護人立会いの是非も含めた刑事司法制度全体の在り方について、社会の変化に留意しつつ、刑事手続の専門家以外の多様な視点も含めた幅広い観点からの検討がなされるよう適切に対応すること」が明記された。

この会議では、「被疑者取調べに弁護人が立会わせないことを検察庁が決めたことはなく、立会いの可否は検察官の裁量判断による」という従前の法務省の考えも確認された。

理論的には各担当検察官の判断で弁護人の取調べ立会いは可能なのであるから、個別の事件において積極的に立会いの申入れをしていくことが重要である（被疑者に取調べ受忍義務はないことは少なくとも在宅事件では明白なのであるから、立会を条件に取調べに応ずるという提案もあり得るだろう。ただし、全く妥当ではないが出頭しないことを理由に逮捕令状を請求する捜査官、逮捕状を発付する裁判官が存在することもまた確かなので、こうした点を依頼者に説明するなどの注意は必要である。）。

もっとも、個別の事件において、捜査官が弁護人立会いを認める可能性は現時点では低く、立法による制度化も目指す必要がある。上記刷新会議では、弁護人の取調べ立会いについて、再検討する場が設けられることが確認されており、期待される。

制度化のためには立法事実も重要であり、弁護人1人1人が取調べの立会いを積極的に申入れていること、立会いによって上がった成果（被疑者の心理的負担が減ったことも当然含まれる）を共有してくこともまた重要になる。

## 4 取調べの可視化

### (1) 可視化の実施状況

日弁連では取調べの可視化本部にて、毎年、可視化制度の施行状況を確認しており、検察では、2019（令和元）年度、4類型（裁判員裁判対象事件、検察官独自捜査事件、知的障がい者に係る事件、精神障がい者等に係る事件）と試行対象事件（公判請求が見込まれる事件）を含めて10万3,380件の録音録画を実施し、2023（令和5）年度では、身柄件数10万5,158件に対して約96.4％である10万1,418件で録音録画を実施している。

これに対し、警察では、2021（令和3）年度、裁判員裁判対象事件の検挙件数3,297件のうち96.5％である3,181件で録音録画を実施し、精神に障害を有する被疑者の取調べでは9,112件で録音録画を実施しているが、これ以外の類型の事件にまで適用することには消極的である。

警察段階を含めて全件について全過程の録音録画がされていないことは大きな問題であり、個々の事件では積極的に可視化を申し入れる、制度としても全件全過程の取調べの可視化が実現されるよう努力を続ける必要がある。

### (2) 取調べが可視化された中での違法な取調べ

取調べの可視化によって、現場の感覚として、取調室で暴行や露骨な脅迫がなされる事案が減った、自白の任意性を争う事案が減った等の指摘もあるが、可視化されても違法な取調べは完全になくなっていない。

2021（令和3）年10月28日、大阪地裁が業務上横領事件について無罪判決を出した事件においては、共犯者とされた者に対する取調べでの検察官の脅迫的・誘導的な言動が録音録画によって明らかとなり、同人の供述信用性判断に大きな影響を与えたようである（2019（令和元年）（わ）第5184号）。この事件については、違法な取調べが行われたこと等を理由に国家賠償請求訴訟が提起されており、今後の動向も注目される。また、この事件と関連して、違法な取調べを行い告発された検察官が不起訴処分となったことを受け、刑事裁判を開始するよう付審判請求が行われたところ、大阪地裁は請求を退けたが、大阪高裁は、2024（令和6）年8月8日、特別公務員暴行陵虐罪で検察官を審判に付す決定をしている。

また、取調べ中に、検察官から「ガキ」「お子ちゃま」

などと言われた事件について提起された国家賠償請求訴訟において、2024（令和6）年7月18日東京地裁は「原告の人格を不当に非難するもの」「黙秘権の保障の趣旨にも反する」などと判示して国に対し賠償を命じた。

これらの事件において、違法な取調べが明るみになったのは取調べの可視化の成果ともいえるかもしれない。

しかし、可視化されてもなお、違法な取調べが行われることは深刻な問題であり、現状の制度が不十分であることが露呈されたともいえる。

この問題に対しては、捜査機関の内部改革、外部的な検証などの対策が必要であろう。しかしながら、捜査機関の内部改革に期待することは困難である。また、外部的な検証には、刑事訴訟記録の目的外使用（刑訴法281条の4及び5）や刑事確定訴訟記録法の閲覧対象者の制限や謄写権の有無というハードルがあり、立法的な解決が望まれる。

これらの事件から得られる教訓は、取調べが可視化されていてもなお、違法な取調べが行われるという実情である。被疑者弁護活動では可視化されている事件であっても被疑者に対し取調べ状況の確認を怠らない、被疑者ノートなどを差し入れて取調べ状況を被疑者に記録してもらうなど従来からの基本的な活動を疎かにしないことが重要である。

また、可視化されていても行われる違法な取調べを弁護人がリアルタイムでチェックできないという問題も大きいのではないか。やはり、取調べの可視化を考えるにあたっても、弁護人の取調べの立会いとセットで考え、行動し、実践に移すことが重要である。

### (3) 改正刑訴法に関する刑事手続の在り方協議会

刑事訴訟法等の一部を改正する法律（平成28年第54号）が、2016（平成28）年5月24日に成立し、同年6月3日に公布され、可視化に関する部分として刑訴法301条の2が、20019（令和元）年6月1日から施行されるに至っている。その附則9条には、施行から3年経過後の見直し規定があり、法務省において「改正刑訴法に関する刑事手続の在り方協議会」が開始されている。日弁連も2022（令和4）年1月20日に「刑事訴訟法附則第9条に基づく3年後見直しに関する意見書」を公表しているが、当該協議会において可視化対象事件の拡大や弁護人立会等の実現に向けて積極的な議論がなされるべきである。

## 第6　国選弁護制度の課題

### 1　当番弁護士活動の成果としての被疑者国選弁護制度

被疑者国選弁護制度は、戦後の新刑事訴訟法制定の過程において、すでに実現すべき課題として捉えられていた。その後、現行憲法の解釈論としても位置づけられ、日弁連をはじめ多くの先人が長年にわたってその導入を強く訴えてきた。弁護士会は、1992（平成4）年、当番弁護士制度を全国で展開し、以後実績を積み重ね、制度を定着・発展させてきた。

この当番弁護士制度には、国民世論の大きな支援が寄せられ、それが原動力となって、刑訴法が改正された。2006（平成18）年10月、いわゆる法定合議事件に見合う事件につき被疑者国選弁護制度が導入されるに至った（第一段階）。そして、その対象事件の範囲は、2009（平成21）年5月21日以降、いわゆる必要的弁護事件に拡大され（第二段階）、2018（平成30）6月1日以降は、勾留が発せられた事件全件に拡大された（第三段階）。

日本司法支援センターの業務と弁護士会の役割については2021（令和3）年度法友会政策要綱182〜183頁参照されたい。

### 2　国選弁護人報酬の算定基準について

国選弁護人報酬の算定基準については、報酬制度の改革等によって充実した弁護活動の提供が確保される仕組みを創るという視点が重要である。

弁護活動に対する介入は、直接的な介入のみならず、報酬決定を通じての介入もあり得る。そして、かつての国選弁護報酬は、低額であるのみならず、定額であって、活動内容が報酬に反映されることも少なかった。適正な報酬が支払われることなくしては、弁護活動の自主性・独立性、充実した弁護活動の提供は確保されない。

日弁連は、労力に応じた報酬、明確な算定基準、報

酬の増額を目標に取り組み、裁判員裁判の弁護報酬の創設も含めて、2018（平成30）年までに複数回の改訂を実現してきた。しかし、国選弁護報酬の額が一般事件の基礎報酬を中心に「低額」であることは、根本的には克服できていない。

国選弁護報酬を、ボランティア活動ではなく、業務に対する対価として適正と評価できるまで高めることが、優れた国選弁護人候補者を継続して確保するための前提であることを忘れてはならない。

国選弁護報酬増額に向けては日弁連として長年取組んでいるところではあるが、会員各自が、報酬算定に対する不服申立てを法テラスに対して行うことが、基準改正への後押しになるので、不服申立ての励行をお願いしたい（国選弁護報酬の増額問題については、第1部第2章5を参照）。

## 3 第四段階の国選弁護制度へ

我々は、被疑者国選の実現を、弁護士及び弁護士会の努力の成果と評価するとともに、第三段階として身体拘束事件全件年間11万件を担っているが、さらに第四段階として、逮捕段階からの国費による弁護制度の確立を目指す段階にある。日弁連の国選弁護本部・国選弁護シンポジウム実行委員会では、施行に備えた全国の単位会における個々の扱いをいかに平準化するかという検討作業が始まっている。また、第四段階の制度設計については、2012（平成24）年12月の第12回国選弁護シンポジウム、2017（平成29）年11月の第14回国選弁護シンポジウム、2021（令和3）年9月の第14回国選弁護シンポジウムにおいて継続的に検討結果の報告がなされているし、2013（平成25）年9月の日弁連国選弁護本部において「逮捕段階の公的弁護制度（当番弁護士型）試案」の取りまとめもなされた。

2016（平成28）年刑事訴訟法改正においても、逮捕段階における国選弁護制度の創設は見送られた。身体拘束を受けた全ての人に弁護人を付するという目標を目指し、今後も継続的に運動を展開していかなければならない。

制度として検討した場合の課題は、①法制化によって全国的に統一的な扱いが可能か、②逮捕段階における国選選任権限をどの機関が行うべきか、③勾留前に選任するだけの必要性があるのか、という点であろう。①について、当番弁護士派遣について全国の単位会に

おいて独自の方式を採っているが、ある程度の統一化を検討しなければならない。各単位会において地域的特性等に根ざした運用が行われてきたという経緯に鑑みても容易なことではないが、現在、日弁連の国選弁護本部において作業が継続されている。②については弁護士会プロパーの問題ではないため、裁判所や検察庁と具体的な方策に向けた協議を行う必要があろう。③については、まず当番弁護士として派遣された会員各自が速やかな接見を行い、その必要性を明らかにする努力が必須である。東京三会においても3日以上接見が遅れたケースが毎月複数件報告されているのが実情であり、その改善なくして第四段階の実現はないことを強く自覚して、日々の弁護活動を行っていくことが不可欠である。

国選弁護制度拡大によってこれまでの弁護士会の取り組みが一定の形を見たことについては、評価されるべきである。しかし、我々はこの段階にとどまらず、さらに被疑者・被告人の権利が十分に護られるよう、努力を継続していかなければならない。

## 4 その他の課題

### (1) 国選弁護人割当制度の改革

東京三会独自の課題としては、東京三会が作成した国選弁護人名簿により、法テラス東京地方事務所がなす指名打診の方式をどうするのかという課題がある。

これらの指名方法が、どのように運用されるのか、迅速な指名通知に支障はないか、事件ごとに適切な弁護士を指名できているか、その他、弁護活動の自主性、独立性に対する問題はないか等について、弁護士会は継続的に検証を続けていかなければならない。

また、裁判員裁判が始まって、裁判員裁判用の名簿の充実を図るため、東弁では、2011（平成23）年より裁判員裁判を担当する国選弁護人の指名方法も改訂された。また、控訴審・上告審で弁護の充実を図るため、一審が裁判員事件であったものについては、裁判員裁判を担当する弁護人用の名簿から選出する等の工夫が行われている。さらなる指名方法の改善が求められるところである。

全国においても、日弁連刑事弁護センターより2020（令和2）年12月25日付「各種刑事関係名簿への新規及び継続搭載に係る研修の要件化の検討について（依頼）」が各単位会に送付され、研修要件を定めること

の検討が開始されている。

### （2）継続受任問題

東京高裁では、一審からの継続受任を原則として認めない方針に転換した部もある。しかしながら、被疑者段階からの蓄積を活かして充実した弁護をしようとする努力を無にするような扱いは、継続受任を制度化した立法の経緯にも反するものである。

### （3）触法障がい者への対応

大阪で始まったいわゆる触法障がい者対応弁護人名簿を参考に、東京三会でも障がい者が被疑者となった事件について対応することができる専用の名簿を作成し、2014（平成26）年4月からその運用が開始されている。残念ながら当該名簿に登載されている弁護士の数が十分とはいえないのが現状である。国選弁護人報酬が低額であり、触法障がい者の弁護活動における負担が一般的に重くなることが大きな理由であるが、障害を有する人の人権を適切に擁護していくためにも、触法障がい者の弁護活動を担うことができる弁護士の育成を丁寧に行っていく必要がある。

また、いわゆる触法障がい者問題は、逮捕・勾留段階、公判段階だけの問題ではない。専門的な福祉機関との連携を図りつつ、障害を有する人の人権を適切に擁護する体制をとらなければならない。特に、その障害や再犯率に目を奪われて、障がい者に対する予防拘

禁的な取扱いになることが決してないよう自覚をもって取り組みを深めていく必要がある。

### （4）国選弁護における専門家助力を得るための資金援助制度

前項で述べた触法障がい者の刑事事件に十分に対応するために、社会福祉士との連携などが適切に模索されなければならない。また、責任能力や法医学上の問題が生起した際には、医師や学者からの支援が必要となる。

しかしながら、これらの専門家に専門家としての関与を求める以上、これらの活動に対しても、正当な報酬が支払われなければならない。しかしながら、従来はそれに関する資金的手当は何らなされていなかった。このため、東京三会は、事件の一部ではあるが、専門家からの援助を得るための資金を援助する制度を立ち上げ、その後、日弁連も、触法障がい者等の弁護活動を資金的に援助する制度を立ち上げた。これによって、よりいっそう充実した活動を行うことが期待されているものの、その範囲は限られており、かつ、これらが国選弁護に関する費用であり本来は国費によって支弁されるべきものであることを考えれば、より充実した弁護活動に資する費用を国庫から得ることができるよう、活動を継続していかねばならない。

## 第7　少年司法制度をめぐる問題

### 1　少年非行の背景と少年法の理念

少年非行は、社会の病理を写す鏡である。少年事件の背景には、虐待、いじめ、貧困、差別など、少年自身の被害体験があることが多い。また、発達障害や知的障害に対する社会の無理解、偏見・差別や養育支援策の不足などのために、発達特性に応じた適切な養育が受けられなかった少年もいる。そのため、子ども期に健全な成長発達が遂げられず、人格的発達が未熟であったり歪んでしまったりという問題を抱えていることが多い。すなわち、少年非行は「幼少期から受けてきた人権侵害に対するSOS」であると見ることができる。

そのため、少年司法制度の理念・目的は、少年の「健全育成」であり（少年法1条）、非行に陥った少年に対

しても、応報的な観点から厳罰を下すというのではなく、教育・福祉・医療などを含めた総合的な見地からの対応がなされなければならない。なお、少年法1条の「健全育成」は、少年を権利の主体として見るのではなく、保護の客体と見る時代に規定された用語であるため、1994（平成6）年の子どもの権利条約批准を契機として、少年司法制度の理念を、少年の「成長発達権保障」と捉え直すべきであるという考えがもはや常識である。

ときに社会の耳目を引く少年事件が起きると、少年事件の「増加」「凶悪化」「低年齢化」などが喧伝されることがあるが、実際にはそのような事実はない。

2023（令和5）年版犯罪白書によると、少年の刑法犯の検挙件数は2008（平成16）年以降減少し続けて、

第7　少年司法制度をめぐる問題　135

2021（令和3）年は2万0399人（前年比9.5％減）であった。2022（令和4年は19年ぶりに前年から増加し2万0912人（前年比2.5％増）であったが、全体としては低下傾向が見られる。

これは少子化による少年の絶対数の減少の影響だけではなく、人口比も減少傾向にあり、人口比の最も高かった1981（昭和56）年の約7分の1になっていることから、少年非行対策は基本的には奏功していると評価することができる。

## 2 少年法「改正」と少年審判の変質

### (1) 2000年「改正」以降

ところが現実には、少年法は2000（平成12）年を皮切りに、2007（平成19）年、2008（平成20）年、2014（平成26）年、2021（令和3）年と相次いで「改正」され、刑事裁判化、刑罰化・厳罰化が志向された。5度の「改正」を経ても、少年法1条が規定する「少年の健全育成」という理念は変わらないとされるが、実際には、制度の変更は理念の変質をもたらし、少年審判のあり方や調査官調査のあり方が変質しているというのが現場の実感である。そのために、少年の成長発達権保障がないがしろにされる事態も生じている。なお、2000（平成12）年以降の「改正」の歴史についての詳細は、2014（平成26）年度版政策要綱を参照されたい。

このような実務の変質は、時の経過とともに不可避とも言える担い手の変化によるものも大きい。すなわち、2000（平成12）年から20年以上を経て、当時の「改正」をめぐる議論を知らない者たちが、今の少年審判を担う裁判官・調査官・付添人になっている。そのため、「改正」法の解釈運用も立法当時に議論されていたような厳格なものではなくなってきて、安易な検察官関与や観護措置期間の特別更新がなされたという事例や、少年法の理念に反する逆送事例なども報告されているところである。また、弁護士の側が、少年の被疑者弁護や付添人活動に刑事弁護的な発想を持ち込み、少年法を変質させてしまっているのではないかという懸念もあるところである。とりわけ、近時、刑事弁護教官室が標準的な弁護活動として「原則黙秘」を教えるようになってきているところ、少年事件の手続きの特徴を踏まえずに漫然と「原則黙秘」方針を貫こうとすることにより、少年法の理念を弁護士が自ら破壊していないかを検証する必要がある。

少年法が徐々に「改正」されてきたことに対し、日弁連は常に反対してきたが、残念ながら、「改正」を阻止することはできなかった。反対運動にもかかわらず「改正」されてしまった以上、我々弁護士は、個々の事件において、弁護人・付添人として活動する中で、少年法の理念を守る守護者にならねばならない。

### (2) 2021年「改正」

民法成年年齢が18歳に引き下げられると決まったことを受け、少年法適用年齢の引き下げが議論の組上に上がっていたが、日弁連・全国の弁護士会を含め各界の反対運動が一定の効を奏し、2021（令和3）年5月、少年法の適用年齢は20歳未満としたままで、18歳・19歳少年を「特定少年」とする内容の少年法「改正」案が可決成立した（国会上程前の少年法「改正」をめぐる動きについては、2021〔令和3〕年度法友会政策要綱317～318頁を参照されたい）。

そして、国会審議の過程における参考人質疑や政府答弁を踏まえ、与野党を問わず少年法の理念が正しいこと及びその運用も基本的に良好であることが確認され、今般の「改正」が少年法の理念を後退させることがないようにという観点から、「18歳及び19歳の者は、類型的に成長発達途上にあって可塑性を有する存在であることから、引き続き少年法の適用対象と位置付けることとした趣旨を踏まえ、少年の健全な育成を期するとする法の目的及び理念に合致した運用が行われるよう本法の趣旨の周知に努めること。」（参議院附帯決議）など、幾多の附帯決議がついた。しかし、いったん「改正」がされると、条文が独り歩きし、附帯決議が忘れられかねないので、日弁連では、国会での審議経過における答弁や附帯決議から立法者意思を正しく現場に伝えるため、「少年法2021年改正の概要」と題するパンフレットを作成し、現場への周知を図ろうとしている。

この「改正」の一番の問題は、少年法に初めて「犯情」（64条）という概念を導入したことにより、少年法を刑罰化・応報刑化する方向で変質させる方向に舵を切ったことである。「改正」の要点としては、特定少年については原則逆送対象事件の範囲を広げ、死刑、無期又は短期（法定刑の下限）1年以上の懲役・禁錮に当たる罪の事件としたことである。これにより、現住建造物等放火罪、強制性交等罪（当時の罪名）、強盗罪、組織的詐欺罪などが新たに原則逆送対象事件と

なった。そして、特定少年が逆送されて起訴された場合には、その段階から、少年法61条の適用から外れ、実名推知報道が許されることになった（68条）。また、刑罰についての特例も適用されなくなる。そして、ぐ犯の規定が適用されないことになった。

これらが、少年の社会復帰に及ぼす悪影響は計り知れないので、弁護人・付添人としても、制度変更を踏まえた上で、運用面で少年法の理念を守っていくための活動が必要になってくる。

また、改正法の附則には、施行後5年を経過した時点で、制度の在り方の再検討をする条項があるため、今後も、少年法適用年齢の引下げを求める圧力に対抗するともに、今回の改正法の見直しを求めるための準備・活動を続けるべきである。

日弁連では、全国の事例を収集し、最高裁との協議や5年後見直しに活かそうとしているところである。とりわけ、実名報道の有無を注視しているところ、起訴後実名報道が予想される事件に関しては、付添人がマスコミに丁寧に説明したり、付添人の所属弁護士会が会長声明を発したりすることによって、実名報道されない事件もあり（中には、実名報道する報道機関としない報道機関に分かれる事件もある）、地道な活動の実践が重要であることが示された。今後も、実名報道の問題を訴え続けていく必要がある。

もっとも、一社でも実名報道してしまえば、現代のネット社会では取り返しがつかないので、抜本的な見直し（68条の撤廃）の必要性についても、引き続き訴えていくべきである。この点、東弁では、改正少年法の施行を控えた2022（令和4）年3月7日付け「『改正』少年法に関する意見書」において、68条の速やかな撤廃を求める意見を述べていたところであるが、2023（令和5）年5月に都内で発生した少年の強盗事件に関して、起訴後実名報道がされたことを受け、2023（令和5）年7月25日に「改めて少年法第68条の速やかな撤廃を求める会長声明」を発出した。東弁の意見が、今後、日弁連の動きに影響を与えることができるよう、東弁としての取組みも重要となる。

## 3 全面的国選付添人制度実現へ向けた運動

少年事件に付添人を付する必要性は、成人の刑事事件の弁護人選任の必要性に勝るとも劣らない。この必要性は、2000（平成12）年の少年法「改正」により、

ますます高まった。

ところが、少年法は、少年及び保護者に付添人選任権を認めるものの、資力のない少年に実質的に付添人選任権を保障する制度にはなっていなかった。2000（平成12）年改正少年法においても、検察官関与のある事件について国選付添人制度を規定したが、検察官関与のない大多数の事件について、付添人選任権を保障するものではなかった。

そこで、少年の付添人選任権を実質的に保障するため、福岡県弁護士会は、2001（平成13）年2月より、当番付添人制度（身柄全件付添人制度）を発足させ、目覚しい成果を上げた。

東京も福岡に続くべく、法友会・法友全期会は、2003（平成15）年7月、「当番付添人制度実現を提言する決議」を行い、2004（平成16）年4月からの東京での当番付添人制度実現に向けてさまざまな取り組みを行った。

その結果、東弁では、2004（平成16）年7月28日の臨時総会において財政的手当てを行い、2004（平成16）年10月より、東京家裁本庁の事件について当番付添人制度を発足させ、多摩支部では、2005（平成17）年4月より制度実施に至った。その経過の詳細については、2014（平成26）年度版政策要綱273頁を参照されたい。

このような運動の成果は、2007（平成19）年「改正」少年法の唯一評価できる点として、「検察官関与を前提としない国選付添人制度の創設」という形で現れた。しかし、国選付添人選任の対象となるのは、いわゆる重大事件に限られ、しかも裁判所の裁量的選任であるために、実際に国選付添人が選任される事件は、身体拘束事件全件のうちのわずかに過ぎなかった。

そこで日弁連は、2009（平成21）年3月、全面的国選付添人制度実現本部を立ち上げ、制度実現へ向けた内外への働きかけを本格的に開始した。

もっとも、全国で全件付添人制度（当番付添人制度）を実現・維持していくためには、法律援助制度の充実・継続が不可欠であり、そのための財政的な手当てを講じることが必要であった。そこで、日弁連は2007（平成19）年10月より、少年保護事件付添援助事業を含めた各種法律援助事業を、法テラスに委託して実施することとした。この事業を支える財源の手当のために、法友会・法友全期会は、2008（平成20）年7月、「少

第7　少年司法制度をめぐる問題　137

年保護事件付添援助制度等を維持・発展させるための財源手当を求める決議」を行い、新しい基金（少年・刑事財政基金）の創設及びその維持を推進してきた（詳細は2014〔平成26〕年度版政策要綱273頁を参照されたい）。

このような取組みの成果として、2014（平成26）年4月11日、国選付添人制度の対象事件を拡大する少年法改正案が可決成立した。

ただし、この改正に伴い、検察官関与対象事件が拡大したこと、少年の厳罰化が進行したことは、少年法の理念に反する改悪であった。その経緯と立法過程における日弁連の対応の問題点については2014（平成26）年度版政策要綱275頁を参照されたい。

せっかく実現した国選付添人選任対象事件の拡大であるが、対象事件であっても裁判所が国選付添人を選任しないことが多かった。選任率は2016（平成28）年にようやく対象事件の60％を超えたに過ぎなかったが、弁護士会から裁判所へ選任率向上を求め続けたところ、徐々に選任率が上がって、2021（令和3）年には全国平均は83.2％になったものの、100％にはまだ隔たりがある。しかも、東京家裁本庁は78％と全国平均に達していない。国選付添人が選任されなかった事件については、弁護士は日弁連の委託援助事業を利用した私選付添人として活動せざるを得ない状況が続いているが、国選対象事件であるにもかかわらず弁護士の会費から運営される委託援助事業に依存するのは不合理である。国選付添人の選任率を高めるべく、日弁連と最高裁、各地の弁護士会と家裁との間で適正な運用に向けた協議を続ける必要があるし、とりわけ東京三会は東京家裁との協議に力を入れる必要がある。

さらに、被疑者国選弁護制度の対象事件が、2018（平成30）年6月から全勾留事件にまで拡大したことに伴い、国選付添人制度の対象も全観護措置事件に拡大すべく、日弁連・弁護士会を挙げて、全面的な国選付添人制度実現へ向けての運動を続けることも必要である。そのため、日弁連は、2018（平成30）年2月16日、「全面的国選付添人制度の早急な実現を求める意見書」を発表し、身体拘束事件全件を国選付添人制度の対象とするとともに、選任を裁判所の裁量に委ねるだけではなく、少年からの請求も認めるべきと提案し、さらに将来的には、必要的選任制度にすべきであると提言したところであり、その実現へ向けた運動の強化が必要

となる。ところが、対象事件拡大の契機をつかめずにいたところ、こども基本法制定を機会に、日弁連は2024（令和6）年1月18日に改めて、「こども基本法を踏まえ、子どもの権利保障のために、子どもが国費・公費で弁護士による法的支援を受けられる制度構築を求める意見書」を発出し、運動を強化しようとしているところである。

なお、ぐ犯事件も国選付添人選任の対象とするには、検察官関与制度とのセットという制度構想はあり得ないので、この機会に、検察官関与と切り離した裁量的国選付添人制度を導入するよう、日弁連としては、2014（平成26）年改正時の反省を踏まえた慎重な対応が必要である。

## 4 裁判員裁判が少年事件に及ぼす影響
### (1) 少年逆送事件の裁判員裁判における問題点

裁判員法は、少年被告人の事件も対象としているが、そのために生じ得る現実的な問題点について、裁判員制度導入を検討した政府の司法制度改革推進本部裁判員制度・刑事検討会では、議論がされなかった。

しかし、裁判員制度の運用次第では少年法改正手続を経ずして少年法が「改正」されるおそれがあった。すなわち、本来、少年の刑事裁判に関しては少年法上、審理のあり方・処分の内容に関して科学主義（事件の調査は、医学、心理学、教育学、社会学その他の専門的知識〔特に少年鑑別所の鑑別の結果〕を活用する考え方）が定められ（少年法50条、9条）、これを受けて、証拠調べに関し「家庭裁判所の取り調べた証拠は、つとめてこれを取り調べるようにしなければならない」（刑事訴訟規則277条）という規定が置かれており、この規定にいう「家庭裁判所の取り調べた証拠」の中でとりわけ重要なのが「社会記録」である。そして、これらの規定は、刑事訴訟法の特則としての位置を占めているが、裁判員制度の運用次第では、これらの規定が死文化しかねないという懸念があった。

そのため、少年被告人を裁判員制度の下で裁くのであれば、いくつかの規定整備（法律レベルと規則レベルと両方考えられる。）と、運用についての法曹三者の合意が必要であった。

そこで、日弁連は、2008（平成20）年12月19日に「裁判員制度の下での少年逆送事件の審理のあり方に関する意見書」を発表するとともに、論点整理を行い、最

138　第3部　刑事司法の現状と課題

高裁に対して、制度開始前の一定の合意に向けた協議の申し入れを行ったが、最高裁は、正式な「協議」の実施を拒否したため、単なる意見交換を実施することができただけであった。そして、その意見交換の中で、最高裁は、日弁連が提示したさまざまな問題点について、あくまでも個別の裁判体の判断であるとの姿勢を崩さなかったため、何らの合意をすることはできないまま、裁判員制度が開始された。

それから16年を経て、当時の議論を知る刑事裁判官も減り、裁判員裁判の中で、社会記録がほとんど取り調べられなくなってきており、懸念されていた刑事訴訟規則277条の「死文化」は現実のものとなった。

## (2) 少年保護事件における審判の変質のおそれとその現実化

裁判員制度が、逆送されなかった大多数の少年保護事件の審判を変質させるおそれがあることも懸念された。

すなわち、家裁での調査結果（社会記録）が、刑事公判において提出され、直接主義・口頭主義にしたがって証拠調べが行われた場合には、調査対象者の高度なプライバシーが公になるおそれがあり、そのおそれがあるとなると、今後他の事件の調査において、学校・児童相談所を含め、関係者が調査に非協力的になることなどが懸念された。

そして、それらの懸念を未然に防止するために、家裁が調査のやり方を変え、幅広い調査をしなくなる、あるいは調査はしても調査票への記載をしない（あくまでも調査官の手控えとして事実上裁判官が情報を入手する。）など、社会記録のあり方が変質することが危惧されていたところ、その危惧は現実のものとなり、少年審判のあり方が変質してきたという指摘がある。

日弁連は、2009（平成21）年5月7日に「少年審判における社会調査のあり方に関する意見書」を発表して警鐘を鳴らしたが、それからすでに15年を経て、その間、徐々に社会調査の在り方が変化してきたことに加え、2022（令和4）年度から、社会調査票の記載項目が大きく変更されたため、家族歴・生育歴などの調査が十分になされなくなるのではないかとの懸念があるので、警戒が必要である。

## (3) 少年法の理念を守る裁判員裁判のあり方の模索

以上のとおり、①刑事訴訟手続の中で少年法の理念を貫徹すること、②審判手続の中で少年法の理念を貫徹すること、という2つの要請を満たしつつ、裁判員制度の理念を実現するための方策が検討されなければならない。

すなわち、社会記録等の高度にプライバシーを含んだ情報を、公開法廷で明らかにすることなく、どのように主張したり証拠として提示したりしていくのかという問題である。その詳細については、2014（平成26）年度版政策要綱150頁を参照されたい。

## (4) 今後の取組み

本来、少年法の理念を全うしながら少年の裁判員裁判を実施するには、成人事件とは異なるさまざまな問題が解決されなければならなかった。そのためには、立法的手当も必要である。その手当なくして、少年被告人を裁判員裁判の下で裁くことは、本来は避けられなければならなかった。

しかし、日弁連からの問題提起に対して、何らの問題解決がされないまま裁判員制度が始まってしまった以上、その中で、完璧とは言えないまでも可及的に少年の権利保障を図ることができるか否かは、個々の弁護人の訴訟活動にかかっているということになる。そのため、日弁連では「付添人・弁護人を担当するにあたってQ&A」を作成して全国に配布した。

しかし、制度上の問題を抱える中で実施される少年の裁判員裁判においては、個々の弁護人の努力ではいかんともし難い点が多々ある。これまでに全国から日弁連に寄せられた情報からは、当初懸念されたとおり、社会記録の取扱いが大きく変わり、科学主義の理念を表す少年法50条、9条、刑事訴訟規則277条がないがしろにされた運用が散見される。また、少年のプライバシー保護にも意を払われていない訴訟指揮も見受けられるところである。やはり、個々の弁護人の努力だけでは、少年法の理念を守ることが難しくなっていることが明らかである。

そこで、日弁連は、2012（平成24）年1月、「少年逆送事件の裁判員裁判に関する意見書」を取りまとめ、少年法の理念に則った審理方法が貫徹されるよう弁護人の請求による公開の停止や少年の一時退廷を認めることができる旨の規定の新設、科学主義の理念の明記、少年法の理念や科刑上の特則等の少年事件固有の規定について公開の法廷で説示する旨の規定の新設などを提言し、裁判員法施行3年後の見直しにおいて、今度こそ少年事件の問題を置き去りにすることなく、改正

がなされることを目指した。その結果、法務省が設置した「検討会」において、一応、少年逆送事件についても議論がされたが、制度改正の必要性について理解を得るに至らなかった。

日弁連・弁護士会としては、今後も、裁判員裁判に限らず、少年逆送事件の刑事裁判の在り方について、抜本的な見直しの提言をしていくべきである。

一方で、現行法下でなしうる弁護活動の質を向上させるためには、ノウハウを蓄積することが重要である。そのために、日弁連では、各地の逆送事件の事例検討を行い、日弁連付添人経験交流集会や子どもの権利委員会の夏季合宿を通じて、会員に対して情報提供しているところであり、全国どこでも、いざ事件が起きたときに最良の弁護活動が提供できるような努力を、各弁護士会でも進めることが必要である。

## 5 少年矯正制度の改革

広島少年院で複数の法務教官による在院少年に対する暴行事件があったことが、2009（平成21）年5月22日に広島矯正管区が発表したことで明らかになった。

これを受け、日弁連は、同日に会長談話を発表し、さらに同年9月に、「子どもの人権を尊重する暴力のない少年院・少年鑑別所への改革を求める日弁連提言」と題する意見書を公表し、「視察委員会（仮称）」等の設置を提言した。併せて、法務省内に設置された少年矯正を考える有識者会議（以下、「有識者会議」という。）に、日弁連子どもの権利委員会委員長を推薦して、有識者会議における議論の推移を見守ってきた。

そして、有識者会議が法務大臣に対して最終報告書を提出することが見込まれた2010（平成22）年10月には、日弁連として改めて「少年矯正のあり方に関する意見書」を公表し、「随時の視察や被収容者との面談等を行うことで処遇の実情を適切に把握し、処遇や運営について把握し、これに対して必要に応じて意見や勧告を行う機関として少年院監督委員会、少年鑑別所監督委員会（仮称）を矯正施設ごとに創設すべき」ことなどを提言した。そして、2011（平成23）年11月4日、法務省から少年院法改正要綱素案が発表されたが、少年の人権保障を大原則にするという発想に乏しいので、日弁連は、同年12月2日、「少年院法改正要綱素案に関する意見書」を発表した。その後、よりよい法律案となるよう、日弁連と法務省とで非公式の意見交換を続

け、日弁連の意見が一定程度取り入れられた法案が、2012（平成24）年3月に国会に上程された。しかし、混乱する国会情勢の中で廃案となり、なかなか成立しなかったが、2014（平成26）年6月4日に、ようやく可決成立し、2015（平成27）年6月1日に施行されるに至った。

新少年院法には、少年院の処遇原則を定めた条文に、日弁連がかねて求めていた「（在院者の）最善の利益を考慮」するという文言が入ったことは画期的であった。

早速、全国の弁護士会は、それぞれ少年院・少年鑑別所の視察委員として適任者を推薦し、各委員が精力的に活動しているところである。2015（平成27）年度以降毎年、各委員会から施設長に対して意見書が提出され、法務省からは、そのとりまとめ結果が公表されている。各視察委員会からの意見は、直ちに取り入れられたものもあれば、そうでないものもあるものの、外部の目が入ることによる施設運営の改善効果は、早速に発揮されたと言うことができるだろう。その活動を充実したものとするために、日弁連では全国の視察委員の連絡協議会を開催して意見交換をしている。

ところが、法務省は初年度に、視察委員会の開催回数を予算の制約を理由に年に4回に制限しようとし、視察委員会が形骸化しかねない事態が生じた。本来、施設から独立した第三者機関として、「抜き打ち」調査も含めた自由な視察権限があるはずの視察委員会の活動が制約される事態は、法の趣旨に反するものである。

このような法務省の対応に対して、日弁連から法務省に強く抗議したことの成果もあって、2017（平成29）年度からは、年5回の会議分の予算が確保されたが、年5回の会議を開催するだけでは視察委員会の活動が十分に行えるわけではなく、引き続き、日弁連として法務省に対して、予算確保を要求していく必要がある。

また、各視察委員会の活動によって見えてきた少年院運営上の問題のうち、各施設限りでは解決が難しい財政上・人事上の手当が必要な諸課題については、日弁連として改善を求めていく必要があることから、日弁連は2021（令和3）年7月16日に、「少年院・少年鑑別所の視察委員会及び在院者等の処遇に関する意見書」を発出した。

さらに、近時、少年鑑別所や少年院の収容者数減少

により、地方での施設統廃合が進み、従前は独立した2つの施設だったものが本庁と支部という扱いになることにより、本庁と支部を併せて1つの視察委員会しか設置されないという例が増えてきている（例えば、鳥取少年鑑別が、広島少年鑑別所の支所〔鳥取少年鑑別支所〕とされた例など）。そのため、広島の弁護士1名が、鳥取少年鑑別支所の視察も行うことになり、負担が大きいうえに、視察の形骸化が進みかねないという危惧がある。

## 6　少年の社会復帰支援

　弁護士付添人の職務は審判までであるが、現実には、少なからぬ弁護士が、少年院収容後も少年に面会を繰り返し、社会復帰支援をしている。とりわけ、家庭で虐待を受けてきた少年など、家庭に戻れない、あるいは戻るのがふさわしくない少年は少なくないことから、社会復帰後の居場所探しなどの環境調整活動が必要になってくる。

　このような社会復帰支援活動は、法律上の費用の裏付けのないボランティア活動ではあるが、日弁連の法テラス委託援助事業である子どもに対する法律援助制度は、少年院や少年刑務所からの社会復帰支援にも使える。

　近時、成人の社会復帰支援における弁護士の役割が注目を浴びているが、少年については、古くから活動の実績がある。

　弁護士による社会復帰支援を必要とするすべての少年に弁護士の支援がゆきわたることが望ましく、今後は、一部の弁護士のボランティア活動にとどめることなく、国費で賄われる活動になることを目指して、弁護士会としても、その拡大・充実に向けた体制を検討する必要がある。

# 第8　刑事弁護と福祉手続の連携

## 1　高齢者・障がい者の刑事事件を巡る課題が取り上げられる経過

　知的障害等をもった被疑者・被告人への対応が強く意識されたのは、2003（平成15）年に発刊された山本譲司元参議院議員の「獄窓記」において、刑務所内に知的障害を持った方が多くいるという衝撃的な事実が明らかにされたことが発端であった。これに対応する必要性を感じ、先駆的な取り組みを行ったのが、長崎県の社会福祉法人である南高愛隣会であった。まず、南高愛隣会は、厚生労働省の厚生労働科学研究として、2006（平成18）年から2008（平成20）年にかけて「罪を犯した障がい者の地域生活支援に関する研究」で、実態調査を行った。

　この結果、2006（平成18）年度の新受刑者3万3,032人のうちIQ69以下の新受刑者が7,563人（22.9％）であり、IQ79以下の新受刑者が1万5,064人（45.6％）であることや、同年度の受刑者を対象としたサンプル調査の結果、2万7,024名のうち410名（1.5％）が、知的障がい者又はそれを疑われる者であることが明らかとなった。

　この調査で明らかになったのは、司法と福祉の狭間で福祉的支援に繋がることのないまま、刑務所生活を繰り返さざるを得なくなってしまった障がい者がおり、そのような障がい者にとっては刑務所が「最後のセーフティーネット」になってしまっているということであった。このことから、現実にこのような障がい者を福祉的支援に繋げていく試行的な取組みが開始されることとなった。

　なお、ここでいう「高齢者・障がい者」とは、コミュニケーション能力に障害があることなどから社会的に生きづらさを感じている者を指す。

## 2　高齢者・障がい者の刑事事件を巡る課題に取り組む理念・財政的意義

### (1) 憲法上の理念

　日本国憲法13条は、「すべて国民は、個人として尊重される。生命、自由及び幸福追求に対する国民の権利については、公共の福祉に反しない限り、立法その他の国政の上で、最大の尊重を必要とする。」と定め、同25条は、「すべて国民は、健康で文化的な最低限度の生活を営む権利を有する。」と定める。

　そして、福祉の支援がなければ生活をすることができない高齢者・障がい者が、福祉支援体制の不備の故に福祉の支援が及ばないために犯罪を繰り返す状況に

第8　刑事弁護と福祉手続の連携　141

陥っているのであれば、それは、国家がそのような高齢者・障がい者の個人の尊厳を貶めていると同じである。

### (2) 財政的意義

受刑者一人当たり年間300万円の費用が必要であるとされており、これに比べれば、障がい者が社会内で生活保護を受給して生活した方が国家財政的にも負担が軽いと言われている（慶応大学商学部中島隆信教授「刑務所の経済学」〔PHP研究所、2011（平成23）年〕）。

また、障がい者も当然ながら、労働を通して、自己を実現するという勤労の権利を有している。障がい者が、かかる権利を行使することができるようになるならば、国家財政的にも大きな意義を有することとなる。

以上のように、罪に問われた高齢者・障がい者を支援することには、財政的意義も認められるのである。

### (3) 弁護士の具体的な支援の在り方について—入口支援と出口支援

#### ア 刑事手続における高齢者・障がい者への支援の必要性

高齢者・障がい者は、これ以外の者に比して、以下の点で刑事手続において有効に防御権を行使することができない場合が多い。

① そもそも弁護人選任権や黙秘権といった抽象的な権利の意味が理解できない

② 捜査官に迎合しやすく、誘導により事実と異なる供述をさせられてしまう可能性が高い、供述調書を読み聞かせされてもその内容が十分に理解されていない

③ 取調べが取調室という密室で行われることにより、これらの危険性はより一層高まる

#### イ 刑務所出所後の支援の必要性

高齢者・障がい者には、出所後には福祉的な支援を受けなければ個人単独で生活することが困難な者も多い。このような高齢者・障がい者が単独で福祉の支援を受けるにも手続の複雑さなどから支援に繋げられない場合も多い。

#### ウ 出口支援

南高愛隣会の取組みの中、一つの制度として結実したのが、厚生労働省の事業として行われるようになった「地域生活定着支援センター」であった。同センターは、高齢や障害等の理由で特別な支援が必要な矯正施設からの退所者に対し、出所後のサービス利用事業所の調整をはじめ、地域生活に適応させるための福祉的支援を行うものとされている。同センターは、数年をかけて47都道府県、48か所に設置をされるに至っている。

このような刑務所等の矯正施設からの出所時の支援は、「出口支援」と呼ばれるようになった。

#### エ 入口支援

##### (ア) 入口支援とは

さらに、南高愛隣会は、出口支援だけでは不十分であり、裁判段階（罪に問われ刑が確定するまでを含む）から福祉が関わっていかなければ十分な支援は困難であると考え、裁判段階での支援も模索するようになった。これが「入口支援」と呼ばれるものである。この入口支援は、毎年その形を少しずつ変えてはいるが、大きくは裁判段階において、福祉的支援の必要性や具体的な福祉的支援の在り方を調査、判定し、それを更生支援計画書等として証拠化し、裁判所に提出するという枠組みである。

大阪弁護士会では、この南高愛隣会の流れとは別に、冒頭に述べたとおり、2011（平成23）年度から、罪に問われた知的障がい者等に対応するための名簿を作成し運用を開始した。大阪弁護士会は、充実した研修を実施するとともに、社会福祉士との連携を強め、被疑者・被告人との接見同行や更生支援計画の作成等の取組みを行っている。

その後、横浜弁護士会（現神奈川県弁護士会）、東京三会、千葉県弁護士会でも同様の取組みが開始され、全国各地で徐々に同様の取り組みが広がってきている。

##### (イ) 東京三会における取組み

東京における独自の取組みとして、東京社会福祉士会、東京精神保健福祉士協会、東京臨床心理士会、精神科医と東京三弁護士会との団体としての連携が挙げられる。これらのメンバーによって、定期的に協議が続けられている。2015（平成27）年度から、この協議会の取り組みの一つの結果として、東京三会が、東京社会福祉士会や東京精神保健福祉士協会にソーシャルワーカーの派遣を依頼した場合、これらの団体が協会としてソーシャルワーカーを紹介・派遣してくれるという制度を試行として立ち上げた。このような試行が成功すれば、個人的な取組みが団体としての取り組みとなり、より幅の広い永続的な活動として位置づけられることとなる。

東京三会は、このような活動に対して、2015（平成

27）年度から独自の費用援助制度を設けるに至っているが、後述のとおりその費用の拡充は今後の課題である。

2018（平成30）年からは、更生支援計画が作成され裁判所に提出された事件において、実刑になった事件は東京拘置所や立川拘置支所に対し、保護観察付執行猶予となった事件は東京保護観察所に対し、弁護人が更生支援計画を送付し引き継ぐ取組みも行われている。

### ㋒ 障害の特性に応じた対応を

以上のように福祉と繋がる以外にも、当然ながら、弁護士には、依頼者の障害の特性に応じて、公判において、刑事責任能力、訴訟能力を争う、自白の任意性・信用性を争う、情状鑑定を請求することなどが求められる。

### (4) 今後の取組み

#### ア 弁護士会内の横断的な連携の必要

高齢者・障がい者の刑事事件を巡る課題は、刑事弁護、高齢者・障がい者福祉等多岐にわたる問題にかかわる。そこで、弁護士会においても、刑事弁護、刑事法制、刑事拘禁等の刑事関係の委員会のみならず、高齢者・障がい者関係委員会、子どもの権利に関する委員会等が横断的に連携し、この問題に関して会内横断的な連携を図る必要がある。東弁は、2013（平成25）年3月に「地域生活定着支援センターとの連携に関する協議会」を立ち上げ、この問題に取り組み始めた。その後、東京三会が一致して、この問題の取組みを行うべきであるとの流れができ、2013（平成25）年11月には、東京三弁護士会障害者等刑事問題検討協議会（以下、「三会検討協議会」という。）を立ち上げ、これらの委員会の横断的な連携を実現している。

#### イ 個々の弁護士の研修等を通じたこの問題の理解

具体的な事案の取組みにあたっては、当然、個々の弁護士の理解が必要不可欠である。三会検討協議会では、かかる問題について、「障害者刑事弁護マニュアル」を作成し、研修会の企画を積極的に実施しており、こうした活動を継続していく必要がある。

#### ウ 関係各機関との連携の必要

また、本テーマの問題が多岐にわたる以上、弁護士会内の取組みだけでは十分ではなく、社会全体における総合的な取組みが必要である。裁判所、検察庁、警察に障がい者への配慮を求めることはもちろんのこと、社会復帰する際の受入れ体制を整えるためには、福祉事務所を含む自治体、刑務所、少年院、保護観察所、地域生活定着支援センター、社会福祉法人等々との連携も必要であり、ひいては社会全体の理解が必要不可欠である。

三会検討協議会では、現在、東京社会福祉士会や東京精神保健福祉士協会との間で連携の在り方を継続的に協議し、社会福祉士の接見同行等の試みを開始しようとしているところである。また、各関係機関との継続的な協議が行える体制を築こうとしているところである。

なお、司法と福祉の連携は、必ずしも罪に問われた高齢者・障がい者に限って重要というわけではない。被疑者・被告人・受刑者に障害がなくとも、困窮などの問題から更生のために福祉的支援を必要とする場合には、司法と福祉が連携していかなければならない事案もあると思われる。

#### エ 弁護人の報酬、福祉関係者の費用の問題

以上のように、現在、司法と福祉は連携を深めようとしているが、最も大きな障壁となるのは、国選弁護活動などにおける医療・心理・福祉関係者の費用の問題である。これらの費用（例えば、更生支援計画の作成料等）に関しては、医師の作成する診断書以外は、国選弁護費用から支出されることはない。また、弁護活動も、福祉との連携を行う事案は弁護人の負担が軽くなく、弁護活動自体への負担に対する考慮もする必要性があった。

そこで、東京三会では、まずは、各弁護士会で独自に福祉関係者の費用を援助する制度を設け、実践を積み重ねた。このような実践もあって、2022（令和4）年度、日弁連は「少年・刑事財政基金の支出に関する規則」を改正し、2023（令和5）年4月1日以降、日弁連の少年・刑事財政基金から弁護士会に補助金を支出することができるようになり、この結果、全国の弁護士会でも費用援助が財政的に可能になるに至った。この改正により、各弁護士会での福祉関係者の活動に関する費用援助が拡張され、弁護士の活動に対しても加算報酬が支払われることになることが見込まれる。今後は、この費用の問題は、弁護士会の負担ではなく、国選弁護費用に組み込まれるように働きかけを強めていく必要性がある。

第8　刑事弁護と福祉手続の連携　143

## 第9　死刑の廃止問題

### 1　死刑制度の是非をめぐる議論

　死刑は生命を剥奪する刑罰であり、あらゆる人権の基盤にある生命を奪われない権利（生命権）を否定するものである。また、刑事裁判における誤判の可能性が存在する以上、いったん執行されてしまえば原状に復する手段が全くなくなる死刑は、えん罪の場合には取り返しがつかない人権侵害となる。このように、死刑は人間の尊い生命を奪う不可逆的な刑罰であるため、「国家が人の生命を奪うことが許されるのか」という国家の無謬性に関わる根源的な問題を内包している。

　死刑制度の是非をめぐっては、存置論と廃止論との激しい対立がある。

　存置論者は、①刑罰は犯した罪の重大さと均衡するものでなければ不公平であり（応報刑主義）、殺人罪には死刑のみが罪刑が均衡し、死刑のみが償いである、②被害者遺族の被害感情が余りに激しい場合には、死刑により自らの命をもって償わせ、被害者遺族の怒りと悲しみを癒すことが正義につながる、③刑事政策的観点から、死刑には凶悪犯罪に対する抑止効果がある、④世論調査の結果によれば国民の多くが死刑の存続を望んでおり、死刑廃止は民主主義に反する、⑤我が国には仮釈放のない終身刑がない以上、社会復帰後に再犯の可能性がある、等の理由から、死刑は存置すべきと主張する。

　他方、廃止論者は、①「奪われた命に均衡する刑罰は死刑のみ」という同害報復の考え方は、自由刑による犯罪者の改善更生を刑罰の主目的と捉える（教育刑）近代刑法の理念に合致しない、②個人の生命権は最も重要な人権であり、国家権力が刑罰でこれを奪うことは非人道的である、③死刑執行後に誤判が判明した場合は取り返しがつかない、④死刑の凶悪犯罪に対する抑止効果については科学的実証がない（実際に起きた凶悪事件の犯人像から、死刑が抑止力にはなり得ていないという実態や、「拡大自殺」と言われる事件のように死刑の存在がむしろ事件を誘発しているという実態も見えてきている。）、⑤被害者遺族の考え方も一様ではなく死刑に反対している遺族もいるし、加害者を死刑にすれば被害者遺族の精神的救済が常に得られるわけではなく、被害者遺族の支援は別途検討されるべきである、⑥世界の大多数の国々で死刑は廃止されて

おり、日本の死刑制度に対しては国際的な懸念や批判がなされている、等の理由により、死刑は廃止すべきと主張している。

　しかし、生命権は個人の尊厳にとって最も重要なものであり、近代刑法の歴史が人権思想の広がりと共に同害報復（目には目を）の復讐的身体刑を克服してきたものであることに鑑みるとき、何故に究極の身体刑である死刑のみが許されるのか、その合理性の説明は困難であろう。とりわけ、えん罪で死刑が執行されてしまったら取り返しがつかない。

　なお、これらの存廃論の議論について、法制審議会会長も務めた井田良中央大学法科大学院教授は、2021（令和3）年9月に公刊した「死刑制度と刑罰理論」（岩波書店）において、「意見の異なるそれぞれの陣営が、自分の立場を最初から固定して1ミリも動かさず、ただ自分の信じるところを相手にぶつけ合う、というのでは、そもそも議論をする意味はない」（178頁）として、「学術的議論においては使われるべきではない（すなわち、持ち出しても意味のない）論拠を選別し」（179頁）た上で、応報刑論の立場に立ちつつ、憲法の下では「同害報復型応報刑論」はとれず「社会規範型応報刑論」をとるべきであると主張し、「そのような刑罰理論に立脚する限り、決定的に死刑制度の廃止に傾く」（216頁）としている。

### 2　我が国の死刑判決及び死刑執行の状況

　日本では2000年代に、殺人罪など凶悪犯罪の認知件数はほとんど増加していないにもかかわらず、死刑判決は著しく増加した。

　すなわち、殺人事件の認知件数は、1991（平成3）年から1997（平成9）年の7年間で8,735件であるのに対し、2001（平成13）年から2007（平成19）年までの7年間で9,507件（約1.09倍）であった（犯罪統計書）。これに対して、死刑判決言渡し件数（死刑判決を維持したものを含む）は、1991（平成3）年から1997（平成9）年の7年間と2001（平成13）年から2007（平成19）年までの各7年間を比較すると、地方裁判所では31件が95件に（約3.1倍）、高等裁判所では22件が96件に（約4.4倍）、最高裁では26件が63件に（約2.4倍）、それぞれ激増した（司法統計年報）。また、2009（平

成21）年7月に裁判員裁判が導入され、市民が死刑判決言渡しの判断にかかわることを求められる社会となったが、2010（平成22）年以降の裁判員裁判における死刑判決は、2019（令和元）年12月までに40件に及んでいる。

また、死刑執行数を見ると、1989（平成元）年以降3年4ヶ月にわたって死刑執行は事実上停止されていたが、1993（平成5）年3月26日より死刑の執行が再開され、再開後の執行者数は2023（令和5）年10月末までで合計134名に達している。なお、2018（平成30）年は15名、2019（令和元）年も3名の死刑が執行されたが、コロナ禍ゆえか東京オリンピックを控えていたからかは不明ながら、2020（令和2）年は9年ぶりに死刑執行が0件であり、2021（令和3）年も例年7月末頃に行われる執行はなかった。もっとも、同年12月に3人、2022（令和4）年7月に1名の執行がされたが、その後2年以上、執行はない。

死刑が確定した死刑囚の数は、2019（令和元）年12月26日の法務大臣の記者会見によると112名である（袴田氏も死刑執行停止中ではあるが、再審無罪決定はまだ出ていないので死刑確定者に含む）。

なお、死刑が執行されるたびに、日弁連、各地の弁護士会や弁護士会連合会が法務大臣に対し、死刑制度の存廃の国民的議論が尽くされるまでは死刑の執行を差し控えるなどの慎重な対応を求める会長（理事長）談話ないし声明を発表している。

## 3　死刑えん罪事件の状況

我が国では、1983（昭和58）年から1989（平成元）年にかけて、4つの死刑確定事件（免田・財田川・松山・島田各事件）について再審無罪判決が確定している。さらに、2014（平成26）年3月には袴田事件についても死刑及び拘置の執行停止並びに再審開始の決定が静岡地裁でなされ（2018〔平成30〕年6月に東京高裁が決定を取り消したが、2020〔令和2〕年12月23日に最高裁が東京高裁の決定を取り消して審理を東京高裁に差し戻した。）、改めて死刑判決にも誤判があり得ることが広く世に知られるようになった。しかも、袴田氏は無実を訴えながらいつ執行されるか分からない死刑を待つ身での長期間の拘禁生活で精神を病み、その様子が報じられるようになって、誤判の問題性が広く社会に認識されるようになった。にもかかわらず、

再審開始までにはさらに年月を要し、再審開始が決定したのは、ようやく2023年（令和5年）3月であった。死刑確定事件としては戦後5件目となる再審開始であったが、2024（令和6）年9月26日、静岡地裁は無罪判決を言い渡した（10月9日に確定）。

他方、同じく死刑確定事件である名張ぶどう酒事件の第8次再審請求は2014（平成26）年5月に却下されてしまい、2015（平成27）年10月に奥西死刑囚は病死した。また、一貫して無実を主張し再審請求も予定されていたのに死刑が執行されてしまった飯塚事件も、えん罪であった可能性が強く主張されている。

このように、誤判の危険性は人間の行う裁判においては避けられないものであり、死刑制度が存在する限り、かけがえのない生命を国家が誤って奪う危険性は常に存在している。

## 4　死刑廃止の国際的潮流

国際的には、国連において、世界人権宣言3条（生命権条項）の完全保障のために死刑廃止を目指し、死刑のより制限的な適用のため、いわゆる「死刑廃止条約」が1989（平成元）年12月15日の国連総会で採択され、1991（平成3）年7月11日に発効した。2012（平成24）年10月31日現在、同条約は、74か国が批准し、35か国が署名して後日批准を約束している。アムネスティ・インターナショナルの調べによると、毎年死刑廃止国が増えており、2023（令和5）年12月31日時点において、死刑存置国が55か国に対し、廃止国は事実上の廃止を含めて144か国（完全廃止が112か国、通常犯罪のみ廃止が9か国、過去10年以上死刑を執行していない事実上の廃止国が23か国）となり、今や世界の70％以上の国々が死刑を廃止ないし停止している。さらに、2024（令和6）年9月20日、台湾の憲法裁判所に当たる憲法法廷で、厳格な手続要件を欠く現在の死刑制度は違憲であるとの判断がなされ、報道によれば、事実上の死刑廃止であるという評価がある。

米国でも23州と首都及び5自治領で死刑は廃止され、全米で最多の死刑囚がいるカリフォルニア州を含めて3州では死刑執行を停止するなど、州レベルでの死刑廃止の動きが進んできている。連邦レベルでは、トランプ大統領が、大統領選挙を控えた2020（令和2）年7月に17年振りに死刑執行を命じたが、大統領選挙において死刑廃止を公約に掲げたバイデン大統領が就任し

てからは、ガーランド司法長官が2021（令和3）年7月1日、連邦レベルの死刑執行を一時的に停止するとの通知を公表した。

その結果、現在、国家として統一して死刑を執行しているOECD加盟国は日本だけという状況になった。

そして、死刑制度を存置しているために、日本は米国と韓国との間でしか犯罪人引渡条約が締結できていないという外交問題を引き起こしているとの指摘がある。

## 5 日本の死刑制度に対する国際的評価

死刑廃止へ向けた国際的潮流の中で、国連総会が、2007（平成19）年12月、2008（平成20）年11月、2010（平成22）年12月、2012（平成24）年12月、2014（平成26）年12月、2016（平成28）年12月、2018（平成30）年12月、2020（令和2）年12月、2022（令和4）年12月と9回にわたって、日本を含むすべての死刑存置国に対して死刑廃止を視野に死刑執行の停止を求める決議案を賛成多数で採択しており、しかも決議の度に賛成国が増えている（9回目は加盟193か国中125か国の賛成）。

また、2014（平成26）年には国連人権（自由権）規約委員会が、市民的及び政治的権利に関する国際規約（以下、「規約」という。）の実施状況に関する第6回政府報告書審査の結果である総括所見を発表し、その中で日本政府に対して、以下の①から⑥を勧告した。
①死刑の廃止を十分に考慮すること、あるいはその代替として、死刑を科しうる犯罪の数を、生命の喪失に至る最も重大な犯罪にまで削減すること。
②死刑確定者とその家族に対し予定されている死刑執行の日時を合理的な余裕をもって事前告知すること、及び、死刑確定者に対して非常に例外的な事情がある場合であり、かつ、厳格に制限された期間を除き、昼夜独居処遇を科さないことにより、死刑確定者の収容体制が残虐、非人道的あるいは品位を傷つける取扱いまたは刑罰とならないように保障すること。
③とりわけ、弁護側にすべての検察側資料への全面的なアクセスを保障し、かつ、拷問あるいは虐待により得られた自白が証拠として用いられることがないよう確保することによって、不当な死刑判決に対する法的な安全装置を即時に強化すること。
④委員会の前回の総括所見（CCPR/C/JPN/CO/5、

パラ 17）の観点から、再審あるいは恩赦の申請に執行停止効果を持たせたうえで死刑事件における義務的かつ効果的な再審査の制度を確立し、かつ、死刑確定者とその弁護人との間における再審請求に関するすべての面会の厳格な秘密性を保障すること。
⑤死刑確定者の精神状態の健康に関する独立した審査の制度を確立すること。
⑥死刑の廃止を目指し、規約の第二選択議定書への加入を検討すること。

また、同委員会は、日本政府に、死刑制度に関する委員会の勧告の実行状況について、1年以内に追加情報を提供するように要求した。

2017（平成29）年11月14日の国連人権理事会の普遍的定期的審査作業部会による「日本の人権状況に対する普遍的定期的審査（UPR）」においても、日本に対する意見を述べた国は106か国に及び、勧告数は200を超え、死刑廃止に関連した勧告は30を超えた。

## 6 世論の動向

死刑制度は究極の人権問題であることからすれば、本来、多数決原理になじまないし、イギリスやフランスでは政治的なリーダーシップによって死刑廃止が実現されている。とはいえ、世論の動向も無視はできない。

そこで、世論の動向を見ると、国民の意識に変化が表れていると言うことができる。すなわち、内閣府が5年ごとに実施している世論調査によれば、2009（平成21）年12月の調査では、「どんな場合にも死刑は廃止すべき」という回答が5.7％に過ぎず、「場合によっては死刑もやむを得ない」という回答が85.6％であったのに対し、回答の選択肢を変えて行われた2014（平成26）年11月の調査では、「死刑は廃止すべきである」という回答が9.7％に増加し、「死刑もやむを得ない」という回答が80.3％に減少した。そして、2019（令和元）年の世論調査によれば、「死刑はやむを得ない」とする回答は、確かに全体の80.8％あるものの、「死刑はやむを得ない」を選択した人で、「将来も死刑を廃止しない」という回答は54.4％で、これは全体の43.9％で半数に達しない。他方、「死刑は廃止すべき」という回答（全体の9.0％）と「状況が変われば将来的には死刑を廃止してもよい」という回答の合計は全体の41.2％で、「将来も死刑を廃止しない」という回答と

拮抗している。また、死刑制度の存廃について終身刑が導入された場合は、「死刑を廃止する方がよい」という回答も全回答者の35.1％に上っている。このことからすれば、現在の無期懲役刑と死刑しか選択肢がない制度下では死刑存置を望む人も、死刑の代替刑が創設されれば死刑廃止を望む人がいるということである。

しかも特筆すべきは、年齢別にみると、「死刑はやむを得ない」を選択した人のうち「将来も死刑を廃止しない」を選択した人は、70歳以上では60.5％であるのに対し、18歳〜29歳の層では41.7％で半数を大きく割っていることである。

ところで、2019（令和元）年の調査では、「死刑がなくなれば凶悪犯罪が増える」と回答している人が58.3％で、「増えない」という回答13.7％を圧倒しており、「分からない」が27.9％である。この数字からは、死刑がなくなれば凶悪犯罪が増えるという不安は死刑存置派の大きな論拠となっていると思われるが、逆に言うと、死刑制度がなくなっても凶悪犯罪が増えないことが実感されれば死刑廃止を容認する人も少なくないと思われる。これらのことから、死刑制度についての情報が十分に与えられ、世界的に見て死刑の廃止により凶悪犯罪は増えていないことを知り、さらに死刑の代替刑も加味すれば、国民の多数の世論に死刑存置の根拠を求めていた状況が変わる可能性があるといえる。

2024（令和6）年秋には、世論調査が実施される予定であるところ、これまでの世論調査には質問の仕方や回答の選択肢に問題がある。そこで日弁連は、2024（令和6）年1月19日、質問の追加などを求める「死刑制度に関する政府世論調査に対する意見書」を公表した。

## 7 国会議員の動き

1994（平成6）年に発足した「死刑廃止を推進する国会議員連盟」は、2011（平成23）年に、「重無期刑の創設及び死刑制度調査会の設置等に関する法律案」を公表した。そこには、国会に死刑調査制度会を設置し、3年を期限として死刑の存廃を含めた死刑制度に関する調査を行うとともに、本法律施行の日から4年間死刑の執行を停止することなどが盛り込まれていた。

そして2018（平成30）年12月5日には、死刑制度の是非を議論する超党派の議員連盟として「日本の死刑

制度の今後を考える議員の会」が設立され、将来的な死刑制度の在り方に関する提言とりまとめを目指すとされている。

なお、与党公明党の代表である山口那津男参議院議員は、2021（令和3）年3月13日に開催された日弁連主催の国際シンポジウム「刑事司法の未来を展望する—刑事司法制度は死刑制度や弁護士への攻撃とともに共存できるのか」において、個人的意見としながらも死刑制度は廃止すべきと明言した。

## 8 死刑廃止問題に対する日弁連の動き

日弁連は、死刑制度をめぐる問題について、2004（平成16）年以降、人権擁護大会において3回の宣言・決議を行っている。2004（平成16）年10月開催の第47回人権擁護大会（宮崎大会）において、「死刑執行停止法の制定、死刑制度に関する情報の公開及び死刑問題調査会の設置を求める決議」を採択し、2011（平成23）年10月開催の第54回人権擁護大会（高松大会）において、「罪を犯した人の社会復帰のための施策の確立を求め、死刑制度廃止についての全社会的議論を呼びかける宣言」を採択した。なお、詳細は、2022（令和4）年度政策要綱の353頁を参照されたい。

そして、2016（平成28）年10月開催の第59回人権擁護大会（福井大会）において、「死刑制度の廃止を含む刑罰制度全体の改革を求める宣言」（福井宣言）を採択した。福井宣言においては、日本で国連犯罪防止刑事司法会議が開催される2020（令和2）年までに死刑制度の廃止を目指すべきであること、及び、死刑を廃止するに際して死刑が科されてきたような凶悪犯罪に対する代替刑を検討することを採択した。

これを受けて、2017（平成29）年度に日弁連内に「死刑廃止及び関連する刑罰制度改革実現本部」が設置され、2017（平成29）年以降の日弁連定期総会ではその実現本部の活動に対する予算付けも承認される等、死刑制度廃止に向けての日弁連の活動が開始されている。

そして、日弁連としては、福井宣言での検討課題とされた「死刑に変わる代替刑」について具体化することが必要であったところ、2019（令和元）年10月15日に日弁連理事会は、「死刑制度の廃止並びにこれに伴う代替刑の導入及び減刑手続制度の創設に関する基本方針」を発表し、「仮釈放の可能性のない終身刑制度」の導入検討を進めていくことを承認した。

もっとも、「仮釈放の可能性がない終身刑制度」の導入については、日弁連内部においても、「自ら犯した犯罪に対して反省・悔悟し、再度社会内で生活することを認めてもよいと評価されるような終身刑受刑者まで、生涯刑事施設に拘禁し続け社会復帰の可能性を全く認めないという刑罰が、憲法（36条）で禁じられる『残虐な刑罰』（最高裁判断では「不必要な精神的、肉体的苦痛を内容とする人道上残酷と認められる刑罰」とされる。）に該当しないと言えるのか」という強い疑問の提起もあったところである。

そのためさらなる慎重な検討を重ねた結果、2022（令和4）年11月15日の日弁連理事会において、「死刑制度の廃止に伴う代替刑の制度設計に関する提言」が可決承認された。

## 9 「日本の死刑制度について考える懇話会」の設立

2024年（令和6）年2月29日、日弁連の呼び掛けに応じて参集したメンバー16名により、「日本の死刑制度について考える懇話会」（以下「懇話会」という。）が設立された。与野党の国会議員をはじめ、マスコミ関係者、刑事法学者、犯罪被害者遺族、宗教関係者、文化人、経済団体出身者、労働団体出身者、弁護士のほか、特筆すべきこととして元警察庁長官と元検事総長が参加していることが挙げられる。座長は互選により、法制審議会の前会長である井田良教授（中央大学法科大学院）が選任され、座長代行に笹倉香奈教授（甲南大学）が指名され、委員間の申し合わせにより、懇話会の事務局を日弁連に委託されることになり、日弁連が懇話会の運営を担うことになった。

会議は2024（令和6）年11月までに12回を数え、20人以上の研究者や当事者（犯罪被害者遺族）のヒアリングを経て（議事は懇話会のWEBサイトで公開されている）、少なくとも現行の死刑制度には制度上及び運用上の問題があり、このまま維持することはできないという認識までは全員が共有するに至った。その上で、11月13日に報告書をとりまとめ、全員一致の意思として、早急に、国家及び内閣の下に死刑制度に関する根本的な検討を任務とする公的な会議体を設置することを提言した。

## 10 東弁の取組み

東弁では、2012（平成24）年に「死刑制度検討協議会」を設置して検討を重ねてきたが、なかなか一つの方向性を出せなかった。

そのような中で、日弁連は、福井宣言を踏まえ、2020（令和2）年4月に予定されていた第14回国連犯罪防止刑事司法会議（京都コングレス）までに、全国の弁護士会でも死刑廃止決議をしてほしいと要請していた。

東弁は、これに呼応して、京都コングレス開催前の2020（令和2）年3月2日の臨時総会で「死刑廃止に向け、まずは死刑執行停止を求める決議」を行うことにしたところ、新型コロナウィルス感染拡大状況に鑑みて総会が延期になったが（京都コングレスも延期になった。）、その後、同年9月24日の臨時総会にて、賛成多数にて可決承認された（賛成1,199、反対781、棄権177）。この決議は、東弁が死刑制度の早期廃止に向けて活動していくことを宣言した上で、日本の法律から死刑制度に関する規定が削除されるまでの間、政府や国会に死刑の執行停止をするよう求めていること、また、仮釈放のない終身刑の導入を検討すべきであること、そして国や地方公共団体に対し犯罪被害者やその遺族の権利を回復するための施策の拡充を図るべきであることにも言及した内容である。

これを受け、東弁は2021（令和3）年6月に死刑制度検討協議会を死刑廃止推進協議会に組織変更し、さらに2023（令和5）年4月から死刑制度廃止実現本部を発足させ、会長が本部長となって死刑廃止に向けてより一層の活動を進めていく体制を整備した。

なお、2024（令和6）年9月時点で、全国で19単位会及び1弁護士会連合会において、死刑廃止を求める決議が採択されており（採択順に、滋賀弁護士会、宮崎県弁護士会、札幌弁護士会、中国地方弁護士会連合会、大阪弁護士会、島根県弁護士会、埼玉弁護士会、福岡県弁護士会、広島弁護士会、愛知県弁護士会、東京弁護士会、仙台弁護士会、神奈川県弁護士会、第二東京弁護士会、沖縄弁護士会、岡山弁護士会、長崎県弁護士会、熊本県弁護士会、千葉県弁護士会、福島県弁護士会）、死刑廃止に向けたメッセージの発信が活発化している。

## 11　法友会の取組み

死刑制度をめぐっては、弁護士の間でも異なる意見があるし、法友会内でもこれまで様々な機会を設けて慎重に議論を続けてきたところである。

日弁連は、これまでの歴史の積み重ねの中で一定の方針を打ち出してきており、法友会としても、個々の会員の中に異論はあるものの、基本的には日弁連及び東弁の意見形成を支持してきた立場である。そして、東弁が2020（令和2）年9月24日に死刑廃止決議をするに先立ち、2019（平成31）年度及び2020（令和2）年度に政策委員会で議論をした結果、決議案に反対する強い意見はあったものの、賛成多数で決議案を支持した。

今後、法友会は日弁連・東弁の活動を支える最大会派として、日弁連・東弁が行う国会議員への働き掛けや市民への情報提供を含め、具体的な議論と実践的な活動を担っていく必要がある。

# 第10　受刑者の人権保障

## 1　受刑者の処遇をめぐる経緯

受刑者の処遇については、かつて、1908（明治41）年に制定された監獄法が規律していたが、監獄法は、被収容者の権利義務や職員の権限が不明確であり、受刑者処遇の原則が不十分であった。国連で被拘禁者処遇最低基準規則が制定されたことが契機となり、1976（昭和51）年に法制審議会への諮問を経て同改正法案が国会に提出されたが、廃案となり、改正は実現されなかった。

そのような中、名古屋刑務所において、2001（平成13）年12月、刑務官が受刑者1名の肛門に向け、散水栓を水利とした消防用ホースで放水したことにより、直腸破裂で死亡させた事件が発生したうえ、2002（平成14）年5月に腹部を革手錠で締め付けられたことを原因として受刑者が死亡する事件が発生し、同年9月には、受刑者が刑務官に革手錠を施用されたことを原因として負傷し、外部の病院に移送される事件が発生した。これらの事件に関わった刑務官は、特別公務員暴行陵虐罪で起訴され、いずれも有罪判決が確定している。

これらの事件は国会審議等でも大きく取り上げられ、これを契機に、法務省は「行刑運営に関する調査検討委員会」を設置し、さらに、「行刑改革会議」を立ち上げた。行刑改革会議は、2003（平成15）年12月22日に行刑改革会議提言を公表し、受刑者処遇の在り方について、受刑者の人間性の尊重、受刑者の権利義務及び職員の権限の明確化、受刑者の特性に応じた処遇の実現、昼夜間独居拘禁の適正さの確保、規律の見直し、懲罰の適正化、外部交通の拡大などを提言するとともに、行刑運営の透明性の確保のために刑事施設視察委員会と刑事施設不服審査会の設置を提言している。

この一連の動きを経て、監獄法は廃止され、2007（平成19）年6月1日に「刑事収容施設及び被収容者等の処遇に関する法律」（以下、「刑事収容施設法」という。）が施行され、被収容者の権利義務や職員の権限を明確化し、受刑者の社会復帰に向けた処遇の充実などが図られた。

もっとも、その後にも、徳島刑務所において、2004（平成16）年4月から徳島刑務所医務課長の職にあった医師が、不必要な直腸指診やピンチテスト（痛覚検査）と称する太股等をつねる行為などの不適当な医療行為を行っていたことが発覚した。日弁連は、同件について、人権救済の申立てを受けて、2010（平成22）年1月22日、当該医師及び徳島刑務所長に対して警告書を発出している。

また、再び名古屋刑務所において、刑務官22名が、2021（令和3）年11月から2022（令和4）年9月までの間、受刑者3名に対し、暴行等の不適正処遇（虐待・いじめ）を繰り返し行った事件が発生し、2023（令和5）年4月28日にうち13名の刑務官に停職や減給の懲戒処分がなされている。

その他、受刑者ではないが、東京拘置所に収容されていた未決拘禁者が収容中のカルテに記録されている個人情報の開示請求をしたものの、東京矯正管区長が開示を認めず、この決定の取消し等を求めた訴訟において、2021（令和3）年6月16日に最高裁は、請求棄却をした東京高裁の判決を破棄し、東京高裁に差し戻した。この際、最高裁は、刑事施設内の病院等にも原則

として医療法等の規定が適用され、被収容者が収容中に受ける診療の性質は、社会一般において提供される診療と異なるものではないと判断した。この最高裁判決後、刑事施設で受けた医療のカルテの開示請求ができた事例が日弁連の刑事拘禁制度改革実現本部ニュースNo.54（2022年4月1日号）で報告されている。

## 2 受刑者の制約

### (1) 面会・手紙

受刑者は、面会の制限があり、親族、重要な用務を処理する者及び改善更生に資する者との面会は認められるが、それ以外の者については許可がない限り認められず、手紙の発信についても回数制限がある。また、面会回数及び発信回数は、優遇区分によって異なる。

### (2) 医療

刑務所内の医療体制は十分とはいえず、適切な医療が受けられない場合がある。診察希望を出してから診察を受けられるまでの期間が長いことや、そもそも診察が受けられないという苦情が被収容者からあがることは少なくない。また、インフォームドコンセントについても問題が指摘されている。2006（平成18）年4月26日の東京高裁判決は「当該患者がその責任で医療情報を収集することにつき制約を受けることによる不利益を考えると、拘禁施設の医師による加えようとしている医療行為についての説明は、一般の場合以上に客観的かつ適切なものであることが要請される」としており、これによれば、刑務所医療においては、一般の医療以上に、医師に重い説明義務が課される。しかし、現実的には説明を求めなければ説明を受けられず、薬剤情報提供文書も書面での交付がなされていないなどの問題が指摘されている。

### (3) 懲罰

受刑者には、遵守事項や職員の指示に従わなかった場合には懲罰が科せられ（刑事収容施設法150条）、その種類は、戒告、作業の停止、自弁の物品の使用又は摂取の一部又は全部の15日以内の停止、書籍等の閲覧の30日以内の停止、報奨金計算額の3分の1以内の削減、30日以内の閉居罰（特に情状が重い場合は60日）となっている（同法151条）。

閉居罰では、自弁物品の使用等、宗教上の教誨を受けること、書籍等の閲覧、自己契約作業、面会、信書の発受が禁止される（同法152条）。

懲罰手続きは、職員が反則行為を報告し、調査が行われ、受刑者に対しては予め書面にて、弁解すべき日時又は期限、懲罰の原因となる事実の要旨が通知され、弁解の機会が与えられて懲罰審査会に呼ばれることになるが、弁護士を依頼することはできない。

### (4) 保護室

自傷のおそれがあるときや、刑務官の制止に従わずに大声又は騒音を発するとき、他人に危害を加えるおそれがあるとき、刑事施設の設備、器具その他の物を損壊し、又は汚損するおそれがあるときは、保護室に収容される（同法79条）。保護室への収容期間は原則として72時間以内だが、特に必要があると認められる場合には48時間ごとの更新が可能となっている。

### (5) 拘束具

捕縄、手錠といった拘束具は、受刑者を護送する場合、又は受刑者が逃走、自傷又は他人への危害、刑務所の設備等を損壊するおそれがある場合に使用される。

### (6) 隔離

受刑者が他の被収容者と接触することにより刑事施設の規律及び秩序を害するおそれがあるとき、又は他の被収容者から危害を加えられるおそれがあり、これを避けるため他に方法がないときは、他の被収容者から隔離して、昼夜、単独室に収容される（同法76条）。

この処遇を受けると、受刑者は、運動、入浴、面会の場合を除いて、単独室に入れられ、運動や入浴は単独室専用の非常に狭い設備を使って、一人で行うことになる。面会がない限り、職員以外の人と会話もできない。こうした厳しい昼夜間単独室処遇は、明治時代に制定された旧監獄法下で、厳正独居とも呼ばれていた。

この隔離期間は原則として3ヶ月以内であるが、特に必要がある場合には1ヶ月ごとに更新される。

### (7) 制限区分第4種

「改善更生の意欲の喚起及び社会生活に適応する能力の育成を図ることができる見込みが低い者」と判断され、制限区分の第4種に指定されると、原則として単独室処遇となって月2回の集団処遇（他の受刑者と共同しての運動など）を受けられる以外は、工場に出ることもなく、入浴も一人ですることになる。

## 3 不服申立て

### (1) 事実の申告

事実の申告は、受刑者が暴行を加えられたとき、手錠や拘束衣を不当に使用されたとき又は保護室に不当に入れられたときにすることができ（刑事収容施設法163条）、原則として事実があった日の翌日から30日以内に、管轄する矯正管区の長に対して書面でしなければならない。

矯正管区長は調査をして結果を通知するが、この通知に納得できない場合は、さらに法務大臣に対して事実を申告することができる。

もっとも、実際には矯正管区の職員が施設の取りまとめた書類に基づき、申出の内容が事実として認められるかどうかを審査し、施設の調査で不十分な点があれば施設に命じて調査をさせる扱いとなっており、施設の職員ではない外部の職員が改めて申立人や施設職員から直接に事情聴取することはないため、その実効性は疑問であり、過去、事実の申告が認められた例はほとんどない。

### (2) 審査の申請

受刑者は、懲罰や隔離に対して、矯正管区長に対して「審査の申請」という不服申立てができ、その審査結果（裁決）に不服がある場合には法務大臣に「再審査の申請」ができる。

審査の申請について受刑者が弁護士に依頼することは認められず、決定の告知を受けた翌日から30日以内に申立てしなければならない。

再審査の申請では、弁護士、医師や学識経験者などの専門委員からなる「刑事施設の被収容者の不服審査に関する調査検討会」に諮問することになる。同検討会は2024（令和6）年7月までに348回開催されており、議事要旨も公開されていて、ごく一部であるが申立てに理由があるという結論も出ている。

### (3) 苦情の申出

受刑者は、法務大臣・実地監査を行う監査官・所長に対して苦情の申出もでき（刑事収容施設法166条）、監査官等は、苦情の申出を受けたときは、これを誠実に処理して結果を申出者に通知する必要があるので、そこで隔離の理由が説明されることも考えられる。

### (4) 刑事施設視察委員会への申出

施設運営の改善のために、全国の刑事施設（刑務所・少年刑務所・拘置所）には「刑事施設視察委員会」が設置されており、各施設に10名以内で選任される委員のうち1名は弁護士委員が選任されている。刑事施設視察委員会は、施設を視察し、その運営に関し、毎年1回以上は、所長に対して意見を述べることができるが、被収容者との面接や、刑事施設で作成された書類の検討、職員からの事情聴取を行うことができる。なお、意見の概要、所長の対応措置は公表されている。

委員会の意見に法的な拘束力はないものの、各施設の所長には、意見をできる限り施設運営に反映させるよう、必要な措置を講じる努力をすることが求められる。

### (5) 弁護士会への人権救済の申立て

受刑者に対する処遇を巡っては、不当な人権制限があったとして弁護士会への人権救済の申立てが多くなされており、例えば、医療措置の懈怠（診察・診療拒否）、不当な懲罰、監視カメラ付き部屋への収容、民事裁判の出廷の不許可などに関して、東弁では人権擁護委員会の調査を踏まえて、警告や要望などを毎年実施している。

弁護士会では、人権救済申立ての手続中、予備調査において人権侵害の可能性があると認めた場合には、関係機関や申立人、関係者などに事実関係の照会や聞き取り調査などを行い、その結果、人権侵害の事実が認められた場合には、警告（侵害者又はその監督機関等に対して、委員会の意見を通告し、反省を求めるもの）、勧告（侵害者又はその監督機関等に対し、侵害された者への救済又は今後の侵害の防止について、適切な処置をとることを要請するもの）、要望（侵害者又はその監督機関等に対し、委員会の意見を伝えることにより、申立ての趣旨の実現を期待するもの）の措置を講じることができる。また、弁護士会は、事案によっては、これと併せて措置の内容をマスコミ等に公表することがある。

近時では、府中刑務所において、2023（令和5）年に、調髪に際し、前五分刈りにすることを希望した被収容者に対して、同人が就業している工場では原型刈りしか事実上選べない状況であるとして、同人に原型刈りを事実上強制した件について、2024（令和6）年に東京弁護士会宛ての人権救済申立事件に関する信書について通数外発信の申請をしたところ、緊急性が認められないとして、被収容者に通数内で発信するよう告知の上、当該信書を返戻した件について、東京弁護士会

が「警告」を発した事例がある。

## 4 今後の課題

この他、施設内での法律に根拠がない措置による人権侵害としては、例えば、東京拘置所の死刑囚が14年4ヶ月にわたって、監視カメラ付きの部屋に収容され、着替えや排せつの様子などすべての挙動を24時間撮影され続け、訴訟に及んだ事件がある。こうした監視カメラ付きの部屋では、天井に設置されたカメラで死刑囚の全ての様子を撮影できる状態となっており、このような部屋への収容に関する措置は、刑事施設長が定める細則に根拠があるに過ぎない。こうした措置が重大なプライバシー侵害であることが一見して明らかにもかかわらず、その根拠となる法律の定めはなく、刑事施設長の定める細則によって運用が行われてきた実態があった。また、死刑囚全員がこうした監視カメラ付きの部屋に収容されるわけではなく、施設長が特別要注意者と指定した者が収容される点に照らしても、同措置の運用の基準は客観的に明確ではなく、恣意的運用が懸念される。

なお、2018（平成30）年5月23日の熊本地裁判決は、監視カメラ付きの部屋への収容の必要性がなくなったにもかかわらず、漫然と収用を継続することは許されないとして、原告の慰謝料請求を認めたが、東京拘置所においては、未だに重大なプライバシー侵害を引き起こす措置が継続されているのが実情であり、速やかに改善されるべきである。

# 第11 新たな拘禁刑の問題

## 1 刑法等の改正に至る経緯

懲役と禁錮を単一化し、拘禁刑を創設する刑法等の一部を改正する法律が2022（令和4）年6月13日に成立し、2025（令和7）年から施行される見通しである。刑の種類が変更されるのは、1907（明治40）年以来のことである。

受刑者の処遇については、1908（明治41）年に制定された監獄法が規律していたが、監獄法は、被収容者の権利義務や職員の権限が不明確であり、受刑者処遇の原則が不十分であったが、法改正に向けた議論がなされていたものの、なかなか実現しなかった。

そのような中、2001（平成13）年の名古屋刑務所の刑務官による受刑者の死傷事件を端緒に、法務大臣の指示のもと発足した行刑改革会議が2003（平成15）年12月22日に受刑者処遇の在り方を見直すよう提言したことなどの一連の動きを経て、監獄法は廃止され、2007（平成19）年6月1日に刑事収容施設及び被収容者等の処遇に関する法律（以下、「処遇法」）が施行され、被収容者の権利義務や職員の権限の明確化、受刑者の社会復帰に向けた処遇の充実などが図られた。

受刑者の社会復帰について、政府・法務省は再犯防止を重要課題と位置づけ、2012（平成24）年から5年間にわたり「再犯防止に向けた総合対策」を実施し、2016（平成28）年12月には「再犯の防止等の推進に関する法律」が施行されたが、その成果は必ずしも効果的なものとはいえず、刑法犯で検挙された人のうち再犯者が占める割合は、ここ数年は50％近くに上っており、再犯者の割合が高止まりしている。

また、近年は受刑者が高齢化し、刑務作業をさせるだけでは改善更生や社会復帰につながらず、再犯防止につながらないという背景事情も顕在化している。

他方で、現行法では、自由刑として懲役と禁錮があるが、禁錮はそもそも対象者が少なく、2020（令和2）年に刑事施設へ入った受刑者1万6,620人のうち禁錮を言い渡された者はわずか0.3％の53人しかいない。そのうえ、2021（令和3）年3月末時点で79.8％の禁錮受刑者が自ら希望して作業に従事しているとされている。

上記の背景事情がある中で、受刑者の処遇の見直しを巡る議論は、法務省が2015（平成27）年11月から開催していた「若年者に対する刑事法制の在り方に関する勉強会」において、少年の上限年齢の在り方とともに、非行少年を含む犯罪者一般に対する処遇を一層充実させるための措置等について幅広く議論がなされたことが契機となっている。

同勉強会が2016（平成28）年12月20日に公表した取りまとめ報告書を踏まえて、法務大臣から法制審議会への諮問第103号では、少年の上限年齢の在り方とともに、非行少年を含む犯罪者に対する処遇を一層充実

させるための刑事の実体法及び手続法の整備の在り方について諮問がなされ、法制審議会では少年法改正と抱き合わせで自由刑の一本化の議論が行われ、2022（令和4）年6月、拘禁刑創設を含む刑法等の改正がなされたものである。

## 2 刑法等の改正の概要

2022（令和4）年6月に成立した改正刑法によって、懲役と禁錮が単一化し、拘禁刑が創設されたが、拘禁刑への単一化以外にも、再度の執行猶予を付すことができる量刑が1年から2年になり、保護観察中における犯罪であっても事案に応じて執行猶予を付すことができるようになるなど、執行猶予が拡充されている。また、刑法と同時に処遇法も改正されたので、この点について以下概要を説明する。

処遇法では、改正前においても、拘禁刑の受刑者に対する矯正処遇には、作業や改善指導、教科指導があり、矯正処遇は処遇要領に基づき実施するものとされ、そして、処遇要領は受刑者の資質及び環境の調査の結果に基づき定め、必要に応じて受刑者の希望を参酌して定めることになっていたが、今回の改正によって、受刑者の年齢を考慮する点が加わった（84条3項）。また、今回の法改正によって、処遇要領を定める場合や矯正処遇を行うにあたっては、被害者等の心情等を考慮することになった（84条の2）。

矯正処遇としての「作業」については、現行法では刑事施設長が定めるとしか規定されていないが、法改正によって、改善更生及び円滑な社会復帰を図るために必要と認められる場合には作業を行わせるものとし、作業を行わせることが相当でないと認めるときは、作業をさせないものとされた（93条）。

矯正処遇としての「改善指導」については、薬物依存や暴力団の受刑者に対して、犯罪の責任を自覚させ、健康な心身を培わせ、社会生活に適応するのに必要な知識及び生活態度を習得させるため必要な指導を行う点に変更はないが、法改正によって、改善指導においても被害者等の心情等を考慮することになった（103条3項、4項）。

また、改正法においては、社会復帰支援が明記され、受刑者の円滑な社会復帰を図るため、釈放後に自立した生活を営む上での困難を有する受刑者に対しては、その意向を尊重しつつ、住居の確保、医療、就業、修

学などの支援を行うものとしている（106条）。

現在でも、薬物依存の懲役受刑者の一部は改善プログラムなどを受けているが、改正法では、刑の一本化により、作業義務に縛られずに改善指導ができるなど、高齢受刑者のリハビリや福祉的支援、若年受刑者の学力を向上させる指導に重点を置いた処遇も可能となり、社会復帰を後押しすることが期待される。

## 3 日弁連の反応

日弁連は、2022（令和4）年5月26日、「拘禁刑等に関する刑法等改正案に対する会長声明」において、懲役を廃止することを歓迎し、受刑者の真の改善更生と円滑な社会復帰が促進されるようになることを期待する旨を公表している。

同声明の中で、日弁連は、受刑者の自発性、自律性及び尊厳を尊重する処遇理念を実現するためには、受刑者の意欲を引き出すべく、適切な働き掛けを行うことが重要であり、そのために必要な専門性を備えた人材の確保や職員に対する研修の充実を始めとする体制の構築が不可欠であることや、開放的処遇、外部通勤作業、外出・外泊の促進のほか、現在の作業報奨金制度に代えて賃金制を採用し、健康保険、雇用保険、労災保険などの社会保険制度との連動に向けた取組を行うことなどを求めている。

## 4 拘禁刑創設に伴う問題点

改正処遇法は「刑事施設の長は、受刑者に対し、その改善更生及び円滑な社会復帰を図るため必要と認められる場合には、作業を行わせるものとする。ただし、作業を行わせることが相当でないと認めるときは、この限りでない。」（93条）と定めているが、実際にどのような作業が改善更生及び円滑な社会復帰を図るため必要と認められるか、又は相当でないと認めるときに当たるかは必ずしも明瞭とは言えない。実質的に現在の懲役刑と変わらない事態も想定できるが、それでは受刑者の社会復帰支援を目的とする法改正の趣旨に背くものであり、刑務所で実施される作業が、真に受刑者の改善更生及び円滑な社会復帰を図るために必要なものかどうかは適切に監督させられるべきである。

また、法制審議会において、社会内処遇を効果的に行うための期間・機会を確保する観点から、残刑期間の短い仮釈放者について、釈放後の一定期間、保護観

第11 新たな拘禁刑の問題 153

察に付すことができる制度等を検討すべきであるとの意見がなされている。このような意見は、行為責任に応じて決定された刑を事後的に不利益に変更することになりかねず、責任主義との関係で問題であることは言うまでもないが、このような受刑者の自由を制約しかねない意見にも対応するために、今後の拘禁刑の運用、進捗及び効果について注視することが必要である。

# 第12　受刑者の社会復帰

## 1　受刑者の社会復帰支援に関する背景事情

### (1)　出所後の状況

　2023（令和5）年版犯罪白書によると、刑法犯の認知件数は2003（平成15）年に減少に転じて以降2021（令和3）年まで戦後最小を更新していたが、2022（令和4）は20年ぶりに増加に転じた。また、検挙された刑法犯のうち再犯者による事案が占める割合を示す再犯者率は1997（平成9）年以降上昇傾向にあったが、2022（令和4）年には47.9％で前年比0.7ポイントの低下であった。

　2023（令和5）年版再犯防止推進白書によると、2021年（令和3年）は、仮釈放者の2年以内再入率が9.3％であるのに対し、満期釈放者の2年以内再入率は21.6％であり、満期釈放者の2年以内再入率は、仮釈放者のそれよりも2倍以上高くなっていることから、満期釈放者の改善更生や社会復帰支援が大きな課題であることがわかる。

　満期釈放者とは、仮釈放が認められずに満期まで入所していた者を意味しており、仮釈放が認められるためには、原則として刑事施設の長から地方更生保護委員会に対して仮釈放の申出がなされ、同委員会により仮釈放を許す処分がなされる必要がある。しかし、2021（令和3）年版再犯防止推進白書の特集1によると、2020（令和2）年の満期釈放者のうち87.1％の者については刑事施設の長による仮釈放の申出がなされておらず、その理由としては住居調整不良（戻るべき住居が確保できていない）が62.5％となっている。

　また、2020（令和2）年度に実施された調査では、満期釈放者のうち更生緊急保護を申し出た者は18％程度しかなく、大半は保護観察所への支援を申し出ずに釈放後の生活を開始している。

### (2)　国・東京都の取組み

　2016（平成28）年12月、「再犯の防止等の推進に関する法律」（以下、「再犯防止推進法」）が公布・施行され、2017（平成29）年12月に同法に基づき、第一次再犯防止推進計画が閣議決定され、2023（令和5）年3月、第二次再犯防止推進計画が閣議決定された。第二次推進計画では、第一次推進計画から踏襲された5つの基本方針の下、第一次推進計画の重点課題を踏まえつつ、①就労・住居の確保、②保健医療・福祉サービスの利用の促進等、③学校等と連携した就学支援の実施等、④犯罪をした者等の特性に応じた効果的な指導の実施等、⑤民間協力者の活動の促進等、⑥地域による包摂の推進、⑦再販防止に向けた基盤の整備等の7つの事項を重点課題としている。

　政府とは別に各都道府県でも再発防止推進計画を策定・実行しており、東京都では2019（令和元）年7月に第一次再犯防止推進計画を、2024（令和6）年3月に第二次再犯防止推進計画を策定し、①就労・住居の確保等、②保健医療・福祉サービスの利用の促進等、③非行の防止・学校と連携した修学支援等、④犯罪をした者等の特性に応じた効果的な指導・支援等、⑤民間協力者の活動の促進、広報・啓発活動の推進等、⑥再犯防止のための連携体制の整備等のための取組を記載している。

### (3)　京都コングレス

　2021（令和3）年3月、第14回国連犯罪防止刑事司法会議（以下、「京都コングレス」という。）が国立京都国際会館で開催され、過去最多となる152の国と地域、約5,600人が参加登録し、90の国と地域の閣僚がステートメントを実施した。

　国連犯罪防止刑事司法会議（通称「コングレス」）は、5年に1度開催される犯罪防止・刑事司法分野における国連最大の国際会議であり、同分野における各国の取組や国際協力の在り方について、各国の司法大臣、検事総長等を含む世界中の刑事司法関係者が議論を行い、成果文書として、国連及び加盟国の取組の中長期的な指針となる政治宣言を採択するものである。

　京都コングレスの成果文書として全会一致で採択さ

れた京都宣言「持続可能な開発のための2030アジェンダの達成に向けた犯罪防止、刑事司法及び法の支配の推進に関する京都宣言」は、法の支配が誰一人取り残さない社会を目指す「持続可能な開発」の実現の礎となることが確認された。京都宣言の中で「更生と社会復帰を通じた再犯防止（Reducing reoffending through rehabilitation and reintegration）」と題した小項目が設けられ、再犯防止に関する6つの内容がうたわれている。

様々な課題の中で特に再犯防止が取り上げられた背景には、各国における再犯防止に対する関心の高さの表れと言える。

京都コングレスでは、サイドイベント「世界保護司会議（World Congress for Community Volunteers Supporting Offender Reintegration）」が開催され、保護司を始めとする地域ボランティアが再犯防止の取組に参画することの有用性が確認された。

### (4) 刑法等の改正

刑法等の一部を改正する法律が2022（令和4）年6月13日に成立し、これと同時に処遇法も改正された。

改正処遇法では、改善更生及び円滑な社会復帰を図るために必要と認められる場合には作業を行わせるものとし（93条）、薬物依存や暴力団等の受刑者に対する改善指導（103条）、学習が必要な受刑者に対する教科指導を行うものとしている（104条）。

そして、「社会復帰支援」として、受刑者の円滑な社会復帰を図るため、釈放後に自立した生活を営む上で困難を有する受刑者に対しては、その意向を尊重しつつ、「適切な住居その他の宿泊場所を得ること及び当該宿泊場所に帰住することを助けること」「医療及び療養を受けることを助けること」「就業又は修学を助けること」「その他受刑者が健全な社会生活を営むために必要な援助を行うこと」としている（106条1項）。

これらの支援については、その効果的な実施を図るため必要な限度において、刑事施設の外の適当な場所で行うことができるとされており（同106条2項）、外部通勤作業や外出・外泊を促進することが期待される。

なお、刑法改正によって保護観察中に再度の犯罪を犯した場合であっても再度の執行猶予を付すことができるようになり、保護観察のもとでの社会内更生に向けた支援の必要性がより一層高まっている。

## 2 各所における社会復帰支援

### (1) 刑事施設

全ての刑事施設では、原則として受刑者が釈放後に円滑に福祉サービスを利用できるよう、常勤職員である福祉専門官や、非常勤職員である社会福祉士又は精神保健福祉士を配置しており、高齢又は障害のある受刑者には「社会復帰支援指導プログラム」として、基本的動作能力や体力の維持・向上、基本的健康管理能力・基本的生活能力（金銭管理、対人関係スキル等）の習得等、多岐にわたる内容を指導している。

就労支援対策については、刑務所出所者総合的就労支援対策として、刑務所・保護観察所・公共職業安定所（ハローワーク）が連携体制を強化している。

刑務所では職業訓練・就労支援指導を実施するとともに、在所中も公共職業安定所（ハローワーク）で職業講話、就職活動ガイドブック、ハローワーク職員による職業相談・職業紹介、受刑者専用求人を実施している。

協力雇用主に対しては刑務所出所者等就労奨励金の支給がある。

矯正就労支援情報センター（通称「コレワーク」）は、受刑者や少年院在院者の雇用の手続きや事業主が利用できる国の各支援制度等の紹介を行うため、国が設置した受刑者等の雇用の総合相談窓口である。

### (2) 保護観察所

保護観察所では、刑事上の身体拘束を解かれた者（満期釈放者、保護観察に付されない執行猶予者、起訴猶予者や少年院退院者）のうち親族からの援助や公共の衛生福祉に関する機関等からの保護を受けることができない場合などに、本人からの申出に応じて、緊急的に必要な援助や保護の措置（更生緊急保護）を実施している。

更生緊急保護の内容としては、宿泊場所の供与（更生保護施設、自立準備ホーム等への宿泊保護委託年間5,000人程度の実施）、金品の給貸与（食事・衣料の給与等　年間8,000人程度の実施）、宿泊場所への帰住援助（旅費給与）がある。

就労支援について、刑務所からの情報共有をもとに、保護観察所で就労支援指導等、身元保証システム、更生保護就労支援事業、協力雇用主のもとでの就労の支援を実施するとともに、公共職業安定所（ハローワーク）でハローワーク職員による職業相談・職業紹介、

職場体験講習、トライアル雇用、セミナー・事業所見学を実施している。

### (3) 更生保護施設

刑務所出所者等の改善更生には適当な住居の確保が不可欠であるが、刑務所出所者等の中には、行き場がなく満期釈放となる者が多数存在しているため、更生保護施設が中心となって行き場のない刑務所出所者等を受け入れ、その社会復帰を支援している。また、民間法人等が有する空き家等を活用した自立準備ホームの活用や、住宅確保要配慮者に対する賃貸住宅の供給の促進に関する法律(通称「住宅セーフティネット法」)に基づき居住支援を行う居住支援法人などとの連携も進められてきている。

この点、更生保護施設は、帰るべき場所がない刑務所出所者等に対し、国の委託を受けて宿泊場所の供与、食事の給与、生活指導等の保護を行う民間施設であり、2023(令和5)年4月時点で全国に102施設、収容定員2,399人となっている。

更生保護施設では、SST(社会生活技能訓練)、酒害・薬害教育の実施など、社会適応力を高める処遇を実施しており、指定の施設では高齢者・障がい者を受け入れるための取組や薬物依存からの回復に向けた重点的な処遇を実施するための取組を実施している。

もっとも、更生保護施設だけでは行き場のない多数の刑務所出所者に対応できないため、緊急的住居確保・自立支援対策として、保護観察所が民間のNPO法人等に委託して、自立準備ホーム(借り上げアパート等)の準備をして、生活支援や食事の提供をする対策を実施している。

### (4) 薬物依存者の治療支援

薬物依存者の治療を支援する機関としては、厚生労働省の依存症対策総合支援事業で登録された依存症専門医療機関と依存症治療拠点機関がまず挙げられるが、その他にも精神保健福祉センターやSMARPP(薬物依存を念頭に置いた集団療法プログラム)等の実施機関も信頼されている。

特別重症の人にはダルク(民間の薬物依存症リハビリ施設)が適しているとされており、軽症の人には自助グループも効果的とされている。

### (5) 女性入所受刑者について

2023(令和5)年版犯罪白書によると、女性入所受刑者の比率は2015(平成27)年まで上昇し続け、2016

(平成28)年から横ばいとなったが、2020(令和2)年に再び上昇して以降、10%台が続いており、2022(令和4)年は10.7%であった。罪名構成比は窃盗の割合が増加し続けて2022(令和4)年は51.3%に及んでおり、次いで覚せい剤取締法違反が27.2%となっている。

特に65歳以上の高齢者層の割合が増加し続けており、2022(令和4)年では21.4%であるが、これは2003(平成15)年の約3.9倍の数値であり、罪名構成比では8割以上が窃盗である。

女性受刑者については、その特性に応じた処遇の充実を図るため、地域の医療・福祉等の専門家と連携する「女子施設地域連携事業」が推進されているほか、女性受刑者特有の課題に係る処遇プログラムが策定・実施されるなどしている。

女子施設地域連携事業は、地方公共団体、看護協会、助産師会、社会福祉協議会等の協力の下、女性刑事施設が所在する地域の医療、福祉、介護等の専門職種とネットワークを作り、専門職種の助言・指導を得て、女性受刑者特有の問題に着目した処遇の充実等を図るものであり、2023(令和5)年4月1日現在、喜連川社会復帰促進センター及び美祢社会復帰促進センターを除く女性刑事施設において事業が展開されている。

女性受刑者特有の課題に係る処遇プログラムとしては、一般改善指導の枠組みの中で、①窃盗防止指導、②自己理解促進指導(関係性重視プログラム)、③自立支援指導、④高齢者指導及び⑤家族関係講座の5種類のプログラムが実施されている。

また、薬物犯罪の女性受刑者に対する処遇の新たな取組として、札幌刑務支所において、2019(令和元)年度から5か年の事業計画により、「女子依存症回復支援モデル」が試行されており、同事業では出所後も継続実施できる構成となっている。

## 3 よりそい弁護士制度

2016(平成28)年に兵庫県弁護士会が開始した「よりそい弁護士制度」の導入が広がり、現在では、北から札幌、山梨県、第一東京、第二東京、愛知県、大阪、兵庫県、広島、福岡県の8会で実施されている。「よりそい弁護士制度」とは、受刑者等の就労支援や住居確保、薬物使用者への病院紹介などの社会復帰や再犯防止に向けた弁護士の活動を弁護士会が支援する制度である。

この制度を導入する弁護士会が増え続けることで、将来的には全国的な制度として展開されることが期待されている。

よりそい弁護士制度では、例えば、矯正施設入所中及び出所後の段階において、弁護士が、地域の支援者へのつなぎ、就労・住居確保、生活保護申請への同行、収容施設内での面会、家族との和解・関係調整、被害者との和解・関係調整、薬物使用者への病院紹介などの社会復帰や再犯防止に向けた支援活動をした際の費用について弁護士会が支援することになっている。愛知県弁護士会では、2019（令和元）年度に48件、2020（令和2）年度に57件、2021（令和3）年度に87件、2022（令和4）年度に127件の申込件数がある。

東京三会では、障がい者等の刑事事件について、東京社会福祉会、東京都精神保健福祉協会と連携しており、福祉士による更生支援計画の作成等に関して費用援助をしている。

東弁においても、現在よりそい弁護士制度創設検討ワーキンググループを設置して議論を進めており、2025（令和7）年度でのよりそい弁護士制度の実施を目指している。

## 4 今後の課題

上述のとおり受刑者の社会復帰支援として多様な取組みがなされているが、再犯防止や改善更生という名の下に、社会秩序維持のために出所者に対して過度な監視がなされてしまっては、本来有する自由を損なう

ものであり、人権制約につながる危険があるとの指摘もあり得るため、諸制度が適正に運用されているか注視する必要がある。

また、弁護士は支援が必要な被疑者、被告人に対して重要な局面で最も近くで接しているため、正確で充実した情報提供をする必要性が高いが、弁護士の多くが必ずしも障害、福祉、医療に関する知識が十分とはいえないため、受刑者の社会復帰支援に携わるにあたっては、研修やケーススタディが必要である。

そのうえで、弁護士による受刑者の社会復帰支援としては、社会福祉の専門家につなぐ取組みに限らず、社会復帰に直接的に寄与する取組みについて検討が進むことを期待したい。

その他、刑務所における改善更生や社会復帰のための処遇プログラムが、収容者の大半を占める男性入所受刑者を対象に作られてきたという歴史がある一方、女性入所受刑者の割合が増加傾向にある近時の状況を踏まえて、女性入所受刑者の社会復帰支援についてはより一層の取組みが必要である。

財政的な負担に関して、受刑者の社会復帰支援は社会全体で取り組むべき必要性がある一方、それに要する費用が国費から十分に賄われているとは必ずしもいえず、よりそい弁護士制度や東京三会による社会福祉士との連携は弁護士会の財政的な負担によって運営されている。受刑者の社会復帰支援をより一層充実化するためには、弁護士会や民間の運営する社会復帰支援についても国費による財政的な支援も必要である。

# 第13 再審制度の問題

## 1 再審制度について

### (1) 再審の理念

「再審」とは、間違った有罪判決で無実の罪を着せられている「えん罪被害者」を救済するために、一定の要件の下に裁判のやり直しを認める制度のことであり、その手続を定めた法律のことを「再審法」と呼んでいる。具体的には刑訴法「第四編 再審」の規定がこれに該当する。

旧刑訴法下においては、再審の理念は、実体的真実の発見と法的安定性との矛盾の調和にあるなどと説かれため、法的安定性の許す範囲でしか再審は認められ

ず、その結果、再審の要件は極めて厳格に解釈されてきた。ところが、日本国憲法は、刑事手続における基本的人権の保障と公正な裁判を実現すべく詳細な規定を置き、39条は二重の危険を禁止した。この39条により不利益再審は禁止され、再審は明確にえん罪被害者の救済の制度と位置付けられた。

このように、日本国憲法の制定に伴い、再審制度の理念が大きく変更されたにもかかわらず、現行刑訴法は、不利益再審を廃止する以外、旧刑訴法の規定をそのまま受け継いでしまったため、現行の再審制度は、えん罪被害者の救済という重要な役割を果たせていな

い。

## (2) 再審制度の構造

再審法は、刑訴法「第四編　再審」に規定されているが、刑訴法の条文が507条のうち、第四編はわずか19条しかなく、更にそのうち審理手続を定めた条文は刑訴法445条のみとなっており、その審理手続は裁判所に広範な裁量が認められている。

刑訴法435条1項では、再審の請求は「有罪の言渡を受けた者の利益のために」することができるとされており、再審の目的がえん罪被害者の救済であることが明確となっている。そして、同項6号は「有罪の言渡を受けた者に対して無罪若しくは免訴を言い渡し、刑の言渡を受けた者に対して刑の免除を言い渡し、又は原判決において認めた罪より軽い罪を認めるべき明らかな証拠をあらたに発見したとき。」として、「明白性」と「新規性」を再審開始要件としている。

再審手続は、裁判所が再審請求の理由の存否を審理する「再審請求」（裁判のやり直しを求めるもの）と再審開始決定が確定した事件について公判廷で審理を行う「再審公判」（やり直しの裁判）の2つの手続段階からなる。

このうち、再審請求では、却下（446条）、棄却（447条）、再審開始決定（448条）の判断がされ、再審開始の決定をしたときは、決定で刑の執行を停止することができると規定されている（448条2項）。また、これらの決定に対しては即時抗告をすることができ（450条）、即時抗告の決定に対しては、憲法違反・判例違反がある場合に限り、最高裁に特別抗告ができる（433条）。

再審公判では、「裁判所は、再審開始の決定が確定した事件については、その審級に従い、更に審判をしなければならない。」とされている（451条）。

また、再審においては、原判決の刑より重い刑を言い渡すことはできないとされ（452条）、再審において無罪の言渡をしたときは、官報及び新聞紙に掲載して、その判決を公示しなければならないとされている（453条）。

## 2　諸外国における再審法制と改革状況

(1) 諸外国における再審法制について、アメリカ、イギリス、フランス、ドイツ、韓国、台湾の状況は以下のとおりである。

| 国　名 | 再審判断を行う機関 | 再審の法的性格 | 再審開始に対する検察官上訴 |
|---|---|---|---|
| アメリカ | 裁判所 | 利益再審 | 原則できない（再審理開始の場合）できる（人身保護容認の場合） |
| イギリス | 第三者機関＋裁判所 | 利益再審不利益再審 | できない |
| フランス | 裁判所 | 利益再審 | できない |
| ドイツ | 裁判所 | 利益再審不利益再審 | できない |
| 韓国 | 裁判所 | 利益再審 | できる |
| 台湾 | 裁判所 | 利益再審不利益再審 | できる |

(2) 諸外国における近時の再審法制の改革状況について、フランスでは、2014（平成26）年に再審手続についての改正があり、①事前の証拠調請求権の創設、②審査機関として再審・再審査法院の創設、③法院内の「予審委員会」がまず審査を行うこととなった（補充の情報収集も可能）。韓国では2017（平成29）年に法務部内に独立した第三者機関（検察過去事委員会）が設置され、「国家人権委員会」が再審開始決定に対する検察官抗告への改善勧告と再審請求審の迅速な進行、積極的な刑の執行停止を提言し、検察庁は抗告を慎重に行うマニュアルを作成した。

台湾では、再審手続の改善として、2015（平成27）年に新規性、明白性がより認められやすい基準に改正され、2019（令和元）年に情報獲得権、意見陳述権、証拠調べ請求権、審理の原則公開を保障する改正がなされ、また、新たな立証手段の保障として、2016（平成28）年に確定判決後の受刑者がDNA鑑定を請求する手続を立法で明文化した（以上、日弁連「諸外国における再審法制の改革状況－世界はえん罪とどう向き合ってきたか－」3頁より）。

## 3　現行再審制度の主な問題点

現行再審制度については、1949（昭和24）年に現行刑事訴訟法が施行されて以来70年以上にわたり一度も法改正がなされていない。再審に関する規定が19条しかなく、裁判所の広範な裁量に委ねられていることから、いわゆる「再審格差」と呼ばれる裁判所ごとの格差が現れているという点が指摘されているが、特に問

題となるのは①再審における証拠開示と②検察の不服申立てである。

### (1) 再審請求手続における証拠開示

開示された検察の未提出記録は再審開始の決め手になる可能性があるが、未提出記録の開示について規定がない。そもそも、通常審では、証拠開示制度が整備されてきているのに対して、再審請求手続における証拠開示については何らの規定も設けられておらず、証拠開示の基準や手続が明確でなく、開示させるかどうかが裁判所の裁量に委ねられている。

近時の事例に照らしても、再審請求手続又はその準備段階で開示された証拠が再審開始の判断に強い影響を及ぼしており、再審請求手続における証拠開示の制度化が重要であることは明らかである。

2016（平成28）年の刑事訴訟法の改正の附則9条3項において、「政府は、この法律の公布後、必要に応じ、速やかに、再審請求審における証拠の開示……について検討を行うものとする。」と規定されており、速やかな実現が望まれる。

### (2) 再審開始決定に対する検察の不服申立て

松橋事件、湖東事件、大崎事件、袴田事件は、一度は下級審において再審開始決定が出されたものの、検察は不服申立てをしている。とりわけ、松橋事件、湖東事件、大崎事件では、高等裁判所で再審開始の決定が出たにもかかわらず、検察が特別抗告したことで最高裁に係属したものである。

松橋事件では、検察は特別抗告までしたが、特別抗告理由が憲法違反及び判例違反に限定されているにもかかわらず（刑事訴訟法427条、433条1項、405条）、それに即した主張をすることもなく、再審開始決定がなされた後の再審公判においては、検察は有罪立証をせず、再審無罪判決がなされたことに対しては上訴権放棄をしており、何のために再審開始決定に対して特別抗告をしたのかという大きな疑問を生じさせた。

また、湖東事件でも、検察は、特別抗告審が法律審であるにもかかわらず、事実誤認の主張を繰り返していた。

このような検察の態度は、真実発見に向けたものとはいえず、再審開始に対する抵抗でしかない。こうした現状に照らせば、再審開始決定に対して検察が特別抗告などの不服申立てをするべき合理的理由は見出しがたい。

袴田事件では、静岡地裁が2014（平成26）年3月27日に再審開始決定をしたものの、検察が即時抗告したことで、東京高裁は2018（平成30）年6月11日に再審開始決定を取り消す決定をして、さらにこの東京高裁の決定については、最高裁が2020（令和2）年12月22日に取り消して、東京高裁に審理を差し戻し、2023（令和5年）3月13日、東京高裁は、2014（平成26）年の静岡地裁の再審開始決定を支持し、検察官の即時抗告を棄却する決定を下した。結局、検察は、これに特別抗告をせず、再審開始決定が確定したが、これは、袴田氏が逮捕されてから57年後のことであり、静岡地裁の再審開始決定からでも9年もの歳月を要してしまっている。

大崎事件では、鹿児島地裁が、第1次再審請求では2012（平成24）年3月26日に、第3次再審請求では2017（平成29）年6月28日に、それぞれ再審開始決定を行い、後者は福岡高裁宮崎支部も、2018（平成30）年3月12日に検察の即時抗告を棄却し、原審の再審開始決定を維持していたにもかかわらず、検察が特別抗告したことで、最高裁は、2019（令和元）年6月25日、再審開始決定を取り消し、再審請求を棄却した。大崎事件では、これまで3回にわたり再審開始の決定が出され、繰り返しえん罪の疑いが指摘されているにもかかわらず、検察の即時抗告・特別抗告によって再審開始決定が取り消され、再審公判において確定判決の有罪認定を再検討する機会を奪われ続けている。

再審制度の目的は、えん罪被害者を救済することにあるが、検察の不服申立てがある限り、再審開始までに著しく長い審理時間がかかることになり、実質的にえん罪被害者の救済は期待できず、再審制度の目的を没却することになる。一度再審開始決定がなされたのであれば再審公判で無罪か有罪かを審理するべきであり、それにもかかわらず、再審開始決定に対する検察の不服申立てを許すことは、その必要性や相当性の観点から不適当というべきである。

## 4 再審制度改正に向けた動き（日弁連を中心に）

### (1) 日弁連の活動

ア　日弁連は、1962（昭和38）年から1991（平成3）年までの間、4度にわたり、刑事訴訟法における再審に関する条文を改正する再審法改正案を提示していた

が、さらに日弁連は、2023（令和5）年2月17日に「刑事再審に関する刑事訴訟法等改正意見書」を取りまとめている。

また、1959（昭和35）年の徳島事件以来これまでに34件の再審事件を支援（うち18件について再審無罪判決が確定している）するなど、再審事件への支援及び再審制度の改正に向けて精力的に取り組んできた。

1991（平成3）年に刑事再審に関する刑事訴訟法等改正意見書を公表後、「再審冬の時代」となったが、2000年代になると、2009（平成21）年に足利事件、2011（平成23）年に布川事件、2012（平成24）年に東京電力女性社員殺害事件、2016（平成28）年に東住吉事件、2019（平成31）年に松橋事件、2020（令和2）年に湖東事件で再審無罪判決の確定が相次ぎ、また、2002（平成14）年に大崎事件（第1次）、2005（平成17）年に名張事件、2011（平成23）年に福井女子中学生殺人事件、2014（平成26）年に袴田事件、2017（平成29）年に大崎事件（第3次）、2018（平成30）年に日野町事件で再審開始決定が出されるなど、再審をめぐる動きが活発化した。

このような状況のもと、日弁連における大きな転換点と言えるのが、2019（令和元）年10月4日の人権擁護大会において、①再審請求手続における全面的な証拠開示の制度化の実現と、②再審開始決定に対する検察官による不服申立ての禁止を2つの柱とする「えん罪被害者を一刻も早く救済するために再審法の速やかな改正を求める決議」を満場一致で採択したことである。

これを受けて、日弁連は、2020（令和2）年3月に人権擁護委員会内に「再審法改正に関する特別部会」を設置し、再審法改正に向けて、改正法案の作成、国会議員への働きかけ、政治家や一般市民への広報などの活動をおこなった。また、その一環として、2022（令和4）年2月2日には「再審法改正を求める院内集会－証拠開示の制度化と検察官不服申立ての禁止を実現するために－」が開催された。

2022（令和4）年6月16日、日弁連は、「再審法改正に関する特別部会」を発展的に解消し、「再審法改正実現本部」を設置した。

日弁連がこのような活動を続けてきた結果、2024（令和6）年までに全国52の全ての弁護士会において、再審法の改正を求める総会決議が採択された。これをう

け日弁連は、2024年（令和6年）5月29日、「全国全ての弁護士会による総会決議が採択されたことを受け、改めてえん罪被害者救済のための再審法改正を一刻も早く実現することを求める会長声明」を発出している。

**イ　再審法改正実現本部の活動**

**(ア)　再審法改正実現本部の組織について**

再審法改正実現本部は、会長、副会長、理事及び会長委嘱委員（約40名）の約130名で構成され、運営会議、正副事務局会議の他、①改正法案作成部会、②国会対策部会、③会内連携部会、④会外連携部会、⑤広報部会が設置されている。

**(イ)　活動内容**

改正法案作成部会の活動として、2023（令和5）年2月17日付けで「刑事再審に関する刑事訴訟法等改正意見書」を取りまとめ、同月21日付けで法務大臣、衆議院議長及び参議院議長に提出した。

国会対策部会の活動として、2023（令和5）年5月12日、国会議員に対して、再審法改正への賛同メッセージをお願いする一斉要請行動を行い、同年9月21日時点で94のメッセージが寄せられている。また、同年6月6日、再審法改正を求める院内集会を開催し、32名の国会議員（代理出席やオンライン出席を含めれば60名以上）が出席した。

会内連携部会の活動として、同年4月14日付け日弁連人1第56号「弁護士会総会又は弁護士会連合会定期大会における再審法改正を求める決議の採択について（要請）」に基づき総会決議・定期大会決議における採択を要請し、同年9月15日の時点で32の弁護士会、3つの弁連で決議が採択された。また、同年6月16日開催の定期総会において「えん罪被害者の迅速な救済を可能とするため、再審法の速やかな改正を求める決議を採択した。

会外連携部会の活動として、2022（令和4）年12月9日付け日弁連人1第908号「再審法改正を求める請願について（要請）」に基づき、地方議会に意見書採択を要請し、2023（令和5）年9月15日時点で138の地方議会で意見書が採択された。また、自治体首長の賛同書についても要請している他、経済団体、労働団体、法律家団体など各種団体にも賛同書を要請している。

広報部会は、再審法改正を求めるチラシの作成、諸外国における再審法制の改革状況の作成、特設ページ「ACT for RETRIAL」の開設などの活動を行っている。

**ウ 袴田事件判決を受けた動き**

静岡地裁は、2024（令和6）年9月26日、袴田事件において無罪判決を言い渡した。これを受け日弁連は、2024（令和6）年9月19日に市民集会「今こそ変えよう！再審法〜カウントダウン袴田判決」を日比谷公園大音楽堂で開催したほか、2024（令和6）年9月28日に市民集会「司法に翻弄された58年間〜袴田事件判決と今なお続くえん罪被害」をクレオで開催するなどさらに活動を活発化させている。

**(2) 東弁の活動**

東弁は、2023（令和5）年2月13日に「東京弁護士会再審法改正実現本部規則」を制定し、2023（令和5）年度から、会長を本部長とする再審法改正実現本部を設立して活動している。

活動内容として、2023（令和5）年5月30日開催の定期総会において、えん罪被害者を速やかに救済するため、国に対し、刑事訴訟法第4編「再審」について、①再審請求手続における全面的な証拠開示の制度化、②再審開始決定に対する検察官による不服申立ての禁止を含む改正を速やかに行うよう求める決議を採択し、同日付けで、内閣総理大臣、内閣官房長官、法務大臣、衆議院議長、参議院議長等宛てに提出した。

また、2023（令和5）年7月13日に開催された夏期合研では、「変えよう！再審法」をテーマとして、袴田事件弁護団長である西嶋勝彦弁護士、同弁護団の伊藤修一弁護士、東電女性社員殺害事件弁護団の佃克彦弁護士、日弁連再審法改正実現本部本部長代行の鴨志田裕美弁護士（京都弁護士会）を講師として全体討議を行った（オンライン参加を含めて70名を超える会員が参加した。）。その後も2024（令和6）年3月16日にシンポジウム「えん罪被害と再審法改正を考える」を開催するなど定期的に研修会、シンポジウムを開催しており、また、日弁連の賛同書を集める活動を行っている。

**(3) 法友会の活動**

法友会は、2024年（令和6）年6月29日開催の旅行総会において、えん罪被害者を速やかに救済するため、再審法について、①再審手続における公正性・適正性・迅速性が担保された手続規定の整備、②再審請求手続における証拠開示の制度化、③再審開始決定に対する検察官による不服申立ての禁止、④憲法の趣旨を没却する手続違反の再審理由への明文化を含む改正を一刻も早く行うよう求める「再審法改正の一刻も早い

実現を求める決議」を決議した。

**(4) その他の活動**

法改正を巡っては、えん罪被害者や弁護士、刑事法学者などが2019（令和元）年に「再審法改正をめざす市民の会」を結成し、法改正を求める意見書可決を地方議会に陳情しており、全国的な広がりを見せている。また、2022（令和4）年10月時点で、全国で岩手県議会と111の市町村の地方議会が再審法の速やかな法改正を国に求める意見書を可決している。

## 5 日弁連の「刑事再審に関する刑事訴訟法等改正意見書」について

日弁連が2023（令和5）年2月17日付けで取りまとめた「刑事再審に関する刑事訴訟法等改正意見書」の概要は以下のとおりである。

**(1) 意見の趣旨**

刑事訴訟法及び刑事訴訟法施行法の一部を、別紙「刑事訴訟法等改正案　新旧対照表」の「改正案」欄記載のとおりに速やかに改正すべきである。

**(2) 再審法改正の必要性と緊急性**

現行刑事訴訟法が施行されてから70年以上にわたり、再審法は一度も改正されていない状況にあるところ、以下のとおり再審法を改正すべき必要性と緊急性がある。

① 再審請求事件の審理の進め方が裁判所によって区々であり、いわゆる「再審格差」と呼ばれるような裁判所ごとの格差が目に見える形で現れていること

② 現行刑事訴訟法には再審における証拠開示についての明文規定が存在せず、証拠開示の範囲等について裁判所によって大きな格差が生じていること

③ 再審開始決定に対する検察官の不服申立てによって、えん罪被害者の早期救済が妨げられている事案が発生していること

④ 再審請求手続が長期化され、えん罪被害者本人やその親族が相当の高齢となっていること

**(3) 改正案の基本的な視点**

① 白鳥・財田川決定の趣旨の明文化と再審請求の理由の拡大

・新旧全証拠の総合評価と「疑わしいときは被告人の利益に」原則の摘要の明文化

・死刑の量刑再審や憲法違反を理由とする再審を再審請求の理由に追加
② 裁判所の公正・適正な判断を担保する制度の整備
・当該事件の過去の審理・判断に関与したことを除斥・忌避事由として明記
・重要な手続は公開して行うことの明記
③ 再審請求人に対する手続保障を中心とする手続規定の整備
・再審請求人の主体的関与を可能とするための手続規定の整備
・弁護人による実効的な援助を受ける権利を保障するための規定の整備
④ 再審における証拠開示制度の整備
・証拠開示制度の整備
・記録及び証拠品の保管及び保存に関連する規定の整備
⑤ 再審請求手続における検察官の役割の確認及び再審開始決定に対する検察官の不服申立ての禁止
・再審請求手続制度における検察官の役割を確認する規定の整備

・再審開始決定に対する検察官の不服申立てを禁止
⑥ 刑の執行停止に関する規定の整備
・死刑確定者に対する拘置の執行停止を含む刑の執行停止に関する規定の整備

## 6 袴田事件判決を受けた動き

　静岡地裁は、2024（令和6）年9月26日、袴田事件において無罪判決を言い渡した（検察の上訴権放棄により、確定）。袴田氏が逮捕されてから58年後、静岡地裁の再審開始決定から10年もの歳月が経過した後の無罪判決である。袴田事件は、死刑えん罪事件であるとともに、確定審で開示されなかった証拠が再審において開示されたことによって事実が明らかになったものであり、しかも再審開始決定後の検察の抗告によって、無罪判決までに10年もの長期間を要してしまったという事件である。したがって、もし仮に再審法改正がなされていたならば、このような過酷な人権侵害は生じなかったともいえるのである。このような人権侵害が繰り返されることのないよう、袴田事件無罪判決を真摯に受け止め、少しでも早期の再審法改正に向けた活動が求められている。

# 第4部
# 民事・商事・行政事件の法制度改革の現状と課題

# 第1章 民事司法制度改革の歩み

## 第1 民事司法制度改革の歩み

### 1 民事司法制度改革の流れ

#### (1) 戦後司法制度改革の足跡

　司法制度は、戦後、幾多の大きな変革を経て現在のものに至る。戦後直後は、日本国憲法に則して裁判所法、弁護士法、司法試験法のほか、刑事訴訟法等の基本法の制定が行われた。昭和30年代には深刻化する訴訟遅延を踏まえ、裁判官の確保の方策等が検討され、裁判官等の給与の改善、裁判所調査官制度の拡充、専門部の拡充などの改革が行われた。昭和50年代末ころからは、民事訴訟事件の急増を受け、簡裁の事物管轄の拡張、簡裁の配置や地家裁支部の配置の見直し、更に弁護士任官の仕組みも構築された。1991（平成3）年には、司法試験合格者数の増加が行われ、1996（平成8）年には、利用しやすく迅速な裁判の実現を目指した民事訴訟法が改正された。

#### (2) 近時の民事司法改革の軌跡

　その後、大きな改革が行われることはなかったが、裁判期間の長さ、弁護士費用の高さ、裁判所の行政よりのスタンス等の要因により、国家が国民に十分な法的解決を供給しているのかとの問題意識が生まれた。そこで、内閣の下に「司法制度改革審議会」が設置され、21世紀の我が国社会において司法が果たすべき役割を明らかにし、国民がより利用しやすい司法制度の実現、国民の司法制度への関与、法曹の在り方とその機能の充実強化その他の司法制度の改革と基盤の整備に関して必要な基本的施策の調査審議が行われた。その成果は、2001（平成13）年6月司法制度改革審議会意見書（以下、「司改審意見書」という。）として公表された。それは事後監視・救済型社会への変化や国際化の飛躍的進展等を想定して司法の機能と役割の強化を提唱し、そのために司法の容量を拡大し、「法の支配」を隅々まで浸透させて司法を国民にとって利用しやすく、頼りがいのあるものにすることが必要との認識の下、①制度的基盤の整備、②人的基盤の拡充、③国民の司法参加という3点の基本的方針を提唱するものであった。

　その後、この基本的方針に則って司法制度改革を総合的かつ集中的に推進する目的で、内閣に司法制度改革推進本部が設置され、関連法案の立案作業等を進められ、2004（平成16）年12月までの間に、24本の司法改革関連の法整備がなされ、法科大学院制度、法テラス、裁判員制度の創設等が実現した。

### 2 残された課題と日弁連等の取組み

#### (1) 日弁連の取組み

　2000年代の司法制度改革の動きは、広範かつ大規模な改革を実現したものの、民事・家事・行政分野をはじめ裁判所の司法基盤や法律扶助改革・アクセス費用等、司法分野での改革は部分的であり、手つかずの積み残し課題が多数残っている。このような状況を踏まえ、日弁連は、2011（平成23）年5月の第62回定期総会において、①民事司法改革諸課題について政府関係諸機関に対し強力な改革推進の取組と改革実施に必要な司法予算の大幅な拡大を求めるとともに、②当連合会内に整備される新取組体制のもと鋭意検討を進め、適時に提言を行うこと、③弁護士自身の意識改革、業務態勢の改革に努めるほか、法曹養成や研修を含めた弁護士の能力の向上に取り組むことの3点を内容とする「民事司法改革と司法基盤整備の推進に関する決議」を行い、同年6月、民事司法改革推進本部（現・民事司法改革総合推進本部）を設置した。

　そして、日弁連では、民事司法改革の基本的視点と方向性を明らかにし、日弁連が取り組むべき諸課題の全体像の把握及び改革運動の進捗状況を検証するための基本文書を作成することとし、2012（平成24）年2月、民事司法改革推進本部主導の下、関連委員会からの意見を集約してグランドデザインを策定した。その後、グランドデザインは、2013（平成25）年、2018（平成30）年、2022（令和4）年に改訂がなされている。

#### (2) 東弁の取組み

　東弁においても、2013（平成25）年6月民事司法改革実現本部を設置し、東京三会の弁護士に対するアンケート結果集約、2014（平成26）年11月末報告書提出、後記3の「民事司法を利用しやすくする懇談会」（以下、

「民事司法懇」という。）の最終報告書指摘の課題を抽出し、最高裁判所との民事司法改革に関する協議テーマを検討して、同年9月からの日弁連と最高裁との協議の開始条件を整えるなどの活動を行っている。

### (3) 法友会の取組み

法友会は、民事司法改革について、弁護士会として各論的に一層の調査研究とこれを踏まえた建議が必要であると認識し、組織をあげて取り組むため、2019（令和元）年度より政策委員会内の部会として民事司法改革部会を立ち上げ、同年7月の総会では「利用しやすく期待に応える民事司法を実現するための改革に取り組んでいくことの宣言」を決議した。同部会は、民事司法改革に関する重要論点の検討、民事裁判IT化対応講座や『民事裁判手続のIT化と本人サポートの在り方を考える』シンポジウムの開催などの地道な活動を続けている。

## 3 「民事司法を利用しやすくする懇談会（民事司法懇）」の活動

2013（平成25）年1月24日には、研究者、経済団体、労働団体、消費者団体及び法曹関係者等34名の委員が5つの部会を構成する形で、民事司法懇を発足させた（事務局は日弁連が担っている。）。民事司法懇は、司改審意見書の積み残しの課題を中心に網羅的な検討を加え、同年10月、最終報告書を発表したが、その内容は、国に民事司法改革の道筋をつける権限を持つ強い検討組織の設置、大がかりな事業を実現するために国と民間の協同を提言し、更なる改革の早期の実現の必要性を訴えるものとなっている。

## 4 日弁連と最高裁の協議の状況

### (1) 「民事司法改革課題に取り組む基本方針」の決議

日弁連は、この民事司法懇の提言を受け、2014（平成26）年3月「民事司法改革に取り組む基本方針」を明らかにした。同方針は、①司法アクセスの拡充、②審理の充実、③判決・執行制度の実効性の確保、④行政訴訟制度の拡充、⑤基盤整備の拡充については、改革・改善の実現に向けて速やかに取り組み、細目の改革課題の実現については、運用改善によるもの、従来の法改正プロセスによるもの、政府に新検討組織を設置して新たな法整備を図るもののいずれによるべきかを分類整理し、適切な方法を通じて実現を目指すとい

うものである。

### (2) 最高裁との協議スキーム

同方針の決議後、日弁連は最高裁と2014（平成26）年9月から協議を開始した。協議は、日弁連副会長と最高裁事務総局の局長等で構成される「親会」のもとに4つのテーマに沿って、①基盤整備部会、②証拠収集手段の拡充部会、③判決・執行制度の拡充部会、④子どもの手続代理人制度の充実部会の4つの部会が設置され、それぞれ活発な協議が行われた。

協議の結果、①基盤整備関係では、労働審判の支部拡充（3支部）、非常駐支部であった松江地家裁出雲支部の常駐化、計5か所での裁判官の填補回数増加が結実した。③判決・執行関係では、2019（令和元）年民事執行法・ハーグ条約実施法改正に至った。④子どもの手続関係でも、「子どもの手続代理人の役割と同制度の利用が有用な事案の類型」について合意が成立し、最高裁事務総局から各地家庭裁判所へ文書が発出された。また、②証拠収集手段の拡充関係でも所要の成果を収め、現在法制審議会の部会開催に向けて法曹三者協議が継続されている。

## 5 政府等の動き

### (1) 与党議連・PTによる報告・提言の動き

2018（平成30）年3月、自民党所属の国会議員で構成された「国民とともに民事司法改革を推進する議員連盟」（以下、「民司改革議連」という。）が創設され、4つの勉強会が設けられた。民司改革議連では、勉強会開催後の同年5月29日、総会において中間報告「グローバル時代にふさわしい民事司法基盤の確立のために」が承認され、同報告に基づき、政府に対して、司法アクセスの拡充、知財分野等における権利救済の実効化、独占禁止法における課徴金制度と手続保障の整備、国際仲裁、調停の活性化に向けた基盤整備等を進めることや、民事司法改革推進の体制を内閣の下に整備することを含め、推進体制の在り方の検討等の要望が行われた。

同年4月、公明党でも「民事司法改革に関するプロジェクトチーム」が設置された。日弁連、法務省、最高裁とのヒヤリングを経て、同年5月28日、公明党としても「経済財政運営と改革の基本方針2018等に向けた提言」を策定し、政府に対し、司法アクセス障害解消、司法過疎対策推進、司法制度の在り方や国民が利

第1章 民事司法制度改革の歩み 165

用しやすい裁判制度の具体的方策検討のための体制整備等の要望が行われた。

### (2) 骨太の方針2018における「民事司法制度改革を政府を挙げて推進する」旨の決議

日弁連等の地道な諸活動、民事司法懇報告書発表や与党議連等の力強い活動を受け、政府も、「経済財政運営と改革の基本方針2018」（いわゆる骨太の方針2018）において、「司法制度改革推進法の理念に則り、総合法律支援など利用しやすく頼りがいのある司法の確保、法教育の推進などを含む民事司法制度改革を政府を挙げて推進する」等の方針を閣議決定した。

その後、骨太の方針は、毎年改訂されており、2023（令和5）年版には、国内外の予防司法支援機能や総合法律支援の充実・強化、司法分野のデジタル化の推進、国際仲裁の活性化などの必要性が指摘されている。

### (3) 関係府省庁連絡会議の設置と取りまとめ

日弁連や民司改革議連等により民事司法改革の取組体制の設置に向けた折衝が行われ、2019（平成31）年3月、内閣官房に民事司法制度改革推進に関する関係府省庁連絡会議が設置された。そして、2020（令和2）年3月10日には、取りまとめ「民事司法制度改革の推進について」を発表した。その主な内容は、①進展する国際化社会の中で民事司法制度に求められるもの（民事司法制度全般の国際競争力の強化、外国人から

も利用しやすい制度構築の必要性）、②国際競争力強化の観点から必要な改革（民事裁判手続等のIT化、民事裁判手続等の法制面や運用面における見直し、知的財産分野の紛争解決手段の更なる充実化、国際商事紛争について国際仲裁の活性化）、③国際化社会において必要なその他の改革（越境消費者紛争への対応力強化、増加が見込まれる在留外国人を当事者とする国内民事紛争の対応）等である。

## 6 今後の課題

今後取り組むべき課題は、多岐にわたるが、日弁連と最高裁の協議、関係府省庁連絡会議のとりまとめ、骨太の方針等でとりあげられるのはその一部に止まっている。今後は、グランドデザインが掲げる課題の優先順位をつけ、優先度の高いものにつき具体的な提言等にまとめ、関係機関に働きかけをしていくこと、そのための情報の収集と集約、人材の発掘と育成などが必要である。また、昨今のグローバル化、デジタル化により世界的な規模で社会に大きな変化が生まれ、市民の中に新たな類型の紛争が発生し、訴訟制度を中心とする紛争解決では対応しきれない分野が生じつつある。民事司法制度の改革にあっては、常に社会の新たな潮流に目を向け、既存の法制度との関係に配慮しつつも、新たな発想で取り組むことが必要である。

# 第2 司法アクセスの拡充

## 1 司法アクセスの更なる拡充の必要性

司法アクセスの拡充の必要性については、2001（平成13）年の司改審意見書に指摘され、2004（平成16）年の総合法律支援法の成立以降、総合的な司法アクセスの改善を図る体制が整えられてきたが、同法に基づき日本司法支援センターが設立された後も、我が国における民事司法制度の利用は増加したとはいい難い状況にある。このことは、我が国の司法アクセスに対する障害が、十分に解消されていないことを意味するとも考えられる。

こうした状況を受けて、日弁連の民事司法改革グランドデザイン（2022〔令和4〕年2月18日改訂）は、①提訴手数料の低・定額化の立法活動を行うべきである、②被害者法律援助制度の国費化が必要である、③民事

訴訟法に障がいのある訴訟当事者に対する民事訴訟手続における合理的配慮にかかる費用は国の負担とする旨の規定を設けるべきであるとするなど、経済的側面からのアクセス障害の解消の必要性を指摘している。

## 2 提訴費用の低・定額化

現行の提訴手数料は、現在訴訟事件の経済的価値である訴訟の目的の価額に応じて所定の額を順次加算して算出する「スライド制」が採られているが、スライド制の下では、訴額が大きければ提訴手数料も大きくなり、裁判手続のへのアクセス障害となってしまう。国民の裁判手続へのアクセスを容易にし、司法を利用しやすくするためには、訴訟費用を合理化する必要があり、提訴手数料の体系を見直し、低額化の検討が不

可欠である。この点、日弁連では、提訴手数料の上限を設けると共に、提訴手数料の大幅な低額化と定額化を図る趣旨の「提訴手数料の低・定額化に関する立法提言」を2010（平成22）年3月18日に発表しているところであり（提訴手数料の上限を訴訟物の価額が5億円を超える場合の10万円とし、5億円以下の部分を6段階に分けて定額化し、下限は訴訟物の価額が100万円以下の場合の1,000円とする等提言している。2014〔平成26〕年の日弁連の第26回司法シンポでも取り上げられている。）、2022（令和4）年第208回国会において成立した民事訴訟費用法の改正を含む民事訴訟法等の改正法の衆参両院での附帯決議においても言及があるところである（いずれも第9項）。法友会としては、提訴手数料の低・定額化の実現を期するべきである。

また、裁判手続のIT化に即したインセンティブの点からも手数料については十分な配慮が必要である。この点については、民事訴訟費用法の改正においてインターネットを用いてする申立てにおいて若干の差が設けられたものの、いまだその額等は十分ではない。この点は、そもそも2021（令和3）年6月18日付閣議決定「成長戦略フォローアップ工程表」の趣旨に反しているところであるし、上記の附帯決議において言及がなされた（いずれも第1項）ところでもある。更には上記改正直後の2022（令和4）年5月27日付内閣府規制改革推進会議「規制改革推進に関する答申」では改正の不十分さが浮き彫りになり、同年6月7日閣議決定「規制改革実施計画」では手数料の引き下げが明示されるに至っている。

以上を踏まえ、法友会は、①提訴手数料の低・定額化及び②裁判手続のIT化に即したインセンティブとしてふさわしい手数料の減額につき議論をし、前者と後者を総合した全体としての構想及び実現への道筋などを整理して、積極的に発信をすべきである。

なお、定額制には、濫訴の弊害を招くとの指摘があるが、イギリス、アメリカ等で採用されている実態や、原子力損害賠償紛争解決センターにおける実情等を検証の上、具体的な弊害発生の蓋然性を踏まえ、仮に弊害が予想されるときには、その除去のための合理的な抑止策等が何かを検討する必要がある。

## 3　民事法律扶助における償還制から給付制への移行

我が国の民事法律扶助制度は、償還制を採用しており、この制度を利用する被援助者は、訴訟費用の立替払を受けうる一方、事件終了後に立替払いを受けた金額を原則償還する必要がある。この制度は、民事法律扶助制度を有する諸外国の中では異例の制度で、いまや実質的には我が国だけが採用する制度といえる（生活保護受給者は、経済的利益がない限り、償還の猶予、免除がされている。生活保護を受給していない同様の資力水準にある者〔準生保〕も免除が受けられるが、資力回復困難要件を課せられるなど限定的である。）。我が国でこのような償還制が採用された背景には、国家予算による支援を受けられない時代を経て、国家予算での支援が始まった以降も予算規模が拡大しない中で、償還を受けることで少ない予算で広く民事法律紛争の解決のための支援を行うという理念が採用されてきたという歴史的経緯がある。しかし、裁判を受ける権利の実質的な保障、法の支配の貫徹した社会実現のための司法アクセス障害の解消という観点からすれば、援助金の償還義務の存在が司法へのアクセス障害となっていることは明らかであって、その解消は急務である。

日弁連は、2023（令和5）年3月3日開催の臨時総会において「民事法律扶助における利用者負担の見直し、民事法律扶助の対象事件の拡大及び持続可能な制度のためにその担い手たる弁護士の報酬の適正化を求める決議」を行い、国に対し、立替・償還制を改めて原則給付制を採用し、資力が一定程度を越えている利用者のみ負担能力に応じて負担する（応能負担）など、利用者負担の軽減を図ることを求めた（詳細は日本司法支援センター〔法テラス〕の課題の項を参照。）。日弁連、法務省、法テラスとの民事法律扶助に関する勉強会でも、民事法律扶助の法律相談者にアンケートを行うなどして、現状の課題を整理している状況にある。

給付制を採用している諸外国においては、訴訟費用の負担のために正当な権利の実現が阻まれている者を援助して権利を実現することが被援助者の自立支援につながり、依存状態の継続に伴う公的給付の支出を削減できる利点もあると指摘されており、早急に、応能負担による給付制を実現すべきである。

法テラスの民事法律扶助業務の事業費は、2021（令

和3）年度で約169億円、2022（令和4）年度で約167億円、2023（令和5）年度で約175億円である。2023（令和5）年度は、償還金100億8,154万円、免除は50億3,863万円であった。応能負担による給付制を採用した場合の事業予算規模等、具体的な制度設計も検討する必要がある。

その際にあわせて検討されるべきが、弁護士費用保険の拡充と活用である。弁護士費用保険は、いわゆる中間所得層の司法アクセス障害の解消手段であるが、扶助対象者が当該保険に加入するときは、民事法律扶助に頼らずとも、保険金支払により弁護士費用の補償を受けられる。もっとも、弁護士費用保険へのシフトを進めたスウェーデンにおいて、全体としてリーガルサービスが後退したとの指摘もあるし、具体的な紛争発生前の法律相談等には、保険適用に限界があることをも踏まえると、弁護士費用保険を原則的なもの、民事法律扶助を補充的なものと位置付けることには慎重でなければならない。

### 4 民事法律扶助報酬基準の適正化

現在の総合法律支援法10条2項は、弁護士等は「総合法律支援の意義並びに弁護士の使命及び職務の重要性にかんがみ、…総合法律支援の実施…のために必要な支援をするよう努めるものとする。」として、かつて民事扶助協会が法律扶助事業を担っていた時代の民事法律扶助法の規定を、民事法律扶助事業の業務となった以降においてもそのまま承継し、その報酬基準についても、いくつかの改定は経たものの、大筋において承継したままである。

この点についても、日弁連は、上記日弁連決議において、財政基盤の脆弱さから弁護士報酬が低廉に抑えられてきた民事法律扶助協会時代における扶助制度を継承した現在の状況を改め、民事法律扶助制度が権利実現のための持続可能な制度となるよう代理援助における弁護士報酬の適正化を図ることを求めた。

そして、日弁連では、民事法律扶助による弁護士報酬に関して、離婚関連事件に関する業務量調査を行ない、その分析結果を日弁連会員向けホームページに掲載している。

この分析結果からも、扶助報酬は手間のわりには報酬額が低い状況が明らかとなっているが、日弁連では民事法律扶助利用の破産申立て関連の業務量調査を行う予定である。適正な報酬が確保されない事態は、将来的な担い手の減少や質の低下を招くことが懸念され、実質的な意味で国民の司法アクセスへの障害となりかねない。したがって、客観的資料の収集を行い、報酬基準の適正化も早急に実現する必要がある（詳細は日本司法支援センター〔法テラス〕の課題の項を参照。）。

# 第3　民事訴訟手続の改革

## 1　民事訴訟法の改正

### (1) 改正に至る道のり

近年のITの発展と普及に伴い、諸外国では、積極的に民事裁判手続のIT化に努め、その利便性を高めようとしてきた。その結果、欧米のみならず、シンガポール、韓国、中国でも、オンラインによる訴えの提起や準備書面等の提出、ウェブ会議等を用いた裁判期日の実施、訴訟記録の電子化、手数料の電子納付などが実現されている。

これに対し、我が国では、1996（平成8）年改正で、ファクシミリによる直送、電話会議システム及びテレビ会議システムの導入がなされたものの、その後は2004（平成16）年にオンライン申立てに関する規定の整備（民事訴訟法132条の10）、2008（平成20）年にこれに基づく督促手続のオンライン申立てが実現されたにとどまり、IT化に向けた大きな進展がなかった。

このような中、政府は、2017（平成29）年6月の閣議決定（未来投資戦略2017）で、利用者目線で裁判手続等のIT化を推進する方策について速やかに検討し、当年度中に結論を得るとの裁判のIT化を取扱う方針を明らかにした。そして、同年10月、内閣官房・日本経済再生本部に「裁判手続等のIT化検討会」を設置し、2018（平成30）年3月、「裁判手続等のIT化に向けた取りまとめ－「3つのe」の実現に向けて－」をまとめた。さらに、同年7月に公益社団法人商事法務研究会に「民事裁判手続等IT化研究会」が設けられ、2019

（令和元）年12月に法制上の論点を整理する報告書が発表された。このような動きを受けて、2020（令和2）年6月、法制審に民事訴訟法（IT関係）部会が設置され、2022（令和4）年2月法制審総会で改正要綱案が議決され、これを踏まえて同年4月に民事訴訟法及び関連法が改正された。

### (2) 改正民事訴訟法の内容

弁護士の職務に関連する事項に絞って改正民訴法を概観すると、次のとおりである。

#### ① オンライン申立ての義務化

弁護士は、これまで申立て等をしてきた書面をオンラインで申立てるよう義務付けられる。当事者等が書面申立てをした場合、裁判所がそれを電子化し、訴訟記録の一部とする。

#### ② システム送達

相手方が書面に係る電磁的記録を事件管理システムに記録し、又は裁判所が当事者から受領した書面を電子化すると、弁護士が届け出た通知アドレスに電子メールによる通知が送られ、弁護士はそれを踏まえて閲覧、複製を行う。送達文書については、この閲覧又は複製によって送達の効力が生じる。

なお、相手方当事者が通知アドレスの届出をしていないときは、システムに記録された電磁的記録を印刷して相手方に郵送等で直送する。

#### ③ ウェブ会議等を利用した弁論準備手続の見直し

相当と認めるときに、当事者の意見を聴いて、裁判所は、ウェブ会議等で口頭弁論や弁論準備手続の期日の手続ができるようになる。

#### ④ 準備書面等の提出の促し

弁護士が所定の期間を経過しても準備書面の提出等をしない場合、裁判長は、裁判所書記官に提出等の促しをさせることができ、予定どおりの提出がないときは、その理由の説明が必要である。

#### ⑤ 法定審理期間訴訟手続

迅速な裁判の実現のため、この審理に依る旨の決定の日から2週間以内に口頭弁論又は弁論準備手続の期日を指定し、そこから6月以内に審理を終結する審理手続が創設された。

#### ⑥ 争点整理手続

弁論準備手続、書面による準備手続及び準備的口頭弁論は、現行法どおり維持される。

#### ⑦ 書証

電磁的記録であって情報を表すために作成されたもの（電子文書）の証拠調べについて、書証に準ずる規律を設けられる。電子文書の証拠調べの申出としての提出は、当該電磁的記録又はこれを電磁的方法により複製したものです。

#### ⑧ 証人尋問等

証人尋問についても、証人の出頭が困難な場合に加え、相当かつ当事者に異議がないときに、ウェブ会議の実施が可能になる。

#### ⑨ 判決

判決は電磁的記録で作成され（電子判決書）、電子署名が行なわれる。

#### ⑩ ウェブ会議等を利用した和解期日の見直し

相当と認めるときは、当事者の意見を聴いてウェブ会議の方法で和解期日における手続が行われる。

#### ⑪ 訴訟記録の閲覧等

弁護士は、いつでも受任事件につき自己の端末からインターネットを通じて訴訟記録の閲覧及び複製ができる。

#### ⑫ 手数料等の電子納付への一本化

オンライン申立てがされる場合には、送達費用と申立手数料が一本化され、納付方法はペイジーによる納付による。

#### ⑬ 氏名等秘匿制度の創設

DV等の被害者の裁判を受ける権利を実質的に保障する観点から、裁判所の決定で、当事者又はその法定代理人の住所等の全部又は一部を秘匿する制度が創設された。当該部分は、第三者のみならず相手方にも閲覧が許されない。

## 2 裁判所の動き

このような法改正に向けた動きに呼応して、裁判所は、2020（令和2）年2月以降、民事裁判手続のIT化のフェーズ1として、現行法下で可能なウェブ会議（マイクロソフト社のTeamsが用いられている。）による争点整理手続等を実施するようになった。当初の実施庁は、知財高裁及び高裁所在地の地裁8庁にとどまったが、同年5月に横浜、さいたま、千葉、京都及び神戸の5庁が加わり、同年度中に全地裁本庁に拡大されるに至った。その後、2022（令和4）年7月に全支部において、同年11月、高裁の本庁及び支部において運用が開始された。

また、最高裁は、民事訴訟法132条の10に基づくオンラインによる訴えの提起等を可能にするための民事裁判書類提出システム（mints）を開発し、2022（令和4）年4月甲府地裁及び大津地裁（いずれも本庁）で運用を開始した。同年6月には、知財高裁、東京地裁(7か部）及び大阪地裁（2か部）にも運用が拡張され、2023（令和5）年6月全ての地裁本庁で、9月までに全ての高裁で、11月までには全ての地裁支部において運用が始まった。

## 3　改正民訴法の施行

上記1（2）の⑬（氏名等秘匿制度の創設）については、2023（令和5）年2月20日に、③（ウェブ会議等を利用した弁論準備手続の見直し）及び⑩（ウェブ会議等を利用した和解期日の見直し）については同年3月1日に、また、上記1（2）の③（ウェブ会議を利用しての口頭弁論期日）については、2024（令和6）年3月1日に、それぞれ施行されたところである。

## 4　当面の課題

### (1)　弁護士に対する研修及び支援

民事訴訟法の改正や裁判所のmintsの運用拡大を受け、弁護士としては、その内容に精通するのは勿論のこと、IT化に伴う環境整備、セキュリティ対策（日弁連において、2022〔令和4〕年6月に「弁護士情報セキュリティ規程」〔会規第 117 号〕が設けられ、弁護士は、取扱情報の情報セキュリティを確保するための「基本的な取扱方法」を定める等をしなければならないこととされた。これは2024〔令和6〕年6月までに施行されることが予定されている。）、事務職員との職務分担と権限付与、依頼者との連絡方法の確立など執務体制を整える必要がある。法友会としては、そのための研修会を開催するほか、技術面の支援活動等も行う必要がある。

### (2)　IT化後のあるべき弁護活動・審理の在り方の研究

民事裁判手続のIT化、ことに書面の電子化は、管理コストを軽減するにとどまらず、争点整理案や和解条項の共同作成が容易になる、録画・画像データの提出が簡便になるなど、これまでの弁護活動や審理の在り方を改善させる契機となりうる。また、ウェブ会議の導入は、一方で、柔軟な期日指定が可能になるだけでなく、依頼者の手続参加が容易となりその満足度を高める可能性もあるが、他方で、法律家だけの会話では足りず、常に依頼者に対する説明が必要になるかもしれない。また、書面による準備手続やTeamsの活用等による期日のあり方や書面等のあり方の変化の兆しもある。このように民事裁判手続のIT化は、弁護活動や審理のあり方を再考し、また、適切な裁判手続きを裁判所と協働して作り上げる重要な機会であり、法友会としては、弁護士の経験を通じて得た知見を集め、互いにこれを共有し、より良い裁判、より良い弁護士と依頼者間の関係を形成するよう努めなければならない。

### (3)　本人サポート体制の構築

日弁連は、2019（令和元）年9月、「民事裁判手続のIT化における本人サポートに関する基本方針」において、IT技術の利用が困難な当事者本人に対して、IT面につき必要なサポートを提供することを公表した。その内容は、裁判所・日本司法支援センター等の公的機関によるサポート体制の充実度との調整を図り、また各弁護士会の実情に応じて人的・物的体制等も含めて、IT化の実施時までに具体的に検討を進めるとなっている。

改正民訴法は、オンライン申立てを士業者にのみ求め、一般市民はそれを強制するものではないため、本人サポートを必要とする者は、自らIT裁判を利用する届出（システム送達の届出）をしたものの、その利用方法が分からないような者に限られよう。その意味で、本人サポートのニーズは、少なくとも当面は多くは見込めない。しかし、やがては一般市民に義務化される時代が到来し、本人サポートのニーズは高まるだろうし、それ以前であっても、高齢者、障がい者、傷病者、入院者をはじめ、自らはITを使えないもののこれを使った裁判を希望する者を支援する体制を整える必要がある。

今後は、本人サポートの制度化に向けた具体的検討に着手する必要があるが、多数の本人訴訟の存在、弁護士会・法律事務所の設置場所、弁護士報酬の設定の方策、弁護士会の予算（機器、人件費等）、送達文書の対応（補充送達・送達場所等の是非、本人への告知方法と過誤リスク等）、依頼者の費用負担など、検討すべき課題は多岐にわたる。国民の裁判を受ける権利と利用者にとっての利便性を中心に据え、隣接士業との業際問題も踏まえつつ、当会が議論を深化させ、本

人サポートの実現に向けた道筋を作るべきである。

### （4）システム開発に向けた意見の集約及び反映

　事件管理システムは、その設営者である最高裁が設計開発を行うが、利用者である当事者、弁護士の意見が反映される必要がある。法友会としては、自ら又は東弁や日弁連を通じて、仕様等に関する意見を集約し、最高裁にこれを伝えるよう促すべきである。また、障がい者の意見が事件管理システムに反映できるよう、その意見聴取の機会を設けるよう最高裁に働きかけるべきである。

### （5）民事執行・民事保全・倒産及び家事事件等に関する手続のIT化

　2021（令和3）年4月には、公益社団法人商事法務研究会「家事事件手続及び民事保全、執行、倒産手続等IT化研究会」が発足し、その成果が同年12月に公表された。そして、2022（令和4）年4月、法制審議会に「民事執行・民事保全・倒産及び家事事件等に関する手続（IT化関係）部会」が設けられ、同年8月に中間試案が発表され、パブリックコメントに付されたのち、2023（令和5）年1月要綱案に取りまとめられ、同年6月法律として成立した。今後のシステムの実装と施行に向けて最高裁との対話が望まれている。なお、同時に公正証書の作成に係る一連の手続のデジタル化もなされることとなったが、これにも留意を払うべきである。

## 5　将来の課題

### （1）情報・証拠収集手段の拡充

　2003（平成15）年の民事訴訟法の改正により、文書提出義務の一般義務化、専門委員制度、鑑定制度の改革が進められたものの、相手方が有する証拠へのアクセス手段が限られ、不十分な証拠収集手続が改善されたとは言い難い。その状況を打破するため、日弁連が2012（平成4）年2月16日に発表した「文書提出命令及び当事者照会制度改正に関する民事訴訟法改正要綱試案」及び2022（令和4）年7月15日に発表した「早期開示命令制度新設の立法提言」の実現に努めるほか、事案解明のための当事者協力義務の導入、訴えの提起前における当事者照会制度の実効化及び証拠収集処分の手続要件の緩和、調査嘱託の実効性確保、専門委員の活用の見直し、アミカスキュリエ（英米法系の裁判制度において「裁判所の友」とも訳される制度であり、

訴訟の当事者及び参加人以外の者が、裁判所に対して、事件の処理に有用な意見や資料〔アミカスブリーフ〕を提出する制度）の導入などを研究し、具体的な提言をまとめる必要がある。

　また、被告の特定のために必要な情報や被告の所在を調査するために必要な情報（例えば住民票の記載事項、就業場所、郵便の転送先等）の取得制度の創設、秘密保持命令の導入など、新たな制度の創設についても検討が必要である。

　これらの点については、現在、商事法務研究会の「証拠収集手続の拡充等を中心とした民事訴訟法制の見直しのための研究会」（座長は畑瑞穂東京大学大学院法学政治学研究科教授）で議論が続けられているが、今後も情報収集を密にして、法制化に向けて研究を深化させなければならない。

### （2）民事判決のオープンデータ化

　民事判決に関する情報は、紛争発生前には行動規範となり、その発生後は紛争解決指針の一となりうるものであり、社会全体で共有・活用すべき重要な財産である。ところが、現在は、公開される事件が先例性の高いもの、社会的耳目を集めるものに限られ、ごく一般的な普通の民事事件の判例の情報が公開されていない。そのため多数の判例情報を蓄積し、AIを用いて紛争解決手続のサポートをする前提が整わない状況にある。この状況を克服するべく、2020（令和2）年3月、日弁連法務研究財団に民事判決オープンデータ化検討PTが設置され、2022（令和4）年6月、「民事判決情報の適正な利活用に向けた制度の在り方に関する提言」が取りまとめられた。そこでは、裁判所の情報管理機関に対する民事判決情報の包括的提供に係る法律的根拠の付与、情報管理機関の適格性の確保及びその業務の適正化を図る規律の制定などの考えが示された。その後、2022（令和4）年10月、法務省に民事判決情報データベース化検討会が設けられ、民事判決データの管理・活用を担う民間組織（情報管理機関）の立上げを前提に、民事判決データの管理及び利活用に関する審議が行われ、2024（令和6）年7月報告書がまとめられた。今後法制化と実装に向けての作業が始まる。法友会としては、関心を持ち、必要に応じて提言等を行うべきである。

### （3）ODRの拡充問題

　近年のITの発達に伴い、諸外国では、ADR（裁判

第1章　民事司法制度改革の歩み　171

外紛争解決手続、Alternative Dispute Resolution）にオンライン手続が導入され、司法型、行政型、企業プラットフォーム型、独立型など幅広い機関によるODR（オンライン裁判外紛争解決手続、Online Dispute Resolution）が行われている。

　わが国でも、ビジネス環境整備として、IT・AIを活用した裁判外紛争解決手続等の利用拡充・機能強化に関する検討が必要との認識の下、2019（令和元）年9月内閣官房・日本経済再生本部に「ODR活性化検討会」が設けられ、2020（令和2）年3月に「ODR活性化に向けた取りまとめ」が発表された。それによれば、裁判外紛争解決手続の利用の促進に関する法律（ADR法）に基づく認証紛争解決事業者の認証を取得することで、民間事業者がODRを活用したADRを実施できるとある。

　その後、同年10月、法務省に「ODR推進検討会」（法務省）が設けられ、民間紛争解決手続における和解合意への執行力の付与、認証紛争解決事業者の守秘義務強化等の検討がなされ、その成果として、2022（令和4）年3月、「ODRの推進に関する基本方針 ～ODRを国民に身近なものとするためのアクション・プラン～」が発表された。その後、法務省において2022（令和4）年8月「ODR推進会議」が設置され、基本方針に掲げられた推進目標及び推進策の効果並びに法務省の推進体制及び紛争解決業務の認証体制について検証を行うこと等とされた。

　基本方針が指摘するとおり、ODRの基盤を整備するには、推進・フォローアップ体制が必要である。今後は各種の情報を集め、ODRの実現と普及、そして健全な発展に向けた意見を発信するべきである。なお、2023（令和5）年度は、日弁連が実施機関となりODR実証事業が行われ、2024（令和6）年3月に報告書が発表されている。

# 第4　損害賠償制度の改革

## 1　司改審意見書

　2001（平成13）年6月の司改審書意見書は、「我が国の不法行為に基づく損害賠償制度は、他人の違法な行為によって損害を受けた者がいる場合に、その被害者に生じた損害（精神的損害を含む）を金銭的に評価し、加害者にこれを賠償させることにより、被害者が被った不利益を補填して、不法行為がなかったときの状態に回復させることを目的とするものと考えられる」として、従来からの填補賠償の考え方を踏襲しつつ、「損害賠償の額の認定については、全体的に見れば低額に過ぎるとの批判があることから、必要な制度上の検討を行うとともに、過去のいわゆる相場にとらわれることなく、引き続き事案に即した認定の在り方が望まれる」として、損害額の認定について考慮することを示唆した。

　しかし、それから10年以上を経た2013（平成25）年10月の民事司法懇の最終報告書においても、不法行為により精神的損害を受けた被害者に対する損害賠償が低額に過ぎること、加害者の手元に利益が残れば不法行為の抑止力とならないことなどが指摘され、慰謝料額適正化のため損害賠償算定ルールの創設が提案され

たが、依然として法制度としてはほとんど進展がみられない状況にある。

## 2　運用改善と日弁連の提言

　もっとも、実務家からの問題提起は続いている。塩崎勤元裁判官の「名誉毀損による損害額の算定について」（判例タイムズ1055号4頁）では、産業計全労働者の平均年収額にほぼ相当する約500万円を名誉毀損の損害の一般的な平均基準額とすべきであるとの意欲的な提案がなされた。また、司法研修所が2001（平成13）年5月17日に開催した平成13年度損害賠償実務研究会の研究成果として、名誉毀損については、認容される損害額（慰謝料）が社会状況等の変化に対応することがなかったため、現在において、慰謝料額が低いという評価を受けるに至っているとの問題点を指摘し、適切な損害額算定のため、事案に応じメリハリのある認容額を導き出す適切な基準を設けること、判決において慰謝料算定の要素について具体的に記載することなどを検討する必要があるとの問題提起をした（判例タイムズ1070号4頁）。

　しかし、裁判実務における損害賠償請求の認容額は

依然として低いのが実情であり、単に実務運用に委ねるだけでなく、実定法上の根拠を設ける必要がある。そこで、日弁連は、2022（令和4）年9月に「慰謝料額算定の適正化を求める立法提言」と「違法収益移転制度の創設を求める立法提言」を取り纏め、これらを公表した。前者は、民法に、財産以外の損害の賠償の額を定めるに当たり、裁判所が、侵害行為の態様、故意又は重大な過失の有無、侵害された権利又は法律上保護される利益の性質、当事者の関係その他一切の事情を考慮するという規定を設けるというものであり、後者は、被害救済の充実・違法行為の抑止を目的として、民法等に、加害者が違法行為で得た収益の金額を考慮して裁判所が損害賠償額を定めうる制度の創設を提言するものである（なお、2023〔令和5〕年3月、日弁連主催のシンポジウムが開催されている。判例時報2576号5頁以下）。我が国の填補賠償の法体系の下で、一般法の中でこのような規定を設けうるのか、これが法制化された場合に十分な損害賠償額の高額化を導きうるのかなどの論点が残る。法友会としては、適正な損害賠償の額の要請の観点及び違法行為の抑止の観点から填補賠償の法体系自体の問直しを研究者とともに更に進め理論的な克服の試みを続けること並びにフォーラム等により世論を喚起すること等を通じて、日弁連の提言も踏まえた一般法としての民法の改正を目指すこ

とが望まれる。

## 3　特別法による規律について

　2020（令和2）年3月に関係府省庁連絡会議が発表した「民事司法制度改革の推進について」では、知的紛争に限って、懲罰的損害賠償（悪性の強い行為をした加害者に対し、実際に生じた損害の賠償に加えて、さらに賠償金の支払を命ずることにより、加害者に制裁を加え、かつ、将来における同様の行為を抑止しようとする制度）又は利益吐き出し請求権（他人の権利を無断で利用した者がそれによって利益を取得した場合に、権利者がその利益の償還〔利益の剥奪〕を求める権利）の導入の要否を示唆している。仮に現時点で、法体系上、一般法に填補賠償と考えを異にする規定や制度を導入しづらいとすれば、日弁連の提言にこだわらず、特に損害賠償額の高額化が必要な分野の特別法をもって、一般法が予定する填補賠償と異なる考えに立った法制度を導入することも一案である。ただし、その際には、要件・効果の定め方、手続的保障の在り方などはもとより、表現の自由の萎縮効果、財産権の保障など憲法的価値との整合性も検討が不可欠であり、これらの点について、法友会で十分な検討を行う必要がある。

第1章　民事司法制度改革の歩み　　173

# 第2章 民事・商事諸制度の現状と課題

## 第1 民法（財産法）

### 1 物権法

#### (1) 民法・不動産登記法に関する改正の成立について

民法分野では、所有権及び不動産登記手続に関する改正法が2021（令和3）年に成立し、その多くは既に施行されている。なお、今回の不動産登記法のうち、氏名、名称及び住所変更の登記の申請の義務化や、所有不動産記録証明制度の新設等については、2026年に施行予定である。

所有権及び不動産登記手続に関する改正法は、我が国の社会経済構造の変容、土地神話の翳りなどの影響を受け、全国的規模で相続を契機に所有者不明土地問題が深刻化している状況に鑑み、不明土地の発生を予防するための仕組みや、不明土地の円滑、適正利用のための仕組みを整備するという観点から行われるものである。

#### (2) 改正項目について

今回の改正項目は物権法に関するものだけではなく、相続法や管理制度等にまで及んでいる点に注意する必要がある。改正項目の概要は以下のとおりである。

①相隣関係規定の改正（隣地使用権や竹木の枝の切除等、設備設置権及び設備使用権）

②共有制度の見直し（共有物の変更行為や管理等の整理、相続財産に属する共有物の分割の特則、所在等不明共有者の持分の取得や譲渡等）

③所有者不明土地管理制度等の新設（所有者不明土地管理制度、所有者不明建物管理制度、管理不全土地管理制度、及び管理不全建物管理制度の新設）

④相続関係規定の改正（相続財産等の管理、相続財産の清算、及び遺産分割に関する見直し）

⑤相続登記等の申請の義務化、相続人申告登記の創設、及び登記手続の簡略化（正当な理由なく登記申請義務の履行を怠った場合には、10万円以下の過料の制裁が科される旨の規定あり）

⑥氏名、名称及び住所変更の登記の申請の義務化（正当な理由なく登記申請義務の履行を怠った場合には、5万円以下の過料の制裁が科される旨の規定あり）

⑦附属書類の閲覧制度の見直し

⑧所有不動産記録証明制度の新設

⑨被害者保護のための住所情報の公開の見直し

⑩相続等により取得した土地所有権の国庫への帰属に関する法律の制定

#### (3) 弁護士会の取組み

##### ア 法友会・法友全期会の取組み

法友会・法友全期会の多くの会員が、所有者不明土地関係の改正を検討する委員会である東弁法制委員会や日弁連司法制度調査会、さらには後述する日弁連のバックアップチームなどに所属し、主体的に活躍している。

##### イ 東弁の取組み

東弁は、中間試案取りまとめ後になされたパブリックコメント手続に呼応して、2019（平成31）年2月に法務省に対し意見書を提出し、会員に今回の改正の概要等を周知するために、会員向けに研修会等を実施し、また、本改正に関する書籍も出版している。

##### ウ 日弁連の取組み

日弁連では、法制審部会の審議に対するバックアップチームを組織し、中間試案に関するパブリックコメント手続に関しても、2019（平成31）年2月に、日弁連としての意見書を法務省に対し提出し、また、会員に今回の改正の概要等を周知するために、会員向けに研修会等を実施し、同バックアップチームのメンバーを中心に改正に関する書籍も出版している。

#### (4) 積極的な取組みの必要性

今回の改正は、遺産分割における具体的相続分の規定の適用に時期的制約を課すことや、共有制度や相隣関係の規定の内容を見直すなどが想定されており、弁護士業務にも直接に関与するものである。また、国民生活に多大な影響を与えることになるので、今回の改正内容の概要等を周知徹底していくべく、弁護士会及び法友会・法友全期会としても引き続き積極的に活動していく必要がある。

## 2　担保法制

### (1)　動産担保法制改正への動き

　わが国においては間接金融の役割が大きく、不動産、人的保証が伝統的に重視されてきたが、不動産価格が下落し、個人保証の問題性が顕在化するなどの事態が生じ、新たな担保制度が必要とされている。さらに、UCC（米国統一商事法典）が動産・債権の担保制度を大幅に整理し、同様の制度を取り入れる国々が増えているという認識から、わが国においても動産・債権担保制度を法制化すべきという意見が高まっていた。とりわけ動産担保に関しては、目的物の占有を設定者の下にとどめておく典型担保制度が欠けており、判例法理により認められてきた譲渡担保権や所有権留保に関する実体的なルールを明文化し、より合理的なものとすべきとの意見が有力となっていた。

### (2)　研究会での検討の状況

　以上のような問題状況を踏まえて、立法準備作業として、まずは公益社団法人商事法務研究会内に、「動産・債権を中心とした担保法制に関する研究会」（以下「研究会」という。）が組織され、2019（平成31）年3月から2021（令和3）年3月までの間、合計で28回の会議が開催された。この研究会に日弁連も3名の弁護士委員を推薦している。

　この研究会において精力的な検討が行われ、第12回会議において、「動産・債権等を目的とする担保権についての中間的な議論の整理」が、また、最終の第28回会議において、「動産・債権を中心とした担保法制に関する研究会　報告書」がそれぞれ取りまとめられている。この報告書では、動産担保に関して、新たな典型担保物権の規定を設ける担保物権創設型ではなく、担保目的で所有権が譲渡された場合や留保された場合に関する規律を設けるという担保目的取引規律型の制度を主提案とする方針が示された。さらには、動産、債権その他の財産権について、統一的な担保制度と登記制度を設けること（いわゆるUCC型）の適否についてもなお検討する必要があるとの提言も付されていた。

### (3)　法制審議会における部会設置と検討の状況

#### ア　諮問第114号と担保法制部会の設置

　上記研究会での検討結果を踏まえ、2021（令和3）年2月10日に開催された法制審議会総会第189回会議において、「動産や債権等を担保の目的として行う資金調達の利用の拡大など、不動産以外の財産を担保の目的とする取引の実情等に鑑み、その法律関係の明確化や安定性の確保等の観点から、担保に関する法制の見直しを行う必要があると思われるので、その要綱を示されたい。」との諮問第114号が示された。

　これに基づき、法制審議会内に担保法制部会（以下「法制審部会」という。）が設置され、2021（令和3）年4月13日、第1回会議が開催され、部会長に道垣内弘人専修大学教授、部会長代理に沖野眞已東京大学教授が指名されている。

#### イ　部会での審議の状況

　法制審部会では、2024（令和6）年8月現在、47回の会議が開催されている。2022（令和4）年12月6日開催の第29回会議では、「担保法制の見直しに関する中間試案」が取りまとめられ、事務局作成の「担保法制の見直しに関する中間試案の補足説明」も併せて公表され、2023（令和5）年1月20日付けで意見募集に付された。上記中間試案に対しては合計73通の意見があった。

　2023（令和5）年2月14日開催の第30回会議及び同年3月14日開催の第31回会議では、商法や労働法の研究者、公益財団法人リース事業協会、事業会社（商社、食品卸売業、金融）、ABL協会からの参考人ヒアリングが行われた。

　同年4月25日開催の第32回会議以降、2024（令和6）年7月23日開催の第47回会議までに、「担保法制の見直しに関する要綱案の取りまとめに向けた検討（1）～（13）」と「担保法制の見直しに関する要綱案のたたき台1、2」が審議されている。「担保法制の見直しに関する要綱案のたたき台2」の項目は、①定義、②譲渡担保契約に関する総則規定、③動産譲渡担保契約の効力、④集合動産譲渡担保契約の効力、⑤債権譲渡担保契約の効力、⑥集合債権譲渡担保契約の効力、⑦動産譲渡担保権の実行譲渡担保権・留保所有権⑧集合動産譲渡担保権の実行、⑨債権譲渡担保権の実行、⑩集合債権譲渡担保権の実行、⑪その他の財産を目的とする譲渡担保権の実行、⑫強制執行等の特例、⑬動産譲渡担保権の実行のための裁判手続、⑭破産手続等における譲渡担保権の取扱い、⑮所有権留保契約、⑯民法の見直し、⑰民事執行法の見直し、⑱民事再生法の見直し、⑲外国倒産処理手続の承認援助に関する法律の見直し、⑳会社更生法の見直し、㉑動産及び債権の譲渡の対抗要件に関する民法の特例等に関する法律の見直

しである。また、「担保法制の見直しに関する要綱案のとりまとめに向けた検討（11）及び（13）において、労働債権を有する者その他一般債権者を保護するための規律についてが検討された。

### (4) 弁護士会の取組み

#### ア　日弁連

日弁連は、研究会及び法制審部会に出席している弁護士委員・幹事をバックアップする目的で、司法制度調査会内にバックアップ会議を設置し、現在も法制審部会の開催に合わせて会議を開催している。

日弁連は、「担保法制の見直しに関する中間試案」に対しては、2023（令和5）年3月16日付けで法務省に意見書を提出した。

#### イ　東京弁護士会

東京弁護士会においては、法制委員会が主体となって委員会内に担当部会を設置し、法制審部会に先立ち事前検討を行い、意見形成を図ったうえでその内容を日弁連のバックップ会議に提供している。

東京弁護士会は、「担保法制の見直しに関する中間試案」に対しては、2023（令和5）年1月31日付けで法務省に意見書を提出した。

#### ウ　法友会

日弁連や東京弁護士会の上記活動を支えるために、多くの法友会員が日弁連司法制度調査会や東京弁護士会法制委員会の委員を務め、また、上記のバックアップ会議や法制委員会内の部会のメンバーとなり、弁護士会の意見形成に寄与している。

### (5) 改正作業に対する留意点

#### ア　基本的姿勢

目的物の占有を設定者の下にとどめながら担保権を設定する動産担保制度を法制化することには積極的な意義が認められるところである。また、UCC（米国統一商事法典）と同様の制度を取り入れる国々が増えているという国際的状況についても、日本法のみが無関心ではいられないと考える。したがって、今回の改正作業そのものに対しては、弁護士会としてもこれに協力のうえ、改正作業が順調に進み、改正内容が適正なものとなるように努力すべきである。

しかしながら、何をもって適正な改正とするかについては、それぞれ意見が異なることが予想され、また相対立する方向性も存在するところであり、注意が必要である。およそ以下のような視点に留意すべきであ

ろう。

#### イ　実効性の視点

担保法の改正であるから、実効性の確保という視点が大切なことはいうまでもない。中小企業の資金確保の必要性や個人保証に頼ることのない新しい金融実務を構築するためには、使い勝手のよい動産・債権担保制度を法制化することは重要である。新たな動産・債権譲渡担保権や所有権留保等に関する規定を設ける場合にも、使い勝手の悪い、およそ実効性を伴わない制度とならないように留意すべきである。仮登記担保については既に1978（昭和53）年に仮登記担保法が制定されたが、その後の利用は捗々しくない。このような事態が再び起こることのないような動産・債権担保法制の改正を実現しなければならない。

#### ウ　債権者の責任財産の空洞化への懸念

抵当権を中心とした不動産担保権については、すでに成熟した実務的取扱いが浸透している。この点との比較において、不動産を所有しない事業者の資金調達の必要性を考えれば、動産及び債権に関する担保制度の充実は喫緊の課題である。しかし、一方で、債務者が有する財産の大半が担保化される事態となれば、債務者の責任財産は空洞化する。そうなると、債務者との間で担保権を設定することが困難な債権者、たとえば債務者への商品納入業者や労働者などについて、その代金債権や労働債権の満足が一層困難な事態となることが予想される。法制審部会においても、改正による新しい担保権と他の担保物権との優劣関係に関する議論がなされているが、物権相互の優劣を単に対抗要件具備の先後で決するだけでは不十分であり、そもそも担保権を設定できない債権者の適正な処遇のあり方を考慮に入れる必要があるというべきである。

#### エ　倒産手続との整合性

倒産処理手続との関係も担保法制のあり方を考える上では重要である。法制審部会においては、①担保権実行手続中止命令や担保権実行手続取消命令の発令に関するもの、②倒産手続開始の申立てによって担保所有権等の実行が直ちに完了するなどの特約の効力に関する議論、③倒産手続開始後に設定者が取得した財産に対する担保の効力、さらには、④集合動産、集合債権の譲渡担保の場面において、危機時期以降に個別動産、債権を担保の効力が及ぶ範囲に加入させた場合の偏頗行為否認該当性などの諸論点が議論されている。

これらについて担保権の実効性の確保の視点にとどまることなく、債務者に係わる多くの関係者間の利害を適切に調整するとの視点に基づき審議を行うことが求められる。

さらに付言するならば、実効性ある動産・債権担保法制の構築を図りつつも、それが特定の債権者のみの便宜に資するようなものであってはならず、担保を設定しうる者とそれができない者との格差が徒らに広がるようなものにならないことが重要であり、その点を改正に関わる関係者全員が肝銘すべきであろう。

# 第2 民法（親族法）家族法制に関する法制上の動向

## 1 家族法制改正の動き

民法のうち家族法については、2018（平成30）年の相続法改正以降、2018（平成30）年の成年年齢引下げ、2019（令和元）年の特別養子制度の改正等、さまざまな改正が実現されてきたが、現在、特に国民の注目を集めているのが、父母の離婚後の子の養育の在り方を中心とする家族法制の改正問題である。[*1]

## 2 法制審議会における部会設置と審議状況

2019（令和元）年11月、公益社団法人商事法務研究会内に、家族法研究会が組織され（座長は大村敦志学習院大学院法務研究科教授）、家庭裁判所判事、関係省庁として最高裁判所、法務省、厚生労働省が参加するほか、東弁からは2名の会員（うち1名は法友会会員）が弁護士会推薦の委員として参加した。

2021（令和3）年2月10日に開催された法制審議会総会第189回会議では、「父母の離婚に伴う子の養育への深刻な影響や子の養育の在り方の多様化等の社会情勢に鑑み、子の利益の確保等の観点から、離婚及びこれに関連する制度に関する規定等を見直す必要があると思われるので、その要綱を示されたい。」との諮問第113号が示された。これに基づき、法制審議会内に家族法制部会（以下、「法制審部会」という。）が設置され（部会長は家族法研究会と同じく大村敦志教授）、2021（令和3）年3月30日の第1回会議以降、足掛け3年にわたって合計37回の会議が開催された。

法制審部会では、①いわゆる離婚後共同親権の導入の是非、②協議離婚の際に子の養育に関する取り決めをすることを要件化することの是非、③養育費の支払いを確保するとともに面会交流の実施を確実にする施策の導入の是非、④未成年者を養子とする養子制度の見直し、⑤財産分与に関する規律の見直しが主に議論されていた。

## 3 最大の論点としての離婚後共同親権

以上の論点の中で、最も激しい意見対立が見られるのが、離婚後共同親権の導入の是非だろう。離婚後共同親権の必要性が指摘される背景には、前述した養育費の不払問題や国連の児童の権利委員会による改善勧告があるが、他方で、わが国の離婚原因の多くがDVやモラルハラスメントであるとの認識のもと、離婚後もDV加害者が子の養育に関与することで、婚姻中の支配従属関係が継続することに強い懸念を示し、離婚後共同親権の導入に強く反対する意見もあった。

このように、離婚後共同親権の導入に関しては、弁護士の拠って立つ立場により鋭い意見対立が見られるところ、法制審部会が2022（令和4）年12月に示した中間試案では、離婚後も父母双方を親権者とすることを選択できる規律を導入するという【甲案】と現行法を維持するという【乙案】が併記されていた。

## 4 弁護士会の取組み

### (1) 日弁連

日弁連では、法制審部会の設置にあたり弁護士委員を推薦し、弁護士委員を支援する目的でバックアップ会議を設置して、毎回の法制審部会の会議にあわせてバックアップ会議を開催している。また、中間試案に対するパブリックコメントに向けて日弁連の意見書案を作成し、全国の単位会や日弁連の関連委員会に対し意見照会を実施した。

そして、日弁連は、2023（令和5）年2月16日付けで中間試案に対する意見書を取りまとめ、法務省に提出した。意見書においては、共同親権の導入に関して、

---

*1 2023（令和5）年12月16日には、嫡出推定制度の見直し等を内容とする令和4年法律第102号が公布され、同法は令和6年4月1日から施行された。

第2章 民事・商事諸制度の現状と課題 177

意見照会の結果、賛否に関する種々の意見が寄せられたため、日弁連として一致した意見の表明を見送る内容としたが、意見書の「意見の理由」では、今後の法制審等での議論に資するよう、諸外国における法制度などを参照しつつ、共同親権の導入の賛否について考えうる論点を可能な限り盛り込んだものとなった。また、現行の単独親権が維持された場合でも共同親権が導入された場合でも、家庭裁判所の役割が重要であることに変わりはないため、意見書では、家庭裁判所の人的・物的基盤の拡充を求めた。

**(2) 東弁**

東弁では、法制委員会が主体となって委員会内に担当部会を設置し、家族法制に関する外国法制研究や判例研究と並行して毎回の部会での会議に向けた事前検討及び意見形成を図り、その内容を日弁連のバックアップ会議で報告してきた。また、弁護士の間で激しい意見対立が予想される本テーマにつき、東弁の意見を形成するために、2022（令和4）年7月、法制委員会が作成した意見書案につき、東弁内の関連委員会や会派に意見照会をする一方で、2022（令和4）年8月にはWebツールを利用して広く会員から意見を募集するとともに、オンラインによる会員集会を開催して議論した。さらに、中間試案に対するパブリックコメントに向けて、日弁連からの意見照会に対する回答を作成するとともに、東弁独自の意見書を作成すべく、合計5回にわたる常議員会での審議・討論の結果、2023（令和5）年1月11日の常議員会にて、「家族法制の見直しに関する中間試案」に関する意見書を採択した。同意見書では、離婚後共同親権の可否については、会内で意見対立があったことから日弁連意見書と同様、両論併記の形をとった。

**(3) 法友会**

法制審部会委員1名及び日弁連バックアップ会議委員1名がそれぞれ法友会会員であることに加え、複数の法友会会員がこれら各委員の活動を支えるため、日弁連及び東弁に設置されたバックアップ会議に参加し、弁護士会の意見形成に寄与してきた。また、法友会政策委員会では、東弁からの意見照会に答えるため、2022（令和4）年7月に臨時政策委員会を開催して、本テーマにつき議論した。さらに、東弁の上記意見書を作成するため、東弁からの意見照会に対し、法友会および法友全期会がそれぞれ意見書を提出した。

なお、改正法が成立した現在、改正法に関する解説書を業務改革委員会が中心となって執筆準備中である。

## 5 改正法の成立と今後の展望

2024（令和6）年5月17日、民法等の一部を改正する法律（令和6年法律第33号、以下「改正法」という。）が成立した。改正法の公布は同年5月24日で、施行は公布の日から2年以内とされている。

改正法によれば、「父母が協議上の離婚をするときは、その協議で、その双方又は一方を親権者と定める」（改正後819条1項）とされているが、これは離婚後の選択的共同親権であると評価する見解が多い。そして、協議離婚において合意が成立しない場合や裁判離婚の場合には、家庭裁判所が単独親権にするか共同親権にするかを定めることとされている（改正後819条2項、5項）。その際、家庭裁判所は、「子の利益のため、父母と子との関係、父と母との関係その他一切の事情を考慮しなければならない」（改正後819条7項柱書）とされており、特にDVや子への虐待のおそれのある事案で共同親権が定められることがないように配慮がされている。また、いったん決めた親権者を家庭裁判所が後に変更することも可能であるが、その際の判断基準として、「父母の一方から他の一方への暴力等の有無、家事事件手続法による調停の有無」、裁判外紛争解決手続の利用の有無、公正証書の作成の有無その他の事情をも勘案するものとされている（改正後819条8項）。なお、共同親権とされている場合でも、急迫の事情があるときや日常行為について親権を行使するとき等には、父または母は単独で親権を行使することができる（改正後824条の2第1項3号、第2項等）。

このように改正法は成立したものの、DVや子への虐待の事案を念頭に置いた共同親権への懸念等、問題点は多い。衆議院で12項目、参議院で15項目の附帯決議が付されたことも、改正法に多くの問題点が含まれていることを示唆するものであろう。また、改正法が施行されれば、既に単独親権になっている元夫婦の一方から親権者変更の申立てが多発することが予想され、家庭裁判所の負担が重くなることも懸念される。改正法施行までの2年の間に、家庭裁判所の体制の充実等に期待する一方で、弁護士会としても、研修等の実施によりこの問題についての理解を深め、来るべき改正法施行に備えて万全の準備をする必要があろう。

# 第3　会社法改正と企業統治の改革

## 1　改正法の主な内容

改正会社法（以下、「改正法」という。）は、2019（令和元）年12月11日に公布された。また、2020（令和2）年11月27日には、改正法に伴う法務省関係省令、会社法施行規則及び会社計算規則等が公布された。

改正法の主な内容は、①株主総会資料の電子提供制度、②株主提案権の「濫用的行使」の有無と規制の必要、③取締役の報酬等、会社補償及びD&O保険（役員賠償責任保険）・責任限定、④新たな社債管理制度、⑤社外取締役の選任の義務付等、⑥株式交付、⑦代表訴訟における和解の規律、⑧取締役等の欠格条項の削除及びこれに伴う規律の整備である。今後も、企業統治のあり方は、企業家だけの問題ではなく社会問題でもあるとの視点から取り組んでいく必要がある。

## 2　改正後の実務における課題

上記②（株主提案権の「濫用的行使」の有無と規制の必要）について、現状では、企業不祥事に端を発して株主提案権が行使される場合が少なくないから、安易に株主提案権の行使を規制するべきではない。

上記③（取締役の報酬等、会社補償及びD&O保険〔役員賠償責任保険〕・責任限定）については、取締役が株主への配当さえ増やすことに応じて多額の報酬を受け取ることができ、さらに、取締役がリスクをとりやすくするために責任軽減の範囲を広げるという方向性には、社会の公器としての会社のあり方として、限界があることを認識して議論すべきであろう。

上記④（新たな社債管理制度）について、社債管理補助者の資格要件である「その他法務省令で定める者」として弁護士及び弁護士法人が想定されているところであり、改正後の実務についても、積極的に検討する必要がある。

## 3　新たな改正に向けた検討

2024（令和6）年6月21日に閣議決定された規制改革実施計画は、①従業員等に対する株式報酬の無償交付を可能とする会社法の見直し（82頁）、②株式対価M&Aの活性化に向けた会社法の見直し（90頁）について、「令和6年度中に法制審議会への諮問等を行い、速やかに結論を得て措置」とされており、新たな改正に向けた検討も必要である。

# 第4　労働法制の改革と働き方の多様化

## 1　はじめに

コロナの蔓延により職場から離れた場所で働くリモートワークが増え、特に若年層では働く場所・時間の自由を希望する人の割合が増えているように、近年、働き方の多様化が進んでいる。

2018（平成30）年6月29日、働き方改革関連法（正式には「働き方改革を推進するための関係法律の整備に関する法律」）は、労働基準法をはじめとした各種法律の一部を改正し、働き方の多様化を推し進めようとするものであるが、同法以外でも多様化する働き方に対応すると共に、弱者を保護すべく様々な法改正等がなされており、今後の動きに継続して注目する必要がある。

## 2　働き方改革関連法について

### (1)　罰則付き時間外労働の上限規制の導入など長時間労働の是正（労基法改正）

我が国は欧州諸国と比較して労働時間が長く、仕事と子育てや介護との両立、ワークライフバランスを確保するために、長時間労働の是正が検討されている。

具体的には、労働基準法36条所定のいわゆる36協定でも超えることができない、罰則付きの時間外労働の限度が労働基準法の改正で定められた。時間外労働の上限について、月45時間、年360時間を原則とし、臨時的な特別な事情がある場合でも年720時間、単月100時間未満（休日労働を含む）、複数月平均80時間（休日労働を含む）、月45時間を上回る回数は年6回までを限度とするものである。なお、かかる規制は、大企業については2019（平成31）年4月1日から、中小企業に

第2章　民事・商事諸制度の現状と課題　179

ついては2020（令和2）年4月1日から適用されている。そして、その適用が猶予されていた工作物の建設の事業（災害時の復旧・復興事業）とその関連事業、一般乗用旅客自動車運送事業、医業に従事する医師も2024（令和6）年4月1日から一部特例は付くものの適用されることとなり、その結果、輸送能力が不足し物流が停滞する可能性が懸念されており「2024年問題」として取り上げられるようになっている。なお、新たな技術、商品または役務の研究開発にかかる業務については適用が除外されたままである。

## （2）高度プロフェッショナル制度（高プロ）の創設（労基法改正）

労働基準法で労働時間については1日8時間、週40時間以内と法定されている（法定労働時間）。この法定労働時間を超えて働く場合には残業代の支払いが義務づけられているが、労働基準法の改正によって導入された高度プロフェッショナル制度（2019〔平成31〕年4月1日施行）では、ホワイトカラーを対象に年収1,075万円以上の高い収入がある専門的な職業を、労働時間の規制や残業代、休日・深夜の割増賃金の支払い対象から除外するとしている。具体的には、「高度の専門的知識等を必要とし、その性質上従事した時間と従事して得た成果との関連性が通常高くないと認められる」業務に就き、かつ、「基準年間平均給与額（労働者一人当たりの給与の平均額）の三倍の額を相当程度上回る水準」（1,075万円以上）の年収がある者が対象となる。想定されている対象としては、金融ディーラーや研究開発職といった「働いた時間と成果の関連性が高くない仕事」が挙げられている。しかし、実務界（労働者側）からは、今後、対象業務や年収要件が緩和され、規制除外の対象が拡大されていくのではないかという懸念の声もある。この高度プロフェッショナル制度に関しては、冒頭に触れた他、自由な働き方の裁量を奪うようなこと（労働時間への指示や納期・期限の設定等）の禁止を省令で明確に規定することなどを求める附帯決議が13項目あり、継続的な議論が必要であろう。

## （3）同一労働同一賃金による非正規雇用の処遇改善

同一労働同一賃金制度の導入の名のもとに、全雇用者の4割を占める非正規雇用労働者について、同一企業内における正規雇用労働者との間の不合理な待遇差の是正を図るべく、各賃金項目の「均等・均衡」原則

が明記されるとともに、待遇差の内容・理由等の説明義務、行政による履行確保措置・ADRが整備された（大企業は2020〔令和2〕年4月1日施行、中小企業は2021〔令和3〕年4月1日施行）。これは、正規雇用労働者（無期雇用フルタイム労働者）と非正規雇用労働者（有期雇用労働者、パートタイム労働者、派遣労働者）間の不合理な待遇格差の解消を目指すものであり、合理的な待遇格差は許容するものである。また、何が不合理な待遇差なのかを具体的に明示する「ガイドライン」が出ているところにも特色がある。

なお、本法律成立前の2018（平成30）年6月1日、最高裁において、同一労働同一賃金に関して注目を集めた「長澤運輸事件」「ハマキョウレックス事件」の判決がなされ、有期雇用労働者と正規雇用労働者間、定年後継続雇用労働者と正規雇用労働者間の賃金・各種手当に関する格差の合理性が判断されており、その後、2020（令和2）年10月13日の「大阪医科薬科大学事件・メトロコマース事件」、同月15日の「日本郵便（佐賀・東京・大阪）事件」、2023（令和5）年7月20日の「名古屋自動車学校事件」と合わせ、待遇格差の合理性の判断に当たっては、今後はガイドラインと合わせた検討が必要となる。

## （4）その他

### ア　月60時間を超える時間外業務に関する中小企業への猶予措置の撤廃（労基法改正）

現行法上、月60時間を超える時間外業務にかかる割増賃金率（50％）について、中小企業に関する猶予措置が規定されているが、この猶予措置を撤廃する（2023〔令和5〕年4月1日施行）。

### イ　5日の年次有給休暇を取得させる使用者に対する義務（労基法改正）

使用者は、有給休暇が10日以上（半年以上継続勤務）である労働者に対して、5日について有休消化させなければならないとされ（2019〔平成31〕年4月1日から）、労働者の有給休暇の取得を促すこととした。

### ウ　労働時間の把握の義務化（労衛法改正）

これまでは、賃金台帳の作成義務を通じた労働時間の記入義務があるのみで、使用者に対する労働時間の把握については、厚労省のガイドラインに定められていたに過ぎなかったが、管理職裁量労働制の適用対象者含め、健康の保持の観点から全労働者を対象に労働時間の把握義務が明文化された（2019〔平成31〕年4

月1日施行）。

**エ　フレックスタイム制の清算期間の見直し（労基法改正）**

　フレックスタイム制の「清算期間」の上限はこれまで1ヶ月であったが、これを3ヶ月に延長し、より柔軟な働き方を可能とした（2019〔平成31〕年4月1日施行）。

**オ　勤務間インターバル制度導入の努力義務（労働時間等設定改善法改正）**

　既にEUでは導入されているインターバル制度（終業から始業までの時間の設定）の導入を努力義務としている。なお、EUではインターバルは11時間とされている。

**カ　産業医・産業保健機能の強化（労衛法等改正）**

　従業員50人以上の事業所に対し選任が義務付けられている産業医に対する、事業者の情報提供の義務化をはじめとした権限強化が図られている。

**キ　賃金**

　民法の改正に伴い、債権の消滅時効が原則5年に統一されることを受け、賃金請求権の消滅時効について、2020（令和2）年4月1日施行の改正民法と同様に5年に延長されたが（労基法115条）、経過措置として当分の間は3年（労基法143条3項）とされた（但し、退職金は5年）。

　政府は最低賃金を一律50円増加し、全国加重平均が2024（令和6）年10月1日より1,054円となり、東京都（1,163円）、神奈川県、大阪府を含め15都道府県が1,000円を超えることとなる。

## 3　働き方の多様化に関する法改正

### (1)　就業環境の整備に関する法改正

　ハラスメントについて、事業主に対する雇用管理上の措置義務が新設され、対策の強化が図られた（労働施策総合推進法等）。その結果、大企業は2020（令和2）年6月から、中小企業も2022（令和4）年4月から、パワーハラスメント防止のための雇用管理上の措置が義務付けられようになった。

　また、2019（令和元）年12月27日、育児・介護休業法施行規則等が改正され、2021（令和3）年1月1日から、時間単位で育児介護休業を取得できるようになり、2022（令和4）年4月1日からは、それまで育児介護休業の申し出要件となっていた1年間の雇用継続が要件から削除され、育児休業等についての周知義務が会社に義務付けられることとなった。2022（令和4）年10月より「産後パパ育休（出生時育児休業）」が創設され、2023（令和5）年4月より常時雇用する労働者が1,000人を超える事業主の育児休業取得状況の公表が義務化もされている。

### (2)　フリーランス保護新法

　働き方の多様化に伴い、事業そのものを請け負う、いわゆるフリーランスで働く者が増加する中で、労働関係法令の適用がなく労働者よりも弱い立場に立たされる可能性のあるフリーランスを保護すべく、委託時に契約内容の書面等による明示等を定めた特定受託事業者に係る取引の適正化等に関する法律（フリーランス保護新法）が2023（令和5）年4月28日に成立し、2024（令和6）年11月1日に施行される。

# 第5　知的財産権にかかる紛争解決制度

## 1　知的財産権紛争の動向

　知的財産権関係民事事件の新受件数（全国地裁第一審）は、2014（平成26）年には550件であったところ、2018（平成30）年は495件、2023（令和5）年は600件である。同事件の平均審理期間（全国地裁第一審）は、2014（平成26）年には15.1月であったところ、2018（平成30）年は12.3月、2023（令和5）年は14.9月である。

　また、知財高裁における審決取消訴訟の新受件数は、2014（平成26）年には278件であったところ、2018（平成30）年は183件、2023（令和5）年は149件である。

同事件の平均審理期間は、2014（平成26）年には8.2月であったところ、2018（平成30）年は9.3月、2023（令和5）年は8.7月である。

## 2　近時の実体法改正の動向

　近時の知的財産権関係の実体法の主な改正としては以下のようなものがある。なお、下記いずれの法令も、2022（令和4）年には民事裁判手続IT化に関連した改正並びに懲役刑及び禁錮刑の拘禁刑への一本化に関連した改正がなされている。

第2章　民事・商事諸制度の現状と課題　181

## (1) 特許法 (2023 〔令和5〕年改正)

2023 (令和5) 年改正では、コロナ禍・デジタル化に対応した知的財産手続等の整備 (送達制度の見直し、書面手続のデジタル化等のための見直し等) がなされた。

## (2) 商標法 (2023 〔令和5〕年改正)

2023 (令和5) 年改正では、①デジタル化に伴う事業活動の多様化を踏まえたブランドデザイン等の保護強化 (登録可能な商標の拡充－権利者の同意がある場合や他人の氏名を含む商標について)、②コロナ禍・デジタル化に対応した知的財産手続等の整備 (書面手続のデジタル化等のための見直し等) がなされた。

## (3) 不正競争防止法 (2023 〔令和5〕年改正)

2023 (令和5) 年改正では、①デジタル化に伴う事業活動の多様化を踏まえたブランドデザイン等の保護強化 (デジタル空間における模倣行為の防止、営業秘密・限定提供データの保護の強化)、②国際的な事業展開に関する制度整備 (外国公務員贈賄に対する罰則の強化・拡充、国際的な営業秘密侵害事案における手続の明確化) がなされた。

## (4) 著作権法 (2023 〔令和5〕年改正)

2023 (令和5) 年改正では、①著作物等の利用に関する新たな裁定制度の創設等 (権利者の意思が確認できない著作物等の利用円滑化等)、②立法・行政における著作物等の公衆送信等を可能とする措置、③海賊版被害等の実効的救済を図るための損害賠償額の算定方法の見直しがなされた。

## 3 紛争解決制度の充実に向けて

### (1) 日弁連知的財産センター

日弁連知的財産センターは、知的財産権の確立・普及等を進め、よりよい知的財産制度の発展を図るとともに、弁護士である会員が知的財産業務に関与するための施策を企画する等の活動に取り組むことを目的として設置されたものであり、知的財産権に関する制度及び政策提言等に関する活動や、知的財産権の確立・普及及び人材育成等に関する活動を行っている。

実務を担う弁護士の立場から積極的な意見発信を行っていくことや研修・講演等を通じて知的財産業務に精通する弁護士の育成を行っていくことは、知的財産権にかかる紛争の解決を適切かつ迅速に行うために重要なことである。

### (2) 日本知的財産仲裁センター

日本知的財産仲裁センターは、日弁連と日本弁理士会が設立したADR機関であり、東京本部のほか、関西及び名古屋の2支部と、北海道、東北、中国、四国及び九州の5支所とがあり、全ての高裁所在地に設置されている。一定の知的財産権に関する紛争については、東京地裁又は大阪地裁の専属管轄となるが (民事訴訟法6条)、同センターの支部・支所は、これらの地裁に提訴することが困難な当事者に、訴訟に代わる紛争解決手段を提供するものといえる。

同センターは、相談、調停、仲裁等の業務を行うとともに、特許発明の技術的範囲や特許等の無効事由の有無等を判断する判定サービス (センター判定) 等も提供しているが、同センターに申し立てられた調停又は仲裁事件は、2008 (平成20) 年以降は年間10件未満で推移しており、さらなる認知度の向上や利用促進のための方策を検討・実施する必要がある。

# 第5部
# 憲法問題の現状
（立憲主義の危機と憲法改正の動き）

# 第1　憲法問題に対する弁護士及び弁護士会の基本的立場

憲法に関する各問題は、個々の弁護士の思想信条にも関わるものであり、「強制加入団体である弁護士会が、思想信条的に意見の分かれる問題について方針を決めるべきではない。」「政治的な問題について弁護士会は中立であるべきである。」という意見もある。特に、「安全保障と憲法」の問題に関しては、「高度の政治性を有する」との理由で、弁護士会のみならず任意団体である法友会が特定の意見を表明すること自体に消極的な意見がある。

しかしながら、弁護士法1条は、弁護士の使命を「基本的人権の擁護と社会正義の実現」と定め（1項）、その使命に基づいて「法律制度の改善に努力」する義務を弁護士に課している（2項）。

そして、その個々の弁護士の使命の達成を図るため、弁護士会が、基本的人権の擁護及び社会正義の実現の見地から、法律制度の改善等について会としての意見を明らかにしたうえで、これに沿った活動をすることは、弁護士会の目的の範囲内にある（同法31条1項、なお同法45条2項、最判平成10年3月13日自由と正義49巻5号〔1998年〕210-213頁等参照）。

ここでいう「基本的人権の擁護」は、人権を侵害するおそれのある「権力」からの擁護を意味する。

このため、私たち弁護士及び弁護士会は、弁護士自治の保障の下、常に「権力に対峙」してその言動をチェックする使命がある。

特に最高規範である憲法の改正問題や高度に政治的な議論である安全保障の問題にあっては、常にそれが恒久平和と基本的人権の尊重という憲法の基本理念を危険に晒さないか、細心の注意をもってチェックし、国民に問題提起し、是正を要求することこそ、我々弁護士及び弁護士会の本来的使命というべきである。これは、安全保障の問題でも同様である。

会員間の意見が分かれたときでも、熟議を尽くし、民主的手続を経たうえで弁護士会・会派としての意思を決めること自体は、弁護士会・会派という単位での問題意識の提起として、弁護士及び弁護士会の本来の使命を果たしていくためには当然認められるべきである。

弁護士の中で意見が割れるからといって、これを「政治問題」と呼び「政治的中立性」という言葉で括り「弁護士会は意見を言うべきではない。」ということになれば、憲法改正問題について弁護士会が果たすべき本来的使命を果たすことが出来ない。本来、弁護士会にとっての「政治的中立性」とは、対峙する権力がどのような政治勢力であろうと（どのような政党が政治権力を握るかにかかわらず）、アメリカ合衆国建国の父の一人であるトーマス・ジェファーソンの言葉のごとく常に猜疑心を持ってチェックするという態度を変えない、政治権力に対して決して媚びず恐れない、ということのはずである。

無論、個々の会員弁護士にはそれぞれの思想の自由（憲法19条）があり、強制加入団体である弁護士会においては、個々の会員に対して、一定の方向性に従った言動をすることを強制することまでは、当然できない。それは、任意団体である法友会においても、同様であろう。

# 第2　表現の自由に対する抑圧について

近時、表現の自由、特に言論の自由を抑圧し、萎縮させるような事件が発生しているが、これは、憲法上、表現の自由が民主主義の根幹をなすものであるという点において、その制約については原則として違憲の推定を受け、合憲性が厳格に審査されるとされていること（いわゆる「優越的地位」）に鑑み、極めて憂慮される事態である。

## 1　ビラ配布問題

集合住宅内の郵便受けに政治的意見表明等を記載したビラを投函した行為に対し住居侵入等の有罪判決が確定した三つの事件（防衛庁立川宿舎イラク反戦投函事件、葛飾ビラ配布事件、及び世田谷ビラ配布国家公務員法違反事件）について、東京弁護士会（以下「東弁」という。）では、「ビラ配布を含む表現の自由の重要性に十分配慮し、国際的な批判にも耐えうる厳密な

利益衡量に基づく判断を示すことで「憲法の番人」としての役割を果たすよう強く要望する次第である」など裁判所に厳格な審査を求める会長声明を発出してきた。一方、世田谷ビラ配布国家公務員法違反事件と同じ2012（平成24）年12月7日に最高裁第二小法廷で判決が出された社会保険庁職員国家公務員法違反事件（いわゆる「堀越事件」）では、国家公務員法102条1項が禁止する「政治的行為」の限定解釈がなされ、「管理職的地位になく、その職務の内容や権限に裁量の余地のない公務員」による本件のビラ配布行為につき構成要件該当性がないとして無罪が確定した。なお、当該判決の限定解釈の手法については「犯罪構成要件の明確性による保障機能を損ない、その結果、処罰の対象にならない文書の配布等の政治的行為も処罰の対象になるのではないかとの不安から、必要以上に自己規制するなどいわゆる萎縮的効果が生じるおそれがあるとの批判がある……更なる明確化やあるべき規制範囲・制裁手段について立法的措置を含めて広く国民の間で一層の議論が行われてよいと思われる」という須藤正彦裁判官の意見が付されていることに留意が必要である。

インターネットなどの通信手段が発達した現在においても、ビラ配布行為は、市民にとって、自己の意見を他に伝達する重要かつ有効な手段であることに変わりはなく、他者の権利・自由との調整を必要とするとしても、逸脱した行為に対して刑罰による制裁を科すことについては、表現行為に対する強い萎縮的効果に鑑み、安易に認めることのないよう引き続き裁判所に訴えていくべきである。

## 2 選挙演説の際の警察権行使問題

2019（令和元）年7月の参議院選挙期間中の札幌市内における安倍首相（当時）の街頭演説において、「増税反対」などと叫んだ市民や年金制度批判のプラカードを平穏に掲げようとした市民の行動等を警察官らが排除ないしは阻止し、さらには別の演説会場への移動を制限する事態が発生した（同月18日毎日新聞・北海道新聞各朝刊等）。また、翌8月、札幌市内でこの排除行為ないし阻止行為に抗議する市民デモが行われた際には、警察官がデモ参加者をビデオカメラで撮影する事件も生じた（同月11日北海道新聞朝刊）。類似の事例として、大津市でも参院選候補者の応援演説をする安倍首相（当時）にヤジを飛ばす男性を警察官らが会場後方で囲んで動けなくする事態が発生した（同月19日朝日新聞朝刊）。

これらの市民の行為が公職選挙法225条2号に定める演説妨害罪に該当しないことは、裁判例からも明らかである。すなわち、大阪高判昭和29年11月29日（高等裁判所刑事裁判特報1巻11号502頁）は、「他の弥次発言者と相呼応し一般聴衆がその演説内容を聴取り難くなるほど執拗に自らも弥次発言或は質問等をなし一時演説を中止するの止むなきに至らしめるが如き」行為に至らなければ公職選挙法上の演説妨害罪は成立しないと判示している。同法の前身である衆議院議員選挙法115条2号の演説妨害罪の成否についても、聴衆が演説を「聴き取ることを不可能又は困難ならしめるような所為」に当たる程度であることが必要とされており（最三小判昭和23年12月24日刑集2巻14号1910頁）、その後も同様の解釈がなされているのである。

したがって、警察官の上記各行為は警察官職務執行法5条の「犯罪がまさに行われようとするのを認めたとき」には当たらず、かつ、「その行為により人の生命若しくは身体に危険が及び、又は財産に重大な損害を受ける虞」があると認められるものでもなく、「急を要する場合」でもない上、「目的のため必要な最小の限度」（同法1条2項）を超えた警察比例の原則に違反する警察活動であるというべきである。同時にそれは、警察法第2条第2項における不偏不党且つ公平中立の要請にも違反する疑いすらあるものである。

また、デモ参加者に対するビデオカメラによる撮影行為については、リーディングケースである京都府学連事件最高裁大法廷昭和44年12月24日判決（刑集23巻12号1625頁）は、「個人の私生活上の自由の一つとして、何人も、その承諾なしに、みだりにその容ぼう・姿態（以下、「容ぼう等」という。）を撮影されない自由を有する。」とし、「少なくとも、警察官が、正当な理由もないのに、個人の容ぼう等を撮影することは、憲法13条の趣旨に反し、許されない」とした上で、例外的に撮影が許容される場合として、「現に犯罪が行なわれもしくは行なわれたのち間がないと認められる場合であって、しかも証拠保全の必要性および緊急性があり、かつその撮影が一般的に許容される限度をこえない相当な方法をもって行なわれる場合」を挙げている。公道上のテレビカメラによる撮影・監視行為について

の山谷監視カメラ事件東京高裁判決（東京高判昭和63年4月1日東京高等裁判所刑事判決時報39巻1〜4号8頁）も、犯罪発生の高度の蓋然性、証拠保全の必要性及び緊急性、撮影行為の社会的相当性を、撮影・録画の許容の要件としている。

この点、上記札幌市内での市民デモには120人超の市民らが参加しているが、デモ参加者が蛇行進をしたり許可条件の違反行為等が行われた事実はなく、その平穏な実施態様に照らせば、現行犯性・準現行犯性や犯罪発生の高度の蓋然性は認められない。のみならず、かかる平穏な実施状況のもとでは、行政目的達成上の必要性は極めて乏しいというほかなく、先行する北海道警察の演説排除行為等への報復的措置とも取り得る悪質なものであったというべきである。

東弁は、同様の趣旨を摘示して北海道警察に対するこれらの行為の再発防止、さらには警察庁に対する適切な指導を求める「選挙演説の際の市民に対する警察権行使について是正を求める意見書」を2019（令和元）年9月9日付で会長名にて公表している。

そして、警察官らの各行為の一部について国賠法上の責任を認める判決が下され（札幌高判令和5年6月22日令和4年ネ第202号）、2024（令和6）年8月20日、最高裁は道側の上告を棄却し、当該判決は確定した。東弁としても引き続き同様の問題について是正を求めることが重要である。

## 3 「表現の不自由展・その後」の中止問題

2019（令和元）年8月1日、国内最大規模の国際芸術祭「あいちトリエンナーレ」の企画展の一つとして、「表現の不自由展・その後」が愛知県美術館で10月14日までの予定で開催された。

「表現の不自由展」とは、2015（平成27）年に、「日本における言論と表現の自由が脅かされているのではないか」という強い危機意識から、組織的検閲や忖度によって表現の機会を奪われてしまった作品を集めて開催された展覧会であったが、「表現の不自由展・その後」は、同年の展覧会で展示された作品の「その後」や、同年以降に新たに公立美術館などで展示不許可になった作品について、不許可になった理由と共にこれを展示したものである（主催者発表）。

ところが、「表現の不自由展・その後」は、開催わずか3日で中止に追い込まれた。その理由は、展示作品の中に従軍慰安婦を象徴する「平和の少女像」や昭和天皇の写真を含む肖像群が燃える映像作品が含まれていたところ、「ガソリンを撒き散らして火をつける」「県庁職員らを射殺する」等のテロ予告や脅迫等のFAXやメールが企画展の実行委員会や愛知県に殺到し、展示会の来場者や関係者の生命身体の危険があるためと説明された（実行委員会会長である大村秀章・愛知県知事の説明）。

このような卑劣なテロ予告や脅迫行為が、表現の自由への攻撃として決して許されないことは当然である。

また、そのようなテロ予告や脅迫行為があったとはいえ、大村秀章愛知県知事が出展作者の了解を取ることなくわずか3日で展示を取り止めたことについては、泉佐野市民会館事件（最判平成7年3月7日民集49巻3号687頁）の「敵対的聴衆の法理」（公的施設や公的企画においての表現行為について、敵対的聴衆の襲撃が予想される場合であっても、それだけで表現を規制してはならず、警察力によっても防御することが不可能又は著しく困難であると認められない限り、表現規制は認められないとの法理）の観点からすれば批判もあり得るところであるが、京都アニメ放火殺人事件の直後で、ガソリン脅迫や執拗な個人攻撃で展示館関係者の精神的疲弊が極度に達していた本件においては、中止決定の判断にもやむをえない面があったともいえる。

しかし、「表現の不自由展・その後」の問題で、もっとも表現の自由との関係で懸念されるべきなのは、河村たかし名古屋市長や吉村洋文大阪府知事等の何人もの公権力を有する者たちが、そのようなテロ予告や脅迫行為をしてきた者たちと同様に、展示内容（特に従軍慰安婦を象徴する「平和の少女像」や昭和天皇の写真を含む肖像群が燃える映像作品）について、「日本国民の心をふみにじるもの」「明らかに反日プロパガンダ」など展示そのものを不適当とするような政治的発言を行っていることである。

言うまでもなく、「表現の自由」には政治的表現を含む作者の思想信条を形にして表すことも含まれるものであり、その作品の評価について思想信条上の対立が起こりうるにしても、それは言論の自由市場の議論に委ねられるべきであって、政治権力を有する者が、表現の自由の限界を画するかのような発言をすることは、極めて強い萎縮効果を市民にもたらす危険があり、表現の自由への直接的な侵害行為として、断じて許さ

れない。

　なお、「表現の不自由展・その後」は、2019（令和元）年10月8日より展示が再開されたが、この再開の直前、文化庁は、元々は交付を認可していたにもかかわらず、手続の不備を理由にあいちトリエンナーレ2019への補助金の不交付決定を行った。このような文化庁の対応は、展示内容を問題視しての決定としか考えられず、公権力による極めて不当な干渉である。

　「表現の不自由展・その後」の問題に関しては、2019（令和元）年8月11日に憲法研究者92名の連名による抗議声明も出され、東弁のほか、京都弁護士会、愛知県弁護士会からも抗議の会長声明が出されているが、2021（令和3）年7月、名古屋市の会場において郵便物から破裂音がしたことから、同会場での展示が3日で中止されるなど、その後も妨害行為が続いた。こうした妨害行為が決して許されないことはもちろんであるが、そのことが公権力による表現の自由に対する不当な干渉につながらないよう、今後とも強い関心をもって監視していくべきである。

## 4　給付の場面における表現の自由の確保

　近時、前述のあいちトリエンナーレ2019への補助金の不交付決定と同様に、いわゆる規制/給付二分論のうち、公共施設の利用や補助金の支出等の給付の場面での表現の自由に対する抑圧が問題となる事案が多発している。そのなかでも特に注視すべき二つ事案について取り上げる。

### (1) 金沢市庁舎前広場事件

　2014（平成26）年5月、陸上自衛隊金沢駐屯地の自衛隊員による自衛隊市中パレードに反対する「「軍事パレード」の中止を求める集会」を開催するため、主催諸団体が金沢市庁舎広場の使用許可を求めたところ、市長により使用不許可処分を受けた。不許可とした主な理由は「庁舎前広場において、特定の個人、団体等の主義主張や意見等に関する賛否を表明することとなる集会を開催することは、金沢市庁舎管理規則が禁止する「示威行為」に該当する」というものであった。当該集会は近隣にある県営公園で開催されたが、諸団体とその代表らは、使用不許可処分は違法であるとして損害賠償訴訟を提起した（以下「第一次事件」という。）。第一審（金沢地裁）、及び第二審（名古屋高裁）ともに不許可処分は適法であるとして損害賠償請求を

認めず、最高裁への上告も認められなかった。

　この第一次事件の訴訟の係属中に金沢市は金沢市庁舎管理規則を改定して「特定の政策、主義又は意見に賛成し、又は反対する目的で個人又は団体で威力又は気勢を他に示す等の示威行為」が禁止されると明記した（以下「本件規定」という）。その直後、「石川県憲法を守る会」が2017（平成29）年5月3日に金沢市庁舎前広場において「憲法施行70周年集会」（以下「本件集会」という）を開催するため使用許可を申請したところ、これまで市庁舎前広場において護憲集会の開催は認められていたにも関わらず、本件集会は本件規定の禁止行為に該当するとして市長から不許可処分を受けた。そこで「石川県憲法を守る会」とその代表が、金沢市に対し損害賠償訴訟を提起した（以下「第二事件」という）。この訴訟でも、下級審は不許可処分を適法であるとし、上告は認められたが、2023（令和5）年2月21日最高裁第三小法廷は、市庁舎前広場は、一般公衆の共同使用に供される「公の施設」ではなく、市庁舎と一体となった「公用財産」であるという判断を前提として、次のとおり判示し、損害賠償請求を認めなかった。

　「公務の中核を担う庁舎等において、政治的な対立がみられる論点について集会等が開催され、威力又は気勢を他に示すなどして特定の政策等を訴える示威行為が行われると、金沢市長が庁舎等をそうした示威行為のための利用に供したという外形的な状況を通じて、あたかもＹが特定の立場の者を利しているかのような外観が生じ、これにより外見上の政治的中立性に疑義が生じて行政に対する住民の信頼が損なわれ、ひいては公務の円滑な遂行が確保されなくなるという支障が生じ得る。本件規定は、上記支障を生じさせないことを目的とするものであって、その目的は合理的であり正当である」。

　本判決については、これまで一般の集会の用に供する場として運用されていた本件広場を庁舎等の同じく「公用物」として判断している点など様々な批判がされうるが、最も問題と思われるのは、地方公共団体等が「政治的中立性」を掲げ、施設利用申請者の主張内容をもって恣意的に選別しうることの危険性について考慮されていないことである。この点については、「首長や議員は、特定の政策の実現を公約して選挙運動を行い当選しているのであり、市長や市議会議員が立案

して実行する政策が政治的に中立であることはあり得ない……Ｙが協賛したり後援したりする行事についても、Ｙの中立性に疑念を持ち、Ｙに対して苦情を申し立てたり、抗議したりする者がいる可能性は否めないところ、そのような可能性がある行為をＹは行うべきではないというのであれば、Ｙは行事の協賛・後援を一切行うべきではなく、また、集会の許可は一切すべきでないということになりかねないが、そのような結論が妥当でないことは当然であろう。このことは、不特定の者がＹの中立性に疑念を抱く可能性があるというような抽象的な理由による不許可処分が正当な理由を欠くといわざるを得ないことを示している」と述べる宇賀克也裁判官の反対意見が重要である。本判決の如くに国または地方公共団体等の「中立性に対する疑念」を理由とする不許可事案が蓄積・定着されるならば、政治的集会等による意見表明への萎縮的効果は甚大である。紙幅の関係でここでは詳細は述べないが、2022（令和4）年10月、美術家・飯山由貴氏が関東大震災における朝鮮人虐殺を題材として制作した映像作品が東京都人権部の指示によって東京都人権プラザでの上映を中止させられた事件、2024（令和6）年2月、群馬県高崎市の県立公園「群馬の森」にある朝鮮人労働者追悼碑が行政代執行によって撤去された事件など、同様の問題が続出している。弁護士会でも今後注視を強める必要がある。

### (2)『宮本から君へ』事件

映画『宮本から君へ』（以下「本件映画」という。）の製作会社は、2019（平成31）年3月、文化庁所轄の独立法人日本芸術文化振興会から助成金1,000万円の交付内定を得たが、出演者の1名が麻薬取締法違反で有罪判決を受けたことが「公益性の観点から適当ではない」として、同年7月に不交付決定（以下「本件処分」という。）を受けた。当該製作会社は、本件処分の取消しを求めて提訴した。第一審の東京地裁は、「公益性は多義的な概念である上、具体的にどのような場合であれば公益性に反するのかの判断も個別の事案や価値観等によって分かれ得ることから……不交付決定を

することは、その運用次第では、特定の芸術団体等に不当な不利益を与え、あるいはその自主性を損ない、ひいては芸術団体等による自由な表現活動の妨げをもたらすおそれをはらむものであることを否定することができない」と指摘したうえ、裁量権の逸脱・濫用を認めて本件処分を取り消したが、第二審の東京高裁は、本件処分は「公益の観点から適当でないことを理由とするものであり、本件映画の芸術的観点に基づいて本件助成金を不交付とするものではないから」裁量権の逸脱・濫用はないとして第一審を破棄した。最高裁は、原告による本件処分の憲法14条、同21条1項違反を理由とする上告を棄却する一方、本件処分の裁量権逸脱・濫用を理由とする上告受理申立てを容れ、2023（令和5）年11月17日、次のとおり判示した。

まず、①「公益がそもそも抽象的な概念であって助成対象活動の選別の基準が不明確にならざるを得ないことから、助成を必要とする者による交付の申請や助成を得ようとする者の表現行為の内容に萎縮的な影響が及ぶ可能性がある。このような事態は……芸術家等の自主性や創造性をも損なうものであり、憲法21条1項による表現の自由の保障の趣旨に照らしても、看過し難いものということができる」と指摘して、②「これを交付するとその対象とする活動に係る表現行為の内容に照らして一般的な公益が害されるということを消極的な考慮事情として重視し得るのは、当該公益が重要なものであり、かつ、当該公益が害される具体的な危険がある場合に限られるものと解するのが相当である」という適法な裁量権行使の判断枠組み示した。そのうえで、③本件の具体的事情において「薬物乱用の防止という公益が害される具体的な危険があるとはいい難い」として、本件処分には裁量権の逸脱・濫用の違法があると認定した。

本判決は、規制の場面のみならず給付の場面でも、「憲法21条1項による表現の自由の保障の趣旨」が及ぶこと（①）、また不明確な選別基準による申請者一般に対する「萎縮的な影響」を認めたこと（②）において重大な意義を有する。

# 第3 ヘイト・スピーチ問題

## 1 ヘイト・スピーチとは

　ヘイト・スピーチとは、広くは「マイノリティ（社会的少数派）に対する差別的・侮辱的な表現や言動」を指す言葉であるが、具体的社会問題としては、国際人権規約や人種差別撤廃条約との関係で、「民族的・宗教的・言語的なマイノリティ（①一国においてその他の住民より数的に劣勢な集団で、②被支配的な立場にあり、③独自の民族的・宗教的又は言語的特徴を有し、④自己の文化・伝統・宗教又は言語を保持することに対して連帯意識を黙示的であるにせよ示しているもの）に対する、差別的・侮辱的な表現・言論による威嚇・扇動行為」を意味する。

　我が国では、当初「憎悪表現」と直訳されたこともあって、単なる憎悪を表した表現や相手を非難する言葉一般のように誤解されている向きもあり、これが法規制論において混乱を招く原因にもなっているが、あくまで「社会的マイノリティに対する差別扇動的言動」という社会的事象を指す言葉である。

## 2 日本におけるヘイト・スピーチの実態

　我が国では、江戸時代に身分制支配体制が確立される中で、特定の身分とされた人たちに対する差別的支配が行われ、それが明治時代に廃止されるも、同和問題として依然として存在し続けている。差別は、我が国に移住した朝鮮半島出身者にも向けられ、韓国併合後に急増した彼ら移民に対しては、関東大震災時における朝鮮人虐殺事件が夙に著名であるように、時の外交上、経済上の立場もあって、いわれなき差別が数多く行われた。

　戦後も韓国及び北朝鮮は「近くて遠い国」と言われ続けてきたが、竹島問題や従軍慰安婦に対する問題提起をはじめとする国際的紛争課題は、民主主義社会の下で同時に進行するポピュリズムと相まって、時に日本、韓国及び北朝鮮それぞれのナショナリズムを刺激するところが顕著となっている。殊にインターネットによる情報交換が行われるようになった今世紀に入って、無責任な罵詈雑言をはじめとする差別的言動がネット上を飛び交うようになり、それらがエスカレートした結果、遂にはそれらの者たちがネットを通じて連絡を取り合い、現実の運動団体となっていった（「在

日特権を許さない市民の会（在特会）」等）。

　在特会が、朝鮮学校が近隣の公園を私的に利用したことに対し、在特会が行った朝鮮学校への抗議活動（街宣活動）は、およそ正当な抗議の範囲を超えた濫用に渡る表現行為であり、在特会に対する損害賠償請求及び近隣での街宣活動の禁止を求めた裁判では、人種差別撤廃条約に反する人種差別として目的の公益性を否定することで朝鮮学校側が勝訴し、確定している（大阪高判平成26年7月8日、上告棄却にて確定）。この他にも、同様のデモ活動が東京・新大久保、神奈川・川﨑、大阪・鶴橋等で行われ、こうした活動はときに近隣住民らとの一触即発の事態にすら至った。

　また、2023（令和5）年以降、埼玉・川口、蕨の両市では、在日クルド人に対するヘイト・スピーチをともなう排斥デモが頻発している。このデモを主催するのは在特会の派生団体やその関係者であるとされ、これまで在日韓国・朝鮮人が集住する川崎などで活動してきた人物らが、後述のとおり罰則付きでヘイト・スピーチを禁止する条例が川﨑市で成立したことの影響もあり、入管法改正の議論のなかでクローズアップされた在日クルド人を新たな差別の対象と見定め、在日クルド人が集住する当該地域に流れてきたものと分析されている（2024（令和6）年5月30日付け 東京新聞「こちら特報部」参照）。川口市では、2023（令和5）年6月、市議会が在日クルド人を念頭に「一部外国人による犯罪の取り締まり強化」を求める意見書を可決するなど市政の側から差別を助長するかのごとき動きが見られる一方、川口、蕨の両市では、川﨑市同様のヘイト・スピーチ禁止条例制定を求める市民の動きも活発化している。

## 3 ヘイト・スピーチによる人権侵害とは

　このような、在日韓国・朝鮮人等への集団的行動によるヘイト・スピーチは、特定の個人や施設が対象であれば、個別の身体・名誉・財産等の権利に対する侵害として、脅迫・強要・名誉毀損・侮辱・不法行為等の民事制裁あるいは刑事処罰も可能である（上記裁判例等）。

　これに対して、特定個人ではなく、「韓国人」、「朝鮮人」という民族一般に対するヘイト・スピーチにつ

いては、現行法上は個別の損害認定が困難であり、直ちには民事上の被害救済、刑事上の処罰の対象とすることができない。また、デモや集会等への行政的規制も、表現・言論の自由との関係で簡単ではない。

とはいえ、不特定を相手としたヘイト・スピーチにあっても、標的とされた人々の苦痛や恐怖は想像するにあまりあるのであり、自尊心を深く傷付けられ、更なる攻撃への恐怖に怯えトラウマにもなると言われる。それは、人間らしく生きることを保障した幸福追求権（憲法13条）を侵害するというべきであり、人種差別の範疇に属する言動として世界的にも違法なものとして扱われる行為である。

ドイツでは1960年には憎悪の扇動や「特定の人々」の秩序を乱すようなやり方で侮辱することを刑法上の「民衆煽動罪」として違法し、70年代初めには、人種的・宗教的な集団を攻撃する出版物を禁止する規定も刑法に追加された。イギリスでは1965年に、フランスでは1972年にヘイト・スピーチ規制を含む包括的な人種差別禁止法が制定されている。60年代以降、ベルギー、デンマーク、イタリア、スウェーデン等でも人種差別の扇動などを犯罪とする法律が作られており、それら諸国では実刑判決も出されている（エリック・ブライッショ〔明戸隆浩ほか訳〕『ヘイトスピーチ ─ 表現の自由はどこまで認められるか』2014年、38頁以降参照）。一方、アメリカでは、差別禁止法が存在し、差別を理由とする犯罪には刑が加重されるヘイトクライム法も存在するものの、合衆国憲法修正第1条が保障する「表現の自由」との抵触が議論され続けており、ヘイト・スピーチ自体は現在規制されていない。

## 4 国際法上の規制と国内的展開

国際人権規約の自由権規約20条2項は、「差別、敵意または暴力の扇動となる国民的、人種的または宗教的憎悪の唱道は、法律で禁止する。」と定めており、日本は1979（昭和54）年にこれを批准している。

人種差別撤廃条約（1964〔昭和39〕年12月国連総会採択）4条は、加盟国に対し、以下の内容を定めている。「締約国は、①人種的優越性や、皮膚の色・民族的出身を同じくする人々の集団の優越を説く思想・理論に基づいていたり、②いかなる形態であれ、人種的憎悪・差別を正当化したり助長しようとするあらゆる宣伝や団体を非難し、このような差別のあらゆる煽動・

行為の根絶を目的とする迅速で積極的な措置をとることを約束する。このため、締約国は、世界人権宣言に具体化された原則と次条が明記する権利に留意し、特に次のことを行う。

(a) ①あらゆる人種的優越・憎悪に基づく思想の流布、②人種差別の煽動、③人種や皮膚の色、民族的出身の異なる人々に対するすべての暴力行為や、④暴力行為の扇動、⑤人種主義的活動に対する資金援助を含むいかなる援助の提供も、法律で処罰すべき違法行為であることを宣言する

(b) 人種差別を助長し、煽動する団体や宣伝活動（組織的なものも、そうでないものも）が違法であることを宣言し、禁止し、こうした団体や活動への参加が法律で処罰すべき違法行為であることを認める

(c) 国や地方の公の当局・機関が人種差別を助長しまたは煽動することを許さない」

これに対して、日本は、1995（平成7）年（条約成立後31年後）にようやく人種差別撤廃条約に加盟したものの、4条の(a)と(b)の条項は留保（法的効果を排除又は変更すること）したままである（条約加盟国176か国で留保は20か国のみ）。

また、日本は、1979（昭和54）年に自由権規約を批准し、その20条によりヘイト・スピーチを禁止する法的義務を負っているが、その後35年以上も人種差別を一般的に禁止する法律すら制定して来なかった。

国連の人種差別撤廃委員会は、このような状況の我が国に対し、2001（平成13）年以降数回にわたり、人種差別撤廃条約4条の完全実施と差別禁止法の制定を勧告して来たが、長らく立法に消極的であり続けた政府は、2016（平成28）年、漸くヘイト・スピーチ解消法（本邦外出身者に対する不当な差別的言動の解消に向けた取組の推進に関する法律）を制定するに至る。同法は、「不当な差別的言動は許されないことを宣言」し、人権教育や啓発活動を通じて差別の解消に取り組むと定めた理念法で、ヘイト・スピーチを直接禁止したり、罰則を設けるには至っておらず、また「本邦外出身者」「適法居住者」に保護の対象を絞っている点等、問題点や実効性に疑問の面もあるが、ヘイト・スピーチが人種差別に基づくものであり、許されるものではないことを法的に明らかにした点で大きな意味があり、我が国におけるヘイト・スピーチ対策の第一歩と評される。

一方、これと相前後して、地方公共団体においても
ヘイト・スピーチ対策が進むこととなる。2015（平成
27）年1月に大阪市で制定された「大阪市ヘイトスピー
チへの対処に関する条例」（2016〔平成28〕年7月施
行）は、ヘイト・スピーチに対する啓発はもとより、
ヘイト・スピーチの拡散防止措置と共に、表現内容の
概要と表現活動を行った者の氏名又は名称等を公表す
ることとした。学識経験者等で構成する審査会が中
立・公平な立場からヘイト・スピーチ該当性等を審査
しており、既に公表例もある。

また、2016（平成28）年6月2日、人格権に対する違
法な侵害としてヘイト・スピーチデモ禁止の仮処分決
定が横浜地裁川崎支部で言い渡されたが、これを契機
に川崎市では、2017（平成29）年11月、外国人に対す
る差別的言動、ヘイト・スピーチ問題の解消に向けて、
公の施設の利用許可に関するガイドラインを発表した
（2018〔平成30〕年3月施行）。続いて、2021（令和3）
年には、「川崎市差別のない人権尊重のまちづくり条
例」（一部を除き2021〔令和3〕年12月16日施行）が制
定されているが、ここでは、本邦外出身者に対する不
当な差別的言動を禁止するとともに、本邦外出身者に
対する不当な差別的言動を行った者等が、再び同様の
行為を行い、又は行わせる明らかなおそれがあると認
めるに足りる十分な理由がある場合に、一定地域内及
び期間、市長がかかる言動等の禁止を勧告すること、
当該勧告に従わない者が、再び同様の行為を行い、又
は行わせる明らかなおそれがあると認めるに足りる十
分な理由がある場合には、一定地域内及び期間、市長
がかかる言動等の中止を命令することができる旨が規
定されている。この命令の違反に対しては罰則も設け
られている。

さらに、東京都では、2018（平成30）年10月、「東
京都オリンピック憲章にうたわれる人権尊重の理念の
実現を目指す条例」が制定（2019〔平成31〕年4月施行）
され、京都府では「京都府公の施設等におけるヘイト
スピーチ防止のための使用手続に関するガイドライ
ン」が、2018（平成30）年3月に制定されている。

## 5 ヘイト・スピーチに対する法規制の是非

日本においても、上記のとおりヘイト・スピーチ解
消法や各条例等が制定されたことは大きな前進である
が、他方、表現の自由と、人種差別撤廃及び幸福追求

権の保障の調和に際して、至高の人権相互の慎重な衡
量が求められる場面でもある。この点、最判令和4年2
月15日民集76巻2号190頁は、「大阪市ヘイトスピーチ
への対処に関する条例」について、表現の自由が民主
主義社会を基礎づける重要な権利であることを認めつ
つも、それは無制限に保証されるものではなく、公共
の福祉による必要やむを得ない限度の制限を受けると
した上で、同条例による表現の自由に対する制限が上
記限度のものとして是認されるかどうかは、①本件各
規定の目的のために制限が必要とされる程度と、②制
限される自由の内容及び性質、③これに加えられる具
体的な制限の態様及び程度等を較量して決めるのが相
当と判示して、同条例が憲法21条1項に違反しないと
した。

ヘイト・スピーチに対する法規制の是非については、
憲法学会や弁護士会内においても根強い慎重論がある。
しかしながら、現在日本において行われているヘイ
ト・スピーチは、もはや「不快」というレベルのもの
ではなく、表現の名を借りた、マイノリティに対する
明白な「人種差別」であり、これにより「人権侵害」
が発生し、「個人の尊厳」を著しく傷つけられている
人たちが現に目の前に存在している。加えて、日本は、
前述のアメリカとは異なり（3参照）、ヘイト・スピー
チ規制だけでなく、ヘイトクライム法や人種差別禁止
法も存在しないことに注意が必要である。このような
現状に鑑みるとき、上記最高裁の判断は支持されるべ
きであろう。

もっとも、その判断枠組みが妥当なものであるか、
また、他の自治体の条例においても同様の判断がされ
るのか、今後の司法判断の推移については慎重に見守
るべきであろう。刑事罰を科す全国初の川崎市の条例
は、街頭のヘイト・スピーチの抑止には効果があった
とされるが、他方で、ヘイト・スピーチの場は刑事罰
の対象とならないインターネットに変わっている。

## 6 弁護士会等での検討状況と問題意識

日弁連は、2015（平成27）年5月、国に対し「ヘイト・
スピーチ等の人種的差別に関する実態調査を行うこ
と」「人種的差別禁止の理念並びに国及び地方公共団
体が人種的差別撤廃に向けた施策を実行するに当たっ
ての基本的枠組みを定める法律の制定を求めること」
等を求めることを趣旨とした「人種等を理由とする差

別の撤廃に向けた速やかな施策を求める意見書」を理事会で採択・決議し、ヘイト・スピーチが法的に許されないものであるという理念を明確に打ち出した。

二弁では、2018（平成30）年3月、「インターネット上の人種差別的ヘイトスピーチ撲滅のために適切な対応を求める意見書」を公表している。

東弁は、更に一歩踏み込んで、2015（平成27）年9月、「地方公共団体に対して人種差別を目的とする公共施設の利用許可申請に対する適切な措置を講ずることを求める意見書」と地方公共団体向けリーフレットを常議員会で採択・決議し、地方公共団体に対し一定の要件のもとでヘイト・スピーチ団体への公共施設利用を拒否することを求めている。そして、2018（平成30）年6月には、東弁は「地方公共団体に人種差別撤廃条例の制定を求め、人種差別撤廃モデル条例案を提案することに関する意見書」を常議員会で採択・決議し、人種差別モデル条例案を公表して、ヘイト・スピーチ等の人種差別的行為の撤廃に向けた運動を推進するに至っている。さらに、2019（平成31）年3月には、東京都の上記条例において公の施設の利用制限のための必須の要件とされる迷惑要件を要件としないことを求める声明（いわゆる迷惑要件〔施設に安全管理に支障が生じる事態が予測されること〕を、「東京都オリンピック憲章にうたわれる人権尊重の理念の実現を目指す条例」11条の要件としないことを求める会長声明）を公表している。また、2020（令和2）6月には、「9.1関東大震災朝鮮人犠牲者追悼式典のための公園占用許可につき不当な誓約書の提出を条件とすることの撤回

を求める会長声明」を公表している。これは、都内の公園で毎年開催される「9.1関東大震災朝鮮人犠牲者追悼式典」の実行委員会に対し、東京都が、公園の占用許可の条件として、公園管理者の指示に従わなければ、次年度以降、占用が許可されない場合があることに異存がないといった内容の誓約書提出を求めたことについて、2017（平成29）年以降、同時間帯に近接した場所で行われている朝鮮人虐殺の事実を否定する団体による妨害行為が行われていることから、ヘイト・スピーチを容認することにもなりかねないなどとして、東弁として声明を出したものである。なお、2023（令和5）年9月1日開催の追悼式典参加者に向かって当該団体員が発した「おまえらゴミ」「日本に要らない」等の言動について、東京都は、2024（令和6）年8月8日、前述（4参照）の人権条例に基づきヘイト・スピーチと認定した。

また、2024（令和6）年8月26日、日弁連は、前述（2参照）のクルド人に対するヘイト・スピーチ問題を考える緊急集会を弁護士会館講堂クレオにて開催し、映像上映のほか、クルド人支援団体代表、ジャーナリスト、弁護士によるディスカッションが行われた。

「表現・言論の自由」が最大限尊重されるべきことは当然であるが、人種差別行為としてヘイト・スピーチが公然と行われている以上、現に傷つけられている被害者を救済し人権侵害を防ぐために、厳格な要件の下での濫用の危険のない法規制の在り方を、我々法友会としても、今後とも検討を進めてゆくべきである。

# 第4　一人一票の実現

## 1　投票価値の平等違反

選挙権は議会制民主主義の根幹をなす基本的な政治的権利であるが、憲法14条の「法の下の平等」は政治的差別も禁止しており、選挙権の平等が投票価値の平等（一人一票）も含むことは、憲法上明らかである。選挙区割り等で完全な一人一票の実現が困難であるとしても、できる限り一人一票に近づけることは、憲法上の要請である。

このような憲法上の理念から、最高裁の2011（平成23）年3月23日大法廷判決（民集65巻2号755頁）は、

衆議院選挙について、各都道府県にあらかじめ1を配当するという1人別枠方式及びこの方式に基づく1対2.3の較差を違憲状態であるとした。また、参議院についても、最高裁の2009（平成21）年9月30日大法廷決（民集63巻7号1520頁）は、1対4.86の較差は大きな投票価値の不平等が存する状態であるとしている。また、いずれの大法廷判決も、このような不平等を是正するために、国会において速やかに適切な検討が行われることが望まれるとしている。

2012（平成24）年10月17日には、2010（平成22）年

7月11日に施行された参議院議員通常選挙が、最大で5倍の投票価値の較差が生じていたことに対して事情判決により請求を棄却したものの、違憲の問題が生ずる程度の著しい不平等状態に至っていたというほかはないとし、参議院と衆議院とで投票価値の平等の要請に差はないことを明確にした。

## 2 合理的是正期間

ところが、国会は、2011（平成23）年の大法廷判決後1年9ヶ月にわたり、1人別枠方式を含めた選挙制度を抜本的に見直さないまま、弥縫的な0増5減の定数調整をしたのみで、2012（平成24）年12月16日に第46回衆議院議員選挙が施行された。そのため、投票価値の較差が最大で2.43倍に拡大しているとして、違憲無効確認訴訟が提起された。

最高裁は2013（平成25）年11月20日、「憲法の投票価値の平等の要求に反する状態にあった」としつつ、「憲法上要求される合理的期間内における是正がされなかったとはいえ（ない）」として、選挙を有効とした。

これに対し、日弁連は同日、会長声明を発し、「裁判所には司法権の担い手としてだけでなく、憲法の最後の守り手としての役割が期待されている。」とした上で、「今回の最高裁大法廷判決は民主主義の過程そのものが歪んでいる状態をさらに延長させてしまうものであって、裁判所が果たすべき職責に照らし不十分なものと言わざるを得ない。」と判決を非難した。

さらに、最高裁は、2014（平成26）年11月26日、2013（平成25）年7月21日に施行された参議院議員通常選挙が、最大で4.77倍の投票価値の較差が生じていたことに対して、「違憲の問題が生ずる程度の著しい不平等状態にあったものではあるが、本件選挙までの間に更に本件定数配分規定の改正がなされなかったことをもって国会の裁量権の限界を超えるものとはいえ」ないとして、選挙を有効とした。

また、最高裁は、2015（平成27）年11月25日、2014（平成26）年12月に実施された衆議院選挙が、最大で2.13倍の投票価値の較差が生じていたことに対して、「『1人別枠方式』廃止の趣旨に沿った選挙制度の整備が十分ではないとして、投票価値の平等に反するとしたが、是正のための合理的期間を経過したとまではいえない」として、違憲状態とするにとどめた。

## 3 合区解消のための憲法改正の動き

前述したように、2012（平成24）年10月17日の最高裁判決が参議院と衆議院とで投票価値の平等の要請に差はないことを明確にし、「より適切な民意の反映が可能となるよう、都道府県を選挙区単位とする方式を見直すなど、現行の選挙制度の仕組み自体を早急に行うべき」と指摘したことを受け、一票の較差を是正するために、2016（平成28）年7月の参議院選挙では、人口の少ない島根県と鳥取県、高知県と徳島県がそれぞれ「合区」され、都道府県単位の選挙区という従来の選挙区割り変更が導入された。

そして、この参議院選挙に対する2017年（平成29）年9月27日の最高裁判決は、合区導入で較差が縮小したことを評価し、1対3.08の較差について、「著しい不平等状態」ではないとした（そのこと自体には「一人一票の理念からすればそれでも著しい不平等と言える」等の批判も強くある。）。

ところが、この合区の導入に対しては、「民意の反映や政治へのアクセスの面での地域間格差、地域住民の不平等感や不満などをもたらす」「これまで参議院は、都道府県ごとに集約された意見を国政に反映させる場となってきたが、合区の導入によって、民意を生かす機能が後退し、合区の対象の4県のみが県単位の民意を国政に届けることができなくなった」等の批判がなされ、全国知事会や多数の県議会でも合区の早急な解消等を求める決議がなされるに至っている。

そのような中で、自民党の憲法改正推進本部（2021〔令和3〕年11月に憲法改正実現本部へと改組）は、2018（平成30）年3月24日に明らかにした4項目の憲法改正の条文イメージ（たたき台素案）の中で、その一つとして憲法改正による合区解消を打ち出し、憲法47条を改正して「…選挙区を設けるときは、人口を基本とし、行政区画、地域的な一体性、地勢等を総合的に勘案して、選挙区及び各選挙区において選挙すべき議員の数を定めるものとする。」「参議院議員の全部又は一部の選挙について、広域の地方公共団体のそれぞれの区域を選挙区とする場合には、改選ごとに各選挙区において少なくとも一人を選挙すべきものとすることができる。…」とすることを提案している。

その趣旨について、自民党憲法改正実現本部の解説では、「一票の較差をできるだけ少なくすることは憲法14条の『法の下の平等』の要請だが、これを徹底す

第4　一人一票の実現　193

ると、過疎化の推進による人口減少が著しい地域では、選挙区が広域となり身近な議員を出せなくなってしまう。その最たるものが合区であり、身近な代表を出せないことで地域の民意の反映が著しく阻害される。一方、人口が集中する都市部では、選挙区が細分化しすぎ、既に自治体の首長よりも小さな選挙区で国会議員を選ぶ事態が生じている。こうした傾向は、今後、さらに顕著になっていく。」「投票価値の平等の確保に偏ってしまっている現在のアンバランスを解消するため、国会の章(第4章)の選挙に関する事項を定める規定(47条)において、人口を基本としつつも、行政区画、地域的な一体性、地勢等を総合的に勘案する旨、明記するとともに、地方自治の章(第8章)において、基礎自治体と広域自治体を明確に位置付ける必要がある。」等とされており、憲法改正によって、憲法14条の「法の下の平等」の例外として、選挙の際の選挙区割りには人口比例による「投票価値の平等」が必ずしも憲法上要請されないことにしようとしている。

しかしながら、このような合区解消の根拠付けのための憲法改正の動きは、憲法14条が「すべて国民は、法の下に平等であって、……政治的、経済的または社会的関係について、差別されない。」とする理念に真っ向から反するものであり、また議員に地域代表的な性格を付与するというのは、憲法43条1項が「両議院は、全国民を代表する選挙された議員でこれを組織する。」と定めることと矛盾することにもなりえる。

なお、選挙区間の「1票の較差」が最大3.00倍だった2019(令和元)年7月の参議院選挙について、最高裁は2020(令和2)年11月18日、「国会の較差是正の取組が大きな進展を見せているとはいえない。」と批判したものの、「国会の較差是正の姿勢が失われたと断じることはできない。」として合憲の判断をした(もっとも、4名の裁判官が違憲状態又は憲法違反であると意見を述べている。)。また、2023(令和5)年10月18日、最高裁は、2022(令和4)年7月に実施された参議院選挙について、定数配分規定(最大較差3.03倍)が憲法に違反するに至っていたということはできないという「合憲」判決を言い渡した(ただし、違憲とする反対意見1名、違憲状態とする意見2名あり。)。これに対し、日弁連は、同日、「当連合会は、これまで、投票価値の平等を実現するよう、国に対して一貫して求めてきた。本判決を受けて、改めて、直ちに公職選挙法を改正し、選挙制度の抜本的な見直しを行うよう求めるものである。」という内容の「参議院選挙定数配分に関する最高裁判所大法廷判決についての会長声明」を発出している。

## 4 まとめ

憲法14条の「法の下の平等」の要請による投票価値の平等(一人一票)は、議会制民主主義にとっては極めて重要であり、我々は、今後も投票価値の平等の保障を強く訴えていくべきである。そのためには、上記のような「合区解消のための憲法改正」は認められるべきではなく、今後も国に対し、直ちに衆議院選挙における1人別枠方式を廃止するとともに、衆参いずれの選挙についても、選挙区別議員1人当たりの人口数をできる限り1対1に近づける選挙区割の見直しを実現するよう、求めていくべきである。

# 第5 憲法改正問題(総論及びこれまでの動き)

## 1 改憲への動き

改憲勢力の中心となる自民党では、1955(昭和30)年の保守合同以来、改憲を党是として掲げてきたが、冷戦終結以降、アメリカの新たな軍事・安保戦略に沿うかたちで、海外派兵や集団的自衛権行使、有事法制整備等を正当化する改憲論議が活発化した。「集団的自衛権行使ができないなら憲法改正した方が望ましい」と主張する小泉首相の下で、イラク派兵特措法等が制定され、自民党では、2005(平成17)年11月には、憲法9条2項改正を含む「新憲法草案」が策定された。小泉政権を継承して2006(平成18)年に発足した第一次安倍政権下では、防衛省の設置、イラク派兵特措法の延長とともに、2007(平成19)年には、後述(第6・1参照)のとおり、憲法改正手続法が制定された。

2012(平成24)年4月、当時野党であった自民党は、憲法9条全面改正、緊急事態条項新設等を含む全面改憲案「日本国憲法改正草案」(以下「憲法改正草案」という。)を策定。同年12月の総選挙によって発足し

た第二次安倍政権は、任期中の改憲を唱え、改憲発議要件を各議院総議員の3分の2から過半数に引き下げる憲法96条先行改憲を提案し、自民党は、先の憲法改正草案を事実上棚上げするかたちで改憲4項目（9条への自衛隊明記、緊急事態規定・参院選の合区解消規定・教育の充実規定の新設）の「条文イメージ（たたき台素案）」（以下「改憲4項目素案」という。）を2018（平成30）年3月に発表した。

また、第二次安倍政権は、2013（平成25）年12月には、積極的平和主義を掲げた「国家安全保障戦略」、2014（平成26）年4月には、武器輸出三原則を撤廃する「防衛装備移転三原則」、そして、同年7月には、それら安全保障政策を正当化するものとして、集団的自衛権行使容認の閣議決定を行っている。これらは閣議決定による実質的な解釈改憲と評価されよう。

2021（令和3）年10月に発足した岸田政権では、安倍政権と同様に任期中の改憲が唱えられ、また、菅政権下の同年5月に憲法改正手続法の改正法が成立したことを受けて、自民党を含む改憲会派の主導の下で国会の憲法審査会が定期的に開催されることとなり、後述のとおり、改憲4項目素案のうち、特に緊急事態条項に関する議論が進められている（3（3））参照）。2024（令和6）年8月には、緊急事態条項新設に加えて、9条への自衛隊明記についても、最初の国民投票の対象としたい旨の表明が岸田首相から示された。

一方、2022（令和4）年12月には、中国による台湾有事、ロシアによるウクライナ侵攻、北朝鮮の核の脅威など「我が国は戦後最も厳しく複雑な安全保障環境に直面している」として、岸田政権は、「国家安全保障戦略」「国家防衛戦略」「防衛力整備計画」のいわゆる安保三文書（以下「安保三文書」という。）の改定を閣議決定し、そのなかで、他国領域への弾道ミサイル攻撃等の「敵基地保有能力（反撃能力）」の保有・活用を明記するとともに（第11参照）、2023（令和5）年度から2027（令和9）年度の5年間の防衛予算の総額を43兆円程度とし、2027年度の防衛費をGDPの2％とする方針を示した。加えて、2024（令和6）年3月には、安倍政権下の「防衛装備移転三原則」をさらに緩和し、共同開発戦闘機を共同開発国やライセンス元以外の第三国にも輸出しうるとする運用指針の改定を閣議決定した（後述第12・4参照）。

明文改憲の動きと平行して、閣議決定による実質的な解釈改憲がますます進行しているのが現状と言えよう。

## 2 基本的問題の整理

### (1) 日本国憲法の普遍と特異

1947（昭和22）年5月3日に施行された日本国憲法は、2024（令和6）年に77年目を迎えたが、歴史上、70年以上存続した成文憲法は、18世紀から数えて26典あるものの、未改正のままであったのは日本国憲法のほかには1943年に失効したイタリア王国憲法だけであるとされる。

憲法の各人権条項の規定について、制定時から現代にいたるまで情報通信技術の発達や、家族や性の在り方に関する社会通念の変化や社会情勢の変化にもかかわらず、最高裁判所はもとより、地方裁判所や家庭裁判所の裁判官たちがその良心に従い、個別具体的な事件において解釈によってこれを補い、憲法上の人権保障を現代においても通用するものとしてきた。日本国憲法の持つ普遍的価値観である個人の尊重、基本的人権の尊重、平和主義の実現のために弁護士も目の前の依頼者の抱える人権問題や社会問題を時には裁判を通じて、時には立法を通じて解決するために尽力してきたところである。

ところが、日本国憲法が制定後約80年にわたり、改正されてこなかったことをもって、特異性を強調し、憲法の現代化を求める声が改憲勢力からあがる。自民党の「憲法改正素案」Q＆Aにおいては、「世界の国々は、時代の要請に即した形で憲法を改正しています」と強調されているが、改憲勢力から提示される憲法改正の必要性や憲法事実の有無については、今後も厳しく吟味されなければならない。

### (2) 憲法改正限界論

日本国憲法の改正には、憲法上に明記された手続に従ってなされなければならないという手続的制約が存在するが（96条）、そのほかに、実体的な内容面での制約があるかないかについて（憲法改正限界論）、通説である憲法改正限界説は、そもそも憲法改正には法的限界があり、憲法の基本原理に属する内容を変更することはできないとする。その根拠については諸説あるが、

憲法改正限界説の通説的見解は、「国民主権」「基本的人権の尊重」「恒久平和主義」という基本原理を限

界内容と解する。また、96条の憲法改正の国民投票制も、それを廃止することは国民主権原理をゆるがすため認められないと解する見解もある。

一方、憲法の平和主義（前文、9条1項）の改正には限界があるとしても、「戦力」不保持を定めた9条2項を修正しえないか否かは議論があり、通説は、平和主義と軍隊の存在は必ずしも矛盾するものではないので、9条2項の改正までは不可能とはしていない（芦部信喜『憲法学 Ⅰ憲法総論』1992年、有斐閣、78頁）。この通説の立場からは、後述の「自衛隊加憲」（第8・1以下参照）も一応は改正限界内といえることになる。

仮に、改正限界を超えた改正が行われた場合、裁判所は違憲審査を行いうるかも問題となる。すなわち、国民投票により主権者の意思が表明された以上は、これを審査しうる憲法上の権力は存在しないのでないかという問題である。改正限界を肯定する学説のなかであっても見解は分かれており、憲法改正限界論として解かれている主張は、限界をふみこえるような憲法変更に対して事前の予防的効果を持つにとどまるという予防効果説（樋口陽一『憲法〔第四版〕』2021年、勁草書房、81頁）、改正限界を逸脱して行われた憲法改正であっても、手続的には合法であり、実効性を否定することができないが、「無効な新憲法への忠誠を拒否する」という国民の抵抗権を認めるべきとする抵抗権説（前掲・芦部79頁）、憲法改正の違憲審査を行うことは、「国民投票を行う国民」の上位にある「憲法制定権力を持つ主権者国民」が裁判所に委託した司法権の責務であると解する違憲審査可能説（高橋和之『体系 憲法訴訟』2017年、岩波書店、147頁）などがある。この違憲審査可能性によれば、改正限界をこえる憲法規定に基づく命令や権利侵害を受けた者は、命令の差し止めを求める手続きや損害賠償を求める訴訟のなかで、憲法改正無効を争うことができると考えられる。また、改正限界をこえる改憲発議にも続く国民投票は、「管理執行につき遵守すべき手続きに関する規定に違反」するものとして、国民投票法128条1項1号の国民投票無効訴訟の対象になるという解釈も可能とする見解もある（木村草太『増補版 自衛隊と憲法―危機の時代の憲法議論のために』2022年、晶文社、26頁）。

## 3 憲法改正論に対する検討

### (1) 改憲論の特徴と憲法改正草案の評価

ところで、現在主張されている改憲論のほとんどは、「国民主権、基本的人権の尊重、恒久平和主義」という日本国憲法の基本原理を形式的には維持している。

しかし、現在の改憲論をつぶさに検討すると、9条2項の改正（ないしは無意義化）と96条の改正を求めているものが多く、さらに、家族愛、郷土愛、愛国心を強調するなどして、「個人」を後退させ、実質的には日本国憲法の基本原理やその根底にある理念を大きく後退させる疑いがある（そこにいう「家族愛」は、「個人の尊厳」の内容をなす「両性の平等」をさらにジェンダーバイアスの解消に向かう現代的な方向性などとは、逆行するものであるといえよう。）。

特に、2012年策定の自民党による憲法改正草案は、日本国憲法の基本理念を大きく後退させるものである。すなわち、前文冒頭が「日本国民」ではなく「日本国」で始まり、しかも「天皇を戴く国家」と規定し、「国と郷土を誇りと気概を持って守り」などと謳い、本文において天皇を「元首」と定め、天皇の憲法尊重擁護義務を外し、逆に国民に憲法尊重義務を課しており、日の丸・君が代が国旗国歌である旨の明記と、国民のこれに対する尊重義務を規定し、国防軍の保持と自衛目的以外の活動及び海外派兵を可能とする9条の2を創設し、「公益及び公の秩序」によって人権制限を強化して表現の自由・結社の自由を制限する一方、政教分離は緩和し、緊急事態に関する規定を置き、憲法改正手続を緩和する等を骨子とするものである。これらを全体としてみると、憲法の基本原理である「国民主権」、「基本的人権の尊重」及び「恒久平和主義」を後退させるものであって、日本国憲法との同一性を欠くおそれがあり、改正の名を借りた、実質的な新憲法の制定を企図するものともいえよう。

自民党自身も、近時は改憲4項目素案に傾注し、批判の強いこの憲法改正草案を棚上げする意向を示しているが、この草案こそ、自民党が目指す憲法改正の方向性を端的に指し示すものであり、改憲4項目素案もこの憲法改正素案を踏襲するものであって、一旦棚上げされたとしても撤回されたわけではなく、真の意図を体現するものとして、常にその存在を意識し続けなければならないであろう。

そして、憲法改正草案よりも緩和された内容の改正

案が出されたとしても、当草案との対比によって批判を鈍磨させることなく、憲法の基本原理を擁護する立場からの厳しい批判を怠ってはならない。

## (2) 立憲主義と改憲論

自民党による憲法改正草案Q&Aによると、立憲主義と国民の義務について、「立憲主義は国民に義務を課すことを否定するものではない。」として、両者があたかも矛盾しないかにごとく説明している。さらに、そもそも、天賦人権説に立たないともいう。これらのことは、憲法改正草案が憲法の制限規範性という近代立憲主義の基本から外れてしまうことを覆い隠すだけでなく、憲法は権利の章典であるという本質と齟齬するものであって、当草案は、立憲主義の観点からみても、日本国憲法の基本理念を大きく損なうものであると言わざるを得ない。

我々は、立憲主義が、近代市民社会以来幾多の試練を乗り越えて形成されてきた憲法を支える根本原理であり、人類の歴史的英知であることを再確認し、これを後退させる改正論は、毅然と拒絶するものである。

## (3) いわゆる緊急事態において国会議員の任期延長を可能とする改憲について

2023（令和5）年、第211回国会の衆議院の憲法審査会において、「武力攻撃、内乱・テロ、大規模自然災害、感染症の蔓延その他これらに匹敵する事態」（以下、「緊急事態」という。）が発生し、広範な地域において、70日を超えて適正な選挙の実施が困難である場合に、国会の機能を維持するために、国会議員の任期を出席国会議員の3分の2以上の多数の賛成により、6ヶ月間任期を延長することができ、再延長も可能であるとする憲法改正条文案が集中的に審議され、改憲原案をとりまとめて他の項目に先行して憲法改正を発議するという動きが進行している。

これは、憲法54条第1項が、衆議院の解散後40日以内に総選挙を実施し、その後30日以内に国会を召集しなければならないとし、その間に「国家に緊急の必要があるとき」に内閣が参議院の緊急集会を求めることができるとしていることから、衆議院の「解散」ではなく「任期満了」の後に「国家に緊急の必要」が起きた場合や、「国家に緊急の必要が」70日を超えて継続した場合には、参議院の緊急集会は開催を求めることができないと解釈して、このよう条項を盛り込もうとするものである。

しかし、憲法54条の趣旨は、内閣の専権である解散権を行使した場合でも、重要な事態においては国民主権をないがしろにすることなく、国民の代表者の意向を尊重すべきであるとするものであって、「任期満了」場合や、「国家に緊急の必要が」70日を超えて継続した場合において、参議院の緊急集会は開催を求めることができないものとする趣旨ではないはずである。むしろ、解散権行使の場合以外は、たとえ「国家に緊急の必要がある場合」にであっても参議院の緊急集会を開催することができないと限定的に解することは、憲法の国民主権・国民代表の趣旨に反すると解すべきであろう。

そして、この改正規定案は、「緊急事態」であるか否かの判断を内閣に委ねており、また、衆議院の議席構成が時の内閣に有利である場合に、それを恣意的に利用することで主権者である国民の選挙権の行使を長期間妨げ、国民主権という民主主義の根幹を揺るがす弊害が生じるおそれもある。

したがって、かかる改正については、必要性がないばかりか、国民主権をも侵害するものであって、東弁は、以上の理由から、2023（令和5）年12月6日付けで「緊急事態時に国会議員の任期延長等を認める憲法改正に反対する意見書」を発出した。

## (4) 弁護士会の基本的な立場

弁護士の中にも、憲法改正問題については、多様な意見があるが、憲法の基本原理を損ない、立憲主義に反する改憲論については、法の支配の担い手たる弁護士と弁護士会の責務としてこれを批判し、国民に広く理論的な提言を行うべきである。

2005（平成17）年11月に鳥取市で開催された第48回人権擁護大会においては、「立憲主義の堅持と日本国憲法の基本原理の尊重を求める宣言」を採択し、2008（平成20）年10月に富山市で開催された第51回人権擁護大会においては、「平和的生存権及び日本国憲法9条の今日的意義を確認する宣言」を採択し、2013（平成25）年10月3日広島市で行われた第56回人権擁護大会においては、「なぜ、今『国防軍』なのか－日本国憲法における安全保障と人権保障を考える－」をテーマとするシンポジウムを行い、「恒久平和主義・基本的人権の意義を確認し、『国防軍』の創設に反対する決議」を出席者874名中反対1名棄権1名という圧倒的な賛成によって採択した。

これらの宣言は、いずれも、立憲主義の理念、及び日本国憲法の基本原理である恒久平和主義を堅持すべきことを強調しているのであり、その意味で、これらの原理を後退させる改憲論に対しては、厳しく批判する立場に立つものである。

このような問題意識の下で、すでに述べた通り、東弁は、2019（平成31）年2月13日に、「いわゆる『9条の2』改憲案について、立憲主義の理念と平和主義及び人権保障の観点から問題点を指摘し、懸念を表明するとともに、国会に対し熟議を求める意見書」を発出した。

しかし、この意見書は、「問題点の指摘」にとどめ、「反対する」のではなく「熟議を求める」という表題とされており、弁護士会における「政治的問題に関する決議」に関する批判的な意見への配慮からか、若干の躊躇が見られるように思われる。多様な意見を尊重することは、もちろん、民主的な会務運営の基本であるが、あくまでも、法理論的な立場から、「人権擁護と社会正義の実現」のために批判的姿勢を維持することは、すでに述べた通り、国民に対する責務であるから、委縮することのないよう毅然とした姿勢を維持しなければならない。

## (5) まとめ

我々は、憲法の基本原理を軽視する安易な改憲論を許さず、立憲主義や憲法の基本原理の重要性を訴え続けていく必要がある。そして、これに反する改憲論に対しては、毅然とした理論的批判と活動を展開していかなければならない。

特に、恒久平和主義を軽視する改憲論に対しては、戦争は最大の人権侵害行為であることを踏まえて、「…今、我が国に求められているのは、何よりも日本国憲法が目指す個人の尊重を根本とした立憲主義に基づく基本的人権の保障であり、軍事力によらない平和的方法による国際的な安全保障実現のためのリーダーシップの発揮である。」とする広島人権大会宣言の趣旨に則った反対意見を表明するものである。

# 第6　憲法改正手続法の問題点

## 1　憲法改正手続法の施行に至る経緯と問題点

憲法改正のための国民投票の手続を定める憲法改正手続法は、2007（平成19）年5月に成立したものの、参議院の特別委員会で18項目に亘る附帯決議が付けられるなど極めて不十分なものである。

日弁連も、2009（平成21）年11月18日付で「憲法改正手続法の見直しを求める意見書」を発表し、その中で、8項目に亘る見直しを求めているが、特に「最低投票率」の問題と「有料意見広告放送についての賛成・反対の実質的公平性の確保」の問題は、国民投票において主権者たる国民の真摯な検討に大きな影響を与えかねない重要な問題である。

日弁連は、憲法改正手続法が施行された2011（平成23）年10月27日にも「当連合会はあらためて憲法改正手続法の抜本的見直しを強く求めるものである。」との会長声明を出し、東弁も、2011（平成23）年11月8日に「あらためて憲法改正手続法の抜本的見直しを求め、これがなされないままに憲法改正の審議がなされることに強く反対する。」旨の会長声明を出している。

そして、2014（平成26）年4月になされた一部改正（投票年齢の18歳自動的引き下げ）の際にも、日弁連は同年6月13日付で「2009年意見書で指摘した8項目等について改めて議論を尽くして法整備を行うことを求める。」との会長声明を発表している。

しかしながら、その後も日弁連が求めた8項目の問題点に対する法の見直しは全くなされることなく、2017（平成29）年以降、俄かに憲法改正への動きが政界において自民党を中心に活発化してきた。これに対し、日弁連は、2018（平成30）年5月25日の定期総会において、2009（平成21）年年意見書が指摘した8項目の見直し課題、とりわけ「投票日の14日前より以前の有料意見広告放送に何らの規制がないこと」「最低投票率の定めのないこと」について、憲法改正の発議の前にこれらの問題点の見直しを行うことを求める決議を行った。また、同じく2018（平成30）年6月27日にも、「2009年意見書や上記総会決議で挙げた課題が取り上げられておらず、とりわけテレビ等の有料意見広告規制及び最低投票率制度の見直しが早急に必要である。」旨の日弁連会長声明が出され、2018（平成30）

年5月30日には東弁からも「憲法改正手続法の『有料意見広告規制』・『最低投票率』・『過半数の意味』等について抜本的改正を求める会長声明」がなされている。

## 2 早急に解決されるべき問題点

### (1) テレビ・ラジオ等における有料意見広告放送の在り方について

現行の憲法改正手続法は、憲法改正案とそれに対する賛成意見及び反対意見を国民に知らせる公的機関として広報協議会を設置するものとされ、公費によるテレビ・ラジオを利用した広報については、賛成・反対双方に「同一の時間数及び同一の時間帯を与える等同等の利便を提供する」ことで、その公平性を確保しようとしている。しかしながら、それ以外の個人や団体（政党を含む）によるテレビ・ラジオによる有料の意見広告の放送については、賛成・反対の投票を勧誘する意見広告（国民投票運動）は投票の14日前から禁止されるものの、それ以外の規制は一切なく、単なる意見表明広告は投票当日でも許されている。

これは、表現の自由を考慮してのものと思われるが、憲法改正事項についての賛成・反対の意思表明自体は、表現の自由としてその内容や機会は尊重されなければならないものの、他方、我が国の最高規範である憲法の改正についての国民投票である以上、賛成・反対の判断の材料となる根拠や資料の提供は、国民に対し実質的に公平になされることが要請され、そのためには表現媒体の特性によって一定のルールは必要であろう。

特に、地上波テレビ放送のCMの影響力は、年配者のみならず一般大衆に対しては今でも極めて大きく、中でも15秒・30秒のスポットCMは視覚や聴覚によるイメージや感情の操作・刷り込み効果が大きく影響力が大きいと言われている。ところが、現在のテレビ等のCM業界の仕組みは、有力な大手広告代理店が視聴率の高い時間帯のCM枠を独占していると言われており、そのような広告代理店と強いパイプを持ち財力のある者のみが、視聴者に影響力の大きい時間帯に大量の意見広告放送を流すことが可能となっている。従って、現行法のままでは、改正発議後投票日まで、テレビ等の放送媒体においては、憲法改正案の賛否に関し、いずれかに偏重した意見表明CM（これは2週間前も禁止されない）が視聴者に影響力の大きい時間帯に流される事態も想定され、投票行動がその影響を強く受

けるおそれがある。

従って、これらのテレビ等の有料意見広告放送については、その影響力の大きさを考えれば、憲法改正の賛成・反対の両方の意見を公平（同一時間帯に同一の量）に放送できるようにするシステムが、本来的には必要であろう。そして、そのような公平な放送システムは、民間の放送事業体の方で自主的に作成することが本来は望ましいが、残念ながら日本民間放送連盟は既にそのような自主規制は行わない旨を宣言しており（営業的にも技術的にも困難が伴うことは事実であろう。）、そうであれば一定の法規制も検討されるべきである。

例えば、アメリカでは、テレビ・ラジオ等のCMについては規制がなく、前述の公平原則も排除されていることから、特にネガティブキャンペーンの否定方向への誘導作用の強さが報告されている。一方、国民投票が盛んなスイスでは、テレビ・ラジオ等のCMが禁止されているため、文書・ポスター等のプロパガンダの影響が強くなっていると言われている（福井康佐『憲法改正国民投票』2021年、晃洋書房、131頁参照）。

現在、日弁連では、テレビの有料意見広告放送の禁止期間を投票前14日間に限定せずもっと拡大する方法や全面禁止にする方法、公費による無料意見広告放送を拡大する方法等が検討されているが、表現の自由との関係を精査しながら、弁護士会より法規制の在り方を提起すべきである。

### (2)「最低投票率」と「投票の過半数」について

憲法96条1項は、憲法改正のための国会の発議については各議院の「総議員の3分の2以上の賛成」という厳格な要件を課しているが、国民投票の議決については「投票の過半数の賛成」と定めるだけのため、現行法上は、有効投票（白紙も除く）の過半数と解釈され、投票率についても何ら法的な規定はない。

しかしながら、投票率が低かった場合、投票権者のほんの一部の賛成により憲法改正が行われることとなってしまい（たとえば、投票率40%の過半数で決まった場合、有権者全体の約20%で憲法改正が認められることになってしまう。）、それでは主権者たる国民の意思が十分反映された改正といえるのか、その正当性に重大な疑義が生じてしまう。憲法が我が国の最高法規であり全国民の自由や平和を享受する権利を定める基本法であることを鑑みるとき、またそれで主権者たる

国民の多くの意思に基づく改正といえるのかを考える
とき、投票率に何も規制がないという現行の改正手続
は、やはり大きな不備があるものといわざるをえない。
　世界各国をみても、投票案件や国民投票運動の盛り
上がりにもよるが、一般的に、国民投票は、国政選挙
に比べて投票率が低くなる傾向がみられる。また、投
票案件が難解であったり、4つ以上の投票案件に対し
て投票することが求められたりする場合は、国民に対
して過大な要求を課すことによって、投票率はより低
くなることが推定される（前掲・福井、170頁参照）。
　日弁連では、かつて「全有権者の3分の2」という投
票率を提案しているが、いずれにしても「国民の意思
が十分反映された」と評価できる国民投票となるよう
な「最低投票率」を法により定めることは、不可欠で
ある。
　これに対し、「最低投票率」を定めるとボイコット
運動が起こりかねないという反対論があるが、ボイコ
ット（棄権）もまた「賛成でない」という意思表示の
一つであり何ら否定されることではないし、全国的な
国民投票でそのようなことが可能とも思われない。
　また、「投票の過半数」の意味についても、実際の
投票の際の白票や無効票も「改正案に賛成ではない」
という意味での意思表示の一つであり、憲法改正の重
大性を考えれば、憲法改正の国民投票においてはそれ
らも含めた過半数で決めるよう法で規定することも、
十分検討されるべきである。

## 3　2021（令和3）年6月の「憲法改正手続法の一部を改正する法律」の成立

　2021（令和3）年5月11日、憲法改正手続法の一部を
改正する法律（以下、「本改正法律」という。）案が与
野党多数で衆議院本会議で可決され、さらに同年6月
11日に参議院本会議でも同様に可決されて、本改正法
律は成立した。しかし、本改正法律は、公職選挙法改
正に合わせて投票環境の整備等に関する規定を改正す
るにとどまっており、「施行後3年を目途に、必要な法
制上の措置その他の措置を講ずるものとする」との付

則はあるが、そこでは、わずかにテレビ放送有料広告
及び有料意見広告の制限（インターネットも含む）に
言及されているにとどまり、そのほかの重大な問題点
については触れられていない。
　そもそも、憲法改正手続法が制定された2007（平成
19）年5月の時点で、参議院は「テレビ・ラジオ等の
有料広告について公平性・中立性が確保されるべきこ
と」「最低投票率の規定を設けること」等の18項目に
わたる附帯決議をし、さらに2014（平成26）年6月の
一部改正の際にも参議院憲法審査会で20項目もの附帯
決議がなされ、重大な検討課題が数多く残されていた。
にもかかわらず、本改正法律では、それらの問題点が
何ら検討されておらず、公職選挙法改正に合わせた7
項目の改正にとどめたことは、国会が自らの附帯決議
をないがしろにするものといわざるをえない。
　前述したように、日弁連や東弁は、これまで幾度も
意見書や会長声明で重大な検討課題を指摘してきたが、
特に「テレビ・ラジオ等における有料意見広告放送」
「最低投票率」「投票の過半数」の各項目を現行制度の
ままとして憲法改正国民投票が行われた場合、憲法改
正の最終的な意思決定権者である主権者たる国民の意
思を公正かつ十分に反映したものとは到底言い難い事
態が生じる恐れがある。これらが何らの検討もされず
改正もされないままとされたことは、極めて不当と言
わざるをえない。
　本改正法律に対しては、衆議院本会議で成立した時
点で日弁連が2021（令和3）年5月19日付で「現在国会
で審議されている7項目のみの憲法改正手続法改正案
に反対し、改めてその抜本的な改正を求める会長声
明」を発表し、東弁も同年5月20日付で「憲法改正手
続法の改正法に反対する会長声明」を発表している。
　また、日弁連は、2023（令和5）年4月13日付で「憲
法改正手続法における国民投票に関するインターネッ
ト広告の規制に関する意見書」を取りまとめ、同月17
日付で、衆議院議長、参議院議長、衆議院憲法審査会
会長、参議院憲法審査会会長及び各政党代表者に提出
した。

# 第7 緊急事態条項（国家緊急権）

## 1 国家緊急権（緊急事態条項）をめぐる議論の背景・経緯

一般に、国家緊急権とは、「戦争・内乱・恐慌・大規模な自然災害など、平時の統治機構をもって対処できない非常事態において、国家の存立を維持するために、立憲的な憲法秩序を一時停止して非常措置をとる権限を指す」といわれる。そしてその内実は、行政権への権力の集中と人権の強度の制限をその中核とするものである。

我が国では、2011（平成23）年3月11日の東日本大震災とその後の原発事故による混乱状態を契機として、その年の4月に超党派の改憲派国会議員で作る新憲法制定議員同盟が政府の震災対応を批判して「（緊急事態条項がない）現行憲法の欠陥が明らかになった」との決議が採択されている。

そして、2012（平成24）年4月に発表された自民党の憲法改正草案においては、「第9章　緊急事態」として「内閣総理大臣は、我が国に対する外部からの武力攻撃、内乱等による社会秩序の混乱、地震等による大規模な自然災害その他法律で定める緊急事態において、……緊急事態の宣言を発することができる（草案第98条1項）」「緊急事態の宣言が発せられたときは、法律の定めるところにより、内閣は法律と同一の効力を有する政令を制定することができる（草案第99条1項）」「緊急事態の宣言は、法律の定めるところにより、事前又は事後に国会の承認を得なければならない（草案第99条2項）」「何人も、法律の定めるところにより、当該宣言に係る事態において国民の生命、身体及び財産を守るために行われる処置に対して発せられる国その他公の機関の指示に従わなければならない。この場合においても、第14条、第18条、第19条、第21条その他の基本的人権に関する規定は、最大限に尊重されなければならない（草案第99条3項）」等との国家緊急権を認める規定が定められている。

近時は、新型コロナウイルス感染症やロシアによるウクライナ侵攻等を受けて、改憲会派による緊急事態条項の創設が強く主張され、前述のとおり（第5・3(3)参照）、緊急時に任期満了等によって国会議員が不在となる事態を避ける方策として、衆議院議員の任期延長を可能とする緊急事態条項案の議論が先行している。

また、これらに関連して、2024（令和6）年6月には、大規模災害や感染症の蔓延などの国民の安全に重大な影響を及ぼす事態において、国が地方自治体に対して「指示権」を行使できるとする地方自治法の改正が行われた。当該改正は、国と地方自治体との対等性という「地方自治の本旨（憲法92条）」に変更をもたらすものであって、統治機構における憲法改正に準じるものと言える。

## 2 国家緊急権の性質とその歴史、世界の状況

「戦争・内乱・恐慌・大規模な自然災害など、平時の統治機構をもって対処できない非常事態において、国家の存立を維持するため」という謳い文句は、そのような非常事態に恐怖感を抱きやすい一般市民からすれば、ともすれば共感を持ちやすい側面がある。

さらに、国家緊急権と立憲主義の関係についても、そもそも国家の非常事態において、憲法秩序を回復させるために存在する制度であることを強調するなら、立憲主義でさえ、国家緊急権の庇護の下にあるとさえいわれている（諸外国がこの制度を維持する主たる理由とされている。）。

しかしながら、国家緊急権の内実は、行政権への権力集中によって法律によらずに人権を強度に制限できるものであり、一時的であったとしても立憲主義的憲法秩序を停止するものであるため、強度の人権侵害を伴う危険性が極めて高い。

裁判所の令状なしでの捜索・差押や身体拘束、一方的な表現の自由の抑制、財産権や居住の自由等の過度の制限等、国家権力が集中された権限を濫用する傾向があることは否めず、憲法自身が人権制約を認め行政に対する制限規範性を後退させることになるので、ひとたび濫用されれば容易には民主的統制（司法統制を含む）によって回復できず、極めて危険な制度であるといえる。

実際、歴史的にも、当時最も民主的といわれたドイツのワイマール憲法下において、大統領非常権限が濫用され、民族及び国家の防衛や反逆の防止の名目でナチスが政敵を弾圧し、さらに全権委任法の制定によってヒットラーの独裁政権が誕生し、優れた憲法秩序が

破壊されたことは公知の事実である（ナチスの「手口」といわれる。）。

　また、ワイマール憲法の経験を経た後においても、1961年フランス第5共和制下で、ドゴール大統領によって、アルジェリア独立に反対する軍の反乱を鎮圧するため非常事態措置権が行使されている。その際、反乱自体は1週間経たずに鎮圧されたにもかかわらず、非常事態措置権は以後約5ヶ月にわたって維持適用され、その結果、身体の自由・表現の自由が侵害され続けた。デモ隊と警察官との衝突事件の際には警察官によって「あらゆる種類の暴力行為」が行われたともいわれている。

　もっとも、このような濫用の歴史があるにもかかわらず、ドイツ・フランス・イタリアなどの国々では、立憲主義国家でありながら、明文で憲法に緊急事態条項が存在する。また、明文規定を置かずにコモンローのもとでのマーシャルローの法理で同様の措置を認めるイギリスやアメリカの例もある。これは、すでに述べたとおり、「立憲民主制が脅かされる国家の非常事態の場合には、立憲民主制を保全するため、一時的に国家に権力を集中させる必要がある」という論理に基づくものであるが、例外的措置とはいえ、権力の行使が常に濫用の危険を伴うことに鑑みれば、「憲法規範により国家権力を抑制・制限し、個人の基本的人権を守る」という立憲主義の理念とはやはり相反し、重大な緊張関係に立つといわざるをえない。

　上記の国々においても、濫用の歴史を踏まえ、緊急事態条項を憲法規範の中に認めることの是非には多くの議論があったが、第二次大戦後の東西冷戦状態の中で、政治の現実としてこれを維持してきたという経緯がある。そのような中で認められてきた緊急事態条項には、その濫用の危険性を意識した様々な抑制手段が講じられている。緊急事態の継続期間を短期間に制限したり、議会の関与・裁判所の審査権を保障したりしていることや、ドイツのように国家の緊急権に対して国民の抵抗権を保障する例もあり、人権の侵害をできる限り抑制するための権限の限定と濫用の防止の制度が同時存在している。

　しかし、こうした抑制手段があるにもかかわらず、先のフランスの例のように濫用事例は生じてくるのであって（実際、既に述べたように、過去の発動実例は全て濫用事例といえよう。）、真にその濫用の危険を封

殺する手法が存在するのかは、国家緊急権の行使が身体の自由・表現の自由の制約に繋がるものであるだけに、難しい問題であるといえる。また、現在のドイツの様な極めて厳格な規制の下では、そもそも国家緊急権の発動自体が困難であるとも言われ、そうであるならば、そのような緊急事態条項を置く必要もないともいえる。

## 3　日本国憲法に緊急事態条項を創設することの是非

　明治憲法（大日本帝国憲法）においては、戦争・内乱等の非常事態に対処するために軍や天皇に全ての権限を移管する戒厳・非常大権や、立法・財政上の例外的措置の緊急勅令・緊急財政処分といった緊急事態条項が存在していたが、日本国憲法においては、このような国家緊急権を認める緊急事態条項は定められていない。その理由については諸説があるが、1946（昭和21）年7月2日の当時の衆議院帝国憲法改正案委員会における金森憲法担当大臣の答弁では、「緊急事態条項は国民の意思をある期間有力に無視し得る制度でもあり、民主政治の根本原則を尊重するか否かの問題である」旨述べて、日本国憲法においては消極に解すべきであるとの政府見解が示されており、明治憲法下における国家緊急権の濫用が重大な人権侵害と悲惨な戦禍を招いた苦い経験を踏まえ、あえてそれらの規定を置かなかったものと見るのが自然である。

　すなわち、日本国憲法は、「政府の行為によって再び戦争の惨禍が起ることのないようにすることを決意し、ここに主権が国民にあることを宣言し、この憲法を確定する」と宣言し、国家権力を憲法の制限規範に服せしめ、個人の尊重と人権保障を徹底することを根幹とするものであり、戦争を放棄した憲法9条の恒久平和主義ともあいまって、徹底した立憲主義をその理念とするものである。これに対し、国家緊急権は、非常時の例外的措置とはいえ、常に濫用の危険をはらみ、濫用を防止するシステムの構築も困難なことに鑑みれば、やはり日本国憲法が立脚する立憲主義の理念とは相反し、重大な緊張関係に立つといわざるをえない。

　以上のとおり、日本国憲法は、日本のみならず各国において国家緊急権が濫用されてきた歴史的経緯と、濫用を防止するシステムが実際上困難な現状を踏まえ、基本的人権の尊重と恒久平和主義のための徹底した立

憲主義を貫くために、あえて国家緊急権（緊急事態条項）を規定しなかったものと解するべきであり、そうである以上、現日本国憲法に国家緊急権（緊急事態条項）を創設することも認められるべきではない。

なお、「1」で前掲した自民党の憲法改正草案の緊急事態条項は、以下の点で重大な問題がある。

第一は、「法律に定めるところにより」という法令への委任の多さである。前述「2」のとおり、国家緊急権は立憲主義体制にとって危険性が極めて高い「例外」であって、それゆえに慎重な憲法上の制約が必要となる。しかるに、当概草稿では、宣言状況（98条1項）、政令の制定の承認（99条1項）、及び国会承認の事前・事後のタイミング（99条2項）など重要な事項までもが議員の単純多数によって決せられる法令によって定めることが認められており、これは緊急事態条項を有する他国の憲法と比しても、極めて異例のことである。

第二は、当該草案99条3項の「当該宣言に係る事態において国民の生命、身体及び財産を守るために行われる処置」という曖昧な規定ぶりからも分かるように、政府の裁量の余地が著しく広いことである。また、尊重すべきとされている憲法14条項以下の権利についても、いつ、誰が、政府の行動が当該条項に従っているかを決めるのかがまったく明確でない。

不明確な規定ゆえの政府の広範な裁量権の問題は、緊急事態条項に関連する前述の地方自治法の一部改正も同様であり、東弁では、2024（令和6）年6月25日付けで、改正部分の廃止（再改正）を求める会長声明を発出した。

## 4　国家緊急権の立法事実

また、以下に述べるように、日本国憲法下においては、国家緊急権（緊急事態条項）を憲法の中に必要とするような立法事実もまた存在していない。

### (1) 大規模な自然災害時における必要性

第一に、議論の契機となった東日本大震災のような大規模な自然災害の場合における必要性であるが、災害時の対応については、災害対策基本法、災害救助法その他の法律の規定があり、その適切な運用によって十分に対応は可能であるし、必要であれば、立憲主義に反しない限度において、新たな法律をもって対応することも、十分可能である。

むしろこれまで周到な準備や訓練がなされていなか

ったことにこそ問題があるというべきであろう。実際、被災自治体の調査結果によれば、ほとんどの自治体が、国に権限を集中させても、現地の状況やニーズの把握が迅速にできるわけではないため、むしろ自治体の長の権限の強化の方が有効であり、緊急事態条項の憲法編入に反対すると回答している。

このように、災害対策を名目とする緊急事態条項は、その必要性がないだけでなく、一旦制定されると、災害以外の場合に安易に利用される恐れがあり、その危険性ゆえに創設すべきではない。

また、憲法に緊急事態条項がないために新型コロナウイルス感染症対策に支障が生じたなどといった主張のもと、憲法改正に伴って緊急事態条項を創設することを求める議論が自民党内で加速したが、緊急事態条項を使用すれば十分な感染症対策ができる保証はないうえ、医学的知見に基づく検討や国会での審議を経た法律改正などによる対策こそが必要なのであり、緊急事態条項の必要性を裏付けるものではない。

### (2) 大掛かりなテロや内乱状態での必要性

第二に、大掛かりなテロや内乱状態の場合であるが、その対策は重要であるものの、基本的には警察権によって対処されるべきものであり、既存の制度や必要に応じて整備される新たな立法で対処すべきである。また、こうした事態が生じることをいかに未然に防止するかが肝要であって、テロ等の発生後は人命救助や多発防止が求められるものの、その手段として憲法上の国家緊急権による人権制約まで認めることは、政府の抑圧・弾圧を招くことにもなり、極めて危険である。

### (3) 他国から武力攻撃を受けた場合の必要性

第三に、他国から武力攻撃を受けた場合の対処としての国家緊急権の必要性を説く意見もあるが、そもそも情報収集と外交努力によってそのような事態を防ぐことこそが恒久平和主義と基本的人権保障を根幹とする日本国憲法の求めるところであるし、仮に個別的自衛権の発動が必要な場合があったとしても、そのような事態において広大な権限を時の権力に委ねることは、濫用のおそれをますます強め、制御困難な事態を招きかねず、安易に国家緊急権による国民統制を認めるべきではない。

また、9条において戦争を放棄し、交戦権を否認している以上、いわゆる「戦時国家緊急権」は認められないと解すべきである。

第7　緊急事態条項（国家緊急権）　203

## 5 結論—日弁連意見書等

　以上述べてきたとおり、我が国の根幹の理念である「恒久平和主義」及び「基本的人権の尊重」を守るために、日本国憲法は国家権力を抑制するための立憲主義を徹底して貫いているものであり、これと重大な緊張関係に立つ国家緊急権（緊急事態条項）を日本国憲法の中に創設することは、その濫用を防止することが困難な状況に鑑みれば、日本国憲法の標榜する立憲主義と矛盾しかねず、基本的人権の保障を危機に晒すものである。

　また、国家緊急権が緊急事態の名の下に濫用や独裁の道具とされてきた歴史的事実に鑑みれば、このような法制度を憲法秩序の中に組み入れることは、避けるべきである。

　加えて、大規模な自然災害対策やテロ・内乱等への対応においても、現行法の活用及び法整備によって十分対応は可能であり、そのことを理由とする国家緊急権の必要性も認められない。したがって、我々は、日本国憲法に国家緊急権（緊急事態条項）を創設するための憲法改正には反対するものである。

　なお、安保関連法に関する部分でも述べたとおり、厳格な要件を定めても、特定秘密保護法による安全保障情報の秘密指定によって、発動要件を満たすか否かの判断が極めて困難となる関係にあるため、民主的コントロールが機能しがたいことから、濫用の恐れが高いことを忘れてはならない。

　かかる観点から、法友会は、2016（平成28）年7月9日の旅行総会において、「日本国憲法に国家緊急権（緊急事態条項）を創設するための憲法改正に反対する決議」を採択し、関係機関に対し執行している。

　日弁連も、2017（平成29）年2月17日、「緊急事態条項（国家緊急権）は、深刻な人権侵害を伴い、ひとたび行使されれば立憲主義が損なわれ回復が困難となるおそれがあるところ、その一例である自民党の日本国憲法改正草案第9章が定める緊急事態条項は、戦争、内乱等、大規模自然災害その他の法律で定める緊急事態に対処するため、内閣に法律と同一の効力を有する政令制定権、内閣総理大臣に財政上処分権及び地方自治体の長に対する指示権を与え、何人にも国その他公の機関の指示に従うべき義務を定め、衆議院の解散権を制限し、両議院の任期及び選挙期日に特例を設けること（以下、「対処措置」という。）を認めている。し

かし、戦争・内乱等・大規模自然災害に対処するために対処措置を講じる必要性は認められず、また、同草案の緊急事態条項には事前・事後の国会承認、緊急事態宣言の継続期間や解除に関する定め、基本的人権を最大限尊重すべきことなどが規定されているが、これらによっては内閣及び内閣総理大臣の権限濫用を防ぐことはできない。よって、当連合会は、同草案を含め、日本国憲法を改正し、戦争、内乱等、大規模自然災害に対処するため同草案が定めるような対処措置を内容とする緊急事態条項（国家緊急権）を創設することに反対する。」という意見書を公表している。また同意見書は、衆議院議員任期延長に関して、「衆議院議員の任期満了が到来した場合に対応するために任期延長を認めることは、内閣の権限濫用のおそれがあり、国民主権の原理に照らして弊害もあることから、憲法上任期の特例の規定を設けるべきではない。緊急事態に対しては、あくまでも民主政治を徹底することにより対応すべきとの日本国憲法制定当時の考え方によれば、繰延投票（公職選挙法57条）により選挙を実施することにより衆議院議員不在の状況を可及的速やかに回復し、国会（特別会）を召集することで対応すべきである。」としている。

　衆議院議員の任期延長については、2022（令和4）年後半頃から衆議院憲法審査会において、自民、維新、公明、国民民主各党から、緊急事態に備えるために任期延長を認める憲法改正をすべきであるとの意見が強まってきた。日弁連はあらためて、2023（令和5）年5月11日、「国会議員の任期延長を可能とする憲法改正に反対し、大規模災害に備えるための公職選挙法の改正を求める意見書」を公表した。

　新型コロナウイルス感染症の蔓延によって、同感染症の影響で国会議員が死亡又は入院等により議院の定足数を満たさない場合、議会の審議をどのように確保するかについても議論されている。いわゆるオンラインでの国会開催をすることは、憲法を改正しなくてもできる、という見解と、憲法は国会議員が議場に現存することを要求しているので（代表制の根幹に関わる）現憲法ではオンライン国会は認められない、という見解に分かれている。定足数を割る事態というのは極めて稀であること、国民代表性とは何か、という問題と密接に関わることから、こうした国会開催のあり方についても、慎重かつ入念な議論が求められる。

日弁連では、2021（令和3）年11月24日に「コロナと緊急事態条項〜コロナの現場から〜」のシンポジウムを、2022（令和4）年10月25日には「緊急事態条項と国会の役割〜緊急事態条項って、本当に必要なの？〜」のシンポジウムを開催し、緊急事態条項の創設によって独裁や権力の暴走につながる危険性に警鐘を鳴らしつつ、前者のシンポジウムでは医療・自治体の生の声として、大切なのは現場であって現場から離れた政府にどのような権力を持たせるかという発想ではなく、小さいスケールの軌道力のある組織がけん引する必要があること、後者のシンポジウムでは、緊急事態に効果的にかつ濫用を防ぎながら対応するためには一般条項的になりやすい憲法ではなく法律で対応することが適切であるが、そのためには国会が立法過程と適用過程の両面で関与することが今以上求められていることを、訴えた。

# 第8　9条維持・自衛隊加憲問題

## 1　自衛隊の憲法への明文化の動き

2017（平成29）年5月3日、安倍晋三首相は自民党総裁として「憲法9条1項・2項を残しつつ、自衛隊を明文で書き込む」という憲法9条に関する憲法改正構想を公表し、これを受けて翌2018（平成30）年3月25日の自民党党大会において、同党の改憲4項目（9条、緊急事態条項、参議院の合区解消及び教育）を含む「改正案を示し、憲法改正の実現を目指す」との方針が確認され、また、同年10月下旬に召集予定の臨時国会で、この4項目の憲法改正案を同党単独で提示する方針を固めている（読売新聞同年10月5日朝刊1面）。このうち、9条に関する条文イメージ（同年3月22日に提示され、細田博之自民党憲法改正推進本部長が有力と考える加憲条文案。いわゆる「たたき台素案」）は次のとおりである。

> 「9条の2
> 前条の規定は、我が国の平和と独立を守り、国及び国民の安全を保つために必要な自衛の措置をとることを妨げず、そのための実力組織として、法律の定めるところにより、内閣の首長たる内閣総理大臣を最高の指揮監督者とする自衛隊を保持する。
> 　　　2
> 自衛隊の行動は、法律の定めるところにより、国会の承認その他の統制に服する。」

このたたき台素案に先行して、2017（平成29）年7月、自民党憲法改正推進本部では以下のような加憲条文案が提示されていた。

> 「9条の2
> 前条の規定は、我が国を防衛するための必要最小限の実力組織として自衛隊を設けることを妨げるものと解釈してはならない。
> 　　　2
> 内閣総理大臣は、内閣を代表して自衛隊の最高の指揮監督権を有し、自衛隊は、その行動について国会の承認その他の民主的統制に服する。

2017（平成29）年の改正案と2018（平成30）年3月の改正案（条文イメージ）を比較すると、「必要最小限の実力組織」が「必要な自衛の措置をとる……ための実力組織」に変更されており、「最小限度」が削られている。これは、自衛隊が自衛のための必要「最小限度」の実力組織であるとする現在の政府解釈をも変更することを前提とする改正案ともいえる。また、仮に「必要最小限度」という点が明記されたとしても、自衛隊が、防衛省等とは異なり憲法に明記される憲法上の機関として位置づけられることは、自衛隊の特別性を強調し、9条2項の形骸化（下記2）、安保法制・集団的自衛権（第5部・第3）の行使容認、軍事費増大等の実際上の効果が生じうるもので、もとより9条2項との緊張関係が残り、自衛隊の明記によって現状は「何も変わらない」などとする説明に問題があることは明白というほかない。

日弁連は、「自衛隊について憲法上どう考えるか」に関し、従前は、会内に様々な考え方もあることから、明確な意見を示してこなかった。しかし、自衛隊加憲問題が提示された以上、この問題について弁護士会がどのような立場で、どのような対応をすべきかが、あ

らためて問われている時機にあることなどを踏まえ、自民党の改憲4項目に関し、2018（平成30）年5月25日の定期総会において、「憲法9条の改正議論に対し、立憲主義を堅持し、恒久平和主義の尊重を求める立場から課題ないしは問題を提起するとともに、憲法改正手続法の見直しを求める決議」を行った。

また、埼玉弁護士会も同年10月2日の臨時総会において、「自衛隊を憲法に明記する憲法改正に反対する総会決議」を行っている。

このような状況において、東弁及び法友会としても会員間でこの問題について議論と研究を積み重ね、認識を深める必要がある。

## 2 「自衛隊を憲法に明文化する」ことの意味と問題点

### (1) 加憲される「自衛隊」とは、どのような権限と役割を持つ存在か？

世論調査等によれば、災害時の自衛隊の活躍や北朝鮮・中国脅威論から、自衛隊の存在自体に対しては多くの国民が必要であるとの認識を持っていると言われている。他方、自衛隊の活動が広がり過ぎることは危険という認識もまた、多くの国民の声でもある。

そのような中で、自衛隊の「存在」を憲法上明文化するだけとも読める上記の自民党改憲案は、大衆には受け入れ易い。

しかし、自衛隊の「存在」と「権限」は切り離して考えることができるものではない。現に安全保障関連法が存在している現状で自衛隊を憲法に規定することは、安全保障関連法を完全に合憲化することになるのでは、という疑問が呈されている。

いったん9条1項2項の例外規定として「9条の2」が規定されてしまえば、ときの政府の恣意的な解釈で今以上に自衛隊の活動範囲が広げられていく危険も否定できない。

そもそも自衛隊については、その役割として何が期待され、何が出来て・出来ない存在とすべきか、自衛隊を憲法に規定することでどのような影響が生じるのか、我々はそのことを人権保障と安全保障の両方の観点から、考えていかなければならない。

### (2) 今、自衛隊を憲法に規定する意味と必要性があるのか？

この問題は、自衛隊と憲法の関係については、意見が分かれうる。

・「そもそも自衛隊の存在そのものが憲法9条1項2項に反する」という考え方からは、自衛隊規定の加憲などありえない、ということになろう。

・「個別的自衛権の下での自衛隊という存在自体は認められる（合憲）」という考え方においては、合憲なのだから敢えて憲法に規定する必要はないという考え方と、それでも自衛隊違憲論を言う人たちがいる以上憲法に規定すべきだという考え方がある。

もっとも、上記の自衛隊の存在自体は合憲と考えにおいても、「自衛隊の現在の装備は現実には個別的自衛権の範囲を超えた軍隊である」として、現状で自衛隊を憲法に規定することには反対という考え方もある。

・他方、「現在の国際情勢（北朝鮮や中国の軍事的脅威論）において、我が国を防衛するために必要な装備・行動や権限は自衛隊に認められるべきであり、そのために必要なら9条も含めた改憲も必要」という考え方もあるが、その立場においても、

①「国防に必要な行為を自衛隊が行うためには、少なくとも9条2項の改正が必要」とする立場

②「9条は維持したままでも、憲法に自衛隊の存在について授権規定さえ置けば、法律や国会の承認に基づき、議院内閣制の下で政府が国防の観点から必要と判断したことを自衛隊が行うことは認められる」とする立場

③「9条1項2項とは別に自衛隊を憲法に規定する場合は、自衛隊が具体的に行いうる行為について、憲法で更に項目立てをして厳格に規定し、立憲主義の民主的コントロールに服させるべき」とする立場

などに分かれると思われる。

そもそも、現時点で、政治レベルで9条維持・自衛隊加憲問題が問われていることの意味をどう考えるのか、我々は法律家として、また基本的人権擁護を使命とする弁護士として、よく検討していかなければならない。

### (3) 自衛隊が別個の規定で加憲されることで、9条1項2項の解釈はどのような影響を受けるのか？

9条1項2項を変えずに「9条の2」として自衛隊規定を加憲した場合、その「9条の2」は9条1項2項との関係では「例外規定」という形になる。もっとも、9条2項の「戦力不保持」や「交戦権否認」の規範が自衛隊にどこまで及ぶのかが問題となろう。

9条2項の「戦力不保持」「交戦権否認」の規範が「9条の2」の自衛隊にも及ぶのであれば、自衛隊は「戦力」であってはならず、また交戦権がない以上は武力行使も自国の領域内での専守防衛のためのみ可能ということになるが、どこまでが防衛力でどこからが戦力なのか、専守防衛のための武力行使とはどこまでが許されるのかが、解釈論として問題となろう。また、世界有数と言われる現在の自衛隊の装備が果たして「戦力」と言えないのかについては、疑義のあるところであろう。

むしろ、「9条の2」は9条2項の例外規定であるから自衛隊は戦力であっても構わない、我が国の防衛のために必要なら相手国領域での武力行使（交戦権）も可能という解釈もありうるところである。しかしそれでは、9条2項は事実上空文化してしまうことになりかねず、解釈論として許されるのか疑問である。

### (4) 日本国憲法に「国防」「安全保障」という規範を規定することの是非

9条1項2項は残したまま憲法に「9条の2」として自衛隊を規定することは、日本国憲法の中に「国防」あるいは「安全保障」という規範、ときには基本的人権の制限規範ともなりうる新たな規範を盛り込むことを意味する。

日本国憲法は、その前文が「政府の行為によって再び戦争の惨禍が起ることのないよう決意し」「平和を愛する諸国民の公正と信義に信頼して、われらの安全と生存を保持しようとした」と述べるように、政府や軍部の権力の暴走により軍事力が行使され戦争が再び起ることを避けるために、徹底した「権力への不信」を前提に、憲法規範で権力を拘束すると共に、憲法上に「国防」「安全保障」という概念を置かなかった。それは、近代以降の戦争のほとんどが「自国及び自国民の利益を守るため」という自衛の論理で始められていることに鑑み、そもそも自国の政治権力に軍事力を持たせないという形で、自衛という名目であろうと権力の暴走による戦争を起させない、という日本国国民の決意の表れであったといえよう。

もっとも、権力の暴走は他国でも起りうるのであり、他国の権力の暴走により戦争が起り、我が国の平和が危険に晒されることもありうる。現実に、北朝鮮のミサイルが我が国の上空を飛び、太平洋上における中国の軍事的脅威も言われる中で、多くの国民が漠然とし

た不安を抱えていることも事実であり、「国防」「安全保障」という概念が憲法になくて良いのか、という問題提起も、一般国民の賛同を得やすい状況となりつつある。

しかしながら、「国防」「安全保障」という概念を「自衛隊」という形で新たに憲法に規定した場合、それはこれまでの憲法に存在しなかった新たな人権制限規範を憲法に認めることとなり、単に9条の例外として自衛隊を規定するに留まらず、様々な箇所に影響を及ぼすことになりかねない。また、前述の自国権力の暴走による戦争の危険性にも繋がることとなり、このジレンマをどう克服すべきかが、今回の自衛隊加憲問題で問われている。

### (5) 9条を変えずに自衛隊を加憲した場合、自衛隊への統制機能はどうなるのか？

憲法の中に9条の例外規定として「9条の2」が置かれた場合、前述したように憲法9条2項の規範が及びうるのかという疑問があり、そうであればこそ自衛隊は憲法に規定せず、あくまで法律の範囲で存在させるべきだという考え方がある。それは、独立国家として自衛権を持つのは当然としても、その自衛権の在り方は各国の憲法によって規定されるものであり、我が国においては憲法9条という規範の下で許される範囲で法律によって存在しえる、という考え方である。

しかし、9条の規範が及ぶといっても、その9条の解釈自体がときの政権の判断で変更され、その変更された解釈の下で新たな法律によって自衛隊が動かされていくとすれば、実際には自衛隊の存在や行動がときの権力の恣意的な考え方によって御されることにもなりかねない（安全保障関連法の解釈改憲）。

そこで、むしろ憲法の中で自衛隊を規定した上で行動規範を具体的に制限するべきだという考え方も出てくる。ある意味、立憲主義の考え方に沿うものであり、ドイツの憲法（ボン基本法）などが参考になろう。

しかし、現実問題として、我が国の政治状況において、そのような形で自衛隊の存在のみならず権限や行動規範まで憲法で規定するというような憲法改正が行われるとは到底思われず、むしろそのような提案は政治による恣意的な憲法改正に利用されるだけだという批判もある。

いずれにしても、自衛隊を憲法上の存在として認めようとするなら、その統制機能もまた十分に検討され

なければならず、そのことの議論なくしての自衛隊加憲の憲法改正のみを行うことは、危険であるといわざるをえない。

なお、自衛隊の統制については、①成立した安保法制の下での「PKO駆け付け警護任務の実施」、「米艦防護任務の実施」などの法制の既成事実化の問題、②「ヘリ空母いずも」などの中型空母化や、「長距離巡航ミサイルの自衛隊機への搭載」などの個別的自衛権の範囲の問題、③防衛大学における「歴史修正主義的教育の実施」などの問題、④「海上自衛隊による南シナ海での訓練の実施」や、「南西諸島における自衛隊の新たな基地建設」などの、近隣諸国との関係の配慮の問題、⑤アフリカジブチ共和国の自衛隊補給基地の恒久基地化の問題、⑥中東における紛争への自衛隊の後方支援参加の計画など、懸念すべき問題があり、2017（平成29）年に発覚した南スーダンPKO日報隠蔽事件の前例も踏まえて、民主的統制がきちんと果たされているかは、常に意識し、検証されなければならない。

# 第9　安全保障関連法に関する問題

## 1　安全保障をめぐる今日までの憲法解釈の経緯

### (1) 自衛隊の誕生から冷戦時代（個別的自衛権の容認）

我が国は、1950（昭和25）年の朝鮮動乱の際に、駐留米軍の参戦により手薄になった我が国の安全保障を補うという趣旨で警察予備隊が設立され、それが1952（昭和27）年の保安隊を経て、1954（昭和29）年に自衛隊として実力組織を維持するに至った。

このような組織を持つこと自体が、徹底した恒久平和主義のもと戦争放棄・武力行使禁止・戦力不保持を規定する憲法9条に反するのではないかという批判もあるが、国民の多数は、災害救助における自衛隊の貢献などを評価して、自衛隊が違憲の存在であるとは考えていない。

ただし、政府も、（個別的）自衛権は認められるとしつつも、その発動としての武力行使には制約があるとの立場から、1972（昭和47）年の田中内閣の答弁において、「憲法は第9条において戦争を放棄し戦力の保持を禁止しているが、他方で、前文において平和的生存権を確認し、第13条において生命・自由及び幸福追

### (6) 自衛隊の存在のみを抽象的な表現で9条とは別に憲法に規定することは、立憲主義の観点から問題はないのか？

自民党の現在の「9条の2」案では、自衛隊を単に「我が国を防衛するための必要最小限度の実力組織」として抽象的に定義するだけであり、このままでは「防衛」や「必要最小限度」や「実力」の解釈は、ときの政治権力によっていかようにも恣意的になされえることになる。このような、「自衛隊のなし得る行為」の解釈についてときの政治権力に大幅な解釈の余地を与えるような9条例外規定を敢えて加憲することは、事実上憲法9条を空文化させてしまうことになりかねず、憲法を政治権力の拘束規範とする立憲主義の理念に反する規定であるといわざるをえない。

もっとも、上記のような反対意見に対しては、「規定の仕方が抽象的という形で争うと、ではどう具体的に規定すれば良いのかという議論になり、結局は改憲論に巻き込まれていく恐れが強い。」という批判もある。

求に対する権利が国政上で最大限尊重すべきことと定められており、自国の平和と安全を維持しその存立を全うするために必要な自衛の措置（個別的自衛権）は認められる。」との見解を示した。

具体的な発動要件【旧三要件】として、「①わが国に対する急迫不正の侵害すなわち武力攻撃が発生したこと、②これを排除するために他の適当な手段がないこと、③必要最小限度の実力行使にとどまるべきこと、という全ての要件が必要である」とした。

他方で、「集団的自衛権の行使は憲法9条に反し認められない」として、前文や9条との整合性に配慮し、この解釈を歴代内閣は40年以上にわたり維持し続けてきた。

### (2) 冷戦終結後の政策の転換と米国との協調
### ア　湾岸戦争を契機とする自衛隊海外派遣

冷戦終結の翌年である1990（平成2）年、イラクによるクウェート侵攻（湾岸戦争）が発生した。その際、我が国は、これまでの政府見解を維持する立場から、自衛隊の海外での活動は、「専守防衛」ではないから

できないとし、代わりに130億ドルを超える資金提供で貢献することとした。ところが、イラク撃退の後、クウェート政府の感謝対象国の中に我が国の名前は含まれていなかった。そのため、日本政府は、「金銭的貢献では足りない、人的貢献が必要だ」という内外の強い圧力を受けることとなった。

これを受けて政府は、翌1991（平成3）年、自衛隊に初めての海外活動としてペルシャ湾での機雷掃海活動にあたらせ、1992（平成4）年、「国際連合平和維持活動等に対する協力に関する法律」（通称PKO法）を制定し、我が国の自衛隊がPKO（第2次国連カンボジア停戦監視団）に参加する形で海外に派遣された。

これ以降自衛隊の海外派遣が常態化し、2006（平成18）年の自衛隊法改正により、自衛隊の海外活動が本来的任務に格上げされた。

**イ　ガイドライン改定による「周辺事態」防衛（自衛隊の活動範囲の拡大へ）**

そして、このような状況のもとで、1997（平成9）年「日米防衛協力の指針（1978〔昭和53〕年ガイドラインの改訂）」が策定された。これにより、防衛施策が「旧ソ連の侵攻」を想定したものから「朝鮮半島有事」を想定した自衛隊と米軍の「周辺事態」の協働態勢に変化し、自衛隊の活動のあり方の重要な変化となった。

また、この合意を国内法化する立法措置として、1999（平成11）年に「周辺事態法」など、いわゆる新ガイドライン関連法が成立し施行され、その後も、次々と自衛隊の海外派遣、米軍との協働関係を定める法制が整備された。

**ウ　さらなる自衛隊の活動範囲の拡大（「グローバル」な海外派遣）**

さらに、2005（平成17）年10月に発表された日米合意文書「日米同盟：未来のための変革と再編」により、米軍と自衛隊の一体化の実現、「周辺事態」の拡大、実質的に全世界規模（グローバル）の日米両国の協働態勢が想定された。この合意は、日米同盟の強化のためには集団的自衛権の行使を必要とするとの認識を含むものであった。そのような中で、2006（平成18）年12月に、防衛庁を防衛省に格上げする防衛省設置法が公布された。

**エ　さらなる要請と歯止め**

このように、米国による日米同盟のグローバル化の要請のもとで、集団的自衛権行使の容認が繰り返し求められてきたが、それでもなお歴代政権は、1972（昭和47）年の田中内閣の政府答弁の枠組みを維持し、「集団的自衛権を行使することは、憲法上許されない」との解釈を堅持した。

**(3) 歯止めの突破と安全保障関連法の成立**

ところが、2012（平成24）年、第二次安倍政権が誕生するや、このような制約は一気に取り払われ、安全保障をめぐる政府の姿勢は劇的に転換した。

**ア　歯止め突破への布石**

まず、2013（平成25）年10月の日米のいわゆる「2プラス2」（日米安全保障協議委員会）の共同声明において、日米同盟の戦略的な構想を取りまとめ、とりわけ我が国の安全保障政策に関する問題について、大幅な見直しが確認された。これらは、CSIS（戦略国際問題研究所）のいわゆる「アーミテージ報告書（アーミテージ・ナイレポート）」の内容とも重なりあうものである。

**イ　官邸主導の組織整備**

その後、我が国ではこれらに歩調を合わせて、まず2013（平成25）年暮れに国家安全保障会議設置法が改正され、国家安全保障会議の中に新たに外交・防衛・安全保障に関する基本方針と重要事項を審議する「4大臣会合」が司令塔として設置され、（アメリカのNSCを模して「日本版NSC」と呼ばれている。）また内閣官房に50名規模の「国家安全保障局」を設置し、各省庁の情報を集中させることとした。これは、「平時から有事までの重要な外交・軍事の政策」を官邸主導で決定しようとするものであるが、保障局内の班には、十数名の制服自衛官も加わることとなった。

さらに、2015（平成27）年3月には、文民統制を制度的に支えていた「文官統制」（背広組〔防衛省官僚〕による制服組〔自衛官〕の統制）が閣議決定により廃止され、両者が防衛大臣のもとで、同格として位置づけられることとなった。

**ウ　防衛関連分野の情報秘匿へ**

同じく2013（平成25）年の暮れに、特定秘密保護法も自民党と公明党の強行採決により成立した（詳細は別項）。

この法律は、保護対象である特定秘密の概念が極めて曖昧であり、メディアの取材の自由の制限の恐れとも相まって、国家の重要な政策決定の基礎となる情報

第9　安全保障関連法に関する問題　209

が隠蔽される恐れ（「知る権利」の侵害）があり、特に安全保障関連情報が秘密指定されることによって、国民だけでなく、その代表者である国会議員でさえ、これらの情報を十分に知りえない事態が生ずることとなり、安保関連法や国家緊急権との関係で、実力行使の要件の充足に関する判断に重大な支障をきたすこととなる。すなわち、極めて重要なこの分野における民主的コントロールが機能不全に陥ることを意味するものである（ほかにもこの法律には多くの問題があることは、別項のとおり。）。

**エ　疑義のある諮問**

また、2014（平成26）年5月13日に、「安全保障の法的基盤の再構築に関する懇談会」（安保法制懇）が、我が国を取り巻く安全保障環境が変化したこと、憲法の文理上集団的自衛権の行使が制限されることを示す文言がないこと等を理由の骨子として、憲法解釈上集団的自衛権の行使は認められるとする報告書を安倍首相に提出した。

しかし、この組織は、単なる首相の私的諮問機関に過ぎない。さらに、その構成員全員がもとから集団的自衛権行使を容認するメンバーであったこと、構成員内に、憲法学の専門家が含まれていなかったことからも、公正な諮問機関とは程遠く、報告書は「結論ありき」のものといわざるをえない。

**オ　意図的な内閣法制局長官人事**

他方、安倍政権は内閣法制局長官人事についても、集団的自衛権行使容認論者である外務省出身者を長官に任命するという人事を実行した。新長官はその就任会見において、約40年にわたって維持されてきた「集団的自衛権の行使はできない」という内閣法制局の憲法解釈の見直しを示唆し、新聞報道によると、実質的には、わずか1日の検討で解釈変更が行われたとされている。

**カ　歯止めの突破（解釈改憲・安保関連法の成立）**

そして、2014（平成26）年7月1日、安倍内閣はついに、強い反対が存在する中で、歴代内閣の「憲法第9条の下で許容される『自衛の措置』の要件」【旧三要件】を変更し、【新三要件】のもとで、集団的自衛権の行使を容認する旨の閣議決定を行った（いわゆる「解釈改憲」）。

さらに、2015（平成27）年5月、安倍内閣は、前記の閣議決定を受けて、集団的自衛権の一部容認や自衛隊の活動の時的・地域的制限を解除したうえで、活動内容を大幅に拡大したいわゆる「安全保障関連法」案を国会に提出し、参議院特別委員会での強行採決を経て、2015（平成27）年9月19日未明に成立させたのである。

## 2　安全保障関連法の要旨と憲法上の問題点

### (1)　安保関連法の要旨

前述のとおり、安倍内閣は、2015（平成27）年5月、「我が国を取り巻く安全保障環境の変化」を理由に法改正の必要性を訴え、「我が国及び国際社会の平和及び安全のための切れ目のない体制の整備」の名の下で、10本の法律の改正と1本の新法からなる「安保関連法案」を国会に提出した。その要旨は以下の通りである。

**ア　集団的自衛権行使の一部容認（存立危機事態）**

武力出動について、「存立危機事態」の名の下で、「①わが国と密接な関係にある他国に対する武力攻撃が発生し、これによりわが国の存立が脅かされ、国民の生命、自由及び幸福追求の権利が根底から覆される明白な危険がある場合において、②これを排除し、わが国の存立を全うし、国民を守るために他に適当な手段がないときに、③必要最小限度の実力を行使することは許容される。」という自衛隊法の改正による【新三要件】のもとで、集団的自衛権行使を一部容認した。

**イ　海外での後方支援（兵站）**

重要影響事態、国際平和共同対処事態の名の下で、いわゆる「周辺事態法」の改正、「重要影響事態法」と「国際平和支援法」の新設により、米軍や他国軍の支援地域を我が国周辺から「地球規模」に拡大した。

**ウ　PKO活動の拡大（武器使用）**

国際平和維持活動の名目でPKO協力法を改正し、PKOにあたらない活動も認め、さらに駆け付け警護を認め、現場の判断での武器使用を認めた。

**エ　いわゆる米艦防護等**

ほかに、自衛隊法の改正により、米艦等の武器防護ができることや船舶検査活動の拡大、米軍以外の他国軍も港湾・飛行場等の使用ができることとするなどの改正がなされている。

### (2)　安保関連法の憲法上の問題点

**ア　立憲主義違反**

従前の政府の憲法解釈は、憲法前文や9条の趣旨から憲法が無制限の自衛措置を認めていないことを踏ま

えた上で、①武力攻撃の発生、②補充性（他に適当な手段がないこと）、③必要最小限度性という3つの要件【旧三要件】を全て満たした場合に、例外的に実力行使（個別的自衛権発動）が可能であるとしたうえで、「集団的自衛権の行使は憲法上認められない」と明言した（1972〔昭和47〕年の田中内閣）。

歴代内閣は、この立場をその後40年以上にわたり堅持してきた。

ところが、安保関連法においては、【旧三要件】の大前提ともいうべき第一要件が大きく変更され、「わが国と密接な関係にある他国に対する武力攻撃が発生し、これによりわが国の存立が脅かされ、国民の生命、自由及び幸福追求の権利が根底から覆される明白な危険がある場合」には他の二要件を充足するなら武力行使を認めるものとして、集団的自衛権行使を一部容認する劇的転換が図られている（いわゆる【新三要件】による存立危機事態）。

そもそも、【旧三要件】は、「武力行使を禁じた9条の例外」としての「個別的自衛権」の行使が認められるための厳格な要件として、極めて厳しい限定を課したものである。しかし、今回の【新三要件】は、この文言の形式を利用しつつ、9条の武力行使禁止の例外をこれまでの「専守防衛」を超えた新たな場面に大きく広げるものであり、歴代政権が遵守してきた9条解釈の限界を明らかに超えるものであるといわざるをえない。

そもそも、違憲の法律を成立させるということは、法律によって憲法を事実上改変するに等しい。そして、国家の三権のうちの二権である内閣や国会が憲法規範の侵害に積極的に関与したということは、憲法を支える根本理念である立憲主義を蔑にするものといわざるをえない。

我々は、憲法の基本理念（基本的人権尊重、国民主権、恒久平和主義）を守る立場から、立憲主義や憲法の重大な危機において、原点に立ち帰って毅然と対応し、直ちに憲法違反の法律を廃止するよう求めるものである。

イ 個別の問題点

安保関連法が憲法に違反するとされる個別の問題点としては、主に以下があげられる。

㋐ 「存立危機事態」の曖昧な要件の判断権が内閣総理大臣に委ねられていること

集団的自衛権行使の「存立危機事態」の判断の基準である「わが国と密接な関係にある他国」「わが国の存立が脅かされ」「国民の生命、自由及び幸福追求の権利が根底から覆される明白な危険」等の要件自体が極めて曖昧であり、またこれらの要件を満たしているかどうかの判断権者についても、政府は「最終的には内閣総理大臣が自らの責任のもとで総合的に判断して決める」と説明しており、これでは例外を認める基準としてはあまりにも不明確・無限定であり、また、内閣総理大臣に絶大な権限が集中することになりかねない。

その結果、憲法9条が厳格に武力行使を禁じているにもかかわらず、その例外がなし崩し的に広く認められる恐れがあり、この意味においても、この規定は同条の趣旨に反し、違憲である。

㋑ 後方支援の活動範囲が無限定であり活動自体も武力行使と一体的

また、「重要影響事態」や「国際平和共同対処事態」における海外での他国軍隊に対する後方支援について、時的・地理的制限が撤廃され、常時・グローバルな活動が認められることとなった。しかも、「現に戦闘が行われていない地域」（周辺事態法における「現に戦闘行為が行われておらず、活動期間を通じて戦闘行為が行われることがないと認められる地域」から拡大）での活動が認められ、従前より危険な地域における活動が可能となったことから、紛争に巻き込まれる危険性が高くなった。

また、他国軍隊への後方支援の活動内容として、弾薬も含む物資の輸送・提供や発進準備中の戦闘機への給油も可とされている点からすれば、もはや純然たる「兵站」活動を含むものであり、それは、紛争相手国から見れば戦闘活動の一環であって、もはや「武力行使と一体化」するものと評価せざるをえない。したがって、これらの行為は、憲法9条に反するものというべきである。

㋒ PKO活動任務の拡大と紛争当事者化

さらに、PKO協力法改正により駆け付け警護等を認めたことにより、本来PKO活動にあたらない武器使用を含む活動を自衛隊の任務とした。現場の判断で、武器の使用の下、他国のPKO活動等に携わる人員を

第三者の攻撃から守ることを任務とし、現地の争いに積極的にかかわることとなり、相手方や規模によっては、双方の実力行使が単なる軽微なものにとどまらず、紛争に発展する危険性がないとはいえない。これらの点において、やはり9条の趣旨に反するものといわざるをえず、認めることは困難である。

なお、2016（平成28）年11月には、南スーダンPKOに駆け付け警護等の任務が課せられた自衛隊が派遣された。しかし、その頃、南スーダンでは停戦合意が破られており、首都ジュバ及びその周辺は、紛争地域であるといわれているため、PKO5原則を満たさない疑いが強い。そうであるなら、新たな任務を帯びて派遣することが許されないというより、そもそも自衛隊を現地から撤退させるべきであった。その後、政府は、翌2017（平成29）年5月には自衛隊を南スーダンから完全撤退させるに至った。このことからも、先の自衛隊派遣は、そもそも「駆けつけ警護」任務下での派遣という既成事実をつくるためものでしかなく、2016（平成28）年7月の首都ジュバでの「戦闘状態」の際に、すでに派遣の前提が失われていたというべきではなかろうか（このことは、いわゆる日報隠し事件で明らかとなった。すなわち、2017〔平成29〕年に、それまで残っていないとされた、自衛隊の「南スーダンPKO日報」が残っていたことが判明し、そこに、生々しい戦闘の記載があったことが2018〔平成30〕年に明らかにされたのである。）。

エ　武器防護任務の紛争当事者化の危険性

その他の活動のうち、特に米艦等の防護は、国会の承認を必要としない現場の判断でできるものとされているが、防護が必要な状況であるということは、常に攻撃の危険性にさらされているということであり、そのような米艦を防護するための活動は、必然的に実力行使を伴うはずであるから、戦闘状態に巻き込まれることが確実であり、実質的に集団的自衛権の行使を別の形で認めたに等しいものである。

なお、米艦防護義務についても、すでに、太平洋上で高知県沖までの防護出動、日本海での防護出動などの実施例があり、既成事実化が進んでいるといわざるをえない。

オ　違憲の法律の相互作用の問題

以上のような憲法上の問題がある安保関連法であるが、他の違憲の法律である「特定秘密保護法」が、安全保障関連情報を秘密指定しているため、安保関連法による自衛隊の出動に関して、その要件の充足を適切に判断ができない恐れがあることに注意しなければならない。

すなわち、この法律のために、国民のみならず国会も、これらの要件の判断に必要な基礎的情報が十分に得られないこととなり、行政権に対する民主的な統制が機能不全に陥っているのである。このように、違憲の法律や制度が相互に絡み合うことによって、相乗的に立憲主義の脆弱化が進み、権力の濫用の危険性を高めているのであり、我々は、南スーダンPKO日報隠蔽における民主的統制不全問題なども踏まえて、このような深刻な現状を認識しなければならない。

### (3) 安保関連法の初適用

政府は、2019（平成31）年4月2日の閣議で、エジプト・シナイ半島でイスラエル、エジプト両国軍の停戦を監視する多国籍軍・監視団（MFO）の司令部要員として、自衛官2名を派遣する実施計画を決定しており、これは安保関連法に基づく新たな任務であり、国際連携平和活動にあたるものである。これにより、安保関連法が初めて適用されたことになるが、違憲の疑いの強い同法を現に適用したことも憲法9条、立憲主義等の観点から問題であり、このような実績作りは許されるものではない。

## 3　弁護士会の意見

### (1) 解釈改憲（2014〔平成26〕年7月1日閣議決定）までの弁護士会の対応

以上述べてきたとおり、我が国は、湾岸戦争以降第二次安倍内閣に至るまで、次第に法制度や自衛隊の海外出動に関する制限を緩和してきたものであるが、このような流れの中で、日弁連、各単位弁護士会は、その都度、憲法の基本原理である基本的人権尊重主義、国民主権、平和主義の原則に抵触する疑いが強いものであるとして、慎重な議論や廃案を求めてきた。

ア　まず、1999（平成11）年の周辺事態法から有事関連立法などへの動きについては、地理的限定の撤廃や他国軍への支援活動の容認が武力行使と一体の活動につながること等を指摘し、また「周辺事態」や「武力攻撃事態」・「武力攻撃予測事態」という曖昧な概念の下に内閣総理大臣の権限が強化される危険性などを指摘した。

イ 次に、テロ対策特措法、イラク特措法に基づく自衛隊の海外派遣の際には、日弁連は、自衛隊の派遣先がイラク特措法の禁じる「戦闘地域」であることを指摘し、繰り返しイラクからの撤退を求めてきた。また、有事法制関連7法案・3条約に対しては、日弁連は、2004（平成16）年6月14日、平時においても有事法制の名の下に人権が規制され、国民主権がないがしろにされないよう、憲法の視点から今後も厳しく検証していく決意である旨の会長声明を発表している（なお、2008〔平成20〕年4月17日の名古屋高裁判決は、航空自衛隊機が、多国籍軍を首都バグダッドに輸送した事実を認定し、「憲法9条1項に違反する活動〔武力行使一体化〕との評価を受けざるを得ない」旨認定している。）。

ウ さらに、海上自衛隊のソマリア沖への派遣について、日弁連は「自衛隊のソマリア沖への派遣に反対する会長声明」を出し（2009〔平成21〕年3月4日付）、加えて、海賊対処法及びこれに基づく自衛隊の海外派遣についても、日弁連は2009（平成21）年5月7日、東弁は同年6月18日、同法の制定に反対する旨の会長声明を出している。

エ 近時の国家安全保障会議（日本版NSC）設置法の改正についても、東弁は2013（平成25）年11月7日、これに反対する旨の会長声明を出している。そして、集団的自衛権行使容認に向けて準備された国家安全保障基本法案について、東弁は、2013（平成25）年9月18日国会提出に強く反対する旨の会長声明を出しており、日弁連も、2013（平成25）年3月14日に、すでに「集団的自衛権行使の容認及び国家安全保障基本法案の国会提出に反対する意見書」を発表し、同年5月31日の日弁連総会においても、同様の決議を採択した。

**(2) 解釈改憲以降**

ア 市民シンポジウム、会長声明等による反対の意思
　　表示

　安倍内閣が、2014（平成26）年7月1日、集団的自衛権行使の一部容認等を内容とする閣議決定を行ったことに対し、東弁も日弁連も、これに反対する会長声明を発しており、市民や学者を招いたシンポジウムも全国で多数回開催された。

　東弁においては、安保関連法案の違憲性や立憲主義違反を広く訴えるために、東京三会の共催により、有楽町駅前の街頭宣伝活動や市民シンポジウムなどを何度も行った（「安保法案反対うちわ」を配布するなどの工夫も重ねてきた。）。

　また、有楽町駅前では、安保法制に反対する街頭宣伝活動も行われ、多くのメディアで報道された。

イ 存命の歴代東弁会長全員の連名による声明と記者
　　会見

　中でも2015（平成27）年7月15日には、存命の歴代東弁会長全員の名の下で、「これまでの東弁からの再三の批判や警鐘にもかかわらず、政府はこれまで憲法をなし崩し的に改変するような法律や施策をいくつも行い、今回はついに解釈変更と法律をもって憲法の基本理念（恒久平和主義）を蔑ろにする安保関連法案を強引に推し進めているもので、立憲主義及び国民主権に反し憲法9条に明確に違反するものとして、われわれは到底これを見過ごすことはできない」という声明を発表し、記者会見も行った。

ウ オール法曹と学者の会の連携

　さらに2015（平成27）年8月26日には、日弁連と学者の会の共催で、弁護士会館に法曹と学者300人が集い共同記者会見を実施するという前例のない抗議活動を行い、元内閣法制局長官、元最高裁長官などの参加と意見表明もなされて、オール法曹と学者の初めての画期的な合同集会としてメディアが広く報道し、新たな反対行動の高まりを生んだ。

エ 法案成立後

　そして、2015（平成27）年9月19日の法案成立の後、東弁は、直ちに「選挙の際の争点とせず、国民の大多数も反対している状況下において、政府及び与党が衆議院に引き続き参議院でも本法案の採決を強行し、憲法9条・立憲主義・国民主権に違反する法律を成立させたことは、憲政史上の汚点であり、到底許されることではなく、強く抗議する」旨の会長声明を発した。もちろん、日弁連も直ちに、同様の抗議と法の廃止を求める会長声明を発している。

　さらに、東京三会、日弁連・関弁連が共催して、安保法制廃止に向けた街頭宣伝活動を続けている。

オ 法友会の活動

　もちろん法友会も、2014（平成26）年7月の旅行総会において、討議結果に基づく一部修正の上で集団的自衛権に反対する決議を採択した。

　2015（平成27）年7月には、同じく旅行総会で、小林節慶応大学名誉教授を招いて安保関連法制に関する

第9　安全保障関連法に関する問題　213

パネルディスカッションを行った。

また、同年11月には、長谷部恭男早稲田大学教授を招いて安保法制に関するシンポジウムを親和会・期成会と連携して、初めて三会派の共催で開催するなど、このテーマを重く受け止めている。

## 4 まとめ

### (1) 違憲の解釈や立法に反対する動きのまとめ

安倍内閣の「解釈改憲」閣議決定については、反対運動は全国で起こり、地方自治体の中にさえも、反対決議をした議会も少なくない。

市民運動は、これまで別々に活動していた3つの市民団体が連帯して「総がかり行動実行委員会」を作り、2015（平成27）年5月3日（憲法記念日）に横浜みなとみらい会場で開催された3万人の集会で口火を切り、同年8月30日の全国一斉の反対行動では、主催者側発表で国会周辺に13万人もの多数の市民が反対行動に集めるなどして市民運動を牽引してきた。

実際、市民の意識は、法案成立前の世論調査によると、6割以上が法案に反対し、8割以上が当国会での法案成立は時期尚早であるとしていた。

しかしながら安倍内閣は、このような反対の声を無視する形で、参議院特別委員会での強行採決を経て同年9月19日未明に本法律を可決・成立させたものである。かかる事態は、憲法と立憲主義の重大な危機であると受け止めざるをえない。

このような状況の中で、弁護士会は、憲法に対する不当な侵害について、シンポジウムを開催して市民を啓発し、全国で、市民と連帯してともに反対の意思を表示するという活動を続けてきたものである。

### (2) 我々の取組み

くしくも戦後70年の節目を迎えた2015（平成27）年は、立憲主義と恒久平和主義が大きな危機に瀕する転換の年となった。

先の大戦において、アジアで約1,900万人、我が国で約310万人が命を落としたといわれていることからもわかる通り、戦争は最大の人権侵害である。

しかし、80年近くの歳月を経た現在、戦争開始の決定にかかわり、戦争を遂行した世代だけでなく、戦争に翻弄された世代の証言者も鬼籍に入りつつある。それゆえ、我々は、戦争の歴史的事実を風化させないよう、語り継ぎ、戦争を阻止できなかった過去を反省し、これらをしっかりと次世代に伝えるべきである。

もちろん、我が国が戦後一貫して戦争と直接かかわることなく平和主義国家として存続できた要因のうちに、日米安保体制の下、軍事力による牽制が影響している事実は否定できない。

とはいえ、人類の歴史と世界の現状に照らしても、軍事力によっては決して永続的な平和が得られないことは明らかであり、我が国は、憲法の恒久平和主義の理念のもとで、ヨハン・ガルトゥングのいう真の意味での「積極的平和主義」（貧困、抑圧、差別などの構造的暴力のない状態を目指す立場）を目指し、軍事力によらない平和的方法による国際的な安全保障実現のために、今こそリーダーシップを発揮していくべきである。

このためには、まず我々自身が、法と正義の担い手たる存在として、人類が幾多の犠牲と年月を費やして確立した英知である立憲主義を再生強化する方策を講じなければならない。これは、違憲の安保法制が存続し、憲法9条を改正する動きが加速する今日の状況において、ますます重要な課題となっているといわなければならない。2023（令和5）年11月15日には、東弁は、安全保障関連法が違憲であることを改めて確認し、最高裁判所に違憲審査権の適切な行使を求める会長声明を出している。

# 第10 核兵器廃絶に向けて

## 1 唯一の被爆国としての取組みと国際社会の動き

核兵器の使用や実験は、人類の生存そのものを脅かす究極的な非人道的行為であり、国際法に違反することは明らかである。我が国は、原子爆弾の投下による被害を受けた唯一の戦争被爆国であり、国民の核兵器廃絶に対する希求は大なるものがある。そして前文において「全世界の国民が、ひとしく…平和のうちに生存する権利を有することを確認する」と定めている日本国憲法は、核兵器の存在を決して許容していないと

いうべきである。

　他方で、我が国は、日米同盟によるアメリカの核の傘に守られているとの認識から、既存の核保有国の核抑止力による均衡の保持を支持しており、核拡散防止条約（NPT）には賛成の立場をとっている。

　国際社会は、1995（平成7）年に核拡散防止条約の無期限延長を決め、1996（平成8）年に包括的核実験禁止条約（CTBT）を成立させている（なお、批准要件を満たさず、条約は発効していない。）。

　そして、2020（令和2）年10月24日に、ついに核兵器禁止条約を批准した国・地域が発効に必要な50に達し、90日後の、2021（令和3）年1月22日に発効したが、日本はこれに対してもこれまでと同様の立場から承認しない姿勢を取っている。

## 2　核兵器自体の削減の動き

　2009（平成21）年4月5日に、アメリカのオバマ大統領は、核兵器を使用した唯一の国として行動する道義的責任に言及し、核兵器のない世界を追求することを世界に呼びかけた。このオバマ演説は、これまで国連総会での核兵器廃絶決議に反対し続けてきたアメリカの核政策の転換として世界の注目を集めた（同年のノーベル平和賞は、この功績を評価してオバマ大統領に与えられた。）。

　同年7月には先進国首脳会議（G8）が「核兵器のない世界のための状況をつくる」ことで合意し、同年9月には、安全保障理事会の首脳会合で「核兵器のない世界に向けた条件を構築する決意」を盛り込んだ決議1887号を採択した。

　また、2010（平成22）年5月に開催されたNPT（核拡散防止条約）再検討会議においては、NPTの3本柱である核軍縮、核不拡散、原子力の平和的利用などについて、将来に向けた6項目の具体的な行動計画を含む最終文書が全会一致で採択された。特に、最終文書が、「すべての国が『核兵器のない世界』の達成を目標とし、その目標と完全に一致する政策を追求することを約束する」としたこと、核兵器保有国に対して核軍縮の履行状況等について2014（平成26）年の準備委員会に報告するよう求めたことは、「核兵器のない世界」に向けての重要な一歩である。

　このように、核兵器の廃絶を求める動きは、世界の潮流となりつつある。

　2013（平成25）年10月21日、国連総会第一委員会でニュージーランド政府が125か国連名の「核兵器の人道上の結末に関する共同声明」を発表し、このとき、我が国は同声明に署名した。同年4月のジュネーブのNPT再検討会議第2回準備委員会で署名を拒否したときの理由とされた「いかなる状況においても核兵器が再び使用されないこと」という表現はこのときも残っていたものの、日本政府はこれに署名したものである。

　国内においても、衆議院では2009（平成21）年6月16日に、参議院では同月17日に、我が国は、唯一の被爆国として、世界の核兵器廃絶に向けて先頭に立って行動する責務があり、核廃絶・核軍縮・核不拡散に向けた努力を一層強化すべきであるとする「核廃絶に向けた取り組みの強化を求める決議」がなされた。

## 3　核の廃絶と核抑止力神話

　核兵器の削減を超えて保有を禁ずる方向性について、我が国は、2016（平成28）年までの23年間連続して、国連総会において「核兵器の廃絶を求める決議案」を提出し、同決議は、圧倒的多数の賛同のもとに採択されてきた（ただしこれは拘束力のない決議にとどまる。）。

　しかし、2017（平成29）年の24回目の核兵器廃絶決議案の採決においては、賛成国は前年より23か国も減少した。これは、決議案の文言のうち、前年まで「核兵器のあらゆる使用」となっていたところから「あらゆる」が削除されたこと、「核兵器の完全な廃絶」から「核不拡散条約の完全履行」と改められたことや、同決議の提案の3ヶ月前に提案された核兵器禁止条約案に我が国が反対したことなどに対する厳しい批判の意味合いが込められていたものと解された（2021〔令和3〕年には、「核兵器の無い世界をめざして、核保有国と非核保有国の橋渡しをする」などの文言が加えられるなどの修正も行われたが、同年発効した核兵器禁止条約への日本不参加の影響は、今なお国際社会に残っているといわざるをえない。）。

　同じく2017（平成29）年10月には、核兵器の廃絶の努力を続けてきた国際団体「ICAN」にノーベル平和賞が授与された。同年12月10日の受賞式におけるサーロー節子さんの演説は、多くの人々の心を打った。原爆投下によって瓦礫の中に埋もれた彼女の耳に聞こえた「諦めるな。あの隙間から光が差すのが見えるか。

第10　核兵器廃絶に向けて　215

あそこまでできるだけ速くはっていくんだ。」という言葉は、矛盾を抱えつつも、核兵器廃絶に向けて座視せずに努力していく者に希望を与えるものである。

そして、2019（令和元）年11月下旬に、フランシスコ教皇が、ローマ教皇として39年ぶりに来日した。教皇は、長崎の被爆地の少年を写した、「焼き場に立つ少年」の写真に心を打たれ、これを自らのメッセージカードとして用いるほどに、核兵器に対する強い反対の立場を表明している。そして、長崎・広島を歴訪した後、「声を発しても耳を貸してもらえない人々の声になりたい。」としたうえで、「戦争のために原子力を使用することは、犯罪以外の何ものでも（ない）」と断言し、続いて、核兵器を保有すること自体が「倫理に反（する）」と述べた。さらに、核抑止力論に対しても、「核戦争の脅威で威嚇することに頼りながら、どうして平和を促すことができるでしょうか」と厳しく批判している。

2015（平成27）年に初めて国連に提出され、2017（平成29）年7月7日に正式な条約として国連総会に提出された「核兵器禁止条約」について触れなければならない。3年後の2020（令和2）年10月24日、発効に必要な50番目の国としてホンジュラスが批准し、ついに「核兵器禁止条約」は2021（令和3）年1月22日に発効した。この条約には核保有国は参加しておらず、米・英・仏の3カ国は、核抑止力の現実的な意義を無視しているとする意見を表明してきており、我が国も、既存の核保有国の核抑止力による均衡の保持を支持し、特に日米同盟によるアメリカの核の傘に守られているとの認識から、現実的な意義を欠くものとして反対し、ICANなどからは厳しく非難されてきた。

今回の同条約発効にあたっても、我が国は、従前からの立場を維持して「安全保障の観点が欠けている。」とのコメントを発している。

他方で我が国は、「唯一の被爆国として、核保有国と非保有国の橋渡しする役目を果たす。」などと説明しているが、核兵器の根絶と核抑止力への依存という現実的なジレンマに陥っていると言える。そもそも「抑止力」は、「もし他国が自国を攻撃しようとしても、反撃によってそれ以上の打撃を受けることが確実であるため、他国に攻撃を思いとどまらせることができる力」というものであって、実際に核兵器が使用されて「抑止力」が破綻しない保証なく、一度使用されれば人類の滅亡を招きかねない。

核兵器に関する問題については、唯一の戦争被爆国である我が国が、いかに真剣に取り組むかが、世界から問われているといわねばならない。

## 4 ウクライナを巡る情勢と核

2022（令和4）年2月末に始まったウクライナにおける戦争において、ロシアのプーチン大統領は、核兵器の使用を辞さない旨の威嚇を繰り返している。もちろん、核兵器は、実際に使用することだけでなく、保有を目指すこと、その材料を集めること、それを作ること、実験すること、使用できる状態で常備すること、使用を示唆して威嚇することなども含め、平和を乱し、他国を威圧するに十分な兵器である。

ウクライナの情勢が緊迫するほどに、いかなる核兵器もその使用が許されないことを、被爆国である我が国は強くアピールしなければならない。

## 5 ヒロシマサミット

2023（令和5）年、第49回先進国首脳会議（G7ヒロシマサミット）が、被爆都市広島市で開催された。

多くの被爆者から、開催のあり方に批判の声が上がっている。

例えば、各国首脳を案内した原爆資料館の見学は、本館ではなく、東館に本館の一部資料も集めるという限定的な方法で行われたため、本館の悲惨な展示物や、投下したアメリカに対する批判的な展示は閲覧に供されることがなかったことや、会議の議論や採択されたヒロシマ宣言に、核兵器禁止条約への言及が全くなかったことなどの点であり、被爆者に寄り添うものではなかった。これらの問題も踏まえて、岸田首相の遠縁でもあるICANのサーロー節子さんは、深く失望したことを表明している。

## 6 弁護士会の取組み

東弁は、2022（令和4）年も8月の広島・長崎の原爆忌に合わせて、会長談話において、唯一の戦争被爆国である我が国が核兵器禁止条約に加盟する必要性を強く指摘したうえで、核の傘に頼らない平和を外交的努力によって実現すべきことを訴えている。

日弁連は、前記のような世界における核廃絶を求める動きに対して、2010（平成22）年10月8日に盛岡市

で開催した第51回人権擁護大会において、「今こそ核兵器の廃絶を求める宣言」をしている。

2020（令和2）年8月のNHKニュースで、NHK広島が同年にアメリカで実施したアンケート調査によると、アメリカの若者も、核兵器の保有は必要ではない、原爆投下は正当ではないとする意見が多数を占めつつある旨報道された。

2023（令和5）年、日弁連は、「核兵器廃絶のためのQ＆A」と題するリーフレットを制作する等して、核兵器を巡る現状と今後の課題を整理している。

核兵器は人類滅亡への道であることを肝に銘じて、我々は、かつての宣言を実現するために、今後とも一層の努力を尽くしていかなればならない。

# 第11　敵基地攻撃能力の保有と憲法9条

北朝鮮の弾道ミサイル発射、覇権主義的な動きを強める中国や国際秩序の根幹を揺るがすロシア等の日本周辺の安全保障環境の変化を受けて、2022（令和4）年12月16日、政府は、国家安全保障戦略・国家防衛戦略防衛力整備計画のいわゆる「安保3文書」の改定を閣議決定した。

「反撃能力」という用語によって、弾道ミサイルに対処するため、相手の発射基地などを攻撃する敵基地攻撃能力の保有する方針を明記した。

しかし、敵基地攻撃能力の保有については、以下に述べるように、憲法9条との関係で問題がある。

政府は、2014（平成26）年7月の閣議決定により、武力攻撃に関する新しい3要件を打ち出し、これに対応した自衛隊法等の関連法律の改正・制定案を翌年国会に提出して成立させたが、その法案審議の過程において、従来の専守防衛路線を根本的に修正するものではないという趣旨の答弁を行っており、このような政府の方針は今日まで変更がないものと考えられる。しかし、専守防衛とは「相手から武力攻撃を受けたとき初めて防衛力を行使すること」（芦部信喜『憲法学Ⅰ憲法総論』〔有斐閣、1992年〕276頁）であるから、敵基地攻撃能力の保有は、憲法9条に反するものである。

また、敵基地攻撃能力の保有は、必要最小限度の実力行使にとどまるものとはいえなくなり、自衛力ないし自衛権の限界を超え、憲法9条2項の「陸海空軍その他戦力」に当たるものとなるおそれがあるといわざるをえない。

このような敵基地攻撃能力の保有に関する憲法問題につき、関弁連は、2023（令和5年）9月29日は、大会決議において、上記閣議決定の撤回を求める。

憲法9条については「歯止めのない『解釈改憲』の道を歩んでいる」という指摘がなされている（高橋和之『立憲主義と日本国憲法　第5版』〔有斐閣、2020年〕67頁）。集団的自衛権に関する問題と同様に、敵基地攻撃能力の保有についても同様に「解釈改憲」のおそれの問題が生じうるものといえ、憲法改正の議論と関連する問題である。

2022（令和4）年2月24日から始まったロシアによるウクライナ侵攻が既に2年以上戦火を拡大させ続けていることや、2023（令和5）年3月に成立した2023年度予算で防衛費が過去最大の約6兆8,000億円（前年度比の1.3倍）に増額され、5年間で43兆5,000億円程度の支出が前提視されていることなど近時の状況にも鑑みると、敵基地攻撃能力の保有という重要な憲法問題について、当会において引き続き議論を重ねる必要性は高いといえる。

# 第12　現在も続く世界の紛争（特にウクライナとガザ地区）と日本国憲法

## 1　ロシアによるウクライナの武力侵攻

2022（令和4）年2月24日、ロシアは、突如ウクライナに軍事侵攻し、ウクライナとの間で戦争状態となった。

当初ロシアはウクライナの東部四州を瞬く間に占拠し、ロシア編入を実行していった。しかしその後ウクライナ軍は、西側諸国の武器の支援を受けてキーウ防衛に成功し、東部地域でも反転攻勢に出ており、その後、一進一退の状況が続いている。

この戦争は、2024（令和6）年の現在においても終結の見通しが立たない状況にあり、長期化は避けられない情勢となっている。

## 2 ロシアによるウクライナの武力侵攻の背景

ウクライナは、地政学的には、アジアとヨーロッパを結ぶ北の要衝であり、歴史的には黒海から地中海への軍事・通商ルートの起点でもある。しかも内陸部は肥沃な黒土地帯でもあるため、古くからユーラシア大陸の東西の要衝であった。

近世においても、数次にわたる露土戦争の舞台となり、ロシア革命後はソビエト連邦に組み込まれたが、ソビエト連邦が崩壊した1991（平成3）年に、ウクライナも他のソビエト連邦支邦とともに再び独立国家となった。

しかし、その後、旧東側諸国は次々とEUに加盟し、またNATOにも加盟したため、ロシアは次第に危機感を募らせることとなった。そして、ウクライナの親ロシア政権が崩壊した2014（平成26）年、クリミア半島に黒海艦隊を有するロシアの危機感はさらに高まり、ついにクリミアに介入し、親ロシア派の政権を樹立させ、ロシアに編入した。このクリミア半島併合問題について世界が真剣に平和的な解決を目指さなかったことが、今回のより深刻な事態を招いたともいえる。

## 3 国際法的な評価と日本国憲法の立場

しかし、いかなる背景事情も、ロシアの軍事侵攻を正当化する理由にはならない。

日本国憲法との関係では、憲法前文の「全世界の国民の平和的生存権」に関わるものと言うことができ、憲法が尊重する国際法（98条2項）や、我が国も加盟する国連憲章（2条4項）において侵略戦争は許容されていない以上、日本国憲法の精神においても、今回のウクライナとの戦争状態は、明らかに違法な行為といえるであろう。

## 4 日本の防衛装備支援における問題の所在

日本政府は、ウクライナに対する二国間・国際機関を通じた支援及びロシアに対する金融措置等を継続している。

ウクライナに対する支援は、ヘルメットや防弾チョッキ等の防衛装備の供給も含んでいる。さらには、容易に兵器に転用することが可能となる自衛隊の保有するドローンについても後述する武器輸出三原則の対象外であるとして供与がなされた。

その法的な根拠は、自衛隊法116条の3の「自衛隊の装備の譲与」を認める規定に基づくものとされる。

しかし、2014（平成26）年に改められるまで長年にわたり、「武器輸出三原則」が政府見解であり、日本国憲法の平和主義の理念からは、他国に自衛隊の装備品を安易に輸出することは許されなかった。その後、2014（平成26）年には「防衛装備移転三原則」に改められたものの、この原則においても安易な武器輸出を防止するために、厳しい運用指針が定められ、「紛争当事国への防衛装備の移転」は禁止されていたことから、本来、紛争当事国であるウクライナへの防衛装備の供給はできないはずであった。

そこで政府は、防衛装備移転禁止三原則の「紛争当事国」の解釈について、ウクライナは「国連安全保障理事会による措置の対象」となっていないためこれに該当しないとする一方、同原則の運用指針そのものを改定し、例外として、「国際法違反の侵略を受けているウクライナに対して自衛隊法116条の3の規定に基づき防衛大臣が譲渡する装備品に含まれる防衛装備の海外移転」を可能とする条項を加えることで、これらの物資を譲渡することとした。

この変更は、その内実において、ウクライナへの防衛装備輸出を可能とするために、同原則やその運用指針の規定を形式的には維持しつつも、新たな条項を指針に追加することによって、紛争当事国という禁輸対象国の定義を大きく緩めるものと言え、同原則自体への信頼性を揺るがせ、場合によっては、我が国憲法の平和主義との乖離を生みかねない危険性をはらむものともいえる。

2023（令和5）年12月22日には、2022（令和4）年12月に策定された新たな「国家安全保障戦略」を踏まえ、「防衛装備移転三原則」及び「防衛装備移転三原則の運用指針」の改正がなされ、これにより従前パートナ

一国との国際共同開発・生産と、パートナー国からの第三国移転は可能とされていたが、さらにパートナー国が完成品を移転した第三国へ、我が国から部品や技術の直接移転や自衛隊法上の武器のライセンス元からの更なる提供について我が国安全保障上の必要性を考慮して特段の事情がない限り、武力紛争の一環として現に戦闘が行われていると判断される国への提供は除くとされつつも米国由来以外も含むライセンス生産品（完成品を含む）のライセンス元国への提供も可能になった。運用指針には、安全保障環境の変化や安全保障上の必要性等に応じて改正する旨も明記され、時の政権の判断によって「柔軟な」運用指針の変更が可能となる。2024（令和6）年3月26日には「グローバル戦闘航空プログラムに係る完成品の我が国からパートナー国以外の国に対する移転について」の国家安全保障会議決定及び閣議決定並びに「防衛装備移転三原則の運用指針」の改正がなされた。この閣議決定によりまずはグローバル戦闘航空プログラム（日本・イギリス・イタリアによる次期戦闘機の共同開発、GCAP：Global Combat Air Programme）について我が国からの第三国移転を認め得るケースを我が国の防衛力整備上の必要性から参画する案件であって、我が国からの完成品の第三国移転が必要となる国際共同開発・生産に限定するとしつつも、実際には、今後の第三国直接移転が必要な武器の国際共同開発・生産のプロジェクトが新たに生じた場合には、与党に事前に協議した上で、運営指針に追記し、個別具体的に特定することにより移転を可能とする素地ができることとなった。共同開発の次期戦闘機を含め、米国の他、英国、フランス、ドイツ、イタリア、スウェーデンと知ったEU諸国、さらには、オーストラリア、インド、シンガポール、フィリピン、インドネシア、マレーシア、ベトナム、タイ、アラブ首長国連邦（UAE）に対する輸出が可能となっている。

日本国憲法の大原則である恒久平和に関する事項でありながら、日本が開発に関わる兵器が第三国により使用され、国際平和に重大な影響を及ぼしかねないこのような指針の変更の手続は、「閣議決定」によるものであった。しかしながら、このような解釈ないし指針が一旦変更されれば、その射程範囲は今回のウクライナ（日本製の製品を部品とするドローンがロシアのウクライナ攻撃にも使用されているとの報道もあり、

より直接的に日本製で自衛隊が使用しているドローンが転売されて輸出規制対象の第三国が武器として使用する可能性は捨てきれない。）以外にも及びうることを踏まえても、かかる重大な意思決定を閣議決定のみで行うことは、国民の代表者によって決定するという議会制民主主義に支えられた国民主権に反する疑いや、国会審議を経ないという点で三権分立の原則にも反する疑いがあるとすらいえ、今後、これらの意思決定過程については、憲法の各条項、理念との関係で、批判的、分析的に検討されなければならない。

## 5 その他の問題

(1) ウクライナ戦争において、プーチン大統領は、核兵器使用の可能性を示唆し、ウクライナ及び米欧を中心としたこれを支援する国々を威嚇している。

このような状況に照らせば、核兵器の廃絶に向け、世界の国々が、早急に核兵器禁止条約への加盟を決断する必要性が高まっている。

(2) さらに、今回の戦争は、ある規模以上の軍事衝突が、瞬く間に世界全体の経済や国民生活に大きな影響を与えることを明らかにした。

世界は様々な分野で複雑で強い相互依存関係で結ばれているため、その影響は、資源・エネルギーや食糧という人間の生存に直結する分野にまで及び、今後さらにグローバル化が進むことを考えると、その影響の度合いは更に深刻なものとなろう。

今後は、外交的・軍事的関係とは異なる次元で、各国が経済的に互いに欠かせない存在であるということを認識し、政府レベルはもとより民間のレベルでも、平和的な国際交流を深めていくことが求められる。また、それによって、各国が、軍事力の拡大や軍事的対立に傾注する無益さを自覚するという、共通の到達点に至ることが期待される。

## 6 小括

2024（令和6）年現在でも、未だロシアによるウクライナ侵略は終息が見えない。

我が国としては、自国の「反撃力」強化といった議論に終始するのではなく、世界各国が互いに切り離せない存在であることを自覚し、相互に協力して、現下の紛争終結のため、また、今後同様の事態を許さないため、あらゆる努力を尽くすこと以外にはない。

戦争下にあっては、子供を含む一般市民にも多数の犠牲者が出るばかりか、戦争状態という特殊な環境下のため、兵士等による残虐な暴行等、非人道的かつ凄惨な事件が多数発生することが、今回改めて明らかになった。

我が国も、先の大戦で、アジア太平洋地域において、非戦闘員を含む多数の犠牲者を出していること、また、その過程で、日本兵がその精神を破壊される事態も、戦後になって多く報告されていることなどの事実を忘れることなく、我が国の先人たちがこのような経験と反省を踏まえて平和主義を選択する決意をしたことを改めて思い起こす必要がある。

私たちは、ウクライナ戦争を機に日本国憲法の平和主義が、このような戦争そのもののもつ非人道的で残虐な、悲惨極まりない実態を踏まえたものであることを改めて自覚し、この基本原理をしっかりと踏まえていかなければならない。

最後に、ロシアによるウクライナ侵略に留まらず、2023（令和5）年10月7日以降、民族間、宗教間紛争であるパレスチナ・イスラエル戦争も続いている。

国際社会の働きかけもむなしく、未だ、停戦に向けた合意の糸口も見いだせない状況にある。

2024（令和6）年4月時点の報道ベースで、戦地であるガザ地区では、死者は3万3,000人超えるとされている。犠牲者の多くは非戦闘員であるとされている。

いずれの紛争も日本国憲法の平和主義が根差す国連憲章の平和構築のための諸条項を無視してなされ、国連総会による決議をも無視して続けられている。国際社会におけるルールや手続を無視したこのような一般市民の夥しい犠牲者を生み出す戦争を前にして、我々には、国際紛争を前に防衛力を強化するために憲法の理念を変更するのではなく、憲法の理念を実現するために何ができるか、憲法9条の恒久平和主義の理念をいかにして世界に広げてゆけるかが問われている。

# 第**6**部
# 災害と弁護士

# 第1 東日本大震災以降の大規模災害の被害状況と弁護士に課せられた使命及び復旧復興支援活動を行うに当たっての視点

## 1 東日本大震災以降の大規模災害の被害状況と弁護士に課せられた使命

### (1) 地震災害の状況

2011（平成23）年3月11日に発生した東日本大震災から13年が経過した。東日本大震災は、岩手県、宮城県、福島県といった東北地方の太平洋岸を中心とする広い地域において、死者1万5,900人、行方不明者2,520人（2024〔令和6〕年2月末現在時点：警察庁まとめ）、建築物の全壊・半壊は40万戸以上、ピーク時の避難者は40万人以上、停電世帯は800万戸以上、断水世帯は180万戸以上という未曾有の被害をもたらし、未だ、避難生活を余儀なくされている被災者の数は2万9,328人（2024〔令和6〕年2月1日現在：復興庁まとめ）にものぼっている。この大震災は、我が国における観測史上最大のマグニチュード9.0という大地震に加えて、波高9m以上、最大遡上高40.1mにも上る大津波と、炉心溶融、水素爆発の発生等による大量の放射性物質の外部環境への放出（国際原子力事象評価尺度のレベル7〔深刻な事故〕に相当する。）という極めて重大な原子力事故（福島第一原子力発電所事故）を伴った複合的災害である。原子力発電所事故については、関係閣僚会議において、2023（令和5）年8月24日からトリチウムを含むALPS処理水を海洋放出することが決定され、2023年度は累計31,145㎥の処理水が海洋放出された。ALPS処理水とは、東京電力福島第一原子力発電所で発生した汚染水を多核種除去設備（ALPS：Advanced Liquid Processing System）等によりトリチウム以外の放射性物質を環境放出の際の規制基準を満たすまで繰り返し浄化処理した水のことである。ALPS処理水及び処理途上水の貯蔵量は1,309,999㎥（2024〔令和6〕年8月15日現在：東京電力ホールディングス株式会社まとめ）で、2024年度は約54,600㎥の処理水を7回に分けて放出する計画であるが、これに伴う風評被害や賠償といった問題が発生することは必至であり、問題収束への道のりは遠い。

東日本大震災だけではない。2024（令和6）年1月1日、石川県の能登半島で大地震が発生した。この2024（令和6）年能登半島地震では、最大震度7を記録し、直接死は229人、災害関連死は70人、全半壊の住家は2万4,837棟にのぼる（2024〔令和6〕年7月23日現在：石川県まとめ）。また、2016（平成28）年4月14日及び16日、熊本県熊本地方で大地震が発生した。この熊本地震では、いずれも最大震度7を記録し、震度6弱を上回る地震が計7回も観測された。直接死は50人、震災関連死は223人（2019〔平成31〕年4月12日現在：気象庁及び総務省消防庁発表）、避難者は最大数で18万3,000人を超えた（熊本県及び大分県両県で2017〔平成29〕年8月14日時点）。全半壊の住宅は4万3,386棟にのぼる。このほかにも、2018（平成30）年6月18日に大阪府北部でマグニチュード6.1、同年9月6日に北海道胆振東部でマグニチュード6.7、2021（令和3）年2月13日に福島県沖でマグニチュード7.3、2022（令和4）年3月16日に福島県沖でマグニチュード7.4の地震が発生している。地震大国と言われる日本では、全国各地で大規模な地震が頻繁に発生し、甚大な被害をもたらしている。

### (2) 水害ほかの自然災害の状況

地球温暖化による影響で、数十年に一度の規模といわれる巨大台風、線状降水帯がもたらす豪雨の被害も、近年日常化している。2018（平成30）年7月に、主に西日本で、死者237人、行方不明者8人、住家全壊6,767棟、半壊1万1,243棟（2019〔平成31〕年1月9日現在：内閣府発表）という平成最悪の水害被害が発生した「平成30年7月豪雨（西日本豪雨）」のほか、直近では2024（令和6）年7月からの東北地方を中心とする大雨による水害等、毎年複数件の災害救助法が適用される災害が発生している。また、開発に伴う盛り土との関連性が疑われる2021（令和3）年7月3日に発生した伊豆山土砂災害による被害、静岡県下で記録的短時間大雨情報が多数発表された2022（令和4）年9月の台風第15号も、記憶に新しいところである。

なお、2016（平成28）年12月22日に発生した糸魚川市駅北大火災（焼失面積は約4万㎡、負傷者17人）も、強い南風が被害を拡大したもので、被災者生活再建支援法が適用されており、自然災害の一例といえる。

## (3) 弁護士が果たすべき役割

　我々弁護士は、東日本大震災以前にも、1995（平成7）年1月17日発生の阪神・淡路大震災（兵庫県南部地震）や、2007（平成19）年7月16日発生の新潟県中越沖地震などにおいて、日弁連や各単位会として、あるいは個々の弁護士が、様々な形で災害復興に関わり、これを支援してきたが、過去のどの災害をも凌駕する甚大な被害と、多くの識者からも「人災」であるとの評価がなされている福島第一原子力発電所事故を引き起こした東日本大震災は、弁護士にとっても大きな転換点になった災害といえるであろう。かつてない範囲に及び人々の家屋を破壊した津波や福島第一原子力発電所から風に乗って広く放散された放射能は、多くの住民に避難を余儀なくさせ、人命や財産だけでなく生業やふるさととの喪失という問題を引き起こしたのであり、これらはすべて弁護士が関与すべき市民の人権問題であることを、我々自身にも突き付けた出来事であった。

　我々弁護士は、あらゆる自然災害において、日本国憲法13条（幸福追求権）、同25条（生存権）が保障する基本的人権確保の見地から、被災者が喪失した生活基盤の回復、被災地経済・産業の復興への歩みを後押しする役割を担うべきである。また、被災地の弁護士・弁護士会や行政機関、他分野の専門家、ボランティア等の民間団体、マスコミ、政治家等との一層緊密な連携と協働を基本に据えつつ、地域ごとに異なり、かつ、時間的経過とともに変化する法的ニーズを把握するよう、被災者の声なき声に常に耳を傾けながら、すべての被災者、とりわけ、障がい者、傷病者、高齢者、乳幼児・子ども、外国人、女性等、いわゆる災害弱者と呼ばれる人々に対して、適時に、漏れなく、必要にして十分な法的支援が行き渡るように、相応の覚悟を持って、様々な施策に積極果敢に取り組まなければならない。

## (4) 法友会における災害への取組み

　法友会は、原発事故被害者への適切な賠償の促進を始めとして、被災者の生活再建・事業再生の支援に取り組むことを目的として、震災直後の2011（平成23）年4月に東日本大震災復興支援特別委員会を設置して、東北三県への被災地訪問や災害法制に関する勉強等の活動を続けてきた。そして、2021（令和3）年4月より、東日本大震災に係る支援活動を通じて培った知見や被

災者をはじめとする人々との繋がりをより今後に生かすべく、常置委員会として災害対策復興支援委員会との名称に改め、既に発生した災害については復興の支援を、将来起こりうる災害については防災・減災を目的に掲げ、永続的に活動を続ける決意を新たにしたところである。

　法友会では、これまで被災地訪問を通じて現地で聞き取った被災者のニーズをもとに、毎年度東日本大震災の被災者を支援する決意を表明し、また立法提言等の意見書を作成してきた。2013（平成25）年7月に決議した「東京電力福島第一原子力発電所の事故による損害賠償権について消滅時効に関する特別の立法措置を求める意見書」は、日弁連の意見書とあいまって同年12月11日交付・施行の「東日本大震災における原子力発電所の事故により生じた原子力損害に係る早期かつ確実な賠償を実現するための措置及び当該原子力損害に係る賠償請求権の消滅時効等の特例に関する法律」に結び付いた。岩手県と岩手県弁護士会が共同して行った土地収用に関する立法提案を後押しするために作成した2014（平成26）年3月の「被災地復興事業用地確保のための特別立法措置を求める意見書」は、土地収用法の特例となる「東日本大震災復興支援特別区域法」の改正と結実し、翌年1月には岩手県知事から感謝状を頂戴している。そして、防災分野でも、2019（平成31）年3月の「災害時の住民避難に係る気象業務法等に関する意見書」は、東日本大震災時の経験を踏まえ、新たに視覚による津波の警報等の標識を定めることを求める内容のものであるが、こちらも2020（令和2）年6月24日公布の気象業務法施行規則及び予報警報標識規則の改正という形となって結実した。

　東日本大震災から13年以上が経過した現在でも、復旧・復興、原子力発電所事故被害の回復について、数多くの課題が残されていることを心に留め、様々な災害に際し、被災者に寄り添い、被災者の目線で被災者のために活動するという原点を忘れることなく、今後も、復興支援活動に尽力することをここに誓うものである。

## 2 復旧復興支援活動を行うに当たっての視点（被災者に寄り添うために）

### (1) 被災者の中へ飛び込む

　我々弁護士は、これまで、弁護士へのアクセス拡充

という視点から、ひまわり基金公設事務所の設置や法テラス地方事務所、法律相談センターの開設など、長年にわたり、弁護士過疎・偏在の解消に向けたインフラ整備のために多大な努力をしてきた。しかし、東日本大震災では、被災が広範囲に及んでいる上、被災地域自体が、もともと弁護士数が少なく、かつ、住民の高齢化が進行し、移動手段も限られた過疎地域が多く、避難所、仮設住宅等における生活の不便や不都合もあいまって、被災者の多くは、容易に弁護士にアクセスできない状況に置かれていた。

この点、被災者が容易に弁護士にアクセスできるようにするために、日弁連や被災地弁護士会等の尽力により、法テラスと連携し、宮城県南三陸町・山元町・東松島市、岩手県大槌町・大船渡市（法テラス気仙）、福島県二本松市・双葉郡に法テラスの出張所を新設するとともに、岩手県陸前高田市にいわて三陸ひまわり基金法律事務所を、福島県相馬市に原町ひまわり基金法律事務所を新設するなどして被災者に対する支援活動を展開してきた。引き続き、我々は、被災地弁護士会の活動に配慮しつつ、その活動を補充する意味で、被災地弁護士会の活動に対する後方支援や、被災者支援に尽力している既設の公設事務所や新設の公設事務所等の所属弁護士に対する援助、任期付公務員の派遣等について取り組んでいく必要がある。

加えて、被災者の中には他の都道府県に避難している者も多数存在しており、現在も全国で約2.9万人の被災者が避難していることを忘れてはならない（2024〔令和6〕年3月1日現在：復興庁まとめ）。そこで、我々は、被災地の各弁護士会・東京三会、社会福祉協議会を初めとするボランティア等の民間団体、メディア、政治家等と強固な協力関係を構築し、被災者のプライバシーに配慮しながらも、被災者支援に取り組む行政機関等と緊密な連携を図り、被災者の所在地を把握するなどして、弁護士の側から、被災者へ支援の手を差し伸べるべく積極的にアクセスを試みる必要がある（アウトリーチの手法）。

## (2) 被災者の身になって

被災者に対する心のケアの必要性は、どんなに強調してもし過ぎることはないが、心のケアを必要とするのは、子どもや高齢者などの災害弱者にとどまるものではない。長期間にわたる避難生活や生活再建の見込みが立たない現状に、働き盛りの被災者までもが希望

を見出すことができず、恒常的なストレス症状により身体と精神が蝕まれるといった事例が相当数報告されている。

我々には、今後とも、法律相談などを通じて、カウンセリング機能（心のケア）を大いに発揮することが期待されている。そのためには、法律家である前に、一人の人間として、被災者の立場に身を置き、不安、恐怖、苦悩、悲しみ、不満に思いを寄せて、被災者の気持ちを想像し、理解し、共感する力が必要であることを肝に銘じなければならない。

## (3) 災害ケースマネジメントほか災害法制の担い手としての役割

災害のたびに見直される災害法制は、その複雑さ故に一般的な被災者にとっては難解なものである。また、昨今では、地震災害に関する法制だけでなく、甚大化、日常化する水害に対応する法制は、毎年のように精緻化・複雑化しており、我々弁護士であっても一定の研鑽が求められる程のものになっている。

いずれの種類の災害にあっても、現在の被災者からの申請がなければ行政から支援が受けられないいわゆる申請主義の仕組みは、復興に追われる被災者、殊に高齢者に困難を強いるものとなっており、またやむをえない理由により避難所に行かないことを選択した在宅被災者も、支援情報が届きにくく支援の網から漏れやすい状況にある。制度を知らない、添付すべき書類を紛失してしまった、申請書の書き方が分からないなど、申請がなされない理由は、誰か支援者がいれば解決できるものが多い。法律専門家である我々弁護士には、最新の災害法制、行政の動きを理解し、一人ひとりの被災者の置かれた状況を的確に把握して、平易な言葉で当該被災者が利用可能な制度を漏らさず伝え、ときに書類の作成を支援する役割が求められる。

かような申請主義の見直しの一貫として、2015（平成27）年3月から仙台市で実施された「被災者再建加速プログラム」のような、被災者一人ひとりの被災状況や生活状況の課題を個別の相談等により把握し、専門家等と連携しながら、当該課題等の解消に向けて継続的に支援することで、被災者の自立・生活再建が進むようにマネジメントしてゆく災害ケースマネジメントの導入の必要性が認識され始めている。内閣府においても、防災基本計画への災害ケースマネジメントに関連する内容の位置づけや、先進的な事例をまとめた

「災害ケースマネジメントに関する取組事例集（令和4年3月）」の作成等、その普及・啓発が行われている。

我々弁護士には、シルバー人材センター、地方自治体、一般社団法人パーソナルサポートセンター（生活困窮者自立支援法）、地域包括センター、社会福祉協議会、建築士など各種専門士業と共に、災害ケースマネジメントによる支援の実施者として積極的にこれに関わってゆくことが求められる。また、ひとくちに災害ケースマネジメントといっても、被災者の資産や住居、就労状況、プライバシーに対する意識などの違いから、生活再建に向けたニーズは、災害の内容及び地域によって大きく異なることが考えられる。法友会では現在、港区防災課と共同して都市型災害ケースマネジメントの研究に着手しているが、港区などは住民の約9割がマンションに住んでおり、避難所が設営できる空き地も殆どないことから、膨大な数の住民が在宅被災者となることを想定してどのようにして速やかに支援を届け、再建に導くか、独自の工夫が求められるところである。かかる都心特有の災害問題は、全国に先駆けて東京の弁護士が取り組むべき課題といえよう。

災害時の行政の対応を、部外者として批判することはある意味容易なことである。今後ますます激甚化する災害に人が対峙しなければならないとき、行政とて混乱し、故意ではなく制度の適用を見落とすことも生じうる。弁護士である我々なら、常に最新の災害法制を把握し、それぞれの被災地及び被災者に適用可能な災害法制がもれなく利用されているか、不備があれば直ちにこれを指摘し、是正を求める役割を担えるはずである。

日弁連は、2023（令和5）年7月6日に災害ケースマネジメントの推進に向けた会長声明を発表し、全国のどこで災害が発生しても「人間の復興」があまねく実現されるべく、各弁護士会における災害ケースマネジメントに関する体制整備や、行政及び中間支援団体との連携強化を推し進めていくことを表明している。弁護士である我々が被災地における「人間の復興」の担い手として、被災地における法律問題、被災者が抱える法律問題を解決するための役割を果たしていかなければならない。

**(4) 被災者・被災地支援の担い手となる法律家の育成**

被災地における法的支援のニーズは多種多様であり、その数は膨大である。被災地の各弁護士会にかかる負担は甚大であり、一部会員の献身的な支援活動のみに依存することだけでは到底足りない。被災地の状況や、被災者の置かれた苛烈な状況に照らせば、我々すべての弁護士が何らかの形で法的支援に関わる必要があることは論を俟たない。温暖化に伴う大規模な風水害は毎年複数件発生し、我が国のどの地域で起こってもおかしくない状況であり、法律事務所の所在に関わらず参加・支援が求められる時代になってきた。また、世界的な流行をもたらした新型コロナウイルス感染症（COVID-19）は、ある種の災害として、それがために支払が困難な状況になった事案に、災害制度として発生した自然災害による債務整理のガイドラインの特則が適用されるに至っており、災害に関する知識を有する弁護士が求められる領域は、一層の拡大をみている。

ただ、支援の意思はあるものの、その方法が分からない弁護士も少なからず存在するので、それら弁護士の意思を実際の支援活動に結びつける方策や仕組み作りをする必要もある。

また、福島第一原子力発電所事故に関する損害賠償問題、汚染廃棄物の最終処分場の設置遅れによる保管の長期化という問題等、被災者、被災地が抱える法的問題は複雑多岐にわたる。放射性物質の除染が完全とはいえない不安のなかで、政府は避難指示区域の一部について避難指示の解除と住民の帰還を急いでいるが、低線量被ばくへの不安に対する健康と心のケアなど「人間の復興」の視点でふるさとへの帰還問題を検討すべきである。実務家法曹としての我々に対しては、より専門的かつ実際的な法的支援の実践や、被災者が真に必要とする情報を確実に提供することが強く求められている。

法友会は、これまで法友会独自に、また東弁や東京三会に働きかけて多数の研修会や講演会を実施してきたが、今後も継続的に専門性のある研修会や講演会を実施するなどして研修体制の充実を図り、被災者、被災地支援の担い手を多数育成するよう努め、また、これと同時に、すべての弁護士に対して、被災地の状況・支援への参加方法・関連する制度等に関する情報を不断に更新しながら発信を継続して、できるだけ多くの弁護士の参加意欲を高めるための努力をする必要がある。

## (5) 将来の災害への対応を

　法友会は、今後の災害対策等に幅広く、またより積極的に対応するため、災害時ADRや、被災マンション法など、幅広く東京が被災したことも想定して準備・研究を進めているところであるが、東京では関東大震災以来大きな災害に見舞われたことがなく、それがために東京の弁護士には、全体的に災害法制に関する経験及び知識が不足している感が否めない。

　気象庁は、2024（令和6）年8月8日、宮崎県と鹿児島県で観測された地震を受けて南海トラフ地震の想定震源域で大規模地震が発生する可能性がふだんと比べて高まっているとして「南海トラフ地震臨時情報（巨大地震注意）」を発表した。我々は、いつ大規模な災害が起きてもおかしくないことを意識し、積極的に他の地方で発生した災害の復興支援に関与し、現地で活動している弁護士に教えを請うと共に、激甚化する災害に伴い、進化・複雑化する法制度に関して日々研鑽することを忘れてはならない。

　東日本大震災から13年が経過したが、弁護士が災害に関わることの必要性は些かも失われてはいないし、むしろこれからこそが東日本大震災の復興支援で培った知見を今後の災害復興支援で生かすことが求められているのだと、一人ひとりが肝に銘ずべきである。

　我々は、被災地への訪問を継続して行い、被災者を決して忘れない活動を行い、2023（令和5）年7月1日の復興支援・災害対策を継続していく宣言に従って、東日本大震災及び福島第一原子力発電所事故、さらにはその後も全国で発生し続ける災害をめぐる法律問題の解決に向けて活動を継続していくとともに、真の意味での「人間の復興」に向けた災害復興まちづくり法制、災害対策法制の実現に向けて、今後も活動を継続していくべきである。

# 第2　住いの再建について

## 1　住いの再建についての各事業の概況

　「復興まちづくり」は、産業や商店街の再生、住いや公共施設、医療施設等の再建、地域コミュニティの再構築など、いくつかの要素から構成されているが、個々の被災地住民の生活再建のためには、産業の復興等による職の確保とともに、とりわけ住いの再建が必要不可欠である。また、住いの再建は、地域コミュニティの再構築とも不可分の関係にある。地域コミュニティの維持は住民の共助が維持されるということでもあり、また、被災者の孤立の防止につながることが期待できる。

　しかしながら、東日本大震災においては、住いの再建が大幅に遅れた。これは、津波被災地において、将来起こりうる津波への対策のために、住宅地を高台に移転すること、また、従前の土地に盛土をした上で住宅地を造成するといった方法が採られたために、住宅地の整備に多大な労力と時間を費やさざるをえなくなったことが、その一因である。

　津波被災地の復興まちづくり、とりわけ住いの再建に関しては、集団で高台に移転する防災集団移転促進事業、土地区画整理事業及び災害公営住宅整備事業が中心的制度として利用された（なお、その他、漁業集落防災機能強化事業〔36地区〕、津波復興拠点整備事業〔24地区〕、市街地再開発事業も主として利用されるべき制度として位置づけられ、利用されているが、以下では、論述の便宜上、前記3事業を中心に述べることとする。）。

　復興庁によると、2021（令和3）年3月末時点で、防災集団移転促進事業は予定されている324地区・8,373戸すべてについて工事が完成し、また、土地区画整理事業は予定されている50地区・9,358戸のすべてについて工事が完了したとされている（以上、「住まいの復興工程表」による供給計画に関しての集計値）。もっとも、土地区画整理事業による造成完了済の50地区の宅地供給面積合計728ヘクタールのうち、73%である529ヘクタールしか実際の土地活用がされていない（国土交通省、「東日本大震災からの復興に係る土地区画整理事業における土地活用状況」（2023〔令和5〕年12月末現在））。前年の数値からしても1%、6ヘクタールしか増加しておらず、頭打ちの状況といえる。これについて、被災当初は現地でやり直すことを考えていた被災者が、10年以上の時の経過による高齢化で収入に変化が生じ、一軒家の所有に関しての志向が変化したことが一因であると専門家は分析している（2023〔令

和5〕年3月10日NHK宮城NEWS WEB）。

当然に高台に移転するわけではない土地区画整理事業では津波対策として対象地域内において住宅をできるだけ高地に配置し、盛土による土地の嵩上げにより対処し、防潮堤（防潮堤を補完する防波堤、河口部の水門等を含む。）の建設も合わせて実施されることが多い。

一方、防災集団移転促進事業では十分な高さの土地に移転しさえすれば、津波被害の防止のためには有効な対応策となりうる。しかし、集団移転の目的地として相応しい高台の土地が十分にあるわけではないため、用地確保の点に困難があり、また高台移転は利便性等を犠牲にする側面もあるため、現状では大規模な住宅数の防災を防災集団移転促進事業だけで実現することは困難である。

また、資力その他の理由から自宅を再建しない被災者のための約3万戸の災害公営住宅の建築計画（宮城県約1万6,000戸、岩手県約6,000戸、福島県約7,600戸）について、災害公営住宅が津波被害を防止できる高台等に建築されることが多いため、用地確保の困難性が同様に障害になっていたものの、震災から10年が経過した2020（令和2）年度末時点では完成戸数3万0,230戸すべての工事が完了している。もっとも、このような復旧・復興の遅れ（後記）は人口流出を招き、その結果、復興計画の見直しを余儀なくされた地域もあった。

## 2 用地取得の迅速化の必要性と国の対応

高台移転や災害公営住宅の建設、防潮堤や防災道路等の建設のための用地確保については、相続手続が未処理だったり、権利者が所在不明であったり、あるいは境界が不明確である等の問題を抱える土地が多数あることから、復興まちづくり事業の重大な障害となってきた。復興まちづくりが遅れることによって、不自由の多い仮設住宅暮らしが続くと人々が疲弊するだけでなく、被災地からの人口流出や防災集団移転促進事業等からの離脱など、様々な問題が発生する。

国（復興庁）が用地取得の迅速化に関して講じてきた財産管理制度（不在者財産管理人制度及び相続財産管理人制度）の手続の迅速化・円滑化、土地収用制度の手続の迅速化、権利者調査や用地交渉の補償コンサルタント等への外注の促進、司法書士の非常勤職員と

しての採用等の措置はいずれも既存の制度を前提としたものであり、一定の効果はあったものの、用地取得の進行は全体に遅れ気味であった。また、被災地自治体においては取得の困難な土地を避けて事業計画を立案する傾向が強いが、これは適切な復興まちづくりを実現する上では決して望ましいことではない。

このため、2013（平成25）年7月に東北弁護士会連合会が「被災地の復興を促進するため、新たな法制度及び制度の改正・改善を求める決議」を行い、被災地域における相続手続未処理の不動産を迅速に自治体が購入できるようにする特別法の立法を提言した。また、2013（平成25）年11月には岩手県が岩手弁護士会との共同研究案として、土地収用法の特別法ともいうべき特例法を制定し、特に公共性の高い復興整備事業について「被災自治体が特例措置適用を決定し、第三者機関が算定した損失補償金見積額を予納することにより復興工事事業に着手できる」制度の創設を提言した。法友会においても、被災地訪問等を通じた研究成果を踏まえて、2014（平成26）年3月に当該各提言を速やかに実現すべきとの意見書を決議して関係各機関に執行した。同様に、日弁連においても、同月19日、同趣旨の「復興事業用地の確保に係る特例措置を求める意見書」を公表した。

このような働きかけを受けて、国会は、2014（平成26）年4月に東日本大震災復興特別区域法の一部を改正し、土地収用法の収用適格事業の拡大（集団防災移転事業につき収用適用要件を50戸以上から5戸以上に緩和）や、土地収用手続の迅速化・簡易化等の立法措置を講じ、改正法は2014（平成26）年5月1日から施行された。

しかし、この制度は、岩手県や弁護士会が提言していた立法案に比べて部分的限定的な内容にとどまっており、利用された実例は少ない。

なお、所有者不明土地の利用の円滑化等に関する特別措置法に定める土地収用法の特例により所有者不明土地の利用の円滑化のための措置として土地収用法の事業の認定を受けた収用適格事業について、その起業地内にある「特定所有者不明土地」の収用又は使用の裁定を申請することができるようになった。

## 3 更なる立法の必要性について

災害大国と評される我が国では、今後も南海トラフ

第2 住いの再建について　227

地震を始めとして大規模な地震や津波被害の発生が予想されているが、東日本大震災が契機となり顕在化した相続登記未了の土地が広範に存在することから、相続手続の促進措置だけでなく早期に抜本的な立法的解決が求められるところである。

法務省は、2016（平成28）年3月11日に民事局長通達を発して、除籍謄本等が滅失している場合の相続登記について従前の方式を改めて登記申請を行いやすくする等の改革を行った。また、2018（平成30）年6月6日成立の「所有者不明土地の利用の円滑化等に関する特別措置法」は、同年11月15日、同法施行令とともに一部が施行されている。同法により、所有権の登記名義人の死亡後長期間にわたり相続登記がされていない土地について登記官が法定相続人等を探索した上で職権で長期間相続登記未了である旨等を登記に付記し法定相続人等に登記手続を直接促すなどの不動産登記法の特例が設けられ、地方公共団体の長等に財産管理人の選任申立権を付与する民法の特例も設けられた。また、個別の相続財産について選択することができないため、相続放棄しない場合に相続を契機に利活用ニーズの少ない土地を望まず取得した所有者による管理不全を防ぐために、一定の要件を満たした場合に、相続した土地を国庫に帰属させる手続を定めた相続土地国庫帰属制度が創設された（2021〔令和3〕年4月28日に相続等により取得した土地所有権の国庫への帰属に関する法律〔いわゆる相続土地国庫帰属法〕が公布された。）。さらに、不動産登記法の改正（76条の2）により、2024（令和6）年4月1日から、相続や遺言によって不動産を取得した相続人は、その取得を知った日から3年以内に、遺産分割により法定相続分を超える所有権を取得した場合には、遺産分割の日から3年以内に登記の申請をすることが義務付けられた。

このような国の取組みにより、今後新たな災害が生じた際に、被災者の住いの再建が容易になることを期待すると共に、弁護士も、これから新たに創設される制度について、基本的人権に及ぼす影響にも配慮しつつ、その充実・改善を図るための調査研究を進めていくべきである。

## 4　仮設住宅について

いわゆる「仮設住宅」は、正式には「応急仮設住宅」といい、災害救助法に基づき原則2年（ただし、東日本大震災に関しては、現在に至るまで原則的に延長されている）を目途として被災者に供与される住宅である（以下、便宜的に「応急仮設住宅」を「仮設住宅」という。）。

東日本大震災においては、宮城県、岩手県及び福島県に約5万3,000戸の仮設住宅が建設されたが、宮城県及び岩手県では第1期復興・創生期間中に仮設生活が解消されたことで、2023（令和5）年11月時点で、仮設住宅に958名の被災者が入居している（復興庁、2024〔令和6〕年4月27日「復興の現状と今後の取組」）。

自宅に住めなくなった被災地の住民は、避難所→仮設住宅→自宅再建又は災害公営住宅あるいは賃貸住宅入居、と住いを変更していくことが想定されていたが、現実には、震災から7年以上が経過しても、約1万5,000名の被災者が仮設住宅に留まることを余儀なくされていた。

本来、仮設住宅は長期にわたって人が居住することを想定していないため、簡素な造りとなっており、寒さ対策や騒音対策は不十分であり、また災害にも脆弱である。

このように仮設住宅の住環境は良好であるとは言い難いにもかかわらず、長期間にわたって多くの被災者が仮設住宅に住み続けることを余儀なくされる事態が生じたのは、一つには復興まちづくりの進行状況が芳しくなかったことが原因と考えられる。また、そればかりではなく、災害公営住宅あるいは賃貸住宅の家賃の負担に耐えられないため仮設住宅に留まらざるを得ない被災者、災害公営住宅の入居要件を満たさないとされて災害公営住宅に入居することができない被災者などが多数いることも大きな原因であると考えられる（なお、災害公営住宅の家賃に関する問題点は後記を参照。）。この点については、被災者の現状に十分に配慮した支援・施策が取られるべきであろう。

なお、東日本大震災においては、仮設住宅を建築するためのコストや仮設住宅を建築するために時間がかかることも踏まえて、民間賃貸住宅を利用した、「みなし仮設住宅」制度が活用された結果、仮設住宅を上回る約5万4,000戸もの利用があった。

みなし仮設住宅においては、被災者は自らのニーズに応じて住宅を探すことが可能であり、しかも仮設住宅に比べて住宅性能も高い場合が多い等のメリットがある。自治体の側でも、賃貸借契約や審査等の事務作

業の負担は少なくないが、用地確保や仮設住宅建築等の労力がかからず、仮設住宅確保のペースも大幅に迅速化することができた（仮設住宅については、用地確保の困難性や建築業者の対応能力の問題等から建築完了までに相当な期間がかかり、住民は長期間の避難所生活を強いられた。）。

　他方で、みなし仮設住宅に入居した場合、他の被災者との交流が乏しいなど、孤立化する危険性は十分にあり、また契約更新が確実とはいえないなど（このため、契約が更新されなかったみなし仮設住宅から他の仮設住宅に移転する事例も発生した。）、いくつかの問題点も指摘されており、対策が求められる。なお、福島県による福島第一原発事故の自主避難者に対する借り上げ住宅などの無償提供は、2017（平成29）年3月をもって終了し、また、仮設住宅の無償提供も福島県では大熊町と双葉町からの避難者については従前の延長を継続し、2026（令和8）年3月末まで延長されたが、これをもって終了となる見込みであり、それ以外は、既に終了あるいは、来年度末で終了する新潟県のように終了する予定となっている。自主避難者の9割が住宅を確保したものの、約1割にあたる200世帯余りが代替となる住宅を確保できず、その後の生活に支障や困難が生じていないかについて、注視していく必要がある。なお、仮設住宅の供与が終了した避難者向けの福島県避難市町村家賃等支援事業は、引き続き2024（令和6）年度も継続され、2026（令和8）年3月末まで助成対象となっているが、応急仮設住宅の供与が終了することが予定されており、2026（令和8）年3月末で終了予定となっている。

　我々弁護士は、仮設住宅の住民及び仮設住宅から退去を余儀なくされた住民の状況については今後も常に目配りを怠らず、あるべき制度設計に向けて適時適切な提言を行う等して支援を行っていくべきである。

## 5　今後の住宅再建制度の充実に向けて

　住いの再建が進まない根本的な理由の一つとして、多くの被災者が、住宅再建に必要な資金を用意することができないという現実があることも否定できない。

　現行の被災者生活再建支援法では、全壊した住宅について新たな住宅を建設・購入する場合、最大で300万円（住宅被害に対する基礎支援金100万円、住宅の建設・購入に対する加算支援金200万円）を支給する

ことが定められている（他に、多くの自治体が独自の支援金を支給している。）。

　しかしながら、東日本大震災における被災地は、都市部と比較して経済的に余裕のない地域が多く、また、盛土工事や住宅建設の急激な増加により住宅建設・購入の費用が高騰した経緯もあり、住いの再建を断念せざるを得なかった被災者が多数に上った。

　このような現状を踏まえれば、現行の被災者生活再建支援法は大きな見直しが迫られているというべきであり、法友会も、2016（平成28）年12月9日に決議した「熊本大地震における被災者の住環境の支援等に関する意見書」においても指摘したところである。我々弁護士は、被災地の現実を見据えて、この分野に関する研究を続け、立法提言等に尽力すべきである。

　なお、2021（令和3）年6月4日に成立した「自然災害義援金に係る差押禁止等に関する法律」により自然災害（暴風、竜巻、豪雨、豪雪、洪水、崖崩れ、土石流、高潮、地震、津波、噴火、地滑りその他の異常な自然現象により生じた被害をいう。）の被災者等の生活を支援し、被災者等を慰藉する等の目的のため自発的に拠出された金銭を原資として、都道府県又は市町村（特別区を含む。）が一定の配分の基準に従い被災者等に交付する金銭である「自然災害義援金」について、交付された金銭や交付を受ける権利を差し押さえることなどが禁止されることとなった。同法成立までは、「被災者生活再建支援金」などと異なり、自然災害義援金の差押を禁止する一般法はなく、東日本大震災や平成28年熊本地震等の大規模災害に関して個別立法がされ、限定的に対処されてきたが、全国で毎年のように自然災害が発生している現状において、生活再建を支援したいという寄附者の善意は、自然災害の規模や範囲、地域、時期を問わず共通であり、優劣を付けられるものではないにもかかわらず、個別法では被災者間で不公平が生じかねないものであった。同法により、災害の規模や範囲、地域、時期に限定を加えることなく、広く自然災害を対象として、交付される自然災害義援金の差押えが一般的に禁止されることとなり、「自然災害による被災者の債務整理に関するガイドライン」を含む債務整理の手続上も、自然災害義援金を自由財産と同視して被災者等の手元に残すことができるようになるため、被災者等の生活再建に大きく資すると評価されている（2021〔令和3〕年6月4日付

第2　住いの再建について　　229

日弁連「自然災害義援金に係る差押禁止等に関する法律の成立に当たっての会長談話」)。令和5年台風第6号の影響による停電に伴う災害に災害救助法が適用された際も内閣府から被災地域の金融機関等に金融上の措置の要請がなされ、東日本大震災・自然災害被災者債務整理ガイドラインの運用として調停条項案の検討の運用にあたって、対象債権者となりうる金融機関等は同法により義援金が差押禁止財産になったことについて留意するように要請がなされている。また、2024(令和6)年1月1日に発生した2024(令和6)年能登半島地震災害に係る住宅再建支援等給付金に関しても差押禁止の対象とする個別立法がなされている。

## 6 災害公営住宅の家賃値上げについて

災害公営住宅の家賃に関して、①低所得者に対する家賃の減額措置が段階的に縮小される制度となっていること、②本来公営住宅に入居できる世帯収入を超過している災害公営住宅の入居者について、入居後3年を超えると明渡しの努力義務が生じ、収入に応じて家賃が増額される制度となっていることの2点が問題となる。

①の低所得者層に対する災害公営住宅の家賃の減額措置として、世帯の収入が月収8万円以下の場合、家賃の特別低減措置として当初5年間は一般の公営住宅より低廉な家賃に設定されている。この特別低減措置は、6年目以降段階的に縮小し、11年目に通常の家賃となると定められているため、生活の再建が遅れた入居者が家賃の値上げにより困窮する事態が生ずることがないかを注視する必要がある。なお、2023(令和5)年11月には岩手県で、2024(令和6)年8月には島根県において、公営住宅の家賃算定を誤り、家賃を過大徴収していたことが明らかになった。島根県の事案は老人扶養と特定扶養による控除を適用せず過大徴収して

いたことが原因であるとされている。制度が適切に運用されているかを我々弁護士も注視していく必要がある。

②の世帯収入が一定額以上の災害公営住宅の入居者について、入居後3年を超えると家賃が増額される問題について、家賃が増額されたことにより災害公営住宅から転居せざるを得なくなった被災者が住宅の確保に困難を来す事態が生じないかが懸念される。被災した自治体が独自の支援策を実施している例もあり、必要な援助が必要な人に届いているか今後も注視する必要がある。

なお、2021(令和3)年3月9日の閣議決定「『第2期復興・創生期間』以降における東日本大震災からの復興の基本方針」では、災害公営住宅の家賃低廉化・特別家賃低減事業について、復興交付金の廃止に伴い、別の補助に移行した上で引き続き支援すると改定され、家賃低廉化事業の法定の補助率・補助期間を確保した上で、補助率の嵩上げ措置と特別家賃低減事業が管理開始後10年間継続されることになった。多くの自治体で、上記事業の実施により、家賃の減額措置の支援策を実施している例がみられる一方で、財源不足を理由に減免策の取りやめや通常の一般低所得者向け減免制度に移行する自治体もあり、制度の運用に違いが生じているという問題点も指摘されている(2023〔令和5〕年4月21日朝日新聞デジタル)。

2023(令和5)年7月1日に決議した復興支援・災害対策を継続していく宣言にもあるように、我々弁護士は、今後も現状の法制度の不備や問題点を調査し、被災者が真の意味で救済される「人間の復興」を実現できるように災害復興まちづくり法制について立法提言を行うなど、被災者の生活再建と被災地の災害復興まちづくり法制の実現に向けて活動を継続していくべきである。

# 第3 在宅被災者の実情と今後の支援の在り方について

## 1 在宅被災者の存在

東日本大震災では、津波により数多くの住宅が滅失し又は損傷を受けた。かかる被害を受けた被災者の多くは、被災直後から避難所での避難生活を送ることとなった。また、熊本地震では、住居の倒壊のおそれから多くの被災者が車中泊をした。その後、順次仮設住宅やみなし仮設住宅(以下、「仮設住宅等」という。)での生活を開始し、今日では自力再建や災害公営住宅への転居、借家住まいへ移行するなどして、仮設住宅居住者も徐々に減少する傾向にあり、住環境が改善さ

れた被災者もいる。

その一方で、住宅に大規模な損傷を受け、全・半壊しているにもかかわらず、そのまま又は応急修理を施しただけの住宅に居住し続けることを余儀なくされた「在宅被災者」と呼ばれる被災者が数多く存在する。2024（令和6）年1月1日に発生した能登半島地震の在宅避難者も実態把握が困難であることに加え、十分な支援を届けられないという問題が現に存在している。

在宅被災者は、①避難所が満員で避難所に入れなかった、②避難所に入れたものの、「家が残った人は戻るべき」という避難所の雰囲気から自宅に戻らざるをえなくなった、③高齢者や障がい者、要介護者、ペット等を抱えていることから、自宅に留まらざるをえなかったなど、様々な事情に起因して生じたものである。なお、阪神淡路大震災当時においては、自宅に居住し続けることができる被災者については、被災者の定義に当てはまらず、支援が必要とはみなされなかったが、それが現在まで続いているとの指摘もなされている。

このような在宅被災者が相当数存在することは明らかであるが、内閣府が2013（平成25）年に公表した避難一般に関する「避難に関する総合的対策の推進に関する実態調査結果報告書」以外にこれまでに公の機関による在宅被災者についての具体的な調査や統計はあまり取られておらず、明確な数は判明しておらず、その全体像が把握できていなかった。その後、総務省行政評価局による避難所開設期の避難所外避難者の把握・支援及び避難所閉鎖以降の被災者への支援の実態について被災地での課題及び地方自治体での取組みをまとめた在宅被災者に関する実態調査「災害時の『住まい確保』等に関する行政評価・監視—被災者の生活再建の視点から—」を受けて、内閣府は、制度上の問題点である①住宅の応急修理について、一般基準により災害の発生から完了まで1ヶ月以内とされている救助期間について、2021（令和3）年6月に「災害救助法による救助の程度、方法及び期間並びに実費弁償の基準」を改正し、住宅の応急修理の一般基準について、災害発生の日から1ヶ月以内としていた救済期間を3ヶ月以内（国の災害対策本部が設置された災害にあっては6ヶ月以内）に見直し、②応急修理制度の申込み後、修理完了までに長期間を要している被災者等損壊した自宅に居住し続ける者に対し、応急仮設住宅の供与を可能とすることについて、2021（令和3）年9月17日、

2021（令和3）年5月に災害救助法の運用等について定める「災害救助事務取扱要領」において、応急修理期間中に応急仮設住宅を使用することを可能とする取扱いを明記する改定を行い、当該改定内容について都道府県等に対して周知すると回答し、必要な改善措置が講じられたこととなった。

また、2024（令和6）年6月には、内閣府（防災担当）により在宅・車中泊避難者等の支援の手引きが発表され、「場所（避難所）の支援」から「人（避難者等）の支援」への考え方の転換が打ち出され、アウトリーチの手法による支援、在宅避難者の実態把握の標準化が試みられている。

## 2　在宅被災者と他の被災者への支援の格差

避難所での避難生活や仮設住宅等での居住を開始した被災者については、東日本大震災発生直後から行政がその実態や生活状況の把握に努め、各種支援が実施されてきた。また、民間ボランティアによる支援についても、主に仮設住宅等に居住する被災者に対して行われた。

一方で、在宅被災者については、2011（平成23）年3月下旬に厚生労働省から自治体宛に在宅で暮らす被災者であってもライフラインが途絶していて食料確保が困難な場合には避難所にいる被災者と同様に支援するようにとの通知が発出されたにもかかわらず、在宅被災者の把握ができなかったことや支援のマンパワーが足りないこと、「避難所に来ることが食料支援の前提である」「浸水地域で暮らすこと自体、防災上望ましくない」などの考え方に基づき、多くの自治体において積極的な対応がなされなかった。これは、大規模災害の際の自治体による救助を規定した災害救助法自体、市町村が避難所の運営等を通じて食品の供与、飲料水の供給、被服、寝具その他生活必需品の供与又は貸与といった救援物資の供給等の災害救助を行うことを想定しているためであるともいえる。

その結果、在宅被災者は避難所に届いた食料その他の物資を支給してもらえず、食料確保にも事欠く状況が続くこととなり、避難所に避難していた者と在宅被災者との間で、支援に格差が生じていた。

その後も、在宅被災者は要支援被災者として明確に認識されず、その実態が行政によって把握されなかったことから、行政による支援の対象とならず、また、

第3　在宅被災者の実情と今後の支援の在り方について　231

在宅被災者を対象とした医療・福祉関係者による見守り活動等が十分に実施されることはなかった。

## 3　在宅被災者の実情

　在宅被災者のなかには、被災後、相当期間が経過しても電気、ガス、水道などのライフラインすらままならない劣悪な住環境に身を置くことを余儀なくされている者がいる。

　また、東日本大震災における在宅被災者は津波で大半の住宅が消滅した地域にまばらに残った住宅に居住しているケースが多く、地域での共助が望めない状況のもとで不安を抱えたままの孤立した生活が続いている。さらに、様々な支援の情報が十分に行き届かず、各種支援制度の認識・理解が不十分であり、本来であれば享受できるはずの支援が受けられずにいる在宅被災者も見受けられる。

　加えて、在宅被災者には高齢世帯が多数存在するところ、低収入などの事情で日常生活にも困窮し、資金面の問題から住宅の修繕にまで手が回らず、修繕の見通しが全く立っていない人も少なくない。東日本大震災以降の災害においても「災害救助法に基づく応急修理制度を利用すると仮設住宅に入居できない」、「被災者生活再建支援制度を利用すると災害公営住宅に入居できない」などという運用がなされ、いったん在宅被災者となってしまった者は、在宅被災者として固定され、現状から脱却することができないという問題も存する。

## 4　今後の在宅被災者支援の在り方について

　在宅被災者について、2013（平成25）年6月に災害対策基本法が改正され、86条の7に「災害応急対策責任者は、やむを得ない理由により避難所に滞在することができない被災者に対しても、必要な生活関連物資の配布、保健医療サービスの提供、情報の提供その他これらの者の生活環境の整備に必要な措置を講ずるよう努めなければならない。」との規定が置かれ、在宅被災者の存在が公式に認知され、今後の災害発生時における在宅被災者への支援の必要性が明記されるに至った。

　しかしながら、先述したとおり、これまでに東日本大震災により生じた在宅被災者に関する具体的な調査や統計はあまり取られていないために、在宅被災者の実態が把握されておらず、要支援被災者として十分に認識されていない。これこそが在宅被災者をめぐる問題の原点である。したがって、まず在宅被災者の生活状況等についてその実態を把握した上で、実態に即した相談支援、精神的なケア、生活支援、サポート体制の構築、平時の医療・福祉・介護等一般施策への橋渡しの強化等の施策が早急に検討され、実施されるべきである。また、これに伴い、医療や福祉、介護等の関係者、在宅被災者への支援活動を行っている民間団体などと連携して、情報の共有化、集約化を可能とする仕組みを構築することが望まれる。

　加えて、「避難所から仮設、災害公営住宅」という単線型のルートから外れると支援の枠組みからこぼれ落ちやすい現状を改善し、在宅被災者に対して、応急修理制度や被災者生活再建支援制度の利用を勧めたり、生活状況等を考慮して災害公営住宅への入居を勧めたりといった支援、そして、住居再建支援制度を上積みしてより充実した支援を可能とすることにより、在宅被災者が現在置かれている劣悪な住環境から脱却し、人として享受すべき生活環境をうるための機会を付与すべきである。

　被災者一人ひとりの被災状況や生活状況の課題等を個別の相談等により把握した上で、必要に応じ専門的な能力をもつ関係者と連携しながら、当該課題等の解消に向けて継続的に支援することにより、被災者の自立・生活再建が進むようマネジメントする取組みである災害ケースマネジメントについて、従前、岩手県盛岡市や宮城県仙台市等をはじめとするいくつかの自治体が取り組んできている。この災害ケースマネジメントに関し、内閣府は、2022（令和4）年3月31日に「災害ケースマネジメントに関する取組事例集」を、2023（令和5）年3月28日に「災害ケースマネジメント実施の手引き」を公表し、中央防災会議は、2023（令和5）年5月30日に防災基本計画において、「地方公共団体は、平常時から、（中略）地域の実情に応じ、災害ケースマネジメント（中略）などの被災者支援の仕組みの整備等に努めるものとする」旨を明記するに至った。また、2023（令和5）年3月31日に発表された内閣府政策統括官（防災担当）付参事官（避難生活担当）による「平時における災害ケースマネジメントの準備状況等に関する調査」によれば、災害ケースマネジメントの言葉自体を初めて聞いたと回答した市区町村が約2割

強ではあったものの、その必要性を認識しているとの回答は約8割であった。しかし、平時から災害ケースマネジメントの「準備をしている」又は「準備に向けて検討している」と回答した市区町村は約1割であることから、必要性は理解しているものの実際の導入はまだ先になることがうかがわれる。そして、平時の準備ができていない理由は、「マンパワー不足」との回答が最も多く（約76％）、次いで「災害ケースマネジメントそのものの理解が優先」との回答（約70％）であった。以上のことから、災害ケースマネジメント導入の促進のためには、まずは災害ケースマネジメント自体が周知されて理解されること、そして適任者の確保が優先課題になると思われる。

## 5 今後の大規模災害に向けて

　我が国は地震大国であり、遠くない将来において、首都直下地震や東海地震、南海トラフ地震などの巨大地震の発生が予測されている。

　今後の大規模災害に備え、東日本大震災における在宅被災者の問題を教訓として、避難所の設置計画の確認や再整備を行うことにより、災害時に支援を要する被災者が全・半壊した住宅に戻らざるを得ない状況となることを極力防止するための措置を、地域を問わず早期に講じておくべきである。加えて、特に首都直下地震など、人口密集地域が災害の中心地となった場合には、避難所の収容可能人数を大幅に上回る要支援被災者が生じ、多くの被災者が自宅での避難を余儀なくされることが予想される。そのため、避難所等に避難する被災者のみならず、在宅被災者も含めた被災者の所在に関する情報を集約する仕組みを予め整えておくべきであり、かつ、かかる集約した情報に基づき、被災者間の格差がなく、在宅被災者にまで支援が速やかに行き届くような仕組みの構築が不可欠である。

　また、人口密集地域での災害の場合、被災者の数や用地確保等の問題から仮設住宅を必要な戸数だけ用意できず、被災した住宅を修繕する方向での生活再建を図らざるを得ないという状況も想定されよう。住宅の修繕が途上のままとならないように、予め地震保険への加入を促進したり、住宅再建制度を拡充したりすることにより、かような状況に備えておく必要性も高い。東京都の想定でも都市部である東京においてマグニチュード7.3の首都直下地震が発生した場合、避難者数は、最大で約299万人（冬・夕方）と想定されており（2022〔令和4〕年5月25日公表の「首都直下地震等による東京の被害想定」）、前回の想定の339万人よりも減少し、東京都が把握している避難所の収容人数317万人（東京都地域防災計画震災編〔令和元年修正〕）内には収まっているが、プライバシー不足や生活ルール、ペット等に起因するトラブル、災害関連死等の従来指摘されている避難所の問題点に加えて、人口が集中している大都市部の避難所のため、物資の不足や帰宅困難者の殺到等により避難所単位で見た場合に収容しきれない可能性がある。また、研究者の試算でも在宅被災者については、14万人を超えるとの試算もなされているが、政府や東京都において十分な対応策が公表されているわけではない。単純に行政が把握している避難所の収容人数との比較で在宅被災者の発生を予測することはできないと思われる。総務省行政評価局の在宅被災者に関する実態調査「災害時の『住まい確保』等に関する行政評価・監視―被災者の生活再建支援の視点から―」においても東日本大震災後避難所に避難しなかった理由として避難所の収容人数を超えて避難者が集まっていたことをあげている被災者がいることが明らかにされており、発災時に行政が情報収集を行い、被災者のニーズを正確に把握し、避難所を運営できない場合には、多くの在宅被災者を生み出してしまうと考えられる。とりわけ、高層集合住宅が密集している都市部では、水道・ガスの供給が止まったり、エレベーターの使用ができなくなったりした場合など、在宅被災者の生活上の不便は、相当なものになると思われる。

　また、東京都等の大都市部では、マンション等の集合住宅に人口が密集しているが、2013（平成25）年6月26日公布施行の「被災区分所有建物の再建等に関する特別措置法」（改正被災マンション法）により大規模災害によってマンションに重大な損壊が生じた場合に区分所有者の5分の4以上の多数決でマンションと敷地の売却（建物敷地売却決議）、マンションの取壊しと敷地の売却（建物取壊し敷地売却決議）、マンションの取壊し（取壊し決議）とマンションの再建を決議することができるようになった。予定されている区分所有法の改正では、被災区分所有建物の再生の円滑化を図る方策として、被災した区分所有建物の再建等に関する多数決要件が緩和されて、建替え決議等の多数

決要件が5分の4、変更決議等の多数決要件が4分の3であるところ、いずれも3分の2に引き下げ、また、大規模一部減失時の議決可能期間について現在は1年の災害により大規模一部減失をした区分所有建物に係る決議可能期間を3年間に延長する案となっている。

東日本大震災後における被災者支援の内容は、避難所に避難しているのか、在宅なのか、という問題のみならず、自宅の損壊の程度が罹災証明書に記載されている「全壊・大規模半壊・半壊・一部損壊」という評価にも連動して大きな差異が生じている。

しかしながら、支援の内容について、在宅か否かは勿論、自宅の損壊の程度のみにより差異を生じさせることには合理性を見出し難い。法友会は、2016（平成28）年12月9日に決議した「熊本大地震における被災者の住環境の支援等に関する意見書」の意見の趣旨において、①熊本地震の被災者の住環境の整備・支援を実施するに当たっては、既存の地域コミュニティ及び住宅が維持されるよう、住宅解体費及び仮設住宅に関連する費用に充てる予算の一部を財源として住宅が損壊した被災者に対して住宅修繕費を支給する等の施策を内容とする立法措置等を講じるべきであること、②熊本地震によって重大な損傷を被った住宅での避難生活を余儀なくされている被災者の状況を調査し、その実態を把握するとともに、当該被災者が支援の枠組みから外れることなく、実態に即した支援が受けられる施策を講じるべきであることを指摘し、関係各機関に執行している。

住家被害認定・罹災証明発行については、2021（令和3）年3月に内閣府の定める「災害に係る住家の被害認定基準運用指針」が改定され、前回2018（平成30）年3月の改訂で判定の効率化・迅速化が図られたことに加えて、新たに「中規模半壊（損害割合30％以上40％未満）」の区分が加えられ、6区分となり、これに伴い水害における第1次調査フローに中規模半壊（床上0.5m以上1m未満の浸水）が加わり、液状化等の地盤被害による被害認定調査について、不同沈下があり、傾斜が1/100以上1/60未満又は基礎の天端下25cmまでのすべての部分が地盤面下に潜り込んでいる場合には、半壊（損害割合20％以上30％未満）と判定するとの調査フローの見直しも図られ、また、水害によるサンプル調査による被害認定の調査・判定方法の具体的手順も提示された。これは、被災者生活再建支援法（2020

〔令和2〕年12月4日公布・施行）の改正により、支援対象として追加された中規模半壊世帯（損害割合30％以上40％未満の被害）の世帯）に関する浸水深による簡易判定基準を策定すること等が具体化されたものである。これを受けて、2022（令和4）年3月に「災害に係る住家被害認定業務　実施体制の手引き」も改定されている。

しかしながら、一部の市町村において、住家の被害に関する罹災証明書発行申請にあたって、法律上の要件となっていないにもかかわらず修理見積書、自治会長等の証明を求めたり、自己判定方式（罹災証明書発行を迅速に行うために被害が軽微なものについて、申請者自身が判定し、通常の住家額調査を行わないで調査を簡素化する、あるいは現地調査を行わない方式）による申請において求められている被災住宅の写真の提出について自己判定方式による申請と区別せず広報を行っていたりする例があり、問題となっている。

法曹実務家においても関係法令の改正とそれに伴う災害行政の運営基準の改定をキャッチアップし、行政にのみ任せるのではなく、具体的な認定実務を学び、罹災証明書の発行の手続において住家被害について適切な認定がなされているか、不適切な認定がなされた場合にどのような再認定を求めていくかなどの問題点を把握していかなければならない。

また、災害ケースマネジメントの理念に見られるように、既存の制度に被災者を当てはめ、当てはまらない場合には切り捨てるのではなく、被災者のニーズに沿って制度を柔軟に運用し、ないし制度の改善を図っていく復興の在り方も検討されなくてはならない。真の意味での災害前の状態に戻す、人間の復興が目指されなくてはならない。被災地における様々な取組みにからも示唆を受けて、災害時の行政の対応のあるべき姿を法制度の観点から模索する活動をこれからも行っていかなくてはならない。

# 第4　個人の二重ローン問題について

## 1　被災ローン減免制度の導入とその現状

### (1)「二重ローン問題」対策の重要性

　災害大国というべき我が国においては、地震、津波、集中豪雨や台風、噴火などの自然災害により生活基盤である居住用不動産や事業用資産を失ったにもかかわらず、住宅ローンや事業用借入などの既往債務が残ってしまう状態に陥る人が大量に発生する事態が生じる。既往債務を抱える被災者が住居や事業を再建するためには、新たにローンを組む必要があるが、そうすると被災者としては二重にローンを支払わざるをえなくなり、過重な負担を背負い込むことになる。

　また、既往債務を抱える状態では、そもそも新たな借入れ自体が受けにくく、結果として生活や事業の再建に支障を来すことになる。このような事態を放置すれば、被災者の生活の悪化と被災地からの人口流出や産業の衰退を招き、被災地復興の大きな阻害要因になってしまう。

　このような問題は、「二重ローン問題」と呼ばれ、過去の災害の際にしばしば課題として指摘されてきたが、なんらの立法的解決がなされないまま、1995（平成7）年の阪神・淡路大震災を迎えてしまい、多くの被災者が二重ローン問題に苦しんだ苦い経験がある。二重ローン問題は今なお個人の復興を阻む重大問題であることは明らかであるところ、何らの手当もないまま2011（平成23）年の東日本大震災を迎えてしまい、その後も2016（平成28）年の熊本地震を初めとした大規模自然災害に見舞われている。そして、2020（令和2）年以降は、新型コロナウイルス感染症が全国に拡大した。その後も、緊急事態宣言の解除と再宣言の後、行動制限が課されていないものの新規感染が全国的に収束の様子を見せない中、2022（令和4）年7月と8月に発生した線状降水帯による大雨により、またしても大規模な土砂災害及び水害が発生し、新型コロナウイルス感染症の感染拡大防止対策を取りつつ、避難所での集団生活を余儀なくされるという、未だかつてない事態が発生した。

　これら毎年のように発生する自然災害等の被災者、さらには流行性の疾病の蔓延防止により経済活動を著しく制限された国民の経済的再建のため、経済的支援とは別に、二重ローン問題や債務整理の問題は生活再建のため避けて通れない議論である。以下では、課題解決のため今日までに導入されてきた制度を振り返りつつ、今後の在り方を論ずることとしたい。

### (2) 被災ローン減免制度の導入と成果

　東日本大震災においては、政府は2011（平成23）年6月に「二重債務問題に対する対応方針」を取り纏め、この方針に従って個人被災者を対象とした個人版私的整理ガイドライン（以下、「被災ローン減免制度」という。）が制定されるとともに一般社団法人個人版私的整理ガイドライン運営委員会（以下、「ガイドライン運営委員会」といい、被災ローン減免制度で運用されるガイドラインを「旧ガイドライン」という。）が設置され、震災発生から5ヶ月強経過した2011（平成23）年8月22日からその運用が開始された。

　この被災ローン減免制度は、私的整理の枠組み内でガイドラインに従って震災前の債務を減免することで被災者の生活再建を支援する制度であるが、債務者にとっては、原則として保証人への請求がなくなること、債務の減免を受けたことが信用情報機関に登録されないこと、制度利用に必要な書類作成等を登録専門家である弁護士に無償で支援してもらえることなどのメリットがあり、金融機関等の債権者にとっても、旧ガイドラインを適用して債権放棄した場合、無税償却できるものとされ、債務整理の進展に寄与することが期待された。

　運用開始当初は抑制的な運用が問題視されたが、数度にわたる運用変更によって改善が図られ、また、義援金、生活再建支援金等を差押禁止財産とする特別法も制定され、同制度上もこれらが返済原資から除外されることとなり、被災者の保護が図られた。

　ところが、発災から2012（平成24）年7月末までの14ヶ月の間に1万3,000件近くの債務者（住宅ローンは6,000件以上）が返済を開始してしまっていた。さらに、支払停止や条件変更の合意を行わないまま無理をして約定通りの返済を続けている被災者も相当数いるものと思われることから、二重ローン問題に苦しむ被災者は相当な数に及んだことが推測される。

　そして、結局、旧ガイドラインの運用開始から運用が終了した2021（令和3）年3月31日（後述）に至るまでの約10年間のガイドライン運営委員会への相談件数

は5,980件にとどまり、しかも、債務整理の成立件数は1,373件となった。特に、最後の1年間での成立件数はわずか1件であった。

以上からすると、この被災ローン減免制度は、我が国初の二重ローン問題に対応する画期的な制度であったが、残念ながら十分には成果を上げることはできなかったと結論付けざるをえないものであった。

## 2 被災ローン減免制度の利用が進まなかった原因と運用改善の必要性

上記のとおり、被災ローン減免制度は当初期待された程に利用されたとはいい難いものであった。現在は、後述する新たなガイドラインが適用されているが、今後の自然災害においても有効に活用するために、被災ローン減免制度の利用が低調であった原因について、以下、触れることとする。

### (1) 制度の周知不足及び金融機関による条件変更契約締結（リスケジュール）の進行

被災者に対する制度の周知が不十分だった一方で、金融機関が弁済の困難な債務者に対して積極的にリスケジュールを働きかけたため、被災債務者の多くが同制度の説明を十分に受けることのないまま金融機関とのリスケジュールに応じてしまった。このため、被災債務者の多くについて被災ローン減免制度の利用要件（いわゆる支払不能要件）を満たさなくなってしまうとともに、被災ローン減免制度を使えば債務者の手元に残すことが可能であった自由財産や義援金、生活再建支援金等も返済原資に充てられるという事態が多発してしまった。

このような状況に対し、被災地弁護士会や日弁連が同制度の周知徹底を求めた結果、金融庁は、ようやく2012（平成24）年7月24日付で金融機関に対し、被災ローン減免制度の積極的利用を求める通知を発し、同通知後はガイドライン運営委員会等も同制度の広報・周知に積極的に取り組んだ。しかし、それまでにすでに多くの事例でリスケジュールが行われてしまっていたこともあり、その後も期待したほど利用件数は増加しなかった。

### (2) 申出要件及びその運用が厳格に過ぎたこと

被災ローン減免制度の申出要件として、破産ないし民事再生と同様の、被災者が現時点で支払不能ないし近い将来のそれが確実であることという厳格な要件（いわゆる支払不能要件）が求められており、かつ、とりわけ初期段階においてこの要件に関連して破産手続を念頭に置いた厳格な制度運用がなされたため（例えば仮設住宅入居者は住居費の負担がないことを理由にこの制度の利用ができない等の運用がなされた。）、被災者の間で被災ローン減免制度は利用しづらい制度であるとの評価が流布、定着してしまった。

### (3) 全債権者の同意が必要とされたこと

旧ガイドラインによる債務の減免を含めた弁済計画の成立には、住宅ローン等の債権者を含めた全債権者の同意が必要とされているため、一部の債権者の反対により計画の成立が阻害されたり、また運営委員会が過度に債権者の意向を尊重するなどの傾向が見られた。そのため、被災債務者の立場に立った弾力的な運用が困難であった。

### (4) 運営委員会において被災者の状況把握等が適切になされなかったこと

運営委員会の主な構成員に被災地で活動する弁護士が含まれておらず、また、旧ガイドラインの運用上、債務者本人との面談等を積極的に行うことが重要であるところ、運営委員会の本部・支部が東京や県庁所在地に設置され、主な被災地である沿岸部には出張所なども置かれなかったことから、債務者本人との面談等も十分になされず、全般に被災者の状況把握等が適切になされなかった。

### (5) 地縁関係を原因とする制度利用への躊躇及び弁護士過疎

地元金融機関や農協・漁協といった日頃の生活と密着した金融機関からの借入れについては、債務者側としても制度利用後の関係維持や新たな借入れ等に支障を及ぼすことや風評等を懸念して、制度利用を躊躇する傾向が見られた。また、被災地においては、司法過疎地における共通の問題として、法的問題についてまず弁護士に相談するという意識が一般的とはいえないことも要因として指摘されている。

## 3 新ガイドライン策定と熊本地震等の大規模自然災害等における二重ローン問題

### (1) 新ガイドラインの策定

金融業界等では、今後の大災害における個人の二重ローン問題については東日本大震災と同様にガイドラインによる対応を採用することとし、2016（平成28）

年12月に、同年4月以降の災害救助法の適用を受けた自然災害により被災した債務者に適用されることとなる、最終的な解決に特定調停制度を利用した「自然災害による被災者の債務整理に関するガイドライン」（以下、「新ガイドライン」という。）を策定した。

この新ガイドラインは、全国銀行協会が2015（平成27）年9月2日付で発足させた「自然災害による被災者の債務整理に関するガイドライン研究会」で、「全国各地で自然災害が発生した場合に、被災者の自助努力による生活や事業の再建を支援するための取組みとして、被災した個人債務者の債務整理に関する新たな準則について検討」（全銀協ウェブサイト）を重ねた結果策定されたものである。

そして、新ガイドラインが策定された当初は被災ローン減免制度と併存していたが、2021（令和3）年3月31日をもって被災ローン減免制度の適用は終了し、東日本大震災の被災者も含め、今後は新ガイドラインによって被災者支援がなされることになった。

## (2) 新ガイドライン策定後の大規模自然災害

ア　こうして策定された新ガイドラインは、熊本地震の被災者が初めて適用を受けることとなったのであるが、上記のとおり、東日本大震災では被災ローン減免制度が十分周知されなかったために被災者が個別に金融機関とリスケジュールに応じてしまったことが二重ローン問題を深刻化させる一因となった反省を踏まえ、熊本県弁護士会では、岩手県弁護士会等の協力を得ながら、地震発生からわずか1週間後に「熊本弁護士会ニュース」（くま弁ニュース）を各避難所に配布し、新ガイドラインの紹介のほか、各種生活情報を被災者に迅速に提供した。

さらに、熊本県弁護士会は、金融機関との合同での相談会、研修会の開催等を通じて、新ガイドラインの周知徹底のみならず、積極的な新ガイドラインの利用を呼び掛け、熊本県の弁護士らは、「支払不能要件」が厳格（住宅ローン年間返済額と住居費用の合計が年収の40％以上でないと返済不能と判断されない運用がなされている。）でありながらも、「まずはとりあえず新ガイドラインによる債務整理を申立て、その後の調査で要件を満たさないことが明らかになった被災者は申立てを取り下げる」という運用を開始した。

このように、被災地弁護士会による周知活動と積極的な利用が効を奏し、発災後の早い時期から新ガイド

ラインの利用が開始された。

そして、熊本地震発生以降も、2023（令和5）年・2024（令和6）年の石川県能登半島を震源とする地震といった自然災害が発生したことで多くの自治体が災害救助法の適用を受けることとなり（内閣府防災情報のページhttp://www.bousai.go.jp/taisaku/kyuujo/kyuujo_tekiyou.html）、新ガイドラインを利用した債務整理が可能となった。

イ　詳細は後記(3)に譲るが、これらの自然災害に加え、2020（令和2）年明けから日本国内でも新型コロナウイルス感染症の感染拡大で予防と感染拡大防止のために経済活動を自粛せざるを得なくなり、それによって収入が激減または無収入となる個人（個人事業主）が増え、こうした個人（個人事業主）の生活再建を債務整理によって支える必要が生じた。そこで、金融庁は2020（令和2）年8月公表の「令和2事務年度金融行政方針」において、新ガイドラインの対象にコロナ禍の影響により既往債務の弁済が困難となった個人・個人事業主を追加し、こうした債務者に対しても生活・事業の再建のための債務整理支援を実施するとした。これを受け、2020（令和2）年10月中に新ガイドラインが改正され（以下、「コロナ特則」という。）、同年12月1日から適用されることとなった。また、2021（令和3）年6月4日には「自然災害義援金に係る差押禁止等に関する法律」が成立し、差押禁止財産の範囲が拡張された（詳細は「第2章　住まいの再建について」を参照されたい）。

ウ　2024（令和6）年6月末日時点で登録専門家に手続支援を委嘱した自然災害案件の件数は1,214件で、債務整理成立件数は596件となっている（〔一社〕東日本大震災・自然災害被災者債務整理ガイドライン運営機関のウェブページhttp://www.dgl.or.jp/utilization/）。2023（令和5）年6月末実時点では自然災害案件の債務整理成立件数は591件であったことから、この1年で5件の自然災害案件の債務整理が成立したことになるが、その間に災害救助法が適用される自然災害が新たに発生していること考えると、必ずしも十分な成立件数とはいえない（もっとも、SNSの普及により、西日本豪雨の際には弁護士同士でも新ガイドラインに関する情報が共有されており、従前の自然災害の場合よりも新ガイドラインの利用が促進されることが期待されている。）。こうした債務整理成立件数が伸び悩む背景には、

審査に必要な書類の作成や収集に時間がかかること、減免が認められる基準が複雑で、審査に時間を要すること、複数の金融機関の合意形成に時間を要していることがあるといわれている。

新ガイドラインの内容が被災者の実情に適合し運用が適切に行われなければ、被災者の救済、人間の復興にはつながらない。法友会としては、内容の当否の検証と、運用が適切になされ、債務整理が「公正衡平を旨とし、透明性」を尊重して行われているかを注視しつつ、被災者を支援する必要がある。

### (3) 新型コロナウイルス感染症の感染拡大を原因とする債務整理案件におけるコロナ特則の運用状況

新ガイドラインの対象となる者は、災害救助法（昭和22年法律第118号）の適用を受けた自然災害の影響を受けたことによって、住宅ローン、住宅のリフォームローンや事業性ローン等の既往債務を弁済できなくなった個人の債務者であるところ、新型コロナウイルス感染症の感染拡大が同法の適用を受ける自然災害とは直ちにいえない。

しかし、先述の債務整理と生活再建の問題点は新型コロナウイルス感染症の感染拡大による場合にも妥当する。さらに、大規模自然災害と異なり、新型コロナウイルス感染症の場合は住宅そのものが損壊しないため住宅にかける保険では対応ができず、保険加入などの方法でのリスク回避が困難であり、ある意味大規模自然災害以上に救済の必要性が高い。

新ガイドラインの適用対象が拡大することにより、弁護士等の登録支援専門家による手続支援を無料で受けられ、当該ガイドラインによる債務整理を行う場合には信用情報に掲載されないというメリットを享受できることになるが、上記改正では、コロナ禍の場合、留保できる自由財産が原則として99万円以下と破産手続の場合と同額とされ、99万円を超える自由財産を確保する場合はあくまでも個別判断によるものとされてしまった。新ガイドラインの利点は、信用情報に掲載されないというのみならず、画一的判断により迅速に債務整理を進められ、自由財産を最大500万円まで留保することで自力再建の原資をより多く確保できるという点にあったが、この利点が十分に生かされない形での改正となっている。そして、今なお、かかる運用は改善されていない。この点、2021（令和3）年4月21日に「令和2年度子育て世帯生活支援特別給付金に係

る差押禁止等に関する法律」が成立し、令和二年度子育て世帯生活支援特別給付金を受ける権利を差押・譲渡・担保とすることを禁止し、支給を受けた金銭も同様に差押禁止とする法律が成立し、直ちに施行された。かかる立法は自由財産を拡張する趣旨には合致し、歓迎するものではあるが、やはり自由財産の上限を拡張するよう新ガイドラインを改正することこそが、端的に生活再建につながる。

近年は、委嘱件数、債務整理成立案件の伸びがいずれも鈍化している。新ガイドラインの適用が決定されたのち速やかに多くの債務者が利用できるよう、コロナ特則を含めた新ガイドラインの周知徹底をすることや、迅速な債務整理が可能となるよう改善を重ねていく必要があることは、論を待たない。

### (4) 今後の災害に対する立法的対応の必要性

上記のとおり、被災減免ローン制度は十分に機能せず、新ガイドラインが制定されたものの、調停条項案に対する金融機関等の債権者による異議に特段の規制はなく、専ら各債権者の自主的自立的な判断に委ねられていることからすれば（新ガイドライン「はじめに」）、毎年のように大規模な自然災害が発生しており、個人被災者の二重ローン問題・債務整理は今後も重要な問題としてあり続け、かかる問題に対して災害発生前に立法による抜本的対策を講じておくことが必要不可欠である。

この点につき、仙台弁護士会は、2014（平成26）年11月13日付「二重ローン問題対策に関する立法措置を求める意見書」において、個人向け債権買取機構の設立を国に求めた。これは次項で述べるとおり、中小企業の二重ローン問題解決のために導入された債権買取制度が一定の成果を上げたことから、中小企業ほど複雑ではない個人被災者の二重ローン問題においても、債権買取制度はより大きな成果を上げ得ると期待されるからである。

これを受けて法友会も、2015（平成27）年7月11日の総会で、個人向け債権買取機構を迅速に設立し、同機関の周知徹底を図ることを提案する「二重ローン問題解決のための立法措置を求める意見書」を決議して関係各機関に執行したが、同意見書では、金融機関が主導するリスケジュールが行われたことが二重ローン問題の解決を困難にした反省を踏まえ、金融機関に対し発災後の一定期間について支払猶予を義務付けるな

どの対応を検討することも提案している。

このような動きを受けて、日弁連も、2015（平成27）年11月19日付で「災害時の二重ローン問題対策の立法化を求める意見書」を採択して、国に対し、債権買取機構及び専門のADR機関の設置について速やかな立法措置をとることを求めるとともに、これらの制度が創設されるまでの経過措置として、新ガイドラインを東日本大震災以外の災害にも特定調停手続を通じて活用しうるよう、一般準則化することを求めている。

**(5) まとめ**

このように、新ガイドラインの制定自体は決して批判されるべきことではなく（日弁連の意見書において

も、債権買取機構やADR機関の設置までの経過措置としてガイドラインの一般準則化を求めている。）、我々は新ガイドラインがよりよいものとなるよう働きかけていくべきであるが、その一方で、新ガイドラインだけで被災者救済が十分に図れるかは、なお疑問であるため、引き続き債権買取機構設置の恒久法の制定に向け、研究及び提言等を粘り強く継続していく必要がある。

また、コロナ禍での新ガイドラインの適用が自然災害と同様の運用となるよう、ガイドライン運営委員会への更なる働きかけが必要である。

# 第5 被災中小企業の支援体制の強化（二重ローン問題）

## 1 中小企業支援の重要性と法的支援

被災者の自立的再建、被災地の真の復興のためには、これまで長年にわたり被災地経済と地元コミュニティを支えてきた被災中小企業の立て直しが焦眉の課題であり被災中小企業の再建なくして、被災地の復興はありえない。

しかし、実際には、被災中小企業の法的ニーズの裾野は広いものの、弁護士に相談しないまま適切な対応ができていない事例が多数存在する。日弁連では中小企業の法的ニーズに対応すべく、「ひまわり中小企業センター」を設置して活動しているが、今後も、中小企業庁や被災地の商工会議所、商工会等との連携を深めながらこれを拡充・発展させる必要がある。また、「ひまわりホットダイヤル」の周知徹底を図るよう努め、中小企業に対して適切な情報提供を行うとともに、中小企業の法的ニーズを的確に捉えて、これに応えていかなければならない。

そして、個人の被災者の場合と同様、復興庁がほとんど取り上げなくなった中小企業の二重ローン問題は、今もなお、事業再建のために解決しなければならない重大問題である。未だ再建の途上にある東日本大震災の被災企業に加え、熊本地震で被災した企業、更にその後毎年のように発生した自然災害で被災した企業、そして前例のない新型コロナウイルス感染症の感染拡大により深刻な影響を受けた全国の中小企業の事業再建を実現するためには、なお東日本大震災での二重ロー

ン問題を検証する必要があろう。以下では、東日本大震災において国がとった中小企業支援策とその問題点、そして、熊本地震を含む自然災害での支援策、更には新型コロナウイルス感染症の感染拡大における支援策を概観し、法友会の政策提言について述べることとする。

## 2 国が東日本大震災でとった中小企業支援策（中小企業の二重ローン問題）

### (1)「二重ローン問題」対策の重要性

中小企業支援の重要性は上記の通りであるが、いわゆる「二重ローン問題」が中小企業の再建の重大な支障となっている。すなわち、地震、津波などの自然災害により事業用資産を失った中小企業は、その事業を再建するために新たにローンを組む必要があるが、当該企業は既往債務と新たな債務について二重にローンを支払わざるをえなくなり、過重な負担を背負うことになる。また、既往債務の存在が新規融資の際の返済能力の評価に影響し、新規借り入れによる事業資金の確保自体が困難となる事例も多い。

こうした二重ローン問題が、中小企業の再建の重大な支障となり、地元産業の復興が遅れ、雇用も確保できず、被災地からの人口流出や産業の衰退を招いている一因となっている。

## （2）産業復興機構と事業者再生支援機構の設立と役割の終焉

そこで、経済産業省及び復興庁は、中小企業の二重ローン問題に対処すべく、それぞれが主導して、二つの債権買取機関を設立した。

まず、経済産業省（中小企業庁）が主導して、県や地域金融機関等との共同出資により投資事業有限責任組合の形態の「産業復興機構（通称）」が岩手県、宮城県、福島県、茨城県、千葉県に設立され、同機構が金融機関の中小企業に対する債権を買い取り、買取後一定期間の元利金の返済猶予や債権放棄を行うことによって、被災企業の再建を支援することとなった。

一方、復興庁が主導したのは、小規模事業者（資本金5億円未満の事業者及び従業員1,000人未満の事業者）を対象とする株式会社東日本大震災事業者再生支援機構（以下、「再生支援機構」という。）で、震災発生の翌年の2012（平成24）年2月に設立された。再生支援機構は、債権買取に加え、出資や保証業務といった支援業務も行っていた。支援決定は2022（令和4）年3月末日で終了した

### （3）支援要件の厳格さ

これら二つの機構は一定の成果を上げたものの、被災規模からみて件数は必ずしも多いとはいえない。その要因は、支援決定や債権買取の要件が厳格なことにあるといわれている。

件数の多い再生支援機構を例にして説明すると、再生支援機構の支援要件（一般的要件）のうち最も重要かつ厳格なのは、「再生可能性」の要件である。（支援要件については支援機構のホームページ参照http://www.shien-kiko.co.jp/）

両機構は多額の公的資金や金融機関からの資本提供を受けていることもあり、厳格な要件を課しているが、中小企業の再建が地域経済の復興のために不可欠であることを踏まえると、その要件は緩やかに設定され、弾力的かつ迅速に運用されるべきであったといえよう。

現に、再生支援機構には2021（令和3）年3月末日時点までに2,939件の相談受付件数がありながら、制度に関する質問等で説明や助言でいったんは終了してしまっているものが2,192件（実に74.5%）もある。柔軟な運用とすることで、広く支援を受けて事業の復興ができた事業者がいたはずである。

### （4）機構の並立による問題点

また、両機構はいずれも被災企業の支援を目的として設立され、かつ、債権買取による支援が支援の中心的態様とされているため、機能が類似している。こうした機能が類似した機関が並立することは、利用者を混乱させ、また、利用要件の複雑さ、厳格さと相まって、利用を躊躇させる一因となってしまいかねない。

したがって、制度の統一化が検討されるべきであるし、また、我々弁護士も、両機構の制度を理解して被災企業に対し適切に助言していくことが不可欠である。

## 3 熊本地震で国がとった中小企業支援策（中小企業の二重ローン問題）

### （1）中小企業の二重ローン問題

被災者の二重ローン問題については、上記の通り、東日本大震災の経験から新ガイドラインの利用によって発災後の早期から迅速な対応が可能となった。

しかし、被災した中小企業の事業再建はグループ補助金や自治体による特別融資などの新規貸付が注目され、二重ローン問題については東日本大震災のときほど議論されていない。中小企業の事業再建の重要性は先に述べたとおりであるから、やはり熊本地震においても事業再建における二重ローン問題の重要性に変わりはないであろう。

### （2）債権買取機構の設立

東日本大震災の際には、上記の通り産業復興機構と事業者再生支援機構の2制度が設立された。

しかし、熊本地震では、再生支援機構のような立法的措置による債権買取機構の設立はなく、地域経済の再建を目的として、東日本大震災以前の2009（平成21）年10月14日に株式会社企業再生支援機構法に基づいて設立された株式会社企業再生支援機構（ETIC）を前身とする株式会社地域経済活性化支援機構（REVIC）が、いわゆる二重ローン問題への対応を含む過剰債務の解消、必要資金の提供や人的支援を行うことで当該地域の事業者の再生支援を円滑に実現することを目的として、地域金融機関等と連携して2016（平成28）年7月29日付で「熊本地震事業再生支援投資事業有限責任組合」（設立時ファンド総額23億2,500万円）及び「九州広域復興支援有限責任組合」（ファンド総額116億9,000万円）の各ファンドを設立し、債権（個人保証付債権も含む）の買取業務や再生計画の策

定支援等を行っている。

現在のところ、これら以外に債権買取機構の設立は見られない。規模の点から、今後これらの各ファンドが中小企業の二重ローン問題解決にどの程度効果を発揮するかは不明だが、東日本大震災で一定の成果を上げた債権買取方式による解決スキームを踏襲するものとして、期待したい。もっとも、熊本地震からの復興に国を挙げて取組み、今後発生する大規模震災に備えるためには、立法による恒久的な債権買取機関の設立も引き続き模索すべきである。

## 4 新型コロナウイルス感染症の感染拡大における国がとった中小企業支援策（中小企業の二重ローン問題）

中小企業は、新型コロナウイルス感染症が感染拡大しても、これまで官民で取ってきた自然災害に対する様々な支援の適用対象とはならなかった。しかし、新型インフルエンザ等対策特別措置法に基づいて2020（令和2）年4月7日に東京、神奈川、埼玉、千葉、大阪、兵庫、福岡の7都府県に緊急事態宣言を行い、同月16日に対象を全国に拡大したことで企業活動に重大な影響が生じた。

そこで、政府は日本政策金融公庫や商工中金の新型コロナ感染症特別貸付や実質無利子無担保融資の利用の推奨、補助金や助成金など様々な企業支援策を講じた。しかし、二重ローン問題については、2020（令和2）年4月の報道によれば政府はREVICを利用した債権買取等の支援策の検討を開始し、2022（令和4）年4月26日の報道では、自民党の金融調査会がコロナ禍で膨らんだ中小企業の債務を軽くするために官民ファンドを活用する提言案をまとめ、REVICが金融機関の保有する債権を買い取る手段を盛り込んだとの報道があった。しかし、その後目立った報道はなく、これらの提言がどの程度二重ローン問題の解消に繋がるかは不透明である。次々と新たな追加融資や助成金等の制度が政府主導でできあがる一方（もっとも、近時では助成金・協力金の申請手続の煩雑さや交付時期が見通せないといった問題が生じている。）、二重ローン問題に関する制度は既存の制度の流用にとどまるといわざるをえない。

その後、中小企業のなかでも個人事業については、2020（令和2）年12月1日から自然災害債務整理ガイドラインの新型コロナウイルス特則が運用を開始されており、債務整理による事業再生の方法として注目される。

また、2021（令和3）年2月の報道に引き続き、民間企業が地銀などから経営不振の企業向け債権を時価で買い取る再生ファンドを設立し、支援に乗り出したとの報道があった。同ファンドは、中小企業のメインバンクとなっていることの多い地銀から不良債権を買取ることを目的としており、公的資本が入らない民間企業がより柔軟に債権買取とその後の債務免除や株式転換をすることで、中小企業のメインバンクに対する過剰債務を解消して追加融資を受けられるようにするためであるが、中小企業の事業再生に繋がる役割が期待されている。

過去の自然災害の場合と同様に、中小企業の事業再建の重要性はかわらず、影響が全国（全世界といってもよい）に及んでいることからすれば、事業再建における二重ローン問題や債務整理の手法の重要性はこれまで以上に高まっているはずであり、新旧債務の返済を見据えた制度設計が重要となる。

東日本大震災、熊本地震から年月が経過し、年々震災の記憶が風化している昨今、公的な支援制度も終わりを見せつつある中で、今なお解決に至らない二重ローン問題にも改めて光を当てる必要がある。

## 5 弁護士会の取るべき活動

以上の点を踏まえ、我々弁護士は、研修や相談体制の整備、拡充などを通じて、実践的な支援活動を行っていくとともに、国や関係機関に対して、経緯を見つつ、今後発生する災害（感染症のまん延を含む）に対応するための利用しやすい枠組みを定めた恒久法の制定などを提言していく必要がある。

# 第6 原子力損害賠償の問題解決に向けて

## 1 原子力損害賠償に係る紛争解決状況

　福島第一原子力発電所事故（以下「本件原発事故」という。）に起因する原子力損害賠償紛争案件は、数万件から場合によっては数十万件を超えるといわれている。かかる紛争案件解決のための方法としては大別して、①東京電力株式会社（以下「東京電力」という。）に対する直接請求（本賠償手続）、②原子力損害賠償紛争解決センター（以下「センター」という。）による和解仲介手続、及び③裁判所を利用する通常の訴訟手続が存在する。

　東京電力による本賠償の実施状況については、2024（令和6）年8月16日現在、政府による避難指示区域等からの避難者（個人）に対して約111万3,000件（累計数・なお請求件数は約126万7,000件）で合計約3兆5,102億円（2023〔令和5〕年と比較して2,127億円の増加）、個人（自主的避難等に係る損害）に対して約194万4,000件（累計数・なお請求件数は約201万2,000件）で合計約4,430億円（2023〔令和5〕年と比較して893億円の増加）、法人・個人事業主などに対して約48万9,000件（累計数・なお請求件数は約57万4,000件）で合計7兆2,488億円（2023〔令和5〕年と比較して2,486億円の増加）となっている（東京電力発表資料「賠償金のお支払い状況〜原子力損害賠償のご請求・お支払い等実績」）。

　このうち、特に自主的避難等に係る損害については、この1年間で、請求件数が55万9,000件、賠償件数が57万1,000件、賠償金額が893億円と大幅に増加しているが、これは、後述する中間指針の改定により、自主的避難等に係る損害について追加賠償が認められたことによるものと思われる。

　センターにおける和解仲介手続の実施状況は、2024（令和6）年3月時点、次のとおりである。申立件数は累計で3万185件、これに対して既済件数は2万9,106件、既済件数の内和解成立件数は2万3,124件となっている。申立件数の2011（平成23）年からの年度別推移をみると、521件、4,542件、4,091件、5,217件、4,239件、2,794件、1,811件、1,121件、1,209件、862件、1,144件、1,162件、1,472件となっており、こちらもこの1年間で310件増加している（原子力損害賠償紛争解決センター2024〔令和6〕年3月付け「原子力損害賠償紛争解決

センター活動状況報告書〜令和5年における状況について〜（概括報告と総括）」15頁）。

## 2 原子力損害賠償に関する訴訟

　全国各地で審理されていた所謂「福島原発避難者集団訴訟」については、以下のような判決がなされている。①前橋地判平29・3・17判時2339号3頁、②千葉地判平29・9・22裁判所ウェブサイト、③福島地判平29・10・10判時2356号3頁、④東京地判平30・2・7TKCローライブラリー、⑤京都地判平30・3・15判時2375・2376号14頁、⑥東京地判平30・3・16、⑦福島地いわき支判平30・3・22である。

　④の裁判例では、原告らが「以前の生活基盤で継続的、安定的に生活する『小高に生きる利益』を侵害された」とし、これによる精神的損害として1人あたり300万円の慰謝料を認めている。この慰謝料は「ふるさと喪失損害」の慰謝料と評されているものである（吉村良一「④福島原発事故訴訟における『損害論』―集団訴訟七判決の比較検討」判例時報2375・2376号〔2018年〕252-265頁）。

　その後、③、④、⑦の控訴審判決でも（仙台高判令2・3・12判時2467号27頁、東京高判令2・3・17裁判所ウェブサイト、仙台高判令2・9・30判時2484号185頁）、「ふるさと喪失損害」の慰謝料が認められている。

　これらの控訴審判決については、上告がなされていたが、2022（令和4）年3月に東京電力の上告及び上告受理申立てをいずれも退ける決定がなされており（最高裁第二小法廷及び第三小法廷）、東京電力の損害賠償責任は確定している（この決定を受けて、原子力損害賠償審査会では後述の通り、中間指針の見直しが行われた。）。

　そして、国の責任については、2022（令和4）年6月17日、最高裁第二小法廷が、津波により安全設備等が設置された原子炉施設の敷地が浸水することが想定される場合、国は想定された最大の津波が到来しても海水の侵入を防ぐことができる防潮堤等を設置するという措置をとった蓋然性が高いが、実際の津波の規模等からすれば、海水の侵入を防ぐことはできなかった可能性が高いと因果関係を否定して、国の責任を否定し、その後も国の責任を否定する判決が続いている。

しかし、津波の予見が可能な場合、国のとるべき措置は防潮堤設置以外に、配電盤の水密性の強化、予備電源の使用を確実にするということも考えられ、これらが実施されていたときに海水の侵入を防ぐことができたかどうかの検討がされておらず、最高裁第二小法廷判決の合理性には疑問がある。現在係属している福島原発避難者集団訴訟では、国の責任を否定した最高裁判決にチャレンジを続けているものもあるので、その行方を見守りたい。

## 3 健康被害について

福島県では、原発事故の県民の健康への影響の有無を明らかにするために、1992（平成4）年4月2日から2016（平成24）年4月1日までに生まれた福島県民を対象にして県民健康調査として甲状腺検査が実施されている。

福島県の発表によれば、2024（令和6）年3月31日の時点で、令和5年度の検査で結果判定された方（3万6,750人）のうち5.1mm以上の結節が確認されたのは472人、5.0mm以下の結節が確認されたのは220人、20.1mm以上ののう胞が確認されたのが4人、20.0mm以下ののう胞が確認されたのが26,662人であった。

なお、2024（令和6）年3月31日の時点で、甲状腺に結節、のう胞が認められ、それが悪性ないし悪性疑いと診断された人は合計338人、そのうち手術を受けた人は合計285人であった。

現在、東京地裁で、本件原発事故当時、福島県内在住だった当時6歳から16歳の原告6名が被曝し甲状腺がんを発症したとして東京電力に損害賠償を求める訴えが係属しており、その審理の行方が注目される。

## 4 営業損害賠償を一時金の支払で打ち切ることに反対を続ける

法友会は、旅行総会の決議等に基づき、2015（平成27）年7月11日付で、以下の内容の意見書を関係諸機関に送付した。

「国は、2015（平成27）年6月12日に『原子力災害からの福島復興の加速に向けて』を改訂する閣議決定を行い、これを受けて東京電力株式会社は、農林漁業以外の法人及び個人事業主の営業損害を年間逸失利益の2倍相当額を一括払いした上で、やむを得ない特段の事情により損害の継続が余儀なくされ、事故と相当因果関係が認められる損害が、今回の賠償額を超過した場合には、自立支援施策の利用状況等も踏まえ、個別事情ある場合のみ賠償するとの対応を打ち出した。しかし、現在の状況を見る限り、年間逸失利益の2倍相当額を東京電力株式会社が支払ったとしても、被災事業者が従前と同等の営業が可能となる保証はなく、その中で中間指針第二次追補を前提として『事業拠点の移転や転業等の努力』の立証を求めることは損害賠償の打ち切りに等しいと言わざるを得ず不当である。したがって、国は、原発事故により顧客を失ったとみられる小売業や飲食業等の事業再開・転業の支援を継続しつつ、それらが明らかな進展を遂げるまでの間、従来と同様に『事業拠点の移転や転業等の努力』の立証を要することなくその営業損害の賠償を行うよう東京電力株式会社に対して指導すべきである。」

しかしながら、国の方針はその後変更されることはなかった。そして、前記意見書で警鐘を鳴らした事態が現実化してしまっている。

また、近時のセンターへの営業損害の賠償の申立ても、2015（平成27）年が1,463件（同年の全申立件数に対する営業損害の申立件数の割合は34.5%）、2016（平成28）年が1,056件（同37.8%）、2017（平成29）年が741件（同40.9%）、2018（平成30）年が421件（同37.6%）であったのが、2019（令和元）年が302件（同25.0%）、2020（令和2）年が185件（同21.5%）と大きく減少し、2021（令和3）年183件（同16.0%）、2022（令和4）年171件（同14.7%）、2023（令和5）年183件（同12.4%）となっており、営業損害の申立件数は下げ止まりの傾向にあるが、全申立件数に対する営業損害の申立件数の割合は減少状況がなおも続いており、営業損害の申立ては依然として減少傾向であるといえる（2024〔令和〕6年3月付原子力損害賠償紛争解決センター「原子力損害賠償紛争解決センター活動状況報告書～令和5年における状況について～（概括報告と総括）」13頁）。

避難指示区域外の事業者等の営業損害の賠償について本賠償がなされているものが僅かであること、センターへの営業損害の賠償の申立てが大きく減少していることは、事実上の営業損害の打ち切りがなされていることを窺わせる。事実上の営業損害の打ち切りがなされていることは適当でなく、前記意見書の内容が実現するように引き続き被害の支援に取り組む必要があ

第6　原子力損害賠償の問題解決に向けて　　243

## 5 旧緊急時避難準備区域の不動産損害賠償を実現させることを求める

　法友会は、2017（平成29）年7月8日の旅行総会で「旧緊急時避難準備区域の不動産損害賠償について、具体的な算定基準を策定することにより公平・公正な損害賠償を実現させることを求める決議」をした。

　本件原発事故による避難指示区域の不動産の損害については、基本的に原子力損害賠償紛争審査会の策定した一定の算定基準に基づき、本賠償、センターにおける和解によって賠償が図られているが、「緊急時避難準備区域」については、他の地域と同様の被害を被っていると考えられるにもかかわらず、不動産損害賠償についての具体的な算定基準が定められていないため、東京電力による損害賠償が実現されていない。上記決議は、このような不公平を解消するため、原子力損害賠償紛争審査会に対し、緊急時避難準備区域についても中間指針第二次追補（政府による避難区域等の見直し等に係る損害について）に準じた不動産賠償の具体的な算定基準を定め、東京電力による公平・公正な損害賠償を実現させることを求めるというものである。

　今後、上記決議の内容が実現されるように取り組んでいくべきである。

## 6 消滅時効期間再延長のための立法を求める

　法友会は、2019（令和元）年12月6日の忘年総会で「原子力損害の賠償請求権を『東日本大震災における原子力発電所の事故により生じた原子力損害に係る早期かつ確実な賠償を実現するための措置及び当該原子力損害に係る賠償請求権の消滅時効等の特例に関する法律』（以下「原賠時効特例法」という。）を改正して原子力損害の賠償請求権の消滅時効を『被害者又はその法定代理人が損害及び加害者を知った時から20年間行使しないとき』に再延長することを求める。」意見書を決議し、これを関係各機関に送付した。

　なお、福島県弁護士会も同趣旨の2019（令和元）年10月16日付「原発事故損害賠償請求権の時効消滅に対応するための立法措置を求める会長声明」を発表しており、2020（令和2）年3月18日には、日弁連も、同趣旨の意見書を発表している。

　また、前記2で述べたとおり、中間指針が明文で認めていなかった「ふるさと喪失損害」の慰謝料請求権が、2022（令和4）年3月の最高裁の決定で認められ、確定した。この権利行使について、東京電力による消滅時効の援用による権利消滅を防ぐためには、時効の起算点、つまり、ふるさと喪失が生じた時点を遅く認定させることにより権利消滅を防ぐ方法もありうるが、このやり方は確実性を欠く方法であり、ここでは端的

## 区域毎の追加賠償例 （子供・妊婦以外の方※1）

■生活の本拠の確認により賠償
■避難等の状況確認により賠償

表内の「1F」は、福島第一原子力発電所の略称で、「2F」は福島第二原子力発電所の略称となります。　　【単位：万円】

| 標準追加賠償額・賠償項目 本件事故時点における生活の本拠 | | | 標準※2追加賠償額 | 中間指針第五次追補等 賠償項目 | | | | | |
|---|---|---|---|---|---|---|---|---|---|
| | | | | 過酷避難 | 避難費用、日常生活阻害慰謝料 | 生活基盤変容 | 健康不安 | 自主的避難等に係る損害 | 増額※4理由 |
| 避難等対象区域（圏内） | 1.警戒区域 1Fから20km圏内 | ①帰還困難区域および大熊町・双葉町 | 130 | 30 | 100 | — | (30) | (20) | ※3 |
| | | ②居住制限区域または③避難指示解除準備区域 | 280 | 30 | — | 250 | (30) | (20) | ※3 |
| | 2.計画的避難区域 1Fから20km圏外 | ①帰還困難区域 | 130 | — | 100 | — | 30 | — | 個別確認 |
| | | ②居住制限区域または③避難指示解除準備区域 | 280 | — | — | 250 | 30 | — | |
| | ④特定避難勧奨地点 | 南相馬市 | 30 | — | — | — | 30 | — | |
| | | 川内村 | 30 | — | — | — | 30 | — | |
| | | 伊達市 | 22 | — | — | — | 30 | — | |
| | ⑤緊急時避難準備区域 | 2Fから8km～10km圏内 | 65 | 15 | — | 50 | — | (20) | |
| | | 上記以外の区域 | 50 | — | — | 50 | — | (20) | |
| | ⑥屋内退避区域および南相馬市の一部 | | 16 | — | — | — | — | 20 | |
| 圏外 | ⑦自主的避難等対象区域 | | 8 | — | — | — | — | 20 | — |
| | ⑧福島県県南地域および宮城県丸森町 | | 6 | — | — | — | — | 10 | — |

に、立法により消滅時効期間の再延長を実現するべきである。ふるさと喪失損害に関する判決が確定していない状況では権利行使を躊躇するのもやむをえないところであり、こうした権利行使をしていないことによって「権利の上に眠れる者」ということはできない。

原子力損害の被害者は、現在においても、多数存在する。2023（令和5）年にセンターに申し立てられた和解仲介申立て1,472件のうち、初回申立ては809件、同年の全申立件数に対する初回申立件数の割合は実に55.0％であり、今なお賠償を求める被害者が多数存在しているといえる。原発事故の発生につき何らの落ち度もない被害者の権利行使に障害が生じることは望ましくない。

2021（令和3）年3月以降、原子力損害の賠償請求権につき消滅時効期間を再延長すべき合理性・必要性は高まっているといえる。

# 第7 災害関連死等間接被害の問題

## 1 災害関連死をめぐる動き

内閣府は、2021（令和3）年4月30日に災害関連死事例集を公表した。作成の経緯・目的、災害関連死の定義、市町村における災害関連死認定の考え方、災害関連死の認定例・不認定例、災害関連死に係る裁判例を紹介している。これは、災害関連死の認定が円滑且つ適切に行われることを目的として作成・公表されたものである。裁判例としては、災害弔慰金不支給処分取消訴訟が圧倒的に多いが、災害弔慰金受給権訴訟という裁判も紹介されている。

この災害関連死事例集については、2023（令和5）年5月1日に増補版が内閣府より発表されている。増補版では、災害関連死の認定例・不認定例、災害関連死に係る裁判例が増補されているほか、災害関連死が認定された事例における関連死に至った経緯から個別の事情等がキーワード化して抽出され、これらが一覧表に整理されている。これにより、災害関連死が認定された事例の中でも多くの事例に共通する事情を一目で把握することができるようになったとともに、個別的な事情から関連死に至った経緯に同様の事情が含まれ

## 7 中間指針第5次追補

2022（令和4）年3月の最高裁決定により、7つの集団訴訟（浜通り訴訟、小高訴訟、生業訴訟、群馬訴訟、中通り訴訟、千葉訴訟、愛媛訴訟）における東京電力の損害賠償額に係る部分の高裁判決が確定した。これらの判決を踏まえて、2022（令和4）年12月20日、原賠審は中間指針第5次追補を発表した。その内容の概略については、以下の一覧表（東京電力ウェブサイトより）のとおりである。

中間指針第5次追補は、これまで賠償項目とされてこなかった損害についても取り上げたり、賠償額を引き上げたことは評価すべきである。しかしながら、中間指針の改定はかなり以前より求められていたにもかかわらず、長年改定されなかった。被害者の早期救済の観点からは、遅きに失したというべきである。また、法友会がこれまで求めてきた営業損害の継続賠償、旧緊急時避難準備区域の不動産損害賠償も盛り込まれていないことは、不十分であるといわざるをえない。

る事例を容易に参照することができるようになった。

審査する自治体によって不合理な差が生じることがないように、今後も、掲載事例を増やし、更なる判断基準の類型化、標準化が図られるべきである。また、事案ごとに関連死を防ぐ対策のコメントを付記するなどにより、関連死の予防につなげていく必要があろう。

## 2 災害関連死をとりあげる意義

### (1) 認定要件をめぐる問題

災害弔慰金の支給等に関する法律に基づき、災害により死亡した者の遺族に対して災害弔慰金（後記4参照）が支給される（同法3条）。この「災害により死亡した」（以下、「災害関連死」という。）との認定を受けた者について、東日本大震災については、岩手県で471人、宮城県で932人、福島県で2,343人、茨城県で42人など合計3,802人（2024〔令和5〕年12月31日現在：復興庁まとめ）となっている。東日本大震災においては、被災地の県レベルで認定に不均衡があったことが問題とされた。震災相談等の現場からは、この不均衡の要因として、①認定基準の不統一、②制度の周知不

足、③災害関連死の審査について市町村による県の審査会への委託の有無、④委員の構成等が挙げられている。

実際、宮城県においては、震災から6ヶ月以上後に死亡した者についての申請が著しく少ないことが指摘された。これは新潟中越沖地震の時の運用基準（いわゆる長岡基準：震災から6ヶ月以上経過後の死亡は災害関連死でないと推定する）を形式的に援用したためと思われる。しかし、災害関連死であるかどうかは震災から死亡までの期間（例えば6ヶ月以内）で形式的に判断されてはならない。したがって、長岡基準を形式的に運用し、認定上の不均衡が生じて救われるべき人が救われていないとすれば重大な問題といわざるを得ない。

**(2) 経験が生かされなかった熊本地震の災害関連死の多さ**

2016（平成28）年4月の熊本地震では、熊本県内の直接死が50人であったが、災害関連死認定数は219人である（2024〔令和6〕年8月13日現在、熊本県）。熊本県が一応の災害関連死認定のための審査基準と審査方法を策定し、これをもとに各自治体が修正を加えて審査を行うことになり、熊本市、八代市等6市町村が審査会を単独に設置し、益城町、西原村等14市町村が共同で審査会を設置した。熊本市の審査会は、弁護士2名、医師3名からなっている。東日本大震災での反省を踏まえ、熊本地震では災害関連死の認定審査にも工夫を凝らしたと評価できる。しかし、直接死を大きく上回る人数であり、原因で多かったのは、地震のショック・余震への恐怖による肉体的・精神的負担が112人、避難所生活などの肉体的・精神的負担が81人、医療機関の機能停止などによる初期治療の遅れが46人であった。いずれも東日本大震災で指摘されていた事由であり、経験が生かされなかったといえる。

その後の九州北部豪雨や2018（平成30）年7月豪雨でも災害関連死と認定された被災者がおり、2019（令和元）年台風15号では千葉県内で12人（2021〔令和3〕年1月21日速報、千葉県）、同年台風19号及び10月25日からの大雨では併せて28人（2023〔令和5〕年5月1日災害関連死事例集〔増補版〕、内閣府）、2021（令和3）年7月熱海市伊豆山土石流では1人（2022〔令和4〕年2月9日発表、熱海市）、2022（令和4）年台風15号では3人（2023〔令和5〕年8月17日発表、静岡市）が災害関連死と認定されている。被災による精神的ショック・不安をかかえた状態で、環境の悪化による健康被害が重なっての死因の関連死が多いが、自殺を死因とする関連死も少なくない。災害関連死の問題はなおざりにできない。

そのような中で、令和6年能登半島地震が発生した。能登半島地震において災害関連死と認定された被災者は、既に、石川県で110名（2024〔令和6〕年8月27日現在、石川県）、新潟県で2名（2024〔令和6〕年8月8日現在、新潟県）、合計112名に上っている。これまでは、市町村ごとに選定された委員により災害関連死の審査が実施された例もあった。しかし、能登半島地震では、被災した市町が災害対応に追われていたなどの事情から、県と被災した市町による合同審査会により災害関連死の審査が実施されている。合同審査会において災害関連死として認定されるべき事案だと判断された場合には、合同審査会より関係市町に答申があり、答申を受けた各自治体が災害関連死と認定することとなっている。合同審査会による審査は、市町それぞれの審査基準に左右されないため画一的な認定に資するというメリットがある。しかし、災害の影響は場所によっても大きく異なるものである。被災した市町による審査でないからといって、被災者の置かれた個別具体的な状況が捨象されることは相当ではなく、これを適切に把握して、過度に画一的な判断とならないような注意も必要であろう。

## 3 改善のための方策

### (1) 認定基準の明確化・制度周知

救われるべき人が救われなければならないし、遺族の間で不公平を生じることがないようにしなければならない。認定基準で重要な点は、「災害と死亡との間に災害がなければその時期に死亡することはなかった」と認められること（相当因果関係）である。

### (2) 審査委員会の問題点の解消

岩手県において災害関連死の認定率が低い理由として、審査業務を県の審査委員会に委託していることが指摘された。県の審査委員会のメンバーに、被災地の状況、仮設住宅入居者に生じている問題等前提知識に乏しい者がおり、認定申請書に記載のない当然の情報を加えて判断することが困難だったからではないかと推測された。宮城県では、自前の審査会を持たず県の

審査委員会に審査を委託している市町村では申請件数は著しく低かった。市町村で審査委員会を設置することがマンパワーとして難しいところもあるが、住民に身近な自治体間で共同して設置するなど工夫が求められる。

また、審査委員の構成に関しては、医師はその職務の性質上死亡の主たる原因の究明、認定に大きな力を発揮するものの、法律判断である相当因果関係の判断は、法律の専門家である弁護士が担当すべきであり、審査委員には弁護士を多く選任すべきである。

以上の状況を踏まえ、弁護士会は、被災地の市町村に対し自前の審査委員会の設置を働きかけるとともに、審査委員における弁護士委員の割合を増やすように求めるべきである。もちろん、それに対応すべく、弁護士会は人材養成のための研修を行い、適切な人材提供に努めなければならない。

## 4 災害弔慰金の算定の問題

災害関連死と認定されると、死亡した者が主たる生計維持者の場合は500万円、そうでない場合は250万円の災害弔慰金が遺族に支給されることになっている。この点について、遺族に103万円以上の収入がある場合には、一律に死亡者を主たる生計維持者と認められない運用がなされた時期があった。

しかしながら、生活実態を全く考慮することなく、上記の基準のみで生計維持者か否かを判断することは不合理である。このような運用により、被災地では、生存配偶者が、自らが働いて収入を得たことで亡くなった配偶者の命の価値を低下させてしまったと考え、苦しんだという事例も存在した。法友会では、上記収入基準だけで死亡者が主たる生計者か否かを判断する運用は速やかに改めるべきとの意見を述べてきた。

国は、熊本地震以来、死亡者が主たる生計維持者か否かを上記収入基準のみによって判断する運用を改めて、「生計を主として維持していた場合」の取扱いを「世帯の生活実態等を考慮し、収入額の比較を行うなどにより市町村において状況を確認し、死亡者が死亡当時において、その死亡に関し災害弔慰金を受けることができることとなる者の生計を主として維持していた場合か、その他の場合かを判断する」と変更する通知を発したことは評価できる（2016〔平成28〕年6月1日付内閣府政防第700号）。

## 5 自殺予防

東日本大震災後、避難後の仮設住宅において、または、原発事故からの避難先において、自殺した事例があった。熊本地震でも2017（平成29）年8月末時点で災害関連死が認定された189人の死因を調べたところ、16人が被災後のストレスによる自殺であったという（2017〔平成29〕年9月26日朝日新聞デジタル）。生活環境が激変し、生活再建への見通しが立たないことも一因と思われる。原発事故で福島県から茨城県に避難した者への筑波大等が行ったアンケート調査（2016〔平成28〕年末時点）では、310人の回答者のうち、「最近30日以内に自殺したいと思ったことがある人が20％に上った」とのことである（2017〔平成29〕年9月25日日経新聞朝刊）。

災害から時が経ち、復興が進むにつれて、公衆衛生面からのケアのみでは、真に支援が必要な被災者が埋もれてしまい見失われているという可能性もある。行政においては、防災分野のみならず教育分野、福祉分野等とも広く連携の上で、分野横断的に更なる対策について協議が進められることが願われる。また、民生委員や自治会長による住民同士の声かけ等の地域活動を通じて、心のケアを必要とする被災者を見落とすことなく把握し、精神的に不安を抱える被災者を孤立させることなく周囲のコミュニティを再構築する等の対応が継続されなければならない。

災害から長期が経過したからといって被災者の不安は拭われたなどと軽々に判断することは許されない。時の経過と共に、被災者に必要とされる支援の内容は変化していくものであり、これからも、被災者の心のケアを含む、状況に応じた支援の継続が重要となろう。

## 6 避難所以外の避難者等の支援の枠組み

従来の非難生活における支援は、避難所の生活改善や、避難所を地域の拠点とした地域の避難者等の支援のように、避難所における取組みを中心に捉えるものであった。しかし、近年の災害では、避難所に居場所を確保することができなかったり、健康状態や障害等により避難所への移動や避難所での生活が難しかったり、プライバシーの確保やペットの世話であったりと様々な理由から、避難所に避難することなく在宅や車中泊等で避難生活を送る避難者等が多く存在している。また、新型コロナウイルス感染症の感染拡大を防止す

る観点から、旅館・ホテルの活用に加えて、親戚・知人宅への避難や在宅避難といった分散避難も進められてきた。

このように、避難者等の避難生活を取り巻く環境は大きく変化している。かかる現状において、避難所以外に避難する者の状況把握や支援方策の検討は喫緊の課題となっている。

内閣府からは2024（令和6）年6月28日に「避難生活の環境変化に対応した支援の実施に関する検討会」のとりまとめが公表された。このとりまとめでは、基本的な考え方として、①「場所（避難所）の支援」から「人（避難者等）の支援」への考え方の転換、②官民連携による被災者支援、③平時・生活再建フェーズの連続性の確保、④デジタル技術の利活用という、4点を掲げたうえで、避難所以外の避難者等の支援の取組について、避難者等の状況把握、避難所以外の避難者の支援拠点、車中泊避難者の支援といった観点から検討がなされている。

熊本地震では、避難先とした場所について回答者全体の74.5%が車中泊避難を、50.9%が自宅（在宅）避難を経験したと回答しており、いずれも避難所と回答した割合（45.3%）を上回っているように（内閣府「平成28年度避難所における被災者支援に関する事例等報告書」(2017)）、近年では、在宅避難、車中泊避難の割合が多くなっているところ、災害関連死は避難所滞在中と比較して自宅等において高い比率で発生している（内閣府「災害関連死事例集（増訂版）」(2021（令和3）年5月追補）。災害関連死を防止していく観点からも、避難所以外の避難者等の支援は重要な課題といえよう。

2024（令和6）年度能登半島地震では、個別訪問等のアウトリーチによる避難者等の状況の把握に加えて、石川県が主体となって、自宅、車中泊、県内外の親戚宅等に避難した人を対象に、県の公式LINEや電話回線を利用して情報登録窓口を設置して、避難者等に現在の居所の登録を促すといった取組もなされている。

今後は、避難所における生活環境の向上という従来の支援に対する取組と併せて、避難所以外の避難者にも適切な支援が行き届くように、関係部局と民間支援団体が連携して、避難者等の情報を把握し、避難者等の状況に応じた支援を実施することができる環境の整備、取組が重要となろう。

## 第8　首都圏における災害対策

### 1　東京における防災

今後30年以内に7割の確率でマグニチュード7クラスの首都圏に影響を及ぼす地震が発生すると言われており（政府地震調査委員会）、発生した場合には、最大の被害想定で死者が2万3,000人、避難所生活者が720万人、倒壊または焼失する建物は61万棟（焼失は41万2,000棟）と言われている。2022（令和4）年5月25日に公表された東京都防災会議による首都直下地震等による東京都の新たな被害想定では、前回想定（2012〔平成24〕年4月18日公表）よりも建物被害（都心南部直下地震で19万4,431棟）、死者数（同6,148人）とも下方修正されたが、依然として甚大な被害が想定されている。上記被害想定では、身の回りで起こり得る被害の様相が日数単位、週間単位で示されている。電気、上下水道などのライフライン、交通への影響が長期化し、鉄道は1週間から1ヶ月間程度運転できない状態が続くおそれがある。経済被害は、建物損壊など直接的被害が42兆円、企業の生産活動やサービス低下による間接的被害が48兆円、その他被害を合わせて95兆円に上ると予測されている。首都直下型大規模地震の危険のあるなかで、2020（令和2）年4月7日、新型コロナウィルス感染症にかかる緊急事態宣言が発せられ、東京都では5月26日まで継続した。その後も流行の波に応じて緊急事態宣言が繰り返され、避難場所における感染症対策の問題に直面した。

首都直下型地震に限らず、毎年のように発生する風水害の発生と感染症の流行も想定して、防災・減災対策と発災後の準備を進めておかなければならない。災害対策として自助・共助・公助という概念があり、住民は公助が始まるまでの自助・共助を準備して、私たち弁護士は、損壊・焼失する住宅・建築物が多数に及ぶこと、生活インフラが停止すること、帰宅困難者（東日本大震災の際は約515万人）や在宅避難者がかなりの人数になること、他県への避難など大規模な避難行

動が広範囲で必要になることに備え、公助を含めた災害対策を考えなければならない。

## 2 平時における防災

　2004（平成16）年に東京三会が他の専門家職能団体等に呼びかけ、「災害復興まちづくり支援機構」が創設された。この機構は、東京都と協力関係を構築しているが、防災まちづくりだけでなく、災害が発生した場合に、東京三会が同機構と協力して各種相談事業や復興まちづくり事業等を行うことになっており、我々は、引き続き同機構の活動の充実・強化を支援していく必要がある。熊本地震や糸魚川大規模火災、台風15号や台風19号における地元単位会の活動に鑑みれば、発災時の時点における機敏な対応が重要であることは明らかであり、その態勢を整えておくべきである。

　都市型災害として1995（平成7）年1月17に発生した阪神淡路大震災、2018（平成30）年6月18日に発生した大阪北部地震や各地の台風災害、豪雨災害を教訓に、防災・減災まちづくりに協力し、被災者に必要な情報を提供する準備をしておくほか、都内全域の被災者のための相談体制や紛争解決のための災害時ADRを準備しなければならない。

　自助・共助・公助という分担を意識し、ハザードマップの利用推進による減災、地区防災計画や地域防災計画作りに関心を持ち、計画策定に関わることやコミュニティにおける災害対策を支援することのほか、発災を想定した訓練の実施を呼びかけなければならない。危機意識・危機管理を忘れないための広報活動、大きな視点での平時の災害対策として自治体との連携、社会福祉協議会との連携、企業やボランティア団体との連携を深めることが重要である。また、企業の事業活動は社会経済生活に欠かせないものであるから、BCP（事業継続計画）作成を求め災害発生後に円滑に事業再開・回復が進むように働きかけることが必要である。

## 3 東弁における災害対策

　東京を襲う地震や台風が発生する事態や、全国各地で災害が発生することを予想し、東弁は、被災者支援、復旧支援活動を支えるための活動資金として、また、会員が重大な被害を被った場合の支援のため、2016（平成28）年度に、東京弁護士会災害対策基金（以下、「災害基金」という。）を創設し、東京弁護士会災害基金

創設に伴う災害基金特別会計（以下、「災害基金特別会計」という。）に2億円を組み入れた。

　東京周辺で大規模災害が発生すれば甚大な被害が予想されている状況のもと、基金の創設により、適時かつ適切な支援活動が可能となった。

　なお、基金創設後の支出実績として2016（平成28）年度に糸魚川大規模火災が発生した新潟県弁護士会に見舞金として50万円、2018（平成30）年度に同年7月豪雨災害についての復興支援活動のために日弁連に100万円が支出された。同年9月北海道胆振東部地震災害について札幌弁護士会に見舞金50万円、2019（令和元）年8月の九州北部の集中豪雨災害について佐賀県弁護士会に見舞金20万円、同年9月の令和元年台風第15号による災害について千葉県弁護士会に見舞金30万円、2020（令和2）年7月豪雨災害について日弁連に30万円、2021（令和3）年7月の静岡東部豪雨災害について静岡県弁護士会に20万円が支出された。

　さらに、東弁は、災害対策経験で実績のある仙台弁護士会および広島弁護士会との間で2019（平成31）年3月にそれぞれ災害時における連携協力に関する協定を締結した。これにより、両単位会から経験に基づく助言を得て東弁の災害対策を充実することが期待される。また、両会において災害発生時に会員の安否確認や被災者支援の相互連携も期待できる。首都直下型地震における連携を考え、近隣単位会の神奈川県弁護士会、千葉県弁護士会、さいたま県弁護士会の各災害対策委員会と意見交換を行い、顔の見える関係作りに努めている。

　また、災害委員会の正副委員長と担当副会長をメンバーとするグループLINEを作成するなど、会内でも具体的に非常時に指揮が執れる態勢作りを推し進めている。

## 4 今後の課題

### (1) 自治体や近隣単位会との連携

　東京三会の会員は近隣他県に居住している会員が多く、近隣単位会との協力関係の下地が存在する。荒川・江戸川の洪水と高潮の複合災害が発生した場合、都内江東5区の浸水想定区域に住んでいる250万人が影響を受けるといわれており（「江東5区大規模水害ハザードマップ」より。）、大規模災害に備えて地方自治体との連携や近隣単位会との協力関係・情報交換体制の

形成に努める必要性がますます増している。

　東京三会では、以前から特別区との災害時の連携協定の締結を進めていたが、締結後は具体的な活動に結びつけられていなかった。しかし、近時はそれを見直し、平時から連携を深めるため自治体との活動を活発化させ、自治体職員向けの研修、自治体主催の防災訓練への参加、災害時に法律相談を実施する際のスキームを共同で構築するなど、さらなる連携に向けた具体的な活動に着手している。そして、こうした活動をさらに促進するにあたっては、災害時の法律相談においては、日常の法律相談とは異なる法的知識や運用実態に関する知識が必要であるという特殊性を考慮し、各地区法曹界の状況に合わせた対応が必要となろう。具体的には、(1) 各区の地区法曹において研修を実施して研修受講者が名簿に登載されている区はその運用を充実させる、(2) 各区の地区法曹において研修を実施していない場合には、各区独自で研修を実施して名簿を作成するか、東京3会に研修を委託して名簿を作成する、(3) 各区において地区法曹での対応が困難な場合には、東京3会に名簿作成を委託する、という対応が考えられる。

## (2) 弁護士・法律事務所や弁護士会のBCP

　発災後帰宅を見合わせる3日間の食料の備蓄、電気・ガス・水道の供給が止まることを想定した対策が望まれる。勤務弁護士も経営弁護士も、個人的な緊急事態に陥っても依頼者や顧問先との関係で弁護士活動の継続性を維持していくために、BCP（災害等危機的状況下における事業継続計画〔Business Continuity Plan〕）の作成が望まれる。

　東弁には災害対策マニュアルが存在し、BCPを兼ねた内容となっている。大阪北部地震に際しての大阪弁護士会・京都弁護士会での課題を参考に改訂を加え、新型コロナウィルス感染症の感染拡大防止対策の際に感染症の流行に対応した改訂を行った。今後も随時見直しを行い、アップデートしていかなければならない。また、多摩支部との関係では、多摩支部内に災害対策マニュアルのチーム案が策定されたとの報告があるが、本会との連携を想定したものにする必要がある。新型コロナ感染防止対策に際して本会の一存で支部会館を閉鎖するなど意思疎通に課題のあることが明らかとなり、この点からも災害対策マニュアルの充実が求められる。

　現在、弁護士・弁護士会の事業継続のためのみならず、各省庁からの問い合わせに迅速に対応するため、無事が確認された弁護士に法律相談対応を依頼するため、被災した弁護士に対して見舞金を支給するためといった必要から、安否確認テストを繰り返しているが、参加率は12%程度と低い。引き続き多くの会員に、弁護士会が主導して行う安否確認の必要性について理解を求め続けるべきであるが、大規模災害がいつ発生するかわからないことに鑑みるならば、発災した場合、安否確認のできない会員が多数に及ぶ前提で、会員の依頼者や裁判所等からの問い合わせへの対応や事業継続を想定して備えをしておかなければならない。

## (3) 被災者支援活動

　被災者支援は災害発生後に速やかに被災者のもとに駆け付けて開始することが重要となっている。被災者の法律相談としては、23区の多くの区では地元法曹会が相談活動の担い手になることが想定されている。東京三会は各区の地元法曹会と連携してそのバックアップをすべきことになるが、その準備は決して十分とはいえない。多摩地域について多摩支部において支援を行えるように準備を進めなければならない。離島への支援策も今後の課題である。

　また、自主的に支援活動を行う弁護士グループが多数発生することが想定されるところ、各区や自主グループによる相談活動によって認知された被災者のニーズを集約して、さらなる支援の拡充や立法活動へ結びつける仕組み作りが求められる。

　東弁としては、大規模災害及び感染症の流行を想定した防災並びに発災後の支援の準備を進めておかなければならない。会員が各地の避難所の運営に関わることも予想され、会員に避難所運営に関する必要最小限の知識の提供と、ダイバーシティ視点での運営を実現するために、男女を問わず避難所運営者予定登録名簿を作成して登録と研修受講を呼びかけるべきである。

## (4) 法友会の取組み

　法友会では、これまで、東日本大震災等復興支援特別委員会（現：災害対策復興支援委員会）のメンバーを中心に、平時はその機動性を生かして各地の被災地を実地に視察し、また先端的な災害法制度の研究・提言を行う活動を継続的に行っている。

　他方で、2018（平成30）年の西日本豪雨災害発災を受けて日弁連で電話相談を実施した際には、多くの会

員が夏期休暇の間も霞ヶ関において西日本の被災地からの電話相談を受け持った。

　毎年災害が発生する状況にあり、災害対策の日常化が叫ばれる昨今、率先して多くの電話相談員、災害時

ADRの書類作成支援、自然災害による被災者の債務整理に関するガイドラインの登録支援専門家を会内から輩出すると共に、復興支援の担い手を委員会外にも広げる活動が求められていると自覚すべきである。

## 第9　気象業務法上の問題点と規則改正（「津波フラッグ」の運用開始）の実現

### 1　問題点の把握及び規則改正に至った経緯

　東日本大震災を機に、行政における防災のあり方は、「災害に上限なし」、「人命が第一」との認識のもと、防波堤・防潮堤による「一線防御」から、ハード面の整備とソフト面の施策を総動員する「多重防御」への転換が図られ（「東日本大震災からの復興の基本方針」2011〔平成23〕年7月29日復興庁東日本大震災復興対策本部参照）、東日本大震災の経験を踏まえ制定された「津波対策の推進に関する法律」（同年6月24日施行）においても、各地方自治体に対し、ソフト面・ハード面における津波対策の努力義務が規定された。しかし、現実には、ソフト面対策のうち津波警報や予報（以下、併せて「津波警報等」という。）の周知方法や被災者の大規模避難の方法等については、自治体ごとにその策定状況に大きなばらつきがあり、具体的で効果的な施策が広域的に講じられているとは言い難い。

　また、昨今は、広島市の土砂災害（2014〔平成26〕年）や熱海市の土石流災害（2021〔令和3〕年）、能登半島地震とその後の奥能登豪雨（2024〔令和6〕年）等集中豪雨や台風の被害の激甚化や複合災害化により、我々のこれまでの経験からは予測もつかない規模の災害が頻発しており、誰しもが気象災害における"被災者"になり得る状況にある。

　そうした中、法友会ではこれまで、東日本大震災等復興支援特別委員会（現：災害対策復興支援委員会）の有志を中心として、被災地訪問や関係各方面との意見交換等を通じ、いかに災害による被害を防ぐか又はこれを少なくするかという観点から調査検討を進めてきた。また、その過程で、一部の自治体や民間の関係機関による先進的なソフト面対策の実施・普及、あるいは、最先端の研究に基づく気象等に関する情報の公開が、気象業務法やこれに関連する法令又は行政基準

（以下、併せて「気象業務法等」という。）の不備により妨げられているのではないかとの問題意識を把握したことから、当時の災害対策PT（現「災害復興PT」）において調査検討が開始され、関係各機関（気象庁や鎌倉市など）からのヒアリングや勉強会の実施、政策要綱での提言などを経て、2018（平成30）年には、法友会として、内閣府や国土交通省ほか関連省庁、各政党や各弁護士会など79団体に対し、「災害時の住民避難に係る気象業務法上の意見書」の執行がなされた。また、並行して各方面（日本ろうあ連盟や日本ライフセービング協会など）への働きかけなども実施した。その後、同意見書の執行が気象庁との意見交換の実施や、同庁開催の「津波警報等の視覚による伝達のあり方検討会」の立ち上げなどへと繋がり（同検討会においては、法友会会員がオブザーバーとして参加した。）、結果として、2020（令和2）年6月には、気象業務法施行規則13条及び予報警報標識規則2条が改正されるに至った（令和2年国土交通省令第60号。2020〔令和2〕年6月24日公布）。

　そこで、本稿においては、①津波警報等の伝達方法における不備とその是正に向けた動きと改正実績を整理・記録の上、その後の「津波フラッグ」の運用状況を付記し、②気象業務法制の改善に関する進捗状況について言及しておくことで、引き続き、減災・備災施策に応じて継続的に求められる気象業務法等の改正の必要性及びその方向性につき、世論喚起や立法提言に向けた問題提起の一石としたい。

## 2 津波警報等の伝達方法における不備と「津波フラッグ」の運用開始の実現

### (1) 鎌倉市を中心とする神奈川県沿岸部の事例が示す、気象業務法施行規則の不作為

　沿岸部において、津波による災害の発生が想定される場合、地元住民の速やかな避難はもちろん、海水浴客やマリンスポーツなどで海上にいる観光客らが速やかに陸にあがり、他の観光客らと共に、津波避難ビル・タワーなどの安全な場所に避難することが不可欠であるところ、東日本大震災の発生当時、神奈川県沿岸部において、海上の海水浴客らに対し、サイレン等の音声による津波警報が風等の影響で届かなかった事例が発生した。

　これを受け、鎌倉のマリンスポーツ関係者は、主として海上の観光客らに、オレンジフラッグを掲げて津波警報を知らせるというルールを策定の上、これを全国に広める活動を始め、並行して鎌倉市が中心となり、2011（平成23）年7月22日開催の津波対策に関する意見交換会において、神奈川県と同県16市町の首長連名で、フラッグによる警報等の伝達方法を法制度に位置づけることを国に要望することを決定した。気象業務法24条は、「形象、色彩、灯光又は音響による標識によって気象、地象、津波、高潮、波浪又は洪水についての予報事項又は警報事項を発表し、又は伝達する者は、国土交通省令で定める方法に従ってこれをしなければならない。」として、音響以外の多様な標識を想定した定めがなされている一方で、その具体的な方法を定める同規則13条において、津波警報等に関しては「鐘音又はサイレン音による。」（なお、この規定の詳細〔細目〕は、予報警報標識規則〔昭和51年気象庁告示第3号〕に定められている。）として、音響以外による標識を定めていなかったためである（以下、「本件不作為」という。）。

　上記要望は、その翌年、気象庁による海岸を有する全自治体（都道府県、市町村）587件を対象とした「海水浴場等における津波警報の伝達に関するアンケート調査」の実施へと繋がり、同アンケート調査の回答結果（2012〔平成24〕年5月15日気象庁発表）においては、視覚による伝達手段を整備している自治体が回答数全体の1割に満たない状況が明らかになる一方で、海上の海水浴客らへの伝達手段の全国統一が必要と回答した自治体が、約6割にのぼった。

### (2) 本件不作為が、先進的なソフト面対策の普及を阻害する一因となっていたことについて

　公益財団法人日本財団と「防災をこれからのフェーズへ」というミッションを掲げる一般社団法人防災ガールの共催で始動した津波防災のソフト面に特化した普及啓発活動に、「#beORANGE」と呼ばれているプロジェクトがあった。地震発生時に、視認性が高く海に映えるオレンジ色を使ったオレンジフラッグを、海にいる人に見える場所で振り、海に出ている人に向けて「早く浜に上がれ」ということを伝えると共に、津波避難ビル・タワーに掲げることで、緊急時に避難する先を誰もがわかる形で示すという避難訓練を全国各地で実施するというもので、2016（平成28）年にスタートし、1年目は愛知県、高知県及び静岡県各沿岸の一部市町村、2年目はさらに宮崎県の沿岸10市町を中心としてオレンジフラッグによる避難訓練の実施や普及啓発のためのイベント等が実施された。

　プロジェクトの主催者によれば、かかる活動で各地の自治体をまわるなかで、複数の自治体から、オレンジフラッグのような視覚伝達手段による標識の行政施策化あるいは条例化は、各自治体において異なる規定が許容される類のものではなく国による施策を待つべきであるとか、上述の気象業務法施行規則が鐘音またはサイレンによる警報しか認めていないことを理由にした消極的な意見が聞かれたとのことであった。

### (3) 施行規則の改正経緯とその内容

　かように全国的にも視覚伝達手段による標識の法制度化の要望があったことや、法友会の意見書の内容を受けて、気象庁が、2019（令和元）年に入り、地方自治体に対する再度のアンケートや関係各団体の担当者（東日本大震等災復興支援特別委員会有志を含む）に対するヒアリングを実施し、さらに、標識の具体的な方法について、有識者による「津波警報等の視覚による伝達のあり方検討会」を開催の上（第1回は2019〔令和元〕年10月29日付け。第2回は同年12月25日付け。第3回は2020〔令和2〕年2月13日付け。2019〔令和元〕年11月29日には、横浜市海の公園において、複数の旗を用いた実証実験も実施された。）、結果として、2020（令和2）年6月に、気象業務法施行規則13条及び予報警報標識規則2条の改正に至ったことは、まさに、法友会によるこれまでの問題提起が奏功した展開であるといえよう。気象庁は、上記検討会による取りまとめ

を受けて、津波警報等の伝達に赤と白の格子模様の旗（呼称「津波フラッグ」）を用いることとし、2020（令和2）年6月24日付けで、規程類を改正するとともに、運用の参考となるガイドラインを公表した。

なお、各規則の具体的な改正内容については、以下のとおりである（この点、「津波フラッグ」の色彩・形状として、オレンジではなく、赤と白の格子模様が採用された理由の一つとしては、日本人の成人男性のおよそ5％にみられる色覚障がい者にとっても視認性の高いものである必要があったことなどが挙げられる。）。

**ア　気象業務法施行規則**

旧13条　法第二十四条の国土交通省令で定める方法は、次の表の上欄に掲げる予報または警報について、同表の下欄に掲げる方法とする。

| 津波注意報 | 鐘音又はサイレン音による |
| 津波警報 | |
| 津波特別警報 | |

新13条　法第二十四条の国土交通省令で定める方法は、次の表の上欄に掲げる予報または警報について、同表の下欄に掲げる方法とする。

| 津波注意報 | 旗を用いるか、又は鐘音又はサイレン音による |
| 津波警報 | |
| 津波特別警報 | |

　　2　前項の表の下欄に掲げる方法の細目は、気象庁長官が定める。

**イ　予報警報標識規則の別表第1（新規）**

別表第1（第2条関係）
旗を用いた津波注意報標識、津波警報標識及び大津波標識

| 津波の種類 | 標　識 | |
| --- | --- | --- |
| 津波注意報 | | |
| 津波警報 | 赤 | 白 |
| 津波特別警報 | 白 | 赤 |

（注）旗は方形とし、その大きさは適宜とする。

**(4)　「津波フラッグ」の運用状況について**

その後も気象庁は、2020（令和2）年12月に公益財団法人日本ライフセービング協会と「水難事故防止・防災に関する協定」を締結し、「津波フラッグ」の広

報等の実施に努め、2021（令和3）年3月には、日本ライフセービング協会と共同で、映像資料「津波フラッグは避難の合図」を制作するなど、「津波フラッグ」の周知・普及を図っている。

こうして2020年（令和2）年に始まった津波フラッグの運用は、2024（令和6）年2月時点で、海水浴場を持つ全国の402の市町村のうちおよそ6割にあたる255（気象庁調べ）の市町村で導入されるに至っており、気象庁は、2025（令和7）年までに8割以上の自治体の導入を目指しているが、2023（令和6）年の調査と比べると導入数が6か所しか増えておらず、また、全国のライフセーバーを対象に行われたアンケートでは、各海水浴場の海浜利用者に十分な周知がなされていないという趣旨のアンケート結果もある（公益財団法人日本ライフセービング協会調べ）。

導入が進まない背景の一つとして気象庁は、「小規模な海水浴場やライフセーバーが常駐していない場所では、『津波フラッグ』を振る人の確保が難しいためだ」としているが（2021〔令和3〕年7月24日付けNHKニュース「津波避難呼びかける『津波フラッグ』導入自治体30％にとどまる」から抜粋）、人の確保の可否は予期できた要因であり、かつ、代替手段（例えば、小型無人航空機〔ドローンやラジコン等〕を利用した遠隔での「津波フラッグ」の活用の可能性については検討されて然るべきである。）の検討が可能な課題である（2020〔令和2〕年2月25日衆議院予算委員会第一分科会岡本三成議員発言の趣旨を参照）。

この点、そもそも「津波フラッグ」の導入が進まない要因としては、国民や現場（海水浴場等）への一方通行的な情報発信にとどまる、従来型の広報や周知・普及という方法自体の改善が求められていると考えるべきである。「津波フラッグ」は、単に認知が広がるだけでは足りず、現場への配備と継続的な運用が必要な施策であることから、広報や周知の過程は、上記(3)のような様々な当事者を巻き込んだ策定過程と同等、またはそれ以上に、住民や現場を巻き込んだ実践的かつ共創的な取組みが継続される必要がある。

**(5)　小括**

気象業務法13条3項は、「気象庁は、前二項の予報及び警報をする場合は、自ら予報事項及び警報事項の周知の措置を執る外、報道機関の協力を求めて、これを公衆に周知させるように努めなければならない。」と

定めている。

　国には、津波警報等の利用者に対する伝達に関し、音響による標識を定めるだけでなく、聴覚障がい者及び音響による警報に気づきにくい状況の人々のほか、高齢者、障がい者、外国人（在住外国人及び訪日観光客）などの多様な受け手を意識した立法の拡充と、のみならず、そこで定められた具体的な標識を各現場において周知し、真に活用される環境整備を継続的に実施していくことが求められる。

　明日にでも災害は起こるかもしれず、もとよりJアラートやエリアメールといった新たな情報機器を利用した方策も執られてはいたが、これだけでは十分ではない。特に、地方公共団体において、津波に関する予報又は警報事項の標識による伝達について、音響による手段に比べ、視覚（形象、色彩、灯光など）による手段の整備事例が少なかったことに鑑み、津波フラッグについては、ソフト面からの防災意識の一層の啓発に繋がるよう、引き続き関係各機関との連携と標識自体の周知広報を継続的かつ積極的に実施していくことが極めて重要である。

## 3　気象業務法制の改善に関する進捗状況

(1) 2023（令和5）年5月31日付けで、気象業務法及び水防法の一部が改正された（同日付けで公布及び一部施行）。この改正は、防災に関する情報提供の充実に向けて、国・都道府県が行う洪水等の予報・警報や民間の予報業務の高度化・充実を図るためになされたものであり、概要は以下のようなものである。この改正により、従前の政策要綱においてこれまで指摘してきた、気象予報士の配置に関する諸問題や、洪水及び土砂災害に関しては予報業務の許可に係る審査基準が定められていなかった状況が改善されるに至った（当該改正により例えば、民間事業者である一般財団法人日本気象協会が、気象庁から認可を受け、気象業界初となる最長2年先までの長期気象予測の提供が可能となったことから、2024（令和6）年6月11日付けで、企業に向けたサービス提供を開始する旨のプレスリリースを発信している）。

［概要］

(1) **国・都道府県による予報の高度化（国民の防災活動に資する「防災気象情報」の提供）**

ア　**都道府県指定洪水予報河川の洪水予報の高度化**
（水防法・気象業務法）
・国土交通大臣が、都道府県知事の求めに応じ、都道府県の洪水予報河川の予測水位情報を提供
・都道府県知事と気象庁長官は、提供された情報を踏まえ、共同して洪水予報を実施

イ　**火山現象に伴う津波の予報・警報の実施（気象業務法）**
・気象庁の予報及び警報の対象となる現象に、火山現象に伴う津波を追加

(2) **民間事業者による予報の高度化（多様なニーズに応じた「きめ細やかな予報」の提供）**

ア　**最新技術を踏まえた予報業務の許可基準の最適化（気象業務法）**
・最新の予測手法の導入により予報精度の向上を図るため、許可基準を新設 等（自ら気象の予測をしない事業社は、気象予報士の設置義務を免除。土砂崩れ・洪水の予測技術の審査には、国土交通大臣も関与）

イ　**防災に関連する予報の適切な提供の確保（気象業務法）**
・洪水等の社会的影響が特に大きい現象の予報業務には、気象庁の予報等との相違による防災上の困難を防止するため、事前説明を義務付け 等

ウ　**予報業務に用いることができる気象測器の拡充（気象業務法）**
・予報精度向上のため、検定済みではない気象測器の補完的な使用を可能に

(2) また、「洪水及び土砂災害の予報のあり方に関する検討会」が取りまとめた報告書（国土交通省・2021〔令和3〕年10月5日付け）を見ると、「民間気象事業者等（民）からも予報を提供していくことは、社会のより適切な防災対応や事業継続の実施に有効である。」として、予報サービスへの民間事業者の参入の有効性を認めた上、さらに、「効果的な予報の活用のためには、利用者自身が自らの情報という意識が持てなければ行動に繋がらないため、情報の発表者と利用者がコミュニケーションを図りつつ共に形を造り、情報と行動の関連付けを行っていくという考え方（いわゆる、情報のオーナーシップ）が重要である。」（以上、4、5頁）として、これまでは一方通行的な情報の受け手として捉えられていた国民自身の「情報のオーナーシップ」

についても言及がなされている。

（3）今後は、さらに多角的に、予報業務許可制度（気象業務法17条）や、同制度の創設と同時に規定された気象庁以外の者による警報の禁止規定（同23条。警報〔防災気象情報〕の国家気象情報への一元化〔いわゆる「Single Authoritative Voice」〕については、世界的に見ると法制度化している国は少ないとされている〔測候時報第83巻2016「気象業務法の沿革等」〕。）の合理性や相当性なども踏まえた上での、気象予報に係る制度設計に関する国民的な議論がなされる必要があると考える。

海外のような異業種からの予報サービスへの参入が進まない原因として、様々な規定や基準（気象等の予報業務の許可等に関する審査基準）をクリアしなければ予報業務の許可が下りないことが障壁になっていることが挙げられている。同報告書がその有効性や必要性に言及している予報サービスへの民間事業者の参入や国民自身による情報のオーナーシップに関する考え方を具体的に推し進めるためには、新たな法制度の構築・改善が求められるはずである。

我々弁護士は、新たな分野であるこの気象業務法制に関する問題についても今後研鑽を重ね、地球規模で激甚化がみられる気象災害に対し、我国の法制度が真に国民の生活と命を守るに適するものになっているか、また国際的な相互協力を妨げないものであるか、技術の進歩を踏まえた不断のチェックを行う役目を担うべきであろう。

# 第10　災害時における情報アクセシビリティ

## 1　災害発生時における情報アクセシビリティ確保の重要性

### (1)　総論

情報アクセシビリティとは、年齢や障害の有無等に関係なく、誰でも必要とする情報に簡単にたどりつけ、利用することができることを意味する。

平時にはテレビ、スマートフォン等の利用により容易に情報を取得することが可能であっても、災害、特に大規模災害が発生した直後の段階では、テレビ局・通信業者施設の損壊、テレビ・ラジオといった放送受信機器やパソコン・スマートフォンといったインターネット利用機器の故障、電力供給の遮断等により、被災地における情報アクセシビリティが大幅に低下する。

ただ、災害発生直後の段階では、避難の要否についての判断、避難先・避難経路の選択、支援物資入手先の把握等にあたり、被災者にとって災害関係情報の入手の可否は文字どおり生死を分かつ可能性がある。そのため、被災者が災害発生直後という特殊な状況下においてもなお情報、特に災害関係情報の容易な入手が可能となるよう、平時からの備えが重要となる。

また、災害時の情報アクセシビリティの確保に関しては、高齢者、障害者、外国人には特に配慮を要する。

### (2)　高齢者について

高齢者は、スマートフォン等のデジタル機器の利用率が低く、このような機器を利用した情報取得が困難な者が多い。

そのため、高齢者への情報伝達にあたり、いわゆるデジタルデバイド（デジタル技術を扱うことができる人とできない人との間に生じる格差）の是正が重要な課題となる。

この他、デジタル機器以外の手段も、災害関係情報の伝達にあたり、未だ重要な役割を果たしている。ただ、このような手段の活用を検討する際には、高齢者には視力・聴力といった情報知覚能力が低下している者も多いことを念頭におく必要がある。

### (3)　障害者について

災害時における障害者の情報アクセシビリティについては、障害者基本法11条1項に基づく障害者基本計画（第5次計画　令和5年度～令和9年度）（2023〔令和5〕年3月策定）の「災害発生時若しくは災害が発生するおそれがある場合、又は事故発生時に障害者に対して適切に情報を伝達できるよう、民間事業者、消防機関、都道府県警察等の協力を得つつ、障害特性に配慮した多様な伝達手段や方法による情報伝達の体制や環境の整備を促進する。」との方針に沿って、多種多様な手段の活用等、災害情報の伝達方法の更なる充実に取り組むことが求められる。

この点に関し、「障害者による情報の取得及び利用

並びに意思疎通に係る施策の推進に関する法律」（いわゆる「障害者情報アクセシビリティ・コミュニケーション施策推進法」）においても、

①障害の種類・程度に応じた迅速・確実な情報取得のための体制の整備充実、設備・機器の設置の推進

②多様な手段による緊急の通報の仕組みの整備の推進などが

定められるとともに、同法の趣旨の障害者基本計画等（障害者基本法）への反映や、障害者による情報取得、利用、意思疎通に係る施策の実施状況の障害者白書への明示が定められている。

### （4）外国人について

外国人については、日本語に通じているとは限らず、そのため、外国人被災者が日本語による災害関係情報を入手しても、その内容を理解することができないといった問題がある。

このような外国人の情報アクセシビリティにおける問題点は、令和6年能登半島地震でもなお解消されておらず、災害関係情報の多言語対応を早急に実現することが求められる。

### （5）小括

以上のように、災害時における情報アクセシビリティの確保のために、現時点の技術・知見等を前提としながら、災害の現場において実際に生じた多様な課題を踏まえ、継続的な改善作業を行ってゆくことが必要不可欠である。

ただ、高齢者等の要配慮者への情報伝達という点については、内閣府防災担当による「避難情報に関するガイドライン」では、2022（令和4）年更新版においてもなお、当該項目は1頁に満たず、しかもその内容は、主に各要配慮者への伝達手段の列挙にとどまっている。

本ガイドラインが「今後の運用実態や新たな技術・知見等を踏まえ、より良いガイドラインとなるよう見直しを行っていくこととする。」（「はじめに」から抜粋）と標榜するのであれば、今後、情報アクセシビリティ確保という観点から、災害関係者等の意見を広範に収集したうえで、それを反映した積極的な改訂を行ってゆくことが望まれる。

なお、情報アクセシビリティのうち、いわゆるウェブアクセシビリティ（高齢者や障害者等を含めて、誰

もがウェブ上で提供される情報や機能を支障なく利用できること）については、2016（平成28）年に日本工業規格（JIS）X8341-3「高齢者・障害者配慮設計指針－情報通信における機器、ソフトウェア及びサービス－第3部：ウェブコンテンツ」が統一的な技術基準として制定されている。さらに、総務省は、「みんなの公共サイト運用ガイドライン」を公表し、公共サイトにおけるウェブアクセシビリティの確保・維持・向上を図っている。

## 2 避難誘導標識の整備・更新

避難場所や避難所等の案内表示は、全国的に標準化された図記号が用いられることが望ましい。この点に関し、2020（令和2）年オリンピック・パラリンピック東京大会への対応の必要性を端緒として、2016（平成28）年3月22日付けで、日本工業規格において災害種別図記号（ピクトグラム）及び同図記号を使った表示方法に係る災害種別避難誘導標識システムが制定・改正され公示され、さらにこの制定等については同月23日付けで各都道府県防災部局宛に通知されている。これを受け、今後、都道府県等においては、可能な限り夜間視認性の確保及び外国語との併記にも留意したうえで標識の整備・更新を行うことが望まれる。

なお、いわゆる「避難情報標識」、のうち、津波・高潮、洪水、土砂災害関連避難場所案内は、現状では、もっぱら色の濃淡により浸水深度を示している。ただ、これでは、色覚障害者にとって識別不能なものとなるおそれがある。そのため、今後、色の境界を更に黒い線で区分けし、領域毎に異なる柄を加えるなどカラーユニバーサルデザインガイドラインを意識した標識の整備が求められる（この点に関し、大雨の警戒レベルについては、内閣府において、様々な色覚の人を対象にわかりやすい警戒レベルの配色に関する検証調査が実施され、2020（令和2）年5月に警戒レベルの画面上の推奨配色が公表されている。この検証調査結果を踏まえ、チラシやポスター等についても、2021（令和3）年3月に推奨配色が定められている）。

## 3 結語

以上を踏まえ、国や地方公共団体は、情報アクセシビリティの確保という観点から、災害関係情報がより一層確実にあまねく伝達されるための取組みの拡充を

図るべきである。

また、我々弁護士も、いわゆる在野法曹として、被災者側の視点から、災害法制の不断の改善を国・地方公共団体に求め続けていくべきである。

特に、いわゆる復興段階においては、多くの被災者、各種支援制度を利用して生活再建を図ることになる。ただ、支援制度の利用にあたっては、制度情報の入手、制度への理解、必要な情報の選別等が必要になる。この情報入手等に際しては、弁護士による情報提供や助言等が重要な役割を果たす。この点に関し、近時、多くの弁護士会において、地方公共団体との間で、災害時における法律相談に関する協定締結が進められている。このような協定締結の推進は、法律相談というルートにおける情報提供に役立つものと考えられる。また、弁護士による災害関係情報の発信については、法律相談というルートのみではなく、弁護士会のウェブサイト等での公表といったルートでの充実も図るべき

である。

なお、いわゆる平成28年熊本地震の発生後、熊本県弁護士会は被災者支援に尽力しており、その詳細は、同会発行の『平成28年熊本地震における熊本県弁護士会の被災者支援活動記録』(熊日出版　2019)という書籍にまとめられている(なお、当会は、2023(令和5)年度、災害対策復興支援委員会発案のもと、熊本県阿蘇地方等を訪問し、その際、熊本県弁護士会との意見交換も実施している。)。この書籍には、弁護士による災害関係情報の発信という点に関し、「情報の信用性を精査し事実を客観的に判断していくという私たち弁護士の技術が災害という極限状況では有用であり、多くの被災者に安心を提供できることを確認した。」というくだりがある。これは、まさに、災害時における弁護士による情報発信の意義を表したものといえよう。

# 第11　気候変動と司法の課題

## 1　地球温暖化による気候変動

地球温暖化が原因といわれる近年の気候変動によって、世界の気候が極端化し、様々な災害を生起する時代を迎えた。すなわち、深刻な干ばつ、水不足、大規模火災、海面上昇、洪水、極地の氷の融解、壊滅的な暴風雨、生物多様性の減少などによって個人の生命・身体・財産に被害を与えるにとどまらず、企業や社会、国家にとっても人的物的に多大な損失を招来し、各種のシステム等へも大きな影響をもたらすようになった。この気候変動を抑制するため、1992(平成4)年に気候変動枠組み条約が締結され、1997(平成9)年に先進国の温室効果ガス($CO_2$やメタンなど)の排出削減目標を定めた京都議定書が採択された。そして、2015(平成27)年9月にニューヨーク国連本部で開催された「国連持続可能な開発サミット」にて2030(令和12)年までに達成することを目指す行動計画(持続可能な開発のための2030アジェンダ)が採択され、そこで掲げられた持続可能な開発目標(SDGs)のうち項目13は気候変動への具体的な対策を考え、今すぐ行動することであると明確に打ち出した。

また、2015(平成27)年12月にパリ協定が採択され

(2016〔平成28〕年に日本も批准)、地球全体の平均気温の上昇を産業革命以前に比べて1.5〜2℃に抑える努力をすることが目標とされたが、2018(平成30)年10月の国連下部組織の気候変動に関する政府間パネル(IPCC)の「1.5℃特別報告書」では1.5℃に抑制しても集中豪雨の頻発などの極端な気象現象、熱波・感染症の拡大、干ばつなど人類の生存基盤に対する深刻な影響が生じることが指摘されている。

現在では、2030(令和12)年までに地球全体で$CO_2$の排出量を半減させ、2050(令和32)年までに脱炭素を実現することが世界共通の目標となっている。

## 2　日本における脱炭素社会実現への取組み

日本においては、菅義偉内閣総理大臣(当時)が2020(令和2)年10月26日、2050年カーボンニュートラル・脱炭素を目指すことを宣言し、2030(令和12)年度までの温室効果ガスの削減目標を2013(平成25)年度比で46%とし、さらに50%を目指すとしている。2020(令和2)年6月に環境省が気候危機宣言を発し、同年11月には衆議院と参議院において気候非常事態宣言が決議され、「もはや地球温暖化問題は気候変動の

域を超えて気候危機の状況に立ち至っている」との認識を世界と共有し、脱炭素社会の実現に向けて経済社会の再設計・取組みの抜本的強化をする旨が宣言されている。2021（令和3）年5月には地球温暖化対策推進法が改正され、基本理念を定め2050（令和32）年までのカーボンニュートラルの実現が明記された。

　そして、2023（令和5）年5月12日、カーボンプライシングの導入等を柱とする脱炭素成長型経済構造への円滑な移行の推進に関する法律（いわゆるGX推進法。GXはグリーントランスフォーメーションの略。）が成立し、同年6月30日に施行された。また、2023（令和5）年5月31日、脱炭素社会の実現に向けた電気供給体制の確立を図るための電気事業法等の一部を改正する法律（いわゆるGX脱炭素電源法）が成立した。

　自治体においても、2022（令和4）年8月31日時点で766自治体（人口約1億1,853万人）が、「2050年までにCO₂排出実質ゼロ」を表明しており、脱炭素は、日本社会全体で達成すべき課題となっている。

　経済界においても2050（令和32）年カーボンニュートラルの実現に向けた取組みを行っているが、企業ごとの遅速がある。2021（令和3）年5月21日のエクソンモービルの株主総会において環境推進派の株主提案によって取締役3名が選任された事例やパリ協定に沿った内容を盛り込むよう定款変更の株主提案がなされるなど、気候変動問題の取組みへの姿勢を問われる例もある。また、金融安定理事会（FSB）により設置された気候関連財務情報開示タスクフォース（TCFD）は、気候変動のリスク・機会を認識し経営戦略に織り込むことを求めており、2021（令和3）年6月改定の東証コーポレートガバナンス・コードでは、プライム市場区分の企業に対してTCFDの基準に沿った開示を求めている。

　司法の分野では、オランダ最高裁が2019（令和元）年12月20日、気候危機が「生命に対する権利」（欧州人権条約2条）への現実で差し迫った危険であることを明確に打ち出し、オランダ政府に対して温室効果ガスの削減目標の引き上げを命じる判決を下している。また、アイルランド最高裁が、2020（令和2）年7月31日、政府に対して地球温暖化対策について新たな計画の策定を命じ、ドイツ憲法裁判所が、2021（令和3）年4月29日、連邦気候保護法が2031（令和13）年以降の温室効果ガスの排出目標を定めていないことは将来

の世代の自由を侵害するおそれがあるものとして、違憲（基本法20a条違反）と判断し、2031（令和13）年以後の削減目標を定めるよう連邦議会に命じている。この他、企業に対する気候変動訴訟では、オランダのハーグ地裁で石油大手シェルに対してCO₂排出削減を義務付ける判決が出されており、フランスでも石油会社トタルに対する訴訟が係属している。

　日本においては、仙台市の石炭火力発電所の運転差し止めを求める訴訟において、仙台高裁は、2021（令和3）年4月27日に一審仙台地裁の2020（令和2）年10月28日の請求棄却判決を支持し、住民側の控訴を棄却し、「硫黄酸化物、窒素酸化物などは大気汚染防止法より厳しい、地元自治体との公害防止協定の排出基準をも大幅に下回っている。住民に健康被害が生じる具体的な危険性があるとまでは認められない」との判断を示した。

　神戸市で建設工事が進む石炭火力発電所に関する行政訴訟について、大阪地裁は、2021（令和3）年3月15日、国がした環境影響評価（アセスメント）の確定通知について、国の判断が違法とはいえないと判示し、確認の訴えの部分を却下し請求を棄却し、大阪高裁は、2022（令和4）年4月26日、控訴を棄却し、最高裁は、2023（令和5）年3月9日、上告を棄却した。また、神戸市の石炭火力発電所に関する民事訴訟で、神戸地裁は、2023（令和5）年3月20日、新設発電所の建設及び稼働の差止請求を棄却する判決をして、その後控訴されている。他方、横須賀石炭火力発電所についても、環境影響評価（アセスメント）の確定通知の取消しを求める行政訴訟が東京地裁に提起されたが、2023（令和5）年1月27日、請求を棄却する判決がされ、2024（令和6）年2月22日、東京高裁で控訴を棄却する判決がされて、その後上告されている。

## 3　日弁連の取組み

　日弁連では、1969（昭和44）年5月に公害対策委員会（1985〔昭和60〕年に公害対策・環境保全委員会に改称）を設立し、その中で気候変動対策に関するプロジェクトチームを発足させ、気候変動枠組条約締約国会議（COP）に毎年参加し、2018（平成30）年6月15日に「パリ協定と整合したエネルギー基本計画の策定を求める意見書」、2019（平成31）年1月18日に「長期低排出発展戦略の策定に関する意見書」を取りまとめ、

2020（令和2）年2月14日にシンポジウム「司法は気候変動の被害を救えるか〜科学からの警告と司法の責任〜」を実施し、2021（令和3）年「原子力に依存しない2050年脱炭素の実現に向けての意見書」を取りまとめている。

さらに、2009（平成21）年11月6日の人権擁護大会において「地球温暖化の危険から将来世代を守る宣言」を採択し、2021（令和3）年10月15日の人権擁護大会（岡山）において「気候危機を回避して持続可能な社会の実現を目指す宣言」を決議しており、2030（令和12）年までに石炭火力発電所の段階的廃止、2050（令和32）年までに再生可能エネルギー100％を目指し、既存の原子力発電所の速やかな廃止を基本として、「2030年までに温室効果ガスの排出量を1990（平成2）年比で50％（2013〔平成25〕年比55％）以上削減、電力供給における再生可能エネルギーの割合を50％以上とする目標」を地球温暖化対策の推進に関する法律に明記するべきこと、日弁連も2050（令和32）年脱炭素に向けて最大限努力することを宣言した。

なお、日弁連は、2023（令和5）年3月3日、GX実現に向けた基本方針及び脱炭素成長型経済構造への円滑な移行の推進に関する法律案についての会長声明を発出し、基本方針及びGX法案はエネルギーの安定供給を大前提とするもので、1.5℃目標の実現を前提に経済成長を目指すものではないこと、移行債の発行と使途、カーボンプライシングに重大な問題があるので、

根本的に見直すよう求めた。

## 4 法友会の取組み

地球温暖化による気候危機は、人類の生存基盤を脅かすものであり、また、生命や健康、居住、社会経済生活を営む権利を含む各種人権に対する現実で差し迫った危険であり、更には、環境基本法3条に定める人類の存続の基盤である環境が将来にわたって維持されるように適切に行われなければならないという規定にも違反している状態である。司法の世界においても、気候変動問題の意義を認識して取り組んでいかなければならない。

法友会としては、気候危機が人権への危険であるという認識が広く共有されるよう努めるとともに、会員に対して企業や法律事務所の脱炭素への取組み例の紹介といった業務面のサポートや、新型コロナウィルス感染症拡大時に定着したペーパレス化、オンライン利用（移動を伴わない会合の実施）を今後も継続するといった対策を検討・実施しつつ、弁護士会を支える一員として、弁護士会の運営に関して再生可能エネルギーによる電力利用やグリーン調達の選択肢を模索し、提案することが望ましい。

また、国や自治体などに対しては、カーボンニュートラルへ取組みを続け、あわせて、その過程で中小事業者や経済的弱者に過大な負担がかからないよう、公的支援による救済を求めていく必要がある。

# 第7部
# 人権保障制度の現状と課題

# 第1章 各種権利保障の在り方の改革

## 第1 子どもの人権

### 1 子どもの人権保障の重要性

#### (1) はじめに

　子どもは、この世に生を受けた以上、みな等しく人格的価値を尊重され、それぞれの特性に応じた成長発達が保障されるべき存在である。成長の過程で人間としての尊厳と成長発達する権利を十分に保障されてこなかった子どもは、子ども時代に非行などの問題行動という形でSOSを発することもあれば、大人になってから、犯罪に走ることもあり、また、心の病に罹って長期間苦しむ者も多い。子どもの人権が保障され、成長発達することができて初めて、将来、子どもが大人になった時に、他者の人権を尊重することのできる人間になれるのである。

　また、子どもは大人社会の鏡でもある。したがって、子どもの人権保障は、大人の人権保障達成度の尺度でもある。

　ところが、日本においては、子どもの権利条約が批准されて発効（1994〔平成6〕年5月22日）した後においても、子どもは「保護の客体」であるという意識が根強く、一人の「人権主体」として扱うという視点が欠けている。子どもは、一人一人が人権の享有主体であり、とくに「子ども期」に特有の人権として「成長発達権」「意見表明権」（憲法13条等）が保障されなければならないということを再確認する必要があろう。

#### (2)「子ども」とは？

　ところで、「子ども」とは何歳までを言うのだろうか。2022（令和4）年4月に民法の成年年齢が18歳に引き下げられたことにより、18歳で「成人（大人）」になるという言い方が広まってきている。

　しかし、法律家としては、「成年」と「成人」は区別して使うべきである。確かに、民法の「成年」年齢の引下げにより、親権から外れて行為能力を持つ年齢は18歳となったが、社会の中で「成人（大人）」と扱われるかどうかは、別論である。

　すなわち、民法上の成年になったからといって、現代日本社会で自立して生きていける者は多くはなく、したがって親の養育費の支払義務は、成年になっても未成熟子であれば20歳まで（場合によっては大学卒業まで）続くと考えられている。また、児童福祉法上も、児童福祉施設で暮らすことができる年齢上限は、かつて18歳だったものが累次の法律改正によって22歳に引き上げられ、2022（令和4）年の児童福祉法改正によって2024（令和6）年からは年齢上限は撤廃されることが決まっている。さらに、民法成年年齢引き下げにかかわらず飲酒・喫煙は20歳まで禁止されたままであるのは、18歳ではいまだ心身の成長発達が未熟であると考えられているからにほかならない。近年、脳科学の発達によって、脳の成長発達は20代半ばまで続くということが分かってきていることからも、「子ども」として成長発達権が保障されるべき年齢を18歳までと区切るべきではない。

　この点、後述のこども基本法では、「こどもとは、心身の発達の過程にある者をいう」（2条）と規定されたのは、時代の要請に適っているといえよう。

　2021（令和3）年の少年法「改正」に当たっては、法律の目的によって年齢区分は異なって構わないという日弁連などの意見が通り、少年法の適用年齢引き下げは免れ、20歳までを「少年」とする規定が維持された。しかし、その引き下げを目指す動きはいまだにあるので、法律の5年後見直しを見据えて、安易に18歳「成人」という認識を定着させないように、弁護士・弁護士会としては言葉の使い方に気を付けるべきである。

### 2 こども基本法の制定とこども家庭庁の設置

　菅政権下で「こども庁」創設の動きが出て、2021（令和3）年9月7日に、「こども政策の推進に係る有識者会議」が設置された。しかし、その構成員の中に弁護士はいなかった。

　日弁連は、長年にわたる検討の結果を踏まえ、2021（令和3）年9月17日、「子どもの権利基本法の制定を求める提言」を公表し、2022（令和4）年5月9日には「こども施策の新たな推進体制等に関する会長声明」を発

出したものの、有識者会議での結論はわずか2ヶ月で取りまとめられた。そして、2022（令和4）年6月15日に、こども基本法及びこども家庭庁設置法が成立した。

これを受けて、日弁連は、2022（令和4）年6月29日に「こども基本法及びこども家庭庁設置法の成立に関する会長声明」を発出し、こども基本法が、憲法及び子どもの権利条約の精神にのっとり子どもの権利擁護が図られることを目的としたこと（1条）などの点から、一定の評価をしつつ、他方で、具体的な子どもの権利が明記されておらず、「子どもコミッショナー」とも言われる子どもの権利擁護委員会の設置も見送られたことなど、子どもの権利保障にとって重要な課題が残っていることを指摘した。

なお、当初は「こども庁」を創設すると言われていたが、最終的に設置されたのは「こども家庭庁」であった。この点、家庭で虐待を受けている子どもにとって、家庭はいまわしい場所であり、すべての子どもの権利保障を謳うのであれば、家庭と切り離して子どもの権利を考えるべきという観点から、あくまでも「こども庁」を設置すべきという意見があった。ところが、現代日本社会で根強い自己責任の一環としての「家庭責任」を強調する考えや、「伝統的家族像」を主張する勢力から、「家庭」を入れるべきとの働きかけがあって、最終的には「こども家庭庁」となったことは禍根を残したと言えるであろう。

## 3 学校内の子どもの人権

### (1) いじめ

相変わらず、いじめを苦にした自殺事件が発生するなど、いじめ問題は後を絶たない。

教育現場におけるいじめは、子ども同士の葛藤、軋轢などを背景にして、いつでもどの子どもにも起き得る現象である。これに加えて、国連子どもの権利委員会が指摘する我が国の競争主義的教育環境におけるストレスの増大等の要因が加わり、いじめが深刻化している。そして、近年は、スマートフォンの普及に伴いSNS等を利用したいじめが横行するようになり、いじめの態様が見えにくく、陰湿化していると見られている。

かねてより、いじめ自殺事件がマスコミに取り上げられて一時的に社会の関心が高まり、対策の必要性が言われた時期もあったが、なかなか効果的な対策がと

られない中で、2011（平成23）年10月に滋賀県大津市の中学2年生の男子生徒が自殺した事件が2012（平成24）年7月になってマスコミで大きく報道されるようになると、にわかに社会の関心が高まった。日弁連は、2012（平成24）年7月、「滋賀県大津市の公立中学校2年生の自殺事件に関する会長声明」を発表し、子どもの権利条約に立ち返った抜本的な対策を提言した。

そのような中で、国は、いじめ防止対策推進法の制定に向けて動き出したため、日弁連は、2013（平成25）年6月20日、「『いじめ防止対策推進法案』に対する意見書」を発表し、あるべきいじめ防止対策について意見を述べた。

2013（平成25）年6月28日、いじめ防止等のための対策を総合的かつ効果的に推進するためのいじめ防止対策推進法が制定され、いじめ防止対策が強化されることとなった。この法律は、いじめに関する基本法が制定されたという意味では歓迎すべきものであるが、内容面では、日弁連の意見が取り入れられなかった諸点での問題もある。例えば、道徳教育の充実が謳われているが、子どもを国家の考える価値観に基づく理想像に押し込め、多様な価値観を認めようとしない教育から培われる子どもたちの画一的な意識が、「普通」から外れた個性を持った子どもをいじめの対象とすることにつながるという指摘もあるところであり、道徳教育は逆効果になりかねない。また、加害者と被害者を対立構造でとらえている点や、いじめの四層構造（いじめには、いじめっ子〔加害者〕、いじめられっ子〔被害者〕、観衆〔周りではやし立てる者〕、傍観者〔見て見ぬふりをする者〕が関わっているという構造方）を踏まえていない点も問題である。

法律施行後も、一方で、いじめ被害者の救済が十分に図られているとは言い難く、他方で、加害者を安易に放校して事態の収拾を図ろうとする対応が見られるなど、被害者の人権も加害者の人権も守られているとは言い難い状況が散見される。法律施行3年後見直しの時期を過ぎたにもかかわらず文部科学省の見直しの動きが鈍い中で、日弁連は2018（平成30）年1月18日、「いじめ防止対策推進法『3年後見直し』に関する意見書」を発表し、①いじめの定義規定、②いじめに対する学校の対処に関する諸規定、③重大事態が起こってしまった場合の調査及び情報共有等に関する諸規定を、それぞれ改正することを提言した。

第1章 各種権利保障の在り方の改革 263

また、いじめ予防のためには、子どもたちに、人権の視点からいじめについて考えてもらうことが必要なので、弁護士によるいじめ予防授業を学校現場に浸透させていくべく、東弁ではかねてより学校からのニーズに応じて弁護士を派遣する実践を積み重ねているところ、学校からの依頼は年々増加している。なお、日弁連では、2013（平成25）年12月に初めて講師養成講座を実施するなど、弁護士側のスキルアップに努めているし、東弁でも、いかに講師の質を保ちつつ、増えるニーズに対応できる数の人材を養成する方法を検討中である。」

### (2) 体罰

体罰は、学校教育法11条で厳に禁止されているにもかかわらず、各地の弁護士会が実施している子どもの人権相談などでは、依然として、体罰に関する相談が多数ある。これは、学校・教師・保護者・地域に依然として体罰容認の意識が残っていることが原因であると思われる。

そのような中、2012（平成24）年12月に、大阪市立桜宮高校の生徒がバスケットボールの顧問から体罰を受けていたことを苦に自殺した事件が発生し、世間を騒がせた。その過程で、体罰をもって厳しく指導してもらうことを歓迎する保護者や生徒の声も表に出てきた。このように、いまだに体罰肯定論が根強いために学校現場での体罰根絶につながらないという実態が改めて明らかとなった。

そのため日弁連は、2015（平成27）年3月19日、「子どもに対する体罰及びその他の残虐な又は品位を傷つける形態の罰の根絶を求める意見書」を公表し、家庭、学校を含めあらゆる環境で体罰等が禁止されるべきことを訴え、民法の懲戒権規定（822条）の削除も求めたところ、後述のとおり、2022（令和4）年12月に懲戒権規定の削除が実現した。

今後も弁護士・弁護士会としては、体罰が子どもの尊厳を犯し、自尊感情を低める人権侵害行為であることを言い続けていかなければならない。

### (3) 教育基本法「改正」と教育改革

教育基本法改正を公約に掲げる第一次安倍政権の下で、2006（平成18）年12月、教育基本法改正法案は、与党の賛成多数で可決成立した（それ以前の経緯については、2011〔平成23〕年版政策要綱202頁参照）。

これを受けて、同年6月には、学校教育法、地方教育行政組織法、教育職員免許法などの教育関係三法「改正」法が、多くの問題を先送りしたまま成立した。

新しい教育基本法の下で、教育改革は着々と進み、2014（平成26）年10月21日、文部科学大臣の諮問機関である中央教育審議会（中教審）は、「道徳に係る教育課程の改善等について（答申）」を発表した。この答申は、学校教育法施行規則及び学習指導要領において、道徳の時間を「特別の教科　道徳」（仮称）として位置づけ、検定教科書を導入し、子どもの道徳性に対して評価を加えること等を内容とするものである。

東弁は、これに先立つ2014（平成26）年7月11日に、「道徳の『教科化』等についての意見書」を公表した。その内容は、「道徳教育の充実に関する懇談会」が道徳の教科化について提言していたのに対し、「国家が公定する特定の価値の受け入れを子どもに強制することとなる点で、憲法及び子どもの権利条約が保障する、個人の尊厳、幸福追求権、思想良心の自由、信教の自由、学習権、成長発達権及び意見表明権を侵害するおそれがあり、見直されるべきである。」とするものである。

ところが、上記の中教審答申の内容は、東弁の意見書において指摘した懸念が払拭されていないばかりか、「道徳教育の充実に関する懇談会」の報告と比較して、一層、子どもの内心や人格に対する不当な干渉となるおそれが強まっていたため、2014（平成26）年11月12日、東弁は「道徳『教科化』に関する中教審答申を受けての会長声明」を発表した。

また、教科書検定制度を通じて国が教育へ過度に介入する動きがあからさまになってきたので、東弁は2015（平成27）年5月12日に「教科書検定基準等の改定及び教科書採択に対する意見書」を発表した。また、2018（平成30）年の学習指導要領の全面改訂を受けて2022（令和4）年から導入されることになった高校の新教科「公共」が、憲法の基本原理について学ぶことを後退させる内容であることなどから、2019（令和元）年12月9日には、「高等学校公民科新共通必履修科目『公共』についての意見書」を発表した。

立憲主義をないがしろにする政権の下で、将来の主権者たる子どもたちへの教育が政治的に利用されることのないよう、今後とも注視が必要であるし、東弁がすでに実施している法教育の出張授業において、実務的な観点から憲法の基本理念を学ぶ機会を提供するこ

とをよりいっそう重視する必要がある。

### (4) スクールロイヤー制度の推進

いじめ問題や虐待問題が社会問題化するのに対応して、国の施策として、学校現場にスクールカウンセラーやスクールソーシャルワーカーが配置されるようになったのに加えて、弁護士の活用も必要であるとの認識の下、自治体によっては学校現場にスクールロイヤーを配置するところが出てきた。

そして、2017（平成29）年度から、文科省は、いじめ防止対策のためのスクールロイヤー活用に関する調査研究事業に予算をつけ、①いじめ防止などの対策のために学校に法的な助言をする、②保護者と学校のトラブル相談を請け負う、③学校や教委の判断では迷う事案について、法的側面からアプローチし、法令に基づく対応・助言を行う、④学校に出向いて人権教育などを実施する、などの役割を担う弁護士を「スクールロイヤー」として配置することを目指して、調査研究事業を開始した。そして、2020（令和2）年度から、全国に順次スクールロイヤーの配置が進められている。

もっとも、スクールロイヤーの位置付けや役割は必ずしも一義的に明確ではなく、スクールロイヤーは誰の相談に乗るのか、学校の代理人として活動するのか助言に留まるのかなど、人によって捉え方が異なるという過渡期にあると言える。そのような状況の中で、日弁連は2018（平成30）年1月18日、「『スクールロイヤー』の整備を求める意見書」を発表し、学校で発生するさまざまな問題について、子どもの最善の利益を念頭に置きつつ、教育や福祉等の視点を取り入れながら、法的観点から継続的に学校に助言を行う弁護士をスクールロイヤーと定義し、それを活用する制度を整備することを求めた。

子どもの最善の利益を図る観点から学校内で弁護士が活動することにより、学校における法の支配が進むよう、日弁連・弁護士会は、ふさわしい人材の育成・派遣のための取り組みを進めることが必要である。

## 4 家庭内の子どもの人権〜児童虐待〜

### (1) 児童虐待防止法の成立による効果と課題

2000（平成12）年5月、児童虐待防止法が与野党一致の議員立法として成立した。

これは社会に虐待問題を周知させ、その防止に向けて社会全体で取り組む原動力になるという意味で、喜ぶべき第一歩であった。実際、児童相談所の虐待相談対応件数は急増し、2000（平成12）年度に全国の児童相談所が受け付けた相談は約1万9,000件、2001（平成13）年度は約2万5,000件だったものが、その後毎年増加し、2015（平成27）年度に初めて10万件を超え、2020（令和2）年度に初めて20万件を超える20万5,044件になり（厚生労働省発表）、2022（令和4）年度は21万9,170件（速報値）と過去最高であった（こども家庭庁発表）。

ただし、この数字はあくまでも虐待通告等があって児童相談所が相談対応した件数であって、実際に発生している虐待件数は暗数が多い。相談対応件数の増加原因の主たるものとして、子どもの面前での配偶者間の暴力（面前DV）が心理的虐待に当たるという児童虐待防止法の規定に忠実に、警察からの通告が増えたことが指摘されている。

ところが、児童虐待の通告先である児童相談所は、人的・物的手当てができておらず、十分な対応ができていないという現状にある。児童相談所の人的・物的設備の充実が望まれるとともに、被虐待児を適切に保護するためには、民間の専門家・団体とも協力する必要があると言える。

また、弁護士の積極的な関与も期待される。2000年代に入ってから、各地の弁護士が、「押しかけ弁護士」として、児童相談所の代理人として活動するようになった実績を踏まえ、大阪や横浜に続いて2004（平成16）年度からは東京都でも、児童相談所の非常勤弁護士として弁護士が関与する仕組みができた。しかし、月に2回程度の非常勤では、本来弁護士の目が入ることが望まれる場面において、十分な働きができているとは言い難い状況があった。

2016（平成28）年5月の児童福祉法改正により、児童相談所への弁護士配置が義務付けられ、常勤弁護士ないしそれに準じる形態で、児童相談所業務に弁護士が関与することが期待されることとなった。これは、司法制度改革の理念である「法の支配を社会の隅々に」を、児童相談所へも及ぼす画期的な制度改革である。

これまで非常勤弁護士を配置していた東京都の児童相談所でも、法律改正の趣旨を踏まえた体制整備が必要である。東京都で今後、常勤弁護士を配置するのか、非常勤弁護士の配置を拡充（例えば、非常勤裁判官のように非常勤弁護士が毎日配置されるようにする方法

など）するのかなど、執務の在り方については工夫の余地もあり、弁護士会として東京都に対して、予算の確保も含めて積極的な提案をしていくべきである。また、弁護士会が単に会員を推薦するという形ではなく、弁護士会として業務委託を受けて、弁護士会の責任で全児童相談所へ会員を配置するという方法も考えられるところである。

　子どもの権利や児童福祉制度に精通した弁護士を全児童相談所に送り出すことによって、児童相談所業務を通じた子どもの人権保障を進めるために、東弁として速やかに児童相談所と協議して、弁護士配置の在り方に関して積極的な関与をすべきである。

　そのためには、弁護士会の責任で人材育成をすることが必要だが、単に講義形式での研修を強化するだけではなく、すでに常勤弁護士が配置されている自治体の児童相談所へ、東弁会員を一定期間派遣して研修させる方法なども検討されるべきであろう。

　また、2016（平成28）年の児童福祉法改正を受けて児童相談所設置が可能となった東京23区は、練馬区を除く22区が児童相談所を設置すべく検討を始め、2020（令和2）年4月に荒川区、江戸川区、世田谷区が、2021（令和3）年4月に港区が、2022（令和4）年4月に中野区が、同年7月に板橋区が、2023（令和5）年2月に豊島区が、同年10月に葛飾区が、それぞれ児童相談所を開設した。このうち、江戸川区は、東弁の会員が児相開設準備段階から常勤弁護士として活躍し、子どもの人権保障の観点からの新しいチャレンジをし、併設の一時保護所に入所した子どもからの評価も（都児相の保護所入所経験者からの「刑務所みたい」という悪評とは異なり）高い。また、2022（令和4）年4月からは、板橋区児童相談所が東弁会員を常勤弁護士として配置して開設したところである。全児童相談所への常勤弁護士配置を可能にするだけの態勢整備が弁護士会側にも求められるところである。

　ところが、法律改正後3年を経ても、東京都の児童相談所では、弁護士配置拡充の動きが全く見られなかった。そのため東弁では、2017（平成29）年2月の理事者会決定をもって「児童相談所への弁護士配置検討ワーキンググループ」を設置し、対応を検討してきた。2018（平成30）年1月のワーキンググループとしてのとりまとめの際には、東弁としての対応の在り方について一つの結論を出すことはせず、理事者に委ねる形

となっている。したがって、理事者としては速やかに、児童相談所における子どもの権利保障を進める観点から、東弁としての今後の取り組み方針を決める必要がある。2019（令和元）年には、理事者主導にて、東京都知事や東京都議会各会派に対して、常勤弁護士配置の要望をしたが、引き続きの取組みが求められる。

　ところで、東京都が常勤弁護士配置に向けて動かない理由として、常勤弁護士の果たす役割や有用性が理解されていないことがあると考えられる。そこで、東弁では、2017（平成29）年度中に、児童福祉法の改正に先立っていち早く常勤弁護士が配置された福岡市児童相談所と名古屋市児童相談所に会員を派遣して、常勤弁護士の仕事ぶりとその存在意義を調査研究してきた。その結果、常勤弁護士だからこそ、他職種の児童相談所職員に対して、子どもの権利保障の観点から、従前の慣行に対する疑問を呈し、不適切な処遇を改めるべきという意見も言えるという実例を知ることができ、東京の児童相談所でも、子どもの権利をより良く保障する観点から、早期に常勤弁護士の配置が求められることがいっそう明らかとなった。この調査研究の成果も踏まえて、法律改正の趣旨に則った弁護士配置を実現するために、東弁としての取り組みを強めるべきである。さらに、現行制度の下では、市区町村のレベルで虐待対応をする組織（「子ども家庭支援センター」等）や要保護児童対策地域協議会にも弁護士が関与していくことが期待される。

## (2) 児童虐待防止法の改正

　児童虐待防止法は、成立から3年後の2003（平成15）年に見直されることになっていたところ、この見直しに向けて、日弁連は、同年5月に「児童虐待防止法制における子どもの人権保障と法的介入に関する意見書」を発表するなど、積極的な意見を述べてきた。

　そして、2004（平成16）年4月、児童虐待防止法が改正された。しかし、改正法は、前進はあったものの、なお不十分であった。

　2006（平成18）年に、2度目の法律改正が行われ、「この法律は、児童虐待が児童の人権を著しく侵害」するものであるとの文言が第1条に盛り込まれたことは、法律が、子どもが人権の主体であることを明示したという意味で画期的であった。

　また、2019（令和元）年には、体罰の禁止が明記されたことも、しつけと称する虐待をなくす第一歩とし

て画期的であった。

さらに、日弁連が求め続けてきた民法822条の懲戒権規定の削除は、長らく保守的な勢力に阻まれてきたが、ようやく2022（令和4）年10月に、懲戒権規定を廃止する民法改正法案が国会に上程され、同年12月10日に成立した。

### (3) 児童福祉法改正

児童虐待防止法の制定・改正と同時に児童福祉法も改正を重ねてきたが、子どもの権利保障という観点からは、いまだに不十分な点が多い。

2016（平成28）年5月、児童福祉法が改正され、ようやく、子どもが保護を受けることが「恩恵」ではなく「権利」であることが明記されるに至り、児童福祉の在り方は大きな理念的転換を迎えたと言えるだろう。しかし、現実に子どもの保護を受ける権利が保障されるだけの人的・物的体制整備が追いついていない状況があり、法律改正が理念倒れに終わることなく、財政的な裏付けがなされるように、弁護士会としても働き掛けが必要である。

2017（平成29）年4月、児童福祉法が改正され、一時保護期間が2ヶ月を超える場合には司法審査を必要とする制度が導入された。これは、日弁連が長らく求めていた一時保護に伴う司法審査制度の導入に一歩舵を切るものであった。

その後、兵庫県児童相談所が行った一時保護が誤りであったと判断された事案を踏まえて、明石市は、司法審査に代わる独自の一時保護適正化のための仕組みとして、2021（令和3）年4月に、一時保護の妥当性を審査する第三者委員会を立ち上げた。

このような流れを受け、2022（令和4）年6月に児童福祉法が改正され、一時保護の開始段階で、児童相談所が裁判所に「一時保護状」の発布を求める制度の導入が決まったことは、子どもにとっての実質的な身体拘束に司法審査が入ったという点で歓迎すべきである。ただし、一時保護状の発布に当たって審問が開かれることがないため、裁判官の面前で子どもの意見表明権を保障する仕組みがないことや、子どもが自らの権利を行使することができるように国選代理人を選任する仕組みが予定されていないことなど、子どもの権利保障の観点からは、課題も多い。

また、近年、アドボケイト（advocateは本来多義的で弁護士という意味もあるが、近年日本では、弁護士代理人ではない「意見表明を支援する人」を指す意味で使われるようになってきた。）の必要性が主張されるようになり、先進的な自治体での実践が出てきたことを受け、新たに意見表明支援事業が法律に規定されたことも大きな一歩である。ただし、そこで想定されているのは子どもの意見を聞くに留まり、権利実現のための法的支援を行いうる弁護士代理人の活動までは想定されていないので、弁護士代理人の役割りとの棲み分けは今後の課題である。

### (4) 司法面接制度の導入の必要性

虐待や犯罪の被害者になった子どもからの聴き取りは、子どもの特性に合わせた専門的訓練を積んだ者が原則として1回で行うことにより、可及的に信用性の高い子どものありのままの供述を得るとともに、二度三度の聴き取りによる二次被害を防ぐことが必要である。日弁連は、2011（平成23）年8月に、「子どもの司法面接制度の導入を求める意見書」を発表した。

その後、現場では少しずつ司法面接制度の意義が認識され、試行的な取組みも積み重ねられてきたことを踏まえ、2023（令和5）年5月の刑事訴訟法改正により、刑事裁判の中で一定の場合に、性犯罪の被害者等の供述を録画録音した記録媒体を証拠とする（主尋問に代えるものとして）ことができるようになった。

ただし、諸外国で司法面接として発展してきて日弁連も導入を求めたのは、単なる面接の技法だけではなく、①関係機関が一堂に会してバックヤードで聴取を見守ることにより、被害者からの繰り返しの聴取を避け、二次被害を防止すること、②聴取をするインタビュアーは、捜査機関ではなく中立的な第三者機関に属する者が務めること、という要素を兼ね備えた「制度としての司法面接」である。その意味で、今般の刑事訴訟法改正は、目指すべき司法面接制度からは遠いものと言わざるを得ず、そのため日弁連では、今般の改正で証拠能力が認められた面接を「司法面接」とは言わず、「司法面接的面接手法」と「的」を入れることにしている。

## 5 児童福祉施設内の子どもの人権

### (1) 施設内虐待と子どもの権利擁護

児童擁護施設等児童福祉施設内での職員による体罰や虐待が少なくなかった時代からすると、職員の人権意識は高まってきたと言えるだろう。それでも、施設

第1章 各種権利保障の在り方の改革　267

内虐待が起きないわけではないので、施設内の子ども
が自らの権利救済を求めることができる仕組みの確立
が必要である。

東京都では、社会福祉事業団が運営する旧都立の児
童養護施設において、2000（平成12）年10月から半年
の試行期間を経て、2001（平成13）年4月からオンブ
ズパーソン（正式名称は「サービス点検調整委員」）
制度が導入されたものの、東京都の児童福祉行政の方
針により、2002（平成14）年度をもって終了してしま
った。

弁護士が社会の隅々にまで入っていくべきという司
法制度改革の流れからしても、児童福祉施設のオンブ
ズパーソンを弁護士が担うことが必要になってくると
いうべきであり、弁護士・弁護士会としては、オンブ
ズパーソン制度の必要性を説いて制度の創設を行政に
働き掛けるとともに、適切な人材を、責任を持って送
り込んで行くべく、人材の養成が望まれる。

この点、弁護士会の動きは鈍いが、近年、児童福祉
分野における「アドボケイト」を推進する動きの中で、
施設訪問型アドボケイトの必要性を訴える民間団体の
活動も活発化しているところである。日弁連・弁護士
会も、その動きに乗り遅れることなく、逆にこれまで
の実践を踏まえて、積極的に関わっていくべきであろ
う。

### (2) 児童相談所の一時保護所の処遇改善

子どもを保護する入口である児童相談所の一時保護
所は、定員を超える子どもを収容しているために、手
厚い処遇ができないばかりか、子どもに過度な規制を
することで秩序を保とうと監視と懲罰による処遇をし
たり、通学ができなかったり、外部交通が保障されて
いなかったりして、子どもの人権侵害的な処遇がなさ
れているという実情がある。虐待で傷ついた子どもた
ちの成長発達権保障に悖る施設になってしまっている
ことは由々しき事態である。

この点、東京都の一時保護所は、全国的にみても問
題が大きいと折に触れて指摘されていたところではあ
るが、東京都は改善の姿勢を見せていなかった。また、
東京都児童相談所の非常勤弁護士は、一時保護所の人
権侵害状況について、意見を言わなかった。

しかし、都議会で一時保護所の問題を取り上げる議
員が現れたことにより、2018（平成30）年度から、弁
護士から構成される第三者委員の制度が導入された。

そして、2019（平成31）年3月に、第三者委員連名に
よる報告書が東京都に提出されたところ、情報公開請
求をしてこれを入手した朝日新聞のスクープ記事をき
っかけとして、少しずつ改善の動きが見られてきた。
また、新しく開設された区児相では、都児相の一時保
護所を「反面教師」として新しい時代に合った一時保
護所の運営を始めているので、これが前例となって都
児相でも子どもの人権保障が向上することが期待され
ているところである。都議会でも問題改善に向けた動
きが続いていたところ、2022（令和4）年度になって、
少しずつ改善の動きが見えてきたので、今後の動きを
注視し、また後押ししたい。

## 6　子どもの権利条約

1994（平成6）年、日本は子どもの権利条約を批准し、
2014（平成26）年には、批准後満20周年を迎えた。そ
こで、東弁では、2014（平成26）年12月13日に、子ど
もの権利条約批准20周年記念シンポジウム「決めない
で。私の幸せ、わたし抜きでは。～子どもの権利条約
が求めるもの～」を開催し、子どもを人権・権利の主
体として見ることの意味と子どもの権利を実現するた
めに弁護士による法的支援が重要であることを訴えた。

この20年間の中で、我が国における子どもの権利保
障は、前進した点もあるが、まだ子どもの権利条約に
則った法律の制定や行政の運用がされているとは言い
難い。子どもの権利条約44条1項に基づき、各国政府
は、国連子どもの権利委員会に対して、同条約の実施
状況を定期的に報告すべき義務を負っている。政府の
報告書提出とそれに対する日弁連のカウンターレポー
トの提出、それらを踏まえた国連子どもの権利委員会
の審査の経過については、2011年（平成23）年度版『政
策要綱』204頁に詳しく述べたとおりである。

日本政府は、これまで第1回ないし第3回国連子ども
の権利委員会の審査において、我が国の条約実施状況
が不十分であることを指摘されても、それを無視し続
けている。2016（平成28）年に第4回目の政府報告書
が提出される予定になっていたところ、予定が遅れて
2017（平成29）年6月にようやく第4回・第5回政府報
告書が提出された。政府報告書は、過去に国連子ども
の権利委員会から指摘された問題を直視せず、我が国
にも現にある子どもの人権侵害状況を覆い隠す内容に
なっているので、日弁連は、2017（平成29）年11月1

日に「子どもの権利条約に基づく第4回・第5回日本政府報告に関する日本弁護士連合会の報告書」を公表し、これを国連子どもの権利委員会に提出した。同委員会では第4回・第5回日本政府報告について、2019（平成31）年1月16日及び17日に審査を実施し、同年2月1日付けで総括所見を発表し、多項目にわたって懸念の表明と勧告を行っており、日弁連は同年2月25日付け「国連子どもの権利委員会の総括所見に関する会長声明」を公表している。

弁護士・弁護士会としては、国連子どもの権利委員会の指摘を踏まえて、子どもの権利条約を社会の隅々にまで浸透させるための地道な活動を今後も行なっていかなければならない。とくに、司法手続の中で子どもの権利条約が生かされることがほとんどないのは問題であり、司法関係者の意識改革が必要であり、そのためには弁護士の代理人・付添人活動の中での実践の積み重ねという地道な努力が不可欠であろう。

## 7 子どもの問題専門の法律相談窓口

### (1) 東弁「子どもの人権110番」

東弁では、1986（昭和61）年より、子どもの人権救済センターを設置し、子どもの問題専門の法律相談窓口として、電話相談と面接相談をいずれも無料で実施してきた。

ここ数年は、年間700〜800件前後の相談がある。必ずしも一般に（とくに子どもたちに）、その存在が周知されていないので、広報のあり方に課題が残るものの、着実な実績を残している。

以前は、平日の午後1時30分から4時30分までしか相談業務を実施していなかったため、日中、学校に行っている子ども本人からはアクセスしにくいのではないかとか、仕事をしている大人からの相談も難しいのではないかという問題点が指摘されていた。

### (2) 子どもの人権110番の拡張

そこで、2004（平成16）年6月から、都市型公設事務所である東京パブリック法律事務所の全面的な協力を得て、同事務所内で、平日の午後5時から8時までの夜間相談（電話・面接とも）と土曜日相談（午後1時から4時）を実施することになった。

相談件数は倍増し、夜間・休日の法律相談業務を実施することの重要性が明らかとなった。

社会の中の「弱者」の中でも一番の弱者である子ども

がアクセスしやすい法律相談窓口を設置・拡充することは、全国の弁護士会で取り組むべき大きな課題であろう。

なお、2020（令和2）年4月7日の緊急事態宣言を受けて、東弁は子どもの人権110番も休止したが、社会の混乱時に、最も弱い子どもにひずみが生じるのは常であるところ、児童虐待の増加も懸念されたことから、同年4月13日から子どもの人権110番が再開されたことは、東弁の姿勢として誇れることであった。

### (3) 総合法律支援法の改正と児童虐待相談

総合法律支援法の改正により、2018（平成30）年1月から、法テラスで、児童虐待を受けている子どもを対象とする法律相談援助制度が始まった。

しかし、法テラスから費用が出るのは、あくまで法律相談料だけであるところ、虐待を受けている子どもに対して、弁護士が法的助言をするだけで問題が解決する例はほとんどなく、多くの事案では、児童相談所への同行支援やその後の関係機関との交渉等、子どもの代理人としての活動が必要となる。

しかし、現行総合法律支援法上は、行為能力の問題から、未成年者が代理援助制度を使うことができない。そのため、子どもの代理人としての活動の報酬は、日弁連の法テラス委託援助制度に頼らざるを得ないのが実情であり、先般の総合法律支援法の改正は、国の制度としては中途半端で無責任なものとなっている。

日弁連・弁護士会としては、児童虐待を受けている未成年者が代理援助制度を使えるよう、さらなる総合法律支援法の改正を求める活動をする必要がある。

## 8 子どもの代理人制度

### (1) 自主的な取組みとしての子どもの代理人活動

我が国では、行為能力の制限ある子どもに親権者から独立した代理人選任権があるとは考えられていなかったし、ましてや国費で子どもに代理人が選任されるという制度は存在しない。しかし、日弁連の法テラス委託援助事業である「子どもに対する法律援助事業」を利用して、弁護士が子どもの代理人として活動する事例は増えており、国費による子どもの代理人制度創設の必要性は高い。

そこで、以下のような制度の実現を目指して、立法提言、社会運動等の政治的取り組みを進めるべきである。

第1章　各種権利保障の在り方の改革　269

① 児童福祉法等の改正により、虐待を受けた子どもが行政手続によって親子分離された際（前述のとおり一時保護状発布の仕組みが導入されることになったので、裁判所による決定の際）、子どもに国選代理人が選任されるような制度の創設。

　　この方式をとり、国選弁護人や少年保護事件の国選付添人のように、国選代理人の指名通知等の業務を法テラスの本来事業とすることにより、法テラス予算（国費）の中で賄うことになる。

② 虐待を受けているのに児童相談所が保護しようとしなかったり、本人の希望に適うような保護の方法を選択しなかったり（例えば、「保護所には入りたくない」、「施設に入るのは嫌で里親のところに行きたい」など）するために、弁護士が児童相談所に対して適切な保護を求めて交渉（いわゆる行政手続代理）する必要がある事案など、子どもに弁護士による法的援助が必要な場合に、子どもが民事法律扶助制度ないし新たな援助制度を使えるような制度改正。

これは、選任権者は子ども本人であるが、弁護士費用を法テラス予算（国費）の中で賄うというというものである。

この点、日弁連は、こども基本法の施行を契機として2024（令和6）年1月18日に、「こども基本法を踏まえ、子どもの権利保障のために、子どもが国費・公費で弁護士による法的支援を受けられる制度構築を求める意見書」を発出した。

### (2) 家事事件手続法の子どもの手続代理人

2011（平成23）年5月、家事審判法が全面的に改正されて家事事件手続法が成立し、2012（平成24）年1月に施行された。その中で、子どもが家事事件手続に参加する制度ができ、参加の際に弁護士を代理人として選任できるという制度が作られた。法文上は「手続代理人」であるが、これは子どもの代理人制度の一類型であると言え、子どもの代理人の選任が法律上の根拠を持ったという点では、日弁連の意見を反映させた画期的なものだと言える。

ただし、その費用の手当ができておらず、子どもによる代理人選任権が画餅と化しかねないという問題がある。すなわち、家事事件手続法の規定では、裁判所が手続代理人を選任する場合（国選代理人）に、その費用は子どもが負担することが原則とされており、極めて不合理な制度である。また、子ども自身が弁護士を選任する場合（私選代理人）に、行為能力の制限がある子どもは、償還義務の負担のある民事法律扶助利用契約を単独で締結することができない。そこで、日弁連は、2012（平成24）年9月、「子どもの手続代理人の報酬の公費負担を求める意見書」を発表して、法務省との協議を行ったが、公費化の目処が立たないままに制度が始まり、子どもの代理人選任件数は極めて少ない状態で推移している。

子どもの手続代理人の報酬の国費化へ向けて、日弁連・弁護士会は運動を強めていかなければならない。これまで、子どもの手続代理人の活動は、原則として、日弁連の法テラス委託援助事業である子どもに対する法律援助制度の対象になっていなかった。子どもの手続代理人制度導入時から、援助制度の対象とすべきとの意見もあったものの、いったん援助制度の対象にしてしまうと、法務省も最高裁も日弁連に頼ってしまい、国費化の道が遠のく懸念があったため、安易に援助制度の対象とすることはせず、最高裁・法務省との間で、国費化へ向けたコンセンサスをとることを目指した。しかし、最高裁は、一時期は国費化へ向けて日弁連との間で協議を進めることに前向きであったものの、法務省はその必要性を認めないという対応であり、早期の国費化の目途は立っていない。そのような中で、個々の事件において、裁判所が費用負担の問題を気にして、子どもの手続代理人の選任を躊躇する例が見られたため、日弁連としても、子どもの手続代理人の選任実績を増やすためにはやむなしとして、法律援助基金の支出に関する規則を改正し、2017（平成29）年9月1日より、子どもに対する法律援助制度の対象に、子どもの手続代理人報酬を含めることにした。

これは、あくまでも、子どもの手続代理人の報酬は国費で賄われるべきであるという日弁連の主張を実現するための運動の一環であることから、援助制度を利用して子どもの手続代理人として活動した弁護士に、事例報告などの協力を求めて、子どもの手続代理人の必要性・有用性を社会にアピールして、最終的には費用の国費化を目指さなければならない。

# 第2 高齢者の人権

## 1 基本的視点

### (1) 高齢者問題の現状

　我が国は、医学の進歩による平均寿命の伸びと少子化により、諸外国に例を見ないほど急激な早さで高齢化社会を迎えている。65歳以上の高齢者の全人口に占める割合は、1970（昭和45）年に7.1％であったが、2023（令和6）年には29.3％となっており（「人口推計」総務省統計局）、さらに、2037（令和19）年には、33.8％に達するものと推計されている（国立社会保障・人口問題研究所推計）。また、認知症率、要介護率が急速に増加する75歳以上の後期高齢者の全人口に占める割合も、2023（令和5）年で16.1％に達している（令和6年高齢社会白書）。

　高齢者が社会でどのように生活しているかというと、65歳以上の高齢者の子供との同居率は1980（昭和55）年に約70％であったが、2022（令和4）年には29.8％になっており、子供との同居の割合が大幅に減少し、高齢者だけで生活している世帯が急増している状況にある。また、65歳以上の高齢者の一人暮らしの割合も2050（令和32）年には男性で26.1％（高齢者人口比）、女性で29.3％（高齢者人口比）になると推計されており（令和6年高齢社会白書）、独居暮らしをしている高齢者の増加傾向が窺われる。

　高齢者だけの世帯の増加や一人暮らし高齢者の割合の増加からもわかるとおり、高齢者だけでの在宅生活が既に限界になっているものの、在宅生活をなかなか諦めきれずに生活をしているといった方々が多くなってきている。そのため、判断能力の低下や孤独を抱えるこのような高齢者を狙った財産侵害や悪徳商法による消費者被害も多発している。

　さらに、親族等の支援のもと在宅生活を続けることが出来たとしても、在宅介護に携わる親族等の介護者の負担過重から高齢者に対する虐待等の人権侵害が行われたというような事案が社会問題となっている。

　他方、高齢者を受け入れる介護施設においても、プライバシーに対する配慮の欠如や、養介護施設従事者等による虐待件数も少なからず見受けられる。

### (2) 高齢者の権利擁護と基本的視点

　「高齢者」と言っても一括りにできない多様な人々が含まれる以上、一人ひとりが住み慣れた地域で自分らしく生き生きとした生活を送るために必要とされる支援は異なっている。高齢者の人権と福祉を考えるに当たっては、すべての人が、同じ人間として普通に生活を送る機会を与えられるべきであるというノーマライゼーションの理念を基礎として、高齢者の自己決定権を十分に尊重し、その残された能力を最大限に活用し、住み慣れた地域で生き生きとして生活を送ることができるように支援することが必要である。

　なお、2018（平成30）年6月に厚生労働省が「認知症の人の日常生活・社会生活における意思決定支援ガイドライン」を策定しており、また、2020年（令和2）年10月30日に意思決定支援ワーキング・グループが「意思決定支援を踏まえた後見事務のガイドライン」を公表している。本人の意思決定支援の在り方が近時の高齢者問題の大きなトピックになっている。

## 2 成年後見制度の活用

### (1) 成年後見制度の利用促進

　2000（平成12）年4月から施行された介護保険制度により、介護サービスの利用は措置制度から契約関係に移行した。これに伴い、認知症等の判断能力の低下・喪失がみられる高齢者が契約上の不利益を被らないように、成年後見制度が導入された。

　この間、成年後見制度の利用は飛躍的に進み、後見・保佐・補助の3類型及び任意後見監督人選任事件の開始審判申立件数は2000（平成12）年度が8,956件であったところ、2023（令和5）年は40,951件となっており（対前年比約3.1％の増加）、同年12月末時点における成年後見制度（成年後見・保佐・補助・任意後見）の利用者数は合計で249,484人となっている（最高裁判所事務総局家庭局発表「成年後見関係事件の概況」）。今後、団塊の世代が高齢化するに伴い、さらに成年後見制度の活用が見込まれる。

　家庭裁判所も事件数の増加への対応に追われているが、さらに一般市民、障がい者に対してより配慮した利用しやすい制度の構築、家庭裁判所の人的・物的拡充による審理の迅速・適確化が必要である。この点、「成年後見制度の利用の促進に関する法律（平成28年法律第29号）」が2016（平成28）年4月8日に成立した。同法は、2016（平成28）年5月13日から施行され、

2016（平成28）年10月13日から「成年後見の事務の円滑化を図るための民法及び家事事件手続法の一部を改正する法律」が施行されており、成年後見制度利用促進基本計画に基づき、権利擁護支援の地域連携ネットワークづくりが進んでいるところである。なお、2019（令和元）年6月7日、成年後見制度を利用した人が法人の役員や資格を失うことを規定した各種の欠格条項を削除する一括法（一括整備法）が成立し、同年6月14日に公布されている。そして、同法の施行後は個別審査規定を整備することになった。また、一括整備法で改正されなかった会社法、一般社団法人及び一般財団法人に関する法律に関する法律についても改正が行われ、2021（令和3）年3月1日に関係法律が施行されている（成年後見制度利用促進ニュースレター第28号）。

### (2) 親族後見人等による権利侵害への対策

　成年後見制度の普及に伴い、後見人等による財産侵害等の権利侵害といった問題が現実化している。後見人が高齢者らの預貯金を横領する事件が多発したため、最高裁が2010（平成22）年6月以降から開始した調査結果によると、成年後見人全体の不正は、2011（平成23）年には311件（被害総額33億4,000万円）、2012（平成24）年には624件（同48億1,000万円）、2013（平成25）年には662件（同44億9,000万円）、2014（平成26）年には831件（同56億7,000万円）となっている。2015（平成27）年には521件（同29億7,000万円）、2020（令和2）年には185件（同7億9,000万円）、2021（令和3）年には169件（5億3,000万円）、2022（令和4）年には191件（同7億5,000万円）、2023（令和5）年には184件（同7億円）と減少傾向にあるものの、成年後見制度自体の根幹を揺るがす非常に憂慮すべき事態にある。

　本来、後見人の監督を行う立場にあるのは家庭裁判所であるものの、家庭裁判所自らが後見人の監視といった監督機能を充足することが困難であったことから、東弁は、2013（平成25）年度に、他会に先がけて弁護士会による後見人・後見監督人候補者の推薦方式（団体推薦方式）を強化し、親族後見人の後見監督人を積極的に引き受けて、親族後見人に対する監督機能を果たすべく活動してきた。

　また2011（平成23）年に最高裁が親族による横領等の不祥事を防止するための方策として、信託協会の協力を得て「後見制度支援信託」という仕組みを提唱し、その試行的運用を開始した。また、2018（平成30）年

6月からは、後見制度支援信託と同様の機能を有する後見制度支援預金の運用が開始されている。なお、2023（令和5）年1月から12月までの間に後見制度支援信託が利用されて新たに信託された信託財産額は約317億9,352万円にのぼっており、同期間に後見制度支援預金が利用されて預け入れられた財産額は608億3,295万円にのぼっている（最高裁判所事務総局家庭局発表「後見制度支援信託等の利用状況等について」）。しかしながら、成年後見制度が本人の自己決定権の尊重を理念とし、本人のための柔軟な財産管理や身上監護を目指している制度であるのに対し、後見制度支援信託等は運用次第によってはこれに悖るおそれがある。より具体的に述べると、現在運用がなされている後見制度支援信託等は、成年被後見人（本人）の流動資産が500万円以上の場合に信託運用等が検討されることになっており、信託契約の指示書が家庭裁判所から交付されると、仮に本人が特定の預貯金を相続人に相続させる遺言書を作成していたとしても、後見人は当該預金を解約して信託銀行に信託設定しなければならなくなる。東京三弁護士会は、東京家庭裁判所における後見制度支援信託の試行的運用にあたって、その運用が本人のための後見制度の趣旨に悖らないよう、事案の内容に応じて適切な運用がなされるよう協議を尽くしてきた。現状、東京家庭裁判所では、本人の状態に応じて手元金の余裕を認め、さらには本人の財産のうち一部のみを信託に付して最低限の財産を保全したり、後見制度支援信託等の代わりに後見監督制度を用いたりするなど柔軟な運用がなされているが、本人の意思決定をより尊重した運用が強く望まれるところである。

### (3) 弁護士後見人等への信頼の確保

　親族後見人の不正にも増して憂慮すべき事態は、弁護士や司法書士ら「専門職」後見人の不正行為が少なからず発生している点である。

　前記(2)で記載した後見人の不正行為のうち、専門職後見人による不正行為は、2011（平成23）年には6件（被害総額1億3,000万円）、2012（平成24）年には18件（同3億1,000万円）、2013（平成25）年には14件（同9,000万円）、2014（平成26）年には22件（同5億6,000万円）、2015（平成27）年には37件（同1億1,000万円）、2020（令和2）年には30件（同1億5,000万円）、2021（令和3年）には9件（同7,000万円）、2022（令和4）年には20件（同21,000万円）、2023（令和5）年には29件（同

2億7,000万円）となっている。残念ながら、弁護士後見人等による不正行為の中には弁護士会の役職を務めた者も複数含まれている。これは、弁護士への信頼を根底から覆す事象であり、不正行為防止のために積極的に有効な対策をとることは喫緊の課題である。

　この点、司法権の独立（憲法76条）と、これを支える弁護士の独立性確保を強調する立場から、個々の弁護士が受任する事件に関する弁護士会の指導・監督については、消極的な意見がみられる。しかし、弁護士会が強制加入団体であり、個々の弁護士に対する資格審査、懲戒などの監督が弁護士会にのみ認められている弁護士自治の趣旨に鑑みれば、弁護士による不正行為を防止するために積極的な手立てを講じ、社会的責任を果たすことは、弁護士自治を守り、弁護士の国家権力からの独立性を維持するために避けては通れない課題である。

　前述したとおり、後見人等に対する監督は、第一義的には家庭裁判所の役割である。しかしながら、専門職後見人等としての弁護士の職務の適正に関して、弁護士会は独自の立場で、判断能力の低下した被後見人等の権利擁護の観点から、弁護士の職務の適正をチェックし、あるいは、弁護士が不祥事に陥らないよう業務を支援する体制を日々整備すべきである。

　なお、東京家裁の弁護士・弁護士会に対する信頼を回復するため、東弁は、2013（平成25）年度に、他会に先がけて弁護士会による後見人・後見監督人候補者の推薦方式（団体推薦方式）を強化し、研修や事案検討会の充実・強化を図り、報酬の5％を弁護士会に納付させることを通じて業務遂行状況を把握するなど、弁護士会としての管理監督体制を、個々の弁護士の独立に反しない限度で行う体制を作った。

　また、2017（平成29）年3月3日の日弁連臨時総会で、弁護士の職務又は業務に伴う業務上横領又はそれに準ずる行為によって損害を被った被害者に対して一定額（被害者1名あたり500万円が上限）を給付する「依頼者見舞金制度」の創設が可決されて2017（平成29）年10月から運用されている。その他、「預り金等の取扱いに関する規程」の一部が改正され、預り金口座であることがわかる文字を使用した預り金口座の届出が義務化されているなど、弁護士に対する信頼の回復と被害者の財産的損害の緩和を目指した取組みが進められている。

　さらに、2020（令和2）年7月1日から「弁護士成年後見人信用保証制度」が導入され、同年10月1日から当会が東京家庭裁判所に提出する後見人等推薦名簿の推薦要件とされている。上記保証制度は、弁護士が後見人のみならず、保佐人、補助人、後見監督人、保佐監督人、補助監督人等になる場合も保証対象とされており、現在横領等の不祥事があった場合に弁護士後見人等1人あたり3,000万円を上限に被害者に支給する制度となっている。上記保証制度は弁護士後見人の信頼回復に資する制度であるといえる。しかしながら、上記保証制度は従業員による横領、任意後見人等は対象としていない。そのため、弁護士会による管理監督体制を引き続き充実させていく必要がある。

### (4) 成年後見制度利用促進法をめぐる問題点

　高齢化社会が急速に進展しているにもかかわらず、今なお成年後見制度を利用していない人が多くいることから、成年後見制度の利用をより推進するため、前述したとおり「成年後見制度の利用の促進に関する法律（平成28年法律第29号。以下「成年後見制度利用促進法」という。）が2016（平成28）年4月8日に成立し、2016（平成28）年5月13日から同法が施行された。また、「成年後見の事務の円滑化を図るための民法及び家事事件手続法の一部を改正する法律」が2016（平成28）年10月13日から施行されている。

　成年後見制度利用促進法及び関連法が成年後見制度の実務に直接的に与えた影響としては、成年被後見人に宛てた郵便物等について一定の要件のもとで成年後見人に転送することを認めた点（民法860条の2）、成年後見人が成年被後見人の死亡後も一定の要件のもとで、相続財産に属する特定の財産の保存に必要な行為、相続財産に属する債務（弁済期が到来しているものに限る。）の弁済、その死体の火葬又は埋葬に関する契約の締結その他相続財産の保存に必要な行為を行えることが明記された点にあると言える（民法873条の2）。

　しかしながら、従前より問題が指摘されていた成年後見人による医療同意の可否については検討事項とされるにとどまり（成年後見制度利用促進法11条3号）、成年後見人による葬儀の可否についても触れられていない。また、成年後見制度利用促進法で定めた規定自体にも依然として解釈論に依拠している部分が多く見受けられた。

　このように今後の検討課題が多く残されていたこと

第1章　各種権利保障の在り方の改革　273

から、成年後見制度利用促進法では、国に対して成年後見制度の利用の促進に関する施策を総合的に策定し、実施する責務を明記し（成年後見制度利用促進法4条）、政府が成年後見制度の利用の促進に関する基本的な計画（以下「基本計画」という。）を定めなければならない旨を規定している（成年後見制度利用促進法12条）。

この基本計画の作成にあたっては、日弁連、東京弁護士会、大阪弁護士会ほかがパブリックコメントに対する意見を提出しているところであり、2017（平成29）年3月24日に第1期基本計画が閣議決定されている。

この基本計画は、任意後見制度と法定後見制度のあり方、究極的には、今後の国民の権利擁護を国としてどのように実現していくかの指針であると言える。今後は、特に①後見制度の3類型に該当する場合の法的評価を診断書の精緻化などを通じて明確にすること、②「障害のある人の権利に関する条約」の理念を踏まえた制度設計を検討すること、③成年後見制度に対する社会の信頼を回復できるような不正防止対策などの施策の補充をすること、④成年後見制度が終了した場合の権利と義務の法的構成を明確にすること、⑤成年後見制度推進のための財政支援の基盤を確立することを積極的に推し進めていく必要がある。

この点、第1期成年後見制度基本計画を受けて、2019（平成31）年4月より成年後見申立の際に添付を要する医師の診断書の書式が、医学的判断の結果をより適切に表現できるように改定されている。また、本人の状況をより的確に把握するため、成年後見制度の申し立ての際に、福祉関係者等が本人の生活状況等に関する情報を記載する「本人情報シート」を添付することが必要になった。また、東京家庭裁判所では、2020（令和2）年4月1日から申立書の書式が変更されている。

今般、2022（令和4）年3月25日に第2期成年後見制度利用促進基本計画が閣議決定されている。当該計画では、地域社会への参加を図る権利擁護支援の推進が推し進められるとともに、成年後見制度の三類型（後見・保佐・補助）の一元化、成年後見制度を有期の制度として見直しの機会を付与すべきといった成年後見制度の見直しの検討も盛り込まれている。利用者の権利擁護と後見人の権利と義務は表裏一体の関係にあると言えることから、第1期成年後見制度基本計画において従前より指摘されている成年後見人の死後事務の

範囲等についての検討と見直し、コロナウイルスワクチンの予防接種で疑義が生じた医療同意の問題、その他後見制度を利用するにあたり実務上の問題となる点を法的観点から整理し、抜本的に改善していくことが強く望まれるところである。この点、今後の成年後見制度の在り方に関しては、2024（令和6）年2月に成年後見制度の在り方に関する研究会報告書が公表されているところである。

その他、従前より成年後見終了後の引き継ぎ未了となっている財産管理は、民法918条の「相続財産の保存に必要な処分」として職権で相続財産管理人が選任されていたが、令和5年施行民法改正に伴い民法897条の2に根拠条文が創設されている。この後見終了後の相続財産管理人については、当該相続財産管理人の権限範囲が不明瞭であること、相続財産の引き継ぎが出来なかった場合の事件滞留といった問題が顕在化している。

## 3　高齢者虐待

近時、高齢者に対する身体的・心理的虐待、介護や世話の放棄・放任等が、家庭や介護施設などで表面化し、社会的な問題となっている。2005（平成17）年6月、介護保険法が改正され、高齢者等に対する虐待の防止及びその早期発見その他権利擁護のため必要な援助等の事業が市町村の必須事業とされるようになった（介護保険法115条の38第1項4号、現115条の45第2項2号）。この事業の内容として、成年後見制度を円滑に利用できるよう制度に関する情報提供を行うことが挙げられており、2006（平成18）年4月から発足した全国の市町村が設置する地域包括支援センターが、この事業を担うこととされている。また、2006（平成18）年4月から「高齢者に対する虐待の防止、高齢者の養護者に対する支援等に関する法律」（以下「高齢者虐待防止法」という。）が施行されている。

高齢者虐待防止法は、①身体的虐待、②介護・世話の放棄・放任、③心理的虐待、④性的虐待、⑤経済的虐待を「虐待」と定義している。

高齢者虐待案件の特徴としては、被虐待者の75.8%を女性が占めており、年齢階級別では80歳から84歳の年齢層での虐待事案が最も多い傾向にある（令和6年高齢社会白書）。また、虐待の加害者が息子であるケースが全体の39.0%を占めている。

高齢者虐待を覚知した自治体には、家族からの虐待から避難させなければならない場合等において老人福祉法上の措置により施設入所等を行うことや（老人福祉法11条等、高齢者虐待防止法10条）、財産上の不当取引等の被害を防止するため成年後見制度の利用促進のための措置が義務づけられているが（高齢者虐待防止法28条）、法律上の専門的相談まで地域包括支援センターの職員が担当することは現実的でなく、弁護士等法律専門家とのネットワークの構築により、必要に応じて連携・役割分担して被虐待高齢者を救済していくことが求められている。また、高齢者虐待防止法は養護者に対する支援も規定している。自治体の行った措置に対する国家賠償請求訴訟等が提起される昨今の状況に鑑みれば、被虐待者に関する情報が遮断されることになる養護者に対する適切な支援（カウンセリング、助言等）を行うことも非常に重要な課題であるといえる。

このため、弁護士会としては、各自治体及び地域包括支援センター等からの要請に応じて臨機に専門的相談を提供できるネットワーク作りを重要な活動の一つと位置づけなければならない。そして、低所得者への対応など、法テラスとの協力関係をより一層充実させる必要がある。

## 4　認知症高齢者の医療をめぐる問題点

2006（平成18）年4月、介護報酬・指定基準等の見直しが行われた。その一つとして、指定介護老人福祉施設において、一定の看護・医療体制の確保を条件に、医師が一般に認められている医学的知見に基づき回復の見込みがないと診断した者に対する「看取り介護」への介護報酬加算が創設された。2015（平成27）年度介護報酬改訂においても、入所者や家族の意向の尊重と、看取り体制強化に向けた推進施策が示されたところである。

しかしながら、本人の意思確認が困難となる終末期においては、従前の本人の意向と家族の意向とに相克が生じることも予想される。また、そもそも後見人等には医療同意権は付与されていない現状、代諾権者が誰か判然としない状況下で、安易に家族の意向を優先させれば、生命の維持という最も根本的な人権が侵害されかねない。日弁連においても、2011（平成23）年12月15日付「医療同意能力がない者の医療同意代行に関する法律大綱」において、家族による医療同意の代行決定の法的位置づけと成年後見人に医療同意の代行決定権限を与えた場合の位置づけを特別法で整理するように促す提言がされているところである。

本人の意思決定支援に関する基準が示されたものの、実際の介護現場でどのように「看取り介護」が実施されているか調査するとともに、看取り介護の適正な実施のための本人の意思決定を重視する法体制の整備、医療同意代行権限に関する法整備が必要である。

## 5　消費者被害

2023（令和5）年度の65歳以上の高齢者に関する消費生活相談件数は、前年よりも若干増加しており、28万件に上っている（令和6年高齢社会白書）。判断能力の低下や孤独感などから、高齢者を狙った財産侵害や悪徳商法による消費者被害が多発している。高齢者の消費者被害の実態としては、依前として、身分詐称の詐欺やインターネット通販による詐欺が多く見受けられる傾向にある。特に近時の特殊詐欺に至っては、高齢者（65歳以上）が被害の認知件数の78.3％を占めており社会問題になっている。

これらの被害の再発防止は成年後見制度の活用によるとして、被害の回復には弁護士による法的助力が不可欠である。2004（平成16）年6月に公布された総合法律支援法は7条において、「総合法律支援の実施及び体制の整備に当たっては、国、地方公共団体、弁護士会、日弁連及び隣接法律専門職者団体、弁護士、弁護士法人及び隣接法律専門職者、裁判外紛争解決手続を行う者、被害者等の援助を行う団体その他の者並びに高齢者又は障がい者の援助を行う団体その他の関係する者の間における連携の確保及び強化が図られなければならない」と規定する。

この趣旨に則って、弁護士会は、高齢者又は障がい者の援助を行う地域包括支援センターや社会福祉協議会、その他援助団体との連携関係を築き、その関係をさらに強化していかなければならない。そして、低所得者への対応など、法テラスとの協力関係もより一層充実させる必要がある。

# 第3 障がい者の人権

## 1 基本的視点

世界的には、2006（平成18）年に国連において「障がい者の権利に関する条約」（Convention on the Rights of Persons with Disabilities）（以下「権利条約」という）が採択され、2008（平成20）年5月に発効した。同条約の基本理念として、障がい者は、社会の一員としてすべての基本的人権を完全かつ平等に享有し、固有の尊厳を有する権利の主体であることを表明した。そして、「障がい観」をそれまでの医学モデルから社会モデルへと大きく転換させ、「障がい者が個々に必要な支援を得て社会の対等の一員として位置づけられること（インクルージョン）」という理念に基づき、障がい者が地域で暮らす権利を保障した。さらに、「差別」には直接差別・間接差別のみならず、合理的配慮を行わないことも含まれることを明確にした。

ところが、我が国においては、長らく障がい者は、「権利の主体」ではなく「保護の客体」として従属的地位に置かれてきた。また、地域における受入れ環境が整わないために退院することができずに、人生の大半を病院で送る「社会的入院」状態の障がい者が何十万人といる現状がある。その背景には、国連加盟各国のGDP（国内総生産）に対する障がい者関係支出額の比率を対比すると、我が国の障がい政策公的支出費用比率は低い水準に置かれていることがある。

日本政府は、2007（平成19）年9月に権利条約に署名した上で、2009（平成21）年12月に障がい者制度改革推進本部を設置し、権利条約の批准に向けて国内法の整備を行ってきたが、遅々として国内法整備が進まない状況があった。ようやく、2014（平成26）年1月20日に遂に日本政府も権利条約を批准したが、我が国の法の充実・整備は今なお不十分であり、障がい者は「あらゆる人権及び基本的自由の完全かつ平等な享有」には程遠い状況に置かれている。

## 2 障害者自立支援法から障害者総合支援法へ

障害者自立支援法違憲訴訟において、国（厚生労働省）と障害者自立支援法違憲訴訟原告団・弁護団とが、2010（平成22）年1月7日、基本合意文書を調印し、自立支援法の2013（平成25）年8月までの廃止を確約した。

そして、政府では、2009（平成21）年12月から権利条約批准の実現を目的として、障がい者制度の集中的な改革を行う「障がい者制度改革推進本部」、障がい者を半数以上の構成員とする「障がい者制度改革推進会議」（以下「推進会議」という）を設置し、また、当事者の意見を踏まえずに拙速に施行して障がい者の尊厳を傷つけた障害者自立支援法の轍を踏まないように、55人からなる「総合福祉部会」を設置した。同部会では、障害者自立支援法廃止後の新たな総合的な法制について精力的な議論が行われ、新しい法律の骨格の提言を行っている。これを踏まえ、障害者自立支援法（自立支援法）を「障害者の日常生活及び社会生活を総合的に支援するための法律（障害者総合支援法）」に変更する旨の法律が2012（平成24）年6月20日に参議院で可決成立、同年6月27日に公布された。同法は2013（平成25年）4月1日に施行されている。

2006（平成18）年に施行された障害者自立支援法は、障がい者に対する福祉サービスを行政の「措置」から「契約」に転換し、福祉サービスの利用量に応じた自己負担を伴う応益負担を制度の骨格とするものであり、障がいゆえに生じる「必要な支援」を「利益」とみなし、本人の責任に帰する仕組みであった。これに対して、障害者総合支援法では、基本理念として、「全ての国民が、障害の有無にかかわらず、等しく基本的人権を享有するかけがえのない個人として尊重される」こと（1条の2）、「障害者及び障害児が基本的人権を享有する個人としての尊厳にふさわしい日常生活又は社会生活を営むことができるよう、必要な障害福祉サービスに係る給付、地域生活支援事業その他の支援を総合的に行い、もって障害者及び障害児の福祉の増進を図るとともに、障害の有無にかかわらず国民が相互に人格と個性を尊重し安心して暮らすことのできる地域社会の実現に寄与することを目的と」（1条）し、「全ての国民が、障害の有無によって分け隔てられ」ないこと、「全ての障害者及び障害児が可能な限りその身近な場所において必要な日常生活又は社会生活を営むための支援を受けられることにより社会参加の機会が確保されること」、「どこでだれと生活するかについての選択の機会が確保され、地域社会において他の人々と共生することを妨げられないこと」、「障害者及び障

害児にとって日常生活又は社会生活を営む上で障壁となるような社会における事物、制度、慣行、観念その他一切のものの除去に資すること」を基本理念として支援がなされなければならないとされた（1条の2）。

障害者総合支援法では、従前の身体障害・知的障害・精神障害という障害類型から外れる難病等の障がい者にも必要な支援を谷間なく提供できるよう、「障害者」の範囲に難病等が付け加えられている（4条1項）。また、同法では、「障害の程度（重さ）」ではなく、支援の必要性を基準とする「障害支援区分」が新たに創設され、障害支援区分の認定が知的障がい者・精神障がい者の特性に応じて行われるように、区分の制定に当っては適切な配慮等を行うものとされている（4条4項）。さらに、同法では、障がい者が地域の中で生活が送れるように社会基盤の整備、地域移行支援事業の整備が行われる（5条20項）。

なお、2018（平成30）年4月から障害者総合支援法の改正法が施行された。この改正により、障がい者の地域生活を支援する自立生活援助の創設、就労定着に向けた支援をする就労定着支援の創設などがされている。また、2022（令和4）年12月にもグループホーム利用者の支援や就労選択の支援などを内容とする改正法が成立し、障がいのある人の地域生活や就労の強化が盛り込まれている。

今後は、障がい者の地域移行支援を促進するために日弁連が日本司法支援センターへの委託事業として任意に行っている障がい者に対する法的支援（「心身喪失者等医療観察法法律援助」）を、国の法定事業として明確化する必要がある。

弁護士会としても、障がい者の地域移行支援を促進するため、日弁連から日本司法支援センターへ委託している「心身喪失者等医療観察法法律援助」の重要性を社会に啓発するとともに、制度の積極的な活用を行うべきである。

## 3 障害者差別解消法の成立・施行

前述のとおり、2006（平成18）年に権利条約が採択された後、我が国もその批准に必要な国内法の整備を進めてきたが、遅々として進まなかった。

国際的には、1990（平成2）年に「障がいのあるアメリカ人のための法律」が包括的に差別を禁止し、その後、1992（平成4）年にオーストラリアで、1993（平成5）年にニュージーランドで、1995（平成7）年にイギリスで障害者差別禁止法が制定され、さらに2000（平成12）年にはEUで「雇用・就労と職業における均等待遇のための一般的枠組み設定に関する指令」が採択され、EUにおいて障がい分野の差別を禁止する立法を有しない加盟国は無い状況となっている。アジアにおいても、2010（平成22）年に韓国で「障害者差別禁止及び権利救済等に関する法律」が制定された。

このように先進国と言われる国において、障がい分野の差別を実効的に禁止する法制度をもたない国は、わが国だけという状況になっていたが、ようやく2013（平成25）年6月19日、「障害を理由とする差別の解消の推進に関する法律」（以下「障害者差別解消法」という）が制定された。この障害者差別解消法は、2016（平成28）年4月1日から施行されている。しかし、この法律の内容は、差別的取扱いを禁止し、国や地方公共団体には障がい者差別を解消するための合理的配慮を行うことが義務とされているものの、民間事業者には努力義務とされているに過ぎない点など、権利条約及び日弁連が従前から求めてきた内容と比べると不十分な点があるので、日弁連は、2013（平成25）年6月19日、以下の問題点を指摘する会長声明を発している。
① 差別の一類型である合理的配慮義務違反につき、行政機関等は法的義務となっているのに対し、民間事業者は努力義務にとどまっていること。
② 権利侵害の救済機関として新たな組織を設けず、既存の機関を活用していくことが想定されているが、実効性ある権利救済のためには、第三者性のある救済機関が必要であること。
③ 本法律は、差別的取扱いや合理的配慮の具体的内容など、重要事項の定めをガイドラインに委ねているが、このガイドラインは、障害者権利条約の各則の趣旨に適合する内容となるよう具体化するとともに、障害のある人の実状にあった内容となるよう、国会の関与などの制度的担保が必要であること。

本法律は、2016（平成28）年4月の施行から3年経過時に、所要の見直しを行うこととされているが（障害者差別解消法の附則7条）、すべての人が個人として尊厳を重んじられる社会を実現するためにも、施行後3年を待たず、可及的速やかに本法律を見直すべきであり、日弁連・弁護士会としてもさらなる運動の必要性を主張してきた。この点、2021（令和3）年5月に民間

第1章 各種権利保障の在り方の改革　277

事業者の努力義務を義務へと改めること等を内容とする改正法が2021年通常国会で成立し、公布の日（同年6月4日）から起算して3年を超えない範囲内において政令で定める日から施行されることとなった（同年障害者白書）。そして、国は障がい者の差別解消に向けた理解促進ポータルサイトを2022（令和4）年3月に公開し、同改正法の施行に向けた取り組みを進めるとともに2023（令和5）年3月14日には同改正法に基づく基本方針を閣議決定し、同改正法は2024（令和6）年に施行された。

なお、東京都では、前記改正に先立ち、2020年東京オリンピック・パラリンピック競技大会に向けて、2018（平成30）年に「東京都障害者への理解促進及び差別解消の推進に関する条例」を制定し、2018（平成30）年10月1日から施行されている。同条例では、都内の民間事業者にも合理的配慮の提供を義務化しており（7条2項）、前記改正法の施行とともに、障がいを理由とする差別のさらなる解消を目指し、共生社会の実現が期待されるところである。

## 4　障害者虐待防止法の実効性確保

### (1) 障害者虐待防止法の概要

2011（平成23）年6月17日、障害者虐待の防止、障害者の養護者に対する支援等に関する法律（以下「障害者虐待防止法」という）が成立し、2012（平成24）年10月1日に施行された。

同法の立法趣旨は、障がい者に対する虐待が障がい者の尊厳を害するものであり、障がい者の自立及び社会参加にとって障がい者に対する虐待を防止することが極めて重要であること等に鑑み、障がい者に対する虐待の禁止、国等の責務、虐待を受けた障がい者に対する保護及び自立の支援のための措置、養護者に対する支援のための措置等を定めることにより、障がい者虐待の防止、養護者に対する支援等に関する施策を促進し、もって障がい者の権利利益の擁護に資することにある。

同法においては、障がい者に対する虐待を、行為類型別に①身体的虐待、②ネグレクト、③心理的虐待、④性的虐待、⑤経済的虐待、主体別に①養護者による虐待、②障害者福祉施設従事者による虐待、③使用者による虐待と定義し、虐待の禁止、虐待の早期発見、虐待に対する措置を定めた。市町村・都道府県に「障害者虐待防止センター」、「障害者権利擁護センター」が設置された。同法の施行後3年を目途に再検討が予定されている（障害者虐待防止法の附則2条）。

### (2) 養護者による虐待に関する弁護士の役割

養護者による虐待の背景には、障がい者及びその養護者の孤立があることが指摘されている。障がい者及び養護者が家庭内で孤立することのないよう社会的に支援していくことが必要である。養護者への支援・見守りでは障害者への虐待を防げない場合には、障がい者を養護者から分離し、成年後見制度の活用などにより障がい者の権利を守り、障がい者が社会の中で生活できるよう支援する必要がある。

弁護士は、①虐待された障がい者の権利を守る立場での関与、②虐待をしたとされる養護者からの依頼をいずれも受ける立場にあるが、いずれの場合であっても、障がい者本人の権利擁護を中心に据えて、利害調整に当たらなければならない。

### (3) 施設従事者による虐待に関する弁護士の役割

施設内における虐待は、障がい者自身が被害を訴えることが困難であったり、家族が「面倒をみてもらっている」意識から声を上げにくかったりすることから、発覚しにくい側面があった。障害者虐待防止法の施行、公益通報者保護法により、施設従事者による虐待が顕在化し、虐待防止が促進されることが期待される。

弁護士は、障がい者及びその家族、公益通報者、施設設置者、都道府県等からの依頼を受ける立場にある。障害者虐待防止法の趣旨を踏まえ、虐待の事実の確認、虐待を受けた障がい者の保護、公益通報者の保護、再発防止策の策定などに遺漏なきよう助言しなければならない。

### (4) 使用者による虐待に関する弁護士の役割

使用者による虐待は、使用者による直接的な虐待のみならず、従業員間の虐待を放置することも使用者による虐待に当たる（ネグレクト・安全配慮義務違反）。

弁護士は、障がい者及びその家族、公益通報者、使用者、都道府県等からの依頼を受ける立場にある。障害者虐待防止法の趣旨を踏まえ、虐待の事実の確認、虐待を受けた障がい者の保護、公益通報者の保護、再発防止策の策定などに遺漏なきよう助言しなければならない。特に、労働局による使用者への指導監督等は体制の整備が遅れているので、適切な権限行使に向けて、弁護士が果たす役割は大きい。

**(5) 障がい者に対する虐待の防止等の在り方の見直し**

現行の障害者虐待防止法においては、学校、保育所等、病院における虐待は、通報義務や行政による措置など法による権限行使の対象から外された（29条、30条、31条）。しかし、現実には、学校においては、障がいのある児童に対する教員による虐待や生徒によるいじめが生じている。これに対して、学校現場が有効な対策を取れているとは言い難い。また、精神病院等に社会的入院で長期入院を強いられている障がい者に対する虐待も後を絶たない。学校及び病院における虐待も障害者虐待防止法で定める通報義務の対象とするよう、働きかけていくべきである。

なお、2020（令和2）年4月23日、日弁連は精神科病棟における患者に対する虐待事件を受けて、「精神科病院における虐待に障害者虐待防止法の通報義務と必要な措置等を適用することを求める会長声明」を出していた。この点、精神保健福祉法に基づき、2024年4月から、精神科病院における虐待防止措置の実施の義務化や精神科病院内の業務従事者による虐待を受けたと思われる障害者を発見した場合の通報の義務化等が施行された（令和6年版障害者白書P117）。

## 5 罪を犯した知的・精神障がい者に対する支援

刑務所等の矯正施設入所者の中には知的障がいや精神障がいにより生活上のさまざまな困難を抱えながら、従来、福祉的な支援を受けられずに罪を犯してしまった障がい者が含まれている。新規受刑者の1.5％に知的障がいがあるとの指摘もある。なお、障がいを有する被疑者被告人に対する支援を切れ目なく行うため、2022（令和4年）3月17日に日弁連から「罪に問われた障がい者等に対する弁護士による切れ目のない支援に関する意見書」が法務大臣に提出されているところである。

**(1) 刑事手続の中での支援**

社会の中での生活よりも刑務所等での生活の期間が長くなっている中・軽度の知的障がい者や精神障がい者は、既に社会における自分の居場所を喪失してしまっているケースが多いと言える。また、障がいのわかりにくさゆえに社会の中で孤立し、排除されて、結果的に罪を犯してしまうことが少なくない。そして、刑事手続の中でも、障がいの特性に気づかれることなく、「反省の色がない」などとして十分な弁解もできず刑務所等に収容されてしまっている。

弁護人として関わる弁護士には、①被疑者・被告人の障がいに気づき、取調べや刑事裁判の中において知的・精神障がい者の防御権を十分に行使できるよう援助する。②福祉的支援を受けていなかった被疑者に福祉機関を関与させ、起訴猶予・身柄拘束からの解放を実現する。③医師、社会福祉士や精神保健福祉士の協力を受けるとともに、社会内処遇に向けて福祉機関等の社会資源を活用したサポート体制をコーディネートし、執行猶予判決を得る、などの活動が求められる。

近時、裁判段階でのいわゆる「入口支援」に向けた取り組みが積極的に行われるようになってきている。弁護士会でも2014（平成26）年3月には「障害者刑事弁護マニュアル」が作成され、同年4月から障がい者等対応の当番弁護士名簿の運用が開始されている。

**(2) 刑務所等を出るときの支援**

刑務所等の矯正施設等からの出所時の対応は「出口支援」と呼ばれ、2011（平成23）年度までに都道府県に設置された「地域生活定着支援センター」を中心に、「地域生活定着促進事業」が展開されている。また、東京地方検察庁でも2013（平成25）年4月1日から社会復帰支援室を発足させて、被疑者・被告人の釈放後に福祉事務所等まで同行する等の支援を行っているとのことである。

罪を犯した障がい者等とより身近に接する弁護士としては、障がい者等の意思を尊重しながら、市区町村の福祉事務所、社会福祉協議会、病院、福祉作業所、グループホームなどの関係機関と連携し、障がい者が社会的に排除されて刑務所等に戻ることがなくてすむよう支援していくべきである。弁護士会は、これらの罪を犯した障がい者等に対する支援に関する基本的知識を、全ての刑事弁護に関わる弁護士に周知すべきである。

# 第4 性の平等─女性の権利を中心に

## 1 基本的視点

　憲法は14条1項で、性別に基づく差別を禁止し、24条で、家族生活における個人の尊厳と両性の平等を定めている。にもかかわらず、いまだにあらゆる場面で男女間格差や差別は存在し、実質的平等は実現されていない。女性の社会進出が謳われつつも、厳然として存在する性別を理由とする差別につき、法改正を軸として、全ての人間の実質的平等を実現していかねばならない。

## 2 婚姻制度等の改正

　法制審議会は、1996（平成8）年2月、①「選択的夫婦別姓」の導入、②婚姻適齢を男女とも18歳に統一すること、③女性の再婚禁止期間を100日に短縮すること、④婚外子の法定相続分を婚内子と同等とすること、⑤「5年以上の別居」を離婚原因とすること、等を内容とする「民法の一部を改正する法律案要綱」を答申した。

　このうち、婚外子の相続分差別規定（民法900条4号但書前段）については、2013（平成25）年9月14日最高裁大法廷で違憲決定が出され、同年12月5日に民法900条4号但書前段部分を削除する旨の民法改正が成立した（2013（平成25）年12月11日施行）ことにより、この問題は解消された。

　また、婚姻適齢の統一化については、2018（平成30）年6月13日に成年年齢を20歳から18歳に引き下げる旨の民法改正が成立し（2022（令和4）年4月1日施行）、婚姻適齢についても男女を問わず18歳とされたこと（民法731条）により、この問題は解消された。

　女性の再婚禁止期間については、2022（令和4）年12月10日に民法の嫡出推定制度の見直し等を内容とする民法改正が成立し（2024（令和6）年4月1日施行）、婚姻解消の日から300日以内に子が生まれた場合であっても母が前夫以外の男性と再婚した後に生まれた子は再婚後の夫の子と推定すること、これに合わせて女性の再婚禁止期間を廃止したことにより、この問題は解消された。なお、この民法改正により、これまで夫のみに認められていた嫡出否認権を子及び母にも認めること、嫡出否認の訴えの出訴期間を1年から3年に伸長すること、妻が夫の同意の下、第三者の提供精子を

用いた生殖補助医療により懐胎・出産した子について、は嫡出否認をすることができないこと、子、認知をした者及び子の母は7年以内であれば認知について反対の事実があることを理由として認知の無効の訴えを提起することができる等、親子法制についての規律が整備された。

　夫婦別姓の問題及び離婚原因についての法改正は未だになされていない。

　しかし、2024（令和6）年5月17日に父母の離婚後等の子の養育に関する父母の責務（いわゆる共同親権制度）、親権・監護、養育費、親子交流、養子縁組、財産分与等の見直しについての民法等の一部を改正する法律が成立し、同月24日に公布された。この法律は、一部を除き公布の日から2年を超えない範囲内において政令で定める日に施行されることになっている。この民法改正が婚姻制度、とくに婚姻を解消することを検討する女性に与える影響は極めて大きく、新たな女性差別が生ずる恐れもある。

### (1) 父母の離婚後等の子の養育に関する民法等の見直し

　2024（令和6）年5月24日に公布された改正民法では、養育費の履行確保についての制度（養育費の取り決めがない場合でも養育費の請求が可能となる法定養育費制度の創設、養育費債権に先取特権を付与、執行手続の負担軽減等）や親子交流の実現に向けた制度（親子交流の試行的実施、離婚成立前の親子交流、祖父母等と子との交流についての規律の整備）、養子縁組に関する規律の整備、財産分与の請求期間の伸長（2年から5年へ）などが定められている。なかでも最も大きな改正点は、親権に関する規律である。

　これまで、原則として、父母の婚姻中は共同親権、離婚後は父母のどちらかを親権者と定める単独親権とされていた。

　改正法では、婚姻中に親権を単独行使できる場面を明確化（例えば、DVや虐待から避難するなど「子の利益のため急迫の事情があるとき」は親権の単独行使が可能とされている）し、また離婚後の親権者の指定について単独親権だけで無く共同親権も選択できることとなった。なお、離婚後に父母双方を親権者とすることで子の利益を害する場合、例えば子への虐待や

DVのおそれがあるケースでは単独親権としなければならないと定められている。

親権とは、父母の養育者としての立場からくる権利義務の総称である。改正法では、親権は子の利益の為に行使しなければならないこと、父母は婚姻関係の有無にかかわらず、子に関する権利の行使又は義務の履行に関し、その子の利益のため、互いに人格を尊重し協力しなければならないとする責務があることが明文化された（改正民法817条の12、818条1項）。親権は、子の法的代理人として財産管理を行う財産管理権と、子の監護及び教育、居所の指定及び変更並びに営業の許可等を行う監護権に大別できる。すなわち、離婚後に共同親権を選択し、かつ監護者を定めなかった場合、離婚後であっても、子の財産の処分のみならず、子の進学先の選択、転居、営業の許可等については父母が協議して定めるということになる。

現状でも、離婚した後も、父母が共同して養育を交代したり、適切な面会交流を行うなど、子の父と母として協力し合える健全な関係性を形成できる元夫婦は多数いる。このような関係性を形成できる場合は、離婚後も監護者を定めず共同親権とすることに何ら問題は無いと思われる。

しかし、実際は、離婚に至る経緯は様々であり、また財産分与や慰謝料等の離婚条件で対立することもあり、離婚後に互いに感情的なしこりが残り、子のためであっても協力し合える関係性を築けない父母もいる。このような父母の感情的対立が父母の親権の行使に際する協議に影響し、結果として子にとって最善の選択がなされなくなる懸念がある。

また、夫婦間にDVが存する場合、問題はより一層深刻である。夫婦間では、DV加害者が夫、被害者が妻であるケースが圧倒的に多く、DVが存する家庭では児童虐待も存するケースが少なくない。DV加害者と被害者は管理・支配の関係性にある。そのため、DV被害を受けている妻はDV加害者である夫に対し、対等な立場で話し合うことは困難である。

日本では協議離婚が9割弱を占めている。例えばDV被害者である妻が虐待を受けている子を守るために離婚を申し出た際に、DV加害者である夫が離婚の条件として監護者の定めなく共同親権とすることを求め、妻が受け入れざることを得ないという状況は十分想定できる。このような場合、離婚後も、親権の行使につい

ての協議を通じて母がDV被害を受け続けるばかりか、子に対する虐待が継続してしまうおそれもある。改正法の附則では、施行日までに、協議離婚の際の親権者の定めが父母双方の真意に出たものであることを確認するための措置について検討すると定められているため、どのような措置が講じられれば協議離婚時に妻の真意が反映されると言えるのか、注視する必要がある。

また、家庭裁判所で親権・監護権を巡る紛争は年々増えているところ、離婚後の親権者の指定を単独親権とするか共同親権にするかという紛争が増加することが容易に予測される。さらに、実際に共同親権を行使する場合に父母の意見が対立した場合は、その都度家庭裁判所が親権を行使できる人を判断するとされたが、この運用も注目される。親権の行使に際しての意見対立を速やかに解決できないと子どもに被害が生じることになる。離婚時に父母が共同親権と取り決めたことにより、子どもに被害が生じるような事態はあってはならず、どのような運用になるのか注視していく必要がある。

改正法は、婚姻中に親権を単独行使できる場面を「子の利益のため急迫の事情があるとき」と明確化した。これまで、DV被害を受けていた妻が虐待から子を守るために離婚を申し出る際に、同居したままでは妻や子の心身に危険が及ぶ可能性があるため、シェルター等に避難するなど、別居してから離婚を申し出るケースが多かった。しかし、DVや虐待は家庭内で生じていることから、客観的な証拠に乏しく、またDV被害者が精神的に疲弊し、自己肯定感を喪失していることと相俟って、DVの事実を立証することが困難なケースは多数ある。そうすると、DV被害を受けている妻が子を連れて避難してから離婚を申し出た場合に、妻が「子の利益のため急迫の事情がある」ことを立証できなければ、夫の親権（子の居所指定権）を害しているとして、離婚の話合いの前に子を夫の元に戻すべきであると主張されるケースが増加するおそれもある。

このように、改正法が婚姻解消を検討する女性に与える影響は極めて大きい。

この改正法は、施行後5年を目処として見直されることとなっている。

離婚時に弁護士が関わるケースというのは、離婚自体、もしくは、親権、財産分与、慰謝料、養育費等の離婚を巡る条件など、何らかの点で夫と妻で意見が対

立しており、当事者同士では解決できないケースであると言える。そのためこの改正法により、女性、特にDV被害を受けている女性、ひいては子どもが不利益を被ることがないよう、5年後の見直しに備えて事案の集積に努める必要がある。

## (2) 選択的夫婦別姓

氏名は個人の人格権の一内容を構成する（最判昭和63年2月16日）。しかし、現行民法750条の夫婦同姓の規定は、婚姻に際して姓を変更したくない者に対しても姓の変更を強いることになるので、人格権を侵害するものと言える。もし、婚姻をしても姓を変えたくないのであれば、事実婚という方法を選択せざるを得ない。しかし、事実婚は法律婚と完全に同等の法的保護がなされていないため、事実婚を選択することによって不利益を被っている者も存在する。さらには、法律上の婚姻の条件として姓の変更が挙げられていることが、憲法24条1項の「婚姻は、両性の合意のみに基づいて成立する」旨の規定にも違反するという主張もされているところである。

たしかに、現行民法750条において、女性が姓を変更することは条文上強制されていない。しかし、我が国においては現行民法の下で妻の姓を選択した夫が10％を超えたことはなく、2022（令和4）年度に厚生労働省が取りまとめた「人口動態統計」によれば、夫の氏を選択する夫婦の割合は94.7％であり、大多数の夫婦で夫ではなく妻が改姓していることから、実質的平等が実現されているとは言い難い。また、夫婦同姓を主張する側から、すべての男性が妻の姓に改姓すべきだという主張はほぼ聞こえてこないのが現実であり、夫婦同姓の問題は女性の問題であるという側面が色濃い。

女性の社会進出に伴って、旧姓を通称名とし、その通称名を使用できる範囲を拡大して仕事上の不利益を解消しようという動きがあり、弁護士や検察官、裁判官といった法曹三者については、通称名の使用が広く認められるようになった。しかし、それでも戸籍名と通称名が違うことを理由に、銀行の送金等の場面で、弁護士としての業務に支障をきたしたという声は途絶えていないのが現実である。

また、通称名を使用したところで、戸籍上は改姓していることに変わりがないので、女性にとっては氏名すなわち自分のアイデンティティを喪失したという感覚は拭えない。

2021（令和3）年度に内閣府が行った調査によれば、積極的に結婚したいと思わない理由について「名字・姓が変わるのが嫌・面倒だから」と答えた独身女性は20～39歳では25.6％、40～69歳では35.3％といずれも高い割合を占めている。他方、同調査によれば、結婚したい理由として「好きな人と同じ名字・姓にしたいから」と回答した者が20～39歳独身女性で5.5％、40～69歳では2.2％と、数は少ないものの個人として夫婦同姓を望む者もいる。

このように、婚姻と姓については、多様な意見が存するところ、個人の尊重の観点からすれば、同姓か別姓かを押し付けるのではなく、同姓・別姓の選択を認める選択的夫婦別姓を導入すべきである。特に、積極的に結婚したいと思わない理由として改姓を強制されることを理由として挙げる独身女性が4分の1以上いることに照らせば、選択的夫婦別姓の制度を認める必要性は極めて高い。

この点、女子差別撤廃条約2条は、女性に対する差別法規の改廃義務を定め、同条約16条（b）は、「自由に配偶者を選択し及び自由かつ完全な合意のみにより婚姻をする同一の権利」を定め、同条（g）は、「夫及び妻の同一の個人的権利（姓及び職業を選択する権利を含む）」を定めており、国連女性差別撤廃委員会も、夫婦別姓を実現するよう、日本政府に対し、繰り返し改善勧告を行っており、2016（平成28）年3月7日公表した対日審査会合に関する「最終見解」では、夫婦別姓を定めた民法規定について、日本政府に速やかな改正を勧告した。

最高裁判所は、2015（平成27）年12月16日、民法750条の夫婦同姓制度につき合憲との判断を行い、これに対して上記国連女子差別撤廃委員会は、「最終見解」にて「実際には夫の姓を使うよう強制している」と批判した。それにもかかわらず、最高裁判所大法廷は、2021（令和3）年6月23日、夫婦同氏を強制する民法750条は憲法24条に違反するものではないとした上記2015（平成27）年の最高裁大法廷判決を引用した上で、同判決の判断を変更すべきものとは認められないとした。

これに対し、東京弁護士会は、2021（令和3）年7月5日に、「最高裁判所大法廷決定を受けて、改めて選択的夫婦別姓（別氏）制度の導入を求める会長声明」を

出し、最高裁決定を批判すると共に、国会に速やかな立法行動を採ることを求めた。

また、東京弁護士会は、2024（令和6）年3月8日に、「国際女性デー（International Women's Day）にあたり、選択的夫婦別姓制度の導入を再度求める会長声明」を出し、2015年以降の最高裁大法廷判決以降、国に対して選択的夫婦別姓制度の導入を求める意見書が採択され続けていることや、選択的夫婦別姓制度についての各種アンケート結果を引用して、立法府始め関係各所に対して改めて選択的夫婦別姓制度の実現のために尽力することを求めている。

また、日弁連は、2024（令和6）年6月14日に「誰もが改姓するかどうかを自ら決定して婚姻できるよう、選択的夫婦別姓制度の導入を求める決議」を採択し、国に対し、民法第750条の改正と選択的夫婦別姓制度の導入を求めた。日弁連はこれに伴い別姓ワーキンググループを立ち上げ、各地の弁護士会に対し、各地方議会に選択的夫婦別姓制度の導入を求める請願の要請を出しているところである。

2021（令和3）年3月1日に、政府閣僚が国会答弁で夫婦同氏制を採用している国は日本以外に承知していない旨を答弁しているように、夫婦同姓の強制は国際社会から見ても奇異であるといえる。

選択的夫婦別姓制度については、家族の絆や一体感を損ねるものであるとして、その導入に反対する意見も根強いが、個人の価値観が多様化し、家族の在り方も大きく変化している現在では、夫婦同姓が家族の絆や一体感を強めるものとは必ずしもいえないことは明らかである。選択的夫婦別姓制度は、婚姻に際して同姓となりたいと希望する夫婦に影響を及ぼすものではなく、婚姻に際しての個人の考えや価値観を尊重するものである。

個人の尊厳と性の実質的平等を実現すべく、早急に夫婦同姓制度の改正を実現すべきである。

## (3) ドメスティック・バイオレンス、ストーカー、リベンジポルノ、AV出演強要問題

ア　夫や恋人など、親しい関係の男性から女性に対する暴力（ドメスティック・バイオレンス、略して「DV」）について、国連は、DVが女性に対する人権侵害ないし性差別であり、かつ、全世界に共通する看過し得ない問題であるとの認識から、1993（平成5）年12月に「女性に対する暴力撤廃宣言」を採択し、

1995（平成7）年の北京宣言では、「女性及び少女に対するあらゆる形態の暴力を阻止し、撤廃する」と表明した。これを受けて、日本でも2001（平成13）年4月、「配偶者からの暴力の防止及び被害者の保護に関する法律」が成立し、同年10月13日施行された（現在の法令名は「配偶者からの暴力の防止及び被害者の保護等に関する法律」）。DVについては痛ましい事件が後を絶たず、同法は何度も改正されている。具体的には、対象に離婚後の元配偶者や生活の本拠を共にする交際相手も含まれるようになり、保護命令の制度の拡張や被害者の親族への接近禁止命令も認めた（2004〔平成16〕年6月及び2007〔平成19〕年7月の一部改正、2013〔平成25〕年6月の改正）。

また、新型コロナウイルスの流行により緊急事態宣言が出された2020（令和2）年以降、家にいることでストレスのたまった男性から女性への暴力が増加しているので、家庭内の問題と片付けず、積極的に刑事立件したり、保護命令のより多い発動や行政の費用負担による避難場所の拡張など、より一層の保護が必要である。

2023（令和5）年5月12日に「配偶者からの暴力の防止及び被害者の保護等に関する法律の一部を改正する法律」（令和5年法律第30号）が成立し、保護命令の対象に精神的DV被害を加える、接近禁止命令等の期間を伸長する、保護命令違反の刑罰を強化する等の大幅な改正がなされ、2024（令和6）年4月1日から施行された。

警察や自治体へのDV相談は年々増加傾向にあるが、保護命令の発令件数は減少している。DV被害者の多くは、保護命令の申立自体が加害者を激怒させることを恐れ、申立を躊躇う現状がある。被害者の申立が無くても警察や司法が緊急保護命令を申し立てることが可能な制度を創設する等、一層の改正が期待されるところである。

イ　避妊をしないというDVにより、望まない妊娠をすることもあるが、母体保護法14条1項は、中絶時に原則女性本人と配偶者（事実婚を含む）の同意を必要としている。ただし、同条2項は、配偶者が知れないとき若しくはその意思を表示することができないとき又は妊娠後に配偶者がなくなったときには本人の同意だけで足りる旨定めている。母体保護法の文理上、未婚の場合は本人の同意のみでよく、厚生労働省も2013

第1章　各種権利保障の在り方の改革　283

（平成25）年、医師向けの講習会でその旨回答しているところ、未婚未婚女性に対しても中絶手術に男性の同意を求める病院も存在する。その結果、胎児の父親と音信不通になる等して堕胎時期を逃し、出産直後に子供を遺棄した未婚の母親が逮捕されるという事件が後を絶たない。2022（令和4）年に読売新聞社が岡山県医師会の協力で実施した調査では、産婦人科医の66％が配偶者の同意要件を撤廃すべきと回答しており、中絶に配偶者の同意が必要な国はG7では日本だけである。未婚及び既婚のいずれの場合にも女性の自己決定権であるリプロダクティブヘルス・ライツ（性と生殖に関する健康とその権利）を尊重して、母体保護法の見直しを進める必要性がある。

ウ　DVからストーカーに発展する事案が非常に多い。ストーカー殺人は後を絶たず、「警察に相談していたが、被害を防げなかった」事案も多数報告されている。そこで、2000（平成12）年5月、「ストーカー行為等の規制等に関する法律」が成立した。しかし、立法当初予定していなかった方法による被害事案も生じたため、何度も改正を重ね、規制対象を増やし、罰則も強化したうえ、非親告罪とするようになった。2021（令和3）年8月26日から、GPS機器等を用いた位置情報の無承諾取得等も規制されるようになったが、新たなストーカー方法と規制法がいたちごっことなっている感は否めない。

この種の犯罪は、罰則を強化するだけでは十分な抑止策とはいえないのであり、ストーカー行為をした者に対するカウンセリングや更生教育などにも力を入れ、被害を食い止める仕組みを作るべきである。

また、規制法の対象となるストーカーの目的は「特定の者に対する恋愛感情その他の好意の感情又はそれが満たされなかったことに対する怨恨の感情を充足する目的」と定められているので、恋愛感情以外のストーカーを規制することができない点も、改善の余地がある。

エ　SNSと関連したサイバー上の人権侵害として、元交際相手の裸の写真をインターネット上でばらまく、「リベンジポルノ」も世界中で問題となっている。一度、インターネット上に出回った写真は、加害者でも回収・削除が不可能となることから、被害者が長期間にわたって回復困難な被害を受けることとなり、重大な人権侵害となっている。このような社会情勢を受けて、

2014（平成26）年11月19日、「私事性的画像記録の提供等による被害の防止に関する法律（リベンジポルノ防止法）」が成立し、一定の規制ができた。しかし、法律はあっても、被害者個人でプロバイダーや加害者に削除要請することは難しいので、弁護士が警察と連携しながら積極的に関与していく必要があろう。その際には、撮影を許可したり画像を送信したりした被害者を責めるなどの二次被害が生じないように配慮しなければならない。

オ　被害者の意に反する裸や性行為に係る肢体の撮影・公表という点でリベンジポルノと被害態様が一定程度共通するいわゆるAV出演強要問題につき、2022（令和4）年に「性をめぐる個人の尊厳が重んぜられる社会の形成に資するために性行為映像制作物への出演に係る被害の防止を図り及び出演者の救済に資するための出演契約等に関する特則等に関する法律（AV出演被害防止・救済法）」が施行され、契約書面の交付義務、契約後1ヶ月は撮影できないこと、出演契約において定められている性行為に係る姿態の撮影であっても全部又は一部を拒絶することができること、これによって制作公表者又は第三者に損害が生じたときであっても当該出演者は賠償の責任を負わないこと、公表前に事前に撮影された映像を確認できること、すべての撮影終了後から4ヶ月は公表してはいけないことが定められた。また、撮影時に同意していても、公表から1年間（法の施行後2年間は「2年間」）は、性別・年齢を問わず、無条件に契約を解除できるうえに、契約の取消・解除をした場合は、販売や配信の停止などを請求できるとされ、出演料を返したり損害賠償金を支払うことなく、契約解除や配信停止が可能とされた。

カ　これまで、DV等の困難な問題を抱える女性に対する支援は、売春をなすおそれのある女子の保護更生を目的とする売春防止法の枠組みを利用して行われてきた。しかし、女性を巡る課題は、生活困窮、性暴力、性犯罪被害、家庭関係破綻など、複雑化、多様化、複合化しており、コロナ禍により課題が顕在化し、「孤独・孤立対策」の視点も含め、新たな女性支援強化が課題となっていた。そのため、困難な問題を抱える女性支援の根拠法として、「困難な問題を抱える女性への支援に関する法律」（令和4年法律第52号）が2022（令和4）年5月19日議員立法で成立し、2024（令和6）年4月1日から施行されている。同法の施行により、困難

な問題を抱える女性に対し、適切な支援が行われることが期待される。

### （4）性犯罪の見直し

ア　性犯罪につき、2017（平成29）年に改正がなされたが、その際、「暴行又は脅迫」並びに「抗拒不能」の認定が適切になされているか（不同意の場合には暴行・脅迫及び抗拒不能要件が柔軟に認定されており処罰の間隙は生じていないか否か）が論点となった。附則9条が、「政府は、この法律の施行後3年を目途として、性犯罪における被害の実情、この法律による改正後の規定の施行の状況等を勘案し、性犯罪に係る事案の実態に即した対処を行うための施策の在り方について検討を加え、必要があると認めるときは、その結果に基づいて所要の措置を講ずるものとする。」とし、衆参両院法務委員会における附帯決議で「刑法第176条及び第177条における『暴行又は脅迫』並びに第178条における『抗拒不能』の認定について被害者と相手方との関係性や被害者の心理をより一層適切に踏まえてなされる必要があるとの指摘がなされていることに鑑み、これらに関連する心理学的・精神医学的知見等について調査研究を推進するとともに、これらの知見を踏まえ、司法警察職員、検察官及び裁判官に対して、性犯罪に直面した被害者の心理等についての研修を行うこと」とし、これを受けて、法務省に性犯罪に関する施策検討に向けた実態調査ワーキンググループ（以下、「実態調査WG」）が設置された。

2019（平成31）年3月には地裁で強制性交等罪の無罪判決が続き、不同意と認定されながら「暴行又は脅迫」並びに「抗拒不能」の程度に至らないとして無罪となる事案の存在が明らかになった。更に、実態調査WGにおいて不起訴事例の調査結果から「暴行又は脅迫」並びに「抗拒不能」要件を充足しないとして不起訴になる事例が相当数存在することが明らかになった。このため2017（平成29）年改正時の不同意の場合は暴行・脅迫及び抗拒不能要件が柔軟に認定され処罰の間隙は存しないとの前提に疑問が生じ、現在の刑法でもまだ被害者保護が足りないのではないかという観点、並びに、先の無罪判決のうち高裁で逆転有罪となるケースがあり、判例解釈による要件緩和ではなく構成要件の明確性を高める観点などから、2020（令和2）年4月、法務省に性犯罪に関する刑事法検討会が設置され、2022（令和4）年10月に、法制審議会の刑事法部会に

法務省が改正試案を示した。これを受けて、2023（令和5）年6月16日「刑法及び刑事訴訟法の一部を改正する法律」（令和5年法律第66号）が成立し、2023（令和5）年7月13日から施行された。

イ　改正刑法では、強制性交等罪と準強制性交等罪を統合して罪名を「不同意性交等罪」「不同意わいせつ罪」とし、同意がない性行為が犯罪となり得ることを明確にした。すなわち、従来の暴行・脅迫の他に、心身の障害、薬物やアルコールの影響、睡眠・意識が不明瞭、不意打ち、恐怖・驚愕、虐待、地位の利用を挙げて、これらによって被害者が「同意しない意思を形成、表明若しくは全うすることが困難な状態にさせること、あるいは相手方がそのような状態にあることに乗じること」又は「わいせつな行為ではないと誤信させたり、人違いをさせること、又は相手方がそのような誤信をしていることに乗じること」により、性交等をした場合は不同意性交等罪（5年以上の有期懲役）が、わいせつな行為をした場合に不同意わいせつ罪（6月以上10年以下の懲役）が、それぞれ成立するとした。また、配偶者間においても不同意性交等罪が成立することも明確にされた。

また、上記の要件に該当しなくても、相手が13歳未満の子どもである場合、又は相手が13歳以上16歳未満の子どもで行為者が5歳以上年長である場合にも、不同意性交等罪や不同意わいせつ罪が成立するとした。

さらに、16歳未満の子どもに対する面会要求等の罪を新設し、16歳未満の子どもに対し①わいせつの目的で威迫、偽計、又は誘惑し、拒まれたのに反復し、利益供与又はその申込や約束をして会うことを要求することや、②実際に会うこと、③性交等をする姿、性的な部位を露出した姿などの写真や動画を撮影して送るよう要求することについても、犯罪となることを明確にした。

ウ　改正刑訴法においては、公訴時効について、これまでの公訴時効期間をそれぞれ5年延長するとされた。これは性犯罪の場合、他の犯罪類型に比べて被害申告が遅れるという特殊性に配慮したものである。なお、子どもが被害に遭った場合は、より一層被害申告が遅れることが多いことから、被害者が18歳未満の場合は、18歳に達するまでの期間がこれに加算されることになっている。

また、性犯罪においては、被害者が何度も被害状況

を供述しなければならず、二次被害が甚大となっていたところ、性犯罪の被害者等の供述を録音・録画した記録媒体が一定の要件を満たす場合は証拠とすることができるものとする証拠能力の特則が新設された。

エ　近年の撮影機器の小型化等により、盗撮被害が相次いでいることを踏まえ、2023（令和5）年6月16日、刑法改正と同日に「性的な姿態を撮影する行為等の処罰及び押収物に記録された性的な姿態の影像に係る電磁的記録の消去等に関する法律」（令和5年法律第67号）が成立し、2023（令和5）年7月13日から施行された。

上記法律では、正当な理由がないのに、密かに性的姿態（性的な部位、身につけている下着、わいせつな行為・性交等がされている間における人の姿）を撮影したり、不同意性交等罪に規定する要件により、同意しない意思を形成、表明又は全うすることが困難な状態にさせ、又は相手がそのような状態にあることに乗じて性的姿態等を撮影したり、性的な行為ではないと誤信させたり、特定の者以外はその画像を見ないと誤信させて、又は相手方がそのような誤信をしていることに乗じて性的姿態等を撮影したり、正当な理由がないのに16歳未満の子どもの性的姿態等を撮影（相手が13歳以上16歳未満の子どもである場合は行為者が5歳以上年長である場合）は、性的姿態等撮影罪（3年以下の懲役又は300万円以下の罰金）とし、性的映像記録提供等罪、性的映像記録保管罪、性的姿態等影像送信罪、性的姿態等影像記録罪、性的姿態等の画像などの複写物の没収、画像等の消去、廃棄の規程も新設された。

オ　このように、性犯罪に関しては、かなり大規模な改正がなされ、性犯罪被害者の救済や性暴力の抑止が期待されるところである。ただ、女性アスリートの性的部位を狙って盗撮されるアスリートの盗撮被害が多数申告されているところ、今回の盗撮罪では保護の対象とならなかった。アスリートが純粋に競技に集中できる環境を整えるためにも、今後はアスリートの盗撮被害も保護の対象とするような法改正が望まれるところである。

## 3　女性の労働権

### (1)　基本的視点

2022（令和4）年の統計では、女性の労働力人口（就業者と完全失業者の合計）は3,096万人で、前年より16万人増加し、労働力人口総数に占める女性の割合は前年差0.3ポイント増加し44.9％となっている。

女性の就業者3,024万人のうち、雇用者は2,765万人で、女性就業者の91.4％が雇用労働者である。そこで、雇用労働における女性の現状を見ると、①男女間の処遇・賃金格差、②女性労働者の非正規化、③男女間の勤続年数の格差の問題、④ハラスメントの問題がある。

ア　①について、役職者に占める女性の割合は、2020（令和2）年の統計によると、部長級8.5％、課長級11.5％、係長級21.3％となっており、微増はしているものの、男女間の格差は開いたままである。さらに、2022（令和4）年度の一般労働者の正社員の男女間の賃金格差についてみると、男性を100とすると、女性は、決まって支給する現金給与額で75.8となっている。OECD諸国の平均値は88.4であり、OECD諸国に比べて、依然として格差は大きいままである。

イ　②については、2022（令和4）年の女性の「正規職員・従業員」は1,250万人（46.6％）、「非正規職員・従業員」は1,432万人（53.4％）であり、女性労働者の過半数は非正規労働者である。また、非正規職員・従業員のうち、パート・アルバイトが占める割合は1,126万人である。

他方、男性の正規雇用は、年々減少傾向にあるとはいえ2022（令和4）年の男性の「正規職員・従業員」は2,348万人（77.8％）、「非正規職員・従業員」は669万人（22.2％）であり男性雇用者の大半は正規雇用であり、ここにも大きな男女格差が見られる。2020（令和2）年の新型コロナウイルスの流行により、景気が大きく後退したため、非正規労働者に対する解雇や雇止めがなされ、その結果、女性労働者が大量に解雇された。この理由としては、飲食、宿泊等のサービス業といった女性労働者が多い業界がコロナ禍により大打撃を受け、雇用の調整弁としてまず非正規である女性労働者が解雇されたこと、また、コロナ禍における一斉休校等を背景に子どもを家庭でみなければならない時間が多くなった世帯において、依然として家事・育児の負担が女性に偏っているといった実情から、女性が離職せざるを得なくなったこと、女性には非正規のエッセンシャルワーカーが多く、業務の性質上テレワークができない仕事に多く就いていること等による。社会全体がテレワーク等による柔軟な働き方を進めて

も、こうした女性労働者にとってはその実現可能性が少なく、結果、家庭との両立に悩んで自ら離職することにもなり得る。コロナ禍を経て、一層、女性の安定した雇用上の地位の確保が重要な課題であることが認識されたというべきである。

ウ ③については、2022（令和4）年の統計で、正社員・正職員労働者の平均勤続年数は、女性は10.3年、男性は14.0年で、男女差は3.7年である（ただし、企業規模10人以上）。女性の勤続年数が短いのは、仕事と家庭の両立を図ることが困難であるためであり、日本の女性の年齢階層別労働力率は、出産・育児期の30歳代に低くなる、いわゆる「M字カーブ」現象がいまだに見られる。さらに、出産・育児後に再就職しようとしても、正規雇用が困難であったり、あるいは、正規雇用における長時間労働の実態から、家庭との両立のために非正規雇用を選択せざるを得ないという実状も報告されている。

「育児休業・介護休業等育児又は家族介護を行う労働者の福祉に関する法律」（以下、「育介法」という）及び次世代育成支援対策推進法の改正法が2024（令和6）年5月31日に公布され、公布後1年6ヶ月以内に施行されることになった。

育介法は、①事業者に、3歳以上の未就学児を養育する労働者が柔軟な働き方を実現するための措置義務を負わせる、②残業免除労働者の対象を現行の3歳未満の子を養育する労働者から未就学の子を養育する労働者に拡大する、③育児のためのテレワークの導入が努力義務化される、④子の看護休暇の対象となる子を現行の未就学児から小学校3年生修了までに延長し、取得事由も拡大する、⑤労働者の仕事と育児の両立に関する個別の意向聴取・配慮が事業主に義務づけられる、⑥育休取得状況の公表義務の対象が現行の1,000人超の企業から300人超の企業に拡大される、⑦事業者に介護離職防止のための個別の周知・意向確認、雇用環境整備等の措置義務を負わせるというのが主な改正点である。

次世代育成支援対策推進法は、①2025（令和7）年3月31日までとなっていた法律の有効期限が2035（令和17）年3月31日まで延長される、②従業員数100人超の企業に育休取得に関する状況把握・数値目標設定を義務づけるというのが主な改正点である。

家事育児の負担が女性労働者に偏っている現状において、上記の育介法及び次世代育成支援対策推進法の改正により、女性労働者が育児や介護のために離職することなく働き続ける環境が整えられることが期待される。

エ ④については、職場における女性に対するハラスメントは多様化している。セクハラ・パワハラは依然として存在しているうえに、働く女性が妊娠・出産をきっかけに職場で精神的・肉体的な嫌がらせを受けたり、妊娠・出産を理由とした解雇や雇い止めで不利益を被ったりするなどの不当な扱いを意味するマタハラ（マタニティー・ハラスメント）も存在する。

以上のことから、女性の権利の確保、両性の平等の実現は、雇用や労働といったテーマにおいても非常に重大であり、女性の労働環境を整えることは、急務であるといえる。

## (2) 性別を理由とする昇進及び賃金における差別の禁止

ア 男女雇用機会均等法6条は、労働者の配置、昇進、降格等につき、性別を理由として差別的取り扱いをすることを禁じている。そして、男女雇用機会均等法施行の約40年前の1947（昭和22）年には、労働基準法4条が「使用者は、労働者が女性であることを理由として、賃金について、男性と差別的取扱いをしてはならない。」と定め、男女同一賃金の原則を規定している。

労働基準法4条にいう「女性であることを理由として」とは、通達によれば、「労働者が女子であることのみを理由として、あるいは社会通念として又は当該事業場において女子労働者が一般的又は平均的に能率が悪いこと、勤続年数が短いこと、主たる生計の維持者でないこと等を理由」とすることと解されている（1947〔昭和22〕年9月13日発基17号）。そのため、同一職種に就業する同学歴の男女間の初任給の差別は、一般的に労働基準法4条違反となる。そして、男女雇用機会均等法7条では、募集、採用又は昇進等にあたっては、住居の変更を伴う配置転換（いわゆる転勤）に応じることができることを要件とするなど、性別以外の事由を要件とするものであっても、実質的に性別を理由とする差別となるおそれがある措置（間接差別）については、合理的な理由がある場合を除き講じてはならないとしている。

しかし、男女雇用機会均等法6条の「性別を理由として」とは、通達によると、例えば、労働者が男性で

あること又は女性であることのみを理由として、あるいは社会通念として又はその事業所で、男性労働者と女性労働者との間に一般的に又は平均的に、能力、勤続年数、主たる生計の維持者である者の割合等に格差があることを理由とするものであり、個々の労働者の意欲、能力等を理由とすることはこれに該当しないとされる。同じく、労働基準法4条についても、通達では、「職務、能率、技能等によって賃金に個人的差異のあることは、本条に規定する差別待遇ではない」としている。

　現在ではあからさまに男女に賃金差や昇進差をつける規定を置いている会社は存在しないと思われるが、現実は、①家庭責任を持つ労働者にとって困難な働き方を前提とした制度が存在し、家事・育児・介護の負担が女性に偏ってしまう実情があることにより、採用・配置等の面で実質的に男女差が生じており、②人事評価や業務評価等の側面で勤続年数や労働時間が重視され、それが管理職比率の男女差につながっており、これらの理由によって勤続年数が短く、時短勤務をしている女性がフルタイムで残業もする管理職に登用されにくく、昇進差が生まれ、ひいては男女の賃金格差を生じさせていると思われる。

イ　この点、女性管理職を増やすなどのポジティブ・アクションは、これまでの男女格差是正の良い機会であり、男女雇用機会均等法8条でも認められている。

　しかし、長時間労働を是正しないままでは、女性で管理職になれる者は限られている。なぜなら、上述のように、いまだに多くの企業が長時間労働できる労働者を管理職とする傾向にあり、しかも、固定的な性別役割分担意識が残り、女性に家事・育児・介護の負担が偏っている実情があるため、女性の長時間労働が困難な状況にあるからである。そのため、「女性は管理職を希望しない」と、女性の管理職が増えない理由を女性の意識の低さにあるかのように論じられているのが実情であると考えられる。管理職に女性を増やすには、男性も女性も長時間労働を是正したり、テレワークやフレキシブルな出退勤を新型コロナウイルスの流行収束後も認めたりするなど、性別を問わず労働環境を是正すべきと思われる。そして、テレワークを選択する者より実際に出社した者を人事評価上優遇するということのないようにしたり、長時間労働ができる者だけを人事評価の高い評価につなげないようにし、管

理職にも多様な働き方を認めて、管理職における女性割合を増やす努力をすべきである。その際に、「女性だから能力が低くても出世できた」などと言われないような、透明性のある人事を行うことと、社内のハラスメントをなくす努力も同時に行い、女性が管理職になりやすい環境を整えることも必要と思われる。

ウ　政府は正規・非正規に関わらず同じ職務の労働者に同じ賃金を支払う「同一労働同一賃金」につき、2015（平成27）年9月16日に「労働者の職務に応じた待遇の確保等のための施策の推進に関する法律（同一労働同一賃金推進法）」を公布し、さらにはパートタイム労働法、労働契約法、労働者派遣法が改正されて2020（令和2）年4月1日施行され、同一企業内において、正規労働者と非正規労働者との間で、基本給やあらゆる待遇について不合理な待遇差を設けることが禁止された。しかし、ここでいう「同一労働同一賃金」は、正規と非正規の労働者間の問題であって、男女労働者間の賃金格差をなくすという視点が抜け落ちている。厚生労働省は2010（平成22）年に「男女間賃金格差解消に向けた労使の取組支援のためのガイドライン」を作成しているが、これと上記の法律は別異の論点を扱うものとなってしまっている。

　たしかに、女性労働者に非正規労働者が多いことは上述の通りであるから、正規と非正規の労働者間の賃金格差をなくすことは、間接的には女性の賃金問題の解消につながる。しかし、そもそも女性が管理職になりにくい背景にある長時間労働を是正することや、M字カーブ解消による女性の勤続年数の長期化の実現、フレキシブルな働き方を認めることにより女性の正社員登用を推進する政策などによって、正規雇用の男女間、非正規雇用の男女間の賃金格差をなくすことにまで踏み込まなければ、真の意味での男女間賃金格差の解消にはつながらないであろう。そのため、「同一労働同一賃金」の法制化にあたっては、上記「男女間賃金格差解消に向けた労使の取組支援のためのガイドライン」も組み入れて、男女間賃金格差の解消も盛り込まなくてはならないと思われる。また、労働契約法20条により、正規と非正規の労働者間の労働条件の相違については労働条件の相違が合理的であれば許容されることになっているが、性別のみを理由とした賃金格差はいかなる場合も許されない（労働基準法4条）以上、女性の非正規社員が多いことを無視して、男女の区分

けではなく正規と非正規の区分けにすることで男女の賃金格差を「合理的」と抗弁するための隠れ蓑に労働条件の相違が用いられてはならないのである。

### (3) セクハラ・マタハラ及び育児・介護問題

ア　男女雇用機会均等法9条で、婚姻・妊娠・出産等を理由とする不利益取扱いの禁止が定められている。改正前は、女性労働者について婚姻・妊娠・出産等を理由とする解雇のみの禁止規定であったが、現在の男女雇用機会均等法では、これらを理由とする解雇以外の不利益扱いも全面的に禁止している。また、これまで明確でなかった母性健康管理措置についても不利益取扱いを禁止し、妊娠・出産に起因する労働能率の低下に対しても不利益取扱いを禁止したことは重要である。にもかかわらず、妊娠・出産を理由に、配置転換・降格をされたり、解雇・派遣切りをされたりするといういわゆるマタハラ問題が増加し、訴訟も提起されるようになった（最判平成26年10月23日・裁判所ホームページ最高裁判所判例集参照）。

そして、法改正により男女雇用機会均等法11条の2が設けられ、2017（平成29）年1月1日より、「事業主は、職場において行われるその雇用する女性労働者に対する、妊娠、出産等に関する事由であって厚生労働省令に定めるものに関する言動により、当該女性労働者の就業環境が害されることがないよう、当該女性労働者からの相談に応じ、適切に対処するために必要な体制の整備その他の雇用管理上必要な措置を講じなければならない」とされた。それに加えて、事業主は、対象となる労働者の上司または同僚からの育児休業等に関するハラスメントを防止する措置を取ることが義務付けられ、職場におけるマタハラの原因や背景となる要因を解消するための措置も義務付けられた。また、派遣労働者の場合は派遣先にも同措置が義務付けられた。

イ　育休については、2020（令和2）年6月1日施行の育介法の改正法で、労働者が育児休業等に関するハラスメントに関する相談を行ったことを理由とする不利益扱いの禁止等が事業主に課され、さらに、2021（令和3）年1月1日からは子の看護休暇や介護休暇につき時間単位の取得が可能となり、2021（令和3）年6月改正によって、育児休業を分割して取得できるようになり、育児休業を取得しやすい雇用環境の整備、個別の周知・意向確認の措置が事業主の義務となった。

これを踏まえて、2024（令和6）年5月31日に育介法

が改正されたことは上述したとおりである。

労働者が育児休業を取得しやすくするための制度を整えると共に、育児休業を取得することに関するハラスメントが生じないよう、制度を周知徹底する努力が事業主により求められる

ウ　介護については、介護離職する労働者の約8割が女性であり、女性に介護負担が偏っている。2024（令和6）年5月31日の育介法改正により、事業者は介護離職防止のための個別の周知・意向確認、雇用環境整備等の措置義務を負うこととなった。しかし、介護休暇を取りやすくして仕事と介護の両立支援をするとしても、女性が介護の負担を負うという社会の意識を変革させなければ、女性労働者が仕事と介護の負担を担い続けることになり、女性が疲弊していくだけである。「育児も介護も女性が担うもの」という社会の意識を変え、介護に起因する女性の貧困をなくす必要がある。そのため、介護は各家庭の問題として片付けるのではなく、社会保障制度を充実させて、家族以外の者による介護を選択しやすくし、社会全体で個人の介護負担（金銭及び介護に従事する時間）を減らす工夫をして、訪問介護や介護施設への入所が経済的負担なく行えるようにするべきである。育児と異なり、介護は区切りや終わりがないため、その負担はある意味育児より大きいともいえる。社会保障制度を充実させ、経済的負担を個人に負わせないようにして、介護を担う女性が離職を決意したり、ひいては経済的及び肉体的に困窮するようなことが無いよう、早急に制度を整える必要がある。

エ　また、セクハラ問題については、男女雇用機会均等法11条で職場におけるセクハラを防止するために、事業主に雇用管理上必要な措置を講じる義務を定めているが、セクハラを直接禁止する条文はなく、ましてや加害者への罰則は刑法に抵触するもの以外は定められておらず、被害者の保護についても具体的に定めた法令はない。そのため、慰謝料等の金額は、裁判例の蓄積による判断となることから、必ずしも高額になるとは限らない。アメリカでは、損害の填補額をはるかに上回る賠償額を認めることで、加害者に対し、不法行為の抑止的効果を有するという懲罰的賠償も認められているが、日本では懲罰的賠償は認められておらず、それどころかセクハラにより労働できない状況になって離職しても、離職後の生活費がまかなえるほどの賠

第1章　各種権利保障の在り方の改革　289

償額が認容されることすら稀である。セクハラ事件は証拠が乏しいことが多く、双方の言い分の食い違いもあるため、被害者は長期間にわたって二次被害を受けながら裁判を遂行しても、わずかな賠償金を手にするだけということであれば、そもそも訴訟提起自体をためらってしまうこともある。そのため、損害の填補という観点から見ても、被害者の保護としては不十分であるのが現状である。セクハラが認容された場合は職場や雇用保険等から見舞給付金を受け取れる等、被害者に対する金銭的保障についての制度を創設するなどの踏み込んだ対策を採ることなどを検討すべきである。

2018（平成30）年には、財務次官（事件当時）による女性記者へのセクハラが社会問題となり、東弁では同年5月11日付で「元財務事務次官のセクシュアル・ハラスメント報道等をめぐる対応についての会長声明」を出した。さらには、就活中の大学生のOB訪問を悪用した性犯罪も複数明るみに出たので、保護の対象を被用者だけではなく、就職活動中の学生やインターンシップの実習生も含め、ハラスメントから守られる対象を幅広く規定する法律の制定が必要である。

もともと、セクハラは立場の強い者から弱い者へ行われることが多いので、立場が弱い女性が被害者となることが多い。そのため、セクハラとは重大な人権侵害であるだけではなく、女性差別が根源にあるということを前提としなければ解決にはならない。

立場の弱い被害者はその場ではっきりと拒絶することができないことがあり、後から被害を申告するにあたっても、職場での立場が悪くなることや、就職活動で不利になることを恐れて申告をためらうケースが後を絶たない。上記の女性記者の事件や就活中の大学生の事件は、被害者バッシングも起きてしまい、被害者が被害を申告し辛い状況を浮き彫りにした。

また、女性をセクハラの起きやすい職種や場面から外せば良いという発想は、女性の労働権の侵害となる。この発想は、女性であるという一事をもって、その他の能力等を顧みることなく一律に労働の現場から排除するものであるため、到底許されるものではない。労働の現場に女性がいることは当然のことであり、そこから排除するのではますます性別役割分業意識が促進されてしまう。女性労働者を性的な対象として見るのではなく、対等な労働者として扱うことがセクハラという名の女性差別をなくすための必須条件である。そこで、事業主にはこれまで以上に努力をして、セクハラを生じさせないための研修の徹底、相談窓口の充実と二次被害の防止努力、適正な解決策の実施をすべきである。

この点に関連するILO条約（働く場での暴力やハラスメント〔嫌がらせ〕を撤廃するための条約）が、2019（令和元）年6月、スイス・ジュネーブで開かれていた国際労働機関（ILO）の年次総会で採択された。これは仕事の上でのセクハラ・パワハラを禁じる初めての国際基準となり、しかも、正規・非正規の雇用形態にかかわらず、フリーランス、求職者、実習生、雇用が終了した人、ボランティアまで働く全ての人が含まれているので、就活セクハラにも実効性が期待できる。ところが、日本政府もこれに賛成しているものの批准はしておらず、今後は条約の基準を満たす国内法の整備が課題になる。早急に日本もILO条約に批准し、国内法で保護対象を広く規定すべきである。そして、セクハラを明確に禁止し、かつ、被害者の救済を確実なものとする法律の制定を実現する努力が必要である。また、裁判所も賠償金の額について、被害者の実効的な救済となるように検討し、そのような判例を積み重ねるべきである。

# 第5　性的マイノリティ（LGBT）の権利

## 1　性的マイノリティの問題に関する理解

(1) LGBTとはレズビアン（Lesbian）、ゲイ（Gay）、バイセクシュアル（Bisexual）及びトランスジェンダー（Transgender）の頭文字をとった単語で、性的マイノリティの総称として世界的に使用されている言葉であるが、性の在り方は多様であり、上記の概念だけですべてを包括することができないことから、近年ではLGBTQ+（LGBTQプラス）、あるいは、Sexual Orientation（性的指向）とGender Identity（性自認）の頭文字をとったSOGI（ソジ）という用語が使用されることが増えている。

電通グループのdentsu Japan内の組織であるdJサス

テナビリティ推進オフィスが主体となり、日本在住の20〜59歳、5万7,500人を対象に実施した「LGBTQ+調査2023」によると、全回答者に占める「LGBTQ+当事者層」（同調査では、調査実施時点での回答に基づき、異性愛者であり、生まれた時に割り当てられた性と性自認が一致する回答者以外を「LGBTQ+当事者層」と定義している。）の割合は9.7%とのことであった。

性的マイノリティをめぐる急速な社会情勢の変化に伴い、日本でも、性的マイノリティに対する理解は進みつつあるが、依然として性的マイノリティに対する差別や偏見が存在している。前述の「LGBTQ+調査2023」でも、性的マイノリティの子どもを持つ親を対象とする調査では、「自分の住んでいる地域では、性的マイノリティの家族がいる家庭は暮らしにくいと感じる」と答えた人56.5%に上っている。

世代や地域によって状況は異なるが、性的マイノリティであることを容易にカミングアウトできないと感じている当事者がまだ多数存在するということを常に意識する必要がある。

(2) 性的マイノリティは、性の多様性から当然かつ自然に存在するのであり、差別されたり、その権利の保障に欠けたりしてもよい理由はない。人格の本質とも密接に関連した性的マイノリティの性的指向や性自認に偏見を持ち、差別的に取り扱ったり、その権利を保障しなかったりすることは、個人の尊厳や幸福追求権（憲法13条）を侵害し、平等原則（憲法14条）にも反する。

このように、性的マイノリティの問題は、基本的人権の侵害をその内容とするものであり、直ちにこれを解消して性的マイノリティの基本的人権の保障が図られる社会を実現しなければならない。基本的人権を擁護し社会正義を実現することを使命とする弁護士は、性的マイノリティの問題に関する基礎的知識を身に付けて、性的マイノリティが抱える困難や苦悩を知り、これに共感する必要があり、その上で、性的マイノリティの人権問題を法的問題として対処する必要がある。

(3) 性的マイノリティの問題に関する東弁の活動としては、2012（平成24）年3月に全国の弁護士会で初めてセクシュアル・マイノリティの人権問題に取り組む常設PTを設置し、2014（平成26）年からは「セクシュアル・マイノリティ電話相談」を開始したほか、「性の多様性について考えよう」をテーマとする学校での授業を実施している。また、2018（平成30）年10月に同性パートナーをもつ職員にも福利厚生が適用されるよう就業規則を改正し、2021（令和3）年3月には「同性カップルが婚姻できるための民法改正を求める意見書」、2023年（令和5年）3月には「性的指向及び性自認の多様性に関する理解の増進に関する施策を策定、実施するとともに、性的指向及び性自認を理由とする差別の禁止を法律に明記し、あわせて同性婚の法制化を早期に実現することを求める会長声明」を出すなどしている。

これらの活動が一定の評価を得て、東弁は2019（令和元）年度から5年連続でPRIDE指標（任意団体「work with Pride」が、2016（平成28）年に日本初の職場におけるセクシュアル・マイノリティへの取組みの評価指標として策定したもの）において満点となるゴールドを獲得し、2021（令和3）年からはこれに加えて、新たに新設されたレインボー（国・自治体・学術機関・NPO/NGOなどとのセクターを超えた協働を推進する企業・団体を評価するもの）をダブル受賞しているが、性的マイノリティに対する理解が、社会全体はもちろん東弁においても浸透しているとは言い難い現状を踏まえて、より積極的に活動を進めていくべきである。

## 2 LGBT理解増進法の制定

(1) 性的マイノリティに対する理解を広めるための「性的指向及びジェンダーアイデンティティの多様性に関する国民の理解の増進に関する法律」（いわゆる「LGBT理解増進法」）が2023（令和5）年6月16日に国会で成立し、同月23日に施行された。

LGBT理解増進法は、2016（平成28）年に超党派の議員連盟が法案をまとめてから7年近くの歳月を経て成立したものであり、「性的指向やジェンダーアイデンティティを理由とする不当な差別はあってはならない」という基本理念（同法3条）のもと、国や自治体、学校、企業などに対して、性の多様性に関する「理解の増進」のための施策を求めるものである。性的マイノリティへの理解増進に向けて、わが国で初めての法律であり、国・地方公共団体の役割や事業者・学校の努力義務を定めている。

しかしながら、LGBT理解増進法は、具体的な規制や罰則を伴わない理念法であり、差別禁止規定がない

ため、実効性に疑問を持たざるを得ない。後述の通り、国際的にも、日本政府には差別禁止の法整備が勧告されているにもかかわらず、差別禁止規定のない理解増進の限度に留まっていることは、極めて問題である。更に、同法では、同法による措置の実施等に当たり「性的指向又はジェンダーアイデンティティにかかわらず、全ての国民が安心して生活することができることとなるよう、留意するものとする。」との文言（留意条項）が直前で追加されているが（同法12条）、これが根拠となり「（多数派の）国民を不安にする」との理由で性的マイノリティの保護に関する施策の実施が阻害されるという事態が非常に懸念される。また、留意条項は、あたかも性的マイノリティが他の国民の安全や安心を脅かす存在であるかのような印象を与えるものであり、性的マイノリティへの理解増進を目指すはずの法律が、その差別を助長するという結果になりかねない。

（2）現在80以上の国・地域で性的指向による雇用差別を禁じており、先進7か国で性的マイノリティへの差別を法的に禁止していないのは日本のみであり、経済協力開発機構（OECD）の調査でも、性的マイノリティに関する法整備状況の比較で日本は35か国中34位である。国連人権理事会における普遍的定期的審査においても、性的指向及び性自認に基づく差別を撤廃するための措置を講じることが日本に対して勧告されていることを考えると、LGBT理解増進法の内容が不十分であることは明らかであり、性的マイノリティへの差別を明確に禁止する内容の法改正は必須である。性的マイノリティの差別撤廃と人権保障の実現のために、社会の各現場において性的マイノリティの問題に関する基礎的理解を浸透させる具体的方策と、差別禁止を徹底する方策が速やかに講じられなければならない。

## 3 同性間の婚姻に係る立法的措置の必要性

（1）現行法では、戸籍上の性別が同性の者同士の婚姻（同性婚）が認められていない。その結果、同性パートナーについては、相続等の財産関係、同居・協力・扶助義務や共同親権等の身分関係、健康保険や年金に関する地位の不明確性等、法的に承認されている異性間の婚姻者と同等の権利が保障されていなかったり、あるいは保障されるか否かが不確定であったりする状況にある。また、法律上の婚姻関係が認められな

いことから、保険契約の締結、一緒に住む住宅への入居手続き、入院する際の治療の同意や面会など、様々な場面で事実上の制約を受けている。

なお、同性パートナーは、同性婚が認められないことから、次善の策として養子縁組をしているという実態もあるが、言うまでもなく婚姻した場合の法律関係と違うところがあり、かえって混乱を生じさせることにもなりかねないので、早期に同性婚が認められるようにするべきである。

（2）アメリカの連邦最高裁判所が2015（平成27）年6月26日、「各州は修正第14条（平等条項、適正手続条項）の下、同性婚を許可し、州外で適法に成立した同性婚を法律婚と認めることが義務づけられる」とする旨の判断を示したことは、日本においても大きく報道された。

日弁連も、2019（令和元）年7月に、同性同士の結婚（同性婚）ができないのは「憲法に照らし重大な人権侵害」だとして、国に対して、同性婚を認め、関連する法令の改正を求める初の意見書を公表しており、前述の通り、東弁も、2021（令和3）年3月に「同性カップルが婚姻できるための民法改正を求める意見書」を公表している。この点、憲法24条1項において、結婚は、「両性の合意だけによって成立」すると規定されていることについて、同性間の婚姻は認めていないという考え方が示されることもあるが、同条項は、戦前の「家」制度を背景として婚姻は婚姻をする当事者の合意だけで成立することを認める趣旨であり、同性間の婚姻を禁止する趣旨ではないと解される。

2019（平成31）年2月、婚姻届を拒否された同性カップルが、同性間の婚姻を認める規定を設けていない現行民法及び戸籍法の諸規定が憲法に違反し、国がそれを是正する立法措置を講じていないことを違法とする国家賠償請求を、東京、大阪、名古屋、札幌の4地裁に一斉提訴し、その後、2019（令和元）年9月には福岡地裁にも提訴がなされた（なお、その後2021〔令和3〕年には、東京で第二次訴訟が提訴されている。）。2024（令和6）年8月23日現在、札幌、東京（一次・二次）、名古屋、大阪、福岡の6つの地方裁判所で判決が言い渡されたが、合憲と判断したのは大阪のみであり、更に、2024（令和6）年3月の札幌高裁判決及び同年10月の東京高裁判決では、いずれも憲法14条1項及び同24条（ただし、札幌高裁判決は24条全体、東京高裁判

決は24条1項）に反するとの理由で違憲と判断されている。現在、札幌については上告中、他の全ての訴訟は高等裁判所で審理が進んでおり、今後の動向が注視される。

## 4 トランスジェンダーと特例法の問題

（1）性同一性障害に係る日本国内における法律として「性同一性障害者の性別の取扱いの特例に関する法律」（以下、「特例法」という。）があるが、同法の要件には問題がある。すなわち、同法は、家庭裁判所において性別の取扱いの変更の審判をすることができることを認めるものであるが、「生殖腺がないこと又は生殖腺の機能を永続的に欠く状態にあること」（生殖不能要件）、「その身体について他の性別に係る身体の性別に係る部分に近似する外観を備えていること」（外観要件）といった身体的侵襲に関する厳しい要件や、「現に婚姻をしていないこと」、「現に未成年の子がいないこと」などの身分に関する厳しい要件が付されている。特に、実質的に子孫を残すことを不可能にして、しかも、医療扶助の対象とならないために多大な経済的負担を強いられる性別適合手術等が前提とされていること（いわゆる「手術要件」）は、重大な問題であるといえる。

（2）WHO等の国連諸機関は、2014（平成26）年5月に「強制・強要された、または不本意な断種の廃絶を求める共同声明」を発表し、特に、トランスジェンダーが「出生証明書および他の法的文書における性別記載を望む性に変更するために、断種を含む、様々な法的・医学的要件を満たさなければならないこと」を人権侵害の例として挙げ、「この手術要件は，身体の完全性・自己決定・人間の尊厳の尊重に反するものであり、トランスジェンダーの人々に対する差別を引き起こし、また永続させるものである。」と指摘しており、特例法の厳しい要件が緩和されるように、法改正がなされるべきである。

この点、特例法の手術要件について、2019（平成31）年1月23日、最高裁は、「親子関係等に関わる問題が生じ、社会に混乱を生じさせかねないことや、長きにわたって生物学的な性別に基づき男女の区別がされてきた中で急激な形での変化を避ける等の配慮に基づくものと解される。」とし、合憲と判断したが（但し、2人の裁判官は「憲法違反の疑いが生じていることは

否定できない」という補足意見を述べている。）、2023（令和5）年10月25日、最高裁は、「自己の意思に反して身体への侵襲を受けない自由が、人格的生存に関わる重要な権利」として憲法13条によって保障されていることは明らかとして、手術要件のうち生殖不能要件が強制される場合には身体への侵襲を受けない自由に対する重大な制約に当たるとした。その上で、特例法が定める生殖不能要件は、「身体への侵襲を受けない自由を放棄して強度な身体的侵襲である生殖腺除去手術を受けることを甘受するか、又は性自認に従った法令上の性別の取扱いを受けるという重要な法的利益を放棄して性別変更審判を受けることを断念するかという過酷な二者択一を迫る」という態様により過剰な制約を課すものであるから、制約の程度は重大なものというべきであるとして、裁判官15人全員一致で憲法13条に違反すると判断した。

なお、上記最高裁判決では、外観要件については高裁に差し戻されているが、3人の裁判官が違憲という意見を出しているほか、2024年（令和6年）7月には、広島高裁が、外観要件について「憲法が保障する『身体への侵襲』を受けない権利を放棄して手術を受けるか、性別変更を断念するかの二者択一を迫るもの」として違憲の疑いがあると指摘している。

このような情勢を踏まえて、生殖不能要件のみならず外観要件を含めて、速やかな法改正がなされるよう、弁護士会も働きかけを強化すべきである。

## 5 職場における施策

（1）職場での性的マイノリティの問題としては、環境的ハラスメント（日常的な揶揄等による嫌がらせやいじめ）、職場環境、昇進等の差別的扱い、福利厚生の面での不利益、メンタルヘルスの悪化（LGBTであることを隠さなければならないという状況の下で、緊張、不安、孤立といったストレス等）等が現に存在する。

（2）この点、環境型ハラスメントに関しては、2016（平成28）年8月にセクハラ指針（平成18年厚生労働省告示第615号「事業主が職場における性的な言動に起因する問題に関して雇用管理上講ずべき措置についての指針」）が改正され、性的指向・性自認に関する言動もセクハラとなりうることが明確にされ、また、2020（令和2）年6月からは「労働施策の総合的な推進並び

第1章　各種権利保障の在り方の改革　293

に労働者の雇用の安定及び職業生活の充実等に関する法律」（労働施策総合推進法、いわゆる「パワハラ防止法」）が施行され、すべての企業に、性的指向や性自認に関するハラスメントの防止策を講じることが義務づけられている。更に、LGBT理解増進法では、事業主は、性的指向及びジェンダーアイデンティティの多様性に関するその雇用する労働者の理解の増進に関し、普及啓発、就業環境の整備、相談の機会の確保等を行うことにより性的指向及びジェンダーアイデンティティの多様性に関する当該労働者の理解の増進に自ら努めることが求められている。

(3) 職場環境に関しては、従前より、性自認に従った職場でのトイレ利用の可否という問題が指摘されてきた。この点、戸籍上は男性で、性自認が女性の経済産業省の職員が、省内の女性トイレの自由な利用を不当に制限されたとして国に処遇改善等を求めた訴訟で、2023（令和5）年7月、最高裁は、「そうすると、本件判定部分に係る人事院の判断は、本件における具体的な事情を踏まえることなく他の職員に対する配慮を過度に重視し、上告人の不利益を不当に軽視するものであって、関係者の公平並びに上告人を含む職員の能率の発揮及び増進の見地から判断しなかったものとして、著しく妥当性を欠いたものといわざるを得ない。」と指摘し、女性トイレの自由な使用を認めなかった人事院の判定は、裁量権の範囲を逸脱し又はこれを濫用したものとして違法となると判断した。

(4) 福利厚生面に関しても、法定外福利厚生制度（結婚祝い金や結婚休暇、弔慰金、社宅、介護休暇等）を同性カップルに適用したり、トランスジェンダーに配慮した施策（ホルモン治療や性別適合手術のため有休休暇付与等）を講じたりする企業も次第に増加している。

(5) このように、近年では、性的マイノリティへの取り組みは、企業等における重要な課題となっている。実際に、日本国内においても、CSR（企業の社会的責任）として当該問題について主体的に取り組みを進める先進企業があるが、このような取り組みは、さらに進んで、当事者である従業員の勤労意欲を向上させるとともに、個々の従業員の在り方を尊重する企業価値を高める結果となることを理解し、弁護士も企業等に対する啓蒙活動、施策に向けての助言等を積極的に行うべきである。

# 第6 外国人の人権

## 1 入管行政の問題

### (1) はじめに−入管行政と外国人の人権

入管法上外国人とは日本国籍を有しない者を指すところ（同法第2条1号）、日本に住む全ての外国人は、その活動内容又は身分・地位に応じて、入管法又は日本国との平和条約に基づき日本の国籍を離脱した者等の出入国管理に関する特例法（入管特例法）に基づく在留資格を保持しなければならない。適切な在留資格を有しない外国人については、退去強制手続や刑事手続の対象となる。従って、入管行政が適切に行われることは、外国人の人権保障について、大きな意味を持つ。とりわけ、外国人に対する憲法の基本的人権の保障は、外国人在留制度のわく内で与えられているに過ぎないとするいわゆるマクリーン事件判決（最判昭和53年10月4日）が、未だ行政訴訟において引用され、入管行政を追認するかのような司法の現状においてはそうである。

また、日本においては、難民認定制度が入管法の中に位置づけられていることから、難民認定申請者及び難民認定を受けた者についても、入管行政の適正さが大きな意味を持つ。

しかしながら、いくつもの分野において、入管行政が適正に行われているとはいえず、日本に在留している外国人の人権状況に大きな問題があることは、国際社会から長年懸念を表明されているところである。直近では、2018（平成30）年8月30日に人種差別撤廃委員会の総括所見が発表され、移住者・外国人に対する差別や外国人技能実習生制度のほか、難民認定率の異常な低さ、難民認定申請者の地位の脆弱さに懸念を表明した。また、国連人権理事会の恣意的拘禁作業部会は、2020（令和2）年8月28日、東日本入国管理センターで長期間収容されていた難民申請者2名の個人通報に対し、2名の収容が恣意的拘禁に該当し、国際人権（自由権）規約（以下、「自由権規約」という。）2条、

9条、26条に違反するという意見を採択した。同意見の中で作業部会は、「日本の出入国管理及び難民認定法の、国際法及び特に自由権規約の下での日本の義務との両立性について、深刻な懸念を表明する。」と述べた。さらに、2022（令和4）年11月30日、国連の自由権規約委員会（以下、「規約人権委員会」という。）は、外国人技能実習生制度への対応の強化の必要性のほか、入管収容施設での3人の被収容者の死亡に言及したうえで、難民を含む外国人の人権に対する日本政府の取組みの不十分さを厳しく指摘した。

しかも残念ながら、外国人の人権状況は、なお改善されていない。政府は、国内外の強い批判を受けて一旦は2021（令和3）年に廃案となった入管法改正案（以下、「21年改正案」という。）について、監理措置制度を創設して監理人に届出義務等を課すこと、3回目以後の難民申請には送還停止効が解除されて難民を本国に送還させるおそれがあること、刑罰を伴う退去命令などの問題についてその骨組みを維持した内容の改正案を国会に提出し、同法案は、2023（令和5）年6月9日に成立し、2024（令和6）年6月10日までに段階的に施行された（以下、「23年改正法」という。）。さらに、後述のとおり2024（令和6）年6月14日には、永住者の在留資格の取消事由を拡大する改正入管法が成立した（以下、「24年改正法」という。）こうした近時の入管法改正は、入管行政における外国人の人権侵害のおそれを一段と高めるものである。

以下、入管行政の主要な問題として、①在留管理制度、②難民認定制度、③収容施設内での処遇、④収容制度、⑤2023年及び2024年の入管法改正について論じる。

### (2) 在留管理制度の問題点

2009（平成21）年7月の入管法一部改正及び住民基本台帳法の改正（2012（平成24）年7月9日に施行）の結果、これまで非正規滞在者も対象としていた外国人登録制度が廃止され、外国人登録に代わる在留カード（特別永住者については特別永住者証明書）及び外国人住民票は、一時庇護許可者及び仮滞在許可者・出生又は国籍喪失に伴う経過滞在者を除き（ただし、これらの者についても在留カードは交付されない。）、非正規滞在者を対象としないこととなった。従来、非正規滞在者であっても、外国人登録を通じて各地方自治体がその存在を把握し、母子保健（入院助産、母子健康

手帳、育成医療等）及び保健衛生（予防接種、結核予防、精神保健等）の対象とすること、就学予定年齢に達した子どもへの就学案内の送付を行うこと等が可能であった。しかしながら、改正後の在留管理制度の下で各地方自治体において非正規滞在者の存在を把握する方法がなくなり、こうした最低限の社会保障や行政サービスすら事実上受けられなくなるおそれが生じた。

この問題について政府は、2009（平成21）年、住民基本台帳法改正に関する衆議院法務委員会での審議において、これまで提供されてきた行政サービスの対象範囲が変更されることはないと答弁し、また同改正法附則23条は、非正規滞在者についても、行政上の便益を受けられることとなるようにするため、必要な措置を講じることとした。しかしながら、現時点においても、各地方自治体が誤った対応をし、非正規滞在者について、これまで提供されてきた行政サービスが拒否されたという実例が報告されている。直近では、新型コロナウイルス感染症に対するワクチン接種については、非正規滞在者も対象となっているが、そのことを知らない対象者も多く、自治体によっては接種券の交付が後回しになっているなど、接種が進みにくい現状が存在した。今後も引き続き実態を把握したうえで、各地方自治体の誤った対応については是正を求める必要がある。

さらに、本質的には、非正規滞在者の存在について居住自治体が把握できる制度の構築を目指すべきである。現在、出入国在留管理庁では、仮放免中の外国人について、本人が希望する場合にはその情報を居住する自治体に通知しており、その取扱いは、23年改正法に基づく監理措置でも同様とされているが、被仮放免者（被監理者）以外の非正規滞在者についてはそのような制度すら存在しない。従って、自治体に居住している外国人について、非正規であってもその存在を把握できる包括的な制度の構築が必要である。

### (3) 難民認定制度に関する諸問題

2001（平成13）年10月にアフガニスタン人難民申請者が一斉に収容された事件や、2002（平成14）年5月に中国瀋陽の日本総領事館で起きた事件をきっかけに、「難民鎖国」と呼ばれる我が国の難民認定制度の在り方が問題となり、2004（平成16）年5月には大幅な法改正がされた。さらに、2016（平成28）年4月に施行された行政不服審査法の改正に伴い、従来の異議申立

第1章　各種権利保障の在り方の改革　295

制度に代わり、審査請求制度が導入された。

しかしながら、以下に述べるとおり、日本の難民認定制度には、現時点においても、数多くの問題が残っており、「難民鎖国」と呼ばれた状況に変化はないといわざるを得ない。

**ア　現状**

㋐　出入国在留管理庁が2024（令和5）年3月26日に発表した統計によれば、2023（令和5）年の日本の難民認定数（一次申請段階）は、289人（他に、23年改正法により導入された補完的保護制度に基づき補完的保護対象者と認定された者2名）であり、前年に引き続き認定数は増加しているが、認定率は5.4％と極めて低い水準に留まっているうえ、認定数のうち8割近くを、アフガニスタンの在カブール日本大使館やJICAの関係者を含むアフガニスタンからの難民申請者が占めるという特殊事情が存在する。また、不服申立段階での認定数は14人と前年より1人減少し、認定率はわずか0.54％と低水準のままであり、2013（平成25）年から11年連続で棄却・却下率が99％を上回っている。

一次及び不服申立段階を含む認定者数は303名であるところ、国籍別ではアフガニスタン237人、ミャンマー27人となっており、2023年については認定者の国籍の多様化傾向が見られるものの、アフガニスタンやミャンマー以外の国籍の難民認定数は依然として極めて少ない。

日本の認定数の少なさ、認定率の低さは、諸外国と比較すると一層際立つ。UNHCR（国連難民高等弁務官事務所）の統計をもとにした全国難民弁護団連絡会議（以下、「全難連」という。）の調査結果によれば、2020（令和2）年のG7諸国及び韓国・オーストラリアの難民認定率及び認定数は、以下のとおりである。

米国　25.7％（1万8,177人）

カナダ　54.9％（1万9,596人）

英国　47.6％（9,108人）

ドイツ　41.7％（6万3,456人）

フランス　14.6％（1万8,868人）

イタリア　11.3％（4,587人）

韓国　0.8％（52人）

オーストラリア　14.1％（3,450人）

日本　0.5％（44人）

㋑　日本の難民認定率の低さは、国際社会からも批判を受けている。UNHCRは、「グローバル・トレンド－2017年における強制された移住」のなかで、日本の難民認定率が1％に満たないとして、その低さが突出していることを指摘している（同時期の全世界の難民認定率は49％である。）。前述のとおり、2018（平成30）年8月30日に発表された国連人種差別撤廃委員会の総括所見は、日本の難民認定率が非常に低いことに懸念を表明した。2021（令和5）年3月30日に発表されたアメリカ国務省の「国別人権報告2020年－日本」は、「NGOとUNHCRは、認定率が低いことに懸念を表明した。」と報告している。2022（令和4）年11月30日に発表された国連規約人権委員会の総括所見も、「難民認定率の低さを伝える諸報告についても懸念を有する」としている。

入管法2条3号の2は、難民を、「難民の地位に関する条約第1条の規定又は難民の地位に関する議定書第1条の規定により難民条約の適用を受ける難民をいう」と定義している。同じ難民の定義を用い、しかも難民認定は裁量行為ではなく羈束行為であるにもかかわらず、諸外国との間でこれほどの差があるのは、日本の難民認定制度に根本的な問題があるとしか考えられない。

**イ　日本の難民認定数・認定率の低さの要因**

㋐　難民認定制度の構造上の問題

a　行政不服審査法改正の趣旨を没却する難民不認定処分に対する審査請求制度

日本の難民認定制度は、出入国管理の一貫として位置づけられている。しかしながら、出入国管理と難民認定とは、その目的を異にしており、本来、難民認定は、出入国管理や外交政策の所管官庁から独立した第三者機関による認定制度が望ましい。独立した不服審査制度が存在しない点については、従来から規約人権委員会や拷問禁止委員会から懸念を表明されているところである。

この点、2016（平成28）年4月に施行された行政不服審査法の改正に伴い、入管法においても、難民不認定処分に対する不服申立制度として、従来の異議申立制度にかわりに審査請求制度が導入された。しかしながら、この新しい制度は、公平性の向上・使いやすさの向上・国民の救済手段の充実拡大という行政不服審査法改正の趣旨を没却するものとなっている。すなわち、難民不認定処分に対する審査請求については、処分庁が審査庁であるという従来の枠組が維持され、第三者機関への諮問手続も、適用除外とされた。審査請

求期間も、改正行政不服審査法が異議申立期間を60日から3ヶ月に延長したにもかかわらず、入管法では7日間という極端に短い申立期間を温存した。また、審理員が処分庁等を口頭意見陳述に招集することを要しないと認めたときには、口頭意見陳述に処分庁等を招集することを要しないという例外規定を設け、これによって、審査請求人らの処分庁等に対する質問権を実質的に制限することが可能となった。さらに、口頭意見陳述そのものについても、審理員が適当でないと認める場合には、口頭意見陳述の機会を付与しないことができる規定もおかれた。こうした問題点について、日弁連は2014（平成26）年5月23日に、「行政不服審査法改正に伴う出入国管理及び難民認定法改正案に対する会長声明」において懸念を表明しているが、実際の運用も、この懸念を裏付けるものとなっている。すなわち、日弁連は、2020（令和2）年8月27日、「行政不服審査法改正の趣旨に沿った、難民不服審査制度の正常化を求める会長声明」を発表しているが、その中で、前年1年間の難民不服申立手続の裁決案件6,022件のうち、4,388件が口頭意見陳述の機会を放棄したものとされており、放棄の任意性に疑義があること、当事者が放棄をしなかった1,634件のうち、口頭意見陳述が実施されたのは583件に過ぎず、裁決全体の9.7％に留まっていること等からしても、行政不服審査法改正前には原則として口頭意見陳述が認められていたことからしても、改正前よりも当事者の地位がはるかに低下し、適正手続の保障はむしろ後退していると厳しく指摘している。なお、出入国在留管理庁が発表した直近の統計では、2022（令和4）年の難民不服申立手続の裁決案件4,740件のうち、口頭意見陳述が実施されたのは676件（裁決全体の14.3％）と、やはり低い水準に留まっている。

　前述のとおり、不服申立段階での認定数は、2013（平成25）年から11年連続で棄却・却下率が99％を上回っている。全難連の調査によれば、難民関係訴訟での難民の勝訴率が約5％程度あることからしても、難民認定に関する不服申立制度は機能不全に陥っていると言わざるを得ない。

b　難民審査参与員制度の問題点と独立した第三者機関による審査請求制度の必要性

　2004（平成16）年改正入管法は、難民審査参与員制度を導入し、法務大臣は、異議申立てに対する決定を行うに当たっては、難民審査参与員の意見を聴かなければならないとした。その枠組は、審査請求制度においても維持されているところ、その趣旨が、「難民不認定処分に対する不服申立手続について、一定程度の独立性を確保し、同手続の公正性・中立性・透明性・実効性を図ること」にあることは、いうまでもない。しかしながら、2017（平成29）年6月11日の東京新聞の報道によれば、2013（平成25）年から2016（平成28）年までの4年間に、難民審査参与員の多数が「難民である」との意見を提出した事案数が31件であったにもかかわらず、法務大臣が難民と認定しなかった数が13件と約4割に達しているとのことであり、審査請求が独立した機関で行われていないことの問題が顕在化している。

　他方で、現行の参与員制度を前提とした場合に、現在の参与員は、必ずしも難民認定実務に精通しているとはいえず、このことが、後述するとおり、国際難民認定実務とは乖離した日本の状況を生み出している。この点について、元参与員でもある阿部浩己明治学院大学教授は、参考人として招致された参議院法務委員会において、「（参与員の間で）国際基準を踏まえた難民認定の手法が共有されていないため、難民を難民として認定できない。」と述べている。実際、大阪地裁の2023（令和5）年3月15日判決で難民として認められた事案では、審査請求段階で、参与員の「申述書に記載された事実その他の申立人の主張に係る事実が真実であっても、何ら難民となる事由を包含しない」との判断により、口頭審理が実施されないまま審査請求が棄却されたことが明らかとなっている（渡邉彰悟弁護士・全難連代表の参議院法務委員会における発言より）。

　さらに、後述する23年改正法の法案審議において、審査の件数が「臨時班」と呼ばれる書類のみで審査を行う一部の参与員に集中し、他方で難民認定意見を多く出す参与員には案件が回されないなど、参与員制度が入管の一次判断の追認機関となっている実態が判明した。

　このような参与員制度の実態を踏まえると、少なくとも審査請求手続においては早急に、独立した第三者機関によって行われることを求めていくとともに、それまでの間、①「参与員の人選にあたり専門性を十分に確保する観点から、国連難民高等弁務官事務所、日

弁連及びNGO等の難民支援団体からの推薦者から適切な者を選任するなど留意するとともに、難民審査参与員の調査手段が十分に確保されるよう体制の整備を図ること」という衆参両院での附帯決議の趣旨を生かし、UNHCRや日弁連などからの推薦者を尊重するだけではなく、他の候補者が参与員として適任者かどうかにつき、UNHCR等の意見を聴取し、尊重する仕組みを作るとともに、②UNHCRが示す難民認定基準や諸外国で蓄積された難民認定実務等の専門的知見、難民認定申請者を面接する際の留意事項についての知識等について、UNHCRや研究者などの難民認定実務に関する高度な知見を有している者の関与のもとに立案された継続的かつ系統的な研修を実施することが求められる。

c　難民認定手続効迅速化の問題点

現在、日本の難民申請に対する審査期間は著しく長期化している。出入国在留管理庁発表の「令和5年における難民認定者数等について」によれば、一次審査の平均処理期間は約26.6ヶ月、不服申立の平均処理期間は約9.9ヶ月とのことである。令和4年よりやや下回っているものの、一次について出入国管理庁が標準処理期間とする6ヶ月を大幅に上回っている。このような長期化の要因について、2015（平成27）年9月15日に法務省が発表した第5次出入国管理基本計画には、難民条約上の迫害理由に明らかに該当しない申請が急増した結果、審査期間が長期化し、真に庇護を必要とする難民を迅速に処理することに支障が生じているとの記載があり、実際に、前述のとおり、2015（平成27）年に変更された難民認定事務取扱要領によって、出入国在留管理局は、同局がいうところの「明らかに理由のない申請」（B案件）や「正当な理由のない再申請」（C案件）についての振り分けを始めた。さらに、2018（平成30）年1月には、「難民認定制度の適性化のための更なる運用の見直し」を発表し、難民申請者への就労・在留制限を強化した。

しかしながら、その後も審理の長期化は続いている。審理が長期化する理由はむしろ、難民認定の可能性のある者に対する調査が、きわめて慎重に行われているという点にあるというべきである。

この点について、難民認定手続の迅速化は確かに必要であるが、だからといって保護すべき難民を排除する結果となってはならない。とりわけ、現在の日本に

おいては、難民として認められる者は、難民として認められない者よりも審査期間が倍近くかかるといった現実があり、難民認定に消極的な姿勢は明らかである。従って、迅速化の方策についても、あくまで難民として認められるべきものを迅速に正しく認定するという方向で検討されなければならない。

例えば、地方出入国在留管理局長は必ずしも難民に関する十分な知識を有していないのであるから、難民事務を司る難民調査官にしかるべき権限が委譲されることが望ましい。また、後述のとおり現在の日本の難民認定実務が国際的な判断基準・手法からは乖離していることや、これまで複数回の申請ののちに難民認定された者が存在すること等からすれば、形式的にB案件・C案件に振り分けて、面接による事情聴取を省略して十分な調査のないまま拙速に不認定処分を行うことは、真の難民を排除する結果につながる恐れが高いといわざるを得ない。

(イ)　国際難民認定実務とは乖離した要件・判断手法

現在の日本の難民認定の要件や判断手法は、国際的な難民認定実務とは乖離したものとなっている。

例えば、難民の要件として、「迫害」を生命・身体の自由に対する侵害に限定している点、非国家主体による迫害を原則として認めない点、本国政府から個別的に把握されていることを要求する点などである。これらはいずれも、1951（昭和26）年難民条約35条1項に基づき条約の適用についての監督を責務とするUNHCRの発表しているハンドブックやガイドライン、UNHCR執行委員会の結論、さらには諸外国の裁判例などに反しているし、日本の難民認定数や認定率が著しく低い一因となってきた。

出入国在留管理庁は、2023（令和5）年3月、「難民該当性判断の手引」を発表し、このなかで、非国家主体からの迫害やFGM（女性性器切除）等ジェンダーや性的マイノリティーであることに基づく新しい形態の迫害についても触れており、日本の難民認定実務が国際的な水準に近づくことが期待される。しかしながら、認定NPO法人難民支援協会（以下、「難民支援協会」という。）の「2022年の難民認定者等に対する意見」や全難連の「出入国在留管理庁による『難民該当性判断の手引き』の問題点を指摘し引き続き政府入管法案への反対を呼び掛ける声明」にあるとおり、同手引を詳細に検討すると、はしがきにおいて「本文書は、こ

れまでの我が国の実務上の先例や裁判例を踏まえ、難民条約で規定されている難民の定義に含まれている難民の定義に含まれる文言の意義をより具体的に説明するとともに、難民該当性を判断する際に考慮すべきポイントを整理したものである。」としており、従来よりも広い（国際的な水準に基づく）難民認定を目指しているという言及は一切ない。内容としても、例えば総論においては「迫害主体から個別的に認知（把握）されていると認められる場合…積極的な事情となりうるが、そのような事情が認められないことのみをもって、直ちに申請者が迫害を受けるおそれがないと判断されるものではない」などとして、個別把握説（出身国の状況にかかわらず、難民申請者自身が迫害主体から個別的に把握されて迫害の対象とされていなければ難民該当性を認めないとする考え方）には立脚しないようにも読めるが、各論において、「政治的意見」を理由とする難民申請者については、「通常、申請者が政治的意見を有していることを迫害主体によって認知され、又は申請者が実際には政治的意見を有していないにもかかわらず迫害主体によって何らかの政治的意見を有しているとみなされている必要」があるとしており、結局にところ個別把握説からの脱却はない。

また、立証基準についていえば、難民認定における立証対象が「迫害を受けるおそれがあるという十分に理由のある恐怖」という将来予測に係るものであること、誤って不認定処分がされた場合の損害が甚大であること等から、諸外国では、「50％以上の蓋然性」は必要なく、迫害を受ける可能性がごくわずかではなく迫害を受ける「現実的な見込み（real chance）」がある限り、「迫害を受けるおそれがあるという十分に理由のある恐怖」はあると認定している。しかしながら、日本の難民認定実務はこのような基準を採用していない。前述の「難民該当性の手引」は、「現実的な見込み」ではなく「現実的な危険」という用語を用いており、難民認定に際し迫害を受ける極めて高い可能性を要求するこれまでの実務と変更はないように思われる。

さらに、立証責任についていえば、諸外国では、難民であるにもかかわらず不認定とされるリスクを回避するため、認定機関が「真実ではない」という確信の域に達しない限り、難民申請者には灰色の利益が与えられるべきであるとの原則（疑わしきは難民申請者の利益に）が採用されているが、日本では採用されてい

ない。前述の出入国在留管理庁が公表した「難民該当性判断の手引」も、立証基準については一切触れていない。

結局、日本の難民認定数や認定率の低さの一因である国際難民認定実務からの乖離も、現時点において改善されていないといわざるを得ない。

### ウ　申請者の法的地位の脆弱さ

前述のとおり審査期間は長期化しており、一次・審査請求をあわせれば3～5年にも及ぶが、その間の申請者の法的地位は、極めて脆弱である。

申請者の在留資格としては、①難民申請中であることを理由とする特定活動、②仮滞在、③仮放免、④その他（もともと難民申請とは別の理由で在留資格を有している者など）に分けられるが、多くは①、②、③である。しかし、現状において就労できるのは①のみで、②及び③は就労できない。しかも、後述するとおり、①についても、2018（平成30）年1月の運用見直しにより、一部に就労制限がされることとなった。就労できない②及び③について、生活保護受給はできず、③については、国民健康保険にも加入できない。外務省の外郭団体であるRHQ（難民事業本部）による保護費は存在するが、予算の都合上給付対象は限定的で、給付水準も生活保護を下回るものであり、また給付が決定するまでに申請から数ヶ月かかるというような報告もある。結果として、生活に困窮し、医療へのアクセスも困難な申請者が増加し、ホームレスとなったり、NGOからの食料や衣服の支給によって辛うじて生活したりという事例も報告されている。

この問題については、2008（平成20）年10月3日の規約人権委員会の日本政府に対する総括所見25項、2011（平成23）年4月6日の人種差別撤廃委員会の日本政府に対する総括所見23項、同委員会の2018（平成30）年8月30日の人種差別撤廃条約の実施状況に関する第10回・第11回日本政府報告に対する総括所見等において、難民認定申請者の法的地位（多くの場合就労が認められず、社会保障も受けられないこと、無期限収容が認められていること等）に関する懸念を示し、勧告を行っている。直近では、2022（令和4）年11月30日には、自由権規約委員会も、仮放免中の移民に対して必要な支援を提供し、収入を得るための活動に従事する機会の確立を検討するよう勧告している。日弁連も、2014（平成26）年2月に発表した「難民認定制

**第1章　各種権利保障の在り方の改革　299**

度及び難民認定申請者等の地位に関する提言」において、仮滞在・仮放免者についても就労を認めるように提言した。しかしながら、前述の「第5次出入国管理基本計画」は、制度を後退させ、正規在留者に対する就労許可について、希望があれば一律に就労を許可している現行の運用を見直し、例えば、類型的に保護の必要性に乏しいと認められる事案等については原則として就労活動を認める在留資格を付与しないなど、一定の条件を設けてその許否を判断する仕組みの検討を進めるとした。さらに、2015（平成27）年に変更された入国・在留審査要領によって、「明らかに理由のない申請」や「正当な理由のない再申請」については、在留資格や就労許可をしないという取り扱いを開始した。さらに、前述のとおり2018（平成30）年1月には、「難民認定制度の適正化のためのさらなる運用の見直し」を発表して、①初回申請について、❶難民条約上の迫害理由に明らかに該当しない事情を申し立てる申請者については在留制限を執ることとし、❷失踪した技能実習生や退学した留学生等本来の在留資格に該当する活動を行った後に難民認定申請をした申請者や、出国準備期間中に難民認定申請した申請者には、就労制限を執ることとするとともに、②複数回申請者に対しては、原則として在留制限を執ることとした。しかし、国際難民法から見て著しく狭い難民の定義を採用し、難民認定率もきわめて低い日本において（日本で不認定を受けた後に他国で難民認定を受けたり、日本では迫害の恐れがないとして不認定処分を受けた人の家族が、他国において、その人の家族であるという理由で難民認定を受けたりするといった事例が数多く存在している。）、このような抑制的措置を執ることは、法務省の主張するような「真の難民の迅速かつ確実な保護」とは逆行するものである。

審査に数年を要し、公的保護も限定的な現状のもと、就労許可の範囲を限定し、在留制限を強化する動きは、難民申請者の生活を著しく脅かすものであり、ホームレスとしての困窮生活を強いるものであるから、「非人道的な若しくは品位を傷つける取扱い」として、憲法13条・自由権規約7条に違反する。また、このような取扱いは、結果として申請者に申請をあきらめさせ、迫害のおそれのある国へ帰国させる結果を招く。これは実質的なルフールマン（送還）として、難民条約31条に反する行為である。

エ　これまでの日弁連の提言と今後

これまで日弁連は、日本の難民認定制度の問題に関し、2002（平成14）年10月、2003（平成15）年3月、2004（平成16）年3月、2005（平成17）年3月、2006（平成18）年10月、2009（平成21）年6月、2014（平成26）年2月と、繰り返し難民認定制度の改善を求める意見を発表してきた。また、前述のとおり、2020（令和2）年8月27日には、行政不服審査法改正の趣旨に立ち返った入管法改正等を速やかに行い、難民不服審査制度の正常化することを求める意見書を発表している。さらに、2022（令和4）年9月15日には、「出入国在留・難民法分野における喫緊の課題解決のための制度改正提言〜あるべき難民、非正規滞在者の正規化、送還・収容に係る法制度〜」を発表し、法務省、出入国在留管理庁及び外務省から独立した第三者機関による難民認定手続の確立・難民該当性の具体的要件の明文化・手続保障の整備・補完的保護基準の明文化・申請者の法的地位の明確化と就労許可や安定的生活支援制度の構築などを提言し、また、難民申請者に対する送還禁止条項の解除条項を設けることを、難民条約に反するものとして厳しく戒めている。

しかしながら、現在の日本政府の取り組みは、難民として保護すべきものを漏れなく難民として認定するというよりも、難民申請の急増や審査期間の長期化を受けて、申請の抑制や「濫用」申請への対応に重きを置いた内容となっており、改善のきざしは見えない。むしろ、後述するとおり、国際社会や国内世論の批判と懸念を押し切って成立した2023年改正法は、難民認定について独立した第三者機関を設置せず、不服申立について参与員を法務大臣の諮問機関とする従来の枠組みを維持し、他方で、3回目以上の難民申請者及び無期若しくは3年以上の拘禁刑に処せられた者等について、送還停止効の例外規定を創設するなど、その保護は後退している。

**(4) 入管収容施設内での処遇問題**

ア　出入国在留管理局（旧・入国管理局）収容施設における非正規滞在外国人の収容・医療態勢を含む処遇の実態については、従前より、様々な批判がなされてきた。

こうした収容・処遇に関する問題の指摘を受け、2009（平成21）年入管改正法は、入国者収容所等視察委員会を設置した（施行は2010〔平成22〕年7月1日）。

現在、東日本と西日本に、それぞれ10名の委員を擁する委員会が2つ存在する。委員には弁護士も含まれており、日弁連内に、バックアップ委員会が設置されている。

このような取組みにもかかわらず、2014（平成26）年3月、東日本入国管理センターにおいて、わずか3日の間に2名の被収容者が死亡する事件が発生し、同年11月には、東京入国管理局（当時）において、被収容者1名が死亡した。さらに、2017（平成29）年3月25日には、東日本入国管理センターにおいて、被収容者1名が、数日前から体調不良を訴えていたにもかかわらず、外部病院の診察を受けることのないまま死亡した。こうした事件について、東弁は、2014（平成26）年4月、法務省入国管理局（当時）および東日本入国管理センターに対し、真相解明のための第三者機関による徹底的な調査の実施と調査結果を踏まえた再発防止策の導入を求める会長声明を発表した。日弁連も、2014（平成26）年11月7日付けで「入管収容施設における医療問題に関する人権救済申立事件」についての勧告・要望を行い、2015（平成27）年1月14日には、「東京入国管理局における被収容者の死亡事件に関する会長声明」を発表して、繰り返し適切な医療体制の構築や、通院・入院等の必要のある者について仮放免を行うことの促進などを求めてきている。

さらに、東弁は、数年にわたり行ってきた英国の入管収容施設やこれに対する視察についての研究を踏まえ、英国の視察基準であるExpectationsをもとに、2016（平成28）年9月、日本の法制度にあった視察基準である「エクスペクテイションズ（期待される状態）日本版」をとりまとめ、法務省入国管理局（当時）、東日本入国者収容所等視察委員会及び西日本入国者収容所等視察委員会に対し、同視察基準を採用し、これに従って視察を行うように求める要請書を提出した。
イ　しかしながら、その後も収容の問題は継続しているばかりか、むしろ悪化し、法務省入国管理局（当時）は、2016（平成28）年8月31日に、「被収容者の適切な処遇に係る経費について」という通知を発表し、そのなかで、「収容の長期化に伴って増加しているり患・負傷者数の増加要因を把握し、薬品等の使用期間の減少に努めること。」「外部医療機関の受診を抑制するよう努めること。」とした。2017（平成29）年6月3日には、東京入国管理局（当時）に収容中の被収容者が激しい腹痛を訴えたにもかかわらず、20時間以上診察を受けさせず、ようやく救急車で搬送された際には、虫垂炎に加えて腹膜炎も併発しているという事件が発生した。また、2019（平成31）年4月には、東京入国管理局（当時）に収容中の被収容者が著しい体調不良を訴え、心配した知人の要請で救急車が現地に出動したが、入管職員の説明に基づき救急搬送の必要がないとして搬送がされないという事態も発生した。2019（令和元）年5月に東日本入国管理センターの医師から「病名不明なので外の病院に行かせる」との診断を受けたにもかかわらずそのまま外部病院での診察を受けさせてもらえなかった被収容者が、3ヶ月半以上後に仮放免となり、自宅近くの病院で診察を受けたところ、準緊急手術（即座ではないが、数時間か一両日中の手術を必要とするもの）となった。

この間、東弁は、2019（平成31）年4月18日、「入管収容施設で繰り返される被収容者の生命・健康の軽視や死亡事件に抗議し、適時適切な医療の提供及び仮放免の適切な運用を求める会長声明」を発表している。また、日弁連は、入国者収容所等の適切な運営を実現するためには、視察委員会の改革を行って視察委員会の視察をより実効性のあるものにする必要があるとして、2020（令和2）年8月20日、①視察委員会の独立性の確保、②視察対象事項・範囲の拡張、③視察委員会の視察活動の充実化、④視察委員会の活動に関する情報公開及び広報等を骨子とする「入国者収容所等視察委員会の改革に関する意見書」を発表している。
ウ　2021（令和3）年3月6日、名古屋出入国在留管理局の収容場において、30代のスリランカ人女性が死亡した。同年1月頃から体調が急変して嘔吐を繰り返し、食事も歩行もできないほど衰弱していた中、本人も支援団体も、入院又は点滴や、即時に仮放免許可を出すことを繰り返し求めてきたのに、適切な対応がなされなかったものである。これに対して、東弁は同年3月24日に「名古屋入管収容場における女性死亡事件の厳正な調査を求めるとともに、広範な裁量による入管行政に、法の支配を及ぼすことを求める会長声明」を発表し、日弁連は同月30日に「名古屋出入国在留管理局における被収容者の死亡事件に関する会長声明」を発表している。
エ　また、収容中の処遇に関する司法判断もなされており、2022（令和4）年6月22日には、東京地裁におい

第1章　各種権利保障の在り方の改革　　301

て、東京入管における職員の制圧行為によって後遺障害等を負った被収容者に対し、当該制圧は違法であるとして損害賠償を命じる判決が言い渡された。また、2022（令和4）年9月16日には、水戸地裁において、東日本入国管理センターに収容中に体調を崩し死亡した被収容者について、入管職員が救急車を呼ばなかった過失が認定された（容態が急変したとして、死亡との因果関係は否定され、遺族からの慰謝料請求のみが認められた。同判断は2024（令和6）年5月16日の東京高裁においても維持。遺族側が上告受理申立中）。2023（令和5）年4月20日には、東京地裁において、東京入管職員の制圧行為について、制圧下で顎下の痛点を押した行為、後ろ手で手錠をされた腕を挙げさせて苦痛を与えた行為が違法とされ、慰謝料等を認める判決が言い渡された。

オ　23年改正入管法は、「被収容者の処遇は、被収容者の人権を尊重しつつ適正に行わなければならない」、「被収容者には、入国者収容所等の保安上支障がない範囲内においてできる限りの自由が与えられなければならない」とする被収容者の処遇に関する規定を設けたが、実際の運用が、国連被拘禁者処遇最低基準規則等の国際ルールを遵守したものになるか、引き続き注視が必要である。

### （5）収容についての司法審査の欠如と収容期間の長期化

ア　収容令書や退去強制令書による収容や、その身柄拘束を解く仮放免及び23年改正法に基づき新設された監理措置については、司法審査がなく、一行政庁である入国者収容所長等の判断に委ねられており、その問題については常々指摘されている。入管法に基づく収容は、あくまで強制送還を実効的に行うことを目的とするものであり、法律上送還が禁止されている難民認定申請者や、訴訟中である者、再審情願中又はその準備中である者など、送還の予定がない者の身柄拘束は、自由権規約9条1項が禁止する恣意的拘禁にあたる。このことは、国連人権理事会の恣意的拘禁作業部会が、2020（令和2）年8月28日、東日本入国管理センターで長期間収容されていた難民申請者2名の個人通報に対し、2名の収容が恣意的拘禁に該当し、自由権規約2条、9条、26条に違反するという意見を採択したことからも明らかである。この意見については、日弁連は、同年10月21日、「入管収容について国連人権理事会の恣

意的拘禁作業部会の意見を真摯に受け止め、国際法を遵守するよう求める会長声明」を発表している。

イ　とりわけ、近年、収容が長期化しており、これを懸念する新聞報道もなされている。2018（平成30）年2月28日付法務省入国管理局指示は、「仮放免を許可することが適当とは認められない者」として8つの類型を挙げ、「送還の見込みが立たない者であっても収容に耐え難い傷病者でない限り、原則、送還が可能となるまで収容を継続し送還に努める。」とし、さらに、うち4つの類型（①重大犯罪で罰せられた者、②犯罪の常習性が認められる者、③社会生活適応困難者、④悪質な偽装滞在・不法入国等の関与者など）については、「重度の傷病等、よほどの事情がない限り、収容を継続する。」としている。このような指示は、強制送還を円滑に行うために逃亡を防止するという入管法の目的を逸脱するものとして許されるものではない。しかしながら、同指示のもと、収容が長期化するにつれ、被収容者の精神的・肉体的被害は著しく、時に死亡する事態まで生じている。例えば、2018（平成30）年4月25日には、東日本入国管理センターにおいて、仮放免申請を却下された被収容者が自殺するという事件も発生した。

東弁は、この事件を踏まえ、①入国者収容所等視察委員会に対し、自殺の原因の調査及び仮放免審査の在り方について調査をして意見を述べること、②退去強制手続に基づく収容及びその解放の手続には司法審査を導入するような法改正を検討すべきであること、③送還の予定されていない被収容者の速やかな解放を求める会長声明を発表した。2018（平成30）年8月28日には、東京地裁において、東日本入国管理センターでの収容が2年以上に及び、同センターに定期的に招聘されている精神科医から拘禁性うつ病と診断された被収容者に対する仮放免不許可処分を取り消す判決が言い渡された。

ウ　さらに、終わりの見えない収容の長期化に抗議して、各地の入管収容施設でハンガーストライキを行う被収容者が急増した。そうした中、2019（令和元）年6月24日、長崎県の大村入国管理センターにおいて、ハンガーストライキをしていた40代の男性が、拒食症により死亡するという事件が発生した。いわゆる「餓死」である。

こうした事態を受け、東弁は、2019（平成31）年3

月5日、「出入国管理及び難民認定法の収容に関連する規定の改正を求める意見書」を、2019（令和元）年7月1日に「外国人の収容に係る運用を抜本的に改善し、不必要な収容を直ちにやめることを求める会長声明」を、同月31日に「人間の尊厳を踏みにじる外国人長期収容と違法な再収容に抗議する会長声明」を発表し、日弁連も、同年8月8日、「入国管理センターにおける被収容者の死亡事件及び再収容に関する会長声明」を発表したほか、各地の弁護士会、支援団体等が同様の抗議声明を発表している。

エ　このように、収容の長期化に伴う悲惨な状況が継続するなかで、出入国在留管理庁は、2019（令和元）年9月19日、出入国政策懇談会に「送還忌避者の増加や収容の長期化を防止するための方策」を検討課題とする収容・送還に関する専門部会を設置した。

これに対し、東弁は、2019（令和元）年10月31日に、「『収容・送還に関する専門部会』に対し、人権保障の観点からの抜本的な議論を求める会長声明」を、2020（令和2）年1月14日には「退去強制令書による収容に期間の上限を設けるとともに、人権条約に適合する方法で出国が困難な外国人の問題の解消を図ること等を求める意見書」を発表し、日弁連は、同年3月18日に「収容・送還の在り方に関する意見書」を発表した。また、各人権団体も共同提言等を発表して、同専門部会における人権保障を踏まえた議論を求めてきた。

オ　しかしながら、2020（令和2）年6月19日に同専門部会が発表した「送還忌避・長期収容の解決に向けた提言」は、①退去強制拒否罪の創設、②再度の難民認定申請者に対する送還停止効の例外の創設、③仮放免者逃亡罪の創設など、憲法及び国際人権法上の諸権利（自由権規約13条14条・17条・23条、子どもの権利条約3条、難民条約33条、拷問等禁止条約3条等）を侵害する大きな問題が含まれていた。

このため東弁では、2020（令和2）年6月22日、「『送還忌避・長期収容問題の解決に向けた提言』に基づく刑事罰導入等に反対する会長声明」を発表し、反対意見を述べた。東弁のみならず、日弁連は同年7月3日、「『送還忌避・長期収容問題の解決に向けた提言』に対する会長声明」を、関弁連が同月27日に「収容・送還に関する専門部会提言に強く反対する意見書」を発表し、また、東弁以外の各単位会も、同様の反対意見を発表し、各人権団体も、強い危惧を表明していた。

カ　それにもかかわらず、政府は2021（令和3）年2月19日に上記提言を踏まえた内容の入管法改正案（以下、「21年改正法案」という。）を国会に提出した。同改正法案は、入管収容制度や難民認定制度の抜本的改正（収容期間の上限や司法制度の導入、収容代替措置の構築、難民認定手続に関する独立した第三者不服審査機関の創設など）を見送る一方で、退去強制手続関連の多数の罰則の導入、難民認定手続中の送還停止効の一部解除など、外国人の人権を侵害する重大な問題をはらむものであった。このため、日弁連は同月26日に「出入国管理及び難民認定法改正案（政府提出）に対する会長声明」を発表し、同年3月18日に「出入国管理及び難民認定法改正案に関する意見書」を発表し、同年5月14日に「入管法改正案（政府提出）に改めて反対する会長声明」を発表した。東弁も同年3月6日に「入管法改正案（政府案）に反対する会長声明」を発表し、同年5月17日に「入管法改正案（政府提出）の採決に反対し、廃案を求める会長声明」を発表した。

また、国連人権理事会の特別報告者と恣意的拘禁作業部会が同年3月31日、日本政府に対し、国際人権法に違反する旨の懸念を表明して再検討を強く求め、UNHCRも同年4月9日に「非常に重大な懸念」を表明し、同年5月11日には、国際人権法・憲法の研究者ら124名が、国際人権法との合致の確保を求め、廃案を含む抜本的な再検討を求める声明を発表した。さらに、同年3月のスリランカ人女性が入管で死亡した事件を契機に社会全体に批判の声があり、21年改正法案は廃案となった。

しかしながら、2023（令和5）年6月、後述のとおり、廃案となった21年改正法案とほぼ同じ骨格を有する23年改正入管法が成立したところ、同法は、収容についての司法審査や収容期間の上限といった点について、全く改善されていないものであった。

**(6) 23年改正入管法の問題点と今後の対応**
**ア　23年改正入管法の問題点**
21年改正法案が廃案となった経緯にもかかわらず、政府は、2023（令和5）年3月7日、21年改正法案において指摘されていた問題とされた骨組みを維持した改正入管法案を、国会に提出した。

東弁は、こうした動きのなかで、2023（令和5）年1月17日、「入管法の再提出に反対する会長声明」を発表し、同年3月15日には、「入管法公表資料『現行入管

第**1**章　各種権利保障の在り方の改革　303

法の課題』に対し抗議し、再提出された入管法改定案の撤回を求める会長声明」を、同年6月8日に「政府提出の入管法改定案の強行採決に反対し、廃案を求める会長声明」を発表し、法案の廃案に向けて精力的に取り組んだ。難民申請者の支援団体等も、改正法案に懸念を表明する声明や意見書を発表し、国際社会からも、国連移住者の人権に関する特別報告者、恣意的拘禁作業部会及び宗教または信条の自由に関する特別報告者は、同年4月18日、改正入管法案は国際人権基準を下回っているとして、日本政府に対し、「国内法制を国際人権法の下での日本の義務に沿うものにするため、改正法案を徹底的に見直すことを求める」との書簡を送付した。しかも、国会審議のさなか、改正法案の立法事実の存在そのものが疑われる事実が次々を発覚し、同法案に反対し廃案を求める声は一段と強まったが、最終的に同法案は、同年6月9日、参議院で可決され、成立した。

イ　23年改正入管法については、前述の東弁や日弁連の意見書・会長声明のほか、難民支援協会の「出入国管理及び難民認定法の一部を改正する法律案に対する意見」・「難民・難民申請者を送還するということ」という意見書・声明、全難連の「入管法案の廃案を求める」という声明等において、以下のような問題点が具体的に指摘されている。

㋐　立法事実の存在に対する疑義

　23年改正入管法案において最も重要な問題点の1つが、難民申請者の送還停止効に例外を設けたことである。その根拠は、正当な理由なく複数回の申請を繰り返し、送還を忌避する申請者の存在ということであった。政府は、21年改正法案の国会審議において、現役の参与員を参考人として招致し、同人は難民として認めたいと思っていたが、自分の担当した不服申立手続では難民はほとんどいなかった等発言した。しかし、23年改正法案の審議の過程において、同参与員を含む臨時班と呼ばれる一部の参与員に処理件数が集中し（国会審議において発言した参与員の処理件数が全体の約4分の1、同参与員を含む臨時班の処理件数が全体の約6割を占める）、対面での審査ではなく書面のみにより、丁寧な審査は到底期待できない短時間での大量処理が行われている実態が明らかとなった。また、「難民はほとんどいない」との発言を受けて、他の現役あるいは元参与員が、難民と認められる申請者は一定の

割合で存在すること、また、難民認定意見を書くと担当件数が減らされることなどの意見を表明した。

　また、政府は、23年改正法案提出に際しては、入管収容施設においては常勤医師が確保され医療体制は改善されていると説明していたが、法案審議の過程において、2022（令和4）年に着任した大阪出入国在留管理局の常勤医師が、2023年（令和5）年1月に酒酔い状態で勤務して以降医療業務を行っておらず、実際には常勤医師が不存在となっている事実も判明した。

　このように、23年改正入管法は、その前提となる立法事実の存在に重大な疑義があるまま成立したものである。

㋑　内容上の問題点

　23年改正入管法には数多くの問題があるが、その主なものは以下のとおりである。

①送還停止効の例外規定の創設

　23年改正入管法は、これまで難民申請者全員に対して認めていた送還停止効について、例外規定を創設し、3回目以降の申請者については、「難民の認定又は補完的保護対象者の認定を行うべき相当の理由がある資料を提出した者」を除いて、難民申請手続中であっても送還を可能とした。しかしながら、これまで述べてきたとおり、国際水準から乖離した現在の我が国における難民認定制度において、3回目以降の申請であることは、難民であることの蓋然性を否定するものではない。適切に難民認定がなされていれば、そもそも複数回の申請を行う必要はなかったのである。全難連の調査によれば、日本において複数回申請の多いトルコについて、2016（平成28）年以降のG7等各国の難民認定状況を比較すると、各国では認定率の最も低いのがフランスの25％、最も高いのがカナダの72％であるのに対し、日本はこれまで、2022（令和4）年に札幌高裁で勝訴後認定を受けた件が1件あるのみであった（その後、2023（令和5）年、トルコ国籍者3名が認定された）。この点について、前述したとおり、元参与員でもある阿部浩己明治学院大学教授も、参考人として招致された参議院法務委員会において、「（参与員の間で）国際基準を踏まえた難民認定の手法が共有されていないため、難民を難民として認定できない。」と述べ、また、参考人質疑後の記者会見において、「出入国在留管理局庁は真に庇護されるべき人を庇護していない。難民認定制度の根本的な見直しが必要だ。」と発言し

304　第7部　人権保障制度の現状と課題

ている。複数回申請は濫用ではなく、迫害のおそれが
ある国への送還を回避するためのやむを得ない手段で
ある。

2024（令和6）年1月25日、名古屋高裁は、難民不認
定処分を取り消す判決を言い渡したが、取り消しの対
象となった不認定処分は、3回目の申請に係るもので
あった。3回目以降の申請であることが難民該当性を
否定する根拠とはならないことを示す端的な例であり、
23年改正法が導入した3回目以降の難民申請について
の送還停止効の例外が、ノン・ルフールマン原則（生
命や自由が脅かされかねない人々〔特に難民〕が、入
国を拒まれあるいはそれらの場所に追放したり送還さ
れることを禁止する国際法上の原則）に違反する可能
性を示すものである。

また、23年改正入管法は、一定の犯罪歴がある難民
申請者（無期若しくは3年以上の拘禁刑に処せられた
者等）については、申請回数にかかわらず送還の対象
としている。難民条約においてもノン・ルフールマン
原則の例外は存在するが、「締約国の安全にとって危
険であると認めるに足りる相当な理由がある者または
特に重大な犯罪について有罪の判決が確定し当該締約
国の社会によって危険な存在になったとき」に限られ
る。また、拷問等禁止条約では、ノン・ルフールマン
原則の例外は認められていない。従って、一定の犯罪
歴があることを理由として初回の難民申請であっても
審査を行わないまま送還の対象とすることは、国際条
約に違反するものである。UNHCRも、21年改正法案
について、一定の犯罪歴がある難民申請者の送還を可
能にする規定の削除を推奨していた。

このように、難民申請者の送還停止効の例外規定の
創設は、難民条約・拷問等禁止条約等の定めるノン・
ルフールマン原則に違反し、保護されるべき者を迫害
を受けるおそれのある国に送還するものである。

②監理措置制度の導入

23年改正入管法により、退去強制手続の対象者を収
容しない場合の監理措置制度が導入され、従来の身柄
解放制度であった仮放免は健康上の理由等によるもの
に限定されることとなった。これにより全件収容主義
は変更されたというのが政府の立場である。

しかしながら、監理措置制度には、収容か監理措置
かの判断は主任審査官の裁量によること、主任審査官
の裁量により監理人に対する届出義務や報告義務を課

していること、違反の場合の罰則があること、監理措
置対象者に対する生活支援の仕組みがないこと（監理
措置制度の場合、就労が許可される場合とされない場
合がある。）などの問題がある。

とりわけ、監理人による入管への届出・報告義務は、
これまで仮放免において身元保証人となっていた支援
者や弁護士にとって、支援・保護の理念や職務上の守
秘義務と矛盾するものである。日弁連も、2024（令和
6）年6月14日、「改正入管法における監理人への就任
の弁護士倫理上の留意点について」を発出し、会員に
対し留意を促している。特定非営利法人なんみんフォ
ーラムが2023（令和5）年4月に行った調査では、支援
者や弁護士の9割が監理人になれない・なりたくない
と回答しているとのことであり、監理人のなり手が見
つからずに監理措置をとることができない、結果とし
て収容が継続するという事態が予想されるのである。

③旅券発給申請命令制度の創設

23年改正入管法は、退去強制令書の発付を受けた者
に対し、旅券の申請その他送還するために必要な行為
をすべきことを命じることができる制度を創設した。

しかしながら、難民申請者にとって出身国の大使館
にアクセスすることは迫害のリスクを高めることであ
り、少なくも難民申請者に対し旅券の申請を命じるこ
とは許されない。

④送還忌避罪等の創設

23年改正入管法は、送還忌避を犯罪とする規定を新
設した。しかしながら、そもそも退去強制には執行力
が与えられているから刑罰は不要である。また、とり
わけ難民申請者にとっては、「犯罪者」とされること
をおそれて帰国の選択を強いることになりかねず、間
接的なノン・ルフールマン原則違反となるおそれがあ
る。

⑤補完的保護制度の創設

23年改正入管法は、「難民以外の者であって、難民
条約の適用を受ける難民の要件のうち迫害を受けるお
それがある理由が難民条約1条A（2）に規定する理由
であること以外の要件を満たすもの」を対象者とする
補完的保護制度を創設した。もちろん補完的保護制度
の創設そのものは望ましいことであるが、改正法の定
義は、国際的な定義よりも狭く、例えば拷問禁止条約、
強制失踪条約、無差別暴力の被害者や自然災害からの
避難民等、真に保護を必要とする者に対し保護を与え

第1章　各種権利保障の在り方の改革　305

ることができるのか不透明である。

国際的な補完的保護の定義を採用すべきである。

(ウ)　今後の対応について

前述のとおり、23年改正入管法の問題点は多岐にわたり、上記(イ)で指摘したものに留まらない。参議院が、15項にも及ぶ詳細な附帯決議をなしたのも、同法の問題点に対する懸念の表れと見ることができる。

日弁連が2023（令和5）年7月6日に発表した「改正入管法の成立を受けての会長声明」及び東弁が2024（令和6）年3月7日に発表した「入管法等『改正法』の未施行部分の施行停止、入管法による人権侵害の抑止を徹底した制度運用、及び、国際的な人権基準に沿った抜本的な法制度改革を求める意見書」にあるように、弁護士や弁護士会としては、各種支援団体等と協力して、在留判断や収容に関する国際人権条約の遵守の確保、出入国在留管理庁から独立した難民認定機関の設置、外国人の出入国に関する処分についても行政手続法等の適用などの早急な実現や必要な法改正を求めていくとともに、それまでの間、参議院の附帯決議が尊重されているかを注視する必要がある。

他方で、さらに、個別の事案の救済のため、個々の弁護士としては、改正法の実施によって依頼者が被る不利益を最小限にするよう、運用の実際について弁護士や支援団体等と情報を共有し、積極的に司法審査を求める等の努力が必要となると考える。

また、従前仮放免については、日弁連と法務省との間に弁護士が身元保証人等になる場合に関する協定が存在したが、監理措置制度についても、こうした協定が結ばれるなどして、各弁護士が守秘義務に違反することなく監理人になれる途が開かれればこれが望ましい。

### (7) 2024年入管法改正の問題点

2024（令和6）年6月14日には、永住者の永住者の在留資格の取消事由を、これまでの1年超の実刑判決を受けた場合や薬物事犯により有罪判決を受けた場合から、在留カードの常時携帯義務等の不履行などの入管法違反、税金や社会保険料の未納、軽微な法令違反な法令違反にまで拡大する改正入管法が成立した。当該改正に際しては、日本に生活基盤を有する永住者の法的地位を著しく脆弱化・不安定化し、その生活基盤を根底から危険にさらすことを意味するとして、東弁が、2024（令和6）年3月7日、「永住者の在留資格の取消し

を容易にする法改定に反対する会長声明」を、同年5月16日には「永住資格取消制度の創設に反対する会長声明」を発出するなど、国内外からの反対を受けたが、成立したものである。成立後の2024（令和6）年6月25日には、国連・人種差別撤廃委員会が、改正法が永住者の人権を制約することを憂慮し、同法の見直しや廃止を含めた永住者の保護を確保するための措置として日本政府が採ったものについての情報を回答するように要請した。

同改正法の施行日は未定（成立から3年以内）であるが、引き続き同改正法の廃止に向けて努力するとともに、施行された場合には、実際にどのような事案において永住権の取消しがなされるのか、弁護士会や支援団体等との間で情報を共有するとともに、個々の弁護士が取消手続における意見聴取の場に代理人として関与する、取消について司法審査を求める等の方法で関与していくことが必要である。

### (8) 弁護士会の取組み

以上のほか、外国人の人権に関する諸問題の解決に向けて、日弁連及び単位会としては、次のような取組みをすべきである。

第1は、外国人のための相談、救済活動の拡充である。この点について、1995（平成7）年以降、東京三会及び法律扶助協会（当時。その後、法テラスに業務が引き継がれた）が、平日は毎日交替で外国人のための法律相談を実施し、また、関弁連が、茨城県牛久市に所在する東日本入国者収容所での出張相談を、東京三会と東相協外国人部会が日弁連の委託を受けて東京出入国在留管理局での法律相談を実施するなど、相談体制は充実の方向にある。また、2010（平成22）年9月には、日弁連と法務省入国管理局（当時）との間で、電話相談や出張による臨時の法律相談の態勢づくりなど、弁護士による被収容者に対する法律相談等の取組みをともに促進する合意が成立した。さらに、東京三会では、蒲田の法律相談センターにおける夜間の外国人法律相談の実施や、多言語での法律相談の予約など、新しい試みを実施している。

しかし、外国人相談や救済窓口を担っている弁護士の数はまだまだ限られており、現在の取組みをさらに進めるために、弁護士会は外国人事件に取り組む弁護士の増加と組織化及び新たに取り組む意欲を有する弁護士に対する研修の充実を図る必要がある。

第2に、我が国の入管制度、難民認定制度について、法制度上及び運用上の問題点を見直すための調査、研究活動を行うとともに、その成果に基づき、法改正や行政各省庁の取扱いの是正を求めるための窓口となるべき組織作りを進めるべきである。とりわけ、23年改正入管法は、成立手続においても内容においても極めて多くの問題をはらむ法律であることから、案件を担当する個々の弁護士や支援活動を行うNGO団体などとともに、その運用実態を監視し、本法律成立の際の参議院附帯決議の内容が遵守されているかを確認し、制度・運用の改善や適正な法改正につなげていかなければならない。

第3に、非正規滞在外国人の収容及び収容中の処遇の問題については、引き続き、入国者収容所等査察委員会への情報提供や弁護士委員へのバックアップ、法務省との協議会での議論などを通じ、改善に向けての取り組みが必要である。また、国際的な収容や処遇の基準等について検討し、その結果を公表するなどの活動も引き続き積極的に取り組んでいくべきである。

第4は、外国人の権利保障に関連する諸条約の批准促進運動を展開することである。

特に、規約人権委員会への個人による救済申立の途を開く、自由権規約や拷問等禁止条約の選択議定書の批准は、我が国の人権状況を国際的監視下に置き、とりわけ遅れている外国人の人権問題について救済の途を拡大するために極めて重要である。

日弁連は、1996（平成8）年10月、第39回人権擁護大会において、「国際人権規約の活用と個人申立制度の実現を求める宣言」を行い、また、2008（平成20）年10月、規約人権委員会の総括所見に対し、勧告の実現のために全力で努力していくとする会長声明を発表している。今後もなお、その批准に向けた積極的な運動が求められている。

第5に、東弁は2014（平成26）年から、外国人の人権に関する啓蒙活動として、「多文化共生」及び「難民」をテーマにした小中学校・高校における法教育に取り組んでおり、学校からの要請も徐々に増加しつつある。今後も引き続き、法教育を通じての啓発活動に積極的に取り組んでいくべきである。

## 2 外国人の刑事手続上の問題

外国人の刑事手続の分野においては、①刑訴法と出入国管理及び難民認定法（入管法）との間の調整規定の不備、それに伴う刑事手続（勾留・保釈等）と入管手続（収容・仮放免等）の衝突問題、②捜査・法廷通訳の資格制度の不存在と通訳過程の可視化欠如の問題等が長年指摘されてきたものの、制度改革や法整備が一向に進まないまま放置されてきた。

2023（令和5）年の通常国会において、前者の問題についてはその一部を調整する改正法が成立したが、なお積み残されたままの問題点が多い。弁護士会としても引き続き取り組まなければならない課題が山積している。

### (1) 刑訴法と入管法の調整不備問題

#### ア 問題の所在

刑訴法と入管法の調整不備により何らかの退去強制事由（入管法24条各号）がある外国人被告人の身体拘束からの解放に対しては、長年にわたって深刻な制約が継続されてきた。

すなわち、両法の調整不備に起因して、①保釈等で刑事手続上の身体拘束が解かれると、入管が当事者を収容して公判に出頭させない取扱いを行うという問題、刑事公判係属中であっても入管が退去強制手続を進めて本国への退去強制を行う可能性があるという問題、②一審無罪判決の事案に対して検察官控訴が行われた場合においては、仮に将来、逆転有罪判決が確定したとしても、その時点では被告人が入管によって送還執行済みであるとすると刑の執行確保が事実上できない想定となる、という問題が生じており、これらの問題の回避を裁判所が念頭に置く結果、退去強制事由がある外国人被告人の保釈許可率が極めて低くなったり、無罪判決後の再勾留決定が頻発するという実務上の問題の発生が長年にわたって続いてきた。

以下、①②の各問題について、イ・ウにおいてそれぞれ補足的に説明する。

#### イ 両法の調整不備に起因する「保釈許可率低迷」

退去強制事由のある被告人の場合には、保釈に伴い拘置所等から解放されたとしても、即時その場で入国警備官が入管収容施設に収容した上で（入管法39条等）退去強制手続を進めるのが通例であり、身体拘束は継続することになる。

しかも、従来の入管法においては、刑訴法上の身体拘束が解ければ退去強制令書の執行に特段の制約がない規定内容となっていたことから、被告人が保釈され

第1章 各種権利保障の在り方の改革 307

た場合には、公判係属中に送還が執行されてしまうことも十分想定された。あるいは、送還されないまでも、収容状態では刑事公判への出頭も認めないのが入管実務なので、仮放免許可（入管法54条）、勾引（刑訴法58条2項）がなされない限り、被告人の出頭が確保できず、刑事公判が開廷できない事態（刑訴法286条参照）すらも想定せざるを得なかった（なお、令和5年の入管法の改正により、仮放免許可に並ぶ収容代替措置として、収容に代わる監理措置制度（入管法44条の2）が創設されている）。

そして、このことは、実務上、退去強制事由のある外国人被告人の保釈許可について、日本人の場合と比して、不合理な許可率低迷を継続させてきた要因であると認められ、このような許可率低迷は、「裁判所その他の全ての裁判及び審判を行う機関の前での平等な取扱いについての権利」を保障した、あらゆる形態の人種差別の撤廃に関する国際条約5条(a)にも明白に違反するものというべきである。

**ウ　両法の調整不備に起因する「無罪後再勾留の頻発」**

再審無罪が確定した電力会社OL殺人事件のネパール人男性や、その後のスイス人女性被告人の薬物事件において、一審の無罪判決言渡後に入管収容施設に即時収容されていた外国人被告人について、高裁は、職権で再度勾留する決定を行い（後掲の各特別抗告審も結論としてこれを是認。）、これら被告人は、入管収容施設から拘置所に戻され控訴審の期間中引き続き勾留され続けるという事態に陥った。

これら一連の収容〜再勾留による身体拘束の継続は、出国の自由（憲法22条、市民的及び政治的権利に関する国際規約〔以下、「自由権規約」という。〕12条2項）及び人身の自由（憲法18条、自由権規約9条1項）に対する重大な侵害である。加えて、前記イ同様、あらゆる形態の人種差別の撤廃に関する国際条約5条(a)違反ともいうべきである。

この点に関し、日弁連は2015（平成27）年10月21日付「無罪判決後の勾留に関する意見書」において、刑訴法345条に、第2項として、「判決で無罪の言渡しがあったときは、上訴審において原判決が破棄されるまで、新たに勾留状を発することはできない。」との条文を新設すべきである旨の意見を表明している。

**エ　最高裁裁判官の指摘**

以上に述べた刑訴法と入管法の調整不備の問題に関

しては、退去強制されたタイ人参考人の検面調書の証拠能力が問われた1995（平成7）年の最高裁判決において、大野正男裁判官が補足意見として「刑訴法と出入国管理及び難民認定法には、……調整を図るような規定が置かれていない。このような法の不備は、基本的には速やかに立法により解決されるべきである」と述べたことに端を発し（最判平成7年6月20日刑集49巻6号741頁）、その後も歴代の最高裁裁判官が度々立法の不作為の問題を指摘し続けるという異常事態が続いてきた。

前掲の電力会社OL殺人事件のネパール人男性についても、遡れば、一審無罪判決後の再勾留の適否が争われた際の2000（平成12）年の特別抗告審決定において、藤井正雄裁判官と遠藤光男裁判官がそれぞれ「この問題は、退去強制手続と刑事手続の調整に関する規定の不備によるもの」「正に法の不備といわざるを得ないが、法の不備による責任を被告人に転嫁することは許されるべきことではない。」と反対意見の中で述べている（最決平成12年6月27日刑集第54巻5号461頁）。さらにその後、前掲スイス人被告人の無罪後再勾留事案にかかる2007（平成19）年の特別抗告審決定においては、近藤崇晴裁判官が補足意見（田原睦夫裁判官も引用）で、「このような事態に対処するためには、退去強制手続と刑事訴訟手続との調整規定を設け、退去強制の一時停止を可能とするなどの法整備の必要があるのであるが、〔平成〕12年判例において遠藤裁判官の反対意見と藤井裁判官の反対意見がそれぞれこの点を強く指摘したにもかかわらず、いまだに何らの措置も講じられていない。」と述べ、異例な表現で強い苛立ちを表明したのである（最決平成19年12月13日刑集61巻9号843頁）。

**オ　2023（令和5）年成立の改正法**

上記エ冒頭引用の1995（平成7）年最判から28年間もの期間が経過した2023（令和5）年、通常国会において、刑訴法等の改正法が成立し（令和5年法律第28号）、退去強制令書が発付された場合には、原則として、刑事訴訟手続きが終了した後に執行をするなど刑事手続（保釈等）と入管手続（収容・退去強制等）との間で一定程度の調整を行う規定がようやく新設された（入管法63条など）。しかしながら、依然として両手続の調整問題が全面的かつ抜本的に解消されたとは言えない。また、改正法施行後の制度運用によっても

両手続の調整問題の帰趨は大きく左右されることが想定され、引き続き注視が必要である。

### (2) 通訳をめぐる諸問題

#### ア　問題の所在

外国人刑事事件においい長年にわたって指摘され続けているもう一つの問題点が、通訳問題である。

そもそも、外国人被疑者・被告人に対する刑事手続のあらゆる段階において、公正かつ正確な通訳人を確保すべきことは、手続の適正を担保するための最低条件であるし、自由権規約14条3(a)も、かかる権利を保障している。

日本の場合、裁判所、捜査機関、弁護士会ともに、通訳人名簿を作成して適宜通訳を依頼しているものの、通訳人名簿の登載にあたっての資格要件や試験などはなく、継続的な研修を施すシステムも存在しない。これに関して、①2016（平成28）年10月に東京地裁で行われた裁判員裁判で法廷通訳による通訳に約200か所の訳し漏れや誤訳があった事例、②2017（平成29）年5月に大阪地裁で行われた裁判員裁判で捜査段階の通訳に誤訳が約20か所、訳し漏れが100か所あった事例が報道されたが、これらは氷山の一角に過ぎないといえよう。

他方、日本における捜査通訳人や法廷通訳人の待遇はおしなべて不十分であり、有能な職業通訳人が定着しにくいという問題も抱える。米国、カナダ、オーストラリアなどでは、「法廷通訳人」という資格制度を設け、能力に応じた報酬を与えて公正な裁判を確保するための制度的な裏付けを与えているのであり、同様の制度の導入が急務である。

さらに、裁判員裁判にも一定割合の要通訳事件が含まれるが、法廷通訳を通したやりとりで、果たして裁判員が正確に心証を得ることができるかどうか、という新しい問題点も提起されている。

日弁連は、2013（平成25）年7月18日付けで「法廷通訳についての立法提案に関する意見書」をとりまとめ、通訳人の資格制度の創設、継続研修の義務付けなどを提言した。同意見書の提言を実現するための法改正、規則改正、運用改善に向けた取組が必要である。

#### イ　通訳の正確性担保の方策としての、取調べ可視化の重要性

取調べ過程の可視化の要請は、要通訳事件の場合にこそ、最も大きいといえる。

要通訳事件の被疑者取調べは、①捜査官が日本語で発問⇒②（通訳人が頭の中で翻訳）⇒③通訳人が外国語で発問⇒④供述者が外国語で回答⇒⑤（通訳人の頭の中で翻訳）⇒⑥通訳人が日本語で回答⇒⑦捜査官が問答を日本語で文章化して記述⇒⑧完成した調書を捜査官が日本語で読み上げ⇒⑨（通訳人の頭の中で翻訳）⇒⑩通訳人が外国語で告知⇒⑪供述者に内容を確認させた上で、日本語の供述調書に署名・指印をさせる——という多重的な伝聞過程を経るのが通常であり、誤りが混入する類型的危険性は非常に大きいというべきである。

可視化が行われていない取調べ過程で日本語調書が作成された場合には、仮に後日、被疑者が、不適切な通訳の結果として本意でない内容の供述調書に署名押（指）印してしまった旨を主張しようとしても、誤訳の存在や内容を明らかにすることは事実上不可能に近い。すなわち、捜査通訳人が「適切に、忠実に通訳した」と法廷で証言すれば、これを覆すことは至難の業である。

このような事態を解決する手段として、取調べ過程の録画は非常に有効である。2019（令和元）年までに順次施行された刑訴法等の改正法（平成28年法律第54号）によって、裁判員裁判対象事件及び検察独自捜査事件の被疑者取調べの全過程の録音・録画が原則とされ、検察段階ではこれに限らず、身体拘束下の被疑者取調べの全件可視化に近づいているともいえるが、参考人取調べや警察段階の取調べでの可視化は十分とはいえない。

弁護士会は、引き続き可視化の拡大を求めていくべきである。ことに、通訳の正確性について後日の検証が極めて困難な要通訳事件における全面録画は最優先課題といっても良い。

### (3) 今後の方針

外国人の刑事事件は、日本の刑事司法が抱える問題点や不備が象徴的に現れる分野である。刑事司法全体の問題ととらえて、改善のための法改正・運用の改善や、制度改革を具体的かつ積極的に働きかけて行くことが求められている。

## 3　外国人の労働問題

2024（令和6）年1月26日付厚生労働省「『外国人雇用状況』の届出状況まとめ（令和5年10月末現在）」に

第1章　各種権利保障の在り方の改革　309

よれば、2023（令和5年）年10月末時点における外国人労働者数は204万8,675人であり、2023（令和5）年10月末時点と比較すると22万5,950人増加しており、2007（平成19）年に届けが義務化されて以後、過去最高となっている。

新型コロナウイルス感染症により国際的な人の往来が停止されていたが、2023年には新型コロナウイスル対策による水際措置が完全に廃止され本格的に人の往来が再開した結果、増加率も2020（令和2）年以前に回復したといえ、引き続き日本社会の外国人への強い期待が見て取れる。このような強い期待の背景には少子高齢化を基礎とした、本邦における労働者不足がある。この本邦における労働者不足は、ここ数年の外国人労働者数の増加の基礎にあるが、その一方で、新型コロナウイルス感染症により外国人労働者（日本において就労する外国人をいう。）の受入れにおける構造的な問題も明らかになりつつある。

このような、日本における労働者不足という背景の下、外国人労働者数は増加の傾向を示し、また受入れ制度が構築されているが、日本で働く外国人は十分に権利が擁護されているという状態にはない。

以下では、外国人労働における問題点を述べた上で、進むべき方向について提言を行う。

### (1) 問題の所在

外国人労働者の受入れといった場合、ホスト国である日本を中心に考えがちである。しかし、ADBI-OECD-ILO「Labor Migration in Asia : COVID-19 Impacts, Challenges, and Policy Responses」のような国際的な調査研究や、国立社会保障人口問題研究所の「国際労働移動ネットワークの中の日本 誰が日本を目指すのか」のような近時の国内の研究によれば、日本は国際労働市場と接続しており、諸外国から人材を受け入れるようになっている。

このとき、国際労働市場を意識しなければ、ホスト国である日本と送出国との間の関係のみを考えがちであるが、国際労働市場では、日本に向けた移動が独立して存在するのではなく、例えばベトナムから台湾であったり、インドネシアからマレーシアの移動であったり、様々に存在する国際労働市場における国際労働移動の中に日本への移動があるといえる。

このように把握することで、日本で生じている事象が、日本固有の事象なのか、それとも、日本に限らず国際労働市場において生じている事象なのかを峻別することができ、課題の原因に対するアプローチを可能にするものといえる。

### (2) 国際労働市場における課題

国際労働市場について見ると、そこには国際労働市場特有の課題があるといえる。

例えば、送出国のガバナンスが脆弱であることから、送出国を出発する前に、多額の移動費用が発生しており、当該費用を移住労働者（日本に限らず国境を越えて働く者をいう。）が借入れにまかなった場合、当該債務ゆえに希望しない労働に就くことも考えられる。

このような現象が生じるのは、送出国のガバナンスにも一因があるが、さらに国際労働市場においては現業職に就く労働者の供給については供給が過剰であり、海外での就労機会を得るために多くの金銭を支払って当該就労の機会を得るという構造になりやすい。加えてその背景には、国境を超えて移動するため、移住労働者と他の利害関係者との間で情報の非対称性があり、移住労働者が適切な選択を行うことが難しいという事情もある。

このような市場特性を持つ国際労働市場について接続した場合、当該市場特性に影響を受けることになるため、当該国際労働市場の特性、特に移住労働者を脆弱な立場に追いやる要因をいかに減らすことができるかを考える必要がある。

### (3) 日本と国際労働市場の接続

日本はかかる市場特性を持つ国際労働市場と2つの制度により接続をしている。一つが送出国の労働市場法令と接続する法体系として、職業安定法及びその特則を定めた技能実習法による国外にわたる職業紹介による接続であり、もう一つが日本への入国のハードルを定めた在留資格制度である。

前者の労働市場法令については、日本は、職業安定法が定める職業紹介制度による国外にわたる職業紹介制度を基礎として海外の労働関係法令との接続を図ってきた。その中で、相手国の法令遵守を定めるなど、送出国との調和のとれた法適用を指向している。もっとも、送出国においては、日本側が職業紹介の構成をとる一方で、労働者派遣や労働者供給事業に類似すると思われる法制度をとる国もあり、「派遣」や「紹介」といった概念も日本法が定めたものと必ずしも一致するものではない可能性がある。

今後、日本ではより多くの外国人労働者が必要とされる中、国際労働市場における労働市場法令のハーモナイゼーションと国際労働移動における全過程の法令遵守が求められるといえる。

続いて、在留資格制度については、国際労働市場との接続におけるその役割、そして、ホスト国の出入国のガバナンスから定められる制度であり、移住労働者との権利の整合性をどのようにとるかが求められる。すなわち、日本では、特定技能制度という制度内のものを除くと、外国人労働者についてどの産業で何人の外国人労働者を受け入れるかという数値目標を設定していない。それにも関わらず、日本国内で日本人と外国人労働者との間で仕事を奪い合う事態に発展していないのは、在留資格制度による日本の入国のハードルを調整することができる結果、日本の労働市場の関係で適正な人数、適切な水準で受け入れるという調整を可能にしているためである。そして、このハードルは、他のホスト国と比較すると費用の面・準備期間の面においてハードルは高いものになっており、これが日本へ移動する移住労働者の調整機能を担っている。しかし、このような高いハードルを設けることができるのは、経済大国としての地位を有しているからこそであり、今後も同様の構成をとることができるかについては、十分な検討を要するものと思われる。

また、在留資格制度は、ホスト国の出入国ガバナンスにより、移住労働者の権利を制限するものとして定められることが多い。特に、Temporary Labor Migration Programs（TLMPs）と呼ばれる制度類型では、在留の上限、転職、家族帯同などが制限される。このような制度がなぜ許容されるかについては、欧米でも議論が続くところではあるが、国内においては十分な議論がされているとはいえない。特に、日本では外国人の人権より在留制度を優先するとも解し得る「外国人に対する憲法の基本的人権の保障は、右のような外国人在留制度のわく内で与えられているにすぎないものと解するのが相当であって、在留の許否を決

する国の裁量を拘束するまでの保障、すなわち、在留期間中の憲法の基本的人権の保障を受ける行為を在留期間の更新の際に消極的な事情として斟酌されないことまでの保障が与えられているものと解することはできない」と判示した、いわゆるマクリーン事件が存在する（最大判昭和53年10月4日・民集第32巻7号1223頁）。

2006（平成18）年頃以降世界的に増加しているTLMPsによる受入れについては、なぜ、この移住労働者の権利を制限することができるのかが議論されてきた。日本でも、2024年には技能実習制度を育成就労制度に改正する法案が可決され、短期ローテーションモデルである技能実習制度及び特定技能制度が拡大しているのであり、今一度、なぜ、移住労働者の権利を制限することができるかを正面から議論すべきではないかと思われる。

### (4) 法曹が果たすべき役割

これまで、日本の外国人労働者問題は、国内の固有の制度に着目することや、日本の固有の事象に着目して検討することが多かったように思われる。しかし、移住労働者の問題は、上記のとおり世界に共通した課題である。そのため、ホスト国日本の固有の制度に原因を求めた場合、より正確な課題の把握ができない可能性がある。

今後は、国際労働市場全体、そしてその中にある日本の位置づけをより深く検討する必要があると思われる。そして、国際労働移動の全過程が法令に基づいて運営されているのであり、全過程がコンプライアンス・イシューなのである。サプライチェーンにおける労働者の権利保護が意識される昨今において、法曹が、これまで国内で多く議論されてきた国内の制度による課題も含めて国際労働市場全体がコンプライアンス・イシューであることを強く意識し、国際労働移動という事象の法令遵守に向けて取り組むことが必要とされているといえる。そして、国際労働移動の全過程における「法の支配」を促進することこそ、法曹に役割ではないだろうか。

第1章　各種権利保障の在り方の改革　311

# 第7　犯罪被害者の保護と権利

## 1　犯罪被害者弁護の必要性

　刑法犯認知件数は2009（平成21）年以降漸減しているとはいえ、毎年多くの痛ましい凄惨な事件は後を絶たない。2023（令和5）年の殺人事件の認知件数は、912件と報告され、強盗、放火、強制性交等、不同意性交等を合わせた凶悪犯総数の認知件数は5,750件にのぼり、毎年新たな犯罪被害者が生まれている。安全と言われる日本においても、国民の誰もが犯罪に巻き込まれる危険と隣り合わせである。国民全員にとって明日は我が身、自分事であって、犯罪被害者の権利の保障は、社会全体が担っていかなければならない課題である。

　犯罪被害者は、生命を奪われ、家族を失い、傷害を負わされ、財産を失うなど犯罪による直接の被害に加え、周囲から好奇の目でみられ、誤解に基づく中傷、時には関係者の無理解な言動や不適切な対応によって繰り返し傷ついている。

　弁護士及び弁護士会は、犯罪被害者の置かれた状況を正しく認識し、不幸にも被害に遭った犯罪被害者をさらに傷つけ、二次的被害を与えるようなことがあってはならない。犯罪被害者やその遺族・家族の権利の拡充に向けた積極的な活動と、個々の被害者の救済に尽力しなければならない。

## 2　犯罪被害者をめぐる立法の経緯

　1981（昭和56）年、犯罪被害者給付法（2008〔平成20〕年に「犯罪被害者等給付金の支給等による犯罪被害者等の支援に関する法律」に改正）が施行された。しかし、基本的に犯罪被害者に対し国が見舞金を支給するという考え方に立っており、給付対象も故意の生命・身体に対する犯罪に限られた。

　2000（平成12）年、犯罪被害者保護二法（「刑事訴訟法及び検察審査の一部を改正する法律」「犯罪被害者等の保護を図るための刑事手続に付随する措置に関する法律」）が制定・施行された。これによって、犯罪被害者は、「支援を受け保護されるべき存在」としてようやく認知されるに至った。しかし、被害者の権利という意味では、十分ではなかった。

　2004（平成16）年12月、犯罪被害者等基本法が成立し、「すべての犯罪被害者について個人の尊厳が重ん

ぜられ、その尊厳にふさわしい処遇を保障される権利を有すること」が基本理念として定められた（同法3条1項）。そこでは、国・地方公共団体や民間団体の連携の下、犯罪被害者のための施策を総合的かつ計画的に推進し、犯罪被害者の権利や利益の保護を図ることが目的とされた。

　そして、2005（平成17）年12月に閣議決定された犯罪被害者基本計画の中で、「刑事司法は犯罪被害者等のためにもある」ことが明記され、2007（平成19）年6月、被害者参加制度、損害賠償命令などを含む「犯罪被害者等の権利利益の保護を図るための刑事訴訟法等の一部を改正する法律」が成立した。

　その後、2008（平成20）年には、犯罪被害者の少年審判傍聴等の制度が拡充された。また、2010（平成22）年には、殺人罪や強盗殺人罪など法定刑の上限が死刑であるものについては、公訴時効は廃止されるなど、犯罪被害者を取り巻く法制度は、この20年の間に大きく躍進した。

　また、犯罪被害者等基本法において、国及び地方公共団体は、犯罪被害者等が、その受けた被害を回復し、又は軽減し、再び平穏な生活を営むことができるよう支援する施策を策定し実施する責務を有するものとされていることを受け（4条及び5条）、今日に至るまで、「犯罪被害者等給付金の支給等による犯罪被害者等の支援に関する法律」に基づく犯罪被害者等給付金の支給額が改定を重ねられ、また一部の地方公共団体において犯罪被害者条例の制定が進んできている。

　現在は、令和3年3月に閣議決定された第4次犯罪被害者等基本計画に基づき、施策が推進されている。

## 3　日弁連・関弁連の取組み

　日弁連は、2003（平成15）年10月17日の松山で開催された人権擁護大会において、
①犯罪被害者について、個人の尊厳の保障・プライバシーの尊重を基本理念とし、情報提供を受け、被害回復と支援を求めること等を権利と位置づけ、かつ、国及び地方公共団体が支援の責務を負うことを明記した犯罪被害者基本法を制定すること。
②生命・身体に対する被害を受けた犯罪被害者が、十分な経済的支援を受けられる制度を整備すること。

③多様な犯罪被害者支援活動を推進するための民間支援組織の重要性に鑑み、財政面を含めその活動を援助すること。

④殺人等の重大事件の犯罪被害者が、捜査機関・裁判所・メディアに対する対応等に関し、弁護士の支援を受け、その費用について公的援助を受けることを可能とする制度を創設すること。

⑤捜査機関が犯罪被害者の訴えを真摯に受け止めて適切に対応するよう、警察官・検察官に対する教育・研修を徹底するとともに、犯罪被害者に関する捜査機関の施策の改善のために立法等必要な措置をとること。等の施策をとることを国に求める決議をした。

また、2017（平成29）年10月6日に滋賀で開かれた人権擁護大会では、犯罪被害者は「個人の尊厳が重んぜられ、その尊厳にふさわしい処遇を保障される権利」の主体であることを前提に、国及び地方公共団体に、

①犯罪被害者が民事訴訟等を通じて迅速かつ確実に損害の賠償を受けられるよう、損害回復の実効性を確保するための必要な措置をとること。

②犯罪被害者等補償法を制定して、犯罪被害者に対する経済的支援を充実させるとともに、手続的な負担を軽減する施策を講じること。

③犯罪被害者の誰もが、事件発生直後から弁護士による充実した法的支援を受けられるよう、公費による被害者支援弁護士制度を創設すること。

④性犯罪・性暴力被害者のための病院拠点型ワンストップ支援センターを、都道府県に最低1か所は設立し、全面的な財政的支援を行うこと。

⑤全ての地方公共団体において、地域の状況に応じた犯罪被害者支援施策を実施するための、犯罪被害者支援条例を制定すること。

を求めるとともに、弁護士及び弁護士会においても、被害者支援をより一層拡充させることを誓い、国内で一元的な支援の提供を可能とする犯罪被害者庁の創設に向けて議論を深め、犯罪被害者の誰もが等しく充実した支援を受けられる社会を実現するために全力を尽くす旨宣言した。

また、関弁連には、他の弁連とは異なり、犯罪被害者施策を所管する委員会が存在しないが、第66回（2019年度）関弁連定期大会において、全国の各都道府県及び市区町村に犯罪被害者支援に特化した条例を

制定し、犯罪被害者支援の取組を一層進展させることを求める決議が全会一致で採択された。

## 4　犯罪被害者と刑事司法

### (1) 被害者参加制度

被害者参加制度について、日弁連は、法案審議過程において、法廷が被害者による鬱憤晴らしの場になるとか、被告人と被害者が同席することにより訴訟進行に混乱が生じる怖れがある、被告人が被害者に遠慮をして自由な証言が出来なくなるなどと述べて、「将来に禍根を残す」制度であると会長談話及び会長声明を発出して反対した。当時、法制審議会において、日弁連推薦の法制審議会委員2名が被害者参加等の制度導入に賛成と反対双方に分かれ、真っ向から異なる意見を述べる中で、犯罪被害者支援委員会の意見は徴せられなかった。

また、日弁連は、2012（平成24）年11月15日に、「現行の被害者参加制度の見直しに関する意見書」を発表し、①被害者が参加した事件において、被害者参加人は刑事訴訟法第292条の2により被害者等の意見陳述制度を利用できないものとすべきである、②公訴事実等の存否に争いがある事件においては公訴事実等の存否を判断する手続と刑の量定の手続を二分する制度を創設した上で、手続が二分された事件においては被害者等の手続参加は刑の量定の手続においてのみ許可しうることとすべきである、と主張した。

これらの意見は、犯罪被害者支援委員会が上記意見書発出に対して反対の意見を述べたにもかかわらず発表されたものである。

むしろ、犯罪被害者支援委員会を中心に、現行の被害者参加制度はまだ被害者の権利保護の観点から不十分であるとして、被害者参加をより拡充すべきであるとの意見も述べられ、この問題は、法務省で2013（平成25）年1月から開催された「平成19年改正刑事訴訟法に関する意見交換会」で議論されたところである。

2015（平成27）年10月には、日弁連刑事弁護センター死刑弁護小委員会が編集した「手引き『死刑事件の弁護のために』」が会内資料として発表されたが、「否認事件や正当防衛事件等では参加そのものに反対すべきである」など、具体的事案にかかわりなく反対すべきとの見解が述べられており、これは被害者の声から立法化された法制度を制限的に運用すべきという趣旨

の記載と言える。

弁護士を含む法曹は、これまでともすると刑事裁判の意義を真実発見及び被告人の刑事処遇と捉え、被害者問題に対する視点が十分でなかった。

しかし、被害者を顧みない態度を貫くことは、かえって被疑者・被告人の権利を害することにもなりかねない。我々弁護士・弁護士会としては、被疑者・被告人の適正な権利が保障されるべきことをないがしろにしてはならないことは当然であるが、被疑者・被告人が国家権力と対峙しているからといって、被疑者・被告人の権利保障のことばかりを見るのではなく、犯罪被害者の権利を、いかにして保障すべきかについて常に考えなければならない。

被害者参加制度のもとでは、故意の犯罪によって無惨に肉親の命を奪われた重大犯罪の多くの犯罪被害者遺族が、被告人を極刑に処すべきとの被害者論告・求刑を行っている。死刑の被害者求刑があったからとて実際に死刑を宣告される例は限られているが、たとえ死刑判決でなかったとしても、死刑求刑をすることができた被害者遺族は「やれるだけのことをやった」「墓前に報告できる」などと述べており、被害者による死刑求刑は、被害者遺族が凄惨な事件を乗り越えて生きていくために重要な役割を担っている。弁護士・弁護士会は、こうした被害者遺族の意識や国民世論にも十分に配慮して活動しなければならない。

被害者参加制度は、今では多くの事件で当たり前に実施されている。上記のとおり、日弁連は、制度導入当時は「将来に禍根を残す」と述べて猛烈な反対活動をしていたが、法改正から10年が経過した2017（平成29）年には、「当連合会は、2003年に『犯罪被害者の権利の確立とその総合的支援を求める決議』を採択し、犯罪被害者支援施策の更なる充実をすべく活動してきた。その結果、2004年には犯罪被害者等基本法が成立し、…刑事手続きへの参加の機会の拡充…といった各種基本施策が定められた」「犯罪被害者が刑事手続に関与することができるようになったとはいえ、事件発生直後から公費で被害者支援弁護士を選任する制度は実現されていない」と述べて、被害者参加制度等を肯定し、これらの施策について、むしろ日弁連がその充実のために活動してきたと述べるに至った。被害者参加制度は、今や国民的常識であり、なくてはならない制度である。弁護士及び弁護士会は、「刑事司法は被

害者のためにもある」と明記された犯罪被害者等基本法及びこれを受けた犯罪被害者等基本計画の趣旨を広く弁護士に周知するとともに、被害者参加の意義を再確認し、より拡充するための努力を怠ってはならない。

制度の運用がはじまってから10年以上が経過し、導入当初には想定されていなかった被害者参加の不十分な点も明らかになりつつある。例えば、被害者が参加を望む重大犯罪類型であるにもかかわらず、被害者参加対象事件ではないものがある。ストーカー規制法違反事件、「私事性的画像記録の提供等による被害の防止に関する法律違反事件」（いわゆるリベンジポルノ事案）や児童福祉法違反などである。これらの被害者は、被害者参加制度がないために、事件の真相を知りたい、傍聴をしたいと考えても、遮へい措置を利用することができず、被告人や傍聴人の目にさらされながら、傍聴席に座るほかない。被害者参加対象事件の拡大についての議論が深められることが望まれる。

対象事件であっても、現状の運用では公判前整理手続に参加できる場合がかなり限られている。事件の当事者である被害者は、少しでも事件の内容を知りたいと思っており、公判前整理手続において弁護側がどのような主張をしているかを早期に詳しく知りたいという要望は強い。また、検察官から公判前整理手続きの様子を伝え聞くだけでは、検察官は、検察官の主張立証構造に着目しており、被害者や遺族が気にするポイントには注目しておらず脱漏が生じる。公判前整理手続が終結した後の公判期日は限られた日数のうちに終了するので、公判期日が始まってからでは十分な準備がなし得ない。公判前整理手続への参加の拡充については、被害者・遺族の強い要望があり、この点についての議論が望まれる。

### (2) 国選被害者参加弁護士制度

資力の乏しい被害者参加人は、国費で被害者参加弁護士を委託することが出来る（国選被害者参加弁護士制度）。

新聞、テレビなどのマスコミで被害者参加制度が数多く取り上げられ、弁護士会においても広報活動が行われ、国選被害者参加弁護士の選定例も増えつつある。2023（令和5）年度の司法統計では、通常第一審事件のうち被害者等参加の申し出について参加を許可された人員が1,517名、うち弁護士への委託があったのは1,212名、うち国選被害者参加弁護士制度が利用され

たのは650名であり、国選被害者参加弁護士制度の利用は増加傾向にある。

2017（平成29）年10月6日の滋賀で開催された人権擁護大会の決議では、被害者参加をはじめ損害賠償命令制度の導入や少年審判傍聴制度の創設が成果として評価されるとともに、より一層の拡充が求められる旨宣言された。

弁護士会は、さらに関係各機関と連携し、被害者が被害者参加制度をより利用しやすくするための方策、及び被害者参加をするために弁護士にアクセスしやすい環境を構築する必要がある。

また、現行の国選被害者参加弁護士制度は、公訴提起後に参加を許可されなければ利用することができない。しかし、被害者が弁護士に求める法的支援の内容は、刑事公判での被害者参加に至る以前に、被害届の提出、刑事告訴、事情聴取の同行、マスコミ対応等、多岐にわたる。現行法では、このような法的支援を行うことまでが国費で賄われる制度にはなっておらず、日弁連の法テラス委託援助事業を利用するしかない。犯罪被害者支援は、本来社会全体が負担すべきことであり、資力の乏しい被害者が弁護士を委託するための費用も、国費で賄われるべきものである。そこで、日弁連は、2012（平成24）年3月15日、「被害者法律援助制度の国費化に関する当面の立法提言」を行った。この点については、2023（令和5）年6月6日の犯罪被害者等施策推進会議決定において、犯罪被害者等支援弁護士制度の創設が決定され、2024（令和6）4月、総合法律支援法の改正法案が成立した。今後は、さらに具体的な制度の内容が決められることになる。真に犯罪被害者にとって使い勝手の良く、かつ担当する弁護士に過大な負担を負わせるものとならないような制度設計が望まれる。

### (3) 損害賠償命令制度

損害賠償命令制度ができたことにより、被害者等は、改めて民事訴訟提起のために多額の印紙を負担することや、民事訴訟用に刑事記録を謄写して証拠を作成することなく、わずか2,000円の申立費用で、刑事手続の成果をそのまま利用して、簡易迅速に被告人に対する損害賠償命令決定を獲得することが出来るようになった。

しかし、損害賠償命令を申し立てることができる事件は多数に上るにもかかわらず、2023（令和5）年度の司法統計においても損害賠償命令終局総件数は282件に留まり、足踏み状態にある。制度の利用が進まない背景には、十分な告知がされず被害者等が損害賠償命令を申し立てることができることを知らない場合や、制度を知っても、回収の見込みのないまま申立てのための弁護士費用の負担や被告人から異議が出された場合に民事訴訟へ移行することによる負担が大きいことから躊躇をし、被告人によるお礼参りを怖れて泣き寝入りをしている例があるものと思われる。

犯罪の被害の責任は、第一義的には加害者にあるとしても、ほとんどの場合加害者から回収することはできない。他方で、犯罪被害の多くは、国民の誰しもが遭遇するかもしれないものである。この状態を放置している現状は、たまたま被害にあった被害者にだけその負担を負わせていることになる。犯罪による被害について、被害者だけがひとりで苦しむのではなく、国全体で支えていくことが望ましい。こうした観点から、日弁連は、2017（平成29）年10月6日の滋賀で開催された人権擁護大会において、犯罪被害者等が国家から補償を受ける権利があることを軸に据え、加害者に対する損害賠償請求により債務名義を取得した犯罪被害者等への国による損害賠償金の立替払制度、加害者に対する債務名義を取得することができない犯罪被害者等への補償制度の2つの柱を内容とする犯罪被害者等補償法の制定を求めているところである。

弁護士及び弁護士会は、損害賠償命令による簡便な被害回復手段があることを広く周知させ、制度の利用促進に努めるとともに、国による損害賠償金の立替払制度が実現するよう、より具体的な活動を進めていくべきである。

## 5 国や行政による被害者支援をよりいっそう拡充すべきである

### (1) 国や行政による被害者支援の重要性

深刻な事案においては、被害に遭う前の状態に回復することなどないのであるが、少しでも受けた被害を軽減し、再び平穏な生活を営むことができるように、支援のためにできることは多くある。もとより被害について、第一義的責任を負うのは加害者である。しかし、多くの加害者は資力も十分でなく、経済的な側面でおいてすら、被害者は見捨てられている状況にある。犯罪被害者等給付制度の給付額の増加や、支給要件の

緩和がされたが、それでも、扶養家族や収入面で最大の支給が受けられる場合において、やっと自賠責保険金額に近づくにすぎず、ほとんどの場合には、自賠責保険金額にすら満たず、被った損害の填補にはほど遠い。また、給付金の支給には一定の時間を要する一方で、多くの被害者は、被害直後の混乱時期の手元資金に困る実態がある。

2021（令和3）年3月に策定された「第4次犯罪被害者等基本計画」においても、国は、犯罪による被害の回復の一次的な責任は加害者にあるとの立場を崩しておらず、多くの被害者が加害者から損害賠償を回収することができずに、泣き寝入りを強いられている現状は変わりが無い。この状況をみかねた自由民主党議員有志が、2021（令和3）年4月に議員連盟を立ち上げ、2023（令和5）年4月には、自由民主党政務調査会において、犯罪被害者等施策の一層の推進のための提言をまとめた。これを受け、2023（令和5）年6月6日に犯罪被害者等施策の一層の推進を図るべく犯罪被害者等施策推進会議決定がされた。同決定において、①犯罪被害給付制度について、民事訴訟における損害賠償額も見据えて給付水準の大幅な引上げ及び仮給付制度の運用改善の検討を行うべきこと、②犯罪被害者等支援弁護士制度を創設すること、③犯罪被害者等施策の推進に関して、国における司令塔機能の強化を図ること、④地方における途切れない支援の提供体制を強化すること、⑤犯罪被害者等のための制度の拡充等を図ることが明示された。

これを受け、2023（令和5）年8月から警察庁において実施された検討会でとりまとめが行われ、2024年（令和6年）6月に、犯罪被害者等給付金の給付基礎額の最低額一律引上げ等を内容とする改正施行令が施行されることとなった。

犯罪被害者に対する支給の増額は好ましいことではあるが、それでも犯罪被害者等給付金の支給額は、犯罪被害者等が実際に被った損害には、到底及ばない。また、今回の改正では、施行日前の犯罪の被害者に対する支給は何ら変わらず、現に被害に苦しむ被害者の救済が行われなった。

もとより、犯罪被害者そして日弁連が求めていたのは、犯罪被害による損害賠償金の国による立替払制度であり、上記自民党提言や推進会議決定において、「損害賠償額を見据えて」検討されることになったのは、

その点を踏まえてのことである。今回の改正が、給付基礎額の増額にとどまったことは残念であるが、現在協議されている、第5次犯罪被害者等基本計画の策定に向け、国による立替払制度の実現が盛り込まれることが望まれる。

経済的な側面だけではない。事件直後の医療費の負担も大きい。幾度となく厚生労働省から通達が出されているにもかかわらず、健康保険は利用できないと間違った案内を受け、自費診療扱いで高額の医療費の支払いを余儀なくされている被害者は後を絶たない。健康保険を利用した場合であっても、事件により高額に上る医療費の負担は大きい。犯罪による治療については、労働災害のように、あるいは、自治体による年少者の医療証の交付などのように、公費により行われることが望ましい。

そして、被害者遺族の生活は、犯罪に巻き込まれたことを起点に一変し、事件直後の警察や役所での途方もない手続きに忙殺される。そうした膨大な手続きについて、できる限り負担なく行われるよう、それを提示すれば無用な説明を繰り返さなくてもよい、犯罪被害者カード制度の創設、事件直後はもちろん、その後の生活の様々な場面で問題に直面したときに、被害者遺族に寄り添って悩みや困りごとを聞いたり、相談に乗るような、いわば保護司やケースワーカーのような制度など、被害者遺族のためにできることは数多くある。犯罪被害者等基本法は、犯罪被害者等のための施策は、犯罪被害者等が、被害を受けたときから再び平穏な生活を営むことができるようになるまでの間、必要な支援等を途切れることなく受けることができるよう、講ぜられなければならないと定めている。以上述べた施策を実現するために、省庁横断的な犯罪被害者庁の創設が望まれる。

また、東京都においては、2020（令和2）年4月、東京都犯罪被害者支援条例が成立した。これを受け、金額は少ないものの、見舞金の支給がされるようになり、DV案件や性犯罪、自宅が犯行現場になったような案件では、一時宿泊費用のほか、引っ越し費用の助成なども行われた。また、2021（令和3）年7月からは、被害者参加の弁護士報酬の助成が開始された。

東弁においても、2021（令和3）年3月に、東京都内のすべての区市町村に犯罪被害者条例を制定することを求める会長声明を発出した。都道府県、市区町村に

おいては、犯罪被害者が安心・安全な生活を取り戻せるために、生活に即した支援を充実させていくべきであり、我々弁護士、弁護士会はそのための努力を尽くしていく必要がある。

### (2) 犯罪被害者等給付金制度

犯罪被害者等給付金は、国が、故意の犯罪行為によって死亡、重度の傷害及び後遺障害等の被害を受けた被害者又は遺族に支払う給付金で、遺族給付金、重傷病給付金及び障害給付金の3種類がある。

このうち、重傷病給付金は、負傷又は疾病発症から1年の間に実際にかかった医療費等を給付するもので、上限は120万円とされていた。

しかし、特に性犯罪被害者は、身体的傷害が完治しても、PTSDやフラッシュバックが治まらず、休職期間が長引く傾向にある。また、同程度の被害を受けた被害者の中でも、早く立ち直る人もいれば、事件をきっかけにうつ病などに罹患し、社会復帰まで長期間かかる人もいる。

また、遺族や後遺障害被害者に支払われる給付金も、交通事故の遺族が任意保険又は自賠責保険等で受け取ることのできる金額に比較すれば低額にとどまる。

犯罪被害は、いつ誰が遭遇してもおかしくはなく、被害者が被害前の生活を取り戻すために必要な保障は、社会全体で負担していくべき性質のものである。

2016（平成28）年4月に閣議決定された第3次犯罪被害者等基本計画に基づき、2017（平成29）年4月から「犯罪被害給付制度に関する有識者検討会」が開催され、同年7月に提言が取りまとめられた。2018（平成30）年3月、同提言を踏まえ、犯罪被害者等給付金の支給等による犯罪被害者等の支援に関する法律施行令及び同法施行規則の一部が改正され、同年4月から施行された。

改正施行令及び施行規則では、重傷病給付金の給付期間が1年から3年に延長され、裁定に時間を要する場合に柔軟に仮給付支給が可能とされた。また、遺児がいる場合の給付金の増額とともに、これまで減額又は不支給事由とされていた親族間犯罪に係る犯罪被害者等給付金について、親族関係が破綻していたと認められる場合には制限を行わないよう見直しが行われた。

こうした改正によってこれまで救われなかった被害者への経済的支援が拡充されたことは喜ばしいことではある。しかし、重傷病給付金の給付期間が3年に延長されたのはこれによってほとんどの事例がカバーできるとの理由によるが、長期の療養によっても回復できないなどごく一部の重大かつ深刻な被害が救われないことになり、あえて給付期間を限定したことには疑問が残る。

犯罪被害者等給付金の給付水準については、民事訴訟における損害賠償額を見据えた給付水準の大幅な引上げが検討され、その結果、犯罪被害者等給付金の給付基礎額が増額されることになったこと、しかし、国による損害賠償額の立替払制度等を定めた犯罪被害者補償制度が制定されるべきことは、前述したとおりである。

弁護士及び弁護士会においては、引き続き、現在ある犯罪被害者等給付金制度を抜本的に見直し、不幸にも犯罪被害に遭ってしまった被害者が再び平穏な生活を取り戻し、途切れない支援を受けることができるようにするために、十分な給付水準となる犯罪被害者補償制度を求めるべきである。

## 6 日本司法支援センターにおける取組み

2006（平成18）年にスタートした日本司法支援センター（以下「法テラス」という。）において、その業務のうちに犯罪被害者支援業務も盛り込まれた。2004（平成16）年5月に成立した総合法律支援法には、情報・資料の提供、被害者支援に「精通している弁護士を紹介」すること等が明文化されている（同法30条1項5号）。精通弁護士名簿登録者数は2023（令和5）年4月時点で3,963人、2022（令和4）年度の精通弁護士紹介件数は1,529件であった。

精通弁護士紹介件数は年々増加し、名簿登録者数も概ね増加している。しかし、単なる情報提供や弁護士の紹介では、実質的には現在と比べて、被害者支援が推進されるものではない。弁護士会としてもこれに積極的に協力し、犯罪被害者の法律相談等の充実に向け、全国レベルで対応していくべきである。

2018（平成30）年1月からは、DV、ストーカー、児童虐待事案の被害者法律相談援助が新設され、運用が開始された。援助の対象が、当初の法律相談だけに留まること、資力要件を満たさない場合には有料相談となる点で、課題を残すものではあるものの、被害者から要請があった場合に、各単位会が法テラスに提出した担当弁護士の名簿をもとに、迅速な弁護士紹介と2

営業日以内の法律相談が実施される点で評価すべき制度である。また、ストーカー事案などでは、暴行や住居侵入で検挙され、ストーカー規制法違反で検挙されない事案も多い。このような場合でも、日弁連委託援助（犯罪被害者援助）は、罪名にかかわらず援助が相当な事案を援助対象としている。

こうした制度を足がかりに、全国において、弁護士による適時・適切な充実した被害者支援の枠組が整備されるよう、弁護士会としてもより一層の努力が望まれるところである。

なお、前述のとおり、2023（令和5）年6月6日付け犯罪被害者等施策推進会議決定に基づき、2024（令和6）年4月、総合法律支援法が改正され、国費による犯罪被害者等支援弁護士制度が創設された。現在、施行に向けて詳細が検討されている。同制度が充実したものとなるよう具体的制度設計が望まれる。

## 7 東京弁護士会による被害者支援

現在、東弁では、第一東京弁護士会、第二東京弁護士会と共同で、犯罪被害者相談電話（サポート電話）を運営し、初回無料電話相談・初回無料面接相談を実施している。2023（令和5）年度は、三会合わせて2,146件の無料電話相談、うち167件について無料面接相談が実施されている。また、2013（平成25）年度からは、警視庁犯罪被害者支援室及び検察庁犯罪被害者支援室と連携し、重大犯罪の被害者から法律相談の要望があった場合には、弁護士会へ連絡が来る体勢がとられている。2023（令和5）年度は、警視庁・検察庁あわせて190件の相談依頼があり、毎年着実に増加している。これにより、犯罪被害者・遺族が、弁護士にアクセスしやすくなり、多くの重大事件で被害者代理人や参加弁護士の受任につながっている。

犯罪被害者・遺族は、ただでさえ被害を被り、その被害は加害者からの補填も得られないことがほとんどである。しかし、被害者には刑事・民事のさまざまな法律問題が一気に押し寄せてくるので、弁護士による支援は欠かせない。法律相談や受任による負担が、被害者から弁護士へのアクセスを躊躇させることのないようにする必要がある。また、特に死亡案件や性犯罪については、被害者の精神的苦悩が著しく、法律問題も多岐にわたるため、初回の面接相談は、1時間程度で終わらないことも少なくないが、超過分を被害者に

請求するわけにもいかず、個々の担当弁護士の負担で実施されているのが実情である。弁護士会においては、現在の取り組みをより一層充実化させるよう、支援を拡大していく必要がある。

## 8 その他の問題

(1) 被害者の氏名や住所を秘匿した匿名逮捕・匿名起訴の問題も大きい。2012（平成24）年に発生した逗子市で元交際相手を刺殺した事件は、以前脅迫容疑で加害者が逮捕された際に警察官が被害者の結婚後の姓や住所の一部を読み上げたことをヒントに、被害者住所を調べ上げて犯行に至ったものであった。2018（平成30）年6月には、強制性交未遂で起訴された男が公判中に秘匿決定がされた被害女性の名前を複数回叫び、裁判所から警告を受けても従わずに退廷を命じられた件が報道された。被疑者・被告人の防御権の保障が重要な権利であることは言うまでも無いが、他方で、不必要に被害女性を傷つけることはあってはならないことである。

こうした問題を踏まえ、2023（令和5）年5月10日、逮捕状、勾留状、起訴状等において被害者の個人特定事項を秘匿することができる措置に関する刑事訴訟法の改正が成立した。弁護士、弁護士会は、刑事司法の一翼を担う者として、同制度が導入された趣旨を理解し、その役割を果たしていく必要がある。

(2) 2023（令和5）年6月、性犯罪に関する重要な法改正があった。強制わいせつ罪は不同意わいせつ罪に、強制性交等罪は不同意性交等罪になり、同意しない意思を形成し、表明し、全うすることが、困難な状態にさせ、又はその状態にあることに乗じたわいせつ行為や性交等が処罰の対象とされることが明文化され、同年7月13日から施行された。これまで被害に遭いながらも、暴行又は脅迫が認められない等の理由で、加害者が立件されず、不起訴又は無罪になり、多くの被害者が涙を飲んできたことに鑑みると画期的な改正である。また、性交同意年齢が16歳未満に引き下げられ、わいせつ目的で16歳未満の者に面会要求をすること等が犯罪となり、盗撮罪や盗撮等画像の提供罪が創設された。弁護士・弁護士会は、司法の一翼を担う者として、これら改正法の適正な適用、適切な運用がなされるよう注視していく必要がある。

(3) また、犯罪被害発生後の被害者・遺族の意に反

する実名及び顔写真の報道、さらには被害者・遺族のセンシティブな情報までが報じられ、インターネット上に流布されるに至るなどにより、二重三重に苦しめられている現実がある。報道機関は、真に当該情報を報道する必要があるのか、慎重に考慮し、検討すべきである。東弁では、2022（令和4）年6月に発生した事件に関し、犯罪被害者および遺族の名誉、プライバシーに十分配慮した報道を求める会長声明を発出し、2024年（令和6年）3月には、犯罪被害者等のプライバシーに配慮し、報道に際して被害者特定事項等に関する要請を尊重するよう求める意見書が採択された。

事件直後の報道被害としては、実名・顔写真報道のほか、不当な取材（メディアスクラム）による二次被害などが挙げられる。こうした被害は、事件直後に弁護士が介入し、受任通知を送付することで、二次被害を軽減しているのが実情である。前記のとおり、東弁では、東京三会を通じて、警視庁・検察庁の犯罪被害者支援室を通じ、被害者・遺族に、法律相談希望の有無の照会を行い、被害者・遺族が希望すれば、弁護士が受任をする体制を整え、同制度も既に10年になろう

としている。弁護士が受任することで、被害者・遺族の意向確認は容易かつ明確になることから、報道機関は、弁護士が受任した案件においては、被害者・遺族の意向を確認した上でなければ、実名・顔写真報道をすべきでないなど、犯罪被害発生後の報道が、犯罪被害者及び遺族の名誉、プライバシーに十分配慮した適切なものとなるよう、東弁として、より一層の活動をしていくことが求められる。

さいごに、東弁は、2020（令和2）年9月に死刑制度廃止に向け、まずは死刑執行停止を求める決議を採択した。重大事件の遺族にとって、加害者に死刑を求めるという感情は当然であり、前述した被害者参加の被害者論告における意義、弁護士会が死刑廃止決議をすること自体が遺族を苦しめているという声があることも認識しながら、弁護士会としてあるべき活動を行うべきである。

弁護士会及び弁護士は、次の犯罪の発生や被害の拡大を防止し、新たな犯罪被害者を生み出さないための努力を怠ってはならない。

## 第8　民事介入暴力の根絶と被害者の救済

### 1　はじめに

暴力団等の反社会的勢力が、暴力その他の威力を背景として不当な利益を上げる民事介入暴力に対する対策は、これを事前に予防し、差止め、事後に被害回復等を図る人権救済活動であり、まさに「法の支配」を社会の隅々に貫徹させる実践の場である。

### 2　民事介入暴力の現状

暴力団は、暴力団対策法施行以降の規制強化や企業暴排指針の浸透により、警察が公表する統計上は構成員等の数が減少の一途を辿っているが、半面、組織実態を隠蔽しつつ違法な資金獲得活動を行っていることが指摘され、その潜在化、不透明化が新たな問題となっている。近年はSNSや求人サイト等を利用して実行犯を募集する手口により特殊詐欺等を広域的に敢行する集団が把握され、警察ではこのような集団を「匿名・流動型犯罪グループ」と位置付け取締まりを強化しているが、このようなグループの背後に暴力団が関

与することがあることも指摘されている。さらに、暴力団を脱退したものの、その後の社会復帰がなされない結果、暴力団の周辺に留まって反社会的な資金獲得活動に関与する者が増えていることが指摘されており、これらの者たちが、いわゆる半グレ・準暴力団などとともに新たな反社会的勢力として把握される実態がある。

最近の暴力団の資金獲得活動の傾向として、暴対法による規制の網を潜り抜けるため、各種公的給付制度を悪用したり、いわゆる特殊詐欺を組織的に行うなど、詐欺的な手法による資金獲得活動にシフトしていることが指摘されている。

また、暴力団情勢としては、最大勢力である六代目山口組が2015（平成27）年に神戸山口組と分裂して以降抗争状態にあり、2020年（令和2年）1月に特定抗争指定暴力団等に指定され、現在も同指定は継続している。このように、いつ全国的な抗争に発展するか予断を許さない状況が今もなお続いている。

第1章　各種権利保障の在り方の改革　319

## 3 民事介入暴力対策の整備

全国の弁護士会は、民事介入暴力の根絶と迅速な被害救済を行うために、次のような対策をさらに充実させていくべきである。

### (1) 民事介入暴力被害者救済センターの活性化

被害者の救済及び被害の予防を目的とする「民事介入暴力被害者救済センター」をさらに充実・活性化するとともに、市民に対する更なる周知に努め、民暴被害の救済に当たるとともに、会員からの共同受任要請に対応していく。

### (2) 研修会の実施

会員や行政機関の職員に向けて、民暴事件の手口やその対応方法、反社会的勢力との関係遮断に関する研修を行う。

### (3) 関連機関との連携強化

民事介入暴力対策・被害救済において、警察、検察、暴追センター、法務省、企業防衛協議会等、反社会的勢力排除に取り組む他機関との連携は不可欠である。これら関連機関との連携強化に向けた活動を引き続き強化すべきである。

## 4 今後の課題

社会全体による暴力団排除活動をさらに進めていくことが重要である。企業暴排指針の公表、暴排条例の施行等により、金融取引を中心とした取引社会における暴力団排除の実務はかなり浸透したが、半面、盛り場などにおける対策はいまだ十分とは言えない状況にある。また、近年急速に普及した暗号資産が、暴力団等反社会的勢力により違法収益確保のツールとして利用されていることが指摘されており、暗号資産取引からの暴力団排除の取り組みが求められている。暴力団の重要な資金源とされている特殊詐欺についても、被害が高止まりしており、更なる対策の強化が求められ

ている。

弁護士会も、新たな課題の対策について、引き続き対応するべきである。とりわけ、特殊詐欺に係る被害の防止、回復、被害者支援については、2018（平成30）年度に青森で開催された人権大会において決議がなされているが、今後も引続き積極的な関与をすべきである。

また、近年、暴力団対策法31条の2に規定される代表者等の損害賠償責任制度を利用し、警察等関係機関とも連携して、特殊詐欺事案における暴力団代表者の責任を追及する訴訟が全国で提起され、一定の成果を挙げているが、かかる取り組みを、他の被害案件、例えばみかじめ料被害などにも積極的に適用し、この動きを加速してゆくべきである。

さらに、2024年（令和6年）6月、指定暴力団住吉会本部事務所の使用差止仮処分が認容されたが、暴力団の活動拠点を奪うため、暴追センター等や地方自治体と連携し、暴力団事務所使用差止請求を積極的に行うべきである。

加えて、反社会的勢力の根絶に向け、暴力団の人的資源をさらに枯渇させるための施策についても、積極的に推し進めるべきである。2022（令和4）年2月に、警察庁から暴力団離脱者の口座開設支援策が発出され、さらに2023（令和5）年3月に第二次再犯防止推進計画が閣議決定され、あらためて暴力団離脱者の社会復帰支援策の重要性が確認されたが、弁護士会も、暴力団離脱者の社会復帰を促進するための施策について、警察等の関連機関と協働し、矯正・更生保護施設等、再犯防止に関わる機関とも連携しつつ、その一翼を担うべきである。また、離脱・社会復帰支援に加えて、暴力団や半グレ組織、あるいは特殊詐欺等の組織犯罪に若年者が関わらないよう啓蒙する施策（いわゆる入口対策）についても、積極的に推し進めるべきである。

# 第9 患者の人権（医療と人権）

## 1 患者中心の医療の確立

医療と人権の問題を考えるに当たっては、患者中心の医療という視点が重要である。安全で質の高い医療を実現するには、患者の権利を中心に据えた医療を確立するという発想が求められる。

## 2 医療基本法の制定にむけて

### (1) インフォームド・コンセント

患者は、医療を受ける際に、自己の病状、医療行為の目的・方法・危険性、代替的治療法等について、正しい説明を受け理解した上で、自主的に選択・同意・

拒否できる。インフォームド・コンセントの法理は、患者・医療者間に真の信頼関係を構築し、医療の科学性・安全性・公開性を高めるため不可欠である。

1999（平成11）年12月の第3次医療法改正にて、適切な説明が医師等の努力義務として定められたが、一定の限界はあり、インフォームド・コンセントの法理にもとづく患者の自己決定権を法律上明確にする必要がある。

### (2) 診療記録開示請求権

患者の自己決定権を確立するためには、患者に対する診療記録の開示が不可欠である。診療記録は、患者の個人情報を記載するものであり、当然に自己情報コントロール権の対象となる。

2003（平成15）年5月、個人情報保護法関連5法が成立したことから、同年9月、厚労省は「診療情報の提供等に関する指針」を公表した。日本医師会等の各種団体や各医療機関でも開示指針が定められる等して、診療記録の開示は定着しつつある。他方、今なお、高額な開示費用を請求したり、開示理由を尋ねたりする等、手続上・事実上の障壁があるケースも少なくないとの指摘もある。

診療記録の開示請求権は患者の権利であることを明確に認めるべきである。

### (3) 医療基本法制定の必要性

患者の権利保障を医療現場の隅々にまで行き渡らせ、患者の人権を真に確立するためには、上記（1）・（2）のほか、最善で安全な医療を受ける権利、医療に参加する権利等の患者の諸権利を中心に据えた「医療基本法」の制定が必要である。また、「医療基本法」は、適切な医療体制の提供が国・自治体の責務であることを改めて明示するためにも必要である。

2011（平成23）年10月、日弁連第54回人権擁護大会は「患者の権利に関する法律の制定を求める決議」を採択し、2013（平成25）年9月には市民団体「患者の権利法を作る会」が「医療基本法要綱案」を公表している。日本医師会医事法関係検討委員会は、2012（平成24）年3月に「『医療基本法』の制定に向けた具体的提言」を、2016（平成28）年6月に「医療基本法（仮称）にもとづく医事法制の整備について」を答申している。このように、患者側・医療側の双方から、患者の諸権利を中心に据えて、国、地方公共団体、医療施設開設者、医療従事者、事業者、保険者及び国民の各責務を

整理・整備する「医療基本法」の制定を求める声が高まっている。

我々も、患者の権利を基盤とした「医療基本法」制定に向けて努力していく必要がある。

## 3 医療事故の再発防止と被害救済のために

### (1) 医療事故防止対策の現状と課題

1999（平成11）年以降、医療事故報道が相次いだことを契機に、医療界において医療安全対策が重視されるようになった。

2014（平成26）年7月改正、翌2015（平成27）年10月施行の医療法にて医療事故調査制度が法制化され、医療機関に医療事故（死亡・死産事故）発生時の院内事故調査及び第三者機関（医療事故調査・支援センター）への報告が義務付けられるに至った。しかし、センターへの医療事故発生報告件数は、2015（平成27）年以降、おおむね年300〜400件程度（令和5年は361件）とほぼ横ばいであり、制度開始前に想定されていた年間件数（1,300〜2,000件）の2〜3割に過ぎない。さらに、報告された院内事故調査のうち約25％では、調査委員会に外部委員が参加していない。

日弁連は、2022（令和4）年5月10日、「医療事故調査制度の改善を求める意見書」を厚生労働大臣及び法務大臣宛てに提出し、医療事故調査制度がより医療の安全に資する制度となることを目的として6つの項目を提言した。このように我々は、上記医療事故調査制度が医療現場に定着し、公正性・中立性の確保された事故調査を行うことにより医療安全を確保する制度として適切に運用されるよう、関係各方面に対して訴えていかなければならない。

### (2) 医療被害救済の現状と課題

医療被害に関する無過失補償制度としては、医薬品副作用被害救済制度、生物由来製品感染等被害救済制度、予防接種健康被害救済制度、産科医療補償制度、献血者健康被害救済制度があるに過ぎない。厚労省内の検討会では、2011（平成23）年には医療事故無過失補償制度が、2012（平成24）年には抗がん剤副作用被害救済制度が検討されたが、結局、制度化は見送られた。なお、臨床試験・臨床研究による健康被害の無過失補償の民間保険はある。

日弁連は、2007（平成19）年3月、「『医療事故無過失補償制度』の創設と基本的な枠組みに関する意見書」

を公表した。また、2022（令和4）年5月10日の「医療事故調査制度の改善を求める意見書」では、「医療事故調査制度の対象となった事故を対象とする無過失補償制度を創設すること」を提言している。

我々は、既存の被害救済制度に限界があることを踏まえ、新たな被害救済制度の確立に向けて努力していかなければならない。その際、被害者に対する金銭補償だけでなく、医療事故の原因分析と再発防止を併せて実施することが不可欠であり、それによって真の被害救済と患者の権利保障が実現できることを忘れてはならない。

## 4 医療訴訟の充実のために

### (1) 医療訴訟の現状と課題

司法改革制度審議会意見書（2001〔平成13〕年6月）は、医事関係訴訟の充実・迅速化を図ることを求めており、そのために専門委員制度の導入、鑑定制度の改革、法曹の専門化の強化を提言した。最高裁は、同年7月に医事関係訴訟委員会を設置し、医療界の協力を得て鑑定人候補者の選定を行っている。東京地裁と大阪地裁は、2001（平成13）年4月、医療集中部による審理を開始し、現在、全国10地裁に医療集中部が設置されている。裁判所・弁護士会・医療関係者の三者による医療訴訟連絡協議会も、全国各地裁で実施されている。

早期の被害救済・紛争解決のためには迅速な裁判が必要であるが、2023（令和5）年に関する「東京地方裁判所医療集中部における事件概況等」（法曹時報76巻7号）によれば、平均審理期間は19.1月（全国平均26.6月）となっており、審理の迅速化という観点では、改善傾向にある。

とはいえ、拙速で不十分な審理は、適切な被害救済や医療安全の観点からも望ましくない。これまでの医療訴訟改革により、審理期間は相当程度短縮してきているところ、さらなる迅速化を求める余り、逆に審理の充実や公正中立性が軽視されるようなことがあってはならない。

我々は、今後とも適正な医療紛争の解決に向けて、司法の役割を踏まえた適切な審理運営がなされるよう努力をしていく必要がある。

### (2) 公正中立な鑑定のために

医療訴訟が遅延する要因の1つに鑑定人の選任があ

ったが、近年では、各地裁単位の医療訴訟連絡協議会において、鑑定人確保のためのシステム構築に向けた努力が行われている。たとえば、東京地裁では、2003（平成15）年から、鑑定実施事件の全件につきカンファレンス鑑定（都内の医科13大学病院の推薦により、原則として3名の鑑定人が、事前に鑑定事項に対する比較的簡潔な意見書を提出した上で、法廷において口頭で鑑定意見を述べる方式による鑑定）を行っている。また、2016（平成28）年から、都内の歯科5大学病院の協力を得て、新たに歯科事件のための鑑定制度（事案によって鑑定人は1～3名）も整備された。

しかし、鑑定人やその数が確保できさえすれば内容的に公正中立な鑑定が行われるというものでもない。今なお医療界が同僚批判を避ける傾向にあることに鑑みると、鑑定に医学的根拠の明示を求めたり、鑑定書を公開して事後的に評価できる仕組みを作る等、鑑定の質確保のための施策が必要である。

### (3) 医療界と法曹界の相互理解の促進

東京地裁の医療訴訟連絡協議会は、2008（平成20）年から毎年、「医療界と法曹界の相互理解のためのシンポジウム」を開催している。適切な審理・紛争解決のために、法曹界は、医療界の協力を得て適切な専門的知見を得るとともに、医療界に、民事訴訟手続の特徴を理解してもらうことも必要である。医療界と法曹界は、適切な紛争解決と被害救済のために、相互に理解を深めていくべきである。

## 5 脳死臓器移植について

### (1) 2009（平成21）年改正法

臓器移植法は、1997（平成9）年10月から施行され、2010（平成22）年7月から改正臓器移植法が施行された。改正法は、①脳死を一律に人の死とし、②臓器提供に年齢制限を設けず、③本人の生前の拒否の意思表示がない限り家族の同意で臓器提供できることとするものである。また、親族（配偶者と親子）への優先提供が認められる。

### (2) 改正法施行後の状況

1997（平成9）年10月の臓器移植法施行から2010（平成22）年7月の改正法施行までの脳死臓器提供事例は年3～13例で合計86例であったのに対し、2011（平成23）年以降は増加傾向にあり、2023（令和5）年は131件で、そのうち家族承諾による提供は108件、本人意

思表示による提供は23件であった。

日弁連は、2010（平成22）年5月、改正法下においても自己決定権が保障されなければならないことや移植実施例の検証が必要であること等を指摘した「改正臓器移植法に対する意見書」を、2011（平成23）年1月には、家族の承諾のみで臓器摘出がなされた事例について、本人の生前の拒否の意思表示がないことの確認が適切に行われたのかについて迅速かつ適切に検証を行うこと等を要望する会長声明を出した。厚労省審議会「脳死下での臓器提供事例に係る検証会議」は継続的に事例検証を実施しており、遺族の同意が得られた事例については報告書が公表されている。

今後も、臓器提供を望まない患者や臨床的に脳死状態となった患者に最期（心臓死）まで十分な医療が保障されることが必要である。また、家族承諾事例が増加傾向にあることから継続的な検証の必要性は高まっている。弁護士会としては、臓器移植と人の死をめぐる残された問題点について、積極的に発言していく必要がある。

## 6 生殖医療と法律問題

生殖医療に関する医療技術の進歩はめざましい。もはや生殖医療は特殊なものではなく、少子化対策のひとつの課題ともされている。そのため、生殖医療技術を利用して生まれてきた子どもの親子関係をどう定めるのかがしばしば問題となっており、生殖医療技術については、早急な法整備が求められている。

このような中、2020（令和2）年12月4日、「生殖補助医療の提供等及びこれにより出生した子の親子関係に関する民法の特例に関する法律」（令和2年法律第76号）が成立し、同月11日に公布された。これは、生殖補助医療により出生した子の親子関係が明確化されたという点で評価できるものの、生殖補助医療及びその提供等に関する規制の在り方や、生殖補助医療の提供を受けた者、精子又は卵子の提供者及び生殖補助医療により生まれた子に関する情報の保存・管理、開示等に関する制度の在り方については、おおむね2年を目途として検討が加えられ、その結果に基づいて法制上の措置等が講ぜられるものとするとされているが、未だ議論が混迷しており、今後も十分な議論が必要である。

なお、これまでの生殖医療をめぐる議論は、子ども

を持ちたい親（利用者）の側の権利という観点が強く押し出される傾向にあったが、今後行われる法整備においては、生まれてきた子どもの権利と尊厳を守るために、出自を知る権利等を法律に明記して保障していくことが強く求められる。そのためには、我々も、生殖医療の是非、その規制の在り方、生まれてきた子の法的地位の安定のための法整備の在り方等についての議論を、様々な視点から十分に行う必要がある。

## 7 尊厳死・安楽死について

尊厳死とは、一般に、過剰な医療を避け尊厳をもって自然な死を迎えさせることとされている。どのように死を迎えるかということは人間の尊厳にとって重要なものであり、終末期医療においても、適切なインフォームド・コンセントに基づいた患者の意思決定が尊重されるべきである。他方において、延命措置を怠ったと遺族から訴えられることを危惧する医師も多い。

2012（平成14）年3月、尊厳死法制化を考える議員連盟が、「終末期の医療における患者の意思の尊重に関する法律案（仮称）」を発表した。これに対し日弁連では、同年4月4日、真に患者本人の自由な意思に基づくものであることを保障する手続や基盤の整備や、終末期における医療・介護・福祉体制が十分に整備されていることが必須であるが、これらの体制は極めて不十分であり、いまだ法制化を検討する基盤がないとの会長声明を出している。結局法案は反対も根強く、国会提出には至らなかった。

ところで、2000（平成12）年代後半以降、欧州の一部の国、北米や大洋州の一部の国や地域等で、耐えがたい苦痛に襲われている死期の迫った人に致死的な薬剤を投与して死なせる積極的安楽死や、医師が薬物を処方したりして患者が自殺するのを助ける医師自殺ほう助等を認める法律が制定される事案が続いている。

厚労省は、2018（平成30）年3月、「人生の最終段階における医療・ケアの決定に関するガイドライン」を設けているが、抽象的であるし、またこのガイドラインは積極的安楽死は対象としていない。

そこで、日弁連や東弁としては、尊厳死や安楽死といった事柄についても議論し、認める上で必要となる具体的体制や、場合によっては法案についても提言していくことが必要である。

第1章 各種権利保障の在り方の改革

## 8 弁護士・弁護士会としての取組み

### (1) 専門弁護士の養成

東京地裁医療集中部は、医療訴訟の適正迅速な審理を目指す審理運営指針を公表している。この指針の下では、専門弁護士でない限り適切な訴訟活動を行うのは困難ではないかとの懸念もある。しかし、適切な被害救済と医療紛争の解決のために、弁護士会は、会員研修を強化する等して、医療事件の専門弁護士の養成に努める必要がある。その際、損害賠償請求に関する法的知識と訴訟技術の研修にとどまるのではなく、医療事故の原因分析と再発防止に関心を持ち医療安全の確保に貢献できる弁護士の養成を目指していかなければならない。

### (2) 医療ADRのより一層の充実

東京三会の紛争解決・仲裁センターは、2007（平成19）年9月、医療ADRを創設した。医療訴訟の経験が豊富な患者側・医療側双方の弁護士をあっせん人とし、法的責任の議論に限らない対話的紛争解決の仕組みとして社会の期待は大きい。また、2016（平成28）年3月に出された東京三弁護士会医療ADR第二次検証報告書によれば、平均期間は約160日で訴訟よりも比較的短期間で終了し、和解率は、終了事件を母数とすると44.6％（121/271）、終了応諾事件を母数とすると67.2％（121/180）と高いことから、弁護士会は、より一層充実した医療ADRの実現のため、人的物的な体制を整えていくべきである。

### (3) 医療部会の委員会化

医療と人権に関わる問題としては、公共政策としての医療の諸問題のほか、再生医療、出生前診断（母体血を用いた新型出生前遺伝学的検査等）、触法精神障がい者問題、障がい新生児の治療中止、終末期医療等、広範な問題が山積している。また、臨床研究の増加に伴い被験者の権利保護の重要性が高まってきている。さらに、昨今では、自由診療領域（美容医療、営利的な歯科医療、レーシック手術、がん免疫療法等）における医療消費者被害が増加しており、高額被害も目立つようになってきている。その他にも、上記に挙げたように、脳死臓器移植や、生殖医療、尊厳死・安楽死といった生命倫理に関連する問題も存在する。

しかし、以上の問題に対して、弁護士会は十分な対応ができていないのが現状である。日弁連や東弁としては、これらの問題を研究して提言したり、法整備に向けての活動等を行うために、独立の委員会活動として、医療部会を創設することも考える必要がある。

# 第10 消費者の人権

## 1 消費者の権利の重要性

消費者問題は、今日の大量生産、大量販売による大衆消費社会の中で、事業者と消費者という不平等な力関係の下で生じる。現代社会において、市民生活と生存を基本的に保障するためには、この生産、流通、消費の構造が健全に機能することが必要である。ここに消費者保護と消費者の権利確立の必要性が生じる。

アメリカでは、1962（昭和37）年のケネディ教書において、①安全であることの権利、②知らされる権利、③選択できる権利、④意見を反映させる権利の4つの権利が消費者の権利として宣言された。その後、消費者の権利は先進諸国で確立され、我が国においても、後述のとおり、2004（平成16）年に改正された消費者基本法において、消費者の権利が明記され、その重要性が確認されるところとなった。

## 2 消費者問題の現状

消費者の権利の重要性は認識されてきているが、消費者被害は後を絶たず、ますます複雑化・多様化し、また国際的にもなっている。

### (1) さまざまな悪質商法による被害

悪質商法は相変わらず形を変えて、消費者被害をもたらしている。

モニター商法、内職商法、アポイントメント商法、マルチ商法、悪質リフォーム被害、悪質リース商法など従来からある被害のほか、投資用マンションの強引な勧誘商法、原野商法の二次被害、水道レスキュー工事被害、情報商材被害も指摘されている。

その他、預託商法被害や美容医療契約、結婚紹介サービス、学習塾・家庭教師、探偵業・調査会社などのトラブルが見られる。また、SNSや暗号資産など新しいツールを利用した消費者被害も多発している。

## (2) 金融商品取引

金融商品取引については、消費者保護法制が不十分な中で、相変わらず自己責任の名の下に大きな消費者被害が生まれている。

たとえば、「ノックイン型投資信託」などのデリバティブを組み込んだ複雑でリスクが大きい金融商品を銀行や証券会社から十分な説明もないまま勧誘されて購入した消費者が元本割れの被害を受けてきた。また、実態の無い会社発行の社債やファンドによる被害など詐欺的投資被害も後を絶たない。

## (3) ネットによる消費者被害

インターネットやスマートフォンの普及により、ネットを利用した取引での消費者被害の蔓延も顕著である。

「お試し価格」という低廉な1回の契約として申込みをすると、高額な継続的な契約となっているという「定期購入」被害や、ネット上での「情報商材」の購入や出会い系サイト・占いサイトにおけるメール交換でのポイント購入などの被害も大きな問題である。これらは決済代行システムによるクレジットや電子マネー利用などと相俟って被害を拡大させている。

最近は、マッチングアプリやSNSを通じて知り合った相手に投資を勧誘され、短期間に多額の投資をするものの結局投資した金額自体も回収できず、相手を特定できないため被害回復の手がかりも掴めないという深刻な被害が拡大している。

その他、ネット上ではいわゆるプラットフォームを介した取引が大きな割合を占める状況であり、プラットフォーム運営会社の責任を考えるべき場面も増えている。

## (4) 多重債務問題

裁判所への自己破産申立て件数は最盛期より大幅に減少したものの多重債務問題自体は依然として存在する。

銀行によるカードローンでは、貸金業法の総量規制がかからないため、貸出額が急増して過剰貸付の問題が顕在化している。最近は給与債権を譲渡する形の「給与ファクタリング」という形をとるヤミ金の横行が問題となっている。

## (5) 食の安全・製品の安全

健康食品の表示問題や偽装表示などさまざまな食に関する表示の問題も生じている。特に機能性表示食品である「紅麹サプリ」を原因として重大な健康被害が生ずる事態となっており、機能性表示食品の安全性の問題が顕在化している。

製品事故についても、エレベーター事故などの被害が起きており、その原因究明が十分に行われていない実情がある。子ども用製品による事故やインターネットによる海外からの輸入品による事故の増加も指摘されている。

## 3 消費者行政の充実の必要性

### (1) 消費者庁及び消費者委員会の創設と現状

事業者と消費者の力の格差から多くの消費者問題が発生してきたが、従来、行政は産業育成省庁の視点から対応し、縦割り行政の弊害によって迅速な対応がなされなかった。食品偽装問題や中国産冷凍餃子事件などをきっかけとして消費者行政の一元化の必要性が強く認識されることとなり、2009（平成21）年9月1日、「消費者庁」が新しい省庁として発足し、同時に民間委員から構成される監視組織「消費者委員会」も設置された。消費者行政の一元化は、日弁連や弁護士会にとって長年の悲願であり、大変画期的なことであった。

消費者庁は消費者の権利擁護の立場から基本的な施策を行う組織であり、他の省庁が所轄していた多くの法律の移管を受け、情報の集約、さらには消費者被害の防止措置を行ったりする組織となっている。また、消費者委員会は、消費者庁や他の省庁を監視する組織として、消費者のための施策実現のために極めて重要な地位を占めている。

消費者庁・消費者委員会創設から15年が経過したが、依然として人員面・財政面のいずれについても不十分であり、充実化のために弁護士会も十分なバックアップをする必要がある。

### (2) 地方消費者行政の充実の重要性

消費者の権利を守るためには、消費者の身近にある地方消費者行政の充実が極めて重要である。しかし、予算の規模やしくみが十分ではなく、消費生活センターの規模縮小、相談員の削減など地方消費者行政は後退の危機にある。このような中で消費者庁は、同庁に設置した懇談会報告書などを踏まえ、2020（令和2）年4月に「地方消費者行政強化作戦2020」を定め、財源確保を見据えながら、①消費生活相談体制の強化及び質の向上、②消費者教育の推進、③高齢者の消費者

第1章 各種権利保障の在り方の改革　325

被害防止のための見守り活動の充実、④消費者団体の活動の充実、⑤法執行体制の充実、⑥地方における消費者政策推進のための体制強化の政策提言を行っている。弁護士会としてもこれらが実現されるよう支援をしていくべきである。

## 4 消費者の権利擁護のための諸立法及び今後の展開

立法面でも、消費者被害の救済や防止のため、多くの消費者関連法が制定・改正されており、今後も頻繁に立法がなされると考えられる。弁護士会は、次々と発生する消費者問題に適切に対応するための立法や法改正に向けた提言を、タイムリーに行っていくべきである。

### (1) 割賦販売法・特定商取引法改正

ア　悪質商法の横行とクレジットによる被害拡大を防止するため、特定商取引法と割賦販売法について2008（平成20）年に画期的な改正がなされ、クレジットにおける割賦要件の廃止、過量販売解除権や個別式クレジットについての既払金返還義務、適正与信義務や過剰与信防止義務、指定商品制の廃止、通信販売の返品特約など極めて重要な制度が法定された。特に、悪質商法の温床といわれてきた個別クレジットについては、厳しい規制をしたことにより、実際に被害は激減している。

イ　その後も新しい被害に対応して特定商取引法は改正され、2021（令和3）年6月には、「定期購入」被害を取り締まる通信販売の規制や送りつけ商法（ネガティブオプション）に対する規制強化の規定が制定された。

また、2016（平成28）年改正の際に定められた特定商取引法施行後5年の見直しが未だに行われておらず、速やかになされるべきである。同年改正の際には訪問販売での不招請勧誘禁止規制の導入について事業者側から反対が出て実現しなかったが、訪問を望まない消費者に対する勧誘は不当勧誘の温床であることから、不招請勧誘の禁止に向けて再び弁護士会が強力に活動していくべきである。

ウ　割賦販売法の包括クレジットについては2008（平成20）年改正での規制が緩く、決済代行会社を介したクレジット利用がネットを通して行われており、出会い系サイト事件や無価値な情報商材の販売などに利用され、消費者被害を生んでいる。この点、特に決済代行による被害防止の観点からの改正の導入が急務となっていたが、2016（平成28）年12月に決済代行会社について登録制をとるなどの改正法が成立した。さらに弁護士会は、マンスリークリア（翌月一括払い）の同法の適用などについても提言を行っていく必要がある。

### (2) 消費者契約法の実体規定改正

消費者契約法については、2016（平成28）年及び2018（平成30）年6月に実体法部分の改正がなされ、取消事由の追加や不当条項の規定の整備がなされた。

これらはいずれも重要な改正ではあったが改正としては不十分であり、更に高齢者の被害を防ぐためや成年年齢の引き下げに対応するため、消費者が合理的な判断をすることができない事情を不当に利用して事業者が消費者を勧誘し契約を締結させた場合における取消権（つけ込み型不当勧誘取消権）の創設が消費者庁設置の検討会で検討され報告書も提出された。しかし、2022（令和4）年5月の改正はこの報告書の内容をほとんど無視した形で、極めて限定された取消類型（①勧誘をすることを告げずに、退去困難な場所へ同行し勧誘、②威迫する言動を交え、相談の連絡を妨害）のみを定めるに止まっている。

これらは、要するに2018（平成30）年改正時の附帯決議に盛られた高齢者や若年者の被害に対応するための判断力不足につけ込んだ不当勧誘の取消権の創設が未だ実現する目途も立っていない状況を示している。成年年齢が18歳に引き下げられ18歳・19歳の若年者が未成年者取消権を失う観点からもつけ込み型不当勧誘取消権の創設は急務であり、その他の課題についても弁護士会はこれらの改正が消費者保護に資するものになるよう活動すべきである。

### (3) 貸金業法及び出資法改正

貸金業法43条のみなし弁済について、最高裁は、業者側に極めて厳しい判決を立て続けに出したが、これらの判例の流れを受けて、2006（平成18）年12月に出資法の改正がなされ、出資法金利が見直され、またいわゆる「グレーゾーン」も廃止された。さらに貸金業法も大幅な改正がなされ、みなし弁済制度の廃止のほか、業務規制の強化、過剰融資規制などが盛り込まれた。

改正の過程では業者側による巻き返しも強かったが、市民が反対の意見を表明し、弁護士会もこれを主導し

て消費者側に有利な改正が勝ち取られている。多重債務問題の根源が高金利にあることを十分に認識し、弁護士会は勝ち取ったこの改正を実のあるものにし、決して後戻りさせないように活動を継続すべきである。

### (4) 金融商品取引法・金融サービス提供・利用環境整備法

金融商品取引法によって広範な金融商品について横断的な行政規制がなされており、一定の消費者保護に資する内容となっている。また、金融サービスの提供及び利用環境の整備等に関する法律（旧称「金融商品販売法」）が説明義務違反等の民事責任を定めているが、2023（令和5）年改正により、同法に顧客の最善利益を勘案した誠実公正義務が横断的に規定され、金融商品取引法においても説明義務の規定などが整備されてきている。

その他、実態の無い会社発行の社債やファンドによる被害など詐欺的投資被害も後を絶たず、実効性のある法規制強化が望まれる。弁護士会はこれらについて有効な規制が行われるよう活動していくべきである。

### (5) 預託商法の規制

預託商法の大規模被害は繰り返し起きてきたが（豊田商事事件、安愚楽牧場事件など）、従来の特定商品預託法では規制が全く不十分であった。

近時、健康器具を取り扱う預託商法のジャパンライフによる高齢者を被害者とする大型被害事件が発生し、その規制の必要性が改めて認識され、2021（令和3）年6月に預託商法を原則禁止とする画期的な法改正が行われた（改正後の名称は「預託等取引に関する法律」）。弁護士会がかねてから意見を述べていた預託商法の禁止が立法として実現したものであり画期的であるとともに、弁護士会は今後の運用を見守っていくべきである。

### (6) 取引デジタルプラットフォーム消費者利益保護法

近時、取引デジタルプラットフォームを利用した取引が急増し、危険商品等の流通や販売業者が特定できず紛争解決が困難となる等の問題が発生している。これに対応して消費者利益の保護を図るための新法が整備されたが、今後はより実効性のある具体的な法律になるよう弁護士会としても対応すべきである。

### (7) 消費者事件に関連する訴訟制度及び違法収益の吐き出し

消費者契約法の消費者団体訴訟は、消費者団体が消費者全体の利益のために、不当条項・不当な勧誘行為についての差止を求めて提訴することを認めるものであり、消費者被害の未然防止・拡大防止に極めて有効な手段である。今後も同制度の充実がなされるよう弁護士会は活動するべきである。

一方、少額な消費者被害について集団的に救済する特殊な訴訟制度（消費者裁判手続特例法）が発足した。同法では、特定適格消費者団体が、事業者が共通の事実上及び法律上の原因に基づき金銭支払い義務を負うことの確認を求める一段階目の訴訟を起こし、その訴訟で事業者の共通義務を認める判決が確定した場合に、特定適格消費者団体が被害消費者に呼びかけて、個々の消費者の債権を確定する二段階目の手続を行うという制度である。2022（令和4）年5月には、対象範囲の拡大（一定の慰謝料、一定の個人被告）や手続の柔軟化（和解対象の限定の廃止）の改正がなされた。また、「支配性の要件」を広く認めて本制度の利用範囲を拡大する最高裁判例（最判令和6年3月12日）も出されており更に消費者被害の救済に広く活用されるように弁護士会も提言をしていくべきである。

また、悪質業者から違法収益を吐き出させる制度の創設も検討されている。違法な収益を吐き出させることで「やり得」を許さず、正義を実現するというほかに将来の被害防止についても有効と言える。そして、違法収益を吐き出させて被害者に分配する制度ができれば多くの被害者が救済される。現に、振り込め詐欺被害について「犯罪利用預金口座等に係る資金による被害回復分配金の支払等に関する法律」が制定されて被害者救済に利用されている。これらの制度は真の消費者被害救済・防止のために必要不可欠であり、今後、弁護士会としても適正な運用や制度の実現化に向けて、提言をしていく必要がある。

ところで、2022（令和4）年5月に成立した改正民事訴訟法（IT化）において審理期間を6ヶ月に限定する「法定審理期間訴訟手続」制度が盛られた。審理期間が限定されることから力の格差がある当事者間の事件では弊害が生じることが懸念される。「消費者契約に関する訴え」は対象外とされているが、事業者と消費者との紛争は製品事故など契約関係にない事件もあり、また、形式的には消費者の定義に当てはまらなくて事業者との力の格差が歴然としている零細事業者の「消費者被害」もあるのであって、同制度の運用について

第1章 各種権利保障の在り方の改革　327

は十分に注意がなされる必要がある。弁護士会は同制度の当否について意見が集約できず結局意見を明確に述べないまま法案化されてしまったが、施行に向けて同制度の問題性を今一度十分認識したうえで対応すべきである。

### (8) 不当景品類及び不当表示防止法改正

2014（平成26）年11月に成立した改正不当景品類及び不当表示防止法は、不当表示を行った業者に対する課徴金制度が規定され、また事業者による返金措置による課徴金の減額制度が定められた点が画期的であり、これは上記(7)で指摘した違法収益の吐き出しの面もある。また、2023（令和5）年5月にも改正があり、確約手続の導入、課徴金制度の見直し等が盛られた。更に同年10月からはいわゆるステルスマーケティングが不当表示の指定告示とされた。今後も実効性ある制度となるよう弁護士会も提言していくべきである。

### (9) 民法の成年年齢引き下げ問題

民法の成年年齢を20歳から18歳に引き下げる動きが急速に具体化し、2018（平成30）年6月に改正法が成立し、2022（令和4）年4月に施行された。これにより、18・19歳は未成年者取消権を失った。若者の被害としてキャッチセールス、マルチ商法、美容医療サービス、ネット取引トラブルなどが特徴的であるが、これらのトラブルでは18・19歳は未成年者取消権を使えなくなる。また、未成年者取消権は消費者被害予防の機能も大きかったが、18・19歳は未成年者取消権を失い、事業者の格好のターゲットとされることになった。高校3年生の途中で成年になり、進学・就職・上京などによって社会との接点が格段に増える高校卒業の段階で取消権を持たないことの影響は極めて大きい。

これについては消費者保護の施策の実現が必要であるが、消費者契約法におけるつけ込み型不当勧誘取消権は、前記のとおり、引下げの改正民法成立時はもとより成立から3年10ヶ月の施行までの期間にも創設されず、現時点で創設の目途すら立っていない。実践的で十分な消費者教育もなされておらず、結局、ほとんど施策の手当がなされないまま引下げが施行され、18・19歳の若者が消費者被害の危険に晒されている実情にある。

弁護士会としては、成年年齢引下げ後の被害実態を的確に把握し、若年者の消費者被害を予防・救済するため、引き続き消費者契約法のつけ込み型勧誘の取消

権創設、特定商取引法の保護制度の充実、与信規制や消費者教育の充実などの実現を求めて活動していくべきである。

### (10) 決済手段の多様化に対する対応

ネット取引やキャッシュレス決済の普及に伴い、決済手段の多様化が顕著であるが、各決済手段の規制が割賦販売法、資金決済法、銀行法などに分かれており統一的な規制ができていない。そのため信用供与についての制限や抗弁の対抗に関する規定の有無などにより消費者保護に差異が生じる状況となっている。

規制を統一化する一方で、信用供与段階の信用情報の利用などの規制については多重債務の拡大の危険がないように十分配慮したものとなるよう働きかけていく必要がある。

### (11) 霊感商法問題に対する対応

2022（令和4）年7月に起きた旧統一教会の二世被害者による安倍元首相銃撃事件によって、旧統一教会による霊感商法の問題がクローズアップされることとなった。宗教に名を借りたカルト的な手口による霊感商法被害や高額献金問題は以前から消費者被害として取り上げられてきたところであるが、改めてその被害の深刻さが認識されることとなり、弁護士会も被害救済について窓口を設け、その後被害救済の弁護団発足に繋がっている。

霊感商法については、上記事件を受けて同年12月に不当寄付勧誘防止法の制定および消費者契約法改正がなされ一定の規制がなされたが、被害への対応は不十分である。霊感商法では出捐者本人の価値判断の基準が不当に変容され、自由意思に基づかずに契約や寄付が行われている点が問題である。自由な意思決定が阻害されないために、①正体や目的を隠した勧誘の禁止、②第三者へ助言を求める機会を奪うことの禁止、③寄付の勧誘を受ける個人が合理的に判断できない事情があることを利用する不当勧誘の禁止、④ ①〜③に違反した場合の取消権が定められるべきである。また、不当に変容された判断基準による意思表示が行われるという点を重視し、民法理論の再構築や本人以外の第三者による取消権の創設などもなされるべきである。

### (12) 機能性表示食品制度の抜本的改革

2024（令和6）年に発生した機能性表示食品の紅麹サプリによる健康被害問題により機能性表示食品における安全対策が極めて不十分であり、情報収集や情報

伝達体制の構築が急務であることが明らかになった。

　機能性表示食品制度とは、いわゆる健康食品等について、食品関連事業者の責任において消費者庁長官に所定の事項を届け出ることにより、個別の許可を受けることなく、科学的根拠に基づく一定の機能性（食品摂取による健康の維持及び増進に役立つ効果）の表示を可能とする制度であり、制度発足当時から事業者の届出だけで安全性を確保できるか大きな懸念があった。今般、その懸念が重篤な健康被害という形で顕在化しており、同制度の抜本的な改革が必要不可欠である。

　東京弁護士会は2024（令和6）年8月6日に「機能性表示食品制度の抜本的見直しを求める意見書」を発出したが、同意見書記載のとおり、情報収集・情報提供および製造管理・品質管理の徹底、届出制から許可制への移行、情報伝達のあり方の改善がなされるべきである。

## 5　消費者が主役の社会へ——「消費者市民社会」の実現

### (1)「消費者市民社会」の実現

　上記のとおり、消費者庁が発足して消費者行政は大転換をし、消費者問題関係の立法も活発化しているが、さらに市民側が「消費者市民社会」を目指すことで、安全で公正な社会が実現できると考えられる。

　「消費者市民社会」とは、「個人が、消費者・生活者としての役割において、社会問題、多様性、世界情勢、将来世代の状況などを考慮することによって、社会の発展と改善に積極的に参加する社会」であり（2008〔平成20〕年版「国民生活白書」）、批判的な視点を持って社会変革に参加することによって、よりよい社会が実現できるというものである。

　この考えは、北欧で浸透しつつある、Consumer Citizenshipという考えに基づいており、今後、我が国でも実現が期待されるべきものであって、2009（平成21）年の日弁連人権大会・第3分科会のテーマは「安全で公正な社会を消費者の力で実現しよう——消費者市民社会の確立を目指して」というものであった。消費者被害に直接接する弁護士としても、消費者被害が少なくなるよう「消費者市民社会」の実現を呼びかけていくことが期待されている。

### (2) 消費者教育の実施、充実

　上記の「消費者市民社会」における消費者の自覚のためには、充実した消費者教育が必要である。我が国ではそもそも具体的な被害防止のための消費者教育も十分に行われていない実情があるが、被害予防のための消費者教育とならんで、消費者市民教育も実施されるべきであると弁護士会は考えてきた。

　そのような中で、2012（平成24）年8月、「消費者市民社会」を担う市民を育成するための教育を理念として掲げた消費者教育推進法が成立した。同法は「消費者市民社会」について「消費者が、個々の消費者の特性及び消費生活の多様性を相互に尊重しつつ、自らの消費生活に関する行動が現在及び将来の世代にわたって内外の社会経済情勢及び地球環境に影響を及ぼしうるものであることを自覚して、公正かつ持続可能な社会の形成に積極的に参画する社会」（2条2項）と定義している。

　今後は、そのような消費者市民社会を作るための教育が飛躍的に重要となる。消費者教育推進法に基づいて消費者教育基本方針が策定され、これを受けて、地方公共団体による推進計画の策定や消費者教育推進地域協議会の設置が行われ、様々な実践も行われつつある。関係諸機関が連携をしながら進めるべきであり、消費者被害の実態を知っている弁護士が積極的に役割を担うことが期待されている。日弁連でもパンフレットやマニュアルなどを発行して活動が活発化している。

### (3) 金融経済教育について

　なお、バブル崩壊や金融ビッグバンを受けて、2000年代から金融経済教育の充実が図られてきているが、その内容は家計管理や生活設計を含み金融リテラシーの向上を目的としてきた。ところが、経済活性化を目的とする貯蓄から投資への流れの中で政府による「資産所得倍増プラン」が公表され、その意向を受けた改正金融サービス提供・利用環境整備法案（以下「金サ法」）によって、「金融経済教育」を推進する認可法人「金融経済教育推進機構」（通称「J-FLEC」・ジェイフレック）が2024（令和6）年4月に設立され、8月から本格稼働している。同機構は、従来、金融経済教育に取り組んできた金融広報中央委員会（日銀が事務局）が組織として移行し、全銀協や日証協などが協力するものとされており、資産形成偏重の教育がなされるおそれがある。

　金融経済教育は、従来、「金融リテラシー（金融に関する知識・判断力）の向上を通じて、国民一人一人

第1章　各種権利保障の在り方の改革　329

が、経済的に自立し、より良い暮らしを実現していくことを可能とするとともに、健全で質の高い金融商品の提供の促進や家計金融資産の有効活用を通じ、公正で持続可能な社会の実現に貢献していくことにある」とされ（「消費者教育の推進に関する基本的な方針」2023（令和5）年3月）、消費者教育と連携して行われるものとされてきた。また、金融経済教育推進会議による「金融リテラシー・マップ」の「最低限身に付けるべき金融リテラシー」（家計管理、生活設計、金融知識及び金融経済事情の理解と適切な金融商品の利用選択、外部の知見の適切な活用）の涵養を中核とするものと位置づけられてきた。今般、「金融経済教育」は金サ法82条で「適切な金融サービスの利用等に資す

る金融又は経済に関する知識を習得し、これを活用する能力の育成を図るための教授及び指導」と定義されたが、従来の金融経済教育の方向性は堅持されなければならず、金融経済教育推進機構が展開する金融経済教育が間違っても資産形成のスキルの習得になってしまわないように注視していく必要がある。

### （4）ネットワークの構築

上記「消費者市民社会」では消費者が連帯して行動をすることも極めて重要であり、個々の消費者のみならず、消費者団体や弁護士会などがネットワークを構築し、消費者の権利擁護のための制度確立のために運動を展開することが目指されるべきである。

# 第2章　国際基準に適った人権保障制度の提言

## 第1　国内人権機関の設置に向けて

### 1　国内人権機関と国内における動き（国連人権理事会からの勧告）

(1) 国内人権機関とは、裁判所とは別の機関として設置される、政府から独立した、人権の促進及び擁護のための国家機関をいう。そして、国内人権機関には、裁判所と異なり、調停・勧告などの方法を通じて迅速に人権侵害を救済・予防する機能があるほか、人権政策の提言機能、教育及び研究プログラムの実施機能などがあるとされている。

国内人権機関は、1993（平成5）年の国連総会において採択された「国家機関（国内人権機関）の地位に関する原則」（通称「パリ原則」）により国連加盟国に対し設置が求められ、現在、国連加盟国のうち110の国や地域において国内人権機関が設置されている。

(2) 日本においては、2002（平成14）年、政府が「人権委員会」設置のための「人権擁護法案」を国会に上程した。しかし、同法案では、人権委員会が「法務省の所轄」とされていたため、政府からの独立性という重要な点でパリ原則に適合しておらず、報道の自由、市民の知る権利を侵害する恐れが指摘されるとともに、公権力による人権侵害の多くが救済の対象とはされないなど種々の問題点があった。このため、日弁連を初めとする多くの市民団体やメディア等から強い反対を受け、2003（平成15）年に衆議院の解散により廃案となった。

その後、政府は、民主党政権下の2012（平成24）年9月、新たに「人権委員会設置法案」を閣議決定し、国会に提出したが、衆議院解散により廃案となった。同法案もまた、パリ原則遵守の観点からは、問題が残るものであった。

この間も、国連人権理事会の普遍的定期的審査（2008〔平成20〕年、2012〔平成24〕年、2017〔平成29〕年、2023〔令和5〕年）及び各国連人権条約機関（社会権規約委員会、自由権規約委員会、人種差別撤廃委員会など）から、日本に対し、繰り返しパリ原則に合致した国内人権機関の設置が勧告されているが、いまだ国内人権機関は設置されていない。

### 2　日弁連・弁護士会の取組みと課題

日弁連は、政府から独立した国内人権機関の設置を求める国内外の声に応え、2008（平成20）年、日弁連が求める国内人権機関の組織と活動の原則を「制度要綱」のかたちで取りまとめ、法務大臣に提出した。また、国内人権機関設置の具体的実現を目指して、2009（平成21）年には、国内人権機関実現委員会（2024〔令和6年〕「政府から独立した人権機関実現委員会」に名称変更）を設置し、マスコミ、各種NGOとの意見交換会の開催、院内集会の開催、パンフレットの作成による市民への広報活動等を積極的に行った。2014（平成26）年2月20日には、「国内人権機関の創設を求める意見書」を、法務大臣及び外務大臣に提出した。2019（令和元）年10月4日徳島で開催された人権擁護大会においては、「個人通報制度の導入と国内人権機関の設置を求める決議」が採択され、改めて政府に対しパリ原則に合致した国内人権機関の設置を求めるとともに、日弁連もその実現のため全力を尽くす決意を表明した。2023（令和5）年2月9日には、「国連人権理事会における日本に対する第4回普遍的定期的審査の勧告に関する会長声明」を発出した。

この間、各地の弁護士会においても、独立した国内人権機関の設置の早期実現を求める決議が採択されている。

今後も、日弁連・弁護士会は、パリ原則に合致した国内人権機関の設置の早期実現に向けて、弁護士及び市民の間での関心を高めるために、国内人権機関の必要性・重要性の広報等の積極的な運動を粘り強く続けていくべきである。

# 第2 国際人権条約の活用と個人通報制度の実現に向けて

## 1 国際人権条約の積極的な活用

(1) 日本が締結している市民的及び政治的権利に関する国際規約（自由権規約）、社会的、経済的及び文化的権利に関する国際規約（社会権規約）、女性に対するあらゆる差別の撤廃に関する条約（女性差別撤廃条約）、子どもの権利に関する条約（子どもの権利条約）、あらゆる形態の人種差別の撤廃に関する条約（人種差別撤廃条約）、拷問及び他の残虐な、非人道的な又は品位を傷つける取扱い又は刑罰に関する条約（拷問等禁止条約）、障害者の権利に関する条約（障害者権利条約）等の国際人権条約は、憲法98条2項により、国内法的効力を付与され、国家機関である行政府、立法府、司法府は、条約実施の義務を負う。

(2) しかるに、日本は、死刑制度の廃止、国内人権機関の設置、個人通報制度の導入、女性差別・人種差別の撤廃等の重要分野に関し、国連人権条約機関から数多くの勧告を受けている。特に、メディアの独立については、2016（平成28）年に表現の自由に関する国連特別報告者が日本を訪問し、2017（平成29）年に日本ではメディアの独立が脅威に晒されている旨の報告書が国連に提出されている。しかしながら、これら勧告や報告に対する改善は進んでおらず、国連人権理事会の普遍的定期的審査で受けた勧告数も顕著に増加している（2008〔平成20〕年26件、2012〔平成24〕年174件、2017〔平成29〕年217件、2023〔令和5〕年300件）。また、これら勧告の重要性についてメディアの意識も高いとは言えず、十分な報道はなされていない。このほか、日本は、ILO条約の中核的労働基準と呼ばれる5分野10条約のうち、「雇用及び職業についての差別待遇に関する条約」並びに「職業上の安全及び健康に関する条約」についても未批准である。このように、日本国内における国際人権条約に関する認識は不十分と言わざるを得ない。

(3) しかしながら、国際人権条約は、憲法よりも人権の保障に厚く、あるいは、より具体的である場合も多く、締約国の国内裁判所や国際人権諸機関の判例・先例の蓄積により人権保障を広げる方向に発展していることなどから、日本における人権問題の議論や裁判において、国際人権条約を主張の根拠や憲法その他の国内法の解釈の補強や指針として援用することは有用

といえる。

これまでも、刑事裁判における外国人被告人が無償で通訳を受ける権利（自由権規約）、外国人の宝石店への入店・公衆浴場での入浴拒否（人種差別撤廃条約）、受刑者の刑務所における訴訟代理人との自由な面会の制限（自由権規約）、女性労働者に対する採用区分が異なることを理由とする賃金差別（女性差別撤廃条約）等の問題について、下級審裁判所において、積極的に国際人権条約を援用した判決や和解が見られる。最高裁においても大法廷で、2008（平成20）年6月4日の国籍法違憲判決（民集62巻6号1367頁）、及び2013（平成25）年9月4日の婚外子相続分差別違憲決定（民集67巻6号1320頁）が、理由中で国際人権条約に言及した。日弁連は、これら国際人権に関連する判例をデータベース化し、会員に提供するシステムを構築することを計画しており、会員だけでなく各所に対し判例提供を求めている。

また、国際人権条約を活用すべき場面は裁判に限られず、国会、行政への要請や意見交換・協議、弁護士会への人権救済申立や委員会の意見書等においても、国際人権条約が積極的に援用されるべきである。前述の2019（令和元）年徳島で開催された人権擁護大会決議においても、「日本の裁判実務において、国際人権条約をはじめとする国際人権法が、実効性を有するものとなるためには、訴訟活動に従事する弁護士自身が裁判の中で国際人権法に基づいて訴訟活動を行うことが必要である」こと、「弁護士自らも国際人権法の研鑽に努めるとともに、当連合会は、今後国際人権法の研修などの組織的な取組を充実させていく」ことが明記されている。

(4) このような国際人権条約の意義にかんがみれば、弁護士会は、国に対し、国際人権条約の周知徹底のための方策を講ずるよう、検察官、警察官を含む各種国家公務員に対して、研修、教育、資料配付等を行うよう求めていくべきである。なかでも裁判所に対しては、裁判官及び司法修習生の研修をさらに充実させるよう求めていくべきである。

また、弁護士会は、日弁連、各弁護士会の関連委員会相互の連絡・協力を図りながら、会員の研修や弁護修習において国際人権条約を取り上げるなど、その活

動を援助するとともに、情報収集、調査、研究に努める必要がある。とりわけ、前述の各種裁判例における成果を含め、国際人権条約についての知識・経験を全会員の共有財産として会内に広く周知を図り、各会員が、国際人権条約の適用を求めて積極的な法廷活動を展開できるようにすべきである。

さらに、前述の国連人権条約機関からの勧告が十分に報道されない現状にかんがみれば、弁護士会は、広く市民に対し、国際人権条約が国の政策や裁判所の判断に影響を与え、国内の人権救済に重要な役割を果たすことを伝えていく必要があり、そのために報道機関への情報提供、意見交換等の工夫をすべきである。

## 2　個人通報制度

現在、主要な国際人権条約のすべてにおいて、条約機関である各委員会が、各条約に規定する権利が侵害されたとの個人からの申立てを受け審査するという「個人通報制度」が設けられている。具体的には、個人からの申立てが、国内で利用可能な救済手段（一般には国内裁判）を尽くしていること（国内救済原則）を含む受理要件を満たしている場合には、委員会は、申立てについて、条約違反の有無を審査し、条約違反を認定した場合には締約国がとるべき措置を内容とする「見解」を示すことになる。このように、個人通報制度を受け入れることにより、国際人権条約に基づく人権の国際的保障が強化されるだけでなく、国内救済原則に則り、まず国内裁判所において国際人権機関の解釈に照らした条約違反の有無の検討がなされることから、国内における条約実施の強化も期待される。

ただし、個人通報制度は、自由権規約のほか、女性差別撤廃条約、人種差別禁止条約、拷問等禁止条約、強制失踪条約、障害者権利条約、社会権規約、子どもの権利条約等についても設けられているが、当該条約を批准すれば自動的に利用できるものではなく、締結国が、個人通報制度を受け入れる受諾宣言や選択議定書を批准することが条件となっている。

しかしながら、日本は、条約機関からの度重なる勧告にもかかわらず、ひとつも受け入れていないため、G7サミット参加国においては唯一、また、OECD（経済協力開発機構）加盟の37か国においては日本とイスラエルのみが、上記人権条約や地域人権機構に基づく何らの個人通報制度も有しない国となっている。

この点、日弁連は、2007（平成19）年に、個人通報制度受入れの実現を目的とする「自由権規約個人通報制度等実現委員会」（2021〔令和3年〕「個人通報制度実現委員会」に名称変更）を設置し、広報のためのリーフレットの作成や、国会議員との意見交換会の実施、市民集会の開催等の活動を精力的に展開している。また、2008（平成20）年5月30日の定期総会決議「国際人権基準の国内における完全実施の確保を求める決議－個人通報制度及び差別禁止法制定を始めとする人権保障体制の早期構築を求めて－」において、個人通報制度を直ちに実現すべきことを国に求めた。

しかし、その後も、日本政府はこれを受け入れないため、国連人権理事会の普遍的定期的審査及び各国際人権条約の報告書審査の総括所見において、日本政府に対し、繰り返し個人通報制度の受入れが勧告されている。2010（平成22）年には、外務省人権人道課に「個人通報制度の受け入れの検討や準備を進めるための人権条約履行室」が新設されたが、その後、個人通報制度の受入れに向けた具体的な動きは見られない。

日弁連は、各単位会、各弁護士会連合会への決議要請の発信を行い、2014（平成26）年2月までに、8つの弁護士会連合会及び52弁護士会のすべてにおいて、「個人通報制度の早期導入を求める決議」が採択された。さらに、前述の2019（令和元）年徳島で開催された人権擁護大会において採択された決議において、日弁連は、国に対し「個人通報制度を定めた条約に付帯する選択議定書を批准すること、あるいは、条約本体に定める個人通報条項の受諾宣言を行うこと」を求める決議を採択した。

今後、市民の間で関心を高めるための活動、政府関係各府省との協議や国会議員への働きかけ等をさらに積極的に進め、全力で取り組むべきである。

個人通報制度の受入れが実現した暁には、弁護士自身も、裁判実務の中で、国際人権条約に基づく主張の可能性を検討し、主張を行う必要が出てくる。個人通報制度の実現に向けた準備の一環という意味においても、弁護士会は、国際人権規約に関する研修会・勉強会等を積極的に開催するとともに、司法修習生に対する講義において同規約の問題を取り上げたり、法科大学院の講義科目に取り入れたりする等して、同規約に対する若手法曹の理解を深めるような取組みを、一層、積極的に行うべきである。

# 第8部
# 弁護士会の機構と
# 運営をめぐる現状と展望

# 第1章　政策実現のための日弁連・弁護士会の組織改革

## 第1　司法改革の推進と弁護士改革実現のための方策

　法曹人口増員や裁判員裁判の実施など、司法改革が具体的に実施される中、日弁連の司法改革に向けた一連の取組は一応の到達点に達したといえる。しかしながら、司法制度改革審議会意見書の提言はもとより、IT化などの技術革新や国際情勢の変化を踏まえてさらなる司法の改革を実現していくべきであり、そのためにも日弁連が果たすべき役割が重要である。

　日弁連は在野法曹の立場から司法改革につき積極的な役割を果たすべきである。2002（平成14）年3月19日に閣議決定された司法制度改革推進計画においては、「日弁連に対し、司法制度改革の実現のため必要な取組みを行うことを期待する」と明記され、日弁連への期待感が表明された。司法制度改革推進法にも日弁連の「責務」が謳われたことは、司法改革を実現するための日弁連の役割の重要性が社会的にも明確に認知されたことを端的に示している。その役割を今後も担い続けるために、日弁連、そして弁護士会のあり方についても不断の検討や改革を模索し続ける必要がある。

　このような観点からみた場合、日弁連に求められている主な課題は、以下の点に集約される。

① 　中・長期的展望に基づいた総合的政策の形成
② 　当該政策を具体的に実施するための実施体制の整備
③ 　上記の取組みの基盤となる適切な会内合意の形成と会員への情報提供体制の整備

　以下で、これらの課題についての具体的内容と実現のための体制づくりを提言する。

### 1 　中・長期的展望をもった総合的司法政策の形成

#### (1) 総合的司法政策の必要

　2000（平成12）年頃までの日弁連の司法制度をめぐる活動は、厳しい言い方をするならば、問題に直面するまでは取組みを先送りし、直面したら当面の対応に追われ、当面の問題が落ち着いたら取組みが急速に停滞するという弱点を構造的に抱えてきた。これには様々な要因が考えられ、現在においても払拭できてい

るわけではないが、第1に弁護士数が、4万5,727人（2024〔令和6〕年8月1日現在）に急増している中、日弁連内で民主的手続を経て会内合意を図る必要があるということや弁護士間の競争が激しくなり経済的余裕が無くなりつつあること、第2に弁護士が日々の業務に従事しつつ弁護士会活動に取り組まなくてはならないこと、第3に弁護士会の役員の任期が1年間であり長期的計画を立案検討しにくい環境であることが挙げられる。

　総合的司法政策に関連して日弁連あるいは弁護士会の意見表明の是非及び限界については様々な意見がある。一つには、強制加入団体である日弁連・弁護士会が立法・司法政策に関わる意見表明をすべきではないという意見があり、これは米国のケラー判決を参考にしていると推察することができる。

　しかしながら、第1に従前から日弁連・弁護士会が果たしてきた人権擁護活動の灯を消すべきではないこと、第2に日弁連・弁護士会は弁護士の使命及び職務にかんがみ、その品位を保持し「弁護士の事務の改善進歩を図るため」、弁護士の指導、連絡及び監督に関する事務を行うことを目的としており（弁護士法31条1項）、その使命は基本的人権の擁護と社会正義の実現であり（弁護士法1条1項）、その職務は法律事務を行うことであり（弁護士法3条1項）、およそ市民の権利に関係があるという限りにおいて意見表明ができることを法も予定していると解されること（弁護士は法律制度の改善に努力しなければならず〔弁護士法1条2項〕、弁護士の団体である日弁連・弁護士会も同様であることも根拠になる）、第3に会内に多様な意見があることや個々の弁護士の意見と日弁連・弁護士会の意見とは異なる次元にあることを前提として、会内合意を経た意見の表明であれば、一定の限界はあるものの強制加入団体であることと矛盾しないということができる。大阪高判2022（令和4）年5月13日判決も、日弁連が死刑につき意見表明することは、法人の目的の範囲を超えるものではないと判断する。

　ここでいう「会内合意」についてであるが、社会的弱者や少数者を保護する人権擁護機能を持つ弁護士会

336　第8部　弁護士会の機構と運営をめぐる現状と展望

が会内の少数者の意見を尊重できないとなれば、日弁連・弁護士会が人権擁護機能を有すること自体に疑問が呈されることになる。そこで、日弁連・弁護士会における会内合意は、多数決による意思決定を旨としつつも、そこに至るまでに多様な意見を前提とした議論を尽くすなど熟慮されたものでなければならない。

従前においても、司法制度改革の個々の課題に取り組む中で、総合的な司法政策の形成を図る努力がなされてきた。2002（平成14）年3月19日、前記閣議決定と日を同じくして日弁連が公表した「日本弁護士連合会司法制度改革推進計画—さらに身近で信頼される弁護士をめざして—」は、あくまで司法制度改革推進本部の立法作業を射程に置いたものと言わざるを得ないが、日弁連としての総合的な司法政策の形成への取組などの内容を明らかにしている。2016（平成28）年には、司法改革調査室、法曹養成対策室、情報統計室、立法対策室を統合して日弁連内に司法調査室が設置され、司法制度、法曹養成制度、各立法課題に対する調査研究などを行う体制ができたこともその対応の一例といえる。

### (2) 継続的な調査研究

委員会活動を基盤としてきたこれまでの弁護士会活動のあり方は、多くの弁護士を弁護士会活動に吸収し、幅広い活動を展開するために積極的な意義を有してきた。しかし、1年間を区切りとしたその活動形態と任期制は、継続的な調査研究に不向きな一面を有していることも否定できない。

中・長期的展望に立った政策と運動論の形成のためには、継続的な調査研究活動を支える体制づくりが重要である。そのためには以下のような点が検討、実施される必要がある。

① 日弁連は2001（平成13）年8月、司法制度改革担当嘱託の制度を発展させる形で、常勤の弁護士と若手研究者などによって構成される司法改革調査室を創設した。同調査室が司法制度改革の制度作りに果たした役割は大きく、これを好例として、日弁連の弁護士嘱託制度を効率的に運用し、日弁連が必要不可欠と考える専門分野の深耕をしていく必要がある。そして、弁護士嘱託を中心として専門的な政策立案・実施事務局などの役割を果たしている部門の更なる強化及び効率的運用が求められる。

また、日弁連のみならず、東弁をはじめとした各単位会においても同様の形での調査研究部門の強化及び効率的運用を検討する必要がある。

② 複数年にわたる活動計画を前提とした委員会活動を実施するとともに、委員会の下での研究会活動を活性化させるなどの方法によって、多くの弁護士が委員会に参加できるようにすると共に委員会の自主的な調査研究活動を充実させるべきである。

③ 法務研究財団における調査研究活動を活性化させ、その成果を弁護士会の活動に活かしていくべきである。

④ 司法制度の検討に際して、比較の対象となる諸外国（米英独仏等など）について、日弁連国際室または司法調査室を軸に、現地在住あるいは留学中の弁護士に対して嘱託弁護士の形式で協力を要請するなどして、当該国の司法制度などについての資料収集、調査、調査団派遣の際の諸手配などを迅速かつ継続的に実施するシステムを確立することを検討すべきである。

⑤ 委員会において、それぞれの分野の学者、有識者との関係を幅広く、継続的なものとし、日弁連及び各単位会において弁護士会活動を支える緩やかなシンクタンクの形成を展望すべきである。

## 2 会員への迅速かつ正確な情報提供の確保

第1に強制加入団体である弁護士会内において会内合意を形成するという会内民主主義の観点から、第2に弁護士会執行部と殊に会派に関係していない弁護士との距離は決して近いとは言えず、これらの弁護士が弁護士会に対して意見を申し立てたり弁護士会の意見を知ったりする機会は少ないことから、弁護士会と会員との迅速な双方向的な情報伝達の場の確立が必要である。それだけでなく、情報を最も正確且つ迅速に入手する立場にある日弁連執行部及び東弁執行部が、弁護士会自身の情報を含む各種情報を会員に適切に提供することが不可欠である。そこで、次の課題が検討される必要がある。

① 日弁連執行部及び東弁執行部から会員に対して適切な情報を提供すること。なお、その際には、情報の正確性、情報伝達の迅速性とともに、当該情報の重要性、必要とされる会内合意形成の緊急性、会内合意に向けての具体的プロセスに対する正確な情報の提供が不可欠である。

第1章　政策実現のための日弁連・弁護士会の組織改革　337

② 弁護士会から各会員への情報伝達と会員から弁護士会への意見申立のためにホームページ、Eメール等を積極的に活用すること。

③ いわゆるキャラバン方式の積極的な活用によって、全国各地への最先端の情報の伝達と、これに基づく意見交換の場を各地で頻繁に持っていくこと。

④ 弁護士会又は弁護士会会長として意見表明をする場合には、会員である弁護士に対して、意見表明の内容及びそれが必要な理由などを様々な機会に説明して、個々の弁護士の理解を深めるようすること。

## 3 市民との連携と世論の形成

### (1) 市民との信頼関係の強化

法曹人口増加、裁判員、日本司法支援センターなど、司法改革課題の多くは市民生活に密接に関わるものであり、市民の理解と協力なくしてはその成果を上げることはできない。また、弁護士会の活動の公益性に鑑み、弁護士会運営の透明性を確保し、市民に対する説明責任を実行することは、弁護士や弁護士会にとって非常に重要である。

そこで、東弁では、かねてより東京弁護士会市民会議や市民交流会(旧市民モニター制度)など、弁護士・弁護士会のあり方について市民の意見を取り入れる場を設けており、日弁連も有識者による市民会議を定期的に行うなど、司法改革に取り組む市民団体との交流を継続的に行っている。

このように、弁護士・弁護士会の側から、積極的に市民の意見を求め、市民感覚の共有に努めることは、弁護士・弁護士会が市民との信頼関係を強化する上でも重要となる。そのためには、従来の活動に加え、以下の点が検討されるべきである。

① 各種課題に取り組む市民団体と定期的な懇談の場を持つことなどを通じて、継続的な連携を持つこと。また、個別に各種課題に精通した市民委員に継続的に意見を求めること。

② 弁護士会は司法を支える重要な役割を担っている公的団体であることを自覚して、市民への弁護士会自身の情報公開と透明性の確保が重要であることを認識し、その具体的なあり方などを検討すべきであること。

③ 市民向け広報の充実

弁護士・弁護士会の主張・活動を市民に「理解・共感」してもらうためには、テレビ・新聞・インターネットその他多様な媒体を活用した市民向け広報を継続的に実施していくことが不可欠であることから、以下の点が検討、実施されるべきである。

ⅰ マスコミなどからの取材窓口を一本化し、様々な場面で予め策定した広報マニュアルに基づき迅速な対応を取れるようにしておくこと。

ⅱ 意見書発表の際にコンパクトな説明要旨をつけるなど、分かりやすく、かつ市民の求めに応じたタイムリーなプレスリリースを心がけること。

ⅲ 市民向けの重要な広報ツールであるホームページを、「市民が求める情報は何か」という視点からさらに充実させること。

ⅳ 政策実現のための行事や各種イベントなどの広報についても、各部署や委員会毎に行うだけではなく、広報担当窓口で統一的に戦略を立てて企画、推進していくこと。

ⅴ 東弁では2011（平成23）年7月、ツイッター（現X）の活用を開始し、2023（令和5）年4月、インスタグラムを開設したが、今後もソーシャルネットワークなど、新たな広報媒体についても常に情報を収集しながら適宜活用していくこと。

### (2) 世論形成のための迅速・的確な行動

司法改革の課題を具体的に実現するためには、日弁連・弁護士会の政策を支持する世論を形成することが不可欠である。そのためには上記「市民向け広報の充実」にあるような市民及び市民団体のみならず、マスコミ関係者、学識経験者、国会議員などに対する効果的な働きかけが必要であり、具体的には以下の点が検討、実施されるべきである。

① マスコミ関係者については、日弁連のみならず各単位会において定期的な懇談会を実施し、その時々の弁護士会が取り組む課題について意見を聴取するとともに、理解を得ていくこと。また、懇談会の成果について日弁連に迅速に情報を集約するシステムを確立すること。

② 司法改革調査室における協力研究者方式、法科大学院センターカリキュラム部会における協力研究者方式の実績などを参考にしつつ、司法改革に関心の深い学者、有識者との関係を幅広く、継続的なものとして位置付け、日弁連及び各単位会において弁護士会活動を支えるネットワークや、緩やかなシンク

タンクの形成を展望すること。その上で、具体的な課題については、これらのメンバーを中心に理解を求めていくこと。

## 4 立法、行政機関等への働きかけ

日弁連は、司法制度改革の立法作業に主体的に関わる中で、制度改革の実現にとって重要なことは、意見の正しさだけではないことを多くの場面で経験してきた。「検討会の場でのプレゼンテーションに全力をあげるだけでなく、検討会委員との個別意見交換、顧問会議メンバーへの要請、各政党・国会議員・関係官庁などへの働きかけ、国民運動を同時並行的にかつ強力に進めることがきわめて重要であり、成果をかちとる力となることを実感」（日弁連新聞第344号）した。

そして、国会審議の場において、廃案となった弁護士報酬敗訴者負担法案と維持できなかった司法修習生への給費制の帰趨を分けたのが、マスコミ論調の共感を得られたか、国民を説得する理と言葉を持っていたかにあったこと（日弁連新聞第371号）を想い起こすと、これらの活動が功を奏するためには、世論、とりわけマスコミ関係者（記者、論説・解説委員など）の理解が不可欠であり、そのための活動がいかに大切であるかは論を俟たない。

日弁連が立法を通じて政策を実現するためには、以下のような施策の実行が求められる。

① 国の施策全般に及ぶ日弁連の活動に的確に対応するために、法務省・最高裁にとどまることなく、内閣、省庁、政党、経済団体、労働組合、消費者団体、市民団体、隣接法律専門職者などの公開情報（ホームページ、機関誌など）を収集し、必要な情報を整理分析の上、関係セクションに適宜提供するには、長期的総合的な戦略的対応を可能とする組織が必要である。2016（平成28）年に司法改革調査室、法曹養成対策室、情報統計室、立法対策室を統合して司法調査室が設置され、司法調査室にこれらの機能が期待されるが、今後もその維持拡充に努めるべきである。

② 政策形成過程に的確に日弁連意見を反映させるため、適宜に会内の意見形成が出来る体制を構築するとともに、必要な人材を、責任を持って送り込めるようにし、各種課題について日弁連の意見を聴きたいという状況を作り出し、政党、省庁などの組織と緊張感を持った協同作業のパートナーとしての位置づけを獲得すべきである。

③ 政策形成過程に関与する経済団体、労働組合、消費者団体、市民団体、隣接法律専門職や世論形成の中心を担うマスコミ関係者（記者、論説・解説委員など）との日常的な交流、意見交換を積極的に推進すべきである。

④ 1959（昭和34）年の創立から70年弱が経ち存在感を増している日本弁護士政治連盟の活動をより強固なものとするため、支部の全国設置、組織率のより一層の強化を図るべきである。

# 第2　日弁連の財務について

## 1　はじめに

現在の日弁連の財務状況は健全であるが、日弁連が社会的な使命を継続的に果たしていくためには、改善すべき点もある。

まずは全般的な財務状況を説明し、その後に改善すべき点を述べる。

なお、日弁連の財務に関する資料は、毎年、会員に対し、定期総会の議案書別冊として決算報告書及び予算案が送付されている他、議案書は日弁連のHPの会員専用ページにも掲載されており、また、「日弁連情報」「予算・決算情報」で見ることもできる。

## 2　日弁連財務の全体像

日弁連の財務諸表は公益法人の会計基準を用いて作られていること、発生主義ではなく現金主義によるということが、会計規則に明記されている。

### (1) 日弁連の財務諸表

収支計算書は、企業における損益計算書にあたるものであり、当該年度における全ての収入及び支出の内容を表示したものである。収支計算書でその年度の収入と支出は分かるが、特定資産など貸借対照表を見ないと出ていないものもあるので、日弁連財務を見るときは、他の諸表を見る必要がある。

## (2) 特別会計

特別会計は、①退職手当積立金特別会計、②人権特別基金会計、③公害対策・環境保全特別基金会計、④国際人権基金会計、⑤消費者特別基金会計、⑥会館特別会計、⑦災害復興支援基金特別会計、⑧国際協力活動基金特別会計、⑨法律援助基金会計、⑩日弁連重要課題特別会計、⑪少年・刑事財政基金会計、⑫弁護士業務妨害対策・坂本弁護士基金特別会計、⑬日弁連ひまわり基金会計の13である。

2023年度を見ると、このうち、退職手当積立金特別会計、会館特別会計、法律援助基金特別会計、日弁連ひまわり基金特別会計に対しては、一般会計からの繰入金があるので、一般会計から特別会計に繰り入れている分は内部取引として差し引きされている収支計算書総括表、貸借対照表総括表などを見ると分かりやすい。

## 3 日弁連財務の現状及び課題
### (1) 会費について
#### ア 一般会費

一般会費は、2021（令和3）年12月の臨時総会で会則が改正され、一昨年度から月額1万0,200円（修習終了後2年未満は月額5,100円）となった。会費は徐々に値上がりして2001（平成14）年には1万4,000円に達していたが、2016（平成28）年に初めて値下げになっているので、これまでに2回続けて値下げされたことになる。後に述べるとおり、現在多額の繰越金があるが、これはコロナ禍の中で急激に積み上がったものであることから、会費との関係では当面推移を見ていくことになろう。

#### イ 特別会費

現在、特別会費は法律援助基金と少年・刑事財政基金の二つである。

法律援助基金及び少年・刑事財政基金の特別会費も一般会費と一緒に減額となった結果、現在、前者は月額800円、後者は月額1,300円となっている。特別会費は3年ごとに見直されることになっており、2025（令和7）年度が会費見直しの年度になっているため、今年度は意見照会などが行われている。

### (2) 特別会計の単年度収支と繰越金の状況
#### ア 一般会計

収支は、2011（平成23）年以降、谷間世代のために20億円を重要課題特別会計に繰り入れた2019（令和元）年以外は、2021（令和3）年度まで一貫して黒字で推移してきた。殊に、2020年度（令和2）年度及び2021（令和3）年度は大幅な黒字となった。

2023（令和5）年度は1億5,703万円の赤字となったが、会則に基づき会員一人あたり月額700円に加えて弁護士会館の将来の大規模修繕費用に備えて更に3億円を繰り入れたことを考慮すると、その3億円を除けば1億円以上の黒字だったという見方もあり得る。ただ、次の大規模修繕費用を考えて毎年少しずつ積み立てておくことは必要であるから、一般会計の収支をみる上では、やはり赤字であったことを軽視すべきではないという見方もあろう。

2023（令和5）年度の繰越金は63億0,565万円である。2023（令和5）年度の一般会計の収入は53億3,737万円であるので、一般会計の1年間の収入を超える額が今年度に繰り越されたことになる。

2019（令和元）年度は谷間世代のための20億円の支出があったが、2020年度（令和2）年度及び2021（令和3）年度に大幅黒字となった。繰越金が激増した原因は、コロナ禍のためリアルで集まる機会が減ったことによって交通費を中心とする支出が大幅に減少したためである。

現在は、コロナ禍以前の活動状況に戻ったということができる。昨年度当初は、コロナ禍は収束したとはいえコロナ禍の中でウェブ会議の有用性を実感した今、ウェブ会議の活用によって日弁連として活動に支障を生じることなく一般会計の支出を抑えられる可能性が出てきたとも見えたが、終わってみると、ウェブ会議を活用しつつも従来と同様に活発に活動するようになった結果なのか、支出面で見る限りコロナ禍以前の支出に戻ったといえる。

#### イ 会館特別会計

先に述べたように会員一人あたり月額600円の他3億円を繰り入れるなどして収入は6億8,011万円であったが、支出はそれを上回ったため単年度収支は3億0,243万円の赤字となった。

昨今の情勢からして日弁連のシステムをより向上させていく必要があるが、システム関係費は会館特別会計から支出することになっており、今年度もシステム関係費の支出が想定されており、今後も増大することが予想されるため、本来は会館の維持管理のための特

別会計が足りなくなる懸念がある。今後、会館の維持管理に支障のないような手当を考える必要があろう。

### ウ　法律援助基金会計

日弁連は、外国人、子ども、高齢者・障がい者、犯罪被害者、難民などの援助のために自ら資金を出して日本司法支援センター（法テラス）に対してもこれらの事業を委託してきた。2023（令和5）年度の支出は6億4,225万円であり、単年度収支は2,764万円の赤字である。本年4月の総合法律支援法の改正によって犯罪被害者支援制度が国費化されたので支出の減少が見込まれるが、実施は2026年度以降になることと、犯罪被害者、難民、外国人、精神障害者・心神喪失者への援助は拡大することが見込まれるところである。

財政健全化の面からは単年度収支は赤字決算や大幅な黒字決算は好ましくないし、大幅黒字が続いた結果次期繰越金が単年度支出の約2倍に相当する12億9,523万円に達しているのも問題であろう。

他方、このように援助が拡大して面もあるので、今回は月額800円の特別会費はそのままとしつつ、単年度収支の黒字が続くようであれば更なる減額が相当かどうか検討するべきである。

### エ　少年・刑事財政基金会計

少年・刑事財政基金会計の収支は、数年前までかなりの黒字決算が続いていたが、直近の収支は以下のとおりである。

2021（令和3）年度　5,985万円の黒字
2022（令和4）年度　2,764万円の赤字

これは、2022（令和3）年度から初回接見費、初回通訳費等の援助費用を増額したことに加え、2022（令和4）年度から罪に問われた障がい者等の刑事弁護等補助金支出が開始されたこと等によって、支出が増加しているためである。これに加え、2022（令和4）年12月臨時総会において、以下のとおり、新規7項目の事業が承認され、本年4月1日から施行されている。

① 国選弁護事件及び国選付添事件の記録謄写に関する費用の援助
② 国選弁護事件の当事者鑑定に関する費用の援助
③ 取り調べの立会い等に関する費用の援助
④ 勾留阻止に関する費用の援助
⑤ 当番弁護士等の接見等に伴う遠距離加算費用の援助
⑥ 少年保護事件付添援助事業に係る観護措置からの

解放活動に関する費用の援助
⑦ 少年保護事件付添援助事業に係る複数受任要件の修正

これらの項目の事業の支出については、弁護士会が会員に補填した分を日弁連が援助するものであるため、支出の推移は各弁護士会の制度整備状況にも影響されると考えられる。また、記録謄写については、今後の刑事裁判のIT化の進捗状況にも不要となる可能性もある。このような事情から、上記新規7項目の事業についても今後の支出の正確な予測は難しい状況であると考えられる。

少年・刑事財政基金においても法律援助事業同様、単年度収支の均衡が基本であるが、以前は大幅な黒字になる傾向があり、次期繰越金は昨年度支出6億8,179万円の約3倍の23億8,363万円である。しかし、既に述べたところとおり直近では収支均衡に近づいていることから、今回は月額1,300円の特別会費はそのままとしつつ、単年度収支の黒字が続くようであれば更なる減額が相当かどうか検討するべきである。

### オ　日弁連ひまわり基金会計

全国の過疎地の法律相談センターやひまわり基金法律事務所を支えるための基金である。2018（平成30）年度までは会員一人あたり月額500円を一般会計から繰り入れていたが、2019（平成31）年度からは、2億円を繰り入れることとなった。昨年度の支出は2億8,000万円であり、単年度収支は613万円の赤字であったが、次期繰越金が13億2,545万円であることを考えると、バランスが取れる方向になってきていると考える

### (3) 特別会計における課題

東弁では特別会計は6であるが、日弁連では前記のとおり13である。

本来なら、会計を分かりやすくするためには一般会計のみという単一主義が望ましいが、特別会費を集めて特定の事業を行う場合など、一般会計と区別した方が資金の運用状況を明確化できるので、特別会計をおく意義がある。そのための制度が特別会計である。

日弁連の特別会計の中には、財務の観点から見ると、特別会計としておく意義が希薄になっているものがある。殊に、10年以上も毎年前年と同様の予算を立てながら、ほとんど支出がない特別会計がいくつかある。日弁連の財務を監査している監査法人からも、ほぼ休

眠状態にある特別会計がいくつもあると、決算書全体が分かりにくくなるし経理作業も煩雑になるので、特別会計を減らした方が良いとアドバイスされている。

日弁連の会計を分かりやすいものにするために、特別会計についても不断に見直し、特別会計としておく意義がなくなったものについては、廃止も含めて整理すべきである。

### (4) 財務に関する中長期的計画の必要性

日弁連が課せられた社会的使命を継続的に果たすためには、財務面でも、中長期的な基本計画が必要である。日弁連は、会長・事務総長は2年、副会長は1年、事務次長も数年で交替する組織であり、事務局の人事異動も頻繁に行われる。そのため、3年、5年、それ以上のスパンにわたる期間の財務に関する方針を持ちにくい。このような組織であるからこそ、財務に関する中長期的な計画が必要になるのである。

2011（平成23）年1月に「日弁連財政問題検討ワーキンググループ」が設置され、中長期財政基本計画を策定しようとしたことがあったが、その後、同計画は策定されることなく、終わってしまった。後に述べるような様々な問題を解決するためにも、今、改めて財務に関する中長期的計画の策定が必要である。

### (5) 日弁連における財政のチェック体制の確立

監事、経理委員会、財務委員会、その他が有機的に機能するようにして、財政のチェック体制を充実させるべきである。

#### ア　予算執行

日弁連における予算の執行についての責任者は事務総長とされ（会計規則11条）、事務総長は、毎月末に各会計の収支計算書を経理委員会に提出しなければならないとされている（同規則12条）。

#### イ　経理委員会

経理委員会は、会計担当副会長及び会計担当常務理事4名計5名で組織され、予算原案の作成、決算書の作成、予算執行に関する特定事項（特別会計の設置、追加予算措置要望に対する決定、外部に対する1件200万円を超える支出の承認等）の審議並びに各会計別決算報告書、貸借対照表、正味財産増減計算書及び財産目録の作製をすることになっている。

#### ウ　監事

監事は5名で、日弁連の財務を監査する立場である（会則60条）、（監事の監査に関する規則2条及び3条）。

#### エ　財務委員会

財務委員会は、日弁連の財政確立のための財源の確保及び現行制度やその運営の合理的な改善を長期的視野に立って計画することなどが設置目的となっている。

#### オ　それぞれの活動状況

このうち、経理委員会は、基本的には毎月開催される理事会の1日目の昼食時間を利用して約30分程度開催されるだけであり、審議すべき項目数の割に時間が足りない状況にある。そのため、日弁連の財務上重要と考えられる議題について、じっくり議論をすることが困難であり、また、委員である理事が1年任期のため、長期的な観点での議論も困難となっている。

監事による監査のうち月次監査は四半期毎に実施する定期監査と定期監査以外の月に実施する随意監査の計8回であり、また、その内容も預金残高、手元現金残高及び伝票類の確認を短い時間で行うだけであり、十分な監査体制とはなっていないのが現状である。

財務委員会については、比較的人員の変化が少ないことから、長期的な議論が可能となっており、日弁連の財務における基本方針の検討など中長期的な課題については、積極的に財務委員会を活用すべきであるが、月1回開催の委員会であり、不断に日弁連の財務を監査し続ける体制としては限界がある。

これらの実状をみると、日弁連がその社会的な使命を継続的に果たしていく活動をするための財務に関する管理体制が実質的に確保されているとは言い難い。日弁連の財務に関する監査をこれまで以上に充実したものにするため、監査体制の整備や監事の権限の見直しを積極的に行うべきである。

### (6) 財務に関する情報開示の充実

決算書など基となる財務資料は日弁連の会員専用ページに掲載されているものの、一般の会員が精査しなければ全容を理解することは困難であるという現状は、情報開示の観点から好ましくない。分かりやすい説明を付加するなどして、財務に関する情報を会員に広く開示し、財務に関する理解を深められるようにすることが必要である。

# 第3 公益社団法人日弁連法務研究財団

## 1 日弁連法務研究財団（以下「財団」という）の歴史

1993（平成5）年、日弁連理事会内ワーキンググループ（その後設立実行委員会）が設置され、1998（平成10）年4月、公認会計士協会・税理士会・弁理士会・司法書士会等関係団体の協力を得て、日弁連（小堀樹会長（当時））が1998（平成10）年4月24日に設立した財団である。2010（平成22）年公益認定。設立来今日まで、数多くの法友会員が尽力してきた。

弁護士に限定せず、広く法律実務に携わる者、研究者のために研究・研修・情報収集提供する目的を有し、法学検定試験などの試験事業、「法曹の質」の研究や法科大学院の認証評価事業を実施、財団の目的に合致する事業を広く展開し、弁護士の研究・研鑽に寄与してきている。また、厚労省委託による「ハンセン病事実調査事業」（2002〔平成14〕年から2005〔平成17〕年）を行っており、現在でもその報告書の価値は高い。[*1]

## 2 財団の組織

財団では、個人会員・法人会員の会員制度を設け、弁護士を中心に、広く司法書士、税理士、公認会計士、弁理士などの実務家や研究者、一般企業を会員とし、その会費により事業運営をしている。各弁護士会は、財団の会員増強に力を貸すべきであるが、現実にはこの数年、毎年減少の危機にある。

財団の運営は、理事会・評議員会による。財団の活動を支援するために、日弁連には、公益財団法人日弁連法務研究財団推進委員会が設置されている。また、北海道・東北・名古屋・大阪・中国・四国・九州の各地区会により、地区の実情に合わせた活動も展開されている。

## 3 財団の活動

### (1) 研究事業

財団は、2023（令和5）年度までに174のテーマについて研究に取り組み、その成果物の多くを18冊の紀要（「法と実務」）、25冊の叢書（「JLF叢書」）にて、出版・公表している。研究活動は、原則として1テーマ50万円の研究費が支給される。

近時の研究テーマとしては「法科大学院における法学未修者への教育手法に関する調査研究」（報告に基づき共通到達度試験制度を構築）、「情状弁護の質的転換に関する研究―更生支援型弁護士の展開とその可能性」、「取調べ可視化時代における適正手続保障に関する総合研究：取調べ可視化事例の収集と学際的検討を通して」、「「司法手続における多言語対応の充実に向けた方策に関する研究〜司法通訳の質の具体的確保策を中心に〜」、「民事手続における情報伝達と秘密保護の総合的検討」、「ICT（通信情報技術）を利用した弁護士研修のあり方の研究」「刑事分野に注力する弁護士の業務実態に関する面接調査」「刑事手続における視覚障がい者の権利保障に関する実態調査：ノーマライゼーションの実現に向けて」、「ODRの社会実装の促進に関する調査研究業務[*2]」、「ロシア問題に関するスポーツ慣習法の確立とその運用実態―国家の他国侵攻を理由とするオリンピック大会出場制限の可否と人権―」、など現代法律実務に意義あるものばかりである。

なお、故滝井繁男先生（元最高裁裁判官・弁護士）のご遺志による財団への寄付を行政訴訟等の活性化に役立たせるための基金として、特にこの趣旨に沿った研究テーマを募集している。また、2017（平成29）年7月10日、同基金により、滝井先生の追悼論文集「行政訴訟の活性化と国民重視の行政へ」を発刊、2019（令和元）年から、「滝井繁男行政争訟奨励賞」を設置し、行政争訟の活性化の実現のため、優れた研究や顕著な功績を残した方又は団体を表彰している。第1回は、阿部泰隆神戸大名誉教授と全国難民弁護団会議が受賞し、第2回は、西上治神戸大学大学院法学研究科准教授と大阪アスベスト弁護団が、第3回は、巽智彦東京大学大学大学院院法学政治学研究科准教授とハンセン病家族訴訟弁護団及び「黒い雨」訴訟弁護団が、第4回は、長谷川佳彦大阪大学大学院法学研究科准教授と生活保護基準引き下げにNO！全国争訟ネット、そして第5回は、岩沼市議会出席停止処分取消事件弁護団

---

*1　報告内容はhttps://www.jlf.or.jp/work/hansen/report/に全文掲載。

*2　https://www.nichibenren.or.jp/activity/resolution/adr/odr.html

がそれぞれ受賞した。[*3]

財団は幅広く研究を募集しており、多くの会員の応募が望まれる。

### (2) 法科大学院適性試験事業

2003（平成15）年6月に、財団と公益社団法人商事法務研究会が適性試験委員会を発足。第1回統一適性試験を実施し、2011（平成23）年度からは、財団、商事法務研究会及び法科大学院協会を中心とした新組織で一本化したが、2018（平成30）年度からは、それまで法科大学院の受験者全員に課せられていた適性試験の利用が各法科大学院の任意とされたため、現在、事業の継続が困難な状況である。

### (3) 法学未修者共通到達度確認試験事業

司法制度改革審議会意見書（2011〔平成13〕年6月12日）は、21世紀の司法を支えるにふさわしい質・量ともに豊かな法曹を養成するため、法学教育、司法試験、司法修習を有機的に連携させた「プロセス」としての法曹養成制度を整備することが不可欠であるとして、制度の中核としての法科大学院を設けることとし、他の分野を学んだ者、社会人等としての経験を積んだ者を含め、多様なバックグラウンドを有する人材を多数法曹に受け入れるため、非法学部出身者、社会人等を一定割合以上入学させるべきとしてきた。

そして、法科大学院は、同意見書を受けて、法学未修者を迎え入れてきた。しかしながら、2006（平成18）年に新司法試験制度がはじまって以来、司法制度改革の狙いや理想に反して、法学未修者の司法試験合格率が既修者に比べて伸び悩み、また、法学未修者の法科大学院入学激減の現状がある。

このような状況を踏まえて、2020（令和2）年から、日弁連の要請もあり、法学未修者の教育の質の保証の観点から、各法科大学院が客観的かつ厳格に進級判定を行い、学生に対する学修・進路指導の充実を図る基礎とし、学生自身においても全国レベルでの比較の下で自己の学修到達度を自ら把握し、学修の進め方等を見直すことを可能とすることを目的として、法科大学院協会と共同で法科大学院における法学未修者の共通到達度確認試験を実施している（なお、この法学未修者共通到達度確認試験については、〔1〕で紹介し「法科大学院における法学未修者への教育手法に関する調査研究」の研究成果に基づく。

2024年（令和6）年1月7日に実施された第5回法学未修者共通到達度確認試験では、受験者613人、憲法50、刑法50、民法75の175点満点で、全体の平均は113点余であった。日弁連や各弁護士会においては、法学未修者共通到達度試験が、司法制度改革が狙いとしていた多様なバックグラウンドを有する人材を受け入れ、非法学部出身者の法科大学院への入学と司法試験の合格率増を促すための方策の一つとして有効に機能するように、制度を理解し、支援すべきである。

### (4) 法科大学院の認証評価事業

財団は、2004（平成16）年8月31日付で、法科大学院の認証評価機関として認証を受け、2006（平成18）年秋学期以降に本評価の事業を開始した。現在は11校の法科大学院と契約しており、評価を行っている。[*4]

「法曹の質」の維持のためには、法科大学院の予備校化、卒業認定の甘さ、教授・講師など人的体制の不備などがあってはならず、財団を含め3つの認証評価機関が認証評価を行っている。なお財団はこれまで延べ18校に対し、適格ではあるが再評価要請を付し、延べ9校について法科大学院評価基準に適合していないとの評価をした。

認証評価事業は、弁護士会の法曹養成制度への参加の証として財団が担うことになったものであり、財団の責任は重大である。

### (5) 法学検定試験

法学検定試験は、財団と商事法務研究会が主催し、4級・3級試験を2000（平成12）年から、2級試験を2001（平成13）年から開始している（1級は未実施）。

同試験は法学に関する学力水準を客観的に評価する唯一の全国試験であり、大学の単位認定、企業の入社・配属時等の参考資料など様々に利用されている。[*5]

### (6) 民事判決のオープンデータ化検討事業

民事司法制度改革の課題の一つである「民事裁判手続のIT化」に伴って、民事判決情報の活用拡充（判決情報のデータベース化を含む）のニーズ・活用可能性が高まっている。このことを踏まえ、民事判決データの管理・活用を担う民間組織の立ち上げも視野に、民事判決データの管理及び利活用に当たり検討すべき

---

＊3　https://www.jlf.or.jp/work/syoreisyo/#jusho

＊4　https://www.jlf.or.jp/work/dai3sha/
＊5　https://www.shojihomu.or.jp/hougaku/index

課題・対応策について、広い観点から実務的協議を行うため、2020（令和2）年度から「民事判決のオープンデータ化検討プロジェクトチーム（PT）」を開催し、2021（令和3）年3月25日に「民事判決情報のオープンデータ化に向けた取りまとめ」を公表し、2022（令和4）年6月8日に「民事判決情報の適正な利活用に向けた制度の在り方に関する提言」をした。今後のオープンデータ化が事業化する場合もふまえ、弁護士会として民事判決オープンデータ化の意義を理解し、実現に向けて支援をすべきである。[*6]

### (7) 研修事業

近時、各弁護士会や日弁連（ことに新人向けのeラーニング）の研修事業が充実しているが、財団は財団ならではの特色ある研修内容の確立と、財団の各地区研修の充実を図ってきている。具体的には、①現職裁判官による訴訟手続に関する研修、②大立法時代に相応しい新法、改正法に関する研修、そして、③民事訴訟、弁護士業務のIT化、AI化に関する研修を三本柱とする研修会を行っている。また、各地区会においても、本部研修委員と協力しながら、これらの研修を精力的に実施している。

なお、債権法改正研修を、中間試案発表後2013（平成25）年・2014（平成26）年に、全国8ブロックで計9回実施し、立法後は、「債権法改正十番勝負」として全10回の連続研修会を全国各地で実施した。2021（令和3）年度は、「改正民法の急所を学ぶ・債権法編」をWEBを活用して実施。いずれも、債権法改正作業に深く関与した著名な民法研究者や実務家を講師として招聘し、基調講演やパネルディスカッションを行った。これら研修会では、実務的な観点からの新たな論点や問題点の発見、検討に主眼を置く研修を行った。

さらに、相続法改正についても、本部及び各地区において、相続法改正に関する研修会を実施した。これらの債権法及び相続法に関する研修会の実施にあたっては、数多くの法友会会員が企画、運営を担い、研修活動を支えてきた。

2023（令和5）年度は、「自動運転をめぐる法的課題」、「生成AIがもたらすインパクトと法的論点」、「建築デザインに対する知的財産保護」等を実施している。また、同年度から日本会計士協会、会計教育研修機構と

の共催によるオンライン研修を開始、同年度は「IPO基本マスター講座」、2024（令和6）年度は「やりなおし会社法」を提供している。オンライン研修は一般公開のものもあるが原則財団会員のみ研修ライブラリーで聴講できる。[*7]なお、会員向けのものもダイジェストは聴講できるので会員でない方もぜひ試されたい。[*8]

### (8) 情報収集提供事業

財団は、2001（平成13）年5月より、毎月1回、公刊物に掲載された重要判例、最新成立法令、新刊図書案内を中心とした「法務速報」を編集・発行しており、希望者にはメーリングリストを通じて配信している。法務速報掲載判例については、会員専用ホームページ上で、キーワード・判決年月日等による「判例検索」が可能である。[*9]

財団は、さらに、4ヶ月に1回、会誌「JLF NEWS」を発刊し、財団の活動の紹介、法律問題に関する情報などを掲載して、全会員に届けている。

### (9) 隣接業種向けの研修・弁護士法5条研修

2002（平成14）年度より、各種関連団体から、研修を実施する際の教材作成・教授方法の検討といった研修支援事業に関する依頼が寄せられた。

そこで、日本司法書士会連合会の依頼により、司法書士の簡裁代理権付与のための能力担保研修となる特別研修の教材作成を行っている。また、日弁連の依頼により「弁護士法5条に基づく研修」の教材作成や、日本土地家屋調査士会連合会及び全国社会保険労務士会連合会の依頼によるADR代理権付与に当たっての能力担保のための特別研修用の教材作成（土地家屋調査士研修ではその考査問題作成も含む）も行っている。

弁護士会が広い意味での国民の裁判を受ける権利を拡充するための活動としては、単に弁護士活動のみを念頭におけば良い時代は過ぎ去りつつある。隣接士業の職域拡大に関する動向には批判的見地を堅持すべきは当然だが（第2部第1・2参照）、現行法令が認める各業種の権能の適正を担保するために弁護士会は、これら周辺業種の資格者の能力向上のための活動や非司法研修所出身者の弁護士登録における研修には積極的に関与すべきである。

---

*6 https://www.jlf.or.jp/work/hanketsuopendata-pt/

*7 https://www.jlf.or.jp/work/kaiin-kenshulibrary/（会員限定サイト）

*8 https://www.jlf.or.jp/work/kenshu/

*9 https://www.jlf.or.jp/sokuhou/

**(10) 紀要・叢書の発行**

　2023（令和5）年9月までに、紀要18号と叢書25号（他号数なしのものが3冊）を発刊している。なお、紀要は会員に1冊無償で配布される。

## 4　財団の課題

　財団は、創立当初以来の寄付（会費）と日弁連の支援により財政的に余裕があったが、この数年来、公益法人化における収支相償の厳格化や、会員数の伸び悩みも加わって、単年度収支では慢性的に赤字となり、その都度内部留保を取り崩してきており、いずれ財団の存立の基盤が揺らぐことが懸念される。

　日弁連がシンクタンクとして財団を創設した原点に返って、財団の存在の意義を問い直すとともに、意欲ある研究員を集め、各地の弁護士会の活動へ根を広げることにより、各地の意向を汲みとったうえで新たなニーズに応える、最先端の充実した企画を産み出し続けることが必要であり、日弁連、そして、その基礎をなす各地の弁護士会の積極的支援が望まれる。

　最後に、2024（令和6）年7月31日時点で、日弁連全体で弁護士会員3,546人（入会率7.91%）、東弁で506人（5.60%）であり、10%にも満たない状況にあるが、多くの弁護士が財団会員となり、財団の活動に参加することが望まれる。

# 第4　関東弁護士会連合会の現状と課題

## 1　関東弁護士会連合会（関弁連）の現状

### (1) 関弁連とは

　関弁連とは、弁護士法44条（「同じ高等裁判所の管轄区域内の弁護士会は、共同して特定の事項を行うため、規約を定め、日本弁護士連合会の承認を受けて、弁護士会連合会を設けることができる。」）に基づき、東京高裁管内の東京三弁護士会と十県会（神奈川県弁護士会、埼玉弁護士会、千葉県弁護士会、茨城県弁護士会、栃木県弁護士会、群馬弁護士会、静岡県弁護士会、山梨県弁護士会、長野県弁護士会、新潟県弁護士会）の13の弁護士会をもって組織される弁護士会の連合体である（その意味で「関東弁護士連合会」ではない）。名称は関東であるが、東京高裁管轄区域内にある静岡県、山梨県、長野県、新潟県の各弁護士会も含まれている。関弁連に所属する弁護士の数は2万8,402人（2024〔令和6〕年8月1日現在）であり、全弁護士（4万5,727人）の約62%を占め、弁連としての所属弁護士会数及び所属弁護士数はいずれも国内最大である。

### (2) 関弁連の組織

#### ア　理事会

　関弁連の組織は、関弁連規約に基づき、理事（2024〔令和6〕年度は46名）によって組織される理事会において、理事のうち1名を互選によって理事長に選任する。また、理事から25乃至27名の常務理事を選任し、さらに常務理事から1名を副理事長に選任する。2024（令和6）年度の理事長は菅沼友子（第二東京弁護士会

所属）、副理事長は村林俊行（東弁所属）である。また、副理事長を除く常務理事は本年度25名であり、関弁連管内の各弁護士会の会長13名及び東京三会の副会長、管内弁護士会所属の日弁連副会長（東京三会の会長を兼務する者を除く）、非兼務常務理事により構成されている。関弁連の基本的な運営は、常務理事のみによって構成される毎月定例の常務理事会（基本的には理事会が開催される月は開催されない）の他、常務理事を含む全理事が参加する理事会（年に4回程度）において議案を審議・決定し、関弁連としての意思決定を行う。

　なお、関弁連女性常務理事クオータ制の導入に伴い、継続的に女性常務理事の選出を行う必要があり、継続的な人材確保が課題である。

　2024（令和6）年度も、理事会等各種会合に、新型コロナウイルス感染症拡大を契機として利用されたオンライン会議が活用され、リアルの会議とオンライン会議が併用されている。

#### イ　各種委員会・PT

　関弁連には全25の委員会・PTがあり、それぞれが精力的に活動している。①総務委員会、②財務委員会、③会報広報委員会、④地域司法充実推進委員会、⑤人権擁護委員会、⑥環境保全委員会、⑦外国人の人権救済委員会、⑧民事介入暴力対策委員会、⑨弁護士偏在問題対策委員会、⑩研修委員会、⑪裁判官候補者推薦に関する委員会、⑫裁判官選考検討委員会、⑬法教育

センター、⑭憲法委員会、⑮弁護士業務妨害対策委員会、⑯消費者問題対策委員会、⑰法曹倫理教育に関する委員会、⑱高齢者・障がい者委員会、⑲男女共同参画及び性の平等推進に関する委員会、⑳災害対策委員会、㉑スポーツロイヤー養成プロジェクトチーム、㉒2024年度シンポジウム委員会、㉓2025年度シンポジウム委員会、㉔関弁連創立70周年記念行事実行委員会、㉕死刑制度検討協議会である。各常務理事はこれらの委員会・PTのいずれかを担当する。

### （3）活動

**ア　2024（令和6）年度の関弁連の重点課題と施策**

2024（令和6）年度の重点課題と施策は、①関弁連創立70周年、②再審法改正の取組み、③地域司法の充実、④憲法問題の取組み、⑤⑧その他である。

**イ　法曹連絡協議会と司法協議会**

関弁連と東京高裁管内の裁判所・検察庁との間で、管内全域の司法の運営全般に関する実態把握と適正な改善を図るために、年1回の法曹連絡協議会（関弁連主催）及び年3回の司法協議会（東京高裁主催）が開催されている。

**ウ　地区別懇談会**

日弁連執行部と管内弁護士会会員との連絡調整を図るために、地区別懇談会が年2回開催されている（2024〔令和6〕年度は新潟県〔新潟市〕と茨城県〔水戸市〕での開催）。他の弁連では弁連大会の際に意見交換会が行われており、懇談会の形で行われているのは関弁連のみである。地区別懇談会は、日弁連執行部との直接対話の場として位置づけられており、日弁連理事会に参加できない一般会員が直接日弁連執行部との間で意見を交換することができる貴重な場となっている。

**エ　関弁連定期大会・シンポジウム**

毎年秋に開催される関弁連定期大会・シンポジウムは関弁連最大の行事である。2024（令和6）年度は、9月27日に水戸市において、会場参加とウェブ参加とのハイブリッド方式での開催となった。

シンポジウムのテーマは「初等・中等教育における弁護士の役割」である。また、本年度は関弁連創立70周年記念にあたるため、大会において記念式典も行うこととし、記念講演は、元最高裁判所判事の山浦善樹弁護士（東弁）に「法律の命は弁護士と裁判官の価値観次第」をテーマにお話しいただいた。

定期弁護士大会では、「弁護士が学校において教育活動に取り組むための体制作りに関する宣言」との大会宣言と、「武器輸出の拡大に反対し、平和主義の堅持を求める決議」及び「選択的夫婦別姓制度の導入を求める決議」との大会決議を採択した。

**オ　各種委員会活動**

関弁連会報で報告されているように、各委員会・PTが精力的に活動している。関弁連の委員会・PTの役割は、各単位会では応えにくい、他方日弁連では広汎に過ぎる問題を中心に、連携し、情報・スキルの共有を図り、機動的かつ迅速に対応することにあるといえる。また、関弁連の委員会・PTは特に若手弁護士の参加が多く、活気を帯びている。

中でも、関弁連内にも震災・水害などの被災地が複数あることから、災害対策委員会の活動は活発である。2024（令和6）年1月1日に発生した能登半島地震の際には、日弁連が同年3月13日から実施している被災者向け電話法律相談態勢の拡充のための施策として、電話法律相談のWEB受付を開始したことを受けて、相談担当弁護士から相談希望者へのコールバック電話相談を行っており、2025（令和7）年1月31日まで実施することが決定している。

**カ　他の弁連との交流**

全国には、関弁連の他に、北海道弁連、東北弁連、中部弁連、近畿弁連、中国地方弁連、四国弁連、九弁連の各弁連が有り、それぞれ大会が開催される。関弁連では、例年、理事長他1名の常務理事（主に副理事長）を派遣し、現地での情報収集と交流を図っている。

**キ　ブロックサミット**

関弁連を含む各弁連の意見交換会は、2023年度から年2回行われている。2024（令和6）年度の第1回（9月）は近畿弁連の担当により、リアル会議とウェブ参加のハイブリッド方式で開催された。協議事項は、①オンライン接見の実現に向けた各連合会における今期の取組み、②各弁連（各会）における男女共同参画推進の取組状況、③不祥事予防としての会員サポート（メンタルケアを含む相談支援窓口の設置や職務適正化支援等）のあり方、④弁連としての国際活動、⑤弁連大会での宣言・決議の実現に向けた弁連の取組み、⑥弁護士の広告問題（とくに非弁提携問題）、⑦スクールロイヤー制度の実施方法、⑧綱紀委員会委員、懲戒委員会委員及び紛議調停委員会委員の有償化の実情と検討状況、⑨弁連理事長・会長の選任方法、⑩非常勤裁判

第1章　政策実現のための日弁連・弁護士会の組織改革　347

官の配属庁、⑪定期大会、夏期研修等弁連イベントへの出席者を増やす工夫、⑫今後の各弁連の新入会員の確保などであった。

**ク　十県会訪問**

関弁連では、正副理事長、常務理事及び地域司法充実推進委員会委員が就任間もない5～7月に管内の10県の各弁護士会を訪問している。その目的は、当該年度における重点課題と施策を説明するとともに、各弁護士会から各会の実情・要望を把握し、要望を関弁連の会務に反映させることや各弁護士会と関弁連とのコミュニケーションを密に図ることにある。この十県会訪問は、関弁連の常務理事会や理事会に出席していない単位会会員との有意義な意見交換の場として機能している。2020（令和2）年度から2年間新型コロナウイルス感染症拡大防止のためオンラインにて開催されたが、2022（令和4）年度からリアル開催となった。懇談においては、①災害対策、②地域司法をめぐる各弁護士会の現状と課題について、③関弁連創立70周年記念行事等について、④再審法改正をめぐる関弁連や各会の取り組み等、様々な問題について意見交換を行った。

**ケ　関東学生法律討論会**

関東学生法律連盟（加盟校は慶應義塾大学、駒澤大学、専修大学、日本大学、明治大学、立教大学、早稲田大学、中央大学の8大学）が主催する関東学生法律討論会が年2回開催されている。関弁連は、東京高裁・東京高検とともに、賛助金を支出して審査員として常務理事を派遣するという方法で、この討論会を後援している。新型コロナウイルス感染症の影響でオンライン方式で開催された時期があったが、2022（令和4）年度はリアル方式とオンライン方式のハイブリッド方式、2023（令和5）年度からはリアル方式により開催された。

## 2　関弁連の課題

### (1) 財政問題

関弁連においても、財政の問題は重要課題である。関弁連の財政状況は、2011（平成23）年度以降、各委員会活動の活発化あるいは協賛金の増額による支出増等により赤字決算が続き、かつては1億円を超えていた繰越金は減少し、2018（平成30）年度期初には、繰越金が8,000万円強となった。2018（平成30）年度では予算案策定段階から経費削減に関する地道な努力が

続けられ、わずかであるが8年ぶりの黒字決算となった。その後、2020（令和2）年度～2023（令和5）年度は新型コロナウイルス感染症の拡大により弁連活動が大幅に縮小されたことやペーパレス化の推進等から支出が減少して黒字決算となり、繰越金は約2億6,884万円になっている。2024（令和6）年度は、関弁連創立70周年記念行事実行委員会の委員会費（681万円余）、管内弁護士会担当で開催される「第96回民事介入暴力対策群馬大会」（群馬弁護士会担当）の補助金（100万円）、女性理事長に対する男女共同参画支援金（240万円）、日弁連副会長男女共同参画支援金（240万円）、新たに恒常的に借り入れた会議室の料金の計上といった特別な事情があることから、やむなく1,340万円余の赤字予算を組むこととなったが、次年度以降は黒字予算を組むことを目指している。

かような現状のもと、活動の実情と会費額のバランスが適当かどうか等、会活動全般を総合的に点検し、各委員会において適正な実行予算書を作成することが求められている。

### (2) 管内弁護士会の関係

関弁連は、上記の通り弁護士法44条を根拠として東京三会と十県会からなる組織である。関弁連に所属する弁護士の数は2万8,402人であり、うち東京3会の会員数は2万2,662人で約80％を占めている。もともと十県会は、持ち回りで研修会を行うなど人的交流も活発で関係が深かったという歴史的経緯がある。そのためか、東京三会と十県会からなる関弁連は、全国8個ある弁連の中では最も歴史が浅い。しかし現在は、十県会と東京三会も意思疎通の機会を多くもち、相互の協力体制ができつつある。

これは、関弁連が2014（平成26）年度に、関弁連理事長輪番制度の変更、東京三会会長の常務理事への就任などの機構改革を実現したことに由来している。これにより、以後、管内全弁護士会の会長が常務理事として一堂に会し、関弁連の会務の審議、執行に関する管内弁護士会間のより効果的な連携が可能になった。関弁連理事長と13弁護士会会長が連名で、2016（平成28）年5月に「69回目の憲法記念日に寄せる談話」や2024（令和6）年9月の「刑事訴訟法の再審規定（再審法）の速やかな改正を求める声明」を発表したことなども機構改革の成果である。今後もさらなる団結を目指すことが望まれる。

### (3) 日弁連と関弁連との連携強化

2010（平成22）年度より、関弁連理事長が日弁連理事に就任することとなり、より一層、日弁連と関弁連の連携が強化されている。また、関弁連から関弁連常務理事を日弁連副会長に推薦することによって、関弁連常務理事から日弁連の動向や考え方に関する詳細な報告を受けることができ、この点でも日弁連との連携強化が実現されている。

最大の所属弁護士数を擁する関弁連としては、日弁連との間で、今後とも、地区別懇談会や若手カンファレンスなどの各種行事を通じ、さらなる連携強化を模索しながら、相補って各々の役割を果たしていくべきである。

### (4) 関弁連の理事長選出単位会の決め方

関弁連では、上記のとおり、2014（平成26）年度より、東京三会と十県会から交互に理事長を選出することになっている。それまで何十年に一度しか理事長が選出されない弁護士会もあったが、東京三会と十県会から偏りなく理事長が選出されるようになり、関弁連の結束強化につながっている。東弁からは2020（令和2）年度に理事長が選任され、次回は2026（令和8）年度に選任される予定である。

### (5) 事務局体制

関弁連は、職員5名の体制で数多くの委員会・PT等を担当し、日常業務を支えている。限られた人数での運営となっているが、管理職の職員が不在であることもあり副理事長は人事労務管理も行う必要があり、負担が重くなっている。優秀な副理事長となる人材を確保していくためには、主な人事労務管理を行う管理職職員の内部昇格又は外部からの採用をする必要性は高い。職員に対しては、近年事務の効率化も進められ、残業時間の軽減も図られているが、より働きやすい環境作りに努める必要がある。

また、職員の研修も重要であり、日弁連、東京三会の協力も得て、充実した研修を行う必要がある。

## 3 東弁、法友会における関弁連への参加と情報のフィードバック

関弁連の存在や活動についての東弁会員や法友会会員の関心は、決して高いとはいえない。主として活動しているのは常務理事・理事及び各委員会の委員である。その活動内容や成果は、法友会では毎月の政策委員会において理事会・常務理事会の報告がなされているものの、東弁・法友会に十分にフィードバックされているとはいえず、「知る人ぞ知る」状況にある。関弁連の存在意義・機能について関弁連サイドから十分な広報活動を行うとともに、理事や委員などの形で関わった会員からより積極的な形でフィードバックがなされることが必要である。

また、法友会から関弁連理事長・副理事長、常務理事、理事、監事、各委員会委員の適任者を推薦するために、その候補者たりうる法友会会員の育成につとめる等のスパンの長い人員養成計画を行うべきである。まずは、理事長・副理事長、常務理事、理事、監事経験者や各種委員会委員からの経験談等の開示とともに、関弁連定期大会、関弁連各種委員会などへの積極的な参加を促進し、恒常的に接点を設けるところから始めることが考えられる。

関弁連の各種委員会では、とりわけ十県会から熱心な会員が、若手を中心に参加して活発に活動している。東京三会の会員、特に法友会の会員も、積極的に委員会に参加し、広域的な問題に取り組み、他の単位会の会員との交流を深めていくべきである。法友会においては、責任と自覚を持った会員を委員として送りこみ、法友会の組織をあげて関弁連の活動を積極的にバックアップしていくことが望まれる。

第1章　政策実現のための日弁連・弁護士会の組織改革　349

# 第2章　東京弁護士会の会運営上の諸問題

## 第1　会内意思形成手続の課題

### 1　会内意思形成プロセス

弁護士は独立して職務を行うため、監督官庁を持たず、各単位弁護士会が、弁護士及び弁護士法人の指導、連絡及び監督に関する事務を行う（弁護士法31条）。そして、弁護士会の運営は、会則により、機関の構成及び職務権限に関する規定を置くこととされる（同法33条）。

東弁の会則は、会内意思決定機関として、総会、常議員会、役員の合議（理事者会）について定めを置き、会則・会規の改正については総会での審議事項とされ（会則32条）、会則改正は弁護士会員200人以上が出席した総会で、3分の2以上の賛成を得なければならない（会則125条）。会規改正は、弁護士会員80人以上が出席した総会で、過半数の賛成を得なければならない（会則38条、32条、126条）。規則の制定改廃は、常議員会の決議による（会則126条）。更に、細則やガイドライン等の制定改廃は、所管の委員会の決議を経て、業務執行の範疇として、理事者会の議決による。

したがって、会内意思決定において、多様な意見を反映し、バランスの良い意思決定をするためには、総会及び常議員会への会員の参加のしやすさ、常議員会及び理事者会の構成として女性や若手の参画を図る必要がある。

### 2　総会

#### (1)　総会の意義

弁護士会の最高意思決定機関は会員による総会である。そして、自治組織としての弁護士会は、総会において会員の権利義務に関わる重要な意思決定を行うところ、強制加入団体であり、総会での決定事項に従わなければ懲戒処分もあり得る以上、総会での意思決定が実質的に会員の多数の意思を反映したものとなっていることが必要である。そうでなければ、弁護士会への帰属意識が薄れ、弁護士自治の崩壊につながりかねないからである。

そこで、総会のあり方に関する論点を考察する。

#### (2)　定足数

近時、総会で会則改正を行う際に必要な200人の特別定足数を満たすことに苦労を伴うようになってきたことから、2013（平成25）年度理事者から、特別定足数を廃止して通常定足数の80人とすることの可否について、関連委員会及び会派に対して諮問がなされた。

しかし、当時約7,000人の会員のうち、通常議案の定足数80名は、わずかに1.14％であり、特別定足数の200名も2.86％に過ぎない中、更に会員が増加している状態において、出席者を確保することが困難であることをもって重要事項の総会決議に必要な定足数を半数以下に減らすことに疑義が寄せられ、定足数の減員は見送ることとなった。

定足数について減員するのではなく、むしろ、会員が議案内容に関心をもって、自らに関わる重要課題と認識した上で総会に出席し、若手会員も含めて自由に発言できるよう、①総会議案発議に至るまでの各種委員会等への意見照会、②会員個人でも意見を寄せられるパブリックコメント募集、③会員集会などから、わかり易い論点提示と、意見表明の機会を重層的に設けることで、民主的基盤に立つべき多数の賛同を得る努力を継続しなければならない。

なお、委任状により意思表明をした会員の意思が無駄になることの無いよう、代理権行使の数を一人3個から、2017（平成29）年度に10個、2020（令和2）年度に30個まで増やす改正がなされた。

#### (3)　議案書の電子的掲示による提供

2019（令和元）年度定期総会において、それまで総会議案書は全会員に対して紙で送付しなければならなかったものを、総会招集通知のみ郵送し、総会議案書については電子的掲示による提供を原則とし、書面は希望する会員に対してのみ提供することとした。これにより印刷費・封入作業費・郵送費合計約600万円（当時）の経費が節減され、必要な時に臨時総会を開催するための財政的障壁が除去された。

#### (4)　会館外からの参加

コロナ禍を経て、霞が関の弁護士会館まで来なくて

も、関心のある会員が総会に参加できるようにすべきとの議論が起こり、当面できることとして2021（令和3）年3月の臨時総会より、総会の会場内の影像及び音声を多摩支部弁護士会館に中継することとなった。但し、あくまでも中継を視聴できるだけで、議決権を行使し、質問・意見等の発言を行うことはできない。

2022（令和4）年度、「常議員会及び総会へのWEB参加検討プロジェクトチーム（常議員会等WEB化PT）」が設置され、議長が臨場する会場以外の場所からの情報通信技術を用いた常議員会及び総会への出席に関する論点を検討した。その結果、後述するように常議員会については一定の要件のもとオンライン出席が可能となったが、総会については、視聴のみを認める「参加型」は早期に導入すべきであるとしつつ、オンライン参加者も質疑や投票等を可能とする「出席型」は、克服すべき論点が数多く存在し、現時点での実施は不可とされ、①身体障がい、病気により移動が困難な会員、産休・育児、介護のためリアル出席が困難な会員のバーチャル出席、②多摩支部における出席型サテライト方式について、全面的な出席型の検討に先立って導入を検討すべき、との報告がなされた。

これを受けて2023年12月の臨時総会から、ZOOMウェビナーを用いた総会中継が実施されて、会員は事務所や自宅などから視聴することが可能になった。

なお、同PTの報告書では、出席型を導入するにあたって克服すべき論点として以下の点が指摘された。今後、更なる検討が必要である。

① 通信途絶の場合の対処

通信途絶は技術的限界として想定されるところであるが、その際に株主総会と同様に当該議決権行使を無効として、その他の会員の議決権をもって議事を成立させることとして良いかが問われる。多摩支部の出席型サテライト方式についても同様の問題があるが、常議員会における多摩支部との通信状況はこれまで安定しているとのことである。

② 代理人による議決権行使との関係

議事運営の混乱を避けるには代理人としての議決権行使を総会議場での出席者に限定するかが問われる。また、事前に委任状を提出しながら、総会当日急遽バーチャルで出席して来た場合の委任状の撤回の処理についても検討が必要である。多摩支部における出席型サテライト方式の場合でも、総会議場に委任状が集積

していることから、会場間をまたぐ対応が必要となる。

③ 総会の長時間化、議事の混乱の回避

バーチャル出席者が、時間的制約があるリアル会場と異なる環境下で出席することで総会の長時間化が懸念される。また、議事の途中からの出席の場合等、繰り返しの質問、意見により議事運営が混乱することも懸念される。会員のリテラシーが問われると共に、議事内容の自動文字配信、議長権限の強化等の検討を要する。

なお、多摩支部における出席型サテライト方式の場合、多摩支部におけるリアル会場の時間的制約から当該懸念は高くはないものとされている。

④ 定足数の確保手段

従前は、出席確実な会員の事前の出席確認により定足数を確実に確保する運営が取られてきたが、バーチャル出席を容認する場合であっても、その確実性に緩みが生じない運営方法が問われる。

なお、多摩支部における出席型サテライト方式の場合は、リアル会場で定足数を確保しておけば問題は生じないとされている。

⑤ 人的負担

バーチャル出席者の質問、意見表明、議決権行使に際しての確認手段によっては、その確認のための人的負担が求められることになる。この点は、技術的手段の選択にも関わる。

多摩支部における出席型サテライト方式の場合にも会場規模に応じた職員の配置は必要となる。

⑥ 費用負担

委任状を撤回してバーチャル出席による議決権行使を容認する場合や、バーチャル出席者の議決権行使の確認等、技術的な対応が必要となるところが複数あり、システム改修を含めた高額な支出が想定される。

多摩支部における出席型サテライト方式の場合、一部職員による対応は必要となるが、現に運用するシステムを改修せずに対応は可能であるとされる。

## 3 常議員会

### (1) 常議員会の意義

常議員会は、会員から選挙により選ばれた常議員が、総会付議事項、予算超過または予算外の支出に関する事項、入退会の請求進達に関する事項、外部への意見表明に関する事項、総会が委任した事項、その他会務

運営に関する重要な事項を審議し、会の方針を決定する機関であり、執行機関である理事者に対するチェック機関でもある。

したがって、常議員会が多様な会員により構成されるとともに、常議員会において充実した審議がなされることは、弁護士自治の観点から極めて重要である。

**(2) 常議員会の運営**

常議員会で充実した審議を行うため、日程は年度当初に1年分決定し、概ね会日の1週間以上前に、議案と提案理由を記した招集通知、議案の資料がオンラインで通知される。常議員会当日には各会派が常議員団会議を行い、議案の事前説明と意見交換により、常議員会での議論が深まるよう議論している。

常議員会では、理事者による議案説明の後、常議員からの質問と理事者からの回答、常議員からの意見表明がなされ、議案が議決される。時に、常議員会での議論を受けて、理事者がその場で議案を修正したり、継続審議となって修正提案がなされることもある。

**(3) オンライン出席**

2022（令和4）年度、常議員会等WEB化PTの答申を受け、①常議員会の出席に関しては、招集の際に定められた会議の場所における出席を原則とすることを維持しつつも、育児、介護、看護や業務等のやむを得ない事情により会議の場所で常議員会に出席することに支障がある場合には、議長等の許可を得てオンラインで出席することを可能とし、また、②重大な災害等が発生し、常議員のうち相当数の者が会議の場所に参集することが困難であると見込まれるときや安全の観点から相当でないと判断したときは、常議員会を完全オンラインにて開催することを可能とする会則改正を行った。

2023（令和5）年度の施行状況は、申請件数26件、許可が22件、不許可が3件、取下げが1件、許可のうち1件は結果として会場出席、2件は欠席であったため、のべ19件（利用者12名）のオンライン出席があった。出席状況の公表と相まって、過去10年で初めて年間の全常議員の平均出席率が80%を超えた。弁護士業務等と常議員の両立支援に役立っていると評価できよう。

**(4) 女性比率**

第三次東京弁護士会男女共同参画基本計画（2022〔令和4〕年4月～2027〔令和9〕年3月）の重点目標Ⅰ「会の政策決定過程への女性会員の参加の推進」において、個別目標として「常議員に占める女性会員の割合を30%にすることを目指す。」とされ、行動計画として「当面は25%を目標とし、常議員候補選出にあたり、引き続き会員に協力を呼びかける。」とされている。

過去5年間の常議員における女性割合は以下のとおりである。年度による振れ幅は有るものの5年間で3回25%を超えており、30%の実現に向けて、引き続き環境整備と働きかけを継続する必要がある。

| | 女性 | 男性 | 合計 | 女性割合 |
|---|---|---|---|---|
| 2020年度 | 21 | 59 | 80 | 26.25% |
| 2021年度 | 17 | 63 | 80 | 21.25% |
| 2022年度 | 19 | 61 | 80 | 23.8% |
| 2023年度 | 22 | 58 | 80 | 27.5% |
| 2024年度 | 22 | 58 | 80 | 27.5% |

## 4　理事者会

詳細は、次項「東弁役員を巡る課題」に譲るが、執行機関である理事者会に多様な意見が反映されるよう、役員に複数の女性会員が含まれるよう、環境整備が必要である。

# 第2　東弁役員を巡る課題

## 1　はじめに

東弁の運営は、弁護士自治を確実に担保するために、自治的に運営されなければならない。そのためには、会員一人一人が自覚をもって弁護士会の会務に参加する必要がある。そして、法友会は、東弁を支える政策集団として、東弁の理事者（会長・副会長）、とりわけ副会長について、責任をもって毎年積極的に適任者を推薦していかなければならない。他方、会員各自においても、弁護士自治を維持推進するという自覚のもとに、積極的に役員に就任していくべきである。

これまで法友会は、毎年、適任者を推薦し続けてきたが、近年、法友会のみならず他会派においても、東弁副会長候補者擁立が困難となっておりその原因は、主として東弁会務量の増大に伴う副会長会務の過重負

担にあると思われる。

本稿では、東弁役員の職務、果たすべき役割、副会長の適任者の確保のための対策につき検討する。

## 2 東弁副会長の職務

現在の副会長の職務内容は、大まかに以下の内容である。

① 理事者会・常議員会・総会の主催

② 各種決裁業務

③ 委員会・協議会への出席（副会長一人あたり主担当が30を超える。予算執行ガイドラインの徹底、対外的な発信、委員会等相互間の調整、理事者提案議題の説明等が副会長出席の必要性）

④ 各種会合への出席及び地方出張（日弁連総会・地方弁連・人権大会等、関連団体との協議会等）

⑤ 各種交渉折衝（東京三会の調整等）

⑥ 対外人事推薦

⑦ 広報（市民向け、企業向け、会員向け、修習生・他会員向け）

⑧ 中長期的な施策方針の定立と、これに添った財政支出管理

⑨ 事務局・人事・労務

⑩ 危機管理対応（災害・不審者・クレーマー等）

⑪ その他

これらの職務を、現在6名の副会長が、分担あるいは協同して遂行している。東弁会長は日弁連の筆頭副会長を兼務しており、業務時間の半分以上は日弁連副会長の職務に充てられていることから、担当副会長が中心となって東弁の会務執行に当たっている。

単位弁護士会は、「弁護士及び弁護士法人の使命及び職務にかんがみ、その品位を保持し、弁護士及び弁護士法人の事務の改善進歩を図るため、弁護士及び弁護士法人の指導、連絡及び監督に関する事務を行うことを目的とする」弁護士法に基づく法人である（弁護士法31条）。従って、①弁護士及び弁護士法人に対する指導・連絡・監督と、②弁護士会自体も、弁護士及び弁護士法人の活動を通じて、基本的人権の擁護と社会正義の実現に寄与し、社会秩序の維持及び法律制度の改善に努力（弁護士法1条1項及び2項）することが求められる。①の観点から、市民からの苦情対応や提携非弁対策などの職務適正化、弁護士推薦における拒否事由該当性のチェック、研修の強化やFATF対応な

どが、②の観点から、市民に対する法律相談事業や、委員会・法律研究部の活動、各種意見書や会長声明の発出などの活動が位置づけられる。

副会長は、東弁の多岐にわたる活発な活動が、矛盾することなく統合的に、且つ、財政面も含めて持続可能な活動となるよう、調整を図りながら、会務執行を担う役割を負っている。そのやりがいと、充実感、弁護士としての経験値の上昇は、何物にも代えがたい。

もっとも、東弁の業務量の増大に伴い平日は常勤に近い状態にあり、加えて対外行事等で週末・休日等を会務に費やさなければならないことも多く、その結果、本来の各個人の弁護士業務に多大な影響を及ぼさざるを得ない実情にある。

なお、任期が1年であることに伴い、業務執行の継続性を確保するため、担当していた委員会等に委員として残ったり、労使対応室、財務改善推進PT、職務適正化会議などで補っている。

## 3 副会長適任者確保のための対策

### (1) 場所的・時間的拘束の緩和

副会長の負担は、結局のところ、場所的・時間的拘束により個人の弁護士業務量を減らさざるを得ないことに集約される。これを緩和するために、以下のような様々な取り組みがなされており、更に推進する必要がある。

① 平日昼間の拘束時間の緩和

平日9時～17時の弁護士会館在館時間を週4日以下とすることを目標とし、個人の弁護士業務のための外出、出張が可能であることを周知している。また、会館内でリモートで事務所のPCにアクセスしたり、WEB期日も行えている。在席時間をグループウェアに登録し、職員に対して可視化することにより、副会長業務を遅滞なく処理することは可能である。

② 電子決裁の導入

2021（令和3）年度に電子決裁システムが導入され、懲戒請求及び紛議調停申立を除く全ての案件の決裁が電子化された。これにより、会館外から会館内の自席PCに接続し、決裁を行うことが可能となり、場所的拘束性が大幅に緩和された。

③ 会議へのリモート参加

コロナ禍を経て、委員会等の会議や理事者会もリモート参加が可能となり、場所的拘束性が大幅に緩和さ

第2章 東京弁護士会の会運営上の諸問題　353

れた。コロナ収束後においても一律リアル参加に戻るのではなく、ハイブリッドの活用など、場所的拘束性の緩和を継続すべきである。

④　委員会等への出席時間の削減

東弁には78の委員会・本部・協議会・センター等（以下、「委員会等」という。）が設置されており、更に、その下に部会・ワーキンググループ・プロジェクトチーム等（以下、「部会等」という。）が置かれている。本来、委員会等の活動は基本的には会員の自主的・主体的・継続的な活動であり、必ずしも副会長が同席しなければならないものではなく、同席しなければならない案件は、❶予算執行ガイドラインに基づく執行管理、❷対外的な発信に関する事項（東弁の「意見書を外部に発表執行する手続に関する運用基準」参照）、❸理事者提案の議題説明などに絞られる。したがって、委員会等への副会長の出席時間を限定し、その時間帯に上記案件をはじめ副会長が同席する必要がある審議事項を優先審議することについて、委員会等の理解を得ることが必要である。

⑤　委員会等の統廃合

新たな課題への対応に伴い委員会等の数が増加し、副会長の担当業務も増加しているが、新しい組織を立ち上げる際には、エンドポイントを明確にするとともに、他の組織を統廃合するスクラップ・アンド・ビルドを原則とし、社会的役割を終えた活動は収束し、限

られたリソースを解決すべき課題に集中投下することへの会員の理解を得ることが必要である。

⑥　行事等への出席者の削減

弁連大会や各地単位会との交流、関係団体の周年行事、東弁主催のシンポジウム、マスコミや諸外国大使館等との交流など、夜間や週末に開催される行事が多数あるが、全副会長が全ての行事に参加するのではなく、適宜、分担し、分散参加とすることに会員の理解を得ることが必要である。

**(2) 副会長の人数**

東弁の副会長は現在6名である。しかし、会務の量が増大する中で、平日は常勤に近い状態であり、週末も行事等への出席を要し、副会長の負担は非常に大きく、副会長の人数は6名でよいのか議論する必要がある。

ちなみに、二弁（2024〔令和6〕年9月5日時点の会員数6,599名）では選挙を回避するという実質的理由で2006（平成18）年度から副会長の定員を1名増加して副会長6名、一弁（2024〔令和6〕年9月5日時点の会員数6,839名）では会務量の増大から2014（平成26）年4月1日より1名増員し副会長6名となっている。大阪弁護士会（2023〔令和5〕年9月1日時点の会員数5,000名）の副会長は7名である。

増員論と現状維持論の主な論拠は以下のとおりである。

| 増員論 | 現状維持論 |
|---|---|
| 会内事務量が年々増加し、副会長の負担が大きくなっており、一人当たりの業務量を減らす必要がある（1985〔昭和60〕年当時は6名の副会長で32の委員会を分担していたが、現在は一人の副会長が30を超える委員会、協議会等を分担していること、財政改革による痛みを委員会等や職員に理解してもらうには丁寧な折衝が必要であることなど）。 | 副会長が増えれば負担軽減となる必然性はないということは過去の増員の歴史から明らかである。<br>東弁全体の機構改革の中で増員の可否を考えるべき。 |
| 6人制の基での40年近い経験に照らして、理事者会での集中的かつ密度の濃い合議により理事者間の信頼関係と共通認識の形成は比較的容易であり、むしろ一人当たりの担当業務範囲を減らすことで、担当理事者が案件をより深く理解し、他の理事者に十分な論点提示をする助けになり、理事者間の一層の努力により迅速な執行力は確保できる。 | 比較的少数の理事者による濃密な議論により、充実した結論が得られる（会長及び副会長の合議制による。会則43条1項）。また、少数理事者の徹底した議論による固い結びつきと一体感があって初めて強力な執行力が生まれる。 |
| 会員数の増加（6名制を採用した1985〔昭和60〕年当時の2,920人から2024〔令和6〕年9月5日現在の9,218人と約3.2倍となっている。）を反映して、会員の代表である理事者の人数も増加すべきである。<br>資質を備えた者が副会長を固辞するのは経済的負担によるものであり、業務削減と給与増額により、人材を得る方策 | 東弁会務について執行の責任を負う理事者は、広範にわたる会務について理解力が高く豊かな見識と指導性を備えた者でなければ、質の高い会務活動はできない。これらの資質を備えた副会長を現状の人数でさえ毎年選任することが昨今難しくなっている。増員は実質的に困難である。 |

354　第8部　弁護士会の機構と運営をめぐる現状と展望

| | |
|---|---|
| ロースクール世代の若手会員の6割を占めるに至っているが、東弁副会長は未だ旧試験世代のみで構成されており、若手会員の代表といえる世代の副会長も必要ではないか。そして、若手会員には時間的拘束の長さによる経済的打撃がより大きいと考えられるので、負担の軽減がより重要になる。 | 若手の代表を選任するという点に関し、仮に、副会長の人数が多いと、そのうちの1～2名が若手会員から選任されたとしても発言力は弱く、東弁の会務に影響力を持ち得ない。むしろ、6名の副会長のうち1名は例えば登録15年未満の会員から選任することにすれば、少人数の副会長のうちの1名であるがゆえに、発言は格段に重くなり影響力も大きくなる。 |
| 若手会員や女性会員を意思決定過程に加わってもらうには、業務削減と併せて、給与増額が必要である。 | 財政改革の観点からは、役員給与の増額は困難であり、総予算を変えずに増員すれば一人当たりの給与が下がり、益々、人材を得ることが困難になる。 |

以上のとおり、増員については、適正な負担による副会長の人材確保という要請と、役員会の充実・財政改革という要請との調和を考えなければならず、その結果、かねてより副会長の増員論はしばしば主張されつつも、現状維持のまま推移して久しい。

### (3) 補助者の活用

理事者（会長・副会長）の補佐として、専門分野ごとに経験ある弁護士を嘱託に採用し、当該分野において理事者の意向を踏まえつつ、案件処理や会則・会規・規則・細則等のルールや手続きの整備を行う方向で、執行力の強化を図っている。2024（令和6）年9月1日現在で、調査室嘱託9名、中小企業法律支援センター及び弁護士活動領域拡大推進本部付嘱託1名、高齢者・障害者総合支援センター嘱託3名、人権救済調査室嘱託3名、研修嘱託2名、刑事弁護嘱託1名、広報室嘱託3名、図書館嘱託1名、紛争解決センター嘱託1名、情報システム対応室嘱託2名の合計26名の嘱託弁護士がいる。

また、理事者の執行力の強化の観点からは、担当副会長の担当分野ごとの担当課長及び担当職員との密なコミュニケーションが重要である。

### (4) 給与の増額

副会長の負担は、結局のところ、場所的・時間的拘束により個人の弁護士業務量を減らさざるを得ないことに集約されることからすると、業務量の削減が容易に進んでこなかった現状に照らすと、副会長の増員による業務負担の軽減以外には、給与を増額して経済的負担を緩和することも一つの解決策である。

現在、理事者（会長・副会長）の給与として月額50万円（賞与無し）が支給されているが、平日は常勤に近い状態であり、加えて対外行事等で週末・休日等を会務に費やさなければならない現状に照らすと、十分とは言えない金額である。東弁財政の健全化が進み、会員の理解が得られれば、増額は検討されてよいのではないだろうか。

## 4　副会長増員とクオータ制

司法のユーザーである社会の構成員の半数以上は女性であることから、基本的人権の擁護と社会正義の実現を責務とする弁護士の強制加入団体である弁護士会において、政策・方針決定過程への女性会員の参画は、その政策・方針に女性のニーズを反映するための不可欠の前提である。そして、少数派の意見が集団に反映されるためのクリティカル・マス（臨界質量）として30％以上の参画が必要条件とされていることに照らし、会長・副会長に毎年2人以上の女性会員を選出することを目指すべきである。

東弁では、2020（令和2）年9月1日付け意見照会（東弁2020意照第15号）にて、副会長を1名増員し、人事委員会が女性副会長の候補者1人を選任して常議員会に推薦し、常議員会の決議により副会長を選任する制度の創設が提案された。

法友会では、照会事項に対しては消極的な回答をした上で、第二次男女共同参画推進計画の重点目標である「理事者（会長、副会長）に少なくとも1名以上の女性会員が含まれるようにする」ことを確実に実現し、女性副会長を複数選任できるようにすることは、東弁の重要課題であるとの認識は共有するものの、その手段については、有効性、合理性、相当性の十分な検討が必要であり、検討ワーキンググループを設置し、早急に集中討議を行うべきであるとして回答した。

その後、2021（令和3）年度に東弁内に設置された「女

第2章　東京弁護士会の会運営上の諸問題　　355

性副会長クオータ制導入に関するワーキンググループ」では、副会長の定員は6名のまま、向こう5年間は、2名以上の女性理事者が選出されることをめざすとの意見書を取りまとめた。

その実現のためには、東弁における最大会派である法友会から、毎年1名ないし2名の女性理事者を送り出すか、無会派で委員会等の会務活動に熱心に取り組む女性会員から候補者を得て支援するなどの対応が必要である。

しかし、「弁護士業務の経済的基盤に関する実態調査報告書2020」によれば、弁護士の中で確定申告をした者としていない者の所得を合算してクロス集計をすると、平均値は男性が1,106.4万円、女性が733.9万円、中央値は男性が770万円、女性が575万円であり、依然として収入・所得における男女差があることがうかがわれる。かかる経済格差が存在することを直視しつつ、

# 第3　委員会活動の充実強化

## 1　委員会活動の現状と重要性

### (1)　委員会等の組織状況

東弁の委員会等の組織は、2023（令和5）年度の会務報告書・委員会活動報告書によると、4つの独立委員会、17の常置委員会、38の特別委員会、24の協議会・対策本部等となっている。また、この他に東京三会での共同設置の多摩支部委員会、及び役員会付き部会があり、多くの会員が献身的に活動・運営に当たっている。

### (2)　委員会等の男女比率

委員会等の男女比率については、2024（令和6）年7月時点で、常置委員会における女性会員の割合は平均で13.6％（女性の委員長・副委員長等の割合は平均で18.8％）、特別委員会では平均で22.4％（女性の委員長・副委員長等の割合は平均で20.6％）、対策本部等では平均で29.1％（女性の委員長・副委員長等の割合は平均16.7％）、常議員会では27.5％となっており、東弁の女性会員の割合の21.5％を概ね上回っているが、懲戒委員会では0％、綱紀委員会では10.3％となっていて、大きく下回るものも存在している。

### (3)　若手会員の動向

2023（令和5）年度において、委員会所属者数は委員、

クリティカル・マスである30％を念頭に、理事者のうち2名（28.6％）以上を確実に女性会員から送り出すには、経済的支援が不可欠である。前述の副会長給与の増額や、規模の大きい事務所にて役員となる女性会員を客員として迎え事務所経費の負担軽減を図るなど、具体的な対策を検討すべきである。

## 5　むすび

副会長の構成については、急激な弁護士人口増による世代構成の変化や業務領域の拡大も見据えれば、多様な考えや世代感覚をできるだけ反映した構成が望まれる。多摩支部選出の副会長を位置づけることも検討されてよいだろう。副会長の人数、業務量、給与及び東弁財政のバランスを考慮しつつ、引き続き、役員の構成については検討を続けるべきである。

研修員、幹事・参与員を含めのべ5,511名となっているが、このうち若手会員が占める割合が従前は増加していたものの、最近それが減少に転じている。2007（平成19）年当時の登録5年目までの会員（55期以降）の委員会所属者数はのべ500名、委員会所属者数全体の約18％であったところ、2018（平成30）年現在の登録5年目までの会員（66期以降）の委員会所属者数はのべ1,039名、全体の約22.9％に及んでいるが、2022（令和4）年現在の登録5年目までの会員（70期以後）の委員所属数はのべ826名（研修員含む）、全体約16.3％となっている。

なお、東弁においては、新規登録弁護士について、弁護士自治に対する理解を深め会務活動への参加を促進するために、弁護士登録をした日から一年以内に始まる年度において、一つ以上の委員会に「研修員」もしくは「委員」として参加することを会務研修として義務づけており、これにより、委員会活動の意義と重要性を啓発している。

### (4)　委員会等の活動様式

2020（令和2）年度から続く新型コロナウイルス感染症の影響により、会館を利用しての委員会開催が自粛を余儀なくされたことから、オンライン形式による

会議の開催方式が急速に普及した。また、これにより、物理的な会議室を利用することによる制約が取り払われたことから、委員会の定数制限緩和に向けた動きや資料のペーパー配布の廃止などの合理化・省力化が急速に進むところとなった。新型コロナウイルス感染症の5類移行後もこの流れは定着するものとみられ、委員会等の活動様式は新しい時代に入ったと評価できる。加につながることから、新しいニーズへの対応の必要性があるものの、新しい組織の設置には慎重に進める必要がある。

## 2 委員会の組織のあり方の見直し

東弁における委員会活動の重要性はいうまでもないが、委員会の増加が事業費の増大を招き、また職員の負担の増大とそれに伴う残業代の増加を伴うこととなる。東弁では、財政改善が喫緊の課題となり、2019（令和元）年4月にこの課題解決のために財政改革実現ワーキンググループ（以下、「財政WG」という。）が設置され、その中の組織検討グループで東弁の委員会等の組織のスリム化を検討することとなった。2019（令和元）年12月19日に財政WGから第一次答申が提出され、その中で、委員会等について提案がなされた。

これを受けて、2021（令和3）年3月29日に「東京弁護士会委員会等の統廃合に関する指針」が理事者会で決定された。その内容は以下のとおりである。

① 委員会等統廃合の定例的な検討

　a 理事者会は、毎年9月末日までに、委員会等の統廃合について審議する

　b 委員会等の統廃合の原案は、会長が指名する副会長が作成する。

② 設置期限が到来する委員会等についての検討

　a 委員会等の設置期限の6ヶ月前が到来したときは、担当事務局は、当該委員会等を担当する副会長にその旨報告するものとする。

　b 各委員会等を担当する副会長は、委員会等の設置期限が到来する3ヶ月前までに、設置期限の延長の必要性について検討し、延長が必要な場合は、設置期限の到来する前に当該委員会等の設置規則等の改正が可能となるよう必要な措置をとるものとする。

③ 新規委員会等の提案

新たに委員会等を設置する場合には、原則として、併せて委員会等の統廃合を行うものとする。

④ ワーキンググループの目的

　a ワーキンググループの設置要綱を制定するときは、目的と設置期限を明確に規定するものとする。

　b ワーキンググループの目的は、原則として、時限的なものに限られるものとする。

　c 設置期限が到来するワーキンググループについては、特段の事情がある場合を除き、目的の一部又は全部を変更したうえで設置期限を延長する旨の処理を行わないものとする。

⑤ 委員会等の中に設置する部会等について

　a 委員会等の中に設置する部会等についても、存置するかどうかについて年度ごとに委員会等の中で見直すものとする。

　b すでに多数の部会等を設けている委員会等において、新たに部会等を設置する場合には、設置の可否について慎重に検討するものとし、設置する場合には、既存の部会等を統廃合することを併せて検討するものとする。

2021（令和3）年度執行部においては、委員会等の統廃合としては、秘密保護法・共謀罪法対策本部は、憲法問題対策センターの部会とするということに留まっているが、統廃合なければ新たな委員会を作らないという方針を徹底して貫き、2022（令和4）年度においてもその方針は継続されているが、2023年度以後は数は多くはないものの、新しい委員会等が設置されている。

## 3 今後の委員会活動の在り方について

このように東弁では、財政改善の観点から新たな委員会を統廃合なければ設置をしないという方針を打ち立てそれを実行し、事業費等のコスト増を抑制している一方で、時代は刻々と変化し、弁護士、弁護士会及び市民を取り巻く環境も変化し、それに対する対応は必要となる。財務改善という課題と時代の要請に対応するという2つの課題をバランスを取りながら実現していくという難しい舵取りが要求されているところ、今後の委員会活動の在り方について下記課題があると考える。

① 委員会の男女比の是正について検討されるべきである。委員会によっては、男女比のバランスが悪い委員会も存在するが、ダイバーシティの観点から、委員

会の男女比の均衡を保つことにより、多様な意見が生まれ、これまでにない活動が可能になるので、男女比の均衡を保つ工夫を検討すること。

② 委員の選任にあたり、ベテランと若手とのバランスに配慮し、ことに新規登録から5年目程度の若手会員が、所属するだけではなく活動に参加しやすいようにすること、また、若手会員に委員会の活動を理解してもらうために、既存の委員会運営を工夫すること。一方で、委員会活動の継続性、とりわけ弁護士会の政策を理解してもらうために政治家やマスコミ、市民団体と連携する上では個々の委員の活動の継続性が重要であることから、ベテラン委員にも力を発揮してもらえる環境を作ること。

③ 小委員会、部会、プロジェクトチーム、主査制度などを活用し、全員参加を図り、また活動・運営の活発化を図ること。また、協議会方式などを活用し、関係委員会間または他の単位会の関連委員会間の横の連携を密にし、適切かつ効果的な合意形成を図ること。

④ 日弁連の各種委員会と対応関係にある委員会の委員については可能な限り兼任するなどして、日弁連・他の単位会との情報の流れを円滑にすること。

⑤ これまでは委員会活動が会館の会議室で行うことが前提となっていたことなどから、定員が規則等で定められている一方で、会務活動履行義務が課せられているが、会員が入りたい委員会に入ることができないという問題があり、それに対する不満の声も挙げられているところである。

これに関連して、近時、会務活動の義務化の成果と会員数の増加とが相俟って、委員会活動に参加しようとしても、委員会の定員との関係で、必ずしも委員に就任できない例が増えている。2013（平成25）年10月の常議員会決議により、議決権のある委員以外の立場で実質的に委員会活動に参加してもらうための資格として、委員長の指示を受け、議案の整理、資料の収集及び調査研究等を行う「幹事」と、委員長の諮問を受け、専門的な立場から情報提供、助言等を行う「参与員」を置くことができるようになったことから、これらを活用すべきである。

また、前述したように、コロナ禍以後、委員会がオンラインで開催されることとなり、必ずしも会館の会議室に限らずとも開催が可能となっている。リアル開催でなければ対応が難しい委員会を除き、委員会のオ

ンライン会議の拡充により定員を増加すべきである。

## 4 委員会活動円滑化のための条件整備

### (1) 人的物的資源への配慮

近時充実した委員会活動を支えてくれる職員の業務負担が過重となっており、職員の時間外労働の削減は東弁においても喫緊の課題となっている。そのため、委員会等で開催する本会議以外の各種部会・プロジェクトチーム・ワーキンググループなどの会議や時間外労働時間帯に実施するイベント等には、原則として職員を同席させず、委員のみで対応するなどの取組みや、職員に対する各種指示についても、業務効率の向上に資するような配慮が求められている。

### (2) 不断の環境整備

弁護士会として、市民の期待に応える司法制度改革の推進や人権擁護活動の取組みに邁進するに当たって、委員会の活動の更なる充実と活性化は重要である。したがって、それぞれの委員会が十分な活動をできるよう、委員会開催時間の見直しや資料の事前配布やペーパーレス化のためのストレージの利用に加え、職員の業務効率向上への配慮など、委員会活動の充実と活性化のため、不断の制度改正や人的・物的資源に関する環境整備を行うべきである。

なお、先に述べたように、オンライン形式での会議の開催方式が急速に普及したことにより、ネットワーク環境やマイク・スピーカーといった機器などの新たな環境整備も求められている。

### (3) 時代に応じた委員会活動への配慮

委員会活動の拡張は事業費等の拡大を伴い、東弁の財政に負担を課すことになる。そのことから委員会の数については抑制されてきていることは前述のとおりである。しかしながら、そのこと自体が東弁の新たな活動に対する抑止力になっている面も否定できない。新たな組織を設置しなければ新たな活動ができないというものではないが、新たな活動には経費を抑えたとしても一定の経費はかかるものである。予算編成においても、新たな活動にかかるものは原則的に認められていないという観点からも新たな活動が制約されている。そこで、既存の活動に関する予算についてもその必要性を見直す一方で、新たな活動の余地も残すような予算編成がなされるべきである。そうでなければ、若手あるいは修習生に広まりつつある「東弁は古い」

というイメージの払しょくはできないおそれがあると

## 第4　東弁の事務局体制

### 1　事務局体制を論ずる意義

　東弁の事務局は、東弁の日々の活動を支える極めて重要な柱である。東弁は、事務局なくしては一日たりとも活動することはできない、といっても過言ではない。

　東弁の活動は、弁護士法31条に基づき、弁護士・弁護士法人が行う弁護士法1条の使命・職務を支えるとともに、弁護士・弁護士法人に対する指導監督を行うことにより国家権力からの独立を維持することにある。綱紀・懲戒・市民窓口・紛議調停などの狭義の弁護士自治を支える業務のみならず、各種法分野の深化に伴う会員の活動の活発化、市民に対する法的サービスの提供や外部団体からの推薦依頼の増加など、東弁に求められる活動領域も益々拡大し、その内容も高度な知識や経験が求められるより深いものになっており、このように拡大・深化する東弁活動を、息長く実効的に支えられる事務局体制を如何にして維持し、発展させていくのかを検討することは、弁護士自治の維持・発展に直結する問題である。

### 2　検討の視座

　上記のとおり、東弁の活動の拡大・深化に伴う職員の業務量の増加・専門化に対応し、職員が志高く、働きがいをもって仕事に取り組める体制を維持・確保するとの視点が重要である。

　幸い、多くの職員が弁護士会員と一緒になって「社会のために役に立っていること」に働き甲斐を感じており、増大する仕事にも積極的に取り組んでくれている。

　他方で、三次にわたる財政改革実現WGからの人件費削減の要請による非常勤職員の削減及び管理職以外の職員の残業削減に見合う業務の削減・合理化が達成できないことから職員が疲弊してきている面も否めず、財政改革と働き甲斐のある持続可能な職員体制とをどのように両立させるかが、近時の東弁事務局体制に関する重大問題である。

言わざるを得ない。

### 3　財政改革の取組み

　財政改革実現WGは、2019（令和元）年度第一次答申及び2020（令和2）年度第二次答申において、人件費削減策として、①非正職員の削減、②正職員の残業時間の削減、③正職員の賃金体系の抜本的見直し（考課基準、昇給ルール・ピッチ、各種手当て、退職金）を提言した。

　そして、この提言に取組んだ結果、2021（令和3）年度までに、非正職員の削減で約2,270万円を実現するとともに、正職員の残業も大幅に減少した。

### 4　職員の疲弊

　他方、財政改革による財政健全化が進む一方で、職員体制には歪みが生じていることも明らかになった。

　2022（令和4）年度の状況として、ペーパーレス化、週5日の勤務日のうち1日をノー残業デーとし、その徹底を図ったり、月1回の管理職会議において、①超過勤務の状況とその理由、抑制に向けた努力ポイントなどについて確認する、②弁護士会照会事務の効率化を推し進める、③印鑑証明書等諸発行機を設置する、④在宅勤務の導入、⑤会議時間の15分以上の短縮要請、⑥会議終了時刻を遅くとも16：45までとすることを要請といった様々な工夫は継続し、加えて、⑦WEBフォームの活用によるデータ入力の省力化、⑧書式の簡素化、⑨委員会のオンライン開催による印刷や会場設営等の事務の軽減、⑩運動会や新年式等の行事開催の見合わせ、⑪市民相談窓口の予約制の導入等、業務量削減の工夫がなされてはいる。

　しかし、当初財政WGが提言した、事務量を軽減して残業時間を削減することは十全には達成できていない。新たなニーズに対して新たな施策を実施する一方で、それに見合うだけの業務量の削減（委員会や本部、施策のリストラ）は行えていない。抜本的なIT化・DXは財政面からシステム改修の時期に合わせなければ実現できず、現状としては達成できていない。

　業務量が減らない・むしろ増加している中での、非正職員の削減と、正職員の残業の削減は、職員の業務

密度の著しい増加（雑談をする時間もない）と、一般正職員の残業が減った部分を一部管理職等が引き取ることで達成していることが判明した。休職者及び休業者も一定程度いた。

人件費の見直しは、職員が、モチベーションと健康を維持しながらやり甲斐をもって働き続けられる職場環境の改善との両立が必要不可欠である。

そこで、2022（令和4）年度においては、前述の業務削減を試みる一方で、弁護士自治に関する業務（入退会、業務適正化、名簿登録拒否規則の適正運用など）、法律相談等納付金の未収金回収、弁護士会照会請求の急増など、事務負担が増加した部分については、非正規職員を雇用した（当初、派遣職員の採用を試みたが派遣金額の高騰、当会業務の複雑さに見合う職員が確保できず、嘱託職員の採用に踏み切った）。また、繁忙期（1月～3月期）の必要な残業を解禁し、管理職への残業の集中を緩和した。更に、職員の人事考課に用いる考課表を改訂し、各職員個人の業務の遂行のみならず、チームとして組織目標を達成するために貢献した部分を適正に評価することで、頑張った人が報われる考課表に変更し、職員のモチベーションの向上を図った。2023年度も同様の方針で労務管理にあたり、2024年度は休職ゼロを達成し、職員体制の正常化が実現された。

## 5 対策

今後も、職員が誇りと働き甲斐をもって、東弁を支え、発展に寄与してくれる職員体制を維持強化するために、以下の施策が必要である。

### (1) 業務の削減

業務は、放置すれば際限なく拡大していくのが常であり、常に合理化・スリム化を目指して不断の努力をする必要がある。

### ア IT化・DX

業務の効率化の観点からは、IT化・DXが不可欠であるが、東弁の基幹システムは独自のデータベースを構築し、肥大化していることから、一つの修正が、他の業務に及ぼす影響を検証するための費用が莫大にかかり、基幹システムの修正が容易でないという問題点を有している。日々の業務改善を基幹システムに反映できるようにするには、次期の基幹システム改修において、各課の業務システムを汎用性の高いシステムの疎結合とし、互いに影響を及ぼさずに改善できるようにすることが必須課題である。

このため、職員の業務のIT化・DXによる抜本的な削減は、短期的には困難であるが、書式や決裁手続きの簡素化、WEBフォームの活用範囲の拡大など、できるところから改善するよりほか無い。

### イ 委員会・本部等のスクラップ・アンド・ビルド

東弁には78もの委員会等があり、更にそれぞれに部会等が設置されており、会員の活発な活動に比例して、組織が肥大化していく傾向にある。委員会等が増えれば、その活動を会として把握して支えるための職員の労力も増大する。これまで類似の委員会等の整理統合が指摘されてきたが、それぞれの委員会等の設立経緯や役割の違いがあり、整理統合は容易に進んでいない。

改めて、会員各人が、その活動は別組織を作る必要があるのか、その事業は弁護士会が実施すべきなのか、その活動や事業のエンドポイントはどこなのか、などを自問自答して、明確に答えられない委員会等については整理統合するくらいの抜本的な見直しが必要である。

### ウ 会員の自律した活動

東弁の名前を冠して行う活動である以上、職員を通じて会が委員会等の活動を把握し、予算執行ガイドラインに則った統一的且つ適正な予算執行が行われる必要はあるが、他方で、部会の設営、議事録の作成、意見照会回答のドラフト作成など、委員会等の活動の主要部分は会員によって自律的に行うことで、職員の事務負担を軽減すべきである。

### エ 職員による改善提案

さらに、事務自体のあり方についても、効率化の見地から見直しが必要である。

事務作業は、それ自体、際限がないと共に、新たな別の事務を発生させる自己増殖的傾向が顕著である。事務のあり方を不断に見直す必要がある所以である。

それぞれの事務の目的や意義を、ある程度長期的視野に立って見極め、所掌の変更や、事務の改廃、代替といった果断な見直しが必須である。

業務改善に関する提案を職員に促し（考課表の改訂により考課の比重を高めた）、より合理的・効率的な事務処理を目指して、常に所掌や事務遂行の現状を検証する必要がある。

## （2）職員定員の増員

東弁の正職員の定数は、東京弁護士会事務局職制に関する規則2条4項で70名以内（図書館職員を除く）とされていたが、2018（平成26）年2月13日の同規則改正によって、75名以内に増員された。

この改訂がなされた2018（平成26）年3月31日時点で東弁会員数は8,271名であったところ、2023（令和5）年9月21日時点では9,037名と766人（9.1％）増加していた。会費2,000円減額を達成し、一弁・二弁と会費が並んだことから、新規登録弁護士の入会者数は200名を回復し、登録替え入会者数も回復していることに照らすと、今後も会員数が増加していくことが見込まれる。これに伴い、登録・諸証明の事務、FATFの届出確認、義務研修・会務活動等の履行状況の確認など、会員数に比例して増加する業務量が増加することは明らかである。また、市民社会における新たな法的ニーズの発生と会員の多様な活動を支える役割も拡大していくことから、先に述べた業務削減が奏功しない限り業務量の増加を止められない。加えて、2028年9月には現在使用している業務システムの保守が切れることから、それまでに新たなシステムに回収する必要があることから、2023年度にデジタル化基本計画を策定し、その実施体制を確保するため、規則改正により職員の定数の増加（定数82人から85人）が認められた。

財政改革とのバランスを取りながらも、業務量に見合う正職員数を確保していく必要がある。

## （4）考課の適正化

2022（令和4）年度において、従来、考課表の記載並びに、職制及び職能に照らした役割が曖昧だった部分を明確にするとともに、職制及び職能が上がるに応じて考課要素の成績・情意・能力の3分類のうち成績の比重を高めること、期待される役割を標準的に遂行した場合はBと評価することを基本とし、標準的な役割より優れている場合にはA、Sとし、標準的な役割を下回る場合にはC、Dとすることとし、表記を統一的に整理した。

今後、この考課表の改訂を適正に運用することにより、昇給スピードや昇給額、賞与額などに、期待される役割の達成度が反映されるようにすることで、職員がモチベーションと健康を維持し、やり甲斐をもって働き続けられるようにしつつ、職員全体としての昇給

率を緩和することが重要である。

## （5）給与体系の見直し

東弁が収入の75％を会員からの会費収入に依拠する非営利団体であり、弁護士法31条に基づく公務を遂行する公的団体であることから、人件費に関する財源にも限りがある。基本的には民間事業者のように、収益を上げて利益を職員に分配するような考え方は取れない。

他方、2022（令和4）年4月1日時点での職員の超勤及び通勤手当を除く平均年収は、金755万6,053円であり、東京都行政職一種の金666万7,961円、日弁連職員の金717万円と比較しても高額である。

毎年度の労務担当理事者は、過年度の労務担当役員からなる労使対応室の助言を受けながら、給与体系の見直しについて職員と協議を重ねてきたが、手当の見直しなどの小幅な改訂にとどまっている。

今後、正職員数の増員を見込まなければならない必要性、人材獲得競争が激化している昨今の労働市場への対応、役職者が担っている重責に金銭で報いる必要性なども考慮すると、正職員の給与体系を見直すことが必要である。

# 6　その他

## （1）職員の採用計画

東弁の職員の構成は、36歳〜45歳の年齢層に集中しており、男女比は男性36％、女性64％と女性比率が高い。中途採用が多いことから、このような偏りが生じており、持続可能性を考慮すれば、年齢分布や男女比（いずれの性も40％を下回らないこと）を考慮した採用を行うべきである。

## （2）セクシャル・マイノリティーへの配慮

東弁事務局に所属する全ての職員が、活き活きと仕事に取り組める職場環境の保持が不可欠である。そのためには、職員の中でのセクシャル・マイノリティーへの配慮も忘れてはならない。その意味で、東弁においては、2018（平成30）年には全国の弁護士会に先駆けて、セクシュアル・マイノリティー対応のため職員就業規則などの関係規則の改正が行われ、これによって、これまで男女の法律婚夫婦及び事実婚夫婦のみが対象となっていた慶弔休暇、育児休暇、介護休暇等の休暇制度や扶養家族手当、住宅手当、慶弔金等の各種手当に関する規定について、同性パートナーをもつ職

第2章　東京弁護士会の会運営上の諸問題　361

員にも同等に適用されることにしたことは評価できる。

# 第5　弁護士会館の今後の課題

## 1　現状と課題

(1)　弁護士会館は、竣工後満29年を経過した。他方で、弁護士数も飛躍的に増加しており、ここ29年間で、弁護士数は、全国で約3万人の増加、東京三会約1万4,500人の増加となっている。日弁連と東京三会の会務活動の活発化と拡大化および弁護士数の増加は、必然的に弁護士職員の増加をもたらす結果となっている。それに対応して、会館で働く職員の数も増加している。

**【全国】**

| 1995（平成7）年（会館竣工年4月現在） | 15,108人 |
|---|---|
| 2024（令和6）年（8月現在） | 45,727人 |

**【東京三会】**

| | 東弁 | 一弁 | 二弁 | 計 |
|---|---|---|---|---|
| 1995（平成7）年 | 3,350人 | 1,740人 | 1,860人 | 6,950人 |
| 2024（令和6）年（8月現在） | 9,219人 | 6,837人 | 6,606人 | 22,662人 |

**【弁護士会館内で働く職員数（嘱託・派遣等を含む）】**

| | 日弁連 | 東弁 | 一弁 | 二弁 | 計 |
|---|---|---|---|---|---|
| 1995（平成7）年 | 80人 | 58人 | 25人 | 27人 | 190人 |
| 2024（令和6）年 | 207人 | 119人 | 52人 | 91人 | 469人 |

(2)　弁護士会館が抱える主な課題としては、上記のような弁護士会活動の活発化・拡大化・弁護士数の増加・職員数の増加に基づく①会議室不足・事務局スペース不足、②OA機器の統合化・合理化による効率的運用の必要性、③会館設備の老朽化対策などの問題、④大規模修繕への対応、その他の問題として⑤地下1階のコンビニ問題がある。

## 2　対策（主に東弁について）

### (1)「会議室不足」・「事務局スペース不足」問題

日弁連及び東京三会は、場合によっては、関連業務の活動拠点を別に設けることも含め、弁護士会館内で行うべき事業の優先順序を長期的展望に立って検討すべきである。

東弁の会館委員会では5階の会議室の利用状況について継続的に調査しているが、コロナ禍以前はピーク時には100％に近い利用がある他、午前中や週の前半などでも会議室の利用がかなりの頻度で行なわれるようになっており、空室が全日的に少なくなっていることもわかった。コロナ禍で進行したウェブ会議による委員会開催を徹底して会議室を利用しない方法での会合の開催を引き続き強化すべきである。

### (2)　OAの改善

東弁ではウェブ会議の環境整備のために、東弁では独自のWi-Fi設備も設けてOA化を推進しているが、さらに、従来のサーバ型からクラウド型に移行することも含めて検討すべきであり、またそのための少なくとも8億円位はかかると言われる財源の確保が必要である。

### (3)　会館設備の老朽化対策

1995（平成7）年に竣工した弁護士会館も2024（令和6）年段階で29年を経過し、東弁専用部分の各設備にもかなりの老朽化が目立つようになった。

これ以外にも年数が経過した設備があることから、今後も引き続き東弁部分の内装造作の改善見直しが必要である。

### (4)　大規模修繕への対応について

#### ア　20年目の大規模修繕について

現在の弁護士会館は1995（平成7）年に竣工され、10年経過後の2005（平成17）年に1回目の大規模修繕工事が行われた。そして、

大規模修繕工事は、10年毎に行うこととされており、20年目の大規模修繕工事は、2015（平成27）年から開始する予定であった。しかし、工事費が膨らみ、また依頼していた設計会社・建設会社による追加工事などがあり、結果的に増額となり、さらに設備の移動費などを請求されたことから、2021（令和3）年度に四会が強硬に反対し、その結果、当該移動費の請求はなくなり、さらに上記のコンサルタント業者への責任追及の結果ドレイン管の清掃工事も無償で実施するなどの成果を上げた。そして、四会が中心となって四会会館委員会の規則改正などの抜本的な改革が実施された。その後、エレベータの入れ替え工事など億単位の工事

もあるが、あらたなアドバイザーを入れ、常に複数事業者による相見積もりを取るなど費用削減に努めて対応している。

**イ　30年目の大規模修繕とその後**

現在四会会館運営委員会では、2025（令和7）年に予定されている30年目の大規模修繕について準備をしており、四会会館運営委員会では2023（令和5）年に特別チームを四会代表も入れて組成して検討を開始した。30年目の大規模修繕については、それまでの改修工事の状況を踏まえ、必要な箇所に絞って行なう工夫が必要であることから、基本的な考え方について共通の理解を得るためにコンストラクション・マネジメントを実施し、予算も勘案したうえで全体大規模修繕に取り掛かる予定である。東弁も30年目の大規模修繕の財源が十分あるのか検証するとともに、それに備えることが必要である。

# 第6　東弁の財政状況と検討課題

## 1　2017（平成29）年度に指摘された検討課題への対応

2017（平成29）年度において指摘された東弁における財務規律の面における3つの課題（①退職給付引当資産の積立、②事業準備等積立資産の積立、③一般会計から会館維持管理会計への繰入れ）に対しては、同年度に東弁において以下の対応がとられた。

①退職給付引当資産については、東弁の会計規則35条を改正し、「前年度末に在籍する正職員が退職するものとした場合に要する退職金額の2分の1」まで積み立てる。②事業準備等積立資産の積立については、外部の専門業者に依頼して東弁のシステムを検証した結果、早期に事務局OAシステムの刷新若しくは大幅な改修は不要という判断となり、少なくとも2018（平成30）年度に入れ替えるサーバー機器の耐用年数までは現在の事務局OAシステムを継続して使用することとする。この結果、事務局OAシステムの入れ替えに備えた多額の積立は不要となったが、使用している事務局OAシステムは、保守料が高額（年間約2,580万円）であり、少しの改修で数百万円、場合によっては1,000万円を超える費用がかかるなど維持コストも大きく、更にシステムのセキュリティ費用など維持管理

この30年目の大規模修繕については、東弁は一般会員に情報を開示し、全ての東弁会員が自己の問題として注目していくべき重要な問題と考えられる。また、現在は定期借地権となっている弁護士会館の底地賃貸借の継続の問題（他への移転を含めて）を含めて会館の将来について検討する必要がある。

## (5) 地下1階のコンビニエンス・ストア問題について

弁護士会館をめぐる問題としては、地下1階のコンビニ店舗の問題が挙げられる。

現在、中堅のコンビニエンスストアチェーン「ポプラ」が営業しており、弁護士会員、職員その他の会館利用者にとって利便性が増している。他方で、その収益力という点では十分とは言えず、撤退を示唆されている。会員・職員の福利厚生面を重視して、四会で委託費用を払って継続することを交渉しているが、将来他のコンビニ誘致の可能性を含めて検討すべきである。

費用が増加傾向にあることから、今後も中長期的な観点から一定額を毎年積み立てておくこととする。③一般会計から会館維持管理会計への繰入れについては、繰入れを再開して1億7,600万円を繰り入れた。また、一般会計から会館特別会計への繰入金額の決定方法について、従前の会員数に基づく方法を、前年度決算における維持管理会計の実際の必要額とする方法に変更した。

## 2　2018（平成30）年度に判明した東弁の財政問題

### (1) 2017（平成29）年度決算の概要

2017（平成29）年度決算（一般会計）では、事業活動収支（約2,165万円の赤字）及び投資活動収支（約2億8,587万円の赤字）ともに赤字であり、一般会計全体では約3億0752万円の赤字、次期繰越収支差額は約11億6,591万円となっていた。ただし、投資活動収支については、赤字のうち約2億1,549万円は特定資産への積立であり、資産の会外への流失ではない。したがって、投資活動収支における実質的な赤字は約7,038万円であり、一般会計全体の実質的な赤字は約9,203万円であった。

2017（平成29）年度決算における主な特別会計の概況は次のとおりであった。

法律相談事業等特別会計は、一般会計からの繰入・繰出差額の約605万円の赤字であった。その原因は、納付金未収分の回収の頭打ち、受任率の低下及び経済的利益が低い事件の増加などが考えられた。

公設事務所運営基金特別会計は、一般会計からの繰入金9,900万円を含めた収入が約1億2,186万円、支出が約6,859万円であり、収支差額約5,327万円、次期繰越収支差額は約6,604万円となっていた。

会館維持管理会計は、収入が約2億2,397万円（再開された一般会計からの繰入1億7,600万円を含む）、支出が約2億1,468円であり、収支差額は約929万円、次期繰越収支差額は約5億9,616万円であった。会館維持管理会計には、前年度の当期収入合計から繰入金を控除した金額と当期支出合計との差額が一般会計から繰り入れられることになったため、多額の次期繰越収支差額は不要ということになった。会館修繕積立金会計は、収入が約1億3,840万円、支出が約1億3,300万円であり、収支差額は約539万円、次期繰越収支差額は約52億9,832万円であった。会館特別会計全体としては、次期繰越収支差額は約59億4,584万円となっていた。

### (2) 2018（平成30）年度に判明した東弁の財政問題

このような2017（平成29）年決算を引き継いだ2018（平成30）年度には、65期から70期までの貸与制世代へのサポート・支援策の策定が喫緊の課題となり、一時金給付や会費減額という直接の経済的支援策が検討された。その過程で、2017（平成29）年度の決算内容を含む歴年の予算、決算の実情等を分析しつつ、新たな財務シミュレーションを策定した結果、事業費と人件費を除く管理費は、毎年4％ずつ増加している実態にあり、そのまま推移すれば2017（平成29）年度末に11億6,591万円あった一般会計の次期繰越金が2026（令和8）年度には枯渇すること、さらに、その数年前から予算作成が不可能になることが判明した。すなわち、東弁の財務状況は、財政支出削減策を講じることなしには、会費減額どころか、財政が立ち行かなくなる状況にあることが判明した。

数年間のうちに東弁の支出が増大してきた原因には、特殊な事情もあった。2017（平成29）年度には審査案件の飛躍的増加への対応として綱紀・懲戒調査員制度を新設し、それ以降そのための費用がかかるようにな

った。また2018（平成30）年度にはサーバー入替に伴い1億3,000万円以上の支出がなされた。しかし、東弁の財政状態は、こうした突発的な特殊事情がなくとも、会費減額ができるような財政状態にはなかった。

東弁の収支バランスが崩れている要因の一つとして、事業費支出が2010（平成22）年度2億7,000万円であったものが、2018（平成30）年度に4億8,000万円にまで増加したこと、また、人件費を除く管理費の増加傾向にあったことにあると考えられた。

他方、東弁・一弁・二弁の個人会員数は、2018（平成30）年3月31日時点で、東弁8,271名、一弁5,205名、二弁5,403名であり、およそ8対5対5の割合となっていたところ、一弁と二弁は、2019（平成31）年2月の臨時総会において、東弁と同額であった会費を全会員について月額2,000円減額する決議を行い、同年4月からこれを実施した。そのため、東弁の会費のみが高い状況を放置すれば、新規登録弁護士の他会への流入が懸念されたことなどから、東弁は2019（令和元）年6月の定期総会で65期以降の会員に限り月額2,000円減額する決議を行い、同年12月から実施した。もっとも、新規登録会員に限らず、会費負担者である会員の流出が生じれば、財政的な打撃は計り知れず、東弁においても、65期以降に限定せずに、全会員の会費を月額2,000円減額する必要が生じていた。

この点、2019（令和元）年6月の定期総会議案書添付のシミュレーションによれば、以降、事業費と人件費を除く管理費の増加率をそれぞれ毎年1％に押さえることができれば、65期以降の会員に対して月額2,000円の会費減額をしても、かろうじて繰越金は枯渇しないで推移すると予想された。しかし、全会員の会費を月額2,000円減額するには、これに加え年間1億5,000万円の支出削減を行う必要があるとの試算となっていた。

2018（平成30）年度末において、東弁の一般会計の収入約21億7,000万円、支出約23億3,000万円、次期繰越収支差額は約10億0700万円、一弁では、収入約11億5,000万円、支出約9億2,000万円、次期繰越収支差額は約14億6,500万円、二弁では、収入約12億3,000万円、支出約11億4,000万円、次期繰越収支差額約12億4,700万円であった。6つの特別会計を含む全会計の次期繰越収支差額では、東弁約72億円、一弁約67億円、二弁約66億円であった。前記の会員数（約8：5：5）の割

合で、東弁の会員数が最も多くて会費収入も最も多いはずであるにもかかわらず、東弁の支出は突出しており、次期繰越金は会員数に比例しておらず、一般会計の繰越残高は最も少ない状況にあった。また、一弁や二弁の一般会計の次期繰越金は右肩上がりで増加しているのに対し、東弁のそれは近年極端に減少していた。これらのことからも、東弁の収支バランスが崩れていたことが分かる。

なお、過去の東弁の一般会計の実質収支を正確に把握するには以下のような調整をする必要がある。一般会計の支出には、特定資産の取得支出・取崩収入など資金の内部移動がある。そこで、特定資産の取得支出・取崩収入は各年度収支から控除した（2017〔平成29〕年度監事意見第1、2（2）イ参照）。維持管理会計に2015（平成27）年度1億6,680万円、2016（平成28）年度1億7,460万円繰入をしたものと仮定した（2017〔平成29〕年2月財務問題検討WG報告書）。2016（平成28）年度災害基金特別会計新設のため2億円を繰出しているが、特別事情として繰入がなかったものとした。このような操作をして実質収支を算出してもなお、過去3年度東弁の一般会計は赤字である。

## 3 2019（平成31）年からの東弁における財政改革実現への取組み

### (1) 財政改革実現ワーキンググループの組成と答申

ア　以上のような状況をふまえ、東弁では、2019（平成31）年4月に東弁の財政改革を実現するために、財政改革実現ワーキンググループ（以下、「財政WG」という。）を設置し、同WGは、令和4年度末まで、財務問題の改革への提言等を行った。

財政WGは、当初は、人件費チーム、事業費チーム、組織検討チーム、システム・OAチーム、法律相談チーム、多摩支部チームに分かれて、それぞれの視点で東弁の財政改革の実現に向けて答申書を纏めた。他方、公設事務所については、2018（平成30）年度から、公設事務所のあり方検討PTにおいて計画された運営改善計画が開始していたことから、当面の間はその改善計画の実効推移を注視していたが、財政WGの議論と切り離して検討することは困難であることから、新たに公設事務所チームが設置された。その結果、7つのチームがそれぞれの分野で答申を検討し、さらにその答申の実効性を把握して毎年改定していった。

財政WGの財政改革のビジョンは、東弁の組織の財政的な持続可能性を維持し、東弁が公益活動を継続しつつ、会員の負担を軽減することを実現し、あわせて東弁で働く職員の働き方改革を実現するというものであり、財政WGの目的としては、以下の財政計画を実現することとされた。

① 2019（令和元）年度から5年間は65期以降の会員の会費を2,000円減額する。

－ 毎年5,400万円程度の減収（2,248名×2,000円×12月）となる。

② 2024（令和6）年度から会員全員について会費の2,000円減額を実現する。

－ 上記に加え毎年1億5,000万円程度の減収（6,237名×2,000円×12月）となる。

そのための基本的施策の考え方は以下の通りである。

a　事業費・人件費を除く管理費（以下、「その他管理費」という。以下同じ。）の増加を4％から1％に抑制し、継続して1％以下とすることで最小限度の費用削減を実現する。

b　以下の支出を合計で上記②の金額（約1億5,000万円）分を削減する。

(a)　他会計繰出金（2017〔平成29〕年度で2億9,822万円）：相談会計、人権会計、公設会計のうち、人権会計を除いた他の2会計から検討する。

(b)　OA費用（2017〔平成29〕年度の「その他管理費」1億6,075万円、「固定資産等」7,079万円の中に入る）

(c)　人件費（2017〔平成29〕年度で職員給与8億5,120万円、退職金4,023万円）

イ　財政WGが策定した2019（令和元）年度の答申における各チームの削減案の総額は、各チームが合意できる項目を合算すると6,240万円余りの削減額であり、目標とする1億5,000万円には及ばないものであった。

しかし、財政WGは、その後も引き続き検討を継続し、2020（令和2）年度には第二次答申、2021（令和3）年度には第三次答申を提出し、各チームにおける財務状況の分析内容、改善すべき課題の指摘を行った。そして、同答申において、以下に述べるような財務改善状況を踏まえ、会費2,000円減額は可能であるとの意見を述べるに至った。

**(2) 2019（令和元）年度から2021（令和3）年度決算概要**

**ア 2019（令和元）年度決算の概要**

　2019（令和元）年は一般会計全体の収支は大きく改善し、2015（平成27）年度以来4年ぶりに黒字決算となった（2018〔平成30〕年度比約3億円の収支改善）。その結果、65期以降の会費減額の財源確保について、財政WGの答申を上回る収支改善がなされた（上記のとおり、65期以降の2,000円会費減額については、2019〔令和元〕年12月より実施されていた。）。

　もっとも、この収支改善には、八王子会館の売却による臨時的な収入があったこと、正職員の退職金支出やシステム・OA関連の大きな支出がなかったことなど、当該年度固有の要因もあった。そのため、継続的な財源確保の観点から、さらなる支出の見直しが必要であることに変わりはなく、正職員の退職金支払い、5年ごとのサーバーの更改、法律相談センターの縮小移転や統廃合を行う場合の退去、転居費用などの不定期の支出や会員数増加に伴う会費収入の増加といった不確定要素にも耐えうる強靭で持続可能な財務体質を構築することが重要であるとの認識のもと、財政WGでの検討が行われた。

**イ 2020（令和2）年度決算の概要**

　2020（令和2）年度は、前年度に引き続き、一般会計全体の収支は改善し、黒字決算となった（2018〔平成30〕年度比約4億4,000万円の収支改善）。その結果、65期以降の会費減額の恒久化に向けた財源確保の目処がつき、2021（令和3）年8月31日の臨時総会で65期以降の会費減額の恒久化が決議されるに至った。

　財政WGの答申との関係では、人件費削減については答申の提言において目標とされていた削減額を達成し、事業費、システムOA、法律相談事業、多摩支部等についても一定程度の削減を達成し、あるいは一定の削減の見通しが立つ状況になった。もっとも、大幅な収支の改善（特に前年度から1億3,000万円余りの削減となった事業費）は、各種行事や研修の中止やウェビナー開催への変更による支出の減少等という新型コロナウイルス感染症拡大の影響という特殊要因によるところが大きかったということができる。このような特殊要因に加え、上述したような不定期の支出や不確定要素があることには変わりが無く、継続的な財源確保のためにさらなる支出の見直しを行っていく必要があ

るとの認識のもと検討が行われた。

**ウ 2021（令和3）年度決算の概要**

　2021（令和3）年度は、引き続き、黒字決算となった。しかし、事業活動実収入は、前年度（2020〔令和2〕年度）から約6,008万円増額し、実収入は約19億6,405万円となったのに対して、一般会計における事業活動支出は、2020（令和2）年度決算に比べ、2021（令和3）年度決算は18億3,009万円となり、約1億5,501万円の増額となった。一般会計全体の収支差額は、2020（令和2）年度比1億2,215万円減の1億6,229万円で、次期繰越収支差額は15億9,910万円である。

　もっとも、それまで数年の黒字決算は、新型コロナウイルス感染症拡大の影響が大きく、常置委員会の予算執行率53.03％、特別委員会の予算執行率29.05％と低い執行率にとどまったためである。新型コロナウイルスの感染状況の収束に伴い事業活動もコロナ禍前の状況に戻っていくことも考えられた。また、財政WG第三次答申書では、それまでの費用削減効果として約1億6,574万円の削減効果があった（ネットワークセキュリティ費用の約2,000万円の削減を含む）と評価されていたが、当時の財務シミュレーション上、会費2,000円減額には、なお約3,426万円が不足しているとの指摘がなされていた。もっとも、弁護士会館の委託管理費の見直しによる東弁負担分の軽減（約2,300万円）、千住ミルディス物件の賃貸収入（年間約1,000万円）を見込めば、全会員会費2,000円減額に必要な財源は確保しうる状況になった。

**(3) 2021（令和3）年度における全会員2,000円減額の実施承認**

　上記のような財務改善状況を踏まえた財政WGの第三次答申を受け、さらに意見照会が行われた後、2022（令和4）年3月に開催された臨時総会において、全会員に対し、月額2,000円の会費減額等が承認され、2022（令和4）年12月から会費減額が実施されることになった。

## 4　2022（令和4）年度の財務健全化に向けた活動

**(1) 財務改善推進プロジェクトチームの設置**

　2022（令和4）年3月開催の東弁臨時総会において、全会員会費月額2,000円減額が承認され、2019（平成31）年から設置された財政WGは2021（令和3）年度

をもって任期を満了した。

しかし、会費減額のシミュレーションは支出増加抑制と執行管理を厳密に行うことが前提となる試算であり、その後に実績値との乖離が生じないよう、収支改善の努力を継続することが前提となっている。そのため、これらについて検証チームを創設し、監視と検証を行うことが望ましいとの意見が上がり、財務委員会内に「東弁の予算の執行状況の報告を受けて意見を述べる他、本会の財政の合理化に関する具体的施策を会長に意見具申すること」を目的とした「財務改善推進プロジェクトチーム」（以下、「財務改善PT」という。）が設置され、財政WGの活動終了後にも財政WGの答申の実現状況の調査・検証等が行われることになった。

## (2) 財務改善PTからの報告

財務改善PTでは、理事者から、各種事業における財務健全化に向けた取り組み状況、財政WG答申提言事項の実施状況、財務シミュレーションの改訂、予算執行状況等の報告を受け、それらを検討し、理事者に報告書を提出し、さらなる財務改善の課題を指摘するとともに、財務健全化に向けた意見を述べるという活動を行っている。同PTの報告書では、財務健全化に向けた取組状況として、概要、次のような報告がなされている。

### ア　新入会員増加推進

2019（令和元）年度から2021（令和3）年度まで「新入会員増加促進ワーキング・グループ」が設置され、大規模事務所対応チーム、インハウスチーム、広報チーム、司法修習チームの4チームに分かれて、大規模事務所への訪問を実施し東弁への入会を要請したり、インハウス向けのFAQ作成、修習生向けの広報のアップデート、司法修習開始時に行われる開始式や説明会の開催、修習担当弁護士への説明会等を行ったりして、当会のアピールを行ってきたが、2021（令和3）年度末をもって同ワーキング・グループは解散した。その後は、広報担当副会長が新入会員増加推進の職務を引き継ぎ、大規模事務所対策、ビデオメッセージの発信、ウェブサイトの充実、SNSの利用促進、キャラクターの活用、外弁登録手続の簡素化などの取組がなされている。他方、財務改善PTからは、育児期間の会費免除、インハウスへの会費請求方法の改善、就労環境の改善と広報、事業承継の推進等が提言されている。

### イ　事業費

事業費の予算執行率については、コロナ禍が明けたこともあって、執行率が増加しているものの、従前からのシミュレーション数値を超えるような状況にはないものと考えられる。もっとも、2023（令和5）年度で予算執行率が100％近くになる（93.8％を超える）状況になると、シミュレーション数値を超えてしまうことから、なお楽観視できない状況にある。また、予算執行状況に関し、財務改善PTからは、以下のような指摘がなされている。

#### ㋐　運動会の開催

2023（令和5）年度では、運動会は有志の企画として非公式行事として開催されていたが、2024（令和6）年度では50万円の予算措置がなされ、厚生委員会の所管を離れ、会長直属の運動会運営会議を立ち上げ、同会議において運営を担当することになった。運動会の開催には賛否あり、また、職員の負担増の懸念があることから、予算措置は50万円、職員が時間をとられないようにするという条件で開催することになった。もっとも、他団体の協力を仰ぐことが想定されているが、これにより東弁の運動会への関与の仕方、主催、共催、後援のあり方が左右されかねないことから、経済的人的負担が増大しないよう、他団体への協力要請のあり方、東弁の関与の仕方を明確にしたうえで運営方法等を決める必要がある。

#### ㋑　新年式の開催

新年式は、コロナ禍により開催が中止されていたが、人権擁護の功績を称える人権賞や先進会員、功績ある職員の表彰の意義に鑑み、コロナ禍が明けたこともあって、2024（令和6）年度には開催されることになった。しかし、年始という繁忙期における職員の負担や出席者が高齢になることなどから開催時期の妥当性については検討を要する。

### ウ　人件費

財政WGでは、非正職員数の削減、正職員の残業時間の削減、正職員の賃金体系の抜本的見直しとして、①考課基準、②昇給ルール・ピッチ、③各種手当て、④退職金の見直しなどを提言していた。

そして、2022（令和4）年度は①弁護士嘱託の賞与の削減、②職員賞与の見直し、③職員傷病手当金の一部廃止、④職員育児短時間・介護短時間の給与見直し、⑤職員考課表の見直し行い、⑥業務量の増加と派遣職

員の単価の上昇、職員の休職への対応として嘱託職員の増員（6名）がなされた。そして、2023（令和5）年度には、上記⑤で改訂された考課表が施行された。また、デジタル化基本計画の実施体制を確保するため規則改正により職員の定数の増加（定数82人から85人）が認められた。

　上記のうち一定の範囲（①ないし⑤）については、財政WGでの提言を踏まえた見直しが行われているものと評価できる。そして、今後の最大の課題は正職員の賃金体系の抜本的見直しであるが、それを単年度で対応することは困難であり、長期的に取り組んでいくための方策も検討すべきである。他方で、働きがいのある職場作りへの取組もまた必要であり、職員の意見も良く聞き、職員とともに取り組む必要がある。この点、2022（令和4）年度の「職員の待遇及び人事制度の見直しに関する提案」について、2023（令和5）年度には、労使協議再開の申し入れがなされていたが、協議再開には至らず、2024（令和6）年度には、組合員以外の職員も交えて、財政問題、事務局業務の合理化、事務局執務環境の整備、職員の待遇に関して意見交換を行うWG（諸問題検討検討ワーキンググループ）が立ち上げられることになった。

　他方、⑥の嘱託職員の増員は業務量の増加と派遣職員の単価の上昇、職員の休職への対応とはいえ、2023（令和5）年度以降、約2,121万円の支出増になり、また、職員定数が増加したことによって、今後人件費の支出が長期的に増加することが想定される。これらに関しては、財務改善PTから、人件費支出の削減や正職員賃金体系の抜本的見直しが提言されているが、現状を踏まえれば、当初WGが提言していた委員による議事録作成、完全ペーパーレス化をさらに徹底するとともに、速やかに各委員会の業務に関する業務分担（業務配分）の見直し（職員に任せず、委員会において予算執行ガイドラインの自主的運用を図る等）を行い、職員の業務負担軽減を図るべきである。

**エ　法律相談**

　財政WG答申では、残された課題として、立川相談センター及び八王子相談センターの縮小移転、町田相談センターの廃止を含めた検討、北千住相談センターの縮小に伴う千住ミルディス603の有効活用、新たな法律相談システムの構築などが提言されていた。その後、多摩地域法律相談センターへの納付金率の引き上げ、

立川相談センターの移転、北千住相談センターの業務縮小に伴う千住ミルディスの東京都弁護士協同組合への賃貸による活用が行われている。また、会員負担金の管理・回収（2022〔令和4〕年度に法律相談納付金約2,300万円、成年後見負担金約5,000万円の回収があった。）がなされ、これまで管理しきれていなかった弁護士紹介センターの相談結果報告を求め、相談料・着手・報酬金等に係る納付金の照会をシステム管理するようになったとのことである。また、2023（令和5）年度からは、①紹介センターの主要分野である離婚親族、遺言相続に特化した広報用ウェブページの作成、②法律相談センター委員が自治体回りを実施し、直接受任できない自治体相談の利用者の紹介、③池袋、錦糸町の各センターから、紹介センターが利用できる専門分野について相談希望があった場合に紹介センターを案内してもらう、などの取り組みがなされ、相談件数の増加に繋がっているとのことである。

　財務改善PTでは、収支改善策として、相談センターの受任率の分析及び弁護士紹介との役割分担の最適化の必要性、八王子相談センターと町田尾相談センターについては収支を踏まえた継続の可否の検討の必要性、成年後見事件に関する負担金の制度の再度の見直し、さらなる広報の工夫による相談件数の増加などが課題として指摘されている。

**オ　システム・OA**

**㋐　東京弁護士会デジタル化基本計画の策定**

　財政WG答申では、今後の検討課題の指摘（①業務システムで利用されている機能のうち、他の市販ソフトの利用の可否の検討、それぞれミドルウェア（OSやオフィスソフトを含む）との関係による利用可能期間や延期方法の検討、③クラウド移行も候補とした費用の最小限化の検討、④次期業務システム更新・ミドルウェア更新・サーバー交換にあたっては、いずれもベンダーロックイン解消に向けて専門業者を活用したうえで方策を検討すること等）がなされていた。その後、情報システム対応室が設置され、業務システムの在り方に関する意見書（2022〔令和4〕年11月30日付）が提示され、2023（令和5）年度には、以下の重点目標Ⅰ～Ⅴが掲げられる「東京弁護士会デジタル化基本計画」（以下「基本計画」という。）が策定された。

　Ⅰ　新たな業務システムを疎結合化することを基本とする。

疎結合化するにあたってもメインの業務システムをできるだけシンプルなシステムにすることや、汎用アプリを積極的に活用することを想定しており、その前提として現在の業務システムの把握が必要となる。

Ⅱ　業務のデジタル化を推進する。

個別の業務フローに合わせたシステム開発を行うのではなく、出来る限り共通の業務フローを使用したり、書式を統一するなど、データをデジタル化することを容易にするための取組をする。

Ⅲ　デジタル化を促進するための体制作り

業務システム更新とデジタル化を促進するための体制（人材育成を含む人的体制を含む）を整える。

Ⅳ　短期の計画、中期の計画を立案し、達成度の検証を行う。

Ⅴ　デジタル化の成果、基本計画の進行状況について広報する。

計画を立てたうえで、基本計画を策定していく。そしてその策定された基本計画について、適宜確認したうえで積極的な広報を行っていく。

(イ)　ロードマップの作成－専門業者における検討

(株)イントリーグ（ITコンサル業者）から基本計画自体のショートレビュー報告書（2023年〔令和5〕11月30日付）の提示を受け、理事者としても、システムの大枠の進め方についてはロードマップ（同報告書64頁）を前提に検討しており、現状はこのスケジュールを基に、更に細かなところまで作り込んでいく予定ということである。

この点、2028（令和10）年度の9月に現行のサーバーが使えなくなることから遡って考えると、2026（令和8）年の初めには、システムの開発や、発注をすることが必要であり、2024（令和6）～2025（令和7）年度の間には、分離・疎結合の対象となるものを検討し、その切り離しまでを行っておく必要がある。

そのため、2023（令和5）年度から、疎結合の対象を検討し一部を実行に移し、2024（令和6）年度に関しては分離する疎結合の対象となる業務の切り出し、ノーコードツール汎用アプリの対象をある程度選択して試行し、それで可能なのかどうかを判断していくという進め方が想定されている。（2024〔令和6〕～2025〔令和7〕年度は職員と弁護士のチーム、2026〔令和8〕

年度以降は主として業者に発注して進めていくことになる。）

(ウ)　今後の課題

①　今後の財政計画との関係

財政状況シミュレーション上、2028（令和10）年に8億2千万円を支出し、サーバー入替（1億4千万円）とシステム改修（6億8千万円）に対応する前提となっている。しかし、事業準備積立金の全額をサーバー入替とシステム改修に使用してしまうと、事業準備等積立資産がゼロとなってしまうこと、将来のシステムの構築方法も未定であり、今後の物価高騰も考えられる現状を踏まえれば、当該想定金額を超えてしまう可能性も考慮し、事業準備等積立資産には、2028年までの間に毎年度相当額の積立が必要ではないかと思われる。

②　クラウド化に関する情報共有等

疎結合化で用いる汎用アプリ（キントーン等）はほぼクラウド仕様であるが、当会の業務システム全てをクラウドで処理することは想定されておらず、コアのデータや綱紀・懲戒はオンプレミスというように、ハイブリッドになるであろうというのが現在の見立てということである。クラウドの懸念点としてはセキュリティの問題があると思われるが、ロードマップでも「④セキュリティ」「⑤ITガバナンス」というスケジュールを入れて随時検討していくことを予定している。

この点、セキュリティの面は会員間でも議論があるところと思われ、セキュリティと疎結合化を並行的に検討しつつも、順次アナウンスしてコンセンサスを得ながら進めていかなければ、セキュリティを重視される会員からの慎重論や批判が懸念される。2年前の検討では、クラウド自体にもいろいろな問題があるとのことでオンプレミスでサーバー入替を行った経緯があることからも、引き続き会内で情報を共有しながら進めていく必要がある。

③　情報の整理と管理

2022年度にはウェブサーバー等のOSバージョンアップの問題、2023年度では北千住パブリック事務所のサーバー交換の問題に急遽対応しなければならなくなっていた。このように、システム・OAに関する費用については、当会の固定資産として計上されていても、当該資産について、いつ買換・交換が必要であるのか、保守契約はどうなっているか、OSやソフトの切り替えが必要なのか等々を把握し、あらかじめ十分な検討

をするという管理が不十分になっているケースが生じている。今後は、システム・OAに関する費用について、費用計上等を計画的に検討できるように、情報の整理と管理が必要である。また、システムOAに関する契約等は当会本体のみならず、各委員会においてもなされていることがあるため、システム・OA関連費用全体を所掌すべき部署の検討も必要である。

④　システム関連費用の検証可能性の確保－職員の増員との関係を含む

基本計画の推進により2028年度を期限とした業務システムの全面的更改の費用支出による財務状況の悪化を回避するためには、適切な人員配置が必要であり、それがなければ事務局職員に過度な負担がかかるばかりではなく、基本計画に規定された目標を実現できずに、ベンダーロックイン等の現在の業務システムに関する課題が解決されぬまま、業務システムの更改に数億円の費用を支出してしまうことになりかねない。そのため、財政改革の観点からも、必要な人的コストをかけ、基本計画を推進する必要があり、そのため職員数を増加する必要が生じる可能性があり、今後、正職員枠の増加分で採用した職員を基本計画の推進業務に充てることになることも想定されている。

このような正職員の増員については、次のような指摘がある。

・基本計画を信用するのであれば、将来的に業務が減ることになるから、将来の職員採用数も減らせる状況になることが期待できる。そのような費用対効果を正確に評価しながら計画的に進めていただきたい。特に、現在の業務システムは、7人分の職員が減るという計画を総会で承認していたが、実際は人は減らず、逆に増えたということがある。その教訓の上に立ち、現行システムの改修によりどれだけ業務が減るかを検証しながら行っていくべきである。

・今回の増枠に伴う人件費の拡大もデジタル化の費用と位置付けられるところ、それら費用（人件費）も含めた合計で、デジタル化や効率化をして費用を削減できたという説明が後日できないと意味がない。そういった後日の説明ができるように今後の採用に伴う費用についても検証可能にすべきである。

かねてより、システムOAに関する費用は、当会の会計上の費目として整理して纏められているわけではなく、システムの運用や保守等を含めた全体として、どの程度の費用を要しているのか分かりにくいという指摘がなされていたところである。今般のシステム改修にあたり、現在判明しているだけでも、外注のITコンサル業者への発注、疎結合化としてノーコードツールを利用することによる保守運用費用等（ランニングコスト）の増大が生じる見込みであり、それらに加えて、正職員の増員による人件費が増大する可能性があるという。これらは当会の会計上複数の費目に分散して計上され、しかも、システム改修のための事業積立準備金以外の費目からの支出増大ということになる。したがって、基本計画によるシステム効率化、それによる費用削減を検証するためには、開発費やインフラ構築費用に加えて、その周辺に要する費用（人件費、保守費用等）を含めた全体のコストを比較し、全体として効率化が達成できているのかという視点からの検証が必要である。そのような検証無くして、現状において、システム開発完了後にも今般の定数増を維持しなければならないという結論を出すことはできない。システム開発完了後の事務局正職員の定数については、今後、業務システム開発費だけでなく、その運用や保守を含めた全体的なコストの上限を設定し、システム開発前後の業務量、業務効率、コストを比較検証しながら、適正な定員数の設定を検討すべきである。

カ　多摩支部

㋐　財政WG答申書における指摘事項

財政WG答申書における残された課題としては、i）多摩支部全体における取り組みとして、多摩支部の財政ルールを作る、上限を設けること、多摩支部の予算編成時期を早めることが挙げられ、ii）法律相談センター改革の取り組みとして、納付金率のアップ、日当のさらなる削減、八王子、町田センターの相談枠の選択と集中、立川センターの多摩支部会館への移転が挙げられている。

この点、2023（令和5）年度の取り組みとしては、①立川法律相談センターの多摩支部会館に移管し、2023（令和5）年10月1日から稼働が開始している。

㋑　三会の負担割合

多摩支部本体の負担割合（5：1：2）について、平成28年3月9日付多摩支部に関する覚書において、2年毎に多摩支部会員の人数比を基準として、法律相談等

の割り当て、会務負担、経費（職員を含む）の負担等の比率を協議することとされているが、以後、協議が行われた実績はなかった。負担割合を直近の三会の人数比に変更した場合、500万円程度当会の支出が少なくなる見込みであるが、他方で法律相談枠の比率も変更されると収入面への影響が出てくるおそれがある。

　今般、立川法律相談センターが多摩支部本体に併設されることになったことに伴い、今後の立川法律相談センター使用分の賃料相当額をどの会計から支出するかを含めて立川法律相談センターの費用負担割合について検討課題となった。検討にあたっては、多摩支部本体会計から賃料相当額を支出すると、立川法律相談センターの負担割合が多摩支部本体会計の負担割合と異なっていたため一弁と二弁の負担が増加することになる一方で、立川法律相談センターの費用負担の割合を5：1：2とする場合、現在ある法律相談における多摩パブリックの優先枠をどうするかという点が問題となった。この点に関して、令和5年12月27日、三会で、2023（令和5）年4月1日以降の収入及び同日以降に支払日が到来する立川法律相談センターの運営費の2023（令和5）年度における負担割合を令和4年度の実績に基づいて6.5：1.1：2.4とすること、ただし、立川法律相談センター移転後の同センターが負担すべき家賃、共益費、水道光熱費、廃棄物処理費清掃費及び保険料については、多摩支部本体会計から支出することとし、その負担割合を5：1：2とすることが合意された。

㈦　次年度以降の課題

①　八王子・町田の法律相談センターの存続

　2021（令和3）年度に決議されたように、立川法律相談センターの日当減額及び多摩支部の法律相談センターの納付金率のアップの効果を見たうえで、2024（令和6）年度以後に八王子・町田の法律相談センターの存続に関する検討を実施することになる。

　この検討にあたっては、町田法律相談センターを存続する場合であっても本会の会員も含めた相談担当者名簿の見直しを行い、町田近辺や小田急線沿線に事務所がある会員に相談を担当してもらうなどの利便性を高める方法を検討すべきであると考える。また、廃止する場合には箱ものに代わる市民のアクセスポイントの立ち上げを検討する必要があると考える。

②　三会負担割合（5：1：2）について

人数比を基準とすることについて、シミュレーションを作成するなどしてメリットデメリットを整理した上で議論をする必要がある。

③その他

　財政WG答申書における指摘事項については、引き続きの検討課題である。

キ　公設事務所

㈠　財政WGでは、東弁護士会から4つの公設事務所への支出を合計で2,800万円から3,000万円程度削減する旨の答申がなされているところ、各公設事務所における取り組みは次のようになっている。

①　三田パブリック法律事務所

　廃止によって約1,000万円は削減済である。

②　東京パブリック法律事務所

　事務所移転（2021〔令和3〕年9月）によって738万1,620円が削減済である。

③　北千住パブリック法律事務所

　同事務所は、2020（令和2）年度、2021（令和3）年度と年間500万円以上の黒字であり、このままの状況が維持されれば、東弁からの500万円の支出削減がなされても、運営は可能と予測されている。但し、この削減策は、公設事務所の経営努力に効果を依存するというもので、継続性・確実性は必ずしも高くない。また、各事務所に削減目標を定め必要性についても検討が必要である。

④　多摩パブリック法律事務所

　財政WGでは、法人後見部門の支所化（支所自体は独立採算で、当会からの賃料等の補助を受けない。）を行い、本所を移転させること及び、経営努力により、500万円の削減を目指すという答申が出されており、その後、2022（令和4）年度に同事務所の本所の移転、支所の開設ともに完了した。今後は、2024（令和6）年度からの500万円の削減が可能かどうかを見守ることとなる。なお、同事務所については、経理面において改善を要する事項が認められたことから、2028（令和10）年1月まで年1回モニタリングが行われることとなっている。

㈡　今後の検討課題としては、財務改善の維持が問題となるが、北千住パブリック法律事務所と多摩パブリック法律事務所については、財政WG答申内容自体が、事務所の経営に左右される内容なので、見通しは不透明である。両事務所ともに黒字化のための支出の削減

（例えば、給与の圧縮）は、既に極限までなされていると評価でき、収入増加策を講じることが肝要である。また、そもそも、2018（平成30）年度、公設事務所のあり方検討プロジェクトチームにおいて、公設事務所に対しては、新規の貸付を原則行わないかわりに固定費の補助を増額して、当会の公設事務所に対する支援策を定めた経緯がある。それから数年しか経過しない状況で、財政WGでの検討を行うこととなったことそれ自体は肯定できるとしても、更に、各公設事務所の所属弁護士の負担を強いる形で財政改革を進めようという方策は、各公設事務所の所属弁護士のモチベーションを下げるもので肯定できない。所属弁護士の意見を聞きつつ、所属弁護士の経営努力に任せきりということで無く、役員や公設事務所特別委員会が、収入の増加策を捻り出す方向で検討を続け、更に、公設事務所特別委員会等で各事務所からの経営報告を受けて、しっかりとした監視及びサポートを行って行くべきである。更に、パブリック事務所については、不採算事件が多いこととともに、新人で入所して、事務所内で研鑽を積み、稼げるようになった中堅弁護士が退所してしまうという問題もあり、現在に至るも解決策が見いだせていない。引き続きの課題である。

## ク　会館会計

会館修繕費については、1995（平成7）年3月28日付「新会館建設代金負担割合等に関する合意書」に基づき、東弁が一弁・二弁の約2倍を負担することとなっている。

維持管理にかかる修繕費は、合意書第5条1項に基づき、第4条と同じ割合、すなわち日弁連27.36％、当会36.10％、一弁18.84％、二弁17.70％とされている。それ以外の修繕費は、第5条2項に基づき、同合意書第1条、第4条及び第6条に定める割合を基礎として四会が協議して定めることとされている。

30年目大規模改修工事費がどの程度の費用額になるかは不明であるが、同工事費を支払えたとしても、40年目大規模改修工事費が引当不足に陥る可能性は否定しえない。当会は、他会の2倍の工事費を負担する必要があり、かつ現状の引当金は他会の同額程度しか積立されていないからである。

仮に30年目大規模改修工事に当会負担額が20億円だったとした場合、30年目大規模改修工事後に、当会の引手金残高は17億円、一弁は34億円、二弁は24億円（シ

ステム改修に5億円を費消するため）が残ると予測される。その結果、40年目改修に向けて、当会だけが新会館臨時会費の徴収を再開しなければならなくなり、当会が財政難であるとの風評被害が再燃し、新入会員の減少や会員の流出を招く危険性を否定できない。長期的視点では、新会館臨時会費の再開は、同時期に、在京他会と同額で開始しなければならないから、今から、一般会計からの引当てを検討し実行する必要がある。

そのため、次のような提言がなされている。

①　一般会計から会館修繕積立金への引当て

第1に、2011（平成23）年度から2016（平成28）年度まで6年度にわたり会館修繕積立金会計から（会館維持管理会計を迂回して）一般会計に流用した11億円のうち、全部または一部を、会館修繕積立金会計に繰り戻すべきである。2022年度期末の一般会計の引当金は、約19億円あるから、その全部または一部を会館修繕積立金会計に繰り戻すことは可能と考える。

第2に、一般会計の黒字額のうち相当額を、毎年度、一般会計から会館修繕積立金会計に引当るべきである。毎年度5,000万円を引当てすると10年度で5億円、20年度で10億円となるから、30年目大規模修繕工事に20億円が支出されたとしても、23億円程度の残高は維持できる。

②　20年目大規模改修工事を踏まえたその他の提言

2022（令和4）年4月22日付東京弁護士会会長及び副会長から会館運営委員会委員長に宛てられた意見書には、20年目大規模改修工事について、見積もりが正確でなかったこと、追加工事費用が増大したこと、予定していた工事に着工できなかったこと、これらに関し、監理会社が機能しなかったこと、施工会社と監理会社において十分なコミュニケーションがとれていなかったこと等の問題点が指摘されている。このような20年目大規模改修工事の問題点を踏まえた上で、調達価格や工事内容の適正化のために十全の注意を払わなければならない。

そのため、30年目大規模改修工事に関しては、コンストラクションマネジメント（CM：建設プロジェクトにおける企画・計画、設計、工事発注、施工、引き渡しの各段階で「コスト管理」「スケジュール管理」「品質管理」「情報管理」「リスク管理」などを実施すること。）業務を専門業者に発注することを予定している

が、発注するにあたっては、委託内容と成果物（報告書と修繕計画書）の内容を明確化しておくべきである。

### (2) 2022（令和4）年度決算概要

2022（令和4）年度は12月から全会員の会費2,000円減額が実施されたが、引き続き黒字決算となった。

事業活動収支は、収入が2021（令和3）年度比8,483万円増（予算比2億8,222万円増）、支出が2021（令和3）年度比9,508万円減（予算比2億4,923万円減）で、収支差額は2021（令和3）年度比1億7,992万円増の4億5,069万円（予算比5億3,146万円増）、一般会計全体の収支差額は2021（令和3）年度比2億0,322万円増、の3億6,552万円（予算比5億7,606万円増）で、次期繰越収支差額は2021（令和3）年度比3億6,552万円増の19億6,463万円（予算比5億7,606万円増）となった。

## 5 2023（令和5）年度決算とさらなる財政健全化に向けた活動

### (1) 2023（令和5）年度決算概要

2023（令和5）年度は、全会員の会費2,000円減額が通年で実施されたが、引き続き黒字決算となった。

事業活動収支は、収入が2022（令和4）年度比1,656円減（予算比3億5,448万円増）、支出が2022（令和4）年度比2,132万円増（予算比2億0119万円減）で、収支差額は2022（令和4）年度比3,789万円減の4億1,280万円（予算比5億5,567万円増）、一般会計全体の収支差額は2022（令和4）年度比7,822万円減の2億8,730万円（予算比6億0938万円増）で、次期繰越収支差額は2022（令和4）年度比2億8,730万円増の22億5,193万円（予算比6億0938万円増）となった。

### (2) 今後の財政健全化に向けた活動

ここまで説明したように、東弁全体による財政改革への取組みによって、2019（令和元）年度から2023（令和5）年度決算において、5年連続の黒字化となっている。このような収支改善は、この間の新型コロナウイルス感染症の感染拡大による活動縮小、自粛等による支出減や一時的な手数料増の影響があるものの、それを差し引いても、東弁の財政改革が着実に進んでいるものと評価できる。その結果、当初の目標であった

2024（令和6）年からの全会員会費2,000円減額も前倒しで2022（令和4）年12月から実施されている。

このような財務体質の改善の成果は、財政WGの提言内容の実施や執行部による鋭意の工夫、それに対する会員の協力等によって得られたものであって、速やかに会員と情報を共有し、財務体質悪化の風評を払拭していくことも重要である。

もっとも、全会員会費減額を可としたシミュレーションは、支出増加抑制と執行管理が行われることを前提とした試算であり、今後の実績値との乖離が生じないよう、収支改善の努力を継続することは必須である。

また、今後の不定期の支出や不確定要素が残されていることに加え、財政WG各チームにおいて分析し提示した検討課題が全て解決しているわけではなく、その後の状況を踏まえた財務改善PTからの提案もなされているところである。また、改善傾向にある財務状況が、今後も継続されていくことが保障されているわけでもない。新型コロナウイルス感染症が明け、今後、事業活動も従前の状況に戻るとともに、OA刷新や大規模修繕工事のように大規模な支出も控えている。東弁として、持続可能な強靭な財務体質を構築するという目標は、未だ道半ばにある。現状に甘んずることなく、引き続き残された課題の解決に取り組むとともに、冗費節減、業務の効率化に向けて不断の見直しをしていかなければならない。

このような観点から、引き続き財務改善PTによって、財政WGの活動終了後にも財政WGの答申の実現状況の調査・検証等が行われている。今後の予算執行等にあたっては、中でも高額な支出や長期的な影響が想定される事項に関しては、これまでの財政WGでの検討経緯や結果、財務改善PTでの指摘事項を踏まえ、情報共有と意見聴取など、連携を密にした検討がなされるべきであろう。

そして、今後は、毎年の監事意見書による指摘だけでなく、財務改善PTによる調査結果等にも注目し、財政健全化の実現とその維持継続を図っていく必要がある。

# 第7 会員への情報提供（広報の充実）

## 1 情報提供の重要性

　現代社会において、組織による情報提供の重要性は論を俟たない。東弁においても、市民と会員に対する情報発信を積極的に行っている。

　情報発信においては、正確かつ多くの情報を、迅速かつ効率的（予算的に合理的）な手段で、提供すべきことが肝要であり、それは市民に対するのみならず、会員に対しても変わらない。

## 2 情報提供の現状（会報、会員専用ウェブサイト、メールマガジン等）

　現在、東弁が会員に対して提供している情報は、概ね、業務に役立つ情報（事件処理のマニュアル、書式、各種研修案内、裁判所等からの周知要請事項等）や東弁の活動（各種提言、シンポジウム開催、委員会活動等の周知）、会員に対する協力依頼（各種アンケート等）に分類される。そして、これらの情報を提供する手段として、会報誌「LIBRA」、FAX、会員専用ウェブサイト（以下、「会員サイト」という。）、メールマガジン等がある。

　このうちインターネットを利用した情報提供として、東弁は、2001（平成13）年度に会員サイトを開設し、2008（平成20）年には会員サイト内にマイページを設け、研修情報の検索及びウェブ上での研修申込みが可能となり、東弁が把握している会員に関する情報を会員自身が確認できるようになった。その後、2021（令和3）年度の改修で、各種メニュー、新着情報等の表示方法が見直され、各種マニュアル・書式等の掲載場所が整理された。

　2016（平成28）年7月、東弁は、会員へのよりスピーディーな情報提供を目指し、弁護士会による会員向けとしては全国初のスマートフォン用アプリ「べんとら」（弁護士虎の巻）をリリースした。「べんとら」は、その後も継続的にアップデートが行われ、新機能・情報の追加や使い勝手の改善がなされている。現在は新元号と消費税率の変更に対応した改修版が提供されており、機能紹介動画（養育費計算機能編、刑事弁護の豆知識編、法律相談センター報酬計算機能編）も公開されている。

　紙媒体による情報提供として、これまで東弁は、原則として毎月1回、「LIBRA」を含めた紙媒体を信書便で全会員に発送してきたが、会員数の増加とともに膨大な費用を要するものとなり、東弁の財政を圧迫するようになった。また、ペーパーレス化の流れ及び積極的に電子媒体で情報を受領したいという会員の声もあった。そこで、懲戒情報を除くすべての記事を掲載した電子版「LIBRA」、及び、その他の発送物について会員サイトにおいて電子的提供を行うことで、2019（令和元）年11月から、希望者には紙媒体による発送を停止することとした。更に、東弁はこの方針を進め、2021（令和3）年度から、信書に該当しない「LIBRA」等は引き続き会員に送付するが、それ以外の紙媒体については会員への発送を全面的に廃止した。

　SNSについては、東弁では、2011（平成23）年7月、単位会としてはいち早く公式ツイッター（現X）アカウントを開設し、2017（平成29）年9月には、東京弁護士会広報室名義でフェイスブックのページを開設した。これらのSNSでは、市民向けの情報発信が主であるが、会員のフォロワーも多く、会員に向けた情報提供の側面も有している。2023（令和5）年4月からはツイッター（現X）のLIBRA専用アカウント、同年7月からは公式インスタグラムアカウントも開設し、SNSの積極活用に更に力を入れている。

## 3 情報提供の方策（メールマガジン、会員サイト、アプリ、SNSの活用）

### (1) 紙媒体

　現在、東弁においては、会員に対するFAXによる情報提供は殆ど行われておらず、「LIBRA」等以外の紙媒体による全会員発送についても全面的に停止し、会員サイトにおいて電子版を提供するという方策が採られている。

　このような電子版の提供は、支出の削減やペーパーレス化の流れに沿うものであるが、紙媒体は、送付された時点で会員の目に留まりやすいことや、まとまった量の文書の読みやすさなどから、会員への情報提供の手段として現在においても意義は失われていないものと思われる。

　一方で、電子版の閲覧は、積極的なアクセスを必要とするものであるから、必要な情報提供が適切に行わ

れるように、メールマガジン等による新着情報の告知や、会員サイトの当該ページへのアクセスを容易にする方策が重要となる。

### (2) メールマガジン

インターネットを利用した情報提供は、紙幅の制限がなく、添付ファイルやリンク等を利用すれば相当豊富な情報を盛り込めるという点で、充実した情報提供が可能となる。また、紙媒体と異なって、印刷や配布の手間と費用が圧倒的に少なく済むことから、迅速かつ効率的な情報提供手段として特筆すべきものがある。

特に、期待されるのは、メールマガジンによる情報提供であり、現在、東弁では、会長声明や意見書、研修・各種イベントの案内、近時の裁判例等の情報を毎月2回、研修情報を毎月1回、電子版「LIBRA」等の案内を発行月に1回、登録している会員に対して送付している。2019（平成31）年3月の臨時総会において、会員に対してメールアドレスの届出義務化が承認されたが、メールマガジンへの登録までは義務化されておらず、東弁のメールマガジン登録会員は全会員の70パーセント台にとどまっている。

メールマガジンを含むメールによる情報提供は、大きな利点を持つものであるが、日々届く大量のメールの中で重要な情報が見落とされる可能性がある。送信の頻度やタイトルの付け方などを検討するとともに、より多くの会員に読んでもらえるような内容を目指すべきである。

### (3) 会員サイト

会員サイトには、研修情報のみならず、弁護士会からのお知らせ、各種書式、事件処理のマニュアル、会員支援制度、裁判所等からの周知要請事項など、会員に有益な情報が多数掲載され、日々更新が行われている。会員が、東弁からの情報及び業務に関する情報にアクセスする際のポータルとなるべく、より使い勝手を改善し、利用の促進をしていくべきである。

また、会員サイトには、各委員会等が、会員サイト内に個別にページを作成し会員向けに情報を発信することができる「委員会ブログ」が用意されている（2021〔令和3〕年度の改修の際、各法律研究部が情報発信できるページを新設したが、2024〔令和6〕年度には、委員会ブログと同様の仕様となる予定である。）。各委員会等が、会員に向けて活動状況や会員への周知事項を発信することは意義あるものと考えられ、広報実務

者会議等での周知を経て、徐々に積極的な活用が進みつつある。

更に、2022（令和4）年度は、重要論点について、意見照会及び会員集会に加えて、会員サイトで会員からの意見募集（パブリックコメント）を行い、積極的な意見聴取に努めた。会員サイトは、情報提供だけではなく、会員が意見を寄せる場としての役割も担っており、「会員との双方向性」という観点からの利用も促進されるべきである。

なお、会員サイトは、現時点ではスマートフォンに対応しておらず、会員の外出先からのアクセスに対応するためにも、早期に会員サイトのスマートフォン対応を目指すべきである。

### (4) スマートフォン用アプリ「べんとら」

「べんとら」によって、会員に向けて、業務に役立つ情報（民事裁判申立手数料計算、養育費等の計算機能、裁判所、検察庁、警察署などの施設情報）、研修情報、弁護士会の窓口案内、求人情報などの情報を提供することが可能となった。「プッシュ通知」機能も備えており、特にスマートフォンの利用率が高い若手会員に対して、東弁からの情報が迅速かつ効率的に伝達されることが期待される。

「べんとら」のダウンロード数は、2023（令和5）年5月に2万件を超え、そのうち会員認証されている端末数は約2,400件に上るが、更に利用を促進していくべきである。

### (5) SNSの活用

SNSによる情報発信は基本的には市民向けであるが、東弁のアカウントをフォローしている会員も相当数あり、シンポジウムの開催や会長声明の発出など東弁の活動を会員に向けて周知する効果も有している。SNSをスマートフォン等で日常的に閲覧している会員も多いと思われることから、対外的に公開されることに留意しつつ、会員向けの重要な周知事項の発信などに活用していくことも検討されるべきである。

### (6) 結論

会員への情報提供については、紙媒体、会員サイトとメールマガジン、スマートフォン用アプリ、SNSをそれぞれ使い分けて、有効かつ適切な利用方法を考えていくことが必要となってくる。その前提として、インターネットを利用した情報発信に対する予算枠を十分に与えて執行していくべきである。

# 第8 合同図書館の現状と問題点

## 1 図書館の職員について

### (1) 図書館職員（正職員）について

#### ア 図書館職員の役割

弁護士業務における文献調査は重要である。これを支える合同図書館の蔵書は、利用者に対して適切に文献を提供できて初めて存在意義がある。この適切な文献提供は図書館職員の専門的能力に依存する。そのため、合同図書館は、「現代における図書館の優劣は、蔵書の量や質のみならず、その職員の図書館専門職としての能力に左右される。図書館の質は、図書館職員の質によって定まると言っても過言ではない」という考えに基づき、これまで政策要綱において図書館職員の質の向上及び拡充を求めて続けている。

上記のような考え方に基づき、2009（平成21）年12月、更なる専門職制を充実させるため、「図書館職員」という職制が東弁に新たに創設され、現在は、全員が司書という専門資格を有する職員により合同図書館が運営されている。なお、これに伴い、図書館職員の給与等は、両会の一般会計ではなく、合同図書館特別会計に計上されることになっている。

#### イ 図書館職員の待遇改善について

図書館職員の待遇については、2009（平成21）年12月に就業規則が制定され、その後、2011（平成23）年度に給与、退職金及び賞与について改善がなされた。もっとも、依然として東弁職員の待遇とは格差が大きいことから、改善を継続して検討すべきである。2018（平成30）年度には、就業規則上の差異を主に検証し、①勤務時間及び休日の改正、②資格手当の新設、③被服手当の新設、④賞与の支給月数に関する規定の改正、⑤退職金が発生する勤続年数の改正（現行の勤続3年を2年に改正）、⑥リフレッシュ休暇の新設、⑦ハラスメント対策として接人態度に関する規定の改正、⑧表彰要件に関する規定の改正（現行の10年以上の勤務を5年以上の勤務に改正）につき、要望書を提出し、このうち一部は改善された。東弁職員就業規則及び東弁職員給与規則との差異が明らかであることをふまえると、未改善事項に関しても、早急に是正措置を実現させていくべきである。

また、就業規則上の差異があるわけではないが、高年齢者等の雇用の安定等に関する法律等の労働法制の変遷や図書館業務の特性等をふまえて、定年規定の改正（満65歳に引上げ）も検討すべきである。すなわち、現行の満60歳定年後も「嘱託図書館職員」として継続雇用の余地はあるものの、ア）図書館就業規則及びその他の東弁の規則において「嘱託図書館職員」に関する特別規定はないこと、イ）現状の職員の年齢構成を前提にすると、「合同図書館事務局職員に関する協議書」に由来する臨時職員の人員数の制約に抵触するおそれがあること、他方、ウ）合同図書館において図書館職員としての専門的経験を重ねた者に嘱託職員として補助的業務を行わせることは人材資源の浪費であること等を考慮すると、定年を65歳まで引き上げるべきである。現在最年長職員の定年が来年度に迫っていることから、定年規定の改正等の手当は早急に実施されるべきである。

#### ウ 短時間勤務職員等への対応について

2024（令和6）年8月末現在、短時間勤務制度等を利用する図書館職員は在籍していない。ただ、今後も育児休業・育児短時間勤務、病気休職や介護短時間勤務を取得する図書館職員は想定されるところ、委員会業務など図書館職員のみが行う業務について、休業若しくは時短勤務以外の図書館職員に負担が過度に集中し、その結果、図書館利用者に対するサービスへの影響が懸念される。そこで、図書館のサービスへの影響を緩和しつつ、図書館職員が安心して各種休業を取得し、また、短時間勤務をすることができるような事務局の人員体制作りが早急になされることが必要である。とりわけ、従前、育児休業制度を利用した場合には、臨時職員等の人員補充の措置がとられるのに対し、育児短時間勤務制度を利用する場合には、人員補充の措置がとられていないことから、後者の措置は早急に検討されるべきである。

### (2) 非正規職員に関する問題について

合同図書館においては、現在、派遣会社より3名が派遣されて勤務しており、直接雇用のパート職員は勤務していない。しかし、業務の性質上取扱いに注意を要する情報に接する可能性のあること、また、図書館サービス提供の必要から、依然として嘱託職員やパート職員を採用する可能性があること、更に、(1)ウで述べたような図書館職員が産休・育休、介護休暇など

長期に休職となった場合や短時間勤務となった場合に備えた事務局体制作りの一環として、臨時の非正規職員の就業規則についても検討すべきである。図書館においては、この問題に関して、2014（平成26）年度から、勤務時間、給与体系など合同図書館の特色を反映した独自の非正規職員の就業規則として「図書館スタッフ及び臨時図書館職員就業規則（仮）」の制定について検討を続けている。

## 2　図書館と新型コロナウイルス感染症について

（1）2020（令和2）年3月からの新型コロナウイルス感染症患者の増加に伴い、合同図書館の場における感染を防止するため短縮開館等の措置をとってきた。しかし、2023（令和5）年3月10日に、マスク着用、長期滞在不可、閲覧席の間引きといった措置を解除した。また、新型コロナウイルスの位置づけが5類に移行した2023（令和5）年5月8日からは、開館時間を「10時～17時30分」から「10時～17時45分」に変更し、閉館後の除菌作業も終了した。さらに、2024（令和6）年2月1日に、カウンターやデータベースコーナーに設置していた飛沫防止シートを撤去した。

（2）上記のように新型コロナウイルス感染症対策は、落ち着いている状況ではあるが、図書館には不特定多数の来館者がいることから、感染の波があって状況は日々変遷していることをふまえ、最新の知見に留意して、緊張感をもって図書館が感染の原因場所にならないよう対策をとっていく必要がある。

## 3　書架スペース不足問題について

近時、図書館では毎年2,000冊弱の図書が購入されるほか、会員や他会の弁護士から合同図書館に寄贈される図書が約200冊ある。合同図書館の書架に収蔵可能な蔵書数は約16万5,000冊であるところ、現在の蔵書数は、図書が約9万冊、雑誌が約1,100タイトル、判例集・法令集等があり、今後も毎年約2,000冊の図書の受入れを継続すると、近い将来収蔵が不可能となることが予想されるため、近年はチームを編成して資料の廃棄等の対策を講じてきている。2014（平成26）年度の書架レイアウトの変更等により、10年分の書架スペースを確保したが、7年が経過した頃から収蔵スペースが少なくなってきたことから、2022（令和4）年度には書架を増設するとともに、2024（令和6）年には大幅な整理作業を実施し、書架狭隘対策として利用してきた外部倉庫預入に頼らず、合同図書館内で完結する所蔵構成を構築するための書架レイアウトに変更した。あわせて、2021（令和3）年度理事者から指示のあった外部倉庫預入資料の廃棄作業についても、準備期間を経て2022年6月から2024年5月までの約2年間に及び実施し、預入費用を半減しただけでなく、外部倉庫に預入れるものを保存が必要な貴重書及び古書に限定したため、将来的な預入費用の増加を抑えられることとなった。

## 4　合同図書館におけるサービスの拡充について

### (1) 図書館の修繕等について

弁護士会館の大規模修繕の一環として、2020（令和2）年8月に合同図書館内の工事が実施され、空調設備と照明設備が更新された。また、出入口のドアも引戸式のものに交換され、エントランスの幅が広がり、バリアフリーの面でも改善が進んだ。図書館の固有設備に関しても見直しを行っている。大がかりなものとしては、8階の電動書架が老朽化したことから、2015（平成27）年度に電動書架の補修工事を実施し、2016（平成28）年度には、データベースコーナー電源の増量、電話ボックスのうち1つの防音対策、閲覧席座席改修などを実施した。2017（平成29）年度には、館内壁紙の改修、電話ボックスのうち残る1つの防音対策、ブックカートの導入等を実施した。2020（令和2）年度は、カーペットの交換が実施された。2022（令和4）年度には大規模整理のため書架を増設するとともに、図書館システムサーバ1台、利用者用及び業務用端末11台等の入替をおこなった。

2024（令和6）年度は、図書館サーバ1台及び退館ゲート（BDS）の入替をおこなった。

### (2) IC化について

2014（平成26）年度、合同図書館では老朽化した入館ゲートをICカードにも対応可能なものに入れ替え、2015（平成27）年度に利用カードについてIC磁気併用の利用カードへの切り替えを行った。また、2016（平成28）年度には、館内で磁気カードリーダを使用していたカウンター、自動貸出機及び8階入口を全てICカード対応の機器と入れ換えたことにより、館内の機器

の全てについてIC対応が実現された。さらに、2017（平成29）年度からは、蔵書にICタグを取り付けて管理するシステムの導入について検討を開始している。ICタグが導入されれば、利用者の利便性が図られるとともに、貸出・返却手続及び蔵書点検作業の省力化が図られる。現在までに、ICタグを導入した図書館の視察・意見聴取、合同図書館内での専門業者によるデモンストレーション等を実施しているが、技術の進化をふまえて機種等選定、導入時期、導入方法の検討を継続して検討すべきである。

### （3）若手会員サポートについて

弁護士会は、近年、若手会員対策に力を入れているが、事務所に業務に必要な資料が十分にない若手会員にとって、合同図書館は非常に大きな役割を果たしている。合同図書館で文献調査をしている若手会員は、主に受任案件のために合同図書館を訪れているのであり、このような若手会員に対して、合同図書館が窓口となり、弁護士会の他の委員会などと協力したサポートの可能性を検討する価値はあると考えられる。その一環として、2016（平成28）年度から、若手会員総合支援センターと共同で独立開業する若手会員向けの参考書籍を展示する特設書架を入館ゲートから見えやすい場所に設置し、現時点においても展示を継続している。

### （4）郵送貸出制度等について

2016（平成28）年度から、三会多摩支部からの要望を契機に、郵送貸出制度等の実現可能性について検討を実施している。郵送貸出制度は、会員が図書館に来館することなく、利用したい図書を図書館から事務所に郵送により貸出を受ける制度である。この制度が実現すれば、図書館に出向く手間、時間を省くことができ、利用者の利便性は増すことになる。貸出の対象者を多摩支部会員に限定するのか否か、コスト、貸出の具体的な手続等に関する諸課題はあるものの、サービスの拡充の観点から積極的な検討をしてきているところ、2023（令和5）年7月12日に両会から意見照会が提出されたことを契機に、2023（令和5）年秋より多摩支部内に事務所がある三会弁護士に対して郵送貸出の試験的導入をしている。

### （5）図書館利用規則の改正

図書館利用規則等のルールに関しては、近時の弁護士活動等の実態にそぐわない点も散見されることから、改正案の検討を実施している。東弁二弁の会員のための施設であることを前提に会員以外にはどの範囲まで利用資格を認めていくのか、利用方法の利便性をいかに高めていくか、不利益処分の手続、個人情報の取扱い等を中心に、これからの合同図書館を見据えたルール作りをすべきである。

### （6）まとめ

以上、合同図書館は、弁護士業務を担う会員サービスの不可欠な機能を担っている。このことはコロナウイルス感染症による休館を通じて再認識されている。このような機能を十全に果たすため、図書館運営の核をなす図書館職員をサポートする体制の向上・拡充及び図書館機能を支える施設・システム等の整備が重要である。

## 第9　多摩地域・島嶼地域における司法サービス

### 1　多摩地域・島嶼地域の現状

#### （1）多摩地域の現状と裁判所

東京都の多摩地域には、30市町村があり、その面積は東京23区の約1.8倍（約1,160平方キロメートル）、人口は429万人を超え（2024〔令和6〕年5月1日時点。東京都の総人口の約30％）、都道府県別人口で9位の福岡県と10位の静岡県の間に位置する程であり、裁判所の管轄人口的には横浜地裁に次ぐ全国第4位である。産業経済活動も、事業所数もここ数年間、都道府県の順位で10位くらいであり、活発な産業経済活動は、大き

な「県」の一つに相当する。

多摩支部会員資格については、2006（平成18）年3月までは登録制限がなく、希望者はだれでも会員登録ができたが、同年4月から、多摩地域に事務所が所在している会員で登録申請した者のみが会員となれることになった。そのため、会員制の制限のない2006（平成18）年3月末日時点の多摩支部会員数は、合計1,294人（内訳：東弁633人、一弁347人、二弁314人）であったが、2006（平成18）年4月からの資格制限後の会員数は2024（令和8）年8月26日現在、合計610人（内訳：

東弁336人、一弁91人、二弁183人）となっている。

多摩地域の裁判所としては、2009（平成21）年4月にそれまでの地裁・家裁の八王子支部が立川に移転して地裁・家裁立川支部となり、それ以外に八王子簡裁、立川簡裁、武蔵野簡裁、町田簡裁、青梅簡裁がある。

### (2) 島嶼地域の現状と裁判所

島嶼地域には、9町村があり、その面積は約406平方キロメートル、その人口は約2万3,000人である（2024〔令和6〕年5月1日時点）。

また、島嶼地域は広大な地域に伊豆諸島、小笠原諸島が点在しており、伊豆大島家裁出張所・簡裁、新島簡裁、八丈島家裁出張所・簡裁があるのみであり、他の離島等の過疎地と同様に、司法サービスもまた、その充実が求められている。

## 2 多摩地域における今後の司法及び弁護士会の課題

### (1) 東京地方・家庭裁判所立川支部の物的設備・人的規模の拡充と「本庁化」問題

地家裁立川支部の取扱裁判件数は、全国の本庁・支部別統計において横浜地家裁本庁やさいたま地家裁本庁に肩を並べるほど多いが、裁判官・職員の数は不足しており、その人的規模を拡大して、利用者にとって利用しやすい裁判所にしていく必要がある。

のみならず、429万人以上の市町村民が居住し、全国有数の事件数を抱える裁判所であるにもかかわらず、あくまで支部であるために、人事・予算など重要事項の決定権がなく、また行政事件は取り扱われず（なお、労働審判事件については2010〔平成22〕年4月から取り扱っている。）、地家裁委員会もない状況にあり、多摩地域の弁護士たちからは、司法サービスの拡充のために、立川支部の「本庁化」が要請されている。

立川支部を本庁化するためには、「下級裁判所の設置及び管轄区域に関する法律」の改正が必要となる。三会多摩支部は、これまでに、数々のシンポジウムを開催し、署名活動や、国会議員・商工会議所と共に最高裁・法務省に要望活動を行うなど、様々な取り組みを行ってきているが、当の裁判所や法務省は、立川支部を本庁化することに積極的とはいえない。

本庁化を実現するために、日弁連、関弁連、国会議員、自治体、地方議会、経済団体、マスコミなどを巻き込んで、一大市民運動を作って本庁化本会化の実現に向けて取り組んでいくべきという声がある一方で、(2) 項で記す「本会化」問題と密接に関わる問題であり、一大市民運動を作っての本庁化実現を目指すことを掲げるには、なお慎重な検討が必要という声もある。

### (2) 弁護士会多摩支部の本会化

多摩地域は429万人を越える人口を有しているが、東京23区の約1.8倍という広大な地域に分散して存在しており、その実態は東京23区の特色である人口集中による「都市型」の人口分布と異なる「地方型」の人口分布を有している。そのため、弁護士会における司法サービスの提供についても、都市型とは異なる独自の手法が必要とされる場面も多く、「大都市単位会」ではなく「地方単位会」としての対応が望ましい。また、東京地方・家庭裁判所立川支部の「本庁化」が実現した場合には必然的に対応する「単位弁護士会」の設立が必要となる。

ところが、東京都には、三つの弁護士会が存在することから、多摩支部もそれに対応して三支部が存在している。そして、最終決定権は三つの本会それぞれにあるため、多摩支部に関する問題について意思決定するには、まず多摩支部内で三支部が合意した上で、三つの本会が合意することが必要となる。このように、多摩支部では、最終意思決定機関が一本化されていないために、意思決定が機動的にできていないという大きな問題を抱えている。だからこそ、多摩地域に弁護士会の一元的責任体制の確立が必要なのである。

以上のような状況を踏まえ、東京三会は、2011（平成23）年に、東京三会本庁化本会化推進協議会を設置し、また、2014年（平成26）年には、三会多摩支部が、「多摩には多摩の弁護士会を」とのスローガンを掲げて、東京地方・家庭裁判所立川支部本庁化及び弁護士会多摩支部本会化推進本部を設置し、立川支部の本庁化、及び東京三会の多摩支部統合、そして、三会多摩支部の「本会化」に向けて活動している（なお、2013〔平成25〕年以前の動きについては、同年に東京三会本庁化本会化推進協議会が組織されたことにより廃止された多摩支部本会化検討プロジェクトチームの作成にかかる、「多摩には多摩の弁護士会を！－東京弁護士会多摩支部の本会化に向けての意見書」、「多摩には多摩の弁護士会を！(2)－東京弁護士会多摩支部の本会化に向けての短期・中期・長期各課題とそれらに対する対応についての提言－」に詳しいので参照された

い。）。

ただし、三会多摩支部が本会化を目指すには、不安視される点もある。

2024（令和6年）8月現在、三会多摩支部において、人権擁護委員会は設置されていない。多摩地域は、府中刑務所、東日本成人矯正医療センター（旧八王子医療刑務所）、立川拘置所、東京西法務少年支援センター（少年鑑別所）の身柄拘束を伴う4施設を抱えており、上記4施設からの人権救済申立に対応するだけの、三会多摩支部の経験とマンパワーが、多摩支部会員から不安視されている。

また、三会多摩支部は、支部ということもあり、綱紀委員会が置かれておらず、綱紀・懲戒の知識と経験が不足している。さらに、多摩地域の国選弁護、成年後見の分野についても、多摩支部の弁護士だけで担うことができるだけのマンパワーが十分ではない。

上記の点から、多摩支部内の中においても、特に若手会員から、本会化を不安視する声が少なくなく、コンセンサスを十分に得ていないのが実情である。

なお、従前、一弁多摩支部は、東弁二弁の支部組織と異なり、一弁本会の一委員会に過ぎず、また、その会員資格についても、期限の定め無く、東京23区内に事務所のある弁護士も一弁多摩支部会員になれることとされ、そのことが本会化実現に向けての足かせとなっていた。

しかし、一弁は、2015（平成27）年度中に大英断を下し、2018（平成30）年4月1日から、東弁二弁と同趣旨の多摩支部会規及び多摩支部規則を制定して、正式な支部組織とするとともに、三会とも多摩支部会員資格を立川支部管内に法律事務所を有する会員に限定することとし、本会化に向けて大きく前進することとなった。そして、これに伴い、多摩支部における法律相談の割り当て、会務負担、経費（職員を含む）の比率については、東弁：一弁：二弁が2018（平成30）年3月31日までは従前どおり2：1：1とし、同年4月1日以降は、原則として各会の人口比に合わせて5：1：2とすることになった（ただし、同年1月31日までに著しい人口比の変動が認められた場合には当該比率を見直すこととする）。

また、財政面では、従前は、各年度の予算・決算は、東弁二弁で支部会員から独自に徴収する1人当たり年間2万4,000円の支部会費の使い道も含め、すべて各本会での承認を得なければならず、個々の支出では、1万円以上の支出はすべて各本会の承認を得なければならないこととされ、独立に向けての運動を進めるにあたっての障害となっていた。しかし、この点も、三会多摩支部側の要望により、2015（平成27）年4月1日からは、10万円以下の支出は三会多摩支部において決することができるものとされ、一定の改善が施された。

### (3) 多摩地域の司法拠点の複数化

立川に従前より規模の大きい支部裁判所が移転したことは、司法サービスの拡充の見地からは望ましいことである。しかし、多摩地域の面積の広大さ、生活圏の分散化（北多摩、西多摩、南多摩）、交通の便などを考慮するならば、それだけで多摩地域の裁判事件をすべてカバーできるかについては疑問も残る。すなわち、人口も取扱事件数も多い多摩地域において、支部裁判所が一つしか存在しないということ自体が問題であり、本来、八王子以西地域や町田地域からのアクセスを考慮するならば、支部裁判所も立川支部の他、たとえば八王子支部・町田支部がそれぞれ並存する方が、より合理性があり多摩地域の住民のニーズにも合致するのではないか、と考えられる。

残念ながら、支部裁判所の立川移転により、八王子には簡易裁判所しか残されなかったが、弁護士会としては、八王子以西地域、町田地区方面にも少しでも多くの司法機能が拡充されるよう、財政問題の解決も含め、多摩地域の自治体、議会、市民と連携して今後も運動していく必要がある。

特に町田地区は、管轄の東京家庭裁判所立川支部が立川市内にあることにより、離婚や相続といった市民に身近な家事事件につき、相当遠方まで赴かなくてはならなくなっている。町田地区は、町田簡易裁判所が存在する。この建物を生かし、東京家庭裁判所町田出張所の制度化を急ぐべきである。

### (4) 八王子法律相談センターと町田法律相談センターの存続問題

八王子法律相談センターは、もともと旧多摩支部弁護士会館の1階に設置されていたが、2020（令和2）年に、旧多摩支部弁護士会館が三信住建株式会社に売却されたことにより、その業務を一旦休止することになった。その後、場所を京王八王子駅前ビル8階（八王子市明神町4-2-10）に移転して存続することとなった（2020〔令和2〕年10月より相談業務が再開された）。

380 　第8部　弁護士会の機構と運営をめぐる現状と展望

町田法律相談センターは、2016（平成28）年3月末日までは、一弁が運営してきたが、同日をもって廃止された。しかし、町田市は、人口が43万人を超えており（2022〔令和4〕年9月1日時点）、法的サービスの需要が高いにも関わらず、多摩地域の他の法律相談センターが設置されている立川市や八王子市との交通の便が悪く、弁護士会運営による安心できる相談窓口を継続して設置してもらいたいとのニーズが強く認められた。そこで、東京三会は、2016（平成28）年7月、改めて町田法律相談センターを設置し（町田市森野1-13-1）、町田市民の法律相談に対応することとなった。

東京三会は、八王子法律相談センターに関しては、2022（令和4）年3月29日に「八王子法律相談センターに関する覚書の変更合意書」を締結し、2024（令和6年）6月末までに赤字を解消できなければ、不動産の賃貸借によるセンター運営を終了することも含めた抜本的な対策を講じる合意がなされた。同じく、町田法律相談センターに関しては、2024（令和4）年3月29日に「町田法律相談センターに関する覚書の変更合意書」を締結し、2017（平成29）年度の収支における赤字額と2023（令和5年）度の赤字額を比較して、赤字額が減少していない場合は、弁護士紹介制度の切り替えを含め抜本的な対策を講じることを内容とする合意がなされた。

上記両変更合意書の期限は到来したが、両法律相談センターの収益は、両変更合意書の条件を満たすことができず、現在抜本的な対策を講じることが、東京三会と三会多摩支部の間で検討されている。

### (5) 法律相談センターの運営等の問題

多摩支部では、立川、八王子、町田の3法律相談センターを所管しているところ、その運営合理化をいかに実現するかが多摩支部の喫緊の課題となっている。

八王子法律相談センター及び町田法律相談センターが抱える諸問題は上記のとおりであるが、2022（令和4）年度の支部総会において、立川法律相談センターも対象とした、追加の赤字対策が講じられることとなった。具体的には、①法律相談センターで受任した事件の報酬に対する納付金率を値上げすること、及び②立川法律相談センターでの法律相談日当を出務1回あたり2,000円に減額することが承認された。また、③2023（令和5）年10月より、立川法律相談センターを

多摩支部弁護士会館内（立飛ビル8号館2階）に移転させることとなった。

立川法律相談センターは、予定通り2023（令和5）年10月より、多摩支部弁護士会館内で開業し、現在に至る。

### (6) 東弁ホールの費用負担問題

従前、東弁は、三会多摩支部の事務所が設置されている部屋の隣室（いわゆる「東弁ホール」）を独自に賃借し、これを多摩支部のさまざまな会合に利用してきた。もっとも、一弁や二弁もこれを利用していたにも関わらず、その費用は東弁が全額負担するという不公平が存在した。

この点については、2015（平成27）年4月1日からは東京三会で、東弁5：一弁1：二弁2の割合で負担することと改められた。そして一弁、二弁も同ホールを使用することから、その名称を「多摩ひまわりホール」とすることとなった。

### (7) 多摩支部役員報酬

上述のとおり、多摩支部には、さまざまな問題があり、東京三会の多摩支部の各支部長や副支部長の職務は、本会の会長や副会長の職務ほどではないにしても相当な激務となっているが、従前は無報酬にて職務を行っていた。

しかし、支部役員の職務の重要性、支部活動の業務に割かれる時間の多さに鑑み、多摩支部役員にも報酬を支給すべきとの議論がなされ、すでに二弁は、2017（平成29）年4月1日から、東弁は、2018（平成30）年4月1日から、多摩支部役員への報酬支給を決定、実施に至った。

### (8) 多摩支部の委員会活動

多摩支部の委員会活動は、1998年（平成10）年に6つの委員会（総務委員会、財務委員会、刑事弁護、研修、広報、法律相談）の設置から始まった。

2024（令和6）年現在において、委員会活動は、上記の6つの委員会の他に、高齢者・障害者に権利に関する委員会、性の平等に関する委員会、倒産法委員会、子どもの権利に関する委員会、司法修習委員会、犯罪被害者支援委員会、消費者問題対策委員会、法教育に関する委員会、本庁化本会化推進本部の全15委員会がある。

さらに、役員付きの部会として、図書運営チーム、法テラス多摩連絡協議会、労働法制に対するプロジェ

クトチーム、貧困問題対策プロジェクトチーム、憲法に関するプロジェクトチーム、人事に関するプロジェクトチーム、多文化共生に関するプロジェクトチーム、災害対応プロジェクトチーム、退院請求等に関するプロジェクトチーム、若手会員支援ワーキンググループ、IT化ワーキンググループ、自治体連携ワーキンググループ、無戸籍者問題に関するワーキンググループがある。

最近10年間だけでも、10個以上の委員会等が設置されており、三会多摩支部の弁護士活動の幅は、年々拡がっている。

### (9) 多摩支部の機能の充実

2020（令和2）年の旧弁護士会館（八王子弁護士会館）売却問題により、東京三会と三会多摩支部の関係は一時緊張した。しかしその後、東京三会と三会多摩支部の両執行部だけにとどまらず、各分野の本会と多摩支部の委員会同士が、対話と協働活動を継続しながら関係改善を模索し、両者の関係を融和に導いている。

2023（令和5）年、東京弁護士会及び第二東京弁護士会と、両弁護士会多摩支部の間の協議により、霞ヶ関の弁護士会館内の東弁二弁合同図書館の郵送貸出が、多摩地域に事務所がある東京三会会員向けに実施されるようになった。

また2024（令和6）年7月には、多摩支部災害対応プロジェクトチームと東京三会各災害対策委員会の働きかけにより、東京三会及び三会多摩支部と、稲城市との間で、多摩の自治体との間では初めての「災害時における特別法律相談に関する協定」（災害協定）が締結された。

現在、三会多摩支部は、東京三会と協働関係を構築しながら、多摩支部の機能充実のために、多摩支部会館における会員証明書・弁護士印鑑登録証明書の取得を可能にすること、日本弁護士連合会及び各弁護士会の選挙の際、多摩支部弁護士会館に投票箱を置くことなどを目指している。

## 3 島嶼部偏在対策

島嶼部には弁護士がおらず、かつ、法律相談も弁護士による相談は年1回程度のものであった。しかし、東京三会は、大島において月1回の相談制度を始め、小笠原について2004（平成16）年度から月1回の法律相談制度を始めている。八丈島については、法友全期会が定期的な相談会を実施し島民の期待に応えている。また、法友全期会は、近年、新島や神津島、伊豆大島での相談会開催の実績もある。定期的に相談会を実施することにより、島民の相談ニーズに応える努力を継続していかなければならない。

# 第3章 ダイバーシティの推進

## 第1 総論

### 1 ダイバーシティ＆インクルージョンとは

ダイバーシティ（diversity）とは「多様性」を意味し、性別、性的志向、人種、国籍、社会的身分、経済的地位、信条、宗教、障がいの有無など、人のあらゆる属性に関しての多様性を指す。そして、全ての人が、これらの属性に関わりなく、自由及び尊厳並びに経済的保障及び機会均等の条件において同様の権利を持つ状態が「ダイバーシティが確保された社会」の客観的状態である。また、インクルージョン（inclusion）とは「包括・包含」を意味し、全ての人が社会活動に参画する機会を持ち、それぞれの経験や能力、考え方が認められ活かされていると感じられる状態を言う。

このように社会における多様性を推進すること、一人ひとりが異なることを前提に個人の尊厳が尊重されることの価値が、近時、世界的に大きく注目されている。

これは、近時、経済的側面において、適切なリーダーシップの元に管理された文化的多様性を含むチームのほうが、単一文化のチームよりも、利益率やイノベーションの創出力、危機における回復力などが非常に高いことが統計的に明らかになり、そのような多様性を有する企業こそが、より生産性が高いこと、つまり積極的に社会的に有益なインパクトを与え、社会的課題を解決する企業が、結果的には、より大きな利益を生むことが明らかになったためである。そこで、海外投資家を中心とした投資市場のガイドライン（SASBなど）や、コーポレート・ガバナンス・システム（CGS）ガイドラインにも、ダイバーシティが指標として組み込まれるようになり、日本国内においても上場企業の企業統治におけるコーポレートガバナンスコードに女性活躍推進を含む多様性の確保が盛り込まれた。また、政府主導のかたちで女性活躍推進が奨励され、2019（令和元）年には女性活躍推進法が施行されるに至った。

言うまでもなく、地球上の人口の半分以上は女性であり、ジェンダー（社会的文化的性差）は、ダイバーシティ＆インクルージョン（D&I）の世界最大要素であることから、各国は、まず、この最大要素であるジェンダーギャップの解消に努めてきた。2015（平成27）年に国連総会で採択された「持続可能な開発目標（SDGs）」の17の目標のうちの一つにも「ジェンダー平等の実現」が掲げられているところ、これは世界人口の半数を占める女性と女児がジェンダー差別（社会的文化的性差を理由とする差別）を受けることなく社会に参加できれば、多くの国や途上国が抱える経済成長、貧困や教育といった様々な課題解決をすることができると考えられるためである。また、2019（令和元）年、世界20か国の首脳等からなるG20会議においては、ジェンダー平等と女性のエンパワーメントが持続可能で包摂的な経済成長に不可欠であること、政策のあらゆる側面において、横断的な課題として、これらを確保することの重要性が宣言されるに至った（G20大阪首脳宣言）。

さらに、近年では、特に米国においてマイノリティの社会構造的不平等が社会問題化したことを背景として、「公正性」を意味する「エクイティ（Equity）」という視点が付加された、ダイバーシティ、エクイティ＆インクルージョン（DE&I）という考え方が注目を集めている。ここでの「エクイティ」とは「個々の"違い"に応じた異なる対応を行うことで、不公平が放置される状態を変革すべき」という考え方をいう。エクイティは近時非常に重要な概念となっており、かように国際社会においてダイバーシティ＆インクルージョンの概念は、急速に進化してきている。

### 2 日本国憲法におけるダイバーシティ＆インクルージョンの位置づけ

翻って、我々日本の弁護士がよって立つ日本国憲法は、個人の尊厳を尊重することを中核的価値としている。日本国憲法13条は、全ての国民一人ひとりが個人として尊重されるべきと定めており、かかる個人の尊厳の尊重こそ、「ダイバーシティ＆インクルージョン」即ち多様性の尊重、価値相対主義を包含する理念である。また、日本国憲法は、前文及び98条において国際

**第3章 ダイバーシティの推進** 383

協調主義を掲げていることから、日本国民のみならず、全ての人が個人として尊重されることを是とするものである。この意味で、ダイバーシティ＆インクルージョンは、元来、日本国憲法によっても包含されていた概念でもある。

## 3　日本の現状

ところが、日本社会の実態は、ある一定の大学を卒業した障害のない日本人男性が、あらゆる組織でリーダーシップをとってきており、おのずと、かかる属性を有する人達に有利な社会制度が構築されてきた。この「一定の大学を卒業した障害のない日本人男性」モデルに当てはまらない人達は、ジェンダー、障がい、学歴、国籍・民族・宗教、性的指向・性別違和などの属性により、何らかの差別（不利益・排除）を受け続けている。

とりわけ、ジェンダー差別は、上記のとおり女性が世界の人口の概ね半分を占めることから、障がいや人種等他のあらゆる属性による差別に加え、二重三重の差別（不利益・排除）を受けることとなっている。そこで、ジェンダー平等を推進することが、他のあらゆる属性による差別を受けている人の地位の底上げにも有効であるため、まずは特にジェンダー平等の推進が優先的に取り組まれる根拠となっているのであり、次に述べるようにジェンダーギャップ指数において後退傾向にある日本にとっては正に喫緊の課題である。

世界経済フォーラムが公表しているジェンダーギャップ指数において、日本は、対象国146カ国中118位（2024〔令和6〕年6月）と、前年の146カ国中125位と比べてスコア、順位とも多少持ち直したものの先進国の中で最低レベル、アジア諸国の中で韓国や中国、ASEAN諸国より低い結果となった。諸外国が、ダイバーシティの推進とりわけジェンダーギャップの解消

に舵を切る中、日本の、正に時代に逆行する特異な姿は際立っている。未だ男尊女卑的な考え方、性別による固定的役割分業は根強く社会の隅々に及んでおり、女性の社会的地位は男性に比較して低いままである。

分野別にみても、政治、経済、教育、健康の4分野において、男性を1とした場合の女性の状況指数は、政治（0.118〔113位〕）、経済（0.568〔120位〕）、教育（0.993）、健康（0.973）であり、特に「政治」「経済」分野の順位の低さは際立っている。世界経済フォーラムによると、日本は「政治」分野において女性閣僚が過去最多に並ぶ5人となったことで格差が縮小したものの依然として女性の参加割合が低く、女性国会議員が少ないこと、女性首相が誕生していないこと、「経済」分野では、収入格差（女性に非正規雇用や一般職が多い）、管理職や専門職などの雇用における男女格差、取締役などの会社役員の登用における男女格差が大きいことから低評価となっている。

日本におけるジェンダー平等が実現されていない実例として、近時、2018（平成30）年には、上場企業の役員や財務事務次官がセクシャルハラスメントにより辞任するなど、未だ職場における女性の活躍が阻害されていることが明らかになった。また、東京医科大学を始めとする医学部の入試における女性差別が明らかになり、最も平等公平であると信じられてきた大学入試（職業選択としての医師になる間口の試験）においてすら、女性差別が横行することが明るみに出たことは、人々に衝撃を与えた。更に、2021（令和3）年には、東京五輪・パラリンピック組織委員会の森喜朗前会長による女性蔑視発言が国内外で批判を集めた。かように未だ社会の隅々に女性蔑視、女性差別が未だ張り巡らされている状況が白日の下にさらされ、これらは、各国がジェンダー平等に向けた努力を加速している中で、日本が遅れを取っていることを如実に示している。

# 第2　弁護士会におけるダイバーシティの推進

前述のとおり、世界の人口の概ね半数を占める女性が、ジェンダー差別を受け、その能力を発揮し自分らしく生きることが阻害されている状態は、社会的な損失が大きいのみならず、また、公正・正義が害されているといわざるをえない。

そこで、弁護士会においても様々な属性による差別の中でも、とりわけ重点的に、まずは第一歩としてジェンダー差別解消が推進されなければならない。この点、下記のとおり、弁護士会は2007（平成19）年に日弁連が、また2008（平成20）年に東弁が「男女共同参

画推進本部」を設置し、この問題に取り組んできている。

## 1 司法における男女共同参画について

言うまでもなく、司法は、日本国内における男女平等をはじめとする法の下の平等、法の支配を実現するために、人権保障の最後の砦として重要な役割を担っている。司法の判断は個々の人権に重大な影響をもたらすことから、逆に裁判による規範定立を通じてジェンダーバイアスを再生産してしまいかねないことは大きな問題であり、更には、救済を求めて司法を利用する人々がジェンダーバイアスによりその利用を非難されることなどあってはならない。この意味で、人権保障の最後の砦たる司法の分野にこそジェンダー平等の視点が深く浸透しなければ、男女格差は解消し得ない。

日本政府が、1999（平成11）年に制定した男女共同参画社会基本法に基づき5年ごとに策定している「男女共同参画基本計画」の第五次計画（2020〔令和2〕年12月。2023〔令和5〕年12月一部変更）では、2020年代の可能な限り早期に指導的地位に占める女性の割合が30％程度となるよう目指すとし、弁護士については、①法曹養成課程における女性法曹輩出のための取組、②ワーク・ライフ・バランスの実現、③弁護士会内部でのクオータ制を含めたポジティブ・アクションなど、女性弁護士の確保に向けた取組を求めている。

ところが、司法分野においても、女性法曹が占める割合は未だ低水準と言わざるを得ず、2023（令和5）年時点において、司法試験合格者に占める女性の割合は29.42％、司法修習の修了者（75期）は27.7％に留まっている。しかも、女性は男性に比して、裁判官・検察官に任官する者の比率が高く（2023〔令和5〕年の75期を例にとると、裁判官任官者の女性割合は38.2％、検察官任官者の女性割合は49.6％となっているのに対して、弁護士登録者の女性割合は26.4％にとどまる。さらに言えば、弁護士全体に占める女性弁護士の割合は、未だ19.8％（2023〔令和5〕年）、およそ政府が求めてきた30％には程遠い現状にある。女性法曹、とりわけ女性弁護士数の増加に向けた対策を喫緊にとらなければ、弁護士全体に占める女性弁護士割合は20％程度で頭打ちとなり、30％の目標達成やDE&Iなど到底不可能である。また、弁護士会における指導的地位や意思決定に関わる地位に目を向けると、更に女性の割合は低いのであり、社会全体に比較しても、司法、特に弁護士におけるジェンダー平等の推進は著しく遅れているといわざるを得ない。

## 2 弁護士会における男女共同参画について

弁護士会は、国民に対する司法サービスの提供者として、日本の全人口の半数以上を占める女性が経験する差別的な経験則や人権侵害を理解し人権保障の最後の砦としての役割を全うするため、そして、弁護士会内における政策決定及び組織運営に女性の視点を反映するために、弁護士会内におけるジェンダー平等を力強く推進していく必要がある。そのためには、①司法試験の女性合格者を増やすこと、②弁護士登録する女性合格者を増やすこと、③登録取消しをする女性弁護士を減らすこと、④登録取消しした女性弁護士の復帰支援が重要である。女性が働きやすい環境、働き続けられる環境、会務に参画しやすい環境の整備は、男性会員にとっても働きやすい環境であるはずであり、働き方を見直す機会にもなりうる。

### (1) 日弁連の取組み

ア 日弁連は、日弁連における男女共同参画の推進に関する施策を定め、その実施状況の検証を行うほか、男女共同参画に関する組織的かつ横断的な取組を推進するために、2007（平成19）年6月に男女共同参画推進本部を設置し、同年4月に制定した「日本弁護士連合会男女共同参画施策基本大綱」及び同年5月に行われた日弁連第58回定期総会において採択された「日本弁護士連合会における男女共同参画の実現をめざす決議」に基づき、2008（平成20）年3月に「日本弁護士連合会男女共同参画基本計画」を策定した。同基本計画は、5か年ごとに取組の検証と計画の見直しを行うため、2013（平成25）年3月には、日弁連の男女共同参画を実現するために必要な11項目を定めた「第二次日本弁護士連合会男女共同参画基本計画」が、2018（平成30）年1月には「第三次日本弁護士連合会男女共同基本計画」が、2023（令和5年）年2月には「第四次日本弁護士連合会男女共同基本計画」が策定されている。そして、第四次基本計画では、重点項目9項目（①男女共同参画推進体制の構築・整備、②研修・啓発活動、③弁護士における女性割合の拡大、④女性弁護士偏在の解消、⑤政策・方針決定過程への女性会員の参画拡大、⑥性別による業務上の障害の解消と女性会員の職

**第3章 ダイバーシティの推進 385**

域拡大・働き方の拡充支援、⑦性差別的な言動や取扱いの防止、⑧仕事と生活の両立支援、⑨司法におけるジェンダー平等の実現）を再編、整理した。（①ないし⑨の下線部が第三次からの変更点である。）

イ　上記9項目のうち⑤政策・方針決定過程への女性会員の参画拡大については、クリティカル・マス（臨界質量）を踏まえて日弁連副会長・理事における女性割合は30％以上を目標値とすることとされ、委員会の委員及び主要な役職者に占める女性割合については委員会ごとに中間目標を定め段階的に30％を目指すこととされている。日弁連は、2018（平成30）年度からは、副会長を2人増員して合計15人とし、そのうち2人を女性会員とするという女性副会長クオータ制を採用し、さらに、2021（令和3）年度からは、理事における女性割合を30％となるように会則に目標値を定め、理事を4人増員して合計75名とし、そのうち4人を女性会員とするという女性理事クオータ制を開始している。

　女性副会長クオータ制の実施状況としては、2018（平成30）年度から5年間の平均は20％を達成したものの30％には及んでいない。また、日弁連理事における女性の人数及び割合は、女性理事クオータ制採用後の2021（令和3）年度は20人（26.7％）と、前年度の12人（16.9％）から飛躍的に増加したものの2022年度（令和4）は16人（21.3％）、2023（令和5）年度は75人中19人（25.3％）、2024（令和6）年度は75人中18人（24％）である。

　副会長・理事の女性割合の目標値達成のため、持続可能性のある人材の確保の方策等に取り組んでいく必要がある。

ウ　上記9項目のうち⑦性差別的な言動や取扱いの防止も喫緊の課題である。近年、代表弁護士からの性被害を理由に自死した女性弁護士の事件を始めとして、セクシャルハラスメント防止のより一層の強化が求められている。特に、一般的には、セクシャルハラスメント防止が進んできていると言われているにもかかわらず、弁護士会においては未だにセクシャルハラスメントが重大な問題であることが判明している。⑦に関する目標としては、「性別による差別的取扱い等の防止に関する規則」に則り、性的指向及び性自認・性表現・性徴を理由とするものも含めたセクハラ等が許されないことを全会員に周知徹底し、多くの弁護士において研修・啓蒙活動を通じてセクシャルハラスメント

防止を図ること等が挙げられている。会員自身が性差別的な言動や取扱いについて十分な理解を持ち、実行することが必要不可欠である。

**(2)　東弁の取組み**

　日弁連を構成する弁護士会の中でも最大規模の東弁も、2008（平成20）年10月に男女共同参画推進本部を設置し、2011（平成23）年10月に「東京弁護士会男女共同参画基本計画」を策定した。同基本計画は、「会務と政策・方針決定過程への女性会員の参加の推進」「女性会員の業務における差別の是正と業務分野の拡大・開発」及び「出産・育児、介護等の家庭生活と仕事との両立支援」という重点課題とアクションプランを掲げ、以後5年間にわたって、これらの課題に取り組み、一定の成果を上げてきた。

　2016（平成28）年10月には、「第二次東京弁護士会男女共同参画基本計画」を策定し、「性別に関わりなく個性と能力を発揮できる弁護士会を実現する」を大目標と定め、5項目の重点目標を定め、それらの各「目標」ごとに多様な「行動計画」（アクションプラン）を策定して取り組んだ結果、毎年の女性副会長輩出、女性会員の正副委員長が就任している委員会等の増加、育児期間中の会費免除制度利用者の増加等、一定の成果が見られた。

　そして、2020（令和2）年秋以後の検討を踏まえて、2021（令和3）年11月に「第三次東京弁護士会男女共同参画基本計画」を策定した。同基本計画では、「ジェンダーバイアスを排除し、多様な価値観を尊重する持続可能性のある弁護士会を実現することにより、弁護士・弁護士会及び司法への市民の信頼を高める」を大目標と定め、5つの重点目標（①会の政策決定過程への女性会員の参加の推進、②会員の業務における性別及び性差による障害の解消と職域の拡大、③会員がワーク・ライフ・バランスを実現するための支援、④性別等を理由とする差別的取扱い及びセクシュアル・ハラスメントなどの防止、⑤女性会員の業務・キャリア形成のサポート）に応じて、個別目標ごとの行動計画を策定している。

　①会の政策決定過程への女性会員の参加の推進については、個別目標として理事者（会長、副会長）に毎年2人以上女性会員が含まれるようにする、東弁輩出日弁連理事に毎年2名以上の女性会員が含まれるようにする、常議員に占める女性会員の割合を30％にする

ことをめざす等が含まれており、日弁連と同様に人材確保の方策等に取り組んでいく必要がある。

### (3) 法友会の政策として

そして、東弁において弁護士会の政策形成団体として個々人に最も身近かつ重要な位置を占める法友会としては、2017（平成29）年度、ダイバーシティ推進特別委員会を設置し、以後、DE&Iに係る研修や政策提言等を行ってきている。特に、司法の分野は、前述の通り人権保障の最後の砦であるが故、司法を担う弁護士会の政策の全てにおいてDE&Iの視点が不可欠であることから、法友会のあらゆる政策について、かかる視点で見直すと共に、個々の政策にDE&Iを反映していくことこそが必要である。特に、男女という性別に限らず、障がいなども含めて、より広く活動の領域を広げていく必要があると考えられる。今後も、法友会としては、上記弁護士会の施策を実現すべく、多様な会員の声をくみ上げ、法友会自身で実施出来る施策については、自ら積極的に取り組み実施・実行するとともに、意見や具体的政策の提言を東弁や日弁連に対し、ひるむことなく行っていくべきである。とりわけ以下を重点課題として取り組む必要がある。

（重点課題）

① 男女共同参画推進体制の構築・整備に取り組み続ける

・弁護士会内のあらゆる組織において、ジェンダー平等の観点から検討がなされるために、女性会員が複数メンバーに入るよう積極的改善措置を講ずる。

② 研修・啓発活動

・ジェンダー平等の意識を高めるための研修・啓発活動を行う。

・ワーク・ライフ・バランスの観点からは、性別に限らず多様な生活スタイルを保持できるよう、経営弁護士の意識改革に向けた啓発活動を行う。

・男女格差の根底にあるアンコンシャスバイアス（無意識の偏見）を認識し、これを打破するための研修・啓発活動を行う。

③ 弁護士における女性割合の拡大と女性弁護士偏在の解消と、そのための環境整備

・法曹を目指す女子学生・生徒のすそ野を広げるためのイベントを実施し、女性弁護士のロールモデルを発信する。

・法学部・法科大学院・司法研修所等の法曹養成課程に女性弁護士が積極的に関わるよう環境整備・支援に努める。

・法曹有資格者間において、現在、裁判官・検察官・組織内有資格者の道に進む女性の割合が高く、弁護士は雇い負けの状況にあることに鑑み、就職・処遇における男女平等確保、性差別的な言動や取扱いの防止、仕事と家庭の両立支援、性別による業務上の障害の解消と職域拡大・働き方の拡充支援に取り組み、女性弁護士が働きやすい環境整備に取り組む。

・女性弁護士がいない地域における女性弁護士への相談ニーズにこたえるため、偏在解消のための経済的支援において女性弁護士に対する暫定的優遇措置を講ずるとともに、電話・インターネット等を活用した女性弁護士による相談体制等の整備を検討する。

④ 性別による業務上の障害の解消と女性会員の職域拡大・働き方の拡充支援

・女性社外取締役の名簿・紹介事業の充実をはじめとする、女性弁護士の取扱業務分野を拡大するために、女性弁護士のスキルアップの機会の確保、弁護士会として対外的なマッチングの拡大に努める。

・女性弁護士を求めてくる女性たちの経済状況が男性に比して貧しいことに伴い、女性弁護士が実際上取り扱うことが多い民事法律扶助事件（特に、離婚事件及びこれに伴う面会交流調整事件、親権者指定事件、養育費請求事件、ドメスティックバイオレンス被害事件、性暴力被害者支援事件等）の弁護士費用の立替基準等を、その労力に見合ったものとし、給付制を拡大するよう、日本司法支援センター及び国に対して働きかける。

・弁護士会から対外的に推薦する有償の仕事について、女性弁護士を優先的に推薦するなど積極的措置を講ずる。

⑤ 政策・方針決定過程への女性会員の参画拡大とそのための環境整備

・日弁連の副会長選任に関する暫定的クオータ制が導入されたが、日弁連理事を複数輩出する東京において、継続的に女性を選出できるようシステムを構築する。

・東弁において、理事者に継続的に女性を選出できるよう取り組む。具体的には、男女問わず理事者経験後の業務復帰や経済的にも支障がないようフォローアップ体制など、環境整備を再検討する。

・東弁常議員会において、女性割合が25％を上回るよう取り組む。

⑥ 司法におけるジェンダー問題への取組み（第53回日弁連定期総会採択「ジェンダーの視点を盛り込んだ司法改革の実現を目指す決議」に基づく活動）

・近年の性犯罪の実情等に鑑み、事案の実態に即した対処をするため刑法が改正されたことを周知徹底し、弁護人及び被害者支援弁護士による二次被害が生じないよう研修・啓発に努める。

・性暴力・DV・セクシャルハラスメント等に関する被害者の実態を把握し、司法関係者によるジェンダーバイアスを除去するよう努める。

・離婚後のひとり親家庭のうち特に母子家庭において、その約50％が相対的貧困に陥っておりOECD諸国でほぼ最下位であること、またコロナ禍でさらに貧困率が上昇している事実に鑑み、養育費の算定基準の更なる改訂を裁判所に働きかけるとともに、国による養育費の立替・強制回収制度などの立法を働きかける。

・AV強要や風俗営業における性暴力や健康被害などを防止するための施策がとられるよう国に働きかける。

・個々の会員法律事務所における職員その他に対するパワハラ・セクハラ対策の徹底実施

その他、人権課題についての詳細は、別項に譲る。

# 資料
# 司法制度改革の到達点
### （2024年版と同内容）

# 第1 司法制度改革の背景と経緯

## (1) 司法制度改革の背景

　正義の仕組みとしての司法は、正義があるべき内実と態様をもって実現するようこれを保障するためのものである。その改革が課題となるのは、現にある正義があるべき質と量に達していないという認識が社会的に共有されるときである。

　司法制度の改革は、正義に関する社会の需要に司法が応えるために、その機能（実務のあり方）を革めようとするものである。戦後司法改革（1948〔昭和23〕年）であろうと、臨時司法制度調査会の意見書（1964〔昭和39〕年）であろうと、司法制度改革審議会の意見（2001〔平成13〕年）であろうと、その点については、異ならない。

　それでは、21世紀冒頭の司法制度改革は正義に関する社会のいかなる需要に対応しようとしたのか。実のところ、その需要の何たるかについては、当時、司法制度改革を唱道していた人びとの間でも、十全な共通認識は生まれていなかった。なぜなら、需要を捉える視点が一致していなかったからである。当時、何れも自由を高唱する三つの相互に紛らわしい名称の政治経済理論が対峙していた。司法制度改革審議会の委員についていえば、ほぼ全員が、90年代に圧倒的な影響力を誇示していたネオ・リベラリズム（neo liberalism：新自由主義）の政治経済理論を意識していたことは間違いない。同時に、その説くところを全面的に受け入れてはいなかった。どの委員も極端な規制改革論者やリバタリアン（libertarian：自由至上主義）とは一定の距離を置いていた。むしろ、いずれかといえば、従来型の、福祉国家の政治経済理論であるニュー・リベラリズム（new liberalism：社会自由主義）の立場に通ずる考え方を基礎に置いて、各委員は、それぞれの見解をもって審理に臨んでいた。多様な見解が併存し、当然、正義のあり方に関し社会が何を求めているかのとらえ方も完全には一致していなかった。それでも、社会の動的な安定性を保持するものとしての正義の実現という限りでは、共通の了解があったといえる。

　動的でありながらも安定している社会。国境の内と外の出来事や思潮がたやすく相互に影響を与えあいながら、政治・経済・文化などの社会の多方面にわたるあり方が瞬く間に変貌する—これは現代の国家・社会に不可避な現象である。動的でない社会など望むべくもない。動的と安定とは相容れないものがあるにしても、動的であることが招来しがちな抗争と分裂を退け、平和と統合が保たれた安定した社会にしなければならない。どうすればよいか。激動する社会を自動車に喩えるなら、その自動車は窓から人びとを振り落とさんばかりに疾走している。現に振り落とされた人びとを車内へ拾い上げつつ（社会への再包摂）、車内での公正な競争と共生、運転の適正さ、他の自動車との競争と協調などを下支えし、助成し、そして、保障すること—それが、社会の一部ではなく、みんなのもの（公共性）であるべき国家に向けられた要請である。要請の宛先は、国家であっても、かつては政府・行政であった。そのベクトルが変わり、宛先が司法とされたところに、今回の司法制度改革の特徴がある。なぜ、司法なのか。国家（政府・行政）の規制から脱して自由な経済活動を求める立場（ネオ・リベラリズムに親和的）は、「市場の攪乱者へは、市場そのものの力と事後的な制裁や救済をもって対処せよ、その役割は司法が担うべきだ」と説いた。これに対し、政府・行政による人びとの権利保護が不十分であるとの認識をもつ者（ニュー・リベラリズムに親和的）は、「司法的救済をとおして、そうした政府・行政のあり方を変えるべきだ」と説いた。これらとは別に、一方での国家の公共性の衰退、他方での個人の公共性の未確立という二つの公共性の不全を日本社会の根本的な課題と捉え、これの統合的な克服を志向する者（仮に公共主義と呼ぶ）は、「公共性の確立のために司法による統御と支援を拡充すべきである」とした。21世紀の日本国家を展望するこれらの文脈の異なる声が、司法の役割の拡充という課題設定において交差したのである。

　社会の動的な安定性を保持するための正義—人びとの自由な活動を正義・公平に適うものになるように公共的に支援することをとおして導かれる「個別性と普遍性とが統合された正義」のことである。それは、人びとの自由な活動を重視する社会の正義ではあっても、ネオ・リベラリズムが好んで説く、「過度の事前規制・調整型社会から事後監視・救済型社会への転換」というスローガンに含意されている正義とは異なる。そもそも「過度の」と書けば、ネオ・リベラリズムならず

とも、それを望ましい社会のあり方とはいわないだろう。そして、適切な「事前規制・調整」であれば、これを排除する理由はない。また、「事前規制・調整型社会」に対置されるものは、必ずしも「事後監視・救済型社会」ではない。ネオ・リベラリズムは、単に「事前規制・調整」を取り払って「事後監視・救済」の仕組みを整えるだけで正しく豊かで質の高い社会がもたらされるかのごとく説く。しかし、未だかってそのような社会が実現した試しはない。自由な活動が正しく豊かで質の高い社会を生み出すには、「事前」と「事後」の間の過程（プロセス）の適正さが保たれなければならない。「事前規制・調整」に置換されるべきは、自制的（自律的）な過程における正義・公平を保障しうる公共的な支援である。これを「自制的過程・公共支援」というなら、これがあってはじめて「事後監視・救済」による正義の実現も実効性をもちうる。かくして、何れも正義のための、「自制的過程・公共支援」と「事後監視・救済」との二つの機構を整備・拡充することが、そして、両機構の担い手として司法を位置づけることが、多様な立場の間で了解された。社会の動的な安定性を保持するための正義は、ここに成立するわけである。

　社会の動的な安定性を保持するための正義はそれ自体が動的に安定したものでなければならない。かってある論者は、「動的な法的安定性」という概念を提起した。「…『法の支配』（rule of law）—『人ではなく法が支配する』—は近代法の基本的な原理であるが、現代においては、その『法』を所与としてでなく課題としてとらえて行かなければならない。『法の支配』はもともと市民法的・静的なものとして理解されて来たが、これを単なる市民法をこえるもの、動的なものとしてとらえなおす必要があろう。そうすることこそが、法に長い目でみた安定性—わたくしにいわせれば動的な法的安定性—を付与することにもなり、また、法の発展として無限の将来を可能にすることにもなるはずである。[*1]」と。まさに「法の支配」の「法」、すなわち、正義は、「所与としてでなく課題としてとらえて行かなければならない」。「動的な法的安定性」をもたらす、生きものとしての正義にふさわしい仕組みを作る。司法制度改革審議会の意見の根底にあるのは

この考え方である。

## （2）司法制度改革の経緯

　1999（平成11）年7月から審議を開始した司法制度改革審議会は、同年12月21日の「論点整理」において、司法の問題状況を次のとおり整理した。「……『司法は、国民に開かれておらず、遠い存在になっている』、『弁護士も裁判所も敷居が高く、温かみに欠ける』、『司法は分かりにくく国民に利用しづらい制度となっている』、『社会・経済が急速に変化する状況のなかで、迅速性、専門性等の点で、国民の期待に十分応えられてない』、『行政に対するチェック機能を十分果たしていない』等々、司法の機能不全を指摘する声も少なくない。端的にいえば、一般に、我が国の司法（法曹）の具体的な姿・顔が見えにくく、身近で頼りがいのある存在とは受けとめられていない」と。「機能不全」に陥った司法への嘆きは、今般の司法制度改革の前史ともいうべき従来の変革運動の中で繰り返し人びとの口から発せられてきたものである。もっとも、その原因たる疾病の理解は改革を唱える者の中でも必ずしも一致していなかった。ある者は裁判所の官僚制的傾向（官僚性批判）に、またある者は民主主義的な要素の脆弱さ（非民主性批判）に、そして、別の者は司法（法曹）界の権威性・閉鎖性・特権性（ギルド性批判）に、それぞれ重きを置いて司法の問題状況を論じた。出されてくる処方箋は、官僚性を払拭し、民主化され、ギルド性を抜け出した司法を志向するものであった。

　官僚性批判や非民主性批判は、政治経済理論としては、ひとしくニュー・リベラリズムに立脚する従来型の司法制度改革論に繋がっていた。両者は、戦前からの大陸法的な法曹制度（その中核は、裁判官のキャリア・システム）に現行憲法によって英米法的な制度が接合されたという日本の司法制度の特色を反映した議論であり、改革の方向づけも、大陸法的な法曹制度の洗練化に力点を置くものと英米法的制度への転換に力点を置くものとがあった。総じて改革の相対的な重点は、裁判官および裁判所制度の改革と司法参加の拡充にあったといえよう。

　これに対し、ギルド性批判は、伝統的なプロフェッショナリズムを動揺させながら、社会の需要から司法や法律家を再定義する視点を提供し、ネオ・リベラリズムや公共主義に親和的な見地からの司法改革論と結びついていった。両改革論は、その間に根源的な哲学

---

[*1]　団藤重光『法学入門』（筑摩書房、1973年）73頁。

の相違を抱えてはいたものの、司法制度改革の処方箋においては共同歩調をとることとなった。上述の「自制的過程・公共支援」と「事後監視・救済」のシステムを担うには、司法は、"法廷の内から外へ""事後処理からプロセス支援へ""ルールの適用から創造へ"と変革されなければならず、そのためには、司法全体の機能とその人的資源の拡充が急務であるとされた。

このように哲学の異なるさまざまな改革論が改革案策定の事業に流入した。だからといって、実現した司法制度改革が継ぎ接ぎだらけの代物になったわけではない。司法制度改革は固有の理念と体系をもつ。改革案として最初に提起されたものと最終的に採択されたものとは大なり小なり異なっている。それでも、「司法制度をより利用しやすく、分かりやすく、頼りがい

のあるものとする。」「質量ともに豊かなプロフェッションとしての法曹を確保する。」「国民が訴訟手続に参加する制度の導入等により司法に対する国民の信頼を高める。」の三つの柱からなる司法制度改革審議会の改革メニューは、従来の改革論からも、新しい改革論からも、ともに同意できる——あるいは、少なくとも否定しえない——ものであった。もとより、そのことは、今回の司法制度改革を支えた各々の改革論の基礎にある哲学、たとえば、ニュー・リベラリズム、ネオ・リベラリズム、公共主義の対立が克服されて新しい高次の哲学が生まれたということではない。依然として存在する哲学の違いは、改革諸施策の総体としての運用をとおして統合されるべき課題となったのである。

## 第2 司法制度改革審議会意見書の基本理念と三つの柱

司法制度改革審議会は、2001（平成13）年6月12日、2年間・60回超の審議結果を「司法制度改革審議会意見書−21世紀の日本を支える司法制度」（以下、「意見書」という。）に取りまとめて発表した。

意見書は、「Ⅰ 今般の司法制度改革の基本理念と方向」の冒頭において、「我が国は、直面する困難な状況の中にあって、政治改革、行政改革、地方分権推進、規制緩和等の経済構造改革等の諸々の改革に取り組んできた。これら諸々の改革の根底に共通して流れているのは、国民の一人ひとりが、統治客体意識から脱却し、自律的でかつ社会的責任を負った統治主体として、互いに協力しながら自由で公正な社会の構築に参画し、この国に豊かな創造性とエネルギーを取り戻そうとする志であろう。今般の司法制度改革は、これら諸々の改革を憲法のよって立つ基本理念の一つである『法の支配』の下に有機的に結び合わせようとするものであり、まさに『この国のかたち』の再構築に関わる一連の諸改革の『最後のかなめ』として位置付けられるべきものである。」と指摘し、21世紀の我が国社会において司法に期待される役割について、

① 法の支配の理念に基づき、すべての当事者を対等の地位に置き、公平な第三者が適正かつ透明な手続により公正な法的ルール・原理に基づいて判断を示す司法部門が、政治部門と並んで、「公共

性の空間」を支える柱とならなければならない（司法の役割）

② 国民が自律的存在として、多様な社会生活関係を積極的に形成・維持し発展させていくためには、司法の運営に直接携わるプロフェッションとしての法曹がいわば「国民の社会生活上の医師」として、各人の置かれた具体的な生活状況ないしニーズに即した法的サービスを提供することが必要である（法曹の役割）

③ 統治主体・権利主体である国民は、司法の運営に主体的・有意的に参加し、プロフェッションたる法曹との豊かなコミュニケーションの場を形成・維持するように努め、国民のための司法を国民自らが実現し支えなければならない（国民の役割）

と述べた上で、司法制度改革の柱として次の三つを掲げた。

① 「国民の期待に応える司法制度」とするため、司法制度をより利用しやすく、分かりやすく、頼りがいのあるものとする（制度的基盤の整備）

② 「司法制度を支える法曹の在り方」を改革し、質量ともに豊かなプロフェッションとしての法曹を確保する（人的基盤の拡充）

③ 「国民的基盤の確立」のために、国民が訴訟手

392 　資料　司法制度改革の到達点

続に参加する制度の導入等により司法に対する国民の信頼を高める（国民の司法参加）

という三つの柱で構成されている。

そして、①制度的基盤の整備は、「民事司法制度の改革」「刑事司法制度の改革」「国際化への対応」、②人的基盤の拡充は、「法曹人口の拡大」「法曹養成制度の改革」「弁護士制度の改革」「検察官制度の改革」「裁判官制度の改革」「法曹の相互交流の在り方」、③国民の司法参加は、「国民的基盤の確立（国民の司法参加）」「国民的基盤の確立のための条件整備」をその内容としている。

# 第3　司法制度改革に対する日弁連の姿勢

日弁連は、1990（平成2）年の定期総会において「司法改革に関する宣言」を採択して以来、前記意見書の発表までに5次にわたる司法改革宣言をしてきた。また、1998（平成10）年に「司法改革ビジョン」を、1999（平成11）年には「司法改革実現に向けての基本的提言」を理事会で採択し、日弁連が求める司法改革の全体像を明らかにした。これらの宣言等は、いずれも「市民の司法」、すなわち「市民のための司法」「市民による司法」を目指し、司法の容量の拡大を志向するものであった。その中で、日弁連は、弁護士過疎地域を含む各地の法律相談センターの拡大や当番弁護士制度の全国的展開などの努力も積み重ねてきた。

しかしながら、1990年代半ばからの規制改革の議論の中で、法曹人口を大幅に増やし、自由競争によって質を高めるべきという意見が、政界・経済界の一部で強く主張されるようになった。そのような中で、日弁連内部では、弁護士人口が増大すれば弁護士の経済的基盤を脆弱なものにし、公共的使命を果たすことができなくなるといったいわゆる「弁護士経済的自立論」が一部でかなり強く主張されるようになった。そして、1994（平成6）年の臨時総会では、「司法試験合格者を相当程度増員すべき」としながら、「今後5年間は800名を限度とする」旨の決議がされるに至った。このことがマスコミや世論からも強く批判され、日弁連は、翌1995（平成7）年の臨時総会において、「1999年から合格者を1,000名とする」との変更決議をしたものの、時すでに遅く、同年11月に発表された法曹養成制度等改革協議会意見書では、中期的な目標として合格者を1,500人程度に増加することが必要とする立場が多数意見とされた。

このように、「市民の司法」を目指す日弁連の司法改革運動や、法曹人口を巡る論議、内外の情勢や社会構造の変化に伴い司法の機能強化を求める各界からの意見の広がりなどの中で、1999（平成11）年7月に13名の有識者（うち法曹三者は3名のみ）で構成される「司法制度改革審議会」が内閣に設置されるに至り、2001（平成13）年6月12日に、2年間・60回超の審議を経たうえで前記意見書を発表した。

日弁連は、この意見書の発表を受けて、2001（平成13）年9月7日に「司法制度改革審議会意見書について」を発表した。この中で、日弁連は、意見書が示した内容は不十分な点を含んではいるものの、日弁連が提唱してきた「市民の司法」の実現を目指す方向性を打ち出したものとして、基本的に評価できるとし、日弁連としても、真に国民のための民主的司法制度を担うものとしての責務を改めて自覚し、全会員の英知と力を結集して、司法の国民的基盤の確立、官僚的裁判制度の改革と弁護士・弁護士会の自己改革に積極的に取り組み、多くの市民とともにさらに前進していかなければならないとの決意を謳い、その後も司法改革に関する宣言・決議を繰り返し採択し（2002〔平成14〕年、2003〔平成15〕年、2004〔平成16〕年、2005年〔平成17〕年、2006〔平成18〕年、2009〔平成21〕年、2011〔平成23〕年）、「市民の司法」の実現を目指してきた。

# 第4 司法制度改革の実践経過

2001（平成13）年

6月 司法制度改革審議会が最終意見書を内閣に提出。

11月 司法制度改革について、その基本的な理念及び方針、国の責務その他の基本となる事項を定めるとともに、司法制度改革推進本部を設置すること等により、これを総合的かつ集中的に推進することを目的とする「司法制度改革推進法」が成立。

12月 司法制度改革に政府全体で取り組むため、内閣総理大臣を本部長とし、全閣僚を構成員とする「司法制度改革推進本部」を内閣に設置。

2002（平成14）年

3月 司法制度改革審議会意見書の各方針について、政府がほぼ同じ内容で「司法制度改革推進計画」として閣議決定。

以後、各種立法等により、意見書の三つの柱に対応した以下の司法制度改革が実践された。

【国民の期待に応える司法制度の構築】
○裁判の迅速化に関する法律の制定
○総合法律支援法を制定し、日本司法支援センターを設立
○民事司法制度の改革
・民事裁判の充実、迅速化（計画審理制度、提訴前の証拠収集方法、専門委員制度等）
・知的財産高等裁判所の設置
・労働審判制度の導入
・家庭裁判所、簡易裁判所の機能強化
・民事執行制度の改善（執行妨害対策等）

・提訴手数料の引き下げ
・ADRの拡充、活性化
・仲裁法制の整備
・行政訴訟制度の改革
○刑事司法制度の改革
・刑事裁判の充実、迅速化（公判前整理手続、証拠開示、即決裁判手続等）
・被疑者国選弁護人制度の導入
・検察審査会の機能強化
【司法制度を支える法曹の在り方の改革】
○法曹人口の拡大
○弁護士制度の改革
・インハウス弁護士のための条件整備
・弁護士報酬規程の撤廃
・弁護士資格の特例の拡充
・外国法事務弁護士との共同事業に関する規制の緩和
○新しい法曹養成制度の導入
○検察官制度の改革
・職務経験制度の創設
・検察審査会からの改善意見に対する検察庁の回答を義務化
○裁判官制度の改革
・民事調停官、家事調停官制度の創設
・職務経験制度の創設
・裁判官任命制度の見直し（最高裁の指名手続に関与する諮問機関の設置等）
・最高裁判所裁判官の国民審査公報の充実
・地方裁判所委員会の設置
【国民的基盤の確立（国民の司法参加）】
○裁判員制度の導入

# 第5 司法制度改革の将来

## 1 司法制度改革の現状

### (1) 現状を捉える観点

2001（平成13）年の司法制度改革は、それを具体化する幾つもの法制度が作られ稼働している今日、いわば司法の普段の風景の一部となっている。改革が制度に転化した時点—最終的には、2009（平成21）年の裁判員制度の実施—で、司法制度の改革は、仕組み作りから、司法の実際のあり方をよりよいものにするための実践的な取り組みへと再び立ち返ったといえよう。かくして司法制度改革の現状とは、司法と正義、そして、法曹のあり方の実情のことである。

司法制度改革の現状は、2011（平成23）年3月11日

の東日本大震災で目撃されたさまざまな事象にも投影されている。被災者支援に多くの弁護士会と弁護士が立ち上がり献身的な活動を展開した姿は、集団として歴史的に育まれてきたプロフェッショナリズムの現状を示すものといえる。とはいえ、法的救済を必要とする被災者のすべてに寄り添い持続的に支えて行くだけの司法アクセスの資源があるかとなれば、現状は甚だ疑問である。福島第一原子力発電所の事故からは、原子力発電所の安全性神話に寄りかかってこれを容認し続けてきた司法判断の現状を垣間見ることができる。被災自治体の再建、法制度の整備、復興のための諸種の計画の立案に、法曹の関わりが少ないのも、地域社会や自治体との関係での法曹の存在性の希薄さという現状の反映といえる。

ここで司法制度改革の現状を捉える観点を幾つか整理してみたい。

第1に、司法・弁護士の機能の観点である。事件・事故の弁護士、過去の出来事の後始末をする弁護士にとどまっていてはいけない。弁護士は人びとの日常的な対人活動（事業・業務・組織活動その他）の今と将来を護る存在でなければならない。公衆衛生分野の概念を借用すれば、（法的）疾病の治療と療養から、（法的）疾病の予防、そして、（法的）健康の保持・増進までを対象にして、人びとの日々の営みの健全性を保障するための法的な戦略と戦術を立て、それを人びとの法実践に供してこれを支援し、あるいは、自ら人びとのために実践する。このようなものとして司法・弁護士の機能を捉えたとき、それはどのように発揮されているか。

第2に、司法・弁護士がその実現を担うべき正義の質の観点である。司法・弁護士は、個別具体的な正義の実現を図るとともに、日本社会が将来に向かって拠って立つべき普遍的な正義の姿を描く責任をも自覚的に引き受けていかなければならない。「基本的人権を擁護し、社会正義を実現すること」、あるいは、「自由と正義」の元来の意味もここにある。

第3に、司法・弁護士と市民の結びつきの観点である。アクセスは双方向であるべきだ。司法・弁護士のアウトリーチ活動は広く推し進めなければならない。さらには、尊厳ある生のためのライフライン―法のライフライン―として、司法・弁護士と市民が、常時、繋がっているあり方を追求すべきである。常に繋がっ

ているもとで、一人ひとりが懸命に生きるその過程（プロセス）が、正義・公平に適うとともに、理不尽な扱いや不正義によって損なわれないように、司法・弁護士が支援する―法の支配が行き渡るには、司法・弁護士と市民のそうした結びつきが生まれなければならない。

第4に、司法・弁護士の役務と法の領域以外の公共的な役務との連携性の観点である。司法・弁護士の役務と法の領域以外の公共的な役務とがシームレスに繋がり連携しているある方を追求すべきである。人びとが求めているのは、司法・弁護士のそれをも組み込んだ包括性のある公共的な役務の提供を受けることではないのか。役務の提供者たる司法・弁護士の側の都合や関心に合わせて、人びとの期待や需要を切り取るようなあり方は見直しを要する。潜在的な需要をも視野に収めながら、人びとが求めているものを丸ごと受けとめることのできる司法・弁護士の側の間口の広さが、まず、求められよう。

目ざすべきは、正義に基礎づけられた豊かな社会である。法・正義は、人びとが分裂を乗り越えて互いに結びつき共生する基盤である。そうした法・正義の実現を保障する社会的な機構が、司法であり、弁護士である。上記の四つの観点は、かかる発想に基づく。司法・弁護士は、これら観点の指し示す方向に進まざるをえない。現状は、その方向への歩みが始まった段階といえよう。

### (2) 法の支配の実現と法曹の使命
### ア　問題の所在

今次の司法改革（2001〔平成13〕年6月12日の司法制度改革審議会意見書）における「弁護士」の活動領域拡大の課題は、その後「法曹有資格者」という新しい概念が登場し、「法曹有資格者の活動領域拡大」として拡張した形で課題設定されるようになった。法務省に「法曹有資格者の活動領域拡大に関する有識者懇談会」が設置されて、法曹養成制度改革の中心テーマの1つとして具体的な推進策の検討が行われ、2015（平成27）年5月25日には「取りまとめ」が発表された。その前文冒頭には、「国民の権利意識が高まり、また、社会情勢が複雑化している現代社会において、『法の支配』を広く社会に及ぼすためには、法曹有資格者が、公的機関、企業、国際的な分野等において、その専門性を生かして多様な役割を果たすことが重要である。」

第5　司法制度改革の将来　395

と述べられている。

「法曹有資格者」とは司法試験合格者のことである。司法修習を終了していない司法試験合格者も含まれる。この新概念登場の背景には、裁判実務の専門性は必ずしも必要ではないこと、若い人材をより早く採用することなど採用する側（官庁、企業）の要請があり、併せて、裁判実務を中心とする従来の法曹像の変革を求める主張がなされている。またすでに、司法試験合格者を直ちに国家公務員として採用するルートが制度化されている。

弁護士及び法曹有資格者の活動領域拡大は、さらに推進される必要があるが、法曹三者の枠を超えた法曹有資格者が今後、増加することが予測されることから、例えば、司法試験合格者が、行政官（官庁）、行政職員（自治体）、企業などに就業する意義はどこにあるのか、公務員採用試験ルートで公務員となった者と何が違うのか、「法の支配」の実現を目的とした司法改革とどのように関係するのかなど、司法と行政の在り方、在るべき法曹像など今後の司法の在り方を左右する極めて重要な課題があることを認識するべきである。

そして、「法の支配」の担い手たる弁護士に必要な能力とはどのようなものなのか、その能力がどのように培われていくのか、法曹養成制度と司法試験の在り方にもつながる問題である。

**イ 「法の支配」と司法改革**

司法改革では、「法の支配」が指導理念とされ、「法の支配」の実現が司法改革の根本課題（＝目的）とされている。そして、法曹は、「法の支配」の実現の担い手とされており、したがって「『法の支配』を実現すること」は「法曹の使命」というべきである。

ところで、「法の支配」とは何か、「法の支配」を実現するとは具体的にはどういうことか、については必ずしも共有化されていない。司法改革を真に成功させるためには、「法の支配」の理念的意義を明らかにし、その実現のための法曹の在り方について、共通の理解を持つことが必要である。

**ウ 「法の支配」の意義**

「法の支配」の核心的な意義は、次の3つに要約することができる。

①目的としての人権保障、法による権力の規制（⇒立憲主義）

②制度としての司法・裁判所・法曹の役割の重視（⇒

司法の優越）

③ 法の内容的正当性・適正手続の要請（⇔法治主義）

「法の支配」は、憲法の基礎理念の1つとされ、憲法の多くの規定で制度化されている。「法の支配」は、「憲法の理念による支配」と同義といってよい。

「法の支配」の実現とは、憲法理念の実現を意味する。

**エ 「法の支配」と法曹の使命**

**㋐ 「法の支配」の担い手としての法曹有資格者**

法曹有資格者の活動領域拡大は、司法改革の一環として実施されるのであるから、法曹有資格者も「法の支配」の実現を使命とするものでなければならない。前記の「法曹有資格者の活動領域の拡大に関する有識者懇談会取りまとめ」の前文冒頭における記述も同様の考えに基づくものであろう。したがって、法曹は従来、法曹三者を意味するものと解されていたが、これからは、法曹有資格者も含めて「広義の法曹」として考えるべきである。

「広義の法曹」（法曹三者及び法曹有資格者）の使命は、立場の違いはあっても、「法の支配」を社会の様々な分野で実現することである。

裁判官及び検察官は、司法官として、「法の支配」を実現することが使命である。弁護士の使命は、弁護士法第1条で基本的人権の擁護と社会正義を実現することと定められているが、このことは「法の支配」を実現することを弁護士の職務に即して表現したものと解すべきである。

弁護士は、弁護士会に登録したまま、企業、官庁、自治体等に就業する場合もあれば、登録をしない場合もあるが、いずれの場合も法的専門性を生かす業務に就業する限り、法曹としての使命を担うと考えるべきである。

法曹有資格者については、官庁、自治体、企業、国際機関などの様々な分野に進出する意義が問われなければならない。高度の専門性により、行政、組織に貢献する価値とともに、「法の支配」の実現という使命を果たすことに根本の意義がある。

**㋑ 法曹有資格者の使命の共通項**

「法の支配」の実現、すなわち「法曹の使命」の在り方や具体的な中味については、法曹の立場、職責の違いに応じて、今後、検討されるべき課題である。

弁護士の場合、その使命の在り方は、「在野精神」という概念で表現されてきた。しかし、弁護士の活動

様々な場面における法曹需要は、様々な要因から量的に増大するとともに、質的にもますます多様化・高度化することが予想されることから、国民が必要とする量の法曹の確保・質の向上こそが本質的な課題」というものであり、そのために「大幅な法曹人口増員と多様化・高度化する質の向上が必須」とされ、2010（平成22）年頃に司法試験合格者3,000人という目標と、法科大学院構想が打ち出されたのである。

日弁連もまた、2000（平成12）年11月1日の臨時総会において、「司法試験合格者年間3,000人目標」という方向性も真摯に受け止める、と表明した。また、法曹の質の確保のために、法科大学院・新司法試験・司法修習というプロセスによる新たな法曹養成制度への変革も打ち出した。

こうして、日弁連も受け入れた司法制度改革審議会意見書の各方針は、2002（平成14）年3月19日に、政府の「司法制度改革推進計画」として閣議決定された。
イ　司法試験合格者数は、2002（平成14）年3月の「司法制度改革推進計画」の閣議決定後着実に増加し、2007（平成19）年から2013（平成25）年までは、概ね2,100人前後となり、弁護士人口は1999（平成11）年3月当時は16,731人であったものが2019（令和元）年10月時点では41,040人と、約2.45倍にまで増加した。

しかし一方で、一時期の過払金返還請求訴訟の増加傾向は収束し、結局訴訟事件数や法律相談などは増加せず、企業や行政機関等に勤務する組織内弁護士の人数は着実に増加したものの司法制度改革審議会意見書が予測したほどの量には至っていない。

そのため、大幅に増えた新人弁護士を既存の法律事務所が吸収しきれなくなる事態が生じ（新人弁護士の就職難）、オン・ザ・ジョブ・トレーニング（OJT）不足による法曹の質の低下が懸念される事態となってきた。
ウ　他方、2004（平成16）年度に始まった法科大学院制度は、司法試験予備校での知識や受験技術偏重の授業と異なる法科大学院の充実した法曹養成教育を経て法曹を選抜することに期待があったが。制度が発足すると、適切な学校数が20～30校と言われていたのに74校が濫立する状態となった。その果、予想を上回る年間5,000人以上の法科大学院入学者が生じ、必然的に司法試験合格率が低下した。そして、合格しても新人弁護士の就職状況が悪化して「即独」「ノキ弁」など

が続出する状況となったこともあり、法曹志望者が激減する事態に陥った。

このため制度発足から7年後の2011（平成23）年に早くも学生の募集を停止する法科大学院が現れ、その後、毎年のように募集停止校が増えて、2019（平成31）年3月時点で39校が学生の募集を停止（または停止を発表）しており、いずれも廃校または他校との統合に向かっている。また、学生を募集している法科大学院でも定員割れが相次ぎ、2019（平成31）年の合計定員数2,253人に対し、入学者1,862人となっている。
エ　このような状況を踏まえ、政府内において2011（平成23）年5月に、法曹養成制度全般の在り方を検討するための組織として、「法曹の養成に関するフォーラム」が設置された。

そして、これ以降、形を変えた法曹養成制度に関する検討組織が政府において継続して設置され、その結果、2013（平成25）年9月17日には閣議決定で、法曹人口については、司法試験の年間合格者数を当面1,500人程度輩出するよう必要な取組を進め、質の確保にも留意すること、法科大学院については、司法試験に累積合格率で概ね7割以上合格できるよう充実した教育を目指し、統廃合や定員縮小を更に進めるための組織見直し等が定められた。日弁連においても、2011（平成23）年8月19日付「法科大学院教育と司法修習との連携強化のための提言」以降、2012（平成24）年3月15日付「法曹人口政策に関する提言」、2012（平成24）年7月13日付「法科大学院制度の改善に関する具体的提言」等によって法曹養成全般についての検討し修正を図りはじめ、2015（平成27）年6月30日の政府決定を受けて2015（平成27）年9月、「日弁連提言の実現に向けた執行部方針」を発表し、当面の司法試験合格者数1,500名の早期実現、多様で質の高い法曹の要請に向けた法科大学院の改革等の具体的な「取り組むべき課題」を発表し、この執行部方針を受けて2016（平成28）年3月、「法曹養成制度の確実な実現のために力を合わせて取り組む決議」を採択した。
オ　また、法科大学院を経ずに司法試験の受験資格を得られる制度として、2011（平成23）年に司法試験予備試験の制度が創設された。

この予備試験は2011（平成23）年の出願者が8,791人、合格者116人であったものが、2019（令和元）年には出願者14,494人、合格者476人に増加している。

第5　司法制度改革の将来　　399

そして、予備試験合格からの司法試験合格者は2012（平成24）年58名であったものが2019（令和元）年には315名に増加し司法試験合格者に占める予備試験合格者の割合は約21％に達している。

このようななか、予備試験を意識した制度改革の必要性が議論されるようになり、2019（令和元）年6月には、法曹コース（3＋2ルート）・在学中受験制度の創設などを内容とする「法科大学院の教育と司法試験等との連携等に関する法律等の一部を改正する法律」が成立した。まさに、制度創設以来の大きな改革が始まっている。

カ　ところで、法科大学院を前提とする新司法試験の開始以降、旧司法試験時代の司法修習生に対する給与支給は廃止され、返済が必要な貸与金が貸与されることとなったが、その後の法曹志望者の大幅な減少をう

け、法曹人材確保の充実・強化の推進等を図るため、2017（平成29）年11月から、司法修習生に月額13万5,000円を給付する新たな修習給付制度が発足した。

しかし、月額13万5,000円では生活できる金額ではないため司法修習生にとっては、追加資金の貸与を受けることが避けられない状況にある。このため、日弁連等は給付金の額を通常の生活が可能な程度の金額に引き上げる必要があると主張している。

また、日弁連及び各弁護士会においては、この制度発足前の司法修習生（新65期から70期）との差異、不公平感にどう対処するかが問題となり、対応が協議されている。

これらの問題の詳細については、第1部第1章第3、第4および第5・3を参照されたい。

400　資料　司法制度改革の到達点

領域拡大に伴って、「在野精神」だけではその使命の在り方の全てを表現することができなくなってきた。国、自治体、企業に就業した弁護士の使命は、例えば、「遵法精神」（＝違法、不正、権限濫用を許さない）と表現できる。また、刑事裁判官、検察官については、「無辜の者を罰してはならない」、「巨悪を眠らせない」などと言われてきた。

法曹有資格者について、その立場に応じて、その使命である「法の支配」の実現とは何かが問われるが、なかなか困難な課題である。

#### オ 法曹の使命と法曹倫理

##### ㋐ 「法の支配」に必要な法曹倫理

司法改革の目的である「法の支配」の実現を達成するためには、その担い手である広義の法曹が、「法の支配」を実現することを共通の使命とすることが不可欠である。法曹が、活動領域拡大により、多様化する中で、共通の使命を持つことは、法曹のアイデンティティーを確立し、維持することである。

法曹の使命、すなわち「法の支配」の実現は、成文規範による制度的保障（「弁護士職務基本規程」、「検察の理念」）とともに、法曹倫理を法曹自身が内在化（内面化）すること及び法曹が社会の多様な分野で活躍することが重要である。

##### ㋑ 法科大学院における法曹倫理教育の重要性

法曹倫理の内在化は、出発点として、法科大学院における法曹倫理教育が担うべきである。法曹倫理教育によって、法曹倫理の基礎が内面化され、将来の法曹としての精神的基盤が醸成される。法曹倫理教育は、その前提となる法曹倫理の探求とともに、今日までなおざりにされてきた。しかし、法曹養成問題の中で最も心を砕く必要があるのが「人を育てる」という視点であり、法曹倫理教育はその重要な役割を担うことができる。法曹倫理教育の充実・強化は、司法の将来に関わる喫緊の重要課題である。

##### ㋒ 法曹としてのアイデンティティー

戦後の司法改革で現行弁護士法が制定され、弁護士法第1条に弁護士の使命が明示された。弁護士が、この使命を共有することによって、弁護士のアイデンティティーが形成され、維持・強化された。弁護士の使命規定は、弁護士の統合理念として機能し、戦後半世紀以上にわたり弁護士の活動を支える確固たる精神的基盤を形成してきた。使命規定は、宣言的規定ではあるが、その果たしてきた役割は極めて大きい。

法曹の多様化が想定される今日、法曹が共通の使命を見出し、法曹が共有する精神的基盤（アイデンティティー）を確立する意義は、今後の司法の在り方にとって計り知れないほど重要である。

#### カ 法曹の実質的資格要件と法曹倫理の司法試験科目化

##### ㋐ 法曹の実質的資格要件

法律形式上は、原則として、司法試験に合格し司法修習を終了することによって、法曹資格を取得することになるが、法曹の実質的な資格要件は、職業的専門性と職業的倫理性を備えることである。専門性と倫理性は法曹の実質的資格要件の車の両輪であり、いずれが欠けても真の法曹とはいえない。

##### ㋑ 法曹倫理を司法試験科目化する必要性

法科大学院では法曹倫理が必修科目となっており、予備試験では法曹倫理が出題されている。また、ほとんどの欧米諸国では、法曹倫理が司法試験の科目とされている。

現行の司法試験では、法曹倫理が試験科目化されておらず、法的専門性のみを問うものであるが、法曹の実質的資格要件に照らせば、明らかに不十分である。早急に、法曹倫理の司法試験科目化の実現を図るべきである。

法曹倫理の司法試験科目化については、法曹倫理の研究レベルが未成熟（スタンダードとなる基本書がないこと、法曹倫理の通説が確立していないことなど）であることなどを理由に、消極論がある。しかし、戦後、司法研修所を中心とする新しい法曹養成制度が発足し、既に半世紀以上も経過しているにもかかわらず、研究レベルの未成熟を根拠に試験科目化に消極的姿勢をとることは本末転倒というほかない。

真に司法改革を成功させるために、法科大学院における法曹倫理教育をさらに強化し、より多くの優れた法曹を養成することが根本課題である。法曹倫理の強化、確立に向けたあらゆる努力を尽す必要がある。

#### キ 「法曹倫理教育に関する委員会」の設置

上記で記述した政策を実現するため、関東弁護士会連合会では、2014（平成26）年度執行部において、「法曹倫理教育に関する委員会」（以下「委員会」という。）を設置し、活動している。

委員会は、法科大学院、大学学部等の法曹を志す者

を対象とした法曹倫理教育の充実を目的としている。全体委員会のほか、法科大学院での法曹倫理教育の実情を調査する第1部会、裁判官及び検察官の法曹倫理等を研究する第2部会、実際の再審無罪事件等の記録をもとにして法曹倫理に関する問題点等を研究する第3部会によって構成されている。

## 2 司法制度改革の新たな課題

前述したように、司法制度改革によって種々の改革立法等が実践されたものの、残された課題や新たな課題も多数存在している。それらの詳細は、本要綱の特集及び第2部以下の各論に委ねることとし、ここでは代表的な幾つかの課題についての問題状況を簡潔に紹介したい。

### (1) 制度的基盤の整備について

#### ア 民事司法制度の改革

民事司法制度については、一定の改革は実現されたものの、司法制度改革前の2000（平成12）年と改革後の2006（平成18）年、2011（平成23）年及び2016（平成28）年に実施された民事訴訟利用者調査結果からすると、利用しやすさや満足度が十分に改善されたとはいえず、また、国際比較でも極端に少ないといえる民事訴訟件数も横ばいか減少傾向にある。民事訴訟件数が増えないのは、文化的原因（日本人の訴訟嫌い）によるものではなく、制度的原因によるものであり、さらなる民事司法改革の実現が必要不可欠である。

そのような中、2018（平成30）年6月15日に閣議決定された「経済財政運営と改革の基本方針2018」（骨太の方針2018）において、「司法制度改革推進法の理念に則り、総合法律支援など利用しやすく頼りがいのある司法の確保、法教育の推進などを含む民事司法改革を政府を挙げて推進する」ことが盛り込まれ、これに基づき、2019（平成31）年4月に「民事司法改革推進に関する関係府省庁連絡会議」（連絡会議）が設置され、裁判手続のIT化の促進、国際仲裁活性化、知財紛争における裁判所等の紛争解決能力の強化が喫緊の課題として例示されて、2020（令和2）年3月までのとりまとめに向け議論が進められている。

法友会においても、2019（令和元）年7月5日の旅行総会において、「利用しやすく期待に応える民事司法を実現するための改革に取り組んでいくことの宣言」を決議した。

この問題の詳細については、特集第1の総論と、第2以下の各論及び第5部第2章を参照されたい。

#### イ 法曹有資格者の活動領域の拡大

司法制度改革審議会意見書の発表からおよそ12年が経過した2013（平成25）年6月、法曹養成制度検討会議は、「法曹有資格者の活動領域は、広がりつつあるものの、その広がりはいまだ限定的といわざるを得ない状況にある」と指摘し、その「更なる拡大を図るため」「新たな検討体制の下、各分野の有識者等で構成される有識者会議を設け」ることを提言した。これを受けて、同年9月には、法曹有資格者の活動領域の拡大に関する有識者懇談会（以下「有識者懇談会」という。）が法務省のもとに設置された。有識者懇談会には、①国・地方自治体・福祉等の分野における法曹有資格者の活動領域の拡大に関する分科会、②企業における法曹有資格者の活動領域の拡大に関する分科会、③法曹有資格者の海外展開に関する分科会が設置され、2015（平成27）年5月には有識者懇談会としての取りまとめがなされた。同取りまとめでは、上記各活動領域における関係各機関が取り組むべき方策が示され、法曹養成制度改革顧問会議を経て、法曹養成制度改革推進会議決定「法曹養成制度改革の更なる推進について」に結びついた。その後、法曹養成制度改革連絡協議会が組織され、法曹有資格者の活動領域の拡大に向けた取り組みの報告や意見交換が行われている。

日弁連においても、有識者懇談会及び3分科会の設置に対応すべく、2014（平成26）年2月に法律サービス展開本部が設置された。同本部内には、①自治体等連携センター、②ひまわりキャリアサポートセンター、③国際業務推進センターが立ち上げられ、各活動領域の拡大に向けた活動が進められている。

このように、法曹有資格者の活動領域の拡大に向けた取り組みが実施されているが、法曹有資格者の啓発や意識改革も含め、今後も更なる拡大に向けた継続的な取り組みと施策が必要である。この問題の詳細については、総論として第3部第1、各論として第3部第4、第2部第1章第7を参照されたい。

### (2) 人的基盤の拡充について～法曹人口問題・法曹養成制度改革問題

ア 今般の司法制度改革においては、法曹人口問題・法曹養成制度改革が大きな論点となっていた。

司法制度改革審議会意見書の理念は、「国民生活の

398　資料　司法制度改革の到達点

# 2024（令和6）年度法友会
# 宣言・決議

# 再審法改正の一刻も早い実現を求める決議

令和6年6月29日

東京弁護士会法友会　幹事長　彦坂　浩一

## 決議の趣旨

当会は、国に対し、えん罪被害者を速やかに救済するため、刑事訴訟法第4編「再審」（以下「再審法」という。）について、

1　再審手続における公正性・適正性・迅速性が担保された手続規定の整備
2　再審請求手続における証拠開示の制度化
3　再審開始決定に対する検察官による不服申立ての禁止
4　憲法の趣旨を没却する手続違反の再審理由への明文化

を含む改正を一刻も早く行うよう求め、決議する。

## 決議の理由

### 1　はじめに

えん罪は、国家による最大の人権侵害の一つであり、再審手続は、この人権侵害を救済する最後の手段というべきものである。これまで日本弁護士連合会（以下「日弁連」という。）が支援してきた事件だけを見ても、死刑再審4事件（免田事件、財田川事件、松山事件、島田事件）を始め、再審により無罪判決が確定したものが18件も存在している。このことからすれば、私たちは、えん罪が存在するという厳然とした事実から目を背けることはできない。

「袴田事件」は、昭和55年の最高裁判所による上告棄却判決により死刑が確定した翌年昭和56年に提起された第一次再審請求から実に40年以上を経て、令和6年5月22日再審公判が結審し、同年9月26日に判決が言い渡されようとしている。

再審開始のハードルは、極めて高く、再審開始決定がされても検察官の不服申立てによってさらに長期化するその主な原因は、再審法の規定が不十分であるこ

とにあると言わざるを得ない。

一刻も早い再審法の改正を求めるべく、決議するものである。

### 2　再審審理に関する手続規定の整備

現行の刑事訴訟法では、再審請求の手続は、刑事訴訟法第4編「再審」で定められている。しかしそこには、条文がわずか19条しか存在せず、実際には再審の手続に関する規定がほとんどない。すなわち現行法には、「再審のルール」がほとんど整備されていない状態にあるといってもよい。そのため再審請求での具体的審理のあり方は、裁判所の裁量に委ねられている点が非常に多く、裁判体による審理の充実度の違いが、再審開始の可否の判断にも大きく影響している（いわゆる「再審格差」の問題である。）。再審請求手続においては、その判断の公正さや適正さが制度的に保障されてはいないのである。

再審請求手続においても憲法第31条が定める適正手続が保障されなければならないことは言うまでもなく、憲法の理念に沿って、再審手続における公正性・適正性・迅速性が担保された手続規定が整備されなければならない。

### 3　再審手続における証拠開示の制度化

再審法には、捜査機関の手元にある証拠を再審請求人に開示させるための手続規定が存在しない。これまでの再審開始事件においてもそれまで裁判所にも弁護人にも開示されてこなかった検察官手持ち証拠が再審請求手続の中で開示されたことで、再審開始に結びついた事件は多数存在する。

しかしこれまで証拠開示がなされたのは、裁判所が積極的に証拠開示をすることを求める訴訟指揮を行ったおかげであり、それが制度的に保障されていたから

ではない。もし裁判所が証拠開示を求めなかったために、本来明らかにされるべきであった証拠が闇に葬られ、えん罪の被害者がその汚名をそそぐことができなかったことがあったのだとすれば、それは我々にとって、到底耐えることのできない不正義である。再審手続における証拠開示が制度的に保障されないということは、常にその不正義が行われる可能性があるということでもあり、それは直ちに改めなければならないものである。

また、証拠開示制度が機能する前提として、捜査機関が作成した証拠が記録化され、適切に保管、保存されることが不可欠である。現に、令和5年10月、鹿児島県警が内部向けに作成した「刑事企画課だより」に「再審や国家賠償請求訴訟などで捜査書類やその写しが組織的にプラスになることはありません」などとして、捜査書類の廃棄を促すかのような記載をしていたことが報道されている。このような対応が許されない規定の整備も必要である。

## 4 再審開始決定に対する検察官による不服申立ての禁止

現行法上、再審請求棄却決定（刑事訴訟法第446条、第447条）と再審開始決定（同法第448条）に対しては、いずれも即時抗告ができることとされている（同法第450条）。検察官は、この規定を根拠に、再審開始決定に対する不服申立て（即時抗告、異議申立て、特別抗告）を行っている。

この点について法務省・検察庁は、「検察官が再審開始決定に対し抗告をし得ることは、公益の代表者として当然のこと」「違法、不当な再審開始決定があった場合に、法的安定性の見地から、これを是正する余地をなくしてしまう」などと主張するようである。

しかし、現行の再審制度は、「再審請求」と「再審公判」の2段階の手続となっており、仮に違法、不当な再審開始決定があったとしても、実際にやり直しの裁判を行う「再審公判」の段階で、検察官は、有罪の主張立証が十分に可能であるし、控訴、上告も可能である。

他方で再審開始決定に対する検察官の不服申立てにより、再審事件の審理が長期化し、えん罪被害者の救済が遅れる事態となっていることは、重大な問題である。「袴田事件」においても、平成26年3月の静岡地裁の再審決定に対する検察官の不服申立てにより、再審公判が開始されるまでに約9年もの歳月を要してしまっている。

前述のようにえん罪は、国家による最大の人権侵害の一つであり、その被害を受けているものが存在するのであれば、できる限り速やかに救済されるべきものである。少なくとも裁判所が再審の請求に理由があると判断し、再審開始決定がなされたのであれば、そこに人権侵害が存在する可能性は大きく、速やかな救済がなされる必要性が大きいのであるから、再審開始決定に対する検察官の不服申立ては禁止されるべきである。

## 5 憲法違反を再審理由に

「菊池事件」は、ハンセン病の患者とされた男性が殺人などの罪に問われ、療養所内で開かれた「特別法廷」で死刑判決を受け、無実を訴えながらも第3次再審請求が棄却された翌日、昭和37年9月14日に死刑が執行された事件である。

その後提訴された国賠訴訟に関する令和2年熊本地裁判決は、「特別法廷」で行われた審理は違憲であると判示し、これを受けて現在、熊本地裁では憲法違反の裁判手続を理由に加えた死後再審請求が審理されている。

現行法上、捜査や裁判の手続に憲法違反があったことが再審理由となるかについて明文の規定は存しない。しかし、憲法上の手続規定は、適正な事実認定のための権利を被告人に保障したものであるから、憲法上の手続に関する権利が保障されなかった場合、そのこと自体が事実誤認の徴表といえる。

したがって、少なくとも、憲法の趣旨を没却する手続違反があった場合について、再審理由として明文化すべきである。

## 6 最後に

昭和24年に現行刑事訴訟法が施行されてからすでに75年が経過している。日弁連はこれまで再審法改正を繰り返し提案してきたが、再審法に関する規定については、未だ改正されないままである。

他方で「袴田事件」の再審公判は、令和6年5月22日に結審し、同年9月26日に判決が言い渡される予定となっており、再審についての社会の関心は今まで以上

に高まっている。再審法改正を実現するには、今をおいてほかにない。

よって当会は、えん罪被害者を速やかに救済するため、国に対し、再審法について、

1 再審手続における公正性・適正性・迅速性が担保された手続規定の整備
2 再審請求手続における全面的な証拠開示の制度化

3 再審開始決定に対する検察官による不服申立ての禁止
4 憲法の趣旨を没却する手続違反の再審理由への明文化

を含む改正を一刻も早く行うよう求め、決議するものである。

以上

# 2025（令和7）年度政策要綱執筆者一覧 (50音順)

淺尾弘一
石岡修
伊豆隆義
鵜澤亜紀子
太田晃弘
小川弘義
梶田潤
神永矩誠
小西麻美
志賀晃
高井健太郎
付岡透
中込一洋
濱口博史
彦坂浩一
深沢岳久
宮村純子
矢吹公敏
渡邉敦子

荒木耕太郎
石黒美幸
井手大展
氏原隆弘
大野俊介
大屋昇太
加藤滋隆
川村百合
小沼千夏
髙島由幸
髙砂太郎
角田伸一
中村知己
濱島幸子
平泉亘夫
藤原靖昭
武藤佳宏
山本彰宏
渡部典子

安藤豪
石橋尚子
稲村晃伸
遠藤啓之
大橋君平
小野田峻
椛嶋裕之
工藤竜太郎
小町谷悠介
杉田昌平
田中みどり
寺町東子
野竹夏江
林俊孝
平沢郁子
本間正浩
村林俊行
横山宗祐

生田康介
石本哲敏
井上壮太郎
大久保博史
大畑敦子
鍵尾憲義
加畑貴之
小泉英理
齋藤大祐
鈴木太陽
谷口規子
中井完文
野村貴文
早野慎一
平澤大輔
宮崎順子
八掛龍玄
米田玄

# 2025（令和7）年度政策要綱担当執行部一覧 （修習期順）

椛嶋　裕之　　牧野　義信　　冨田　和弘　　中川　紗希
奥津　未来　　堀岡　雄一　　柴田　政樹　　藤田　紀彦
背戸　芙実菜

● 編集後記 ─────────────────────────────────

本年度も2025（令和7）年度の法友会政策要綱を発刊することができました。ご協力いただき、ありがとうございました。

昨年度、政策委員会内に政策活性化プロジェクトチーム（以下、「政策活性化PT」といいます。）が設置され、2023（令和5）年6月5日開催の政策委員会において政策要綱のあり方についての答申書が提出されました。答申書における基本的な考え方は、①法友会内で幅広く理解が得られる提案とすること、②政策要綱策定担当執行部の事務負担の増加を極力抑制すること、③複数年かけて政策要綱全体をブラッシュアップすること、④政策要綱の策定と政策委員会の議論のリンクを意識することというもので、上記の課題を踏まえて、持続可能な政策要綱の発行のため、次年度以降の政策要綱のあり方の改善提案として、以下の内容を答申の趣旨としました。

1　従前どおり毎年度の発行を継続するが、発行時期は、12月開催の忘年総会までに発行できるように改める。
2　政策要綱策定部会の体制を充実させる。
3　政策要綱策定部会において、当年度の重点検討課題の案を策定するとともに、政策要綱全体について、原則として2年に一度は実質的な検討が可能になるよう、項目の選定と予備的検討を行う。
4　政策要綱策定部会において、次年度政策要綱の項目案を策定する。
5　政策要綱中、当年度の重点検討課題については、当該課題に関する法友会の政策が一見して明らかになるよう、政策を要約して枠組みにするなどの工夫を行う。

本年度は、この答申を踏まえて、例年よりもスケジュールを前倒しして、執筆者への原稿依頼や締め切りを早めました。執筆者の方々には、大変なご苦労をおかけしたかと思いますが、9月中旬までには全ての原稿の提出を受け、入稿に向けての準備を進めることができました。

また、本年度は、政策要綱策定部会の体制の充実という観点から、昨年度政策活性化PT座長をされた椛嶋裕之副幹事長の全面的なバックアップのもと、政策活性化PTの議論に参加された政策要綱策定部会長経験者の川村百合会員、鈴木健二会員、担当執行部であった織田英生会員、櫻庭知宏会員にも部会に加わっていただき、貴重なアドバイスをいただきました。

さらに、本年度は、コロナ禍以降開催されてこなかった政策合宿を9月20日（土）、21日（日）の一泊二日で開催し、本年度の重点検討課題として「犯罪被害者の保護と権利」、「東弁の財政状況と検討課題（人件費、会館、OA問題を含む）」、「憲法問題に対する弁護士及び弁護士会の基本的立場」、「若手法曹をめぐる現状と課題」、「東弁役員を巡る問題」、「パブリック事務所について」、「企業内弁護士の現状と課題」、「多摩地域・島嶼地域における司法サービス」の項目について原稿検討を含めて議論しました。初日の夜には、懇親会や二次会でも様々なテーマについて熱く議論をかわす姿があちらこちらで見られて、久しぶりの政策合宿もなかなかいいものだなと感じました。

また、本年度は、執筆者の世代交代にも取り組み、計14名の会員に新たに執筆者になっていただきました。

もっとも、本年度、前記答申書の提案を実現できなかった点もありました。本年度は、政策委員会の中で政策要綱の項目についての意見交換の時間をとることを試みましたが、意見交換のテーマに関して執筆担当者等を講師としてお呼びしながら、意見交換のための十分な時間がとれないということがありました。そのため、政策委員会での意見交換を、途中からあきらめ、政策合宿に委ねる形になりました。また、本年度の政策要綱では重点検討課題についての要約や枠組みなどの工夫はできませんでした。これらについては次年度以降の課題としてご検討いただければと思います。

最後になりますが、本年度も無事に政策要綱を完成させることができたのは、執筆者・政策合宿に参加された方々、彦坂浩一法友会幹事長・中井陽子事務総長をはじめ法友会政策担当執行部の方々、政策活性化PTの議論を具体化するべく精力的に取り組み、数えきれないほどお世話になった椛嶋裕之副幹事長、短い期間で政策合宿の場所選びや執筆依頼、原稿の督促にご尽力いただいた牧野義信副幹事長、堀岡雄一事務次長、そして、政策要綱全般に亘ってご意見をいただき、部会や政策合宿でもお世話になった寺町東子政策委員長のお陰です。この場をお借りして、皆さまに厚く御礼申し上げます。

2024（令和6）年10月

東京弁護士会　法友会
政策委員会　政策要綱策定部会　部会長　髙田　正雄

## さらに身近で頼りがいのある司法を
### 人権を護り誰一人取り残さない社会の実現
### 【2025（令和7）年度法友会政策要綱】

2024年12月10日　第1版第1刷発行

著　者：東京弁護士会法友会
　　　　www.hoyukai.jp
発行人：成澤壽信
発行所：株式会社現代人文社
　　　　〒160-0004　東京都新宿区四谷2-10　八ッ橋ビル7階
　　　　電話：03-5379-0307（代表）　FAX：03-5379-5388
　　　　Eメール：henshu@genjin.jp（編集部）
　　　　　　　　　hanbai@genjin.jp（販売部）
　　　　Web：www.genjin.jp
　　　　振替：00130-3-52366

発売所：株式会社大学図書
印刷所：精文堂印刷株式会社
装　丁：清水良洋（Malpu Design）

検印省略　PRINTED IN JAPAN
ISBN978-4-87798-874-6 C3032
©2024　TOKYO-BENGOSHIKAI HOYUKAI

**JPCA**　本書は日本出版著作権協会（JPCA）が委託管理する著作物です。
複写（コピー）・複製、その他著作物の利用については、事前に
日本出版著作権協会 日本出版著作権協会（電話03-3812-9424, e-mail:info@jpca.jp.net）
http://www.jpca.jp.net/ の許諾を得てください。